纪国史研究

李沣／编著

华夏出版社
HUAXIA PUBLISHING HOUSE

图书在版编目（CIP）数据

纪国史研究 / 李沣编著 . -- 北京：华夏出版社有限公司，2022.8
ISBN 978-7-5222-0232-7

I.①纪… II.①李… III.①古国—历史—山东—文集 IV.① K295.2-53

中国版本图书馆CIP数据核字（2021）第257078号

纪国史研究

编 著 者	李 沣
责任编辑	董秀娟 王 敏 吕 方
封面设计	李汝亮
责任印制	周 然

出版发行	华夏出版社有限公司
经 销	新华书店
印 装	北京九州迅驰传媒文化有限公司
版 次	2022年8月北京第1版
	2022年8月北京第1次印刷
开 本	720×1030 1/16
印 张	39.75
字 数	550千字
定 价	108.00元

华夏出版社有限公司 　地址：北京市东直门外香河园北里4号 　邮编：100028
　　　　　　　　　　　 网址：www.hxph.com.cn 　电话：（010）64663331（转）

若发现本版图书有印装质量问题，请与我社营销中心联系调换。

序一

　　山东地区古国在中华民族发展史上占有重要地位。傅斯年先生曾提出过著名的"夷夏东西说"，影响很大，学界十分认可。山东古国即为"夷"的主要组成部分。后来东夷渐入华夏体系，为华夏族的形成注入了新的活力。纪国古又称异，所居之地及其族群或称为莱，是山东古国中的翘楚。山东古国的研究自王献唐先生以降，专家迭出，成果卓著。关于纪国渊源及其发展历史的研究，专家学者虽然多有涉及，但其成果却分散难觅。李沣先生集多年努力，汇集相关论文，加之其个人的深入研究成果，编著成功《纪国史研究》一书，对于山东古国历史的研究，特别是纪国历史的研究，功莫大焉。

　　此书所汇集的研究成果，内容丰富，其中有典型的关于纪国遗址的考古报告，有关于纪国青铜器的研究，有关于纪国族属问题的考辨，有关于纪国族群迁徙的研究。这些论文的撰著者皆为其研究领域的著名专家。此书的重要学术价值，还表现在此书所收录的李沣先生二十多篇对于纪国史研究的专题论文。这些论文，以丰富的文献及古文字和考古资料，深入论析，提出精见，发前人所未发，其学术创新足为相关研究不可忽视的参考。

　　筑牢中华民族共同体，是历史研究的重要课题。纪国作为山东古国的重镇，是中华民族共同体的一员，纪国族群的发展，是华夏族融合发展的一个比较典型的实例。李沣先生所编著的《纪国史研究》一书，对于推动纪国史的研究意义重大。我特向学术界予以郑重推荐。希望得到专家、领导的关注和支持。

晁福林

谨识于北京师范大学历史学院

时当庚子年七月

序二

十年前李沨先生将《探寻寿光古国》书稿寄我，让我作序。我与李沨先生素不相识，因某些学术观点上的认同而发生了联系。

《探寻寿光古国》书稿，是李沨先生退休后多年潜心研究的成果。在此之前，李沨与中国先秦史基本没有交集，自认为是先秦史研究的门外汉。经过不懈的坚持和努力，他完成了这部大作。这是一位非先秦史专业的研究者，在同病魔顽强抗争过程中完成的一部具有相当深度的先秦史专著，实在令人感动！令人钦佩！

通读了这本书稿后，首先考虑的是，怎样看待非专业历史研究者写历史研究专著这一现象。张光直先生有一个重要观点，即"从零开始"："在任何一个学科，尤其是历史很悠久的学科里，我们的思想包袱是沉重的。所以有时候，我们要把过去所有的成见暂时地、完全地抛除，从头想起。……当然，新的解释不一定对，也不一定比旧的好。但是，如果我们抛除了各种成见，完全以我们确有的历史资料为最终依托，来作较合适的和客观的解释，也许有一天我们产生出的新看法，就可以解决过去所不能解决的问题。"（张光直《中国青铜时代》）

李沨先生虽然在学生时代接受过历史专业的基础训练，但毕业以后，军旅倥偬，一直没有机会从事本专业的研究工作，在这个领域里没有框框，没有包袱，敢于沿着自己的思路去探寻，大胆地提出自己的见解，可谓是从零开始。

张光直先生还说"研究中国古代史和古代社会，并没有什么本行和外行之分"，这是对"从零开始"的一个很好的诠释。为了研究的深入和学术的繁荣，对非专业历史工作者的新探索、新看法，应秉持欢迎的态度，作出正面的评价。

"世上无难事，只怕有心人"，有心总会有成，外行也可以变成内行。

李沨先生在《探寻寿光古国》研究的基础上，这些年又不断地对东夷历史、夷夏关系进行新的探索，以探讨斟灌古国和古纪国为主线，以考古资料、文献资料和民俗资料为基础，对己、巺一国说以及商周时期纪国宗族的重要史迹、重要人物进行了深入细致的研究，编纂成《纪国史研究》一书，内容涉及三代历史研究的众多重要问题，对一些重大历史事件提出了新的立论依据和比较坚实的新观点，是为一家之言。

"夷夏交争"是上古史研究焦点问题之一，本书则强调夷夏融合是历史发展的主流，认为东夷的皋陶和伯益是禹夏政权的核心人物，已泯灭了华夏与东夷的界限。所谓"启代益作后"，是禅让制向世袭制过渡时期社会转型过程中的一种历史纵向更替，不属于族群间的权位争夺。以太康盘游无度失国，后羿挺身而出，是挽救政局，不是篡位。作者列举太康的继任，仲康肇位四海，后相"居斟灌"，对淮夷等诸夷进行征伐，证明仲康、后相仍执掌王权。到寒浞杀后羿，"有过浇杀斟灌，以伐斟寻，灭夏后相"才是篡位，首先遇害的是东夷首领，故而不能将其视为夷夏交争的史证。尔后，东夷的有仍氏、后缗氏、有虞氏、有鬲氏辅佐少康复政则是夷夏融为一体的表现。从这个意义上说，这些见解基本符合中华文明多元一体演进规律和历史架构，对研究中国文明的起源具有积极意义。

1927年蒙文通将中华古族划分为江汉、河洛和海岱三大系统，1935年傅斯年又提出了"夷夏东西说"，徐旭生于20世纪40年代将中华古族概括为华夏、东夷和苗蛮三大集团。但是这些观点依据的是古史传说的零星资料，其历史局限性是显而易见的。随着田野考古资料的积累和文化谱系研究的深入，我们对中华古族的形成与衍化轨迹有了更为清楚的认识。

《礼记·礼运》："夫礼之初，始诸饮食。"考古学文化谱系研究表明，三代青铜礼器的绝大多数器类，主要是由炊煮器和餐饮器演变升华而形成的。这就使我们可以根据史前时期具有典型意义的"文化化石"即炊煮器的类型学研究，追踪上古部族发展、迁徙、融合的形成过程。

今山东及其周边地区的海岱先民，以陶鼎、陶鬶为主要炊煮器。距今八千年前的后李文化居民已发展出乳丁足器、矮三足器（原始陶鼎）和圈足器

（原始陶豆、陶簋）。北辛文化时期，陶鼎成为当地居民的主要炊具，经过大汶口、龙山文化的持续发展，在中国东方形成了一个具有鲜明地方特色的"鼎鬶文化"区。陶器流行釜、鼎、鬶、盉、觚形杯、觯形杯、簋形器、瓦足皿、壶、盆、豆、钵、杯、匜、罍盖等。江淮地区处于黄河、长江下游平原之间，文化面貌与海岱地区有着明显的亲缘关系。

新石器时代的中原地区分布着河原、洛颍、桑卫三个原初民族，陕晋豫地区的河原仰韶文化是以陶灶和陶釜为组合的"灶釜文化"。洛颍民族地处远古中国的中心地带，是演绎"中原逐鹿"的历史大舞台，早期有少量的陶鼎，中期开始出现陶灶、陶釜、小口尖底瓶、彩陶盆，陶鼎减少，显示了河原仰韶文化对该地区的影响。河北桑卫地区的后岗一期文化基本属于东方集团，河原仰韶文化对它的影响已开始显露；庙底沟文化时期，几乎全部被仰韶文化覆盖；到后岗二期文化时，仰韶文化的影响才逐步消退。海岱大汶口文化在中期偏晚阶段展开了大规模的"挺进中原"，洛颍文化的分布区几乎遍见海岱先民的聚居点，其触角向西可达秦岭脚下，向北越过黄河进入晋西南河原文化的分布区，源出于海岱民族的嬴秦和赵国王室先祖大约就是凭借着大汶口文化西进的惯性，逐步迁移至洛颍和河原地区的。与此同时，江汉民族在屈家岭文化较晚阶段也开始了向北方的拓展，占据了原本属于洛颍大河村文化"下王岗类型"的地域。

远古六大民族"中原逐鹿"的结果，导致了"斝鬲文化系"和河洛民族的形成，同时也为夏、商、周三代王朝定鼎中原奠定了丰厚的文化、物质基础。体现在考古学文化上，就是"斝鬲文化系"的形成：中原地区各大文化区在仰韶文化晚期已普遍使用陶鼎；各类"中原龙山文化"都使用鬶形器和"鬶足形"斝、鬲、甗等器物，大范围文化面貌的日益趋同，标志着"斝鬲文化系"和以洛颍、河原、桑卫民族为基干，融海岱、江汉、江淮等地入迁中原的居民为一体的河洛民族的形成。

距今四千年前后，各大原初民族经过数百年的文化汇集、撞击和融合，在中原地区催生出一种全新的考古学文化——新砦—二里头（夏）文化，其炊煮器、饮食器和绝大多数礼器，如鼎、鬶、甗、觯形杯、瓦足皿、爵、豆、簋、角、盉等都可以在海岱鼎鬶文化中找到祖型。二里头文化中的大比例鼎鬶文化因素，显示华夏族团应是以东夷入主中原之一部为基干，融河洛、苗蛮民族之大部或一部，兼而吸收周边文化而形成的新兴族团。《史记·五帝本纪》："殛鲧于羽山，以变东夷。"《史记·夏本纪》："禹之父曰鲧，鲧之父曰帝颛顼。"鲧为东夷，少昊孺帝颛顼于东海之外（《山海经·大荒东经》），（颛顼）生十年而佐少昊（《帝王世纪》）。少昊为东夷的重要代表人物，夏后氏先祖颛顼源出于少昊之族，与海岱文化在大汶口文化时期的大规模挺进中原，并最终发展成为夏文化主体内核的情形正相吻合。

海岱文化作为夏文化的主要源头，在"华夏"一词的形成中也可得到证明。"夏"源自最新崛起的夏后氏；"华"则源于"华胥氏"和"女华"。《帝王世纪》引《诗·含神雾》以华胥氏为太暤、庖牺氏之母。《史记·秦本纪》："秦之先，帝颛顼之苗裔，孙曰女脩……生子大业。大业取少典之子，曰女华，女华生大费。""女华"之祖颛顼与其子大费（即伯益）同属少昊部族。太昊、少昊都是东夷海岱崇日民族的著名代表人物。金文的"夏"字为一人头顶或手擎太阳，显示夏族也是崇日民族的后裔。唐兰以"昊"像正面人形而头顶太阳，"太昊、少昊之所以称昊，是代表太阳神"。《史记·太史公自序》："余先周室之太史也，自上世尝显功名于虞夏。"显而易见，这里的"虞夏"与"华夏"的概念完全相同；在早期史籍中"虞夏"与"华夏"互换通用的例证很多，从古史传说和古文字的角度，清楚地表明了"华"与"夷、虞"之族的同源关系和"华夏"的地域文化渊源，从而也证明了李沣先生关于"夷夏融为一体"的立论。

夷与商的关系，也是史学界至今还没有完全厘清的问题，自李济提出"山东很可能也是商文化发轫的所在"后，胡厚宣、徐中舒、王玉哲、孟世凯等都认为商族与少昊族有密切的族源关系。本书通过对甲骨文、金文资料的分析，认为"己其㠱"族与殷商有一种特殊的关系。祖己不是孝己，而是己国族的先人，是苏埠屯大墓的主人。祖己、亚其、㠱这几位己国先人，在武丁及祖庚、祖甲时都具有很高的地位，对殷商政权有很大的政治影响。而殷商的末代王帝辛（纣）的左右，如贤臣比干、箕子、祖伊、胶鬲、费仲及恶臣飞廉、恶来、妲己等，都是东夷人士，且多数都是"己其吴"族人。虽然目前还无法完全厘清上述人物的文化、政治背景，但殷商与东夷关系密切是确定无疑的，上述判断大致是正确的。对这些历史人物的来龙去脉和相互关系作进一步的探讨论证，将会对东夷族的历史地位有更全面的把握。

西周是我国历史发展的一个重要阶段，从武王灭商开始，通过诸王的文治武功、制礼作乐、封建诸侯，形成了以姬姓宗族为主干、融合各路诸侯的华夏国家。在这一政治进程中，学界普遍认为齐太公治下的齐国是西周王朝的政治柱石之一。本书通过对金文和古文献的考证，认为"三监叛乱"与齐太公有间接关系，此后，齐国在西周政治中逐渐被边缘化，周烹齐哀公有其客观必然性和合理性。

总之，这部大作，使世人对东夷族在夏商周历史上的重要地位，东夷文明对中华文明形成的重要影响，有了一些更具体、更新颖的认知，对研究东夷古族历史和夏商周三代历史具有很好的参考价值。

诚然，书稿中的某些观点，如季荝与爽鸠氏及伯益的关系、有关斟灌与龙山文化城址及纪国的关系、尧克三苗发生在山东鲁北、周初太公封营丘等诸多问题的认识，还有待于更多的资料的发现和深入、审慎的讨论。诚如张光直先生所言，新的解释不一定对，也不一定比旧的好，但是，沿着一条新的路径探索也许有一天能解决过去没有解决的问题。

2020 年 8 月于山东省文物考古研究院

（王永波，山东省文物考古研究院资深研究员，原山东省文物局副局长）

目录

附　录

纪姓源流探微

作为姓氏的"纪",其本字是"己"。殷商甲骨文和商、周金文中,有"己"字,但无"纪"字,因此,周封炎帝后于东莞剧县(今山东寿光)的"纪国",实为"己国"。齐灭纪,纪人以国为氏,这也就是纪姓之源。战国前的纪姓人,其姓氏用的是"己",而不是"纪"。战国以前,有"己"无"纪",由"己"到"纪",是战国后出现的变化。如著名古文字学家王献唐先生所言:"十干中戊己之己,无法为造专字,同音借己为用,久假不归,别造纪字当丝绪之己。"①

甲骨文中的"己"字,像折叠之丝。罗振玉认为,"己象雠射之缴"(系在箭上的生丝)。

战国"纪"字

---

① 王献唐:《山东古国考》,齐鲁书社 1983 年版,第 66 页。

朱骏声说：己字"古文象别丝之形"。而战国《玺汇》0771 的"纪"字，"己"在左，"己"下还有一"口"字，有口吐丝之意。口吐丝者，蚕也。因此"己"字与蚕、桑、扶桑、穷桑有关，或者说与东夷族有关。

甲骨文"巳"字，呈蛇、虫形，因此《说文》曰："故巳为蛇象形。"古文字学者都认为己、巳同源，董增龄《国语正义》卷十四释"己"姓即"姒（巳）姓"。[1]少皞本是己姓之祖，但《左传·昭公十七年》孔颖达正义云："巳姓出自少皞"，可见在古文献中"己"与"巳"通用。

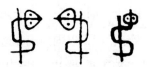

王迅先生在《东夷文化与淮夷文化研究》一文中说："虫或蛇是东夷太皞、少皞、祝融族的图腾之一，东方地区先秦时期己姓和巳姓，与虫或己有关的地名，应来源于东夷族的虫、蛇图腾。"与己有关的这个"虫"是什么？很可能是蚕。"作为部族图腾或族徽的虫是什么呢？很可能是蛇或蚕。"[2]

《尚书·禹贡》有"桑土既蚕"，正义曰："宜桑之土，既得桑养蚕矣。"《禹贡》还有："莱夷作牧，厥篚檿丝。"檿丝，檿桑蚕丝。《禹贡锥指》载："檿桑出东莱。"野蚕与野桑相生相伴。己姓之祖是少昊（皞），少昊（皞）又是穷桑氏。桑、蚕、己在那远古时代，形成了生死相扣的紧密链条，这种图腾式的链条关系在古史、古文字中随处可见。

"己"，是个十分古老的姓氏，宋代郑樵在《通志·氏族略》中列出古姓二十七个，顾炎武在《日知录》中列出古姓二十三个，顾栋高在《春秋大事表》中列出古姓二十一个，其中都有己姓。己（纪）姓之人在古文献中出现最

---

① 转引自顾颉刚《祝融族诸国的兴亡》，《古史考》第 6 卷，海南出版社 2003 年版。
② 王迅：《东夷文化与淮夷文化研究》，北京大学出版社 1994 年版。

早的是纪通,《论语摘辅象》曰:伏羲六佐中"纪通为中职",但纪通的族氏详情无法考证。

一、东夷首领少昊是己姓之祖

文献中对己姓之源的权威记载,为己姓是黄帝后。《国语·晋语》:"黄帝之子二十五人,其同姓者二人而已,唯青阳与夷鼓皆为己姓。……凡黄帝之子,二十五宗,其得姓者十四人为十二姓。姬、酉、祁、己、滕、箴、任……是也。"《帝王世纪》:"少昊帝,名挚,字青阳。"因此,青阳即少昊,黄帝之子,少昊为己姓。《世本》:"己姓出自少昊",杜预注:"少昊金天氏,己姓之祖也。"

关于少昊族团的地望,《帝王世纪》载:"少昊……是为玄嚣,降居江水,邑于穷桑,以登帝位,都曲阜。"故或谓之穷桑。

关于"江水",学者认为不是长江之水,而是古沂水。江,公也,即汇聚了众多小河的大水。《史记·殷本纪》载:"东为江,北为济,西为河,南为淮。"这里的东南西北,看来是以泰山为坐标。江,也就是泰山东面的一条大水。石泉先生认为,这个"江"就是古沂水。[①]

关于"穷桑",有多种含义,因此地望也有多种说法。一是泛指东夷少昊的疆域,如"世不失职,遂济穷桑","共工振滔洪水以薄空桑",这个"穷(空)桑",恐怕是指黄河下游和泰沂山系周围的广大地区。二是专指少昊和其族裔的所在地,如《帝王世纪》:少昊"邑于穷桑,以登帝位,都曲阜";贾逵云:"处穷桑以登天下,号曰穷桑";《晋书·地理志》:"少昊始自穷桑,而迁都曲阜。"现在绝大多数学者都认为穷桑就在曲阜,或曲阜附近。但如果穷桑就是曲阜或曲阜与穷桑离得很近的话,少昊邑于穷桑,登帝位后"迁都曲阜"或"徙于曲阜",这个"迁"或"徙"字就毫无意义。另外,张衡《思玄赋》旧注:"少皞金天氏居穷桑,在鲁北。"曲阜与鲁北也不太吻合。因此,对

---

① 石泉:《古文献中的"江"不是长江的专称》,见《文史》第六辑,中华书局 1979 年。

少昊（皞）"邑于穷桑"的地望，还可依据文献记载进行多方面的探讨。

《山海经·大荒东经》言："东海之外有大壑，少昊之国。少昊孺帝颛顼于此，弃其琴瑟。"是说少昊之国在东海之外。少昊又"号曰穷桑"或"邑于穷桑"。关于"桑"，《说文》又云："桑，日出东方汤谷所登榑桑，桑木也。"《山海经》《淮南子》皆谓日出之地为汤谷。而汤谷上有扶桑。因此少昊之国，与东海之外，与汤谷，与榑（扶）桑，与琴瑟，有密切关联。《尚书·尧典》伪孔传曰："东表之地称嵎夷；旸，明也，日出于谷而天下明，故称旸谷。旸谷、嵎夷一也。"余太山先生曰："'穷桑'、'嵎夷' 得视为同名异译，知少昊金天氏所邑穷桑即旸谷。"①

前面我们从古文字上说到"己""巳"同源。己为丝，巳为虫（蚕）。蚕食桑也。从姓氏图腾的角度考虑，己氏之祖少昊，他的存在和发展与丝、蚕、桑息息相关。关于"桑"，《说文》言："榑桑，神木，日所出"，《山海经·海外东经》言："汤谷上有扶桑。"扶桑在汤谷，这与少昊之国在东海大壑吻合。少昊是己姓之祖，而己姓的图腾符号是丝或虫（蚕）。道理非常简单，丝由蚕吐，蚕要食桑。因此少昊之国，必然是蚕桑之地。

"穷桑以产桑得名，古代桑田多在鲁南曲阜、兖州一带。"②但我们按照上面思路分析，与少昊族团息息相关的"桑"，似乎不在曲阜、兖州一带。出自东海之滨少昊之国的"榑桑"，应是山桑。《说文》："檿，山桑也。"《诗》曰："其檿其柘"。伪孔传云："檿桑蚕丝，中瑟弦。"《孔疏》："郭璞曰：'柘属也。'檿丝是蚕食檿桑所得，丝韧中琴瑟弦也。"《东坡书传》："惟东莱出此。"王樵《尚书日记》云："按莱人之檿丝，至今有之，茧生山桑，不浴不饲，土人取以为缯帛，尤坚韧难敝。"这种野蚕满树上都是，不用喂养，不用照料，秋后收茧即可，如李步青、刘玉明所说："胶东半岛丘陵山地盛产柞蚕，至今不衰。

---

① 余太山：《古族新考》，商务印书馆 2012 年版，第 32 页。

② 王献唐：《炎黄氏族文化考》，齐鲁书社 1985 年版，第 488 页。

柞蚕是一种野蚕,是残存的古生物。"①胶东半岛的这种柞蚕比桑蚕更古,而且柞蚕只用收不用养,更符合原始采集生活之用。由此观之,少昊国的穷桑之地,更像在胶东半岛。

海岱惟青州,东海与泰山之间的广大地域为青州。《吕氏春秋·求人》:"禹东至榑木之地,日出九津,青羌之野,攒树之所……青丘之乡。"这个地区的青州、青丘、青羌之"青",很可能与少昊青阳氏之"青"有关。

《山海经·海内经》:"少皞生般,般是始为弓矢。"《路史·小昊纪》:小昊"次妃生般,为弓正……有子曰昧"。青州地区有般阳和昧水(又名巨洋水、弥水),青州的"般"和"昧",看来与少昊氏族有关。

少昊氏以鸟命官,"为鸟师而鸟名",有五鸠之官,爽鸠氏为少昊司寇。姜太公所封之齐地临淄,《晏子春秋》载:"昔爽鸠氏始居此地。"因此,《元和郡县图志》载:"青州,古少昊之墟。"

综览诸多历史文献,可窥见少昊己氏族团的足迹是由东到西,而古潍、淄两河流域,是它的一个重要根据地。如同李步青、刘玉明先生说的:"据考古发掘初步可定,己氏族起源胶东半岛,以后逐渐向西发展到今昌潍地区……其山东部分,大致相当于齐国最强大时的范围。"②李步青、刘玉明两先生,对山东莱阳出土的带有东夷古文字的陶盉考证后,得出了如下结论:"齐",来源于"巳",得名于"己","齐"殆名源于"己"。《毛诗笺》云:"齐者古少皞之氏,爽鸠氏之墟",从齐氏族看,显然出于东方之己族。

另外还有一证,《逸周书·尝麦解》:"命蚩尤于宇少昊,以临四方。"说明蚩尤族曾居少昊地,蚩尤死后葬冢寿张。而作为少昊之墟的潍淄地区,自古就有寿地,史称三寿、王寿、平寿。《古本竹书》载:"柏杼子征东海,伐三寿。"《国名纪己》云:"后杼征东海,伐王寿。"甲骨文"寿"字,是"己"字的演变,寿字是在己字里加了两个口字,这也说明,潍淄地区是古己姓之族的大本营。

---

① 李步青、刘玉明:《胶东考古研究文集》,齐鲁书社 2004 年版,第 373 页。

② 李步青、刘玉明:《胶东考古研究文集》,齐鲁书社 2004 年版,第 373 页。

二、少昊孺子颛顼也是己姓

《史记·五帝本纪》载:"黄帝居轩辕之丘,而娶于西陵之女,是为嫘祖。嫘祖为黄帝正妃,生二子,其后皆有天下。"这二子,其一是少昊青阳,其二是昌意。少昊邑于穷桑,登帝位后都曲阜。《大戴礼记》载:"黄帝产昌意,昌意产高阳,是为帝颛顼。"少昊是黄帝之子,继天子位。但"少昊之衰,九黎乱德……颛顼受之"(《汉书·郊祀志》)。少昊帝衰落后,黄帝之孙、少昊孺子(也是少昊之侄)继天子位。因此《史记》说黄帝二子皆有天下。昌意和少昊为同母(嫘祖)所生,应为同姓。少昊为己姓,昌意也应为己姓,昌意子颛顼高阳自然也应为己姓。

但经史学家自古对《国语·晋语》所载"黄帝之子二十五人,其同姓者二人而已,唯青阳与夷鼓皆为己姓"中的"唯青阳与夷鼓皆为己姓"有不同的理解。一种理解为黄帝得姓之子的十四人中,有两子即青阳和夷鼓得了一个姓,己姓。另一种理解"唯青阳与夷鼓皆为己姓"的"己",为黄帝自己的"己",也就是说,青阳与夷鼓得的都是黄帝自己的姓,即"姬姓"。因此《帝王世纪》言:"少昊帝,名挚,字青阳,姬姓也";"帝颛顼高阳氏,黄帝之孙,昌意之子,姬姓也"。但文字出现之前的帝王事迹,都是口耳相传,姬、己同音,姬、己确实很难区分。不仅如此,如前述"己""巳"同源,"己"就是"巳",因此古文献中有关于少昊姓氏"己"与"巳"的记载,也多混淆不清。同样是《世本》,不同的辑本对少昊的姓氏记载不同,王谟辑本:"昆吾己姓国,出自少昊。"陈其荣辑本:"巳姓出自少昊。"少昊、颛顼、帝喾,在文献中都有姬、己、巳姓之说,但比较而言,己姓说比较来说更可靠。

在历史发展中,由于炎黄二族的错综复杂关系,东夷少昊族团从颛顼开始,有一个从东到西的迁徙过程。

《帝王世纪》:"及颛顼生,十年而佐少昊,二十而登帝位。……平九黎之乱，以水事纪官。南正重司天以属神，北正黎司地以属民，于是民神不杂，万物有序，始都穷桑，徙商丘（又称帝丘，今河南濮阳）。"

颛顼登帝位后，由穷桑（今曲阜）徙商后，商丘又称帝丘，即今河南濮阳。因此，"豫中以至豫西的仰韶文化都接受过大汶口文化的影响，更不要说豫东以西至洛阳地区都有大汶口文化的遗存了"[①]。

颛顼帝是个重要的历史人物，徐旭生先生说他是大巫、宗教主。在少昊末年，民神杂糅，谁都可以通天，可以与神对话，九黎乱德，下民无所适从。在这种情况下，"帝颛顼出来，快刀斩乱麻"，命重"司天以属神"，也就是说只有大巫重，才能与天神沟通，管天上的事；命黎"司地以属民"，让火正黎，管理地上的群巫和臣民。"这样一来，社会所应该遵守的科条才得统一，社会的秩序又得一时安宁"，"帝颛顼是个宗教主。他死以后，他所居住的帝丘大约还继续不少年岁为宗教的圣地"[②]。

三、祝融八姓，首姓为己姓

古代传说，祝融出于颛顼，祝融是司火官职，担任火正祝融的人，或叫黎，或叫重黎，或叫吴贺。

《左传》："颛顼氏有子曰黎，为祝融。"《山海经·大荒西经》："颛顼生老童，老童生祝融。"又说："颛顼生老童，老童生重及黎。"《帝系》又说老童妻"产重黎及吴回"。这些记载表明，祝融是颛顼之后，既然是颛顼之后，当然也是黄帝之后，或者说祝融族团是由黄帝族团繁衍而生。祝融或祝融族团也是己姓。

颛顼帝子祝融未继天子位，继颛顼帝位的是帝喾。《鹖子》："昔者帝喾年十五佐帝颛顼，三十而治天下。"《史记·五帝本纪》："帝喾高辛者，黄帝之曾孙也"，又言"高辛于颛顼为族子"。《史记·楚世家》还载："重黎为帝喾高辛

---

① 田昌五：《华夏文明的起源》，新华出版社1993年版，第70页。

② 徐旭生：《中国古史的传说时代》，广西师范大学出版社2003年版，第95、96页。

居火正，甚有功，能光融天下，帝喾命曰祝融。"颛顼子祝融在帝喾时期，职火正，甚有功。罗泌《帝王世纪》均视颛顼、帝喾为黄帝后，姬姓。在没有文字的三皇五帝时代，历史靠口耳相传，"姬"与"己"同音，少昊、颛顼、帝喾、祝融这些黄帝后，是姬姓还是己姓，确容易产生不同理解，因此各种理解也都有其道理。

祝融应随颛顼姓，为己姓，也可如罗泌所说为姬姓。但《国语》明确记载祝融后为八姓，首姓为己姓。可以说从此以后，己姓与姬姓不再混淆。

祝融八姓里首姓为己姓，《国语·郑语》："己姓：昆吾、苏、顾、温、董。"昆吾、苏、顾、温、董，是人名、族名，也是国名。例如昆吾，《国语·郑语》注曰："昆吾，祝融之孙，陆终第一子，名樊，为己姓，封于昆吾；昆吾，卫（今河南濮阳地）是也。其后夏衰，昆吾为夏伯，迁于旧许（今河南许昌地）。"昆吾国族，由濮阳到许昌。

顾，祝融后，己姓。《诗·商颂·长发》：武王伐商，"韦顾既伐，昆吾夏桀"。郑《笺》："顾、昆吾皆己姓也，三国党于桀恶，汤先伐韦、顾，克之，昆吾、夏桀则同时诛也。"顾，在今山东西部的范县东南顾城。己姓的顾和昆吾，都与夏桀为党，被商汤诛灭。

苏、温，祝融后，己姓，苏氏之女妲己，己是姓，妲是名，可证苏为己姓。温又传为苏。《国语·郑语》判为二国，但《左传》视为一国，杜预解："今温县……凡十二邑，皆苏忿生之田。"按杜解，温即苏，在今河南温县西南二十里。又《大系·苏公簋》：温、苏之地在今河南北部，离昆吾之墟不远。①

董，祝融后，己姓，《潜夫论》："豢龙以服侍帝舜，赐姓曰董，氏曰豢龙，封诸鬷川。"

己氏，《左传·哀公十七年》："公（卫庄公）入于戎州己氏。"《路史·小昊纪》注引《十道志》："戎本国号，己氏其姓。"陈槃曰："谓之戎州己氏，是

---

① 顾颉刚：《祝融族诸国的兴亡》，载《古史考》，海南出版社 2003 年版，第 212 页。

戎国己姓。戎州己姓而曰戎州己氏，国而系姓。"①《通典·州郡典》："宋州楚丘，古之戎州己氏之邑。盖昆吾之后，别在戎翟中……汉曰己氏县也。"王国维《说亳》曰："且顾与昆吾，《郑语》均以为己姓之国，故卫之帝丘城外有戎州己氏。"②顾颉刚先生的说法与此说同，即"这个己氏即在卫都濮阳城外，很可能是昆吾之族的孑遗"③。

《汉书·地理志》："梁国有己氏。"《元和郡县图志》载："楚丘县，古戎州己氏之地，汉为己氏县，属梁国，后汉济阴郡，北齐废。隋开皇五年又置，属曹州。"

对这个戎州己氏的来历，《路史·小昊纪》云：小昊"次妃生般，为弓正，是制弓矢……有子曰昧，为玄冥师，是生允格、台、骀，俱臣高阳。……己氏、格氏、戎氏……皆允类也。"即谓戎州己氏出自少昊允格。

综上所述，己氏祖居地本来在穷桑，但不断地由东向西迁徙。颛顼登帝位后都曲阜，后徙商丘（帝丘）。帝喾继位后都亳（今河南偃师），祝融八姓首姓为己姓，己姓五国：昆吾、苏、温、顾、董，还有一个戎州己氏，都分布在今河南和山东西部。对这一现象，一些学者进行了考古学的验证和说明，杜金鹏认为，河南境内的大汶口文化，其"文化内涵之主体，与山东汶、泗流域的大汶口文化类型十分接近，从而决定了该类遗存实属大汶口文化之范畴"④。王先胜在《炎黄大战的考古学研究》一文中也说："郑、洛地区年代较早的包含大汶口文化的遗存……应与祝融文化相关，其文化来源主要在汶、泗流域。"

四、己氏国族由黄帝后向炎帝后的转变

己姓，少昊之后，也可以说是黄帝之后。但周时纪国，是炎帝后姜姓。

① 陈槃：《春秋大事表列国爵姓及存灭表撰异》，上海古籍出版社2009年版，第938页。
② 王国维：《观堂林集》卷十二，中华书局1959年版，第522页。
③ 顾颉刚：《祝融族诸国的兴亡》，载《古史考》，海南出版社2003年版，第212页。
④ 杜金鹏：《试论大汶口文化颍水类型》，《考古》1992年第2期。

己姓的这一变化，起于何时？源于何因？我在《探寻寿光古国》一书中，曾对其进行多方面考索，但结果不十分满意，看来还需重新探讨。

对河南大汶口文化的族属特点，学者们进行了详尽讨论。王先胜认为：很可能蚩尤裔九黎集团在后岗类型晚期或是后岗类型从豫北冀南撤离南下时，即有一支分化出来而滞留豫中为"颛顼"所用，这便是最早的祝融，而"共工"又从蚩尤裔、祝融族中分化出来，既不南下长江流域，也不愿去为"颛顼"效力，而仍然坚守在豫北冀南，后来又汇合钓鱼台类型中的炎帝后裔，组成了古史传说中的共工族。所以古史传说中祝融、共工都是炎帝后裔，而且"祝融降处于江水，生共工"。炎帝后裔姜姓的共工，从西进的大汶口文化的祝融族中分化出来了，而这些族人一直坚守在豫北和冀南。这样黄帝后裔的祝融族人，有些变成了炎帝后裔的共工族人。一个典型的代表即戎州己氏。

关于戎州己氏，《路史》谓出自少昊后允格，为允类。《左传》庄公二十八年载，晋献公"又娶二女于戎。大戎狐姬生重耳，小戎子生夷吾。"杜解："小戎，允姓之戎。"《左传》昭公九年："允姓之奸，居于瓜州。"《左传》襄公十四年：瓜州之戎，"是四岳之裔胄"。四岳，炎帝后。这样戎州己氏，又归到了炎帝族团。

关于戎州己氏，还可以换一角度进行分析。古文献多说禹生西羌，顾颉刚先生说："甚疑禹本为羌族传说中之人物，羌为西戎……姜之于羌，其字出于同源，彼族盖以羊为其图腾，故在姓为姜，在种为羌。"[1]

《大戴礼记》《世本》都有："鲧娶有莘氏"，产文命，或曰高密、禹。《太平御览》卷八十二云：修己，生姒戎文禹。《潜夫论·五德志》云：修己，"生白帝文命戎禹"。禹的母亲是修己，是有莘氏女。关于莘国，《元和郡县图志》云："古曹国，在县（济阴）东北四十七里，故定陶是也。……莘仲故城，在

---

[1] 顾颉刚：《九州之戎与戎禹》，《顾颉刚经典文存》，上海大学出版社2003年版，第212、218页。

县东南三十里，盖古莘之国也。""有莘之墟"，大姒国也。禹母修己，修是名，己是姓，如同苏妲己，己是姓，妲是名。妲己是苏国女，苏是己姓国。禹母修，己姓，少昊之后。西羌姜姓的禹父鲧族，或曰姜戎族，与少昊之后的修己族结为婚姻，生禹，因此这个地区（古曹州）也就成为戎州己氏。这个己氏，既有东夷己族的血统，又有九州戎西羌人的血统，或许这时戎州己氏由黄帝后己姓变成了炎帝后姜姓。

古曹州的戎州己氏，是炎黄二族融合的产物，是从颛顼帝率东夷族人西迁后，与炎帝族人互通婚姻后产生的新的氏族集团。王先胜先生在《炎黄大战的考古学研究》一文中说："如果没有史前考古，神话传说永远都是那么荒诞不经。"对戎州己氏，也必须找到考古学的证明。

20世纪30年代在山东章丘、平度发现的岳石文化，学界都认为是龙山文化后的东夷文化，大致在夏、商时代。著名考古学家邹衡在《论菏泽（曹州）地区的岳石文化》一文中说："菏泽（曹州）地区的岳石文化，同鲁北地区的岳石文化也是大同小异。"并说：菏泽地区"在龙山文化时期，主要是同商丘地区相联系；在岳石文化时期，除同商丘地区继续保持联系外，其同濮阳地区的联系也很紧密；到了商代，特别是晚商时期，这三个地区的文化面貌已逐渐趋于一致"[1]。由于颛顼帝西迁，东夷少昊族团的众多氏族也随之西迁，从帝喾到舜、皋陶、伯益、夷羿等东夷人士，相继在这些地区活动，成为五帝政治核心中的重要人物，因此东夷的岳石文化，在这三个地区都留有踪迹。

五、殷商王朝中的己氏国族

戎州己氏，在殷商一代也是个重要的氏族集团，或曰重要的国族。殷商甲骨上有很多己姓活动的记载。对此丁山先生有过专门考证。

---

[1] 邹衡：《论菏泽（曹州）地区的岳石文化》，载《文物与考古论集》，文物出版社1986年版，第114页。

卜辞有："……丙寅……自己人……二。"（《合集》21857）

对此，丁山先生说："武丁、祖庚之际，自甲骨文征之，孝己之外，实有人以己为氏者。……其后或称己中，如卜辞云：'甲午，量卜，己中酒正。'（《合集》41322）酒正者，酒人之长也。"商人好酒，酒正为宫廷重要官职。

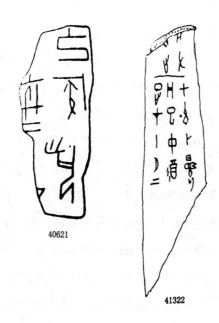

40621

41322

卜辞还有："丁亥卜，己贞，子商妾娩，不其嘉。"（《合集》14036）

丁山先生还说："有贞人之己，以证《高宗肜日》之祖己。吾知卫庄公所入之戎州己氏……即己氏亦必商之旧族。"① 陈槃先生云："如丁先生之说，是己非姓也，乃国族也，亦即所谓氏也。商代有己氏即己国，由丁先生所示例观之，此为无可否认之事实。"② 综合两先生之说，商时有己氏族人，一位为贞

---

① 丁山：《甲骨文所见氏族及其制度》，中华书局 1988 年版，第 102 页。
② 陈槃：《春秋大事表列国爵姓及存灭表撰异》，上海古籍出版社 2009 年版，第 939—940 页。

人，一位为酒正，还有一位权力极大的祖己。另外，"……己侯藐……死……"
（《合集》40621），表明"己"族中还有一位是侯，己侯，这些足证商时有己
氏族，或曰己国族。

在甲骨文和殷商青铜器中，除单一氏族名（族徽）外，还有复合氏族
名（复合族徽），例：己、其、竝、矣，是单一氏名，而己竝、己其、己其
矣就是复合氏名。对复合氏名学界虽有争论，但有一点，即复合氏名"是由
两个乃至两个以上的族氏名号组合而成"[①]的结论，大家都认同。因此这种复合
族徽，或曰复合氏名，是代表着两个或两个以上氏族的结合。如此，己
竝、己其、己其矣，就是由己族与竝族、与其族、与其矣族结合后形成的新
族氏名。

1. 关于己竝

20 世纪 30 年代"己竝"器在中原就有出土，如"竝瓠"器出土于殷墟安
阳，说明竝族在殷商时代是个很重要的氏族，活动在王畿附近。1983 年，在寿
光的益都侯城出土了 64 件殷商铜器，其中五件铜鼎的铭文中都有"己竝"。《左
传》记载，春秋纪国的附庸有纪邢、纪鄑、纪鄩、纪鄭等。己竝，是己与竝的
联合，是纪国的附属国，竝族从属于己族。

寿光己竝器

---

① 朱凤瀚：《商周青铜器铭文中的复合氏名》，《南开大学学报（哲学社会科学版）》，
1983 年第 3 期。

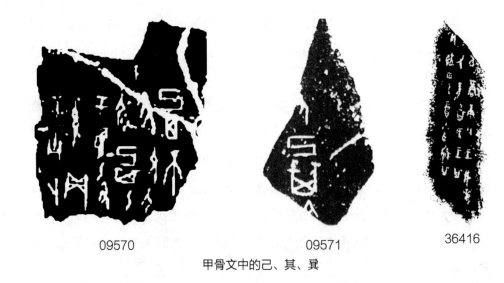

09570　　　　　　　09571　　　　　　36416

甲骨文中的己、其、异

2.关于"异"字

我在《探寻寿光古国》中曾说:"作为最早的文字,甲骨文中的'异'字产生于何时,或者说'异'的称谓始于何时,目前学界的看法还有很大分歧。这种分歧主要产生于对甲骨文的不同理解,例如对字体结构的理解:标准的甲骨文'异'字,如《合集》36416(甲骨文五期),己字略小,'己'、'其'合而为一,成为一个独立的新字;而《合集》09570、09571和03338,'己'和'其'一样大,《合集》09570中的'己'比'其'还大,因此'己'和'其'是两个字,而不是一个字。《合集》08836,'己'和'其'完全是两个独立的字。胡厚宣、胡振宇著的《殷商史》中,把甲骨文一期,即《合集》09570、09571中的'己其'二字释为'异'字,恐怕不妥。"[1]按照《殷周史》的释读,"异"字就是出现在甲骨文一期,而不是四期或五期,这与史学界的共识相悖。

殷商和周都有异族,由己丝族可知,异族是"己"与"其"族的联合体。甲骨文和商周铜器铭文中,都能见到"其"。《殷周金文集成》收录"亚其"器25件,其中有18件出自妇好墓,说明其氏族在武丁时期,就活跃在政治

———————

[1] 李沣:《探寻寿光古国》,齐鲁书社2011年版,第133页。

舞台上。何景成先生说:"'亚'应该是一种职官性的称谓,其地位颇高⋯⋯这种带有'亚'族氏名号,有的为某一方国的族氏名号,如'亚醜'、'己其侯亚吴'。"①

其族与己族联合的时间和背景难以确知,但据胡厚宣先生研究,他认为:"帝乙、帝辛时所封者有攸侯喜⋯⋯曩侯。"②赵诚先生同意此说,认为曩字是甲骨文四期出现的字。

岛邦男先生在《殷墟卜辞研究》一书中,绘制了殷商诸侯分布图,把董作宾、胡厚宣、陈梦家提出的殷商侯名加在一起,共计35个,其中曩侯出在第五期。曩的位置在杞的偏东北,相当于今曹州地区。岛邦男认为:这些侯名中,"皆以地区被称","可知诸侯的封地是固定的","诸侯有封地、武力,除从事征伐外,还监视方国动静并向殷报告"。③

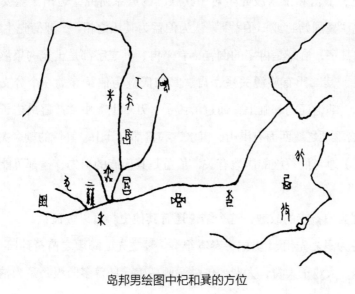

岛邦男绘图中杞和曩的方位

① 何景成:《商周青铜器族氏铭文研究》,齐鲁书社 2009 年版,第 59、60 页。
② 胡厚宣:《甲骨学商史论丛初集上》,河北教育出版社 2002 年版,第 71 页。
③ 岛邦男:《殷墟卜辞研究》,濮茅左、顾伟良译,上海古籍出版社 2006 年版,第 838、841 页。

卜辞有"在 𢀛 贞"(《前》2.2.6),有"老 𢀛 侯,王其……"(《合集》36416),说明 𢀛 侯族里有老有少;有"我以 𢀛 ……禹升受"(《合集》36524),是说王率 𢀛 侯进行祭祀活动;有"王于 𢀛 侯、缶师"(《合集》36525),说王要在 𢀛 地会合 𢀛 侯和缶师,准备出征。由上述卜辞可见, 𢀛 侯在王室中具有很高的地位。

金文中 𢀛 器更多。《集韵》《类篇》都说:" 𢀛,古国名。"董作宾认为,卜辞中的 𢀛 侯,"亦即春秋之纪侯"。①

上述资料显示, 𢀛 在商时是侯国,地处今曹县以东,与王关系十分密切,地位很显赫。

𢀛 族,是"己族"与"其族"的联合,"其族"从何而来?两族有何特殊关系?有学者研究认为,"其族",即伯益族系。

陈槃、邹衡和王永波先生对"其族"的族系研究,迈出了重要一步。陈槃先生说" 𢀛 国始封或曰伯益",认为伯益为其氏之祖。②邹衡先生认为:"甲骨学中的其字,恰好是冉字的倒置,看来冉、其二字都是土笼的象形。"③认为伯益与冉、其二氏有族源关系,冉、其二氏应为伯益族的一个分支。王永波先生在陈、邹论证的基础上,通过《孟子·万章上》中"益避禹之子于箕山之阴",结合颛顼之墟西面有淇山、淇水,和益都有箕山、箕岭的耦合关系,推论出淇(箕)地与伯益族的居地有关,伯益是其氏族的祖先,益都可能是伯益族的故地。④

益都为伯益族的故地,这个结论还有其他史料可以佐证:

伯益为秦之先祖,《史记·秦本纪》:"秦之先,颛顼之苗裔孙曰女脩。"女脩生大业,大业子大费,大费"佐舜调驯鸟兽,鸟兽多驯服,是为柏翳。舜赐

---

① 董作宾:《五等爵在殷商》,载《历史语言研究所集刊》第6册,中华书局1987年版。
② 陈槃:《不见于春秋大事表之春秋方国稿》,历史语言研究所1982年版,第149页。
③ 邹衡:《夏商周考古学论文集》,文物出版社1980年版,第286页。
④ 王永波:《"己"识族团考》,《东夷古国史研究》第二辑,三秦出版社1990年版,第135页。

姓嬴氏"。因此，现在史传多言伯益为嬴姓，但"嬴"是伯益佐舜有功，所赐之姓，嬴不是伯益的出生地。杨希枚和王玉哲认为："因生以赐姓"的"生"，是指生死的生，也就是功臣在世时分封，而不是死后赏赐，更不是指出生的缘由或出生之地。……由此看来，舜给伯益"赐姓嬴"，是把姓嬴的居地及其居民封赏给他，而伯益未必姓嬴。①

关于伯益的出生地，史学界主要有两种观点。一是从世系上考察，伯益是颛顼之后，颛顼都穷桑，在曲阜，因此伯益出生地也在泗水流域。二是从"益"音考察，杨宽先生认为"益"和"燕"，"不仅声同，实本一字"。②据此，何光岳先生的结论是："嬴族既然是燕的分支，当亦起源于今河北燕山一带。"③由伯益之"益"字，与"燕"字同音、同形，推理出"益"出燕地，但也可以不用这种逻辑推理，而直接从"益"字上分析。

伯益之"益"，必然有其重要的历史含义。益地在何处？今山东寿光地，古有益县和益都侯城。《齐乘》："寿光南十里，汉益县城"；"武帝封菑川王子胡为益都侯"。《寿光民国县志》："王胡城，在县城北十五里，古益都城也。"

齐地曾出土数量众多的"賹化"币和带有"賹"字的陶片。著名古钱币学家孙敬明先生说："齐国陶文中的'賹'字，或可解释为地名、人名。"④

"检索甲骨刻辞和青铜器铭，知早期的益字原有两体，一为益体，作益，就是我们今天常用的益字；一为赫体，山东益地发现的钱文、陶文和原始布币上的益字均同此。就目前所知，后一形体除用上述场合外，乃是一个弃置不用的'死文字'，故后世一律改用益体。伯益之益与益都之益共同专用赫体，足以证明两者之间有着密不可分的内在联系。换言之，青州之所以得称益都，实

---

① 参见覃圣敏《广西覃氏祖源辨正》，《广西民族研究》，2007年第3期。
② 杨宽：《杨宽古史论文选集》，上海人民出版社2003年版，第298页。
③ 何光岳：《东夷源流史》，江西教育出版社1990年版，第24页。
④ 孙敬明：《考古发现与齐史类征》，齐鲁书社2006年版，第364页。

因其曾为伯益之都而缘起。"①

总之，古青州地的这个"益""赔"，与伯益之"益"有关。

益为颛顼之后。颛顼继帝位后西迁到商丘（今河南濮阳），伯益族是由东夷跟随颛顼帝西迁到濮阳地区的族氏之一，因此潍淄地区有崻山、崻岭，濮阳地区也有淇山、淇水、淇县；潍淄地区的凡（又称丸、几、丹）山，即《史记·五帝本纪》：黄帝"东至于海，登丸山"，亦即东泰山。濮阳地区也有凡山，《左传·隐公七年》杜解："汲郡共县东南有凡城。"即今辉县西南二十里有凡城。《路史》载："卫之共城西南二十里，凡故城也。又临朐东阳城亦曰凡，而益都有凡山。"因此，陈槃先生疑问：岂凡又尝迁山东？然则临朐、益都凡之本封欤？②黄帝登丸山、禅丸山，说明临朐、益都的丸（凡）山很古，即陈槃先生说的，"然则临朐、益都凡之本封欤？"族迁名随，濮阳地区的丸（凡）山，也是颛顼、伯益族西迁后，以旧地名名新地。

3. 关于"冀矣"

在商周铜器铭文中，还有一个大的复合族氏名，或曰复合族徽，铭"亚冀矣"。从字面上看，就是在"亚冀"族氏的基础上，又添加了个"矣"族氏。我在《探寻寿光古国》一书中说："在甲骨文二期中，'其侯'、'亚其'的名字基本不见了。二期卜辞中出现了一名贞人 $\overline{}$（矣），'矣'是祖庚、祖甲时的著名贞人，'矣'也是史官，即驻守边陲的一名武官。"③

殷商时，没有常备军和职业军人，也没有专门的国防经费，武装力量的建制是以族为单位。氏族或姓族既是血缘单位，也是生产生活单位，而有些氏族，像 ς（己）、$\boxtimes$（其）、$\overline{}$（矣）或 $\overline{}\overline{}$（冀矣）等，又是作战单位。他们的封地，ς 是军事驻地，也是"寓兵于农"，自给自足的军事供应地。在这种

---

① 王永波：《"己"识族团考——兼论其、并、己三氏族源归属》，原载《东夷古国史研究》第二辑，三秦出版社 1990 年版，第 134 页。

② 陈槃：《不见于春秋大事表之春秋方国稿》，历史语言研究所 1982 年版，第 344 页。

③ 李沣：《探寻寿光古国》，齐鲁书社 2011 年版，第 141 页。

国家体制下，一个能征善战的氏族或国族中年轻力壮的人，就可能长期听候商王调遣。因军事斗争需要，他们的足迹遍及各地，有多个居地。当然，还有相当多的支脉一直留在故地。这个历史现象告诉我们，那些能征善战的氏族集团足迹遍及各地，因此不能因在某地发现了他们遗留的铜器或地名，就断定此地是他们的故乡。必须综合梳理他们征战、迁徙的历史，考虑这些地点的前后因果联系，才能得出他们祖居地所在的结论。

𦥑（夅），是贞人，也是指挥官，夅族是武装力量。卜辞有："贞𦥑（夅）来"（《合集》40920），"夅贞，今日隹值有不若"（《合集》26092），"贞翌丁巳□夅至……来自夅师"（《合集》24317）。王献唐先生在《黄县𣄴器》一文中，列出的43个器号73件𣄴器中，有39个器号69件铜器上有铭文"夅"或"亚夅"。现代学者何景成先生列出的"亚夅"铭铜器共124件。这些铜器，有的出于河南洛阳、上蔡、河北邢台，但绝大部分出于殷都安阳，有的出于安阳大司空的墓葬中，因此王献唐先生说："卜辞证明夅是在王朝服务的，并且身历数帝。既然如此，他死后便能葬在殷都一带。"①

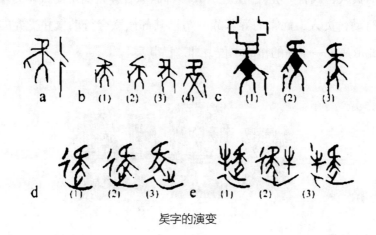

夅字的演变

① 王献唐:《黄县𣄴器》，见《山东古国考》，齐鲁书社1983年版，第96页。

对甲金文中的这个怪异象形，学者有不同的理解。葛英会先生认为金文中的"𤰞"就是燕子，是商代燕国的族徽。[①]但王树明先生的考证，似乎更有说服力。王先生认为这个象形是人不是鸟，通过分析其两臂长短不一、手握一木杆，推定这个"原始摹画，是我国古代人民推尊、崇拜的箭神、射神夷羿的形象"[②]。我同意此说。

关于夷羿，《说文》认为：羿，帝喾射官。《史记·夏本纪》正义引《帝王世纪》："帝羿有穷氏，未闻其先何姓。帝喾以上，世掌射正。至喾，赐以彤弓素矢，封之于鉏。"羿，有穷氏，在颛顼时代掌射正，也是随颛顼帝西迁之东夷族。帝喾时封之于鉏，即近今河南濮阳的滑县。

颛顼、帝喾时有羿，尧时有羿，禹夏时也有羿，羿是氏族或氏族诸侯的称谓，不专指一人。羿，也称帝羿、夷羿、后羿，是一个具有神话色彩的英雄形象。尧时射日，为民除害，功勋卓著。太康、仲康、后相时，"因夏民代夏政"，一度居帝位。

"𤰞夨（𤰞𤰞）"族徽标志着在"𤰞"联合体的基础上，又增添了个"夨"，即商时的贞人、武官"夨"。上述"𤰞"部族联合体是商王的武装力量，因军事征战行动，贞人、武官的羿部族，与己其部族联合行动，并受羿的统领指挥，因此形成了一个新的作战单位，即"己其夨"。

<hr>

① 葛英会：《燕国的部族及部族联合》，见《北京文物与考古》第一辑，北京燕山出版社1983年版。

② 王树明：《𤰞祖夷羿疏证》，《管子与齐文化》，北京经济学院出版社1990年版，第496—507页。

羿部族之所以与己、其联合，除政治上的原因外，恐怕还因为这三个部族有血亲或地缘关系。

羿是有穷氏，和少昊穷桑氏，属于一个大族系。后羿故里，一说在今德州地区；但后羿射日，是在东夷，日出东方；"羿诛凿齿于寿华之野"，"缴大风于青丘之泽"，寿华之野、青丘之泽，都在今潍淄地区。后羿奉帝尧命对这个地区征讨的结果，是"万民皆喜"，"天下始有道理"，表明在那原始无序的部族阶段，后羿的军事行动是与秩序的建立相结合的。因此，后羿也是东夷部族的首领。

《水经注》卷二十六记述，晏子对齐景公问及齐地沿革时说："始爽鸠氏居之，逢伯陵居之。"《孟子·离娄下》："逢蒙学射于羿，尽羿之道。"《吕氏春秋·有始览·听言篇》："蠭（蜂）门始习于甘蝇"，蜂门、逢蒙音同，为一人，而甘蝇即羿。《列子·汤问篇》又言："甘蝇，古之善射者。……弟子名飞卫，学射于甘蝇，而巧过其师。"飞卫、蜂门、逢蒙音同，为一人。总之，古之善射者甘蝇（后羿），是逢蒙师。《荀子·正论》："羿、蜂门者，天下之善射者也。"后羿或后羿族与逢蒙或逢蒙族，不仅同住一个区域，而且还是师徒关系，是天下之善射者。

关于逢蒙部族的地望，山东考古学者在济阳县姜集乡刘台子发现几座西周墓，出土铜器中带"夆"字铭文的铜器就有十余件，可证西周时期逢氏在济阳一带。

"据顾祖禹《读史方舆纪要》记述，临朐、青州一带有逢山、逢庙，或有认为，逢之兴也，概起于此地，其后北迁，至今淄博、济阳一带。"[①]《说文》认为：逢的异体字为逢。逢蒙部族在临朐、青州的话，后羿部族也离此不远。笼统地说，古青州地是夏、商时后羿族、逢蒙族的居地。

《列子·汤问篇》还说："纪昌者，又学射于飞卫。"因飞卫即逢蒙，逢蒙

---

① 王守功：《夷羿族团的衍变与考古发现辨证》，载《古代文明》第一卷，文物出版社2002年版。

乃纪昌师。纪昌，纪国族人。这也表明，古纪国族与逄蒙国族为友邻，为师徒。前述古纪国既在今寿光地，临朐、青州、寿光，同为弥河流域的古国。

《孟子·离娄下》："逄蒙学射于羿，尽羿之道，思天下惟羿为愈己，于是杀羿。"羿，有穷后羿也。逄蒙，羿之家众也。《左传·襄公四年》："羿犹不悛，将归自田，家众杀而亨之。"把两文的大意联系起来看，后羿的家众，恐怕也是逄蒙的党徒，说"杀羿者，逄蒙也"还是有其根据的。往日的师徒，翻脸为仇。后羿在斟灌被杀，葬于斟灌。斟灌（即今山东寿光），是后羿子孙怀念他的地方。到了逄蒙为师，也有类似的一幕。

《列子·汤问篇》还载："纪昌既尽（飞）卫之术，计天下之敌己者，一人而已，乃谋杀飞卫。相遇于野，二人交射；中路端锋相触，而堕于地……于是二子泣而投弓，相拜于涂，请为父子，克臂以誓。"这对师徒经过恶斗，握手言欢，请为父子。

这些文献记载表明，后羿、逄蒙、纪昌及其族团，在虞、夏时，同处弥水流域，三族相邻、相交、相友或相敌。后羿、逄蒙与古己（纪）国族，不仅有地缘关系，而且还有很紧密的师徒联系。因此，后来鳦（羿）族与己族的联合，就具有历史的必然性。

还有一证，即"亚玄鸟妇罍"（《集成》09794）。学者多认为这个族氏铭文即"玄鸟妇"。史有"天命玄鸟，降而生商"，玄鸟即商的始祖，但此器为商王贞人、武官"奚"所铸，这里产生了矛盾，虽然学者们做了各种推测，但都不能自圆其说。因此，《探寻寿光古国》一书认为：此徽文的"玄"应为"糸"，而"鸟"与"隹"通，此字为"维"，即"潍淄其道"的"潍"。此妇为"维妇"，与"己妇""杞妇"都为东夷女子。[1]

因此，后羿与潍淄地区、与古己、其国族居地的联系，表明后羿与己、其有某种血缘或者地缘的关系。他们的联合有其族源或历史的原因。

---

① 李沣：《探寻寿光古国》，齐鲁书社 2011 年版，第 154 页。

六、周时的"聂"和"己"

1.周初的"己其聂"族

关于己（纪）、聂，是否为周初封国，文献无载。但聂（己其聂）是商时的重要武装力量。《左传·昭公十一年》载"纣克东夷，而陨其身"，纣征人方的卜辞证明，殷师一直征伐到潍淄地区，激化了东夷族团与殷王朝的矛盾，因此周灭商时，"纣师皆倒兵以战，以开武王"（《史记·周本纪》）。"己其聂"族，肯定成了周灭商的重要武装力量。

周初，"己其聂"族的一支武装，到了燕地，在琉璃河、牛栏山、昌平都发现了"己其聂"器，《集成》09439铭文为："聂侯亚聂。郾（燕）侯易（赐）亚贝"，记载燕侯对"己其聂"侯的赏赐。对燕国的"己其聂"器，学者说法很多，按有的学者的说法，当时燕王手下，有若干东方旧族从征幽燕，燕王对这些人有臣妾之赐，贝朋之赏，有的殷商旧族还可能保有旧的氏族组织和有领地采邑。我认为此说比较顺理成章。

但屯聚殷东的"己其聂"族，不可能全部北征幽燕，原地保留的部分在周初发生了变动。按周初武王的分封，封叔度于蔡（今上蔡）、封叔振铎于曹（今定陶）、封叔武于成（今濮州）。（《通志·三王纪》）这样居住此地的"己其聂"族，一种可能是臣服于振铎，一种可能是徙往外地。

还有一种情况，即周公摄政时，"管叔、蔡叔群弟疑周公，与武庚作乱叛周"，"周公为师，东伐淮夷，残奄"（《史记·周本纪》），因东夷的奄君、薄姑是出谋划策者，因此《墨鼎》载："惟周公征伐东尸（夷），丰白（伯）、尃古（薄姑）咸戡。"周公东征，并讨伐了丰（逢）伯（今青州西北）和薄姑（博兴地域）。

与此相似的另一次东征，即《小臣谜簋》所载："东尸（夷）大反，白懋父以殷八师征东尸（夷）。"（《集成》04238）所谓殷八师，也就是商的王师，驻守的殷都四周的公、侯、伯，如杞侯、聂侯等，都是殷八师的主力。因此在这两次东征中，杞侯也好，冀侯也好，都必然是东征主力。

周东征后，必然把一部分主力留在东夷，以安定周的东方国土。因此我在《探寻寿光古国》一书中经过反复论证，其最后结论就是："白懋父率殷八师征东夷，把齐鲁以东广大地域征服以后，按照周初政治惯例，必须分封贵族首领管辖。……为了巩固东征的成果，保持这一地区性的安宁，把殷八师的一部分兵力，也就是一部分兵民合一的氏族，留在这一地区驻守。"[①]

春秋时的纪国附庸纪部、纪鄣等，有一种可能就是留在东夷的殷八师成员，因他们是冀侯的部属，冀侯是师级，而部、鄣，按现在的说法就是团级单位，因此虽然同住一地，但一个是主，一个是从，部、鄣等都成了纪国的附庸。部、鄣这些字的本身，都与弓箭有关，都是操弓善射的氏族，"邢、鄣、部均为夷羿族团部族，其中鄣、部或是没有随夷羿族团西征……其后，与己部族联合，最终他们的国都都成纪国一邑"[②]。或者说他们都是后羿族的裔孙。纪（己）和邢、部、鄣等，留在潍淄地区，实际上是回归故里。

东夷族人，从颛顼时代开始，有由东到西的迁徙历史。由于东夷族人的祖居地在东夷，无论迁到何处，与故里仍会有多种多样的联系。尤其是周灭商后，几次东征，有些东夷族人又回到了东夷。有个历史现象尽管不能详解其因果联系，但能完全证明东夷潍淄地区与古曹州、濮阳部族之间具有血缘关系。曹州地区史上有城阳、西安、昌邑、昌乐、安丘等地名，这些地名在潍淄地区多数现在仍在使用；濮阳地区的历史地名有淇山、淇水、淇县，有牧（牟）野、眜（沫）邦，而在潍淄地区也有箕山、沫水和牟地；曹州、濮阳都有楚丘，而东夷也有东楚之说。不论从哪个角度思考，两地的历史联系是客观存在的。

2. 文献和铜器中的己（纪）国

《世本·氏姓篇》云：纪"姜姓，炎帝之后，封纪，为齐所灭"。

《左传·隐公元年》记载："纪人伐夷"，杜预注："夷国在城阳壮武县。纪

① 李沣：《探寻寿光古国》，齐鲁书社 2011 年版，第 244 页。
② 王守功：《夷羿族团的衍变与考古发现辨证》，载《古代文明》第一卷。

国在东莞剧县。"孔颖达疏："纪，姜姓，侯爵。"文献记载说明：纪国，姜姓，炎帝后，侯爵，位于东莞剧县（今寿光纪台）。公元前722年，曾征伐位于山东半岛东部的夷国，表明纪国当时还很强大。

（1）己（纪）国与周王室的特殊关系

《古本竹书纪年》载：夷王三年，"致诸侯，烹齐哀公（齐国的五世君）于鼎"。《史记·齐太公世家》载："哀公时，纪侯谮之周，周烹哀公。"司马迁的"纪侯谮之周"，来源于齐人作的《春秋公羊传》，云："哀公烹乎周，纪侯谮之。"齐人认为，周烹齐哀公，是纪侯告的状，因此齐与纪有世仇，《公羊传》关于齐灭纪的原因，云"复仇也！何仇也？远祖也！"即因纪侯告状，把齐祖哀公烹了。周烹齐哀公，是因为齐人参与了周懿王死后的宫廷政变。王位本应由懿王子夷王继承，结果被懿王叔夺取。夷王烹齐哀公是惩恶扬善。纪侯参与其事，是正义之举。在寿光纪侯台下，曾出土《己侯钟》，其铭文为："己（纪）侯虢乍（作）宝钟。"（《集成》00014）陈梦家先生说："此己侯，当是谮齐哀公于周的纪侯。"还说："己侯名虢，与《鲜钟》之司徒虢同名，若是一人，则纪侯曾为王官。"[1]

己侯钟

懿、孝、夷王时的文献和铜器都证明，周懿、夷王时，纪侯虢为王官，任司徒之职，在宫廷中具有很高的地位和权力。

纪侯这时为什么极力维护周夷王的地位？恐怕这时的纪国与周王有特殊的关系。《冀孟姜匜》（《集成》10240）铭文为："王妇冀孟姜，作旅也。"杨树达先生云："此铭云王妇，盖即王后也。"[2]孟姜是对东夷女子的通称，冀孟姜，即冀（纪）国女子。胡澉咸先生对《蔡篮》铭文释读中，有如下意思：周王死，嗣王初立，母后姜氏听政。姜氏为夷王母后，懿王妇，也即《冀孟姜匜》

---

① 陈梦家：《西周铜器断代》，中华书局2004年版，第228、229页。

② 杨树达：《积微居金文说》，上海古籍出版社2007年版，第286页。

中的異国女子孟姜。①综合《異孟姜匜》和《蔡篡》两器铭文可知：王妇和夷王之母为異孟姜，纪国女；懿王死后发生了宫廷政变，懿王子夷王没能继承王位，由孝王篡夺王位，"孝王崩，诸侯立懿王太子燮，是为夷王"（《史记·周本纪》），然后发生周夷王烹齐哀公之事。在些事变中，異国女、夷王母異孟姜，无疑都起了重要作用，也就是周懿、孝、夷王时，己国与王室有些特殊关系。

《左传》桓公六年（前706）"纪侯来朝"；桓公八年冬十月"祭公来，遂逆王后于纪"。桓公八年冬，周王室派祭公来纪国迎纪季姜，纪季姜是纪侯的第四个女儿，已成为周桓王的王后，桓公九年春，"纪季姜归于京师"。周桓王时，纪国与周有婚姻关系。

（2）己（纪）国是周时的东方大国

纪国都纪，在今寿光城南。

关于纪邑，《左传》中有纪邢、纪部、纪鄑、纪郱、纪郚，还有浮来和黄县。邑，在文献中有两种含义，一是诸侯在自己的封地内，又把部分土与民，分封给自己的亲属或有功的扈从，作为他们的采邑，邑从属于国；二是有些小诸侯国不能上达天子，只好依附于大的诸侯国，成为大诸侯国的附庸。不管哪种解释，纪国的这些"邑"，都是纪国的组成部分。

纪邢，在今临朐地；纪部，在今安丘地；纪鄑，在今昌邑地；纪郱，在今临淄东十里；纪郚，在今日照安东卫；浮来在今莒县城西；黄，即黄县地。把纪国及其邑地标示在现今地图上，可见纪国疆域几乎涵盖今整个潍坊，并涉及临沂、日照和烟台的部分区域。从势力范围上看，纪国确实是东方的一个大国。

纪国在西周和春秋早期，也是个与邻国齐国势均力敌的强国。《左传·僖公四年》载：管仲对曰："昔召康公命我先君太公曰：'五侯九伯，女实征之，

---

① 胡澱咸：《甲骨文金文释林》，安徽人民出版社2006年版，第259—263页。

以夹辅周室。'赐我先君履，东至于海，西至于河，南至于穆陵，北至于无棣。"既然周王室给了齐太公"五侯九伯"可以征伐至海的大权，为什么从齐太公至齐襄公的三百八十多年间，齐国不说东至海，就连都城临淄东十数里的纪国邑纪鄙都不能收归己有？这里面有重要的政治、军事原因。齐不是不愿意征伐纪国，而是不敢，或不能。

（3）齐灭纪，纪侯大去其国。

齐襄公时，春秋列国局势发生了一系列变化。原来的"小霸主"郑国，因内外交困，国力大衰；卫国内乱不止，沦落为大国附庸。这时唯独齐国，力量相对强大。

与齐相邻的纪国，与周王室和鲁国联姻，齐国虽然想吞并纪国，但对王室和鲁国有所忌惮。但桓公十八年（前694），鲁公携夫人文姜去齐国与齐襄公相会，齐襄公与自己的妹妹，也就是鲁桓公夫人私通，被鲁桓公发现，齐襄公命人将鲁桓公杀害，鲁国一时无君，齐襄公趁机发动了对纪国的吞并战争。

《春秋》记载庄公元年（前693）冬，"齐师迁纪邢、鄑、郚"。迁，就是只取其地，不取其民，要地不要民，把三邑之民赶走。纪侯看到大势所趋，为防生灵涂炭，乃"大去其国"，所谓"大去"，就是率领全体纪国臣民远走他乡，而且永不再返。由此，数十万的纪国臣民跟随纪侯告别故土，走上了一条艰难的、不知所终的大逃亡、大迁徙之路。

纪国臣民去了何方？有的学者认为是去了胶东半岛，一部分纪国臣民东去胶东是可能的，尤其是"齐师迁纪邢、鄑、郚"，亦即齐师由西向东征伐时，纪邢、纪鄑、纪郚的部分民众为躲避齐师，也只有向东潜逃的一条路。但我们认为纪国臣民的主体是去了南部沿海各地，有两个事例可证。

事例一：沂蒙山区有七十二崮，自古传下来的"天下第一崮"为"纪王崮"。《沂水县志》载："纪王崮相传纪子在去其国而居此。"2012年在纪王崮顶发现一春秋大墓，墓葬除有诸多青铜器、玉器、马车及成套乐器外，无尸骨。此墓很可能是纪侯为死去的伯姬夫人修的衣冠冢。此春秋大墓证明"纪王嵩"的传说名不虚传,也证明《沂水县志》的记载有所本。

事例二:纪氏网站信息称,据福建仙游纪氏宗亲热心走访各地统计,现全球纪姓人口约三十多万人。主要分布在江苏省的 25 个地区、浙江省的 18 个地区、福建省的 37 个地区、江西省的 25 个地区、广东省的 6 个地区。潮汕地区是纪姓族人的重要聚居地。《通志》载,纪,是以国为氏。天下纪氏或纪姓人,一般都是纪国的后裔。纪姓人在纪国当地少之又少,而南方沿海各省,尤其潮汕地区密布纪姓人,表明纪侯大去其国,沿海南行的说法有其根据。

另外,"商子潮风窗"网站的文章通过染色体遗传密码的检测认定,85% 以上的潮汕人和闽南人来自中原地区,故华南各大汉语族群的父系大致是以历代北方移民为主体的,结论是:潮汕人主体来自"鸟人"少昊氏。[①]这种说法可备一说。

综上可见,当年纪侯率领纪国臣民,有可能沿着弥河一路向南,到后峪翻过沂山。纪侯因夫人伯姬死后还没有埋葬,就临时落脚在纪王崮。而纪国臣民的南迁主体,沿沂水继续向南,一直到海边。然后经过若干代,由江苏沿海向浙江、福建、广东等地区迁徙。留在山东的也有,像青岛、文登、招远也有纪姓人,但为数极少。而纪国故地,纪台镇,无一户纪姓人,说明"大去其国"确实是历史事实。

现统计的三十多万纪姓之人,是纪国的后裔,是以国为氏。如宋代邓名世《古今姓氏书辨证》中说的:纪姓,"出自炎帝之后,封为纪侯,其地东莞剧县是也。纪侯尝潛齐哀公于周,周烹之。《春秋》鲁庄公四年,齐襄公复九世之仇,灭纪,纪侯义,不下齐,大去其国,君子善之。子孙以国为氏"。

七、纪(己)国与昺国

在本文中,我把纪(己)和昺视为一国,把大量"己其昺"器,放到纪(己)国历史的研究中。但有些山东学者,如王献唐、逄振镐等,把纪(己)和

---

① 商子潮风窗,https://tieba.baidu.com/p/4847341009,2016-11-03。

曩视为两国。王献唐《山东古国考》一书的第二部分，其标题就是"曩非杞亦非纪"，文中说："经传史籍都作纪，金文都作己，从来没有把纪写作曩的证据。"① 逄振镐在《山东古国与姓氏》一书中，也是把纪国与曩国分为两国分别论述的。

但山东学者王恩田认为纪、曩为一国，他说："最早提出纪、曩为一国的是清方濬益。他对宋以来引用卫宏说证明曩与杞同之说表示怀疑……进一步提出曩国即姜姓纪国。郭沫若、曾毅公、陈梦家、杨树达诸先生并从此说。"②

对这个问题比较有说服力的考古学证据是：1969 年 11 月，在山东烟台上夼村西周晚期的同一墓中，出土了两件铜鼎，一是《曩侯鼎》，铭文为："曩侯赐弟叟嗣烕（烕）"（《集成》02638）；二是《己华父鼎》，铭文为："己华父作宝鼎"（《集成》02418）。铭"曩侯"与"己华父"的铜器同出一墓，说明"曩"与"己"，为同一族人。

王献唐、逄振镐等人虽认为纪和曩为两国，但对曩的存在和曩与纪的关系，也觉得颇为蹊跷，有些说法也显得很模糊，如王献唐先生所言："从古代书籍找曩国的历史，除了'曩，古国名'四个字外，可以说一无所知。"青铜器是古代国家强盛的表征，而有无数青铜器的曩国，"在殷、周是一个比较有

---

① 王献唐：《山东古国考》，齐鲁书社 1983 年版，第 67 页。

② 王恩田：《纪、曩、莱为一国说》，《胶东考古研究文集》，齐鲁书社 2004 年版，第 370 页。

高度文化的国家"，历史文献中却无片文只字，这个现象很反常。这个反常，也许反证纪（己）国之外的异国并不存在。王献唐先生还说：异国"和纪国的情况几乎完全一样。由纪可以证异，由异国本土之早，也可以证纪本土之早"①。从铜器记载的历史看，异和纪几乎完全一样，文献中又有纪无异，因此把纪、异视为一国有充分的合理性。

八、纪氏族谱中的祖先

（1）太平乡《纪氏宗祠——高阳堂》族谱中有"惟我高阳纪氏"，高阳，即颛顼，是说他们的老祖宗是颛顼帝高阳氏。高阳堂族谱中有个故事并引出来一段文字，令人深思。族谱中说："元延祐二年，漳之富人通引流贼李世荣夜劫洗屋宇，契据族谱殄灭殆尽，长者公于初四日辰时就舌血书于白绫绸，曰：'金九盘，银九盘，存第九舁水异内。'"这些文字的本意不好理解，但有两个字非常显眼，一个是"舁"，一个是"异"，即前面反复出现的异字。《说文》："舁，帝喾射官，夏少康灭之，从弓开声。"这个"舁"就是我们说的后羿，或后羿族；"异"是己族与伯益族的联合体。这个高阳纪氏，祖传其祖就是颛顼、后羿和伯益，这与我们前面的论述完全吻合。"舁"和"异"，都是古字，一般历史文献中很少出现，也只有研究古文字和先秦史的学者才使用。纪氏族人长者公居然用血书把这"两字"传给后代，此中含义令人深思。

但该族谱的传说部分，缺乏依据，自认祖先是姜姓炎帝，但又把始祖认定为殷商比干。比干为纣之叔父，这是把纪姓族人归为殷商之后。这显然与文献记载相悖。《世本》载，商祖为契，契是帝喾之后，而帝喾是黄帝之后。因此比干不是炎帝之后。由于商契和伯益之祖大业，都是先母吞玄鸟卵而生，商比干胞弟箕子，似乎与伯益族有某种联系，但也无法证明。但民间说法的这些矛盾，确又证明古纪（己）国，不是单一氏族，而是含炎黄两大族团后裔的结合体。

---

① 王献唐：《山东古国考》，齐鲁书社 1983 年版，第 70 页、第 176 页。

（2）《四库全书》总编纂纪昀（字晓岚）为山东章丘柳塘口的纪氏祠堂题写过一副对联，讲到纪姓的源流。其中上联为："赐姓自南阳溯当年水土功勋华胄遥遥望并姚姬著族"。讲的是纪姓的祖先伯夷，即四岳，因佐禹治水有功，被赐姓姜，封到南阳。史传伯夷为炎帝十四代孙，共工的从孙。结合我们前面论述的"祝融降处于江水，生共工"，炎帝后裔姜姓的共工，从西进的大汶口文化的祝融族中分化出来了。综合起来看，纪姓是共工、伯夷之后。

（3）清朝道光年间修的《润东雩山南纪氏族谱》（注：句容纪氏的一支）中有："谨按纪氏，其先出自神农之后裔圉公，受封于纪，书曰胙土赐姓，因生赐名，名曰东圉，系帝襄之裔，世居山东。"这个记载，与我们论述的纪国历史也大体一致，即神农之后，封于纪，在山东。

（4）现网上流传比较多的族谱有：《台闽高阳纪氏》《福建同安纪氏》《福建龙安纪氏》《潮汕纪氏》《江苏句容纪氏》《江西临川纪氏》《河北景城纪氏》《河北文安纪氏》等。这些纪氏族谱，对始祖基本没有记载，对远祖追溯的也较晚，如《潮汕纪氏》的远祖为南宋人纪恩，纪恩再往上，就一片空白。比较翔实的《河北献县纪氏》，据中华姓氏网载："'始祖椒坡公，明永乐二年，迁江南大姓实畿辅，自上元徙献县之景城。'纪氏三兄弟，纪福字恩坡，纪禄字椒坡，纪寿字伯龄。自应天府上元县（江苏江宁）纪家匾村，分别北迁至静海纪家庄，献县景城，文安县纪屯。三公后裔繁衍，各有家谱延续。"是说纪福、纪禄、纪寿兄弟三人，明永乐年间由应天府上元迁至静海、献县、文安。由上元北迁的这一支纪氏，其远祖的追溯到明朝，再往前也是一片空白。

（5）对纪氏远祖的故里，有的族谱说是甘肃天水，有的说是河南固始，除纪氏源自纪国（今山东寿光）以外，不排除在全国各地留有少昊、祝融己氏及伯益、后羿的"己其吴"族后裔。

现流传的族谱多由明、清人编撰，其中明、清时事，丰富而可靠，有重要的史料价值。但对始祖、远祖的记忆，因过于久远，多是些传说故事，缺少文献依据，使用时，必须与其他文献对照起来鉴别真伪，决定取舍。

善射之夷羿族团的历史

一、穷桑氏与传说中的夷羿

（一）"羿"是射神夷羿的象形

祖庚、祖甲时的"羿"，是重要的贞人，甲骨刻辞中有大量关于"羿"的活动记载，"羿"也作为族徽文字出现在大量青铜器中，如王献唐先生所言："卜辞中许多羿字，都是贞人的人名，从来未作别用；殷代金文中也有许多'羿'字，都为器铭徽识，从来也未作别用。这两种突出现象，如把它联系起来，说卜辞的'羿'就是金文的'羿'，那就不突出了。"[①]

对甲骨文中的这个"羿"字如何解读，甲骨文中的这个"羿"字在文献中有何体现，学者众说纷纭。如朱彦民先生概括的："燕地出土的许多商周青铜器上都有族徽符号'亚羿'，其中的'羿'字作羿、羿等形状，与甲骨文中贞人'羿'形状相同。《西清古鉴》释为'虔'，孙诒让释'帝'，刘心源释'羿'，而更多的学者如吴大澂、刘体智、王献唐、邹衡、彭邦炯、葛英会都释为'燕'。我们认为，金文'燕'与甲骨文'燕'字形，都是燕子的非常惟妙惟肖的象形，释'燕'是确定无疑的。"[②]甲金文中的"羿"，如下图：

---

① 王献唐：《山东古国考》，青岛出版社 2007 年版，第 188 页。
② 朱彦民：《商族的起源、迁徙与发展》，商务印书馆 2007 年版，第 106 页。

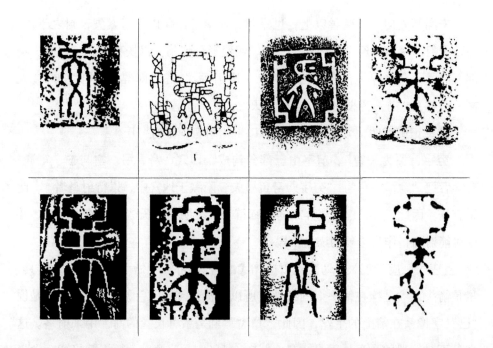

作为族徽文字的"羿"，像人形，不像飞鸟燕字。图形中有头、有臂、有腿。另外还有两个重要特点，一是右臂短左臂长，二是左臂有手并握一杆状物。因此，王树明先生引经据典曰：《淮南子·修务训》曰：'羿左臂修而善射。'……《韩非子·说林下》：'羿执鞅持杆，操弓关机。'……亚其徽识两臂长短往往不一，其中，手中握有器物的一臂一般略长于另一臂，此又与夷羿左臂修长的记载相符；亚其徽识略长的一臂手中所执器物，或为镞头或为木杆、木棍类兵具，也与古籍记载夷羿尚箭、嗜射、手中持'弓矢'、'弧矢是尚'、'执鞅持杆'的记载一致。依据上文分析，推定亚其器所画徽识的原始摹画，是我国古代人们推尊、崇拜的箭神、射神夷羿的形象。"①王树明先生的这个分析判断，与"羿"字的甲金文象形完全一致，此说比其他说法更为客观和科学，我认同此说。

甲金文中的"羿"，是箭神、射神夷羿的形象。夷羿又名后羿、帝羿，此人在文献中多有记载。《史记·夏本纪》正义引《帝王世纪》云："帝羿有穷

---

① 王树明：《嚳祖夷羿新解》，载《华夏考古》，2004年第2期。

氏，未闻其先何姓。帝喾以上，世掌射正。至喾，赐以彤弓素矢，封之于钽，为帝司射。"《山海经·海内经》："帝俊赐羿彤弓素矰，以扶下国。"《说文·羽部》："羿，羽之羿风，亦古诸侯也，一曰射师。"古羿即羿，与弱字同。《说文·弓部》："弱，帝喾射官，夏少康灭之。"

这些记载表明，羿是射神，帝喾以上为射官，是有穷氏。

穷字，原为"窮"。窮字由三部分构成，即穴、身、弓。窮与窮、穷通。有学者把"窮"字释为："穷字乃身负弓矢，隐藏于地穴中，以待射鸟者。"[1]此说有据。因此，"窮"，是夷羿族的图腾符号，表明这个氏族最早使用弓箭，并用弓箭射鸟，作为重要的谋生手段。

《庄子·应帝王》："鸟高飞以避矰弋之害。"可知"矰弋"是射鸟之器具，矰是箭头，弋是拴在箭头上的细丝。所以罗振玉释说"𠃌象雉射之缴"，是说"己"字像系在箭上的生丝，因此"矰弋"就是系有长丝的箭，用来射鸟。这个鸟不是一般的小鸟，而是大鸟。《诗·郑风·女曰鸡鸣》："将翱将翔，弋凫与雁。"所射之鸟，是凫与雁，即野鸭与大雁。我们可以想象，远古时河、海边，时时有成群的野鸭、大雁降落，羿族猎手手持"矰弋"埋伏在事先挖好的洞穴里，成千上万的野鸭或大雁落地后，他们用"矰弋"齐射，就能获得大量野物为食。这种狩猎方式与该族团的生活息息相关，因此，"窮"字成为该氏族集团的一个图腾符号。

"窮"，这个习弓尚箭善射的羿氏族集团，一刻也离不开"桑"，有穷的弓矢矰弋和"桑"密不可分。弓，有背和弦，背，桑木所作；弦，蚕丝所为；弋或缴，折叠之丝，而折叠之丝又称己，己（纪）国之己。

《尚书·禹贡》"潍淄其道"后就有"厥篚檿丝"。何为"檿桑"？《说文·木部》："檿，山桑也。"《尔雅·释木》："檿桑，山桑。"郭璞注："似桑，材中作弓及车辕。"伪《孔传》云："檿桑蚕丝，中琴瑟弦。"《东坡书传》："惟

---

① 何光岳：《东夷源流史》，江西教育出版社 1990 年版，第 311 页。

东莱出此，丝以织缯，坚韧异常，莱人谓之山茧。"

琴瑟乃弓的衍生物，弓之弦后衍生为琴瑟之弦。琴瑟之弦也即弓之弦。弓之弦及弋之缴，用的都是厥桑蚕丝。因此，穷、桑、缴（己），都是习弓尚箭善射的夷羿族团的图腾符号。

《吕氏春秋·勿躬》有"夷羿作弓"之语。夷羿或有穷部族是发明、使用并善于用弓箭的部族。弓箭的发明和使用，在人类生产力发展史上具有标志性意义，"我们用弓箭作为高级蒙昧社会开始的标志。弓箭必然对古代社会起过强有力的推动作用，它对蒙昧阶段的影响正如铁制刀剑之于野蛮阶段、有如火器之于文明时代"[1]。因此，羿、夷、穷，都说明这个部落或诸侯发明并善于使用弓箭。使用弓箭是有穷部族的特长，也是他们力量的所在。

（二）东夷首领少昊的祖地在东海

有穷氏亦即穷桑氏、空桑氏。周清泉先生说："空桑氏在古籍中多作穷桑氏或有穷氏。孔子知母不知父，在神话中也是生于空桑的。……这个孔的氏名是由空桑而孔桑氏而省去桑字而为孔氏的，与后羿称有穷后羿一样，省去穷桑氏之桑字而为穷氏。"[2]穷桑乃少昊出生地。王嘉《拾遗记》：少昊母皇娥"经历穷桑沧茫之浦"，"穷桑者，西海之滨，有孤桑之树……帝子与皇娥泛于海上……及皇娥生少昊，号曰穷桑氏。"少昊出生的西海[3]穷桑，乃东夷首领少昊的名号，少昊的邑名、氏名。《左传·昭公二十九年》："少皞氏有四叔……世不失职，遂济穷桑。"杜预注："穷桑，少皞之号也。"《帝王世纪》云：少昊氏"邑于穷桑，以登帝位，都曲阜"，是说穷桑是少昊的封邑，登帝位后徙曲阜，邑地穷桑成为他的名号，即穷桑帝。有穷氏乃少昊之后，是少昊穷桑氏的

---

① 摩尔根：《古代社会》，商务印书馆1977年版，第20页。

② 周清泉：《文字考古》，四川人民出版社2003年版，第153页。

③ 在"潍淄其道"前，潍淄平原、胶莱平原都是汪洋大海。胶东半岛的东为东海，其西为西海，大致今胶莱平原地区。

嫡系，故继承穷之国号。

穷桑，作为东夷首领少昊的出生地、采邑和国号，到底在何处？高诱注曰："空桑，地名，在鲁北。"张衡《思玄赋》旧注："少昊金天氏居穷桑，在鲁北。"鲁北之说较古，但"鲁北"是个宽泛的概念，人们受历史的局限，有多种理解。多数学者认为"穷桑"即鲁北，鲁北即曲阜，著名历史地理学家谭其骧经详细考证后说：穷桑在鲁南山之空窦中，今名女陵山，"是则空桑既是山名，又是地名，地居鲁都曲阜之北，兼有城南之地"①。如此说来，穷桑亦即曲阜，或者是曲阜北部的山地。此说有值得商榷之处：

第一，穷桑，亦即扶桑，扶桑在东海，《山海经·海外东经》："汤谷上有扶桑，十日所浴。"《拾遗记》："穷桑者，西海之滨有孤桑之树……皇娥生少昊。"《山海经·大荒东经》："东海之外大壑，少昊之国。"这些记载说明，少昊出生地穷桑，少昊邑穷桑，少昊之国，都在东海或东西海之间，亦即今胶东半岛地区。

第二，史载"穷桑"是个十分辽阔而且不断变动的大地区，它不是局限于某小山的区区小地。"穷桑沧茫之浦"；"日五色，下照穷桑"；"共工振滔洪水以薄空桑"；《左传·昭公二十九年》："少皞有四叔（子孙），曰重、曰该、曰修、曰熙……世不失职，遂济穷桑。"因此，"穷桑"是个靠近海边的大区域。如《中国古代文明起源》一书说的："关于少昊的活动范围，大家的意见比较统一，即少昊部族分布于山东中部地区，具体说北起济、潍、淄流域，南至沂、沭，西至汶、泗流域，东至淮海海滨。"②

第三，《帝王世纪》：少昊"邑于穷桑，以登帝位，都曲阜"，少昊氏自穷桑登帝位，故春秋传曰世不失职，遂济穷桑，登帝位在鲁北，后徙曲阜。皇甫谧的"少昊氏自穷桑登帝位"和"登帝位在鲁北"，似乎已经明示穷桑即鲁北。"少昊自穷桑登帝位，徙都曲阜。"现在多数学者均认为穷桑就是曲阜。若穷

---

① 谭其骧：《长水粹编》，河北教育出版社 2000 年版，第 331 页。

② 李学勤主编：《中国古代文明起源》，上海科学技术文献出版社 2007 年版，第 88 页。

桑就是曲阜的话，如何理解"自穷桑登帝位"，登帝位"后徙曲阜"和"徙都曲阜"？其实这里清楚地表明，少昊原本在邑地穷桑即鲁北登帝位，登帝位后"徙曲阜"，并将曲阜定为国都。少昊族团有个由东到西的迁徙过程。

穷桑，是东夷族团的一个重要图腾标识，是东夷历史的一个里程碑式的概念，包含着无比丰富的历史文化。把穷桑限定在曲阜，是脱离实际的主观界定，必然导致大量东夷文化被忽视，被掩盖，被抹杀。为此，当前学界需要对穷桑概念进行深入的哲学思考。

（三）有穷后羿的祖地和迁徙

关于有穷后羿的祖居地，笼统地说比较简单，如同顾颉刚、史念海先生说的："据历史经史学家考证，知有穷国在今山东德州北。"[1]但具体辨析起来就异常复杂，因此众说纷纭。

《汉书·地理志》注云：鬲，津也，王莽名之曰河平亭，故有穷后羿国也。

《元和郡县图志》载：安德县，本汉旧县，隋开皇九年改属德州。鬲津枯河，在（安德）县南七十里。《元和郡县图志》还载：将陵县，本汉安德县地，隋开皇十六年于此置将陵县，取安德县界故城为名，属德州。"鬲津枯河，南去县二十里。"赵一清云："《郡国志》平原郡鬲县，《注》引《魏都赋》，县有盖节渊，疑即长藂沟。"会贞按："盖节渊在鬲县北。"钱坫谓"盖节渊即鬲县之鬲津。"《水经注疏》云："沟南海侧有蒲台，《三齐略记》曰：富城东南有蒲台。"《地形志》载："厌次有富平城。"《续汉书》载："厌次，本富平。"

综上所述，鬲县、鬲津、鬲津枯河在德州地域，所以有有穷后羿祖居地在德州之说。

但对此说，经史学家也多有疑问。全祖望云："先赠公曰，有鬲氏当是夏之同姓，应氏以为偃姓，恐非。若以为有穷之国，则大谬矣。"对后羿有穷之

---

① 顾颉刚、史念海：《中国疆域沿革史》，商务印书馆 2004 年版，第 14 页。

国，孔颖达谓居穷石之地，穷石在删丹。《路史》以为太远，而以《淮水注》安丰之穷谷当之，无言在鬲县者。考《续汉志》，鬲，夏时有鬲君，灭浞。因此这些经史学家认为，鬲或鬲津，是有鬲氏之国，非有穷国。会贞按："有穷无考。"这与《帝王世纪》说的"帝羿有穷氏，未闻其先何姓"相类。

《路史》又曰："夷羿有穷氏，穷国之侯也，偃姓，左臂修而善射，五岁得法于山中。"《括地图》：羿五岁，父母与之入山，处之大树下……羿为山间所养，年二十能习弓矢。按罗泌之说，羿五岁入山，为山间所养。因此，有穷氏应在山地，似不是在平原郡的德州。

射官夷羿是弓矢的发明和使用者。《周易·系辞下》："神农氏没，黄帝、尧、舜氏作。……弦木为弧，剡木为矢。"《说文》："弧，木弓也。"这是弓的初始形态。弦木的"木"是何木？《考工记》云："柘为上。"《说文》："柘，桑也。"说明黄帝时，就有弓的初始形态，即用桑木弯曲制作的弓。《世本》曰："挥作弓，夷牟作矢。"宋衷注：挥、夷牟，黄帝二臣。挥或者挥氏族，详情无考。夷牟，为东夷之牟族。关于"牟"，王献唐先生认为：所谓牟者，即古代东夷之一，实山东土著也。……诸城有牟山、牟乡，安丘亦有牟山、牟乡。安丘西北之寿光复有牟城。……氏族名由地起，亦以氏族名地。[1] 因此，作矢之夷牟，其地望就在今诸城、安丘、寿光地域。《山海经》："少暭生般，般是始为弓矢。"《山海经》注引《世本》："牟夷作矢，挥作弓，弓矢一器，作者两人，于义有疑。此言般作之是。"即认为应该是般制造弓矢。

"氏族名由地起，亦以氏族名地。"般地有两处，一在平原郡，即今德州地。汉有般县、般河，《河水注》：屯氏别河南渎，即笃马河，自平昌来，故渠川派，东入般县，为般河，盖亦九河之一道也。《一统志》：故城今德平县东北。

汉济南郡也有般阳县。《太平寰宇记》：淄川在汉为济南郡之般阳县。应

---

① 王献唐：《山东古国考》，青岛出版社 2007 年版，第 89 页。

劭曰：在般水之阳。颜师古曰：般音盘。《济水注》：般水出般阳县南龙山。
《一统志》：故城今淄川县治。般水在县东南十五里。今淄博市淄川县，古有
般水，汉为般阳县。

汉般水、般县、般阳，分布在山东南北两处。从弓矢的用材和使用来看，
善射之族团似乎是由山地或丘陵到达平原地区，少昊子般初始之地似应在山地
淄川，有穷氏亦为少昊后裔，有穷氏似乎也经历由南到北的迁徙。

（四）少昊族团由东向西的迁徙

少昊族团由东到西，即由东海西迁到曲阜，中间必经的过渡之地，就是
潍淄地区，即鲁北地区。

《帝王世纪》："少昊帝，名挚，字青阳，姬姓也。"《三统历》："少昊曰清，
清者，黄帝之子青阳也。"清的本字是"青"。《河图》《五行大义》云："东方
青帝灵威仰，木帝也。"穷桑，木之本也；少昊青阳乃东方之帝也。按五行说，
"东方曰青"，青州之"青"、青丘之"青"、大小清河之"清"，都与东夷少昊
帝有关，是少昊族留下的图腾符号。

说起古青州地，《左传·昭公二十年》："昔爽鸠氏始居此地，季萴因之，
有逢伯陵因之。"而爽鸠属少昊鸟夷族团，为少昊司寇。因此古青州地，也是
少昊族团的大本营。因此《元和郡县图志》载："青州（北海），古少昊之墟，
《禹贡》青州之地。"《通志·氏族》：太公相武王克商，封于营丘，即今临淄
县也，或云营丘故城在潍州昌乐，其地本颛顼帝墟。据此可知，青州、昌乐即
潍淄地区，曾是少昊帝、颛顼帝都曲阜前的大本营。

青铜器《亚吴盘》（《集成》10021）表明，夷羿族是少昊后爽鸠氏。王
嘉《拾遗记》载：少昊母"皇娥泛于海上……刻玉为鸠，置于表端，言鸠知四
时。"《尔雅义疏》引《春秋》曰："爽鸠氏司寇鹰鸷，故为司寇。"《夏小正》：
"五月鸠为鹰，六月鹰为鸷。"鸠鹰同类，属凶猛巨鸟，因此爽鸠氏族任少昊司
寇职。这也证明，夷羿族团在少昊帝时，就居青州地。

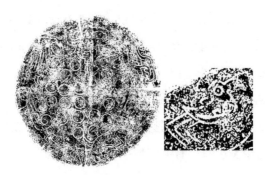

《亚吴盘》中的"鸠"

《潜夫论·五帝德》："白帝挚青阳，世号少皞。"《帝王世纪》："少昊帝，名挚，字青阳。""挚"是少昊的名。青州苏埠屯大墓出土的铜器有的带"挚"字铭文，如下：

这类铜器表明，位于青州的苏埠屯大墓的墓主，是少昊后裔，也表明这个地区，也是少昊族团的根据地。

《山海经·海内经》："少皞生般，般是始为弓矢。"《路史·小昊纪》：小昊（即少昊）"次妃生般，为弓正。……有子曰眛。"青州地区有般（盘）阳和眛（沫）水，这些地名、水名，表明这里曾是少昊族团的大本营。般始为弓矢，为弓正，因此"般"亦即夷羿族团的别名。

根据上面分析，可得出如下结论：潍淄地区是东夷少昊族团由东向西迁徙时的一个重要落脚地，或者说是少昊族团的第二故乡，如李步青、刘玉明先生说的："据考古发掘初步可定，己氏族起源于胶东半岛，以后逐渐向西发展到今昌潍地区……其山东部分，大致相当于齐国最强大时的范围。"[①]

（五）颛顼定都曲阜后迁商丘

《帝王世纪》曰：少昊帝字青阳，姬姓也。"有圣德，邑于穷桑，以登帝位，都曲阜。"又曰："帝颛顼高阳氏，黄帝之孙，昌意之子，姬姓也。"古史中姬、己相混，颛顼是少昊的孺子，或曰少昊之侄，《帝王世纪》的记载表明，少昊青阳与颛顼高阳同姓，同为姬姓，亦可视为同为己姓。《帝王世纪》又载："及颛顼生，十年而佐少昊，二十而登帝位。……始都穷桑，徙商丘。"《水经注·瓠子河》："径濮阳城东北，故卫也，帝颛顼之墟；昔颛顼自穷桑徙此，号曰商丘，或谓之帝丘。"

颛顼帝由曲阜西迁到帝丘（濮阳），不是他一个人的行动，而是他的东夷族团的集体行动，若干东夷族团随他西迁，为他保驾护航，这其中一个重要的氏族集团，即后羿族团。郭沫若在《中国史稿》一书中说："后羿，妘姓，传说为颛顼后裔，以善射著称。"[②]后羿既然是颛顼后裔，跟随颛顼西迁就具有必然性。从后羿与吴回及重黎的关系，也可证明部族西迁的事实。

《大戴礼记》载："颛顼产老童，老童产重黎及吴回。吴回产陆终。"《汉书》曰："少昊之衰，九黎乱德……颛顼受之，乃命重黎。"《帝王世纪》："南正重司天以属神，北正黎司地以属民。于是民神不杂，万物有序。"颛顼帝用重黎治国，万物有序，成为天下大教主。

《鹖子》："昔者帝喾年十五而佐帝颛顼，三十而治天下也。"《史记·楚世家》："重黎为帝喾高辛居火正，甚有功，能光融天下。帝喾命曰祝融。共工氏

---

① 李步青、刘玉明：《胶东考古研究文集》，齐鲁书社 2004 年版，第 373 页。
② 郭沫若：《中国史稿》，人民出版社 1976 年版，第 138、139 页。

作乱，帝喾使重黎诛之而不尽，帝乃以庚寅日诛重黎，而以其弟吴回为重黎后，复居火正为祝融。"说明帝喾继位后，颛顼孙重黎仍为火正，曰祝融，始有功，后诛共工氏不尽，被帝喾诛之，由重黎弟吴回复居火正为祝融。

羿是吴回的好友，《帝王世纪》："帝羿有穷氏，与吴贺（即吴回）北游，贺使羿射雀。羿曰：'生之乎？杀之乎？'贺曰：'射其左目。'羿引弓身射之，误中右目，俯首而愧，终生不忘。"这段记载说明，羿是吴贺的挚友，也是同僚。颛顼、帝喾时，共工为水正，重黎后吴贺为火正，羿为射正。

关于后羿族团，《通志·三王记》曰："羿之祖世为射官，天子赐之弓矢，使司射。"《山海经》："帝俊赐羿彤弓素矰，以扶下国，羿是始去恤下地之百艰。"《帝王世纪》曰："帝羿有穷氏，未闻其先姓何，帝喾以上，世掌射正。至喾，赐以彤弓素矢，封之于锄，为帝司射。"表明后羿祖世为射官，在帝喾之前，亦即颛顼时就掌射正，是随颛顼西迁的族团之一。帝喾时赐羿彤弓素矰，为帝司射，以扶下国，担负着艰巨的扶下国的神圣使命，封之于锄。

关于帝喾，《帝王世纪》云："年十五而佐颛顼，三十登帝位，都亳。""帝喾氏都亳，今河南偃师也。"皇甫谧认为亳即河南偃师，但亳地在何处，说法各异，有的经史学家认为在西安，有的认为在洛阳，有的认为在曹州，也有的学者认为帝喾都之亳与颛顼所都帝丘为一地。

田昌五云："《史记·殷本纪》所说'汤始居亳，从先王居。'其地盖在河济之间的濮水流域。"① 方辉从考古学入手，"认为汤所居'亳'应在该地区的濮水流域寻找。濮阳及其附近地区发现的有限的考古资料表明，该地区以岳石文化为主要成分。"② 濮阳地区以岳石文化为主要成分，表明濮阳地区是颛顼、帝喾及其东夷氏族西迁后的主要落脚地。帝喾所都之亳，亦即颛顼所都之帝丘，

① 田昌五：《对中国文明起源的探索》，《殷都学刊》，1986年第4期。
② 方辉：《"南关外期"先商文化的来龙去脉及其对夏、商文化断限的启示》，载《华夏文明》第三辑，北京大学出版社1992年版。

即濮阳。《帝王世纪》载：颛顼"葬东郡顿丘广阳里"，帝喾也"葬东郡顿丘广阳里"，这进一步证明帝喾亦都帝丘，即濮阳。

为帝喾掌射正的后羿所封之鉏，在濮阳西南的今河南省滑县与长垣县交界处，此地古亦称濮阳、楚丘、卫南。

颛顼西迁，有大量东夷族人跟随。除有穷后羿之外，还有伯益和己氏族人。鉏，即今滑县，北有淇山、淇水，即伯益族西迁后的居地。己姓的昆吾、苏、顾、温、董及雍州己氏，也均在濮阳及其东南地区。

（六）尧时的后羿

继帝喾之位的是帝喾之子挚，《帝王世纪》："挚年兄弟最长，故登帝位。"而挚的异母兄弟尧"年十五而佐帝挚，受封于唐。为诸侯。……故二十而登帝位，都平阳。"《史记·五帝本纪》："帝挚立，不善，崩。而弟放勋立，是为帝尧。"

羿是帝喾的射正，肩负"扶下国"的神圣使命。尧年十五而佐挚，按郭沫若的说法："部落联盟的首领一般是两位，传说尧是继续他哥哥挚的地位，原来当是兄弟两人担任联盟的首领。"[①]因此挚、尧执政时，仍然把"以扶下国"作为重要的政治使命。《尚书·尧典》则载：尧"克明俊德，以亲九族。九族既睦，平章百姓。百姓昭明，协和万邦。"说明尧重德政任贤臣，亲九族，让百姓蒙化，皆有礼仪，调和天下之万国，使九族敦睦，百姓显明，万邦和协。

《淮南子·本经训》载：

> 逮之尧之时，十日并出，焦禾稼，杀草木，而民无所食。猰貐、凿齿、九婴、大风、封豨、修蛇，皆为民害。尧乃使羿诛凿齿于畴华之野，杀九婴于凶水之上，缴大风于青丘之泽，上射十日而下杀猰貐，断修蛇

---

① 郭沫若:《中国史稿》，人民出版社 1976 年版，第 130 页。

于洞庭，禽封豨于桑林。万民皆喜，置尧以为天子。于是天下广狭险易远近，始有道里。

《淮南子》对这段历史的记述，属于神话传说的范畴。但传说里的氏族和部落一般都是从神话中引申出来的。事实上，氏族和部落比描述它们来源的神话要古老得多。尽管如此，透过这样的神话，或者把这样的神话仅仅作为氏族和部落的代号，仍然可以从传说中理出当时历史的一些头绪来。①

与《淮南子》记载相类的还有：

屈原《天问》："羿焉彃日？乌焉解羽？"是说羿射日之事。

《山海经·海外南经》："羿与凿齿战于寿华之野，羿射杀之。在昆仑虚东。羿持弓矢，凿齿持盾，一曰戈。"

《左传·昭公二十八年》：昔有仍氏女玄妻，"生伯封，实有豕心……谓之封豕。有穷后羿灭之"。

用《天问》《山海经》等这些文献资料证之，《淮南子》所载后羿射日，战凿齿、缴大风、禽封豨等，不是向壁虚构，而是各有所本。

羿射日、战凿齿、缴大风、禽封豨等这些神话传说，虽然我们已无法完全弄清它们的详情和全貌，但大体能知道这是人与人之间搏斗，是羿对一些氏族部落的征讨，如郭沫若先生说的："所谓'十日并出'正反映着十个氏族或部落的首领同时称王，那些毒蛇猛兽也都是氏族的名称。"②凿齿、九婴、封豨、修蛇，都是这些氏族的图腾标识，古人"把某一动物，或鸟，或任何一物件认为是他们的祖先"③而祭祀和崇拜。

如战凿齿，是"羿持弓矢，凿齿持盾"；缴大风，高诱注：大风，风伯也，能坏人屋舍。《山堂肆考》曰："风伯坏人屋室，则射中其膝也。"关于封

---

① 郭沫若：《中国史稿》，人民出版社1976年版，第108页。
② 郭沫若：《中国史稿》，人民出版社1976年版，第139页。
③ ［美］戈登卫泽著，严三译：《图腾主义》，《史地丛刊》，1933年第一期。

豨，是"禽封豨于桑林"，"禽"，擒也，是捉拿。五害中的封豨，也就是河伯，《山堂肆考》曰："唐尧时，有名羿者善射。河伯溺杀人，则射其左目。"所以，这里的河伯（封豨）也是个部落或部落首领，是黄河流域的一个部落。

唯一难理解的是射日，学者对此也有各种说法，但比较一致的是认为是对太阳部落的征讨。

羿的这些征讨活动发生的地点，是在昆仑墟东，古泰山也称昆仑，因此笼统地说，即在今山东地。但有的学者机械地理解文献记载，说"寿华"，是南方大泽之名；凶水，北狄之地也有凶水；洞庭，即今洞庭湖。照此说，羿在东海汤谷射日，然后到今湖南洞庭断修蛇，再到燕山灭九婴。在没有骑兵的帝喾、帝尧时代，羿部族凭步行这样远距离地南征北战，是绝对不可能的。所以研究这样的历史问题，不能机械照搬，需要注意社会和生活的逻辑性。梁启超先生也说过："所释今地，不过据前贤考证，求其近是，良不敢尽谓正确。"[1]

关于"十日"，《山海经·大荒南经》："羲和者，帝俊之妻，生十日。"说明十个太阳都是帝浚与妻羲和的儿子，也就是说十个太阳部落都是羲和部落衍生出来的，是羲和部落的直系。《山海经·海外东经》："汤谷上有扶桑，十日所浴，在黑齿北。居水中，有大木，九日居下枝，一日居上枝。"《山海经·大荒南经》："汤谷上有扶木。一日方至，一日方出，皆载于乌。"如刘夫德说的：羿所射"'十日'之'日'，是我国古代某族的图腾，'十日'是指日崇拜一族的诸分支，而'扶桑'则应是这些日族的所居地。"[2]说明十日是在扶桑、汤谷，是在日出的东海，即山东省半岛的最东部。

"缴大风于青丘之泽"，青丘，东方之丘。根据《山海经》的其他论说，"青丘"应在山东青州附近，具体说就在今寿光地。据《寿光县志》，寿光纪台有青丘之"丘"，其台高 12 米，西长 42 米，东长 36 米，南北各长 30 米，为青丘台遗址。古青丘的标志性动物是九尾狐，《寿光县乡土志》载："狐，禹

---

① 梁启超：《中国上古史》，商务印书馆 2016 年版，第 65 页。
② 刘夫德：《"扶桑"考》，《社会科学战线》，1985 年第 3 期。

王台、纪台等处，荆棘茂密，向多有之。"

"诛凿齿于寿华之野"，寿华为何地？北宋时编纂的地理总志《太平寰宇记》谈到潍州当时领辖的十七县时，有两个紧邻的县，就是平寿、华池，平寿、华池有可能就是寿华之野。这一地区也是凿齿习俗的发源地和这一习俗的考古发现的集中地。

"禽封豨于桑林"，封豨也就是封豕，《淮南子·本经训》注："封豨，大豕，楚人谓豕为豨也。"《左传·昭公二十八年》载：昔有仍氏女玄妻，"生伯封，实有豕心……谓之封豕。有穷后羿灭之"。封豨与有仍氏有关，有仍氏，古任国，在今山东济宁。桑为商母，桑林后来成为商的圣地，商汤祈雨，"祷于桑林"。桑林在何处？《吕氏春秋·慎大览》云："立成汤之后于宋，以奉桑林。"说明桑林在宋地，宋地即今河南商丘。商丘与济宁不远，说"禽封豨于桑林"的桑林在这个地区比较可信。

"杀九婴于凶水之上"，九婴为何部族，凶水在何处，古人也没有说清楚。但在寿光城南有一个重要历史遗址，在今胡营古河道的西侧，祖上传下来的名字叫"九女冢"。一直到 20 世纪 50 年代，这九个高大、奇特的坟堆还矗立在那里，后来农民用土烧砖，将九个坟堆挖掉，里面空空无任何遗物。修如此大的九个坟堆肯定有其用意，或许这个"九女冢"与"九婴"有关。

"断修蛇于洞庭"，洞庭，按现在的观念，是个南方之国。但著名的历史学家钱穆先生认为，洞庭乃古人认为两水之下有洞相连。[1]吕思勉先生说得就更具体了，他说："然则洞庭、彭蠡，殆非今之洞庭、鄱阳。""洞则通达之称。《山海经》注云，洞庭，地穴也。"《水经·沔水注》云：太湖有苞山。《春秋》谓之夫椒山。有洞室，入地潜行，北通琅琊冢武县，俗谓之洞庭。"[2]按吕思勉先生的考证，羿断修蛇的洞庭，也在今山东东部。

尧时羿的这一系列征讨活动，是中国社会发展史上的重大事件，具有里

---

① 钱穆：《古代地理论丛》，三联书店 2004 年版，第 100 页。

② 吕思勉：《先秦史》，上海古籍出版社 2005 年版，第 81 页。

程碑意义。帝喾、尧时代，人们都生活在氏族部落里，氏族部落之间，没有疆界，没有契约，氏族部落群体在采集狩猎的过程中，触犯到相邻氏族部落利益的事时有发生，在没契约、规则的原始阶段，矛盾必然导致冲突和械斗，如郭沫若说的："在部落和部落之间没有和平协议的地方，便存在着战争，而且是极端残酷无情的战争。"[1]

尧时的十日、凿齿、猰貐、九婴、封豨、修蛇，以强欺弱，皆为民害。后羿遵照帝尧的指令，东征西讨，射天射地，为民除害。其结果有三。一是"万民皆喜"，强者不再恃强凌弱，氏族部落间平等和谐，所以万民皆喜。二是"置尧以为天子"，看来尧被立为天子，与羿为民除害，万民皆喜有一定联系。三是从此"天下广狭、险易、远近始有道里"，"道"和"路"同义，即供众人通行的土地；"里"，居住地，是说从此氏族部落有了固定的居住地，有了固定的行走地。但"道"还有法则、规律、秩序的含义，而"里"通"理"，《淮南子·主术训》载："故国有亡主，而世无废道；人有困穷，而理无不通。"因此"道里（理）"深层含义即从此天下有了规矩、秩序、法则、契约。氏族部落间，有疆界，有秩序，有契约，产生矛盾按规则处理，社会由无序进入有序状态，这是社会发展的一大进步。

二、夏时的后羿：因夏民代夏政

（一）夏之方衰

关于夏之方衰，典籍记载明确：

"昔有夏之方衰也。"（《左传·襄公四年》）

"夏后帝启崩，子帝太康立。帝太康失国。"（《史记·夏本纪》）

"不窋末年，夏后氏政衰。"（《史记·周本纪》）

---

[1] 郭沫若：《中国史稿》，人民出版社 1976 年版，第 122 页。

"启《九辩》与《九歌》兮，夏康娱以自纵。不顾难以图后兮，五子用失乎家巷。"(《离骚》)

夏之方衰，肇于启，显于太康。

《史记》说禹"以天下授益"，但事实是启"与友党攻益而夺天下"(《韩非子·外储说右下》)。

启继夺取了天子位后做的第一件事，就是武力讨伐同姓诸侯有扈氏，大战于甘。从《尚书·甘誓》的恫吓性语言中我们还看到，帝启已摈弃了先帝以德治政的美德，开始盛气凌人、穷兵黩武。

启继天子位后还做了一件事，就是对先帝那套行政机构的摈弃和对先帝重臣、后人的排挤。舜时，"禹乃遂与伯益、后稷奉帝命，命诸侯百姓兴人徒以傅土，行山表木，定高山大川"(《史记·夏本纪》)。伯益、后稷乃大禹治水的左膀右臂，与禹同甘共苦十三年。启杀益后，又冷落后稷的后人。《史记·周本纪》曰：

> 后稷卒，子不窋立。不窋末年，夏后氏政衰，去稷不务，不窋以失其官而奔戎狄之间。

启与不窋是同时代人，这段话说明，启的用人之道与尧、舜、禹大相径庭。司马迁在《史记·五帝本纪》中也说：尧崩，舜继天子位后，"而禹、皋陶、契、后稷、伯夷、夔、龙、倕、益、彭祖自尧时而皆举用，未有分职"。但启继位后，对先父的左膀右臂伯益和后稷，一是杀益，二是排挤后稷之子，不窋无奈，西行投奔戎狄。

总之，启继位后，或诛或废禹之贤臣，导致众叛亲离，出现衰落的征兆。

启死后，子太康继位。太康和启一样，也是个沉湎于酒食声色的昏君。

《孔传》云：太康"盘游无度，不恤民事"。《帝王世纪》云："自太康以来，夏政凌迟"，"夏政方衰"，"夏后氏政衰"。

夏的明显衰落，就是太康失国和五子失乎家巷。如《史记》《后汉书》和《离骚》说的：

"夏后帝启崩，子帝太康立。帝太康失国。"（《史记·夏本纪》）

"昔夏后氏太康失国，四夷背叛。"（《后汉书·西羌传》）

"夏康娱以自纵。不顾难以图后兮，五子用失乎家巷。"（《离骚》）

《史记·夏本纪》曰："帝太康失国，昆弟五人，须于洛汭。"这与《离骚》的"五子用失乎家巷"意思相同，是说从太康开始，夏王已被迫离开原来的都城，开始流落异地。

夏都原来在何地？《竹书纪年》："禹都阳城"，阳城在今河南登封以南；《左传·昭公四年》："夏启有钧台之享"，杜预注："河南阳翟县西南有钧台坡。"阳翟在今河南禹城。"帝太康失国，昆弟五人，须于洛汭。"说明太康失国后，兄弟五人由阳翟即今禹城流落到洛汭。洛汭，洛水入黄河处，或叫洛口，在今河南巩义北。

对"帝太康失国，昆弟五人，须于洛汭"说得更详细具体的是《尚书·五子之歌》，歌曰："太康尸位，以逸豫灭厥德，黎民咸贰。乃盘游无度，畋于有洛之表，十旬弗反。"孔颖达疏曰："天子之在天位，职当牧养兆民。太康主以尊位，用为逸豫，灭其人君之德，众人皆有二心。太康乃复爱乐游逸，无有法度，畋猎于洛水之表，一出十旬而不返。"可见太康虽居天子之位，但不尽天子之职，已灭其人君之德，已失去万民之心，尤其外出游猎，十旬不返，游猎无度。如歌三所唱的："今失厥道，乱其纪纲，乃底灭亡。"太康的兄弟也认为太康失德，乱其纪纲，必然灭亡。

（二）有穷后羿因夏民代夏政

1. 太康失国

《尚书·五子之歌》曰：帝太康"畋于有洛之表，十旬弗反。有穷后羿因民弗忍，距于河"。

需要特别强调的是，有穷后羿"距于河"的这一行动，是在维护道统，顺应民意。在太康失德，乱其纪纲，不理朝政，"五子咸怨"，"黎民咸贰"，夏王朝面临灭亡的危急时刻，需要有人站出来扭转这一局面。有穷后羿，是在"因民弗忍"的民意面前，挺身而出，警告太康，距之于河。

对"距于河"，孔颖达疏云："夏都河北，洛在河南"，太康在河南十旬不返。但《竹书纪年》载："大（太）康居斟寻。"臣瓒引《汲冢古文》："太康居斟录（录、寻一字），羿亦居之，桀亦居之。"关于寻地，经史学家一般认为在今河南巩义与偃师交界的地方。《括地志》载："故鄩城在洛州巩县西南五十八里。"《水经·洛水注》："洛水东北历鄩中，而鄩水注之。"《汲冢古文》的记载表明，有穷后羿虽距太康于河，但并未将他废掉，后来又将他带到了离旧都不远的斟寻地。

2. 后羿因夏民代夏政

（1）有穷后羿

《春秋左传》是部可信度很高的历史典籍，关于后羿，书中襄公四年有如下记述：

> 《夏训》有之曰："有穷后羿。"公曰："后羿何如？"对曰："昔有夏之方衰也，后羿自鉏迁于穷石，因夏民以代夏政。"

关于"有穷后羿"，孔安国《尚书传》曰："有穷，国名。"《左传》杜预注："有穷，国名；后，君也；羿，有穷君之号。"孔颖达《尚书正义》云："穷是诸侯之国，羿是其君之名。"但他又说："帝喾时有羿，尧时亦有羿，则羿是善射之号，非复人之名字。"郑樵《通志·三王纪》则曰："羿必太康时人，以射得名。尧、喾之时亦有善射之人，世之讹者以为羿也。"两说相比，"羿是善射之号"，或曰"射正之名"，或曰"有穷君之号"，而不能简单地归之于"世之讹者"。《史记·楚世家》曰：重黎为帝喾高辛居火正，"帝喾命曰祝融。共工氏作乱，帝喾使重黎诛之而不尽，帝乃以庚寅日诛重黎，而以其弟吴回为重黎后，复居火正，为祝融。"祝融是火正的职称，任职火正者皆谓"祝融"。同理，羿是射正之名，任职射正者，亦通称"羿"。但这一承继，似乎是在同一氏族（血统）内，因此这火正是在重黎氏族内，射正似乎也在有穷氏族内。

关于后羿"自𨺙迁于穷石"，𨺙，羿的封地，如《帝王世纪》说的：帝羿有穷氏，"至喾，赐以彤弓素矢，封之于𨺙，为帝司射"。𨺙，在今河南滑县。《括地志》曰："故𨺙城在滑州（卫南）县东十里。"卫县本汉朝歌县，卫南在朝歌南。唐滑州卫南县即汉晋濮阳县地。𨺙地，后世亦称楚丘，《元和郡县图志》云："懿公为狄所灭，更封于楚丘，今滑州卫南县是也。"

穷石，有穷氏族的迁徙地、居地。《晋地记》云："河东有穷谷，盖本有穷氏所迁地。"陈槃谓："杜注谓之郕中者，在洛汭西南六十余里。"而穷石即穷谷，"在郱城西南百余里。"[①]因此穷石和斟寻，大致在一个区域。

（2）太康失国

《帝王世纪》："太康无道，在位二十九年，失政而崩。"

《史记·夏本纪》："太康崩，弟中康立。"

今本《竹书纪年》载："帝（中康）即位，居斟录（寻）。"

《后汉书·东夷传》："夏后氏太康失德，夷人始畔。"把"太康失国"理解为"太康失德"更为准确。正因为如此，如果不是贤人，功德不著，得了国或者夺取了政权，也毫无意义。

太康崩后，弟仲康继位，仲康仍居斟寻，说明有穷后羿并没有把太康、仲康废掉，篡夺夏帝位，而是辅佐太康、仲康。

吕振羽先生在《史前期中国社会研究》一书中，对这段引文是这样阐释的："后者恍似在说，'太康'不惟不接受大家的警告，而且愈来愈不像样，'乃盘游无度'。于是他们乃作最后的处置，共同决议罢免他的军务总司令官的职

① 陈槃：《春秋大事表列国爵姓及存灭表撰异》，上海古籍出版社2009年版，第1183页。

位，并交给另一位军务总司令官'羿'去执行。"①这一说法与《史记》"太康崩，弟中康立"相悖。

台湾学者编撰的《中国历代战争史》，对这一历史事件描述得更为惊心动魄："当夏启继禹嗣位而排抑伯益时，夏夷两族之间已有裂痕。羿既为夷族之有力领袖，彼目睹伯益之被排斥与有扈氏之被灭，其胸中怀有不平之气与乘机窃发之心自为情理之事。及见太康远出狩猎，彼乃乘其国都空虚之际，起而进袭，遂侵入伊洛地区获取夏代之国宝，并发兵拒太康之回国，一面自建国号'有穷'，居于穷石，因之夏之政权遂为后羿所夺取。"②这无异于说羿发动了一次军事政变，夺取了夏政权，而且还自建国，叫"有穷"，都穷石。但按照这一说法，后面就不应该有《史记》说的："太康崩，弟中康立，是为帝中康……中康崩，子帝相立。"按照《史记》的说法，夏的家天下传承有序，连绵不断，即帝启崩子太康立，太康崩弟仲康立，仲康崩，子帝相立。夏政权并没有被后羿夺取，有穷也没有立国。

（3）仲康肇位四海

《史记·夏本纪》曰："太康崩，弟中康立。"《尚书》传曰："羿废太康，而立其弟仲康为天子。"

《汲冢古文》："太康居斟𪩘（寻），羿也居之。"今本《竹书纪年》："帝（仲康）即位，居斟𪩘（寻）。"说明仲康继帝位，仍居太康都。

孔颖达《尚书正义》云："仲康必贤于太康，但形势既衰，故政由羿耳。"

仲康在位期间干的一件大事，就是征羲和。《史记·夏本纪》："帝中康时，羲、和湎淫，废时乱日。胤往征之，作《胤征》。"

今本《竹书纪年》载："命胤侯帅师羲和。"《尚书·胤征》也说："惟仲康肇位四海，胤侯命掌六师。羲、和废厥职，酒荒于厥邑，胤后承王命徂征。"这时的仲康能"肇位四海"，能命胤侯帅六师出征羲和。胤侯告于所部："臣人

---

① 吕振羽：《史前期中国社会研究》，河北教育出版社 2000 年版，第 152 页。

② 台湾三军大学：《中国历代战争史》第 1 册，军事译文出版社 1972 年版，第 1—9 页。

克有常宪,百官修辅",即言君当谨慎以畏天,臣当守职以辅君。按孔安国所说此时"修职辅君,君臣俱明",这时的"君"还是"仲康",而不是"羿",臣是"羲和"和"胤侯",君臣关系俱明。

仲康干的另一件大事,"锡(赐)昆吾命作伯"(昆吾,夏后期的一个己姓部落,被仲康命为夏侯伯,封于帝丘即濮阳),可见仲康的权力和活动范围还挺大,不像是个傀儡。

(4)后相继位居商丘

古本《竹书纪年》曰:"后相即位,居商丘。"

《帝王世纪》:"帝相名相安,太康以来,夏政凌迟,为羿所逼,乃徙商丘。"

关于后相的迁居处,典籍记载以及经史学家的理解,都有很大差异,相居商丘,就有两种不同的理解。

王国维案:《通鉴外纪》:"相为羿所逐,失国,居商丘。"盖亦本《纪年》。《通鉴地理通释》四云:"商丘当作帝丘。"

古今多数经史学家,基本认同《通鉴地理通释》的"商丘当作帝丘"的说法。相居帝丘,可能是事实,但也有疑点。众所周知,帝丘,帝颛顼的住所,因帝颛顼居此,此地才叫帝丘。帝颛顼是五帝之一,是上古时的宗教主,只有他能"绝地天通",所以帝丘可能专指颛顼之丘。相乃颛顼晚辈,其功业和神道无法与颛顼相比。

即便是后相居过帝丘,也不能否定相也曾居过商丘。考古学家邹衡先生说:"自宋以来,不少学者都以为上引《纪年》和《帝王世纪》的'商丘'乃'帝丘'之误……近年来,在商丘坞墙曾发现了夏文化遗址;另外,天津市文化局文物组曾搜集到一件夏文化晚期的铜爵,据说来自商丘地区。我们虽不能据此以确证帝相曾居商丘,但也不失为一条线索。"[1]斟鄩与商丘均在黄河以南,昔日启父大禹娶涂山氏女为妻,涂山乃启的外祖家,在今商丘南的安徽怀

---

① 邹衡:《夏文化分布区域内有关夏人传说的地望考》,载《夏商周考古论文集》,文物出版社 1980 年版。

远。帝太康也曾在这两地之间活动过，今日的商丘西南的太康城相传就是帝太康所建。太康离商丘很近。涂山、太康、商丘，这些地名的历史表明，后相之所以居商丘，有其家族的历史渊源。

（5）后相居商丘依邳侯

今本《竹书纪年》曰："世子相出居商丘，依邳侯。"邳在何处？《左传·定公元年》记薛宰说："薛之皇祖奚仲居薛，以为夏车正，奚仲迁于邳，仲虺居薛。"《水经·泗水注》引《晋书地道记》说："仲虺城在薛城西三十里"，今济宁南薛城西三十里，也就是邳侯所在地。从前引《左传》文中我们知道，后相妻娘家是有仍氏，"仍"与"任"通，有仍氏即古"有任国"，在今山东济宁任城区。少康由有仍奔有虞，说明有虞氏与相或者相妻也有一定关系。有虞在今河南虞城，是商丘的近邻。联系相在这里编织的这个复杂的关系网，如果说后相不在这里居住很难成立。当然后相的东迁，既有自愿的成分，但更主要的是被迫，即"相为羿所逐，失国，居商丘"。

从太康失国后，太康、仲康、相，迁居的路线就是阳翟——洛汭——斟寻——商丘——邳，由西向东，可谓颠沛流离，如徐旭生先生所言："夏本在西，夷本在东；太康失国以后，仲康与相颠沛流离，却皆在东方。"[1]

（6）后相的东征

古本《竹书纪年》载：后相"元年，征淮夷"，"二年，征风夷及黄夷"，"七年，于夷来宾"。

《太平御览》载："后相即位，乃征畎夷。"

按照古本《竹书纪年》的记载，相继位后，也就是元年、二年，就征淮夷、风夷、黄夷。淮夷在泰山西南，但最早的淮夷即潍夷，潍淄的潍；风夷即凤夷，太昊后，在泰山南北麓；黄夷可能在山东的东北部，即黄县（今龙口）。如果跟后面的历史事件联系起来，寒浞封浇于过，封豷于戈，过、戈所在地，

---

① 徐旭生：《中国古史的传说时代》，广西师范大学出版社 2003 年版，第 130 页。

即被征服的黄夷、风夷故地。相东征由商丘始，经邳——泰山南麓、东麓，一直到胶东的黄县等地。这中间经过了七年，即"七年，于夷来宾"，征战后七年，东方各夷才来归附。

《通志》还载："相与有扈战于甘泽，不胜，六卿请复之，相曰：'不可。德之不厚，教之不修也。'于是，处不重席，食不贰味，琴瑟不张，钟鼓不陈，子女不饰，亲亲长长，尊贤使能，期年而有扈氏服。"这一大段话说明，后相还是吸取了启、太康、仲康的教训，注意修德，并缓和了与有扈氏的矛盾。这说明，在决定战与和这类重大问题上，相还有一定的发言权，但相对而言，这时后羿的权力更大，如《帝王世纪》说的：帝相"为羿所逼，乃徙商丘"。"所逼"比较确切，所以《通志》在这大段话之后又说："相之世，政出于羿。"

（7）后相居斟灌依斟寻

古本《竹书纪年》记述相征东夷，七年于夷来宾后，又说"相居斟灌"。与今本《竹书纪年》七年于夷来宾、"九年，相居于斟灌"同。

斟灌在何地？斟灌和斟寻一样，其地望自古以来就有山东说和河南说。把九年相居的斟灌定在河南，逻辑上不顺。

薛瓒《汉书集注》云："相居斟灌，东郡灌是也"，东郡即河南濮阳，亦即帝丘，或曰商丘。相征东夷，由商丘出发，经泰山南、泰山东，一直到胶东半岛，七年于夷来宾，夷宾后相处，应在九夷的中心地，即山东半岛的中部，不可能又回到河南斟灌帝丘。另外，《帝王世纪》说："帝相徙于商丘，依同姓诸侯斟寻。"此商丘应为斟灌，是居斟灌，依同姓诸侯斟寻，斟灌、斟寻在一地，从《左传·襄公四年》浇用师"灭斟灌及斟寻氏"，也可证斟灌与斟寻在一地，但河南的斟灌在濮阳地区，斟寻在洛口以南，不在一地，如雷学淇说的："今案周地有寻而无灌，卫地有灌而无寻。"

而山东说的斟灌与斟寻在一地，即今山东潍坊地区，顾颉刚、史念海先生认为："据历史经史学家考证……斟灌在今寿光县东北，斟寻在今潍县西

南。"① 这与古经史学家的说法一致,《左传·襄公四年》杜预注:斟灌、斟寻
"二国,夏同姓诸侯……乐安寿光县东南有灌亭,北海平寿县东南有斟亭"。

（8）后相在斟灌被害,夏史中断

《左传·襄公四年》载:

> 昔有夏之方衰也,后羿自鉏迁于穷石,因夏民以代夏政。恃其射也,
> 不修民事,而淫于原兽。弃武罗、伯因、熊髡、龙圉,而用寒浞。寒浞,
> 伯明氏之谗子弟也,伯明后寒弃之,夷羿收之,信而使之,以为己相。
> 浞行媚于内而施赂于外,愚弄其民而虞羿于田。树之诈慝以取其国家,
> 外内咸服。羿犹不悛,将归自田,家众杀而亨之,以食其子。其子不忍
> 食诸,死于穷门。靡奔有鬲氏。浞因羿室,生浇及豷,恃其谗慝诈伪而
> 不德于民。使浇用师,灭斟灌及斟寻（郭）氏。处浇于过,处豷于戈。
> 靡自有鬲氏,收二国之烬,以灭浞而立少康。少康灭浇于过,后杼灭豷
> 于戈。

《左传·哀公元年》载:

> 昔有过浇杀斟灌以伐斟郭,灭夏后相。后缗方娠,逃出自窦,归于
> 有仍,生少康焉,为仍牧正。惎浇,能戒之。浇使椒求之。逃奔有虞。
> 为之庖正,以除其害。虞思于是妻之以二姚,而邑诸纶。有田一成,有
> 众一旅。能布其德,而兆其谋。以收夏众,抚其官职。使女艾谍浇,使
> 季杼诱豷。遂灭过、戈,复禹之绩。祀夏配天,不失旧物。

后相东征,定都斟灌后,政局发生了重大变化。

---

① 顾颉刚、史念海:《中国疆域沿革史》,商务印书馆 2004 年版,第 15 页。

一是后羿迷恋于射猎,不修民事;二是疏远了四位高参、贤臣即武罗、伯因、熊髡、龙圉;三是信任和重用了野心家寒浞,"以为己相"。可以说这是后羿政治生活、个人生活的重大变故,也是他个人悲剧的源头。

后羿是射正,是武夫,但在"因夏民以代夏政",辅佐太康、仲康、后相的过程中,其政治操作基本正确,这主要得益于他的四位贤臣谋士。但东征胜利,定都斟灌后,他"弃武罗、伯因、熊髡、龙圉,而用寒浞。寒浞,伯明氏之谗子弟也,伯明后寒弃之,夷羿收之,信而使之,以为己相"。

寒浞来自寒国,有寒在今潍坊北的寒亭。事后的征战活动表明,有寒是实力十分强大的诸侯国。寒浞是一个"谗慝诈伪",善于"行媚于内而施赂于外","树之诈慝以取其国家"的政治野心家。后羿"因夏民以代夏政",身负重任的关键时刻,却疏远了自己的亲信,把权力交给了奸臣,导致自己被害,后相被杀。

寒浞"愚弄其民而虞羿于田","羿犹不悛,将归自田,家众杀而亨之。以食其子。其子不忍食诸,死于穷门"。

这时身居相位的寒浞,已不把有勇无谋的羿放在眼里,敢于公开"虞羿于田",对羿嘲笑愚弄。他唆使好友逄蒙,即另一个部落首领,羿的徒弟,将羿杀害煮熟。

羿部落是后相征东夷的力量,羿也是后相的保护神,羿被"杀而亨之"并"以食其子",寒浞凶相毕露,极其惨无人道。后羿的儿子"死于穷门",杜预注:"杀之于国门。"穷门,有穷氏的国门,具体地望不详,但肯定在斟寻地。后羿被杀后,后相及其依附的斟寻、斟灌,都处于危险境地。

寒浞灭羿之后,将羿妻妾占为己有,并生了浇与豷。经过一二十年,浇和豷都长大成人,浇力大无比,能"荡舟"(《论语·宪问》)。寒浞然后命浇"杀斟灌以伐斟寻,灭夏后相",并"处浇于过,处豷于戈"。这时的夏,不仅丧失了政权,而且到了亡国的境地。

(9)少康灭寒浞,恢复夏业

浇灭夏后相后,怀有身孕的后相妻"逃出自窦,归于有仍",逃回了自己娘家，并"生少康焉"。

又经过一二十年，少康长大成人，初为有仍牧正，为逃避浇的诱捕，又"逃奔有虞，为之庖正"，具有了自卫能力。有虞君为扶持少康复国，将两个女儿嫁给少康，并且把纶地给他做采邑。少康从此有了妻室，有了邑地，即"有田一成，有众一旅"，也就是有了地盘和兵力。

少康不仅有了地盘和兵力，而且一反帝启、太康、仲康的恶习，"能布其德，而兆其谋"，注意重用贤人，团结夏众，使夏的势力日渐壮大。

另一方面，夏臣靡氏把斟寻、斟灌二国的余众动员、团结起来，率同盟一举打败寒浞，拥戴少康为帝。少康率领两股力量"灭浇于过"。最后少康之子后杼又帅师"灭豷于戈"，从而彻底摧毁寒浞的势力，"复禹之绩，祀夏配天，不失旧物"，使丧失几十年的夏政权又重新回到禹的后人手中，恢复了夏王朝，使夏业得以中兴。

这一历史事件，长达数十年。按台湾三军大学编写的《中国历代战争史》的推算，从太康失国、后羿代夏，到后羿、帝相在斟灌被寒浞杀害，前后为三十九年。如果算上少康灭浇，后杼灭豷，前后约一百多年。[1] 从相二年征风夷、黄夷，到后杼在戈地灭豷，这一阶段中大的战事有：浇灭斟灌，伐斟寻，大战于潍（水）；靡率夏众灭浞于寒，太康率师灭浇于过，帝杼率师灭豷于戈。这一系列战事，主要发生在斟灌、斟寻、寒和过、戈五地，另外还涉及逄和鬲两国。

综上所述，在夏的历史上，后羿扮演着一个重要角色，大禹的后人太康、仲康、后相的政治生涯和生命都与他息息相关；除此之外，羿部族与潍淄两地关系密切，现作简要论述：

1."夷夏之争"与"夷夏相融"

自古以来，就有"夷夏之争"说，有些历史学家认为有夏一代，最大的

---

① 台湾三军大学：《中国历代战争史》，军事译文出版社1983年版，第42页。

威胁就是东夷。孔颖达《尚书正义》认为："羿在夏世，为一代大贼。"孙淼言："仲康死后，羿赶跑了仲康之子，自己正式当了国王。"①詹子庆先生在《夏史与夏代文明》中说："夏朝的前期历史主要面临着来自东方的夷人的威胁。除上述伯益与启的斗争外，还有就是史书记载的两个东夷首领人物，一是有穷后羿，另一就是寒浞。"②前面论述表明，在太康失德，不理朝政，"黎民咸贰""因民不忍"的形势和民意面前，才有后羿"因夏民以代夏政"。后羿是"因夏民"，是"代夏政"，是挽救夏的衰败局面，而不是篡权夺位。后羿在后相之前，虽"政由羿耳"或"政出于羿"，但他始终没有将太康、仲康和相的天子位废掉，自己称帝。

《尚书·胤征》曰：太康崩，弟仲康立，仲康能"肇位四海"，能命胤侯师六师出征羲和。表明天子还是仲康，后羿是臣，实处辅佐仲康的地位。

仲康崩，子帝相立。今本《竹书纪年》曰："世子相出居商丘，依邳侯。"邳侯，夷也。相妻有仍氏，"仍"与"任"通，有仍氏即古"有任国"，在今山东济宁，夷也。"于夷来宾"，东夷各部都拥戴归附帝相。相居斟灌依斟寻，斟灌、斟寻，夷也。少康奔有虞。有虞，舜之后，夷也。有虞氏将女儿嫁给少康，并使少康"有田一成，有众一旅"。有靡氏收二国遗民，灭寒浞，复夏业，有靡氏，夷也。

综上所述，帝相时，是夷夏融为一体，是高度融合，而不是互相争斗。

至于寒浞，是个政治野心家，他烹杀后羿，灭斟灌，伐斟寻，杀后相，只为争权夺利，不分夷与夏。

不少学者从考古学角度，分析夏文化与东夷文化的高度融合，认为二里头文化中有大量东夷文化的元素，李伯谦先生认为这是"后羿代夏"的结

① 孙淼:《夏商史稿》，文物出版社1987年版，第206页。
② 李学勤主编，詹子庆著:《夏史与夏代文明》，上海科学技术文献出版社2007年版，第106页。

果。① 总之，有夏一代，是夷夏相融，而不是夷夏相争。

2. 后羿与逄蒙、纪昌

《列子》曰："甘蝇，古之善射者""弟子名飞卫，学射于甘蝇，而巧过其师。纪昌者又学射于飞卫"。尽管经史学家对《列子》一书多有质疑，但甘蝇即羿，飞卫即逄蒙，还是有文献依据的。

《吕氏春秋·听言篇》："蜂门始习于甘蝇。"蜂门，即逄（逢）蒙；甘蝇之"甘"，与舁、羿同音同义。《说文》："舁，帝喾射官，夏少康灭之。"段玉裁注："舁与羿，古盖同字。"《说文》："羿，羽之羿风，亦古诸侯也，一曰射师。"《孟子·离娄下》："逄蒙学射于羿，尽羿之道。"《荀子·正论》："羿、蜂门者，天下之善射者也。"因此，甘蝇即羿；蜂门即逄蒙，都是古之善射者。逄蒙学射于羿，而巧过其师。以此类推，纪昌又学射于逄蒙。这些文献记载暗示，夷羿、逄蒙、纪昌，是师承关系。

射，是门技巧。善射，需要功力，尤其需要眼功。《列子》记载，飞卫曾对纪昌言："尔先学不瞬，而后可言射矣！"瞬，眨眼、转眼。不瞬，不眨眼。纪昌练了"二年之后，虽锥末倒眦，而不瞬也"。练习不瞬，用了两年。然后飞卫又让纪昌练习"视小如大，视微如著""昌以牦悬虱于牖，南面而望之""三年之后，如车轮焉"。三年之后，远看虱子如车轮大。看来，要学会射，需要多年的功夫。

逄，炎帝后，姜姓。逄蒙，夏之诸侯。逄（逢）伯陵，殷诸侯，封之于齐。《齐乘·古迹》曰："逄（伯）陵城，般阳府东北四十里。"《山东通志》曰："逄陵城，在今山东淄川废治西南四十里。"逄蒙祖籍今淄川，纪昌祖籍今寿光。甘蝇或羿的祖籍，可能也在这个区域。三者形成了紧密的师承关系。

3. 钽和楚

钽，《帝王世纪》曰：帝羿有穷氏"至喾，赐以彤弓素矢，封之于钽"。钽

① 李伯谦：《二里头类型的文化性质与族属关系》，《文物》，1986 年第 6 期。

是羿的邑地，也是羿的第二故乡。《括地志》曰："故钼城在滑州（韦城）卫南县东十里。"卫县，本汉朝歌县。卫南，在朝歌南，即今河南省滑县与长垣县交界处。此地又称楚丘，《括地志》："楚丘，滑州卫南县。"楚、钼音同，这个春秋时的"楚"，源自"钼"。

鲁地曹县也有楚丘。《左传·哀公十七年》："公（卫庄公）入于戎州己氏。"《通典·州郡典》："宋州楚丘，古之戎州己氏之邑。"《元和郡县图志》："楚丘县，古戎州己氏之地，至汉为己氏县，属梁国，后汉为济阴郡。"即今曹县地，这个己氏县的楚丘，是羿族团东迁之地。

楚，又是国名。

《左传·桓公二年》："始惧楚也。"杜预注："楚国，今南郡江陵县北纪南城也。"春秋时的纪南城实为"己南城"，春秋无"纪"字。

《水经·沔水注》："江陵西北有纪南城"，"楚文王自丹阳徙此"。顾颉刚先生考证，最早的楚都在丹阳，这个丹阳在汉中，即汉弘农郡丹水县，今河南淅川县丹水北。[1]后楚文王又徙都纪（己）南城。

看来楚国之"楚"与楚丘之"楚"，与夷羿封地的"钼"，有某种内在的联系。鲁楚在雍州"己氏"，楚后又定都"己南城"，楚之先似乎与"己"也有某种联系。

《史记·楚世家》："楚之先祖出自帝颛顼高阳。"前面已论述东夷颛顼族团由曲阜西迁到濮阳帝丘，楚是东夷后裔。《史记·楚世家》载：陆终后人"季连生附沮，附沮生穴熊"。季连，夏诸侯。沮、钼相通，其本字为"且"。

"周文王之时，季连之苗裔曰鬻熊。鬻熊子事文王，蚤卒。其子曰熊丽。"有文献可查的楚之先祖为鬻熊、熊丽。而鬻熊、熊丽为周文王时人，颛顼、季连与鬻熊、熊丽之间有若干缺环。

---

①《顾颉刚古史论文集》卷十下，中华书局 2011 年版，第 890 页。

季连、附沮、穴熊，夏时人，后羿的四位贤臣之一为熊髡，穴熊、熊髡，与后世的鬻熊、熊丽之间，也许有某种血缘关系。或许钮为楚之先，穴熊、熊髡为鬻熊、熊丽之先，楚的始祖也为夷羿族团。

三、商时的夷羿族团——甲金文中的吴和亚其吴

（一）甲骨文中的吴（𢎻）

在有关殷商的传世文献中，尧及夏时的夷羿、后羿销声匿迹了。但殷商甲、金文中，却大量保留了"𢎻"这个象形字。著名考古学家王树明先生释此字为射神后羿的象形，从这个象形字的各个构件看，此字确实符合文献中对羿的描述。[1] 我认为此说有据，客观而全面。

22577

图一

1.祖庚、祖甲时贞人吴（𢎻）

现有很多甲骨文残片，其占卜内容已很不完整，但"吴（𢎻）贞"却十分明显，甲骨文"贞"字为"𣂸"。如图一、二。

"那时王的祭祀、征伐以及其他大事，甚至小事，时时向神请示，在卜辞里叫做贞。贞由史官担任，就能和王常在一处。"[2] 因此，吴是贞人、史官，常和王一处。

---

① 李学勤主编，詹子庆著：《夏史与夏代文明》，上海科学技术文献出版社 2007 年版，第 106 页。

② 王献唐：《山东古国考》，青岛出版社 2007 年版，第 188 页。

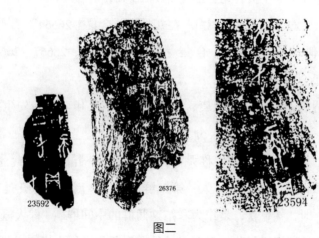

图二

昃贞的卜辞有:

(1)戊子卜,昃贞,王曰:余其日多尹其令二侯上兹罘□侯其□□□□周。(《合集》23560)

(2)昃贞。(《合集》23589、23590)

(3)乙酉卜,昃贞其又于我日旬。十一月。(《合集》23591)

(4)□未卜,昃〔贞〕,其日旬……(《合集》23592)

(5)□□卜,昃〔贞〕……其方……(《合集》23593)

(6)辛巳卜,昃贞,多君弗言,"余其屮祝",庚亡,九月。(《合集释文》)

辛巳卜，⿰貞，惠王褠，亡害。（《合集》24132）

（7）己亥卜，⿰貞，今夕亡□（忧）。

庚子卜，⿰貞，今夕亡因（忧）。

辛丑卜，⿰貞，今夕亡因（忧）。（《补编》8064）

（8）癸酉卜，⿰贞，旬亡因（忧）。在七月。

癸未卜，旬亡因（忧）。在八月。

癸巳卜，⿰贞，旬亡因（忧）。在八月。

癸卯卜，⿰贞，旬亡因（忧）。在八月。

癸丑〔卜〕,〔⿰〕贞，旬亡因（忧）。在九月。

癸亥卜，⿰贞，旬亡因（忧）。在九月。（《合集》26664）

与此类似的贞卜还有《合集》26665、26666、26667、26668、26669、26670、26671、26672、26673。

甲骨学界普遍认为⿰是祖庚、祖甲时的贞人。伊藤道治先生把甲骨文二期（即祖庚、祖甲时期）贞人分为三群：大、出、兄、逐为一群，称大群；尹、凸、旅、行、即为一群，称尹群；⿰、喜为一群，称⿰群。第一群即大群，属于旧派，是祖庚时的贞人；第二群即尹群，属于新派，是祖甲时的贞人。而⿰群，即"⿰、喜，是作为联结这两群的中间群"，"即大概可以说尹群代表的新派开始于祖甲时代，尹群以外的两群莫如说作为祖庚时代的贞人，跟祖庚之父武丁时代的第一期贞人一起都属于旧派。"[1]

2. 武丁时的王官"⿰"

"⿰"的一半属于旧派，也就是与祖庚以至于武丁时代的贞人属于一个文化宗教系统，因此，作为贞人的"⿰"，他的历史可以追溯到武丁时期。《合集》12532，即甲骨文一期，如下图：

---

[1]（日）伊藤道治：《中国古代王朝的形成——以出土资料为主的殷周史研究》，江蓝生译，中华书局2002年版，第83页。

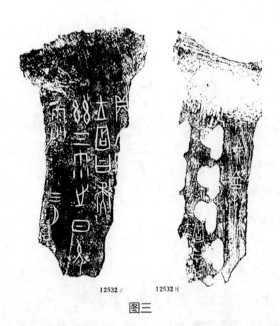

图三

卜辞内容是:"贞今……王占曰:𝆐,兹气雨。之日允雨。三月。"与此内容相似的卜辞还有:"王占曰:𝆐,兹气雨,之日允雨。"(《前》7·36·2)说明"𝆐"已经出现在武丁王的身边,尽管身份不明,但他是商王武丁左右的一分子是肯定的。对此问题,王献唐先生有段很精彩的论述:"祖庚和祖甲兄终弟及,两位合起来的年数,不过四十年。𝆐为祖庚时贞人,祖庚在位只有七年,若七年内生了𝆐,不会把个孩提小儿来作贞人,当然是祖庚以前武丁时生人。他到祖庚时年齿几何,无法知道。但绝对不会为青年,青年当不了那时的史官。史官属于内臣,要有相当资历,在武丁时期必已早为王朝服务但非贞人;因为武丁期卜辞一些贞人中,没有他的名字。这样看,𝆐是武丁、祖庚、祖甲三朝旧臣。"[1]

骨版的背面为:"王占曰,其……在高羊。"高羊,即高阳,是颛顼的氏名,也是颛顼帝都,尽管后世说法各异,但似应即帝丘,今河南濮阳。作为氏族的高羊,是以弓矢为图腾的氏族,见下图:

---

① 王献唐:《山东古国考》,齐鲁书社 1983 年版,第 90、91 页。

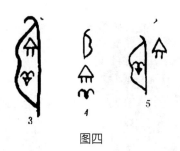

图四

表明 𣂏 是颛顼族裔，高阳也是 𣂏 的居地。

3. 𣂏 的武官地位

《合集》24317：（1）"〔丙〕辰〔卜〕，旅贞，翌丁巳，𣂏 至，在 𠂤（师）袋。"（2）"……来自 𣂏 𠂤。"

《合集》24318："贞亡尤。在 𠂤（师）袋卜。"

以上是说旅在 𠂤（师）袋这个地方贞卜，卜辞显示"翌丁巳"，就是明天的丁巳时，𣂏 将来到，而且是"来自 𣂏 𠂤（师）"，是说"𣂏"是从他的军事驻地来的。这里的"𣂏 𠂤（师）"与"缶 𠂤（师）""虎 𠂤（师）""雀 𠂤（师）"一样，都是指方国的军队，是说"𣂏"在王畿的附近驻扎着自己的军队。这时的"𣂏"是贞人也是武官，是位军事长官，这个武官职位，是从他的前辈那里继承过来的。

24132

图五

4. 贞人 ⿱ 的特殊地位

如上页图五,《合集》24132:

"辛巳卜,⿱贞,多君弗言,'余其⿱祝',庚亡,九月。"

"辛巳卜,⿱贞,惠王裀,亡害。"

李学勤先生释为:"就是说辛巳这一天,'⿱'来占卜,多君(指朝中的有些贵族或大臣)没说庚这天是不是还要进行祭祀,有没有什么问题。对贞却说,让王来祭祀好不好。很明显这里的'余'是'⿱'本人,而不是王。"①

(1)"丁酉卜,⿱贞,多君曰:来弔以甹。王曰:余其禀□王十月。"(《合集》24134)

(2)"丙寅卜,⿱贞,卜竹曰:其⿱于丁宰。王曰:勿夀,翌丁卯率,若,八月。"(《合集》23805)

对卜辞(1),李先生的释文是:"这是⿱贞,多君说,'有人会带来一种东西',王说:'我会去看看',最后'⿱'说这个占卜的结果我们听王的。这很明显是'⿱'的卜辞而不是王的卜辞。可见'⿱'在朝中是很管事的,他跟王及其他大臣的意见不太一致,最后他说从王。"对卜辞(2),李学勤先生的释文是:"'⿱'在丙寅这天占卜,卜竹说:'用□来祭礼丁',而王的意见不同,说:'不要这么做',然后'⿱'建议'到丁卯那天再这么做',结果王同意了。"②从这些卜辞可以看出,如李学勤先生说的,"⿱在朝中是很管事的"。⿱在王朝里有很特殊的地位和作用,他和商王、诸大臣之间,存在着一种微妙的关系,形似超脱,实为一锤定音,起着一种维护商王权威,协调解决矛盾的作用。

5. 武乙、文丁时的⿱

上述卜辞释例说明,⿱是祖庚、祖甲时的贞人。但甲骨文四期,即武乙、文丁时的卜辞中,也出现了⿱的身影。

---

① 李学勤:《文物中的古文明》,商务印书馆 2008 年版,第 35 页。
② 李学勤:《文物中的古文明》,商务印书馆 2008 年版,第 35 页。

（1）"亥贞 𢀛 以。"（《合集》32908）

（2）" 𢀛 以。"（《合集》32909）

按照甲骨文断代，商王祖庚、祖甲是甲骨文二期，廪辛、康丁是甲骨文三期，武乙、文丁是甲骨文四期。武丁时 𢀛 就在王的身边，如果武乙、文丁时的 𢀛 与武丁时的 𢀛 为一人的话，此人至少也得八十多岁，因此也可能武乙、文丁时的 𢀛 是另一人，是 𢀛 的后人，𢀛 也是职称或族称。王长丰先生说："'方国、族、（姓）氏、私名'等内涵有时是合而为一的，而族、（姓）氏则多由方国名、私名等演化而来。"[①] 𢀛，本来是私名，后来演化为族氏名。

（二）青铜器铭文中的亚吴（ 𢀛 ）

在殷商铜器中，"亚吴（ 𢀛 ）"器是个十分庞大的集群，如下图：

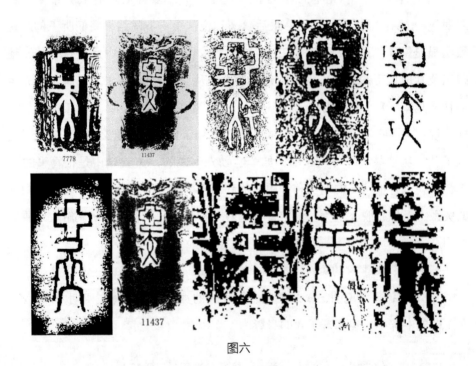

7778 11437

11437

图六

---

① 王长丰：《殷周金文族徽整理与研究》，郑州大学博士学位论文，2006 年。

雒有仓先生统计,"铭有'亚吴'族徽的铜器总数共有 102 件,数量约占吴族铜器总数的 80% 以上"①。王献唐先生在《黄县曇器》一文中列出"亚吴"器 19 件,认为金文中的"吴"就是卜辞中的"吴","他是祖庚、祖甲时的人,铜器约那时铸造,有的或在前"②。"亚吴"是个族徽符号,"吴"是私名,即族长名,亦即卜辞中的贞人。"亚",学界有多种理解,陈梦家先生"将之归属于武官。……卜辞中的'亚'可以'保王'、'保我',可见其关系。"③曹定云认同陈说,并进一步论述为:"'亚'是一种武职官名,担任这一职官的通常是诸侯……此等诸侯的地位似在一般诸侯之上。"④岛邦男先生说得更明确:亚"是殷室的将帅,其职世袭。"⑤据何景成先生考证,此类"亚吴"主要出土于河南安阳,一部分出土于河南洛阳、上蔡和河北邢台。⑥这也说明,吴的活动中心在殷都安阳及安阳的南北。

在安阳大司空墓地出土的铜器中,比较突出的是"亚吴钺"(《集成》11744—11746)和"亚吴斧"(《集成》11775—11776),另外还有"亚吴矛"(《集成》11433—11437)四件、"亚吴戈"七件(《集成》10830—10836),见图七。

《史记·殷本纪》说商王当年"赐(周文王)弓矢斧钺,使得征伐",也就是说,当王赐予诸侯或臣下征伐之权时,把赐予斧钺作为凭信和象征。曹定云先生还说:"钺是商代一种身份的象征,出土钺的墓一般为大墓,墓主身份为武官,这和吴带有亚的称号也相当。"⑦因此,亚吴铜器中的斧钺矛戈,无疑

① 雒有仓:《商周青铜器族徽文字综合研究》,陕西师范大学博士学位论文,2007 年。
② 王献唐:《山东古国考》,青岛出版社 2007 年版,第 195 页。
③ 陈梦家:《殷虚卜辞综述》,中华书局 1988 年版,第 511 页。
④ 曹定云:《"亚其"考——殷墟妇好墓器物铭文探讨》,《文物集刊》第 2 辑,文物出版社 1980 年。
⑤(日)岛邦男:《殷墟卜辞研究》,濮茅左、顾伟良译,上海古籍出版社 2006 年版,第 1097 页。
⑥ 何景成:《亚吴族铜器研究》,《古文字研究》第二十五辑,第 151—154 页。
⑦ 曹定云:《"亚其"考——殷墟妇好墓器物铭文探讨》,《文物集刊》第 2 辑,文物出版社 1980 年。

还有大量弓矢（弓矢无法保存），在商王畿出土，表明"矣"是保卫王的武官，是将帅，"矣族团"是商王的近卫军和精锐部队。

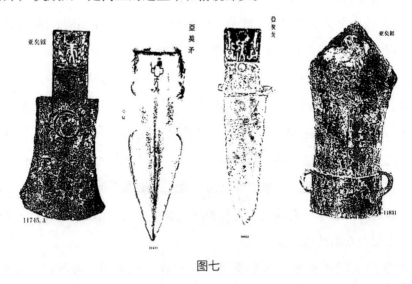

图七

甲骨文中的"矛"是贞人，是族长名；金文中的"亚矛"，是族长名、将帅名及所率领的武装集团的总称。"矛"即羿，自古以来就以善射著称，是个能征善战的氏族集团。

商时没有常备军，是军民合一，伊藤道治先生说："这个时代主要以军事的形式进行移动，也不否认族集团是构成其（军事）集团的基础。由血缘组成集团，借助族集团而构成邑，该邑又成为军队编制的一个单位。"①矣（矛）是贞人，又是王室近卫军的统帅。因为担任保卫王的任务，其军事驻地，就在殷都周边，即"亚矛"器出土的安阳侯家庄、大司空村。但"亚矛"又是个军民合一的氏族集团，有供生产、生活用的大片土地，借助族集团而构成邑。

卜辞有："……矛……雨其……我妣……有羌。"（《合集》22577）

铜器中有"亚矛耜"，这是纯农器。另外还有"亚矣刀"（《集成》11813）

---

① （日）伊藤道治著：《中国古代王朝的形成：以出土资料为主的殷周史研究》，江蓝生译，中华书局 2002 年版，第 125 页。

等，说明这个族团除去能征善战外，还耕耘土地，是农业生产单位，这是它的经济基础。

羿族邑地在何处？很可能就在他们祖先的封地"钮"，即河南滑县，滑县离安阳不远。

（三）关于"亚其羿"

殷商中期铜器中，出现了"亚其羿（羿）"，这是个复合族徽，是"亚羿（羿）"族与"亚其"族的结合。

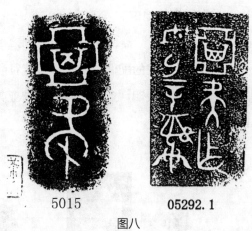

5015   05292.1

图八

前面记述了甲骨文中"羿"，是贞人，而铜器中"亚羿"的"羿"，是人名，也是氏族名。按照对"亚"的理解共识，"亚羿"的"羿"，是这个羿族武装集团的首领、统帅，是王的近卫军司令，具有很高的地位。

"其"或"亚其"，在殷商时期是独立、强大的氏族集团。

我在《探寻寿光古国》中列出"其受年"，即关于农业收成之事的卜辞五件（《合集》09839、09876、09894、09895、09896）；"其氏"卜辞十件（《合集》00274、09082、09092、09117、09119、09124、09094、13514、17934、17264）。氏，郭沫若、胡厚宣两位先生均释"氏"为"呈贡致送"之意，因此"其氏""其入"都是其氏族向王进贡。①卜辞"庚申卜，王，侯其立朕史人"（《合集》01022），胡厚宣、胡振宇两位先生认为："史"就是武官，"立史"就是武官任命的仪式，并说："至于卜辞为什么只有在西方才立大史，只有在南方才立三大史，这或是因为殷武丁时期主要敌人是在西方和南方的缘故。"②表明其侯是被武丁正式任命为守备西方的武官，也因此山西留下了"其"的地名。

另外诸侯国名通常又可作地名，因此卜辞有"在其"的记载。还有"亚其""侯其""贞其死""其氏齿"等卜辞四十多件（参见《探寻寿光古国》第102—112页）。"其"在卜辞中是族长名或国邑名，所以卜辞中又可称"其侯"。一期甲骨文中有大量关于"其"或"亚其"的卜问，表明"其"或"其侯"生活在武丁身边，具有很高的地位。

殷商铜器中也有大量的"亚其"器，《殷周金文集成》载"亚其"25件，其中18件出自妇好墓。妇好是商王的配偶，也是一位能征善战的女将军。而"亚其"器在妇好墓中大量出土，表明"亚其"首领和"亚其"族团，是妇好的得力助手和主力军。

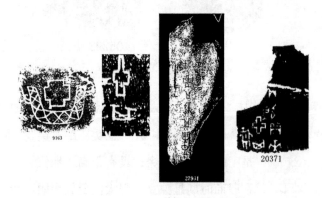

亚其
图九

---

① 李沣：《探寻寿光古国》，齐鲁书社 2011 年版，第 102—112 页。
② 胡厚宣、胡振宇：《殷商史》，上海人民出版社 2003 年版，第 108、114 页。

关于"亚其"族的居住地、邑地，学界根据文献中的"箕"字，有河北沙河、北京琉璃河、山西隰州蒲县等多种说法，但作为妇好的主力军、商王的近卫军，这些地区都离王都较远，把两地联系在一起着实勉强。其实，王畿附近古卫地有淇山、淇水、淇县，这里应该是"其族"的第二故乡，这与"吴"氏族第二故乡，位于卫南的"钽"，是近邻。因此两族合而为一，也有地缘的因素。

《广雅疏证》注云："钽，齐谓之兹其。"《仓颉篇》亦云："钽，兹其也。"钽，齐人谓之兹其，我们虽不知"钽"与"其"的具体关联，但这暗示作为钽地的羿邑，与伯益的"其"有着内在联系。

这里要需要说明，"吴族团"和"其族团"，都是东夷少昊之后，他们的根据地在潍淄地区，他们是随颛顼西迁到今濮阳地区落脚的，因此他们在河南的居地是他们的第二故乡。

"亚吴""亚其"是两个独立、历史悠久、能征善战的氏族，两个氏族祖居地、官职及商时的居地，都有内在的联系，所以两个氏族合而为一了，他们的氏族徽识也合为一体了。按照学界对复合族徽的理解，一是复合族徽是两个或两个以上氏族结合的标识，二是复合族徽是一个族的分支。按照第一种理解，这两个氏族都是保卫商王的近卫军，在一个大的军事单位（例如"师"）中并肩战斗，久而久之，他们紧密结合在一起了。卜辞中有"吴（𣄖）师"，伊藤道治认为"师应是由几个这种族或邑集合成的部队"[1]，也许由于"亚吴""亚其"同属于一个师的编制，然后结合在一起了，这是一种可能。根据对族徽的第二种解释，即"一个族的分支"，也顺理成章，因为他们都是东夷少昊之后。

其，学者都释为"箕"，"箕主簸扬"之箕，即簸箕，此释不确。其，应该是编织的盛物器，因地域不同，有多种形状、用料、用途，是人类狩猎采集阶段最主要、最普遍的劳动工具，属筐、篮、篓、筥之类。狩猎采集在先，簸扬五谷的农耕社会在后。

---

[1]（日）伊藤道治：《中国古代王朝的形成——以出土资料为主的殷周史研究》，江蓝生译，中华书局 2002 年版，第 125 页。

其氏族是伯益后裔，"伯益为其氏可知的最早祖先"①。其氏族祖地在潍淄地区的益都侯城、益县，即今寿光地。

有的学者认为"其"是"箕"的本字，商纣时的"箕子"，就是"其""亚其"的后裔。"总的说来，殷商箕族本是从王族子姓成员中分化出来而另立徽识的一支。该部族的首任族长可能为武丁诸子之一。"②这样就把"其""亚其"归到了商族系列，使问题更加复杂，涉及商族起源问题。

前面认为"其"族是伯益后裔，但伯益与商似乎拥有共同的祖先。《史记》载：殷契母简狄吞玄鸟卵生契，伯益祖女脩吞玄鸟卵生大业（伯益父），因此伯益父与商契，都是玄鸟所生，两者共祖。

古益县有"咼宋台"，"'咼'与'契'之另写'卨'字少两画，古或当为一字"③。因此，"'商'即商丘，契与相土所居最早的商丘之地不在河南，而在今天的山东寿光境内"④。青州苏埠屯大墓中出土带"挚"字的铜器，如下图：

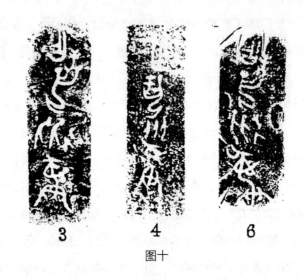

3　　　4　　　6

图十

① 王永波：《"己"识族团考》，见《东夷古国史研究》第二辑，三秦出版社 1990 年版。
② 王长丰：《殷周金文族徽整理与研究》，郑州大学博士学位论文，2006 年。
③ 景以恩：《炎黄虞夏根在海岱新考》，中国文联出版社 2001 年版，第 126 页。
④ 景以恩：《商族源于齐东新探》，《学术月刊》，1996 年第 10 期。

《世本》："少昊，黄帝之子，名契。"《帝王世纪》："少昊帝名挚。"因此，青州寿光的呙宋台之"呙"，是"咼"的简体，呙、咼、卨、契、偰、挚，古字通。

如此说来，商的祖地在潍淄的寿光，伯益的祖地也在今寿光，说伯益的"其"与商的"箕子"共祖也许接近历史事实。

（四）关于"亚異矣"

在殷商金文中出现了"亚異矣"或"亚異侯矣"，如下图：

图十一

異，是"己"和"其"的合文。前面已经提到，"其"是武丁时的一个重要国族、氏族集团。"己"，也是武丁时的一个重要国族、氏族集团。

己，是贞人，卜辞有："丁亥卜，己贞，子商妾娩，不其嘉。"（《合集》14036，一期）饶宗颐、丁山、姚孝遂、岛邦男等都坚持己为贞人说。丁山先生认为："此贞人己氏，宜即'自己人'之己，亦即'训于王'之祖己。"[1]

---

① 丁山:《甲骨文所见氏族及其制度》，中华书局 1988 年版，第 101、102 页。

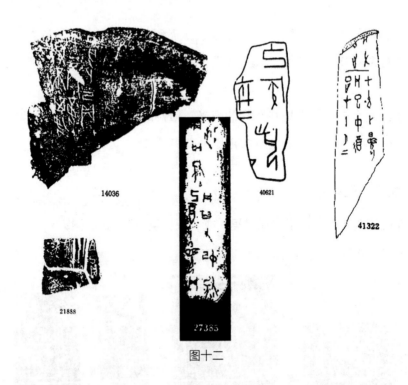

图十二

己，也是殷商的诸侯，"……己侯蓺……死……"（《合集》40621，一期）并不断向王进贡，卜辞有"自己入""己氏"。己侯有自己的邑地，卜辞有"辛其雨，吉己。"（《屯南》2739）"王占曰，其亦盅雨，隹己。"（《合集》14468，一期）

己，还是商的酒正，卜辞有："甲午卜，量贞，己中酒正，在十月二。"（《合集》41322，一期）

关于"其"，前面已详细举证和分析。

因此，"異"，是个族徽符号，是"己族"与"其族"的联合标识。但有的学者认为"異"即"其"，"其"字上面加"己"，是因为"古文字有一惯例：某一字音在某一时间或空间有了变化，新音和旧音交混，一些读旧音的要标明本读，每在字的一方，加注一个与旧音相同的字，使人一看知为何音，略等于近的注音"①。王献唐先生把"己"用为"其"的注音，此说不确。我在《纪国

---

① 王献唐：《山东古国考》，青岛出版社 2007 年版，第 130 页。

与暨国研究综述》中已对此说进行了详细的分析与考证，其要点有二，一是此说不必要，二是此做法不允许。

"其"，古音两读，一读 qí 音，一读 jǐ 音。《诗·王风·扬之水》："彼其之子"，郑笺："其，或作记，或作己，读声相似。"所以《国语》《韩诗外传》也引作"彼己之子"。在同声假借、音近义同的古代，在"其"字上加注音"己"没有必要；再就是"己"是商王身旁的王官，也是国族名，把一个重要国族的徽识作为另一国族的注音，这有违礼制，并会在宫廷及诸侯间造成混乱，因此把一个国族的徽识作为另一国族注音符号是不允许的。

曹定云先生认为"'亚其'与'暨侯'既有区别，又有联系。其区别在于有时间的先后的不同与地望的不同；其联系在于同一家族不同时候的两次分封"，认为"'亚其'在武丁时已是重要诸侯"，而"'暨'侯出现在甲骨文第三期以后"。[1]但甲骨文一期就有"己"和"其"的连文。如下图：

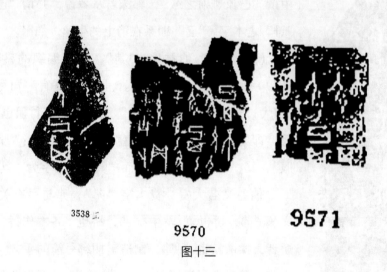

图十三

对《合集》9570 中的个别字，学者有争议，但卜辞的大意是：甲子日占卜，贞人问卦，问次日乙丑在'己其'田锄草会不会遇雨。这里的"己其"是

---

① 曹定云：《殷墟妇好墓葬铭文研究》，云南人民出版社 2007 年版，第 12 页。

名词，是地名，肯定也是国族名。由此可知，"己""其"两族的联合始自武丁时。两氏族徽文的连缀、联结，不管渊源如何，都表明两族已经合而为一了。同时，此"己"也绝不是"其"的注音符号。

当然，一期的"己其"合文与五期（《合集》36416）时的合文有所不同，但没有实质性的差别。

总之，"亚異昃"是个复合族徽，是"己族""其族"和"昃族"的联合，或者说是一个母族的分支。因为己、其、昃三族，都是东夷少昊之后，都是随颛顼帝西迁到帝丘即濮阳地区的。

三族联合的背景、起因虽然无法完全弄清，但有一点是肯定的，即他们都属于使用弓箭的氏族。

（1）昃族，即夷羿族，善射之族。

（2）己族，罗振玉 1915 年所著《殷虚书契考释》中谓"己象隹射之缴"，郭沫若从罗说，并谓"己"当"隹"之本字。"己"即系在箭上的生丝，如弔。

（3）其族，伯益后。"其"，泛指编织的盛物器，其中一种功能就是盛箭矢。《周礼·夏官·司弓矢》："田弋，充笼箙矢，共矰矢。"注云："笼，竹箙也。"竹箙，即笼，是用竹子编的盛矢器。《国语》："橐弧箕服"，箕，也是盛弓箭器，而"箕"的本字为"其"。

伯益又名大费，费本字"弗"，弗与弓有关，《说文》："弗，挢也。"段注："弗，矫也，各本作挢。……矫者，揉箭箝也。"弗，制造、捆绑弓箭的手艺。甲骨文茀，原为弋射所用矢名，《周礼》云："矰矢茀矢，用诸弋射。"弗（弗）、叔（弔）、夷（夷）都像矰矢系缴形。伯益的"益"又写为"翳"，《说文》曰："医，盛弓弩矢器也。"

36416

总之，三族都是东夷崇尚弓箭、善射之族，三族基于血缘、地缘等原因，其世世代代相友、相交并合为一体，具有客观的必然性。

从《合集》9570 还可以看出，在"己其"的联合中，以"己"为主，己在上，己字大。"己国"为姜姓，因此"異国"也为姜姓。这个"己其"与寿光出土的▦（己竝）同类。

（五）亚異族团中的人物

把亚異族团中的人物关系厘清，是件十分困难的事，因为：第一，尽管亚異族器很多，但带文字的铜器很少，还没有形成一个完整的信息体系；第二，铜器中的文字信息与甲骨文中的信息，至今还没有找出其完整的衔接、对应关系；第三，亚異族团，不是单一的異氏族，而是己、其、異三族的联合体，或称部落联盟，这样他们的子孙辈就交叉在一起，关系很难厘清。

1."亚其異族团"中的父系人物

王献唐先生在《山东古国考》一书中，列出異国铜器 43 个器号，共 73 件。第 21 至 39 只有"亚異"二字的器，18 件是異自造器，第 10 至 19 中有父乙器六件，父己器、父丁器、父戊器、父辛器各一件。他说：为什么父乙祭器特别多？"因为父乙就是異"，"更可推知中期晚期三位異侯为父乙造器的，不是的異儿子，便是異的侄子"，"晚期前一段一位不知名的異侯，既造父乙簋，又造父己簋，当然乙和己是兄弟。以后一位侯名孝，铸造祖丁卣。……大抵丁和乙、己同为兄弟。孝是異的孙子辈行"。[①]

按王先生对器的分析，異兄弟三人，異即乙，另外还有己、丁。但王先生还列出了第 18 器"父戊簋"和 19 器"父辛觯"，按前推论，戊和辛也应是異的兄弟。如果加上戊和辛，異的同辈兄弟就有己、丁、戊、辛五人。

---

① 王献唐：《山东古国考》，青岛出版社 2007 年版，第 204、205 页。

图十四

《集成》05377："乙亥，𩵹易（赐）孝贝，用乍（作）且（祖）丁彝。冀侯〔亚冀〕。"从铭文可以看出，"孝"是祖丁的孙子。因丁、冀同辈，称丁为祖者的孝，就是冀、丁的孙子辈。《集成》09099："丁未，𩵹商（赏）祉贝，用作父辛彝。亚冀。"祉和孝都受𩵹的赏赐，看来"𩵹"是祉和孝的长辈。"亚𩵹"冀（《集成》00828），表明"𩵹"也是冀，乃冀冀族中的重要人物，而且也是位武官。

《小子𩁚毁》（《集成》04138）铭文为："𩵹商（赏）小子𩁚贝十朋，在上𪊽，唯𩵹令伐人方，𩁚宾（傧）贝。"唯𩵹令伐人方，是说𩵹是可以号令参与征伐人方的各氏族的总指挥、司令员。在殷末，受𩵹赏赐的有孝（《集成》05377）、祉（《集成》09099）、𪊽妇（《集成》07312）、隹（凤）（《集成》03712）、小子𩁚（《集成》04138）等。

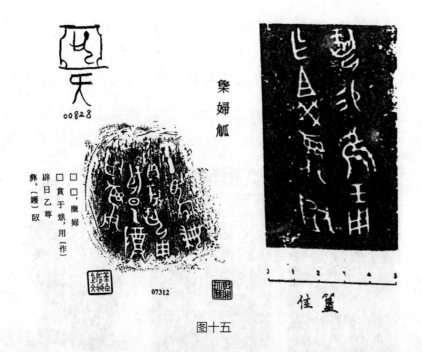

图十五

《集成》02702《嬰方鼎》铭文为："丁亥，飘商（赏）又（有）正嬰'嬰'贝，才（在）穆。朋二百。嬰辰（张）飘商（赏），用作母己尊鬻。"《嬰方鼎》作器者"嬰"为"亚臭矣"氏族人，嬰用飘的赏赐作母己尊。此器出土于辽宁喀左，有可能是飘的一部分属下征人方后，或者说征人方失败后，流落到了此地。

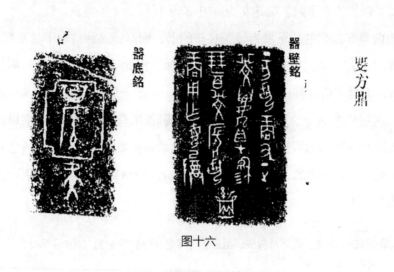

图十六

《集成》07312："橐妇□赏于朏，用乍（作）辟日己尊彝，臤。"这里"朏"又为"臤"作彝，这里的"臤"，是人名，也是族徽。

臤，甲骨文为（ ），一目，此象形字似应释为"取"，而不应释为"臤"。

图十七

与"取"相关的金文有《佳簋》（《集成》03712）、《父丁鼎》（《集成》02318）、《中子觚》（《集成》09298），见图十七。《父丁鼎》的铭文为："（泓）作文父丁臤。"《中子觚》的铭文为："中子聂 作文父丁尊彝。臤。"

后两器都是臤的儿子泓为父丁臤作的器，而泓，又称"中子聂泓"，因此泓是聂国族人无疑，属于聂系，非癸系子孙。由此可见，"亚聂癸"不是单一的癸系，而是"己、其、癸"的联合体。

后两器中有两个象形符号，即 和 。 像鸟登鼎，亦即《高宗肜日》中的"飞雉升鼎"，张碧波先生认为："由聂之后裔作器以资纪德，雉雊之异为商王武丁的大事，这个聂，就是殷商历史上大名鼎鼎的祖己。"[①] 这又引申出了聂氏族的非凡历史。

---

① 张碧波：《论商王武丁与傅说、祖己》，《黑龙江社会科学》，2004 年第 2 期。

2. "亚異吳"族团中的母系人物

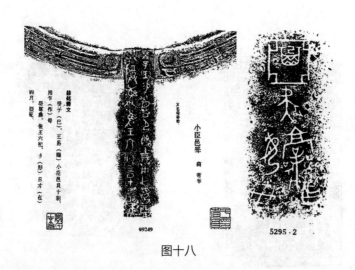

图十八

《小臣邑斝》(《集成》09249)铭文为:"王易(赐)小臣邑贝十朋。用作母癸彝,隹王六祀,肜日在四月。亚吳。""亚吳"是族徽,小臣是职官名,邑是小臣的名字,也是该族的首领,小臣邑的母为癸。

赐予小臣贝十朋的这位王,是帝辛,即纣王。《墨子·尚贤》说"汤有小臣",小臣之职,平时在王左右侍候,战时领导禁军,是殷商时的重要人物。这位小臣的名字为"邑",卜辞中的"令邑竝酒河""令邑竝于丁",丁山先生推断:"二则观之,邑可能也是武丁之子,与竝为兄弟行。"[1]是否为武丁之子暂且不论,但作为"亚吳"后裔的邑、竝为兄弟,或两个氏族联盟,是成立的,这也有后来的"纪竝"为证。小臣邑得到赏赐后为母癸作了此彝,表明"亚吳"的后裔中有母癸。

为母癸作器的还有龠,如《集成》05295"亚異吳龠作母癸",与此器完全相同的还有《集成》02262、09245、05888、07297、07298,共六器。可见龠为小臣邑的兄弟。

---

[1] 丁山:《甲骨文所见氏族及其制度》,中华书局1988年版,第118页。

与此七器相关的是《集成》05292（1—2）、05293（1—2）、05294（1—2）、06464 等。

5292·1

6464

图十九

如上图，《集成》05292 的铭文均为："亚其矣作母辛卣"，这是"亚其矣"为母辛作的彝器，因此"亚矣"族团里还有位母系人物为"辛"。这里亚形里的字是"其"不是"冀"，两者肯定有区别。这六器的时间恐怕比上述七器要早。而《集成》06464 的铭义是：亚形内"冀侯匕辛"，说明冀侯的配偶为"辛"，后来成了"亚其矣作母辛卣"的"母辛"。

另外《集成》02702《娶方鼎》：娶用得到的赏赐为母己作了尊，说明"亚冀矣"族中还有个母系人物"己"。

四、周时的矣（𣎴）族团

周灭商，商的后裔矣族团虽然存在，但地位发生了变化。因此，矣（𣎴）在金文中也发生了变化，𣎴（矣）变为𨕈（遂）。

周初的一件典型铜器为《渣司徒逡簋》（《集成》04059），相传此器出土于河南汲县或辉县，亦即沬（妹）邦。

（一）《沬司徒送簋》

图二十

1. "王劎伐商邑，征令（命）康侯鄙于卫。"

《史记·管蔡世家》：武王克商后，其同母兄弟管叔、周公、蔡叔、曹叔、成叔、霍叔等六人都有封地，惟"康叔封、冉季载皆少，未得封"。因此，周公平三监叛乱后，作《康诰》："王若曰：'孟侯，朕其弟，小子封……肆汝小子封在兹东土。"意周公奉成王命，封康叔为卫君。《史记·卫康叔世家》："以武庚殷余民封康叔为卫君，居河、淇间故商墟。"周公摄政七年，《书传》云"四年建侯卫"而封康叔。亦即周公平定三监叛乱后，命康叔在卫建都，治理卫地。

2. "沬（沬）司土（徒）送罙晶"

沬，从水，释作沬或沬，因卜辞中地支之"未"或作"末"，也作妹，是殷自武乙以后的别都。《尚书·酒诰》："明大命于妹邦。"郑玄注："纣之都所处也。"《诗经·鄘风·桑中》："沬之乡矣。"《毛传》注"沬"曰"卫邑"，亦即别都朝歌，今河南淇县南。

司土（徒），官名，《礼记·王制》曰："司徒修六礼以节民性，明七教以兴民德，齐八政以防淫，一道德以同俗。"《韩诗外传》曰："君臣不正，人道不和，国多盗贼，下怨其上。则责之司徒。"可见司徒肩负邦国治理的总责。司徒还有项任务，即掌管邦国土地、人民和物产之数，《周礼》曰："大司徒之职，掌建邦之土地之图与其人民之数。"由此看来，司徒是邦国行政总管。

罙畱，罙，去、到的意思；畱，地图。

总的意思是，遣在商末是妹地的司徒，周灭商后周公摄政，把卫地封给康叔，但"周公旦惧康叔齿少，乃申告康叔曰：'必求殷之贤人君子长者……而务爱民'"（《史记·卫康叔世家》），即求"殷之贤人"向他传授治国经验，帮他治理卫国。因遣是妹邦的司徒，对妹邦（卫地）的疆域土地、士民百姓、社会秩序都了如指掌，所以就成了康叔在卫地的顾问和总管。

"渮司土（徒）遣罙畱"，就是渮地的司徒遣带着渮地的地图，前去渮都朝歌，协助康叔谋划接管武庚、管蔡的封地和殷遗民，筹划卫国建设事宜。朝歌、殷墟、渮（沫、沬）、妹、牧、卫，实为一地，此器出土于卫国首都淇县。

这件铜器的落款、徽识，是"）（"。周初，"）（"成了"亚吴"族的徽识符号。这是为什么？可以从《亚吴盘》中找到答案：

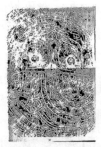

图二十一

此盘中"亚吴"图像的两旁是双目,即")((""ξ""眀",因此,")(("是"亚吴"族的另一徽识。亚吴族的徽识之所以用"目"或"眀",因为善射者靠的就是那双锐利的目光,如《列子》说的"尔先学不瞬,而后可言射矣",而且要"视小如大,视微如著",因此,"眀"是善射之羿族的另一标识。

殷商时就有大量的")(("器与"亚吴"器相伴出土,如下图:

图二十二

以上诸器两目间有一竖状物,可曰"干",即"杆",为箭的原始态,屰字是手握"干",但射时必须两眼聚焦"干",即屰形。而ξ、)((是屰的简化。与"干"相关的有两个字,即"羿"与"䍘"。"羿",《说文》曰:"羽之羿风,亦古诸侯也,一曰射师。""䍘",《说文》:帝喾射官……《论语》曰䍘善射。羿、䍘均为"干"声,均为后世的"羿"字,即后羿之羿。

王长丰先生认为:此族当为殷商时古族——"ξ"族后裔,入周后为周所用。该族各器出土均为殷商旧都朝歌，后为卫都沫邑。……康叔封卫后，眀族遣事于卫。[①]

（二）眀氏铜器

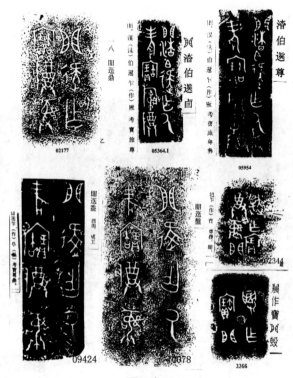

图二十三

1.《集成》05954、05363、05364 铭文都是淯伯遣为父作的器，这清楚表明，遣有伯的爵位，是妹地（卫国）的伯。卫国的国君是康叔封，卫国的伯是遣。这个东夷氏族首领、殷遗遣，已经融入周，成为周朝的诸侯国卫国上层的主要成员。卫康叔虽然年少，但他听从了周公旦"求殷之贤人"的诰命，重用了前朝大臣司徒遣，结果卫国如《史记》说的"能和集其民，民大说"。

---

① 王长丰：《商西周金文书法》，安徽教育出版社 2000 年版，第 245 页。

2.《集成》02344 铭文为:"**幯**作宝尊彝。"此器给"**遂**"字加了偏旁"牛"。王献唐先生指出:"周代康侯图簋有**遂**体,渣白**遂**尊有**遂**体,金文编列在附录里,实都是'**遂**'。以后用牛注音,必定**遂**有变音,不得不注。"[1]"**遂**",原来读"疑"音,加了"牛"偏旁后该读什么?牛叫的声音为"哞",因此"**幯**"应读为"哞"音,而不是"牛"音。"**遂**",之所以加"哞"音,是因为渣伯**遂**长期的居地"渣",亦称沐、牧、姆、沫,即王献唐先生说的"氏族名由地起"。另外,吴族根据地也是"牟","牟夷作矢","所谓牟者,即古代东夷之一,实山东土著也"[2]。诸城有牟山,安丘也有牟山;诸城有牟娄,安丘也有牟娄山;寿光还有牟城。

"**幯**"的读音,涉及文献中的"伯懋父""中旄父""王孙牟"。

孙诒让先生在《邶鄘卫考》中说:"中旄父古书别无所见,孔(晁)亦无释,今以声类求之,乃知其即康叔之子康伯也。……旄与髦同声假借字,中旄父亦即王孙牟也。"[3]杨宽先生也说:"伯懋父即卫康叔之子康伯髦,亦即王孙牟。"[4]孙诒让、郭沫若、杨宽先生均认为伯懋父(中旄父、王孙牟)为卫康叔之子。但陈梦家先生认为伯懋父不是卫康叔之子,他说:"至于康伯髦与中旄父,一称伯,一称仲,当非一人。"[5]彭裕商先生说:"以前学者由于对铜器年代的看法不同,或谓伯懋父应为卫康叔之子康伯髦,也即《左传》昭公十二年的王孙牟,约当康王时。今铜器年代伯懋父应为昭穆时人,那么,此人自然也就不应是康伯髦了。"[6]

铜器断代的判断依据非常重要,但同一器,史家判断的年代各异。陈梦家先生断此器为周初成王时器,陈先生曰:"此簋出土于卫国,铭言以殷八师

---

① 王献唐:《山东古国考》,青岛出版社 2007 年版,第 185 页。

② 王献唐:《山东古国考》,青岛出版社 2007 年版,第 89 页。

③ 孙诒让:《邶鄘卫考》,中华书局 2010 年版,第 10 页。

④ 杨宽:《西周史》,上海人民出版社 2003 年版,第 379 页。

⑤ 陈梦家:《西周铜器断代》,中华书局 2004 年版,第 20 页。

⑥ 彭裕商:《西周青铜器年代综合研究》,巴蜀书社 2003 年版,第 271 页。

征东夷，而归于牧，即朝歌之牧野，则作器者当属于卫侯的部下。"①陈先生认为作器者是卫侯的部下，而不可能是卫侯之子。康叔有无子，或者其子是否成人，甚为可疑。康叔子能担当率殷八师征东夷之大任，更为可疑，这也佐证伯懋父只能是卫侯的得力助手和干将，这与沬司徒疑（伯疑）的地位、身份相当。伯疑，音为伯啤，啤、牟、懋音同，所以，"伯懋父"极有可能就是"伯疑"或"妹伯疑"。

（三）伯懋父以殷八师征东夷

1.《小臣謎簋》

《小臣謎簋》（《集成》04238），1931 年于河南濬县出土。濬县即现在的浚县，在滑县北 33 公里，旧沬邑。《小臣謎簋》铭文为：

> 叡！东尸（夷）大反，白懋父以殷八自（师）征东尸（夷）。隹十
> 又一月，遣自麆自（师），述东陕，伐海眉。雯厥复归，才（在）牧自
> （师），白懋父承王令易（赐）自（师）達征，自五齵贝。小臣謎蔑曆眔
> 易（赐）贝，用作宝尊彝。

"叡！东夷大反。"东夷第一次大规模反叛，主要是商奄、薄姑和豐，是三监叛乱的一个组成部分，被成王和周公征服后，商奄、薄姑和豐，分别封给了鲁和齐。这次东夷大反叛，伯懋父率殷八师来征伐，"述东陕，伐海眉"。陈梦家先生考证："《说文》：'述，循也'，述东陕当指沿泰山山脉或崂山山脉的北麓向东进军。"海眉，《广雅·释诂》："澳、滨、湄，厓（崖）也"，海眉即海滨、海涯、海边。《尔雅·释地》曰"齐有海隅"，陈先生认为："今山东半岛沿掖、黄、福山、荣成等县之地，在崂山以北，当是齐之'海隅'。"②根据

---

① 陈梦家：《西周铜器断代》，中华书局 2004 年版，第 20 页。
② 陈梦家：《西周铜器断代》，中华书局 2004 年版，第 20 页。

铭文描述的进军路线和讨伐的海滨，似乎应在商奄、薄姑更东的地区，也就是在现今的胶东半岛地区。联系"伐奄三年讨其君，驱飞廉于海隅而戮之，灭国者五十"①，以及"凡所征熊、盈族十有七国，俘维九邑"②，可知这次征东夷，主要是征伐和控制潍淄以东的胶东半岛的若干殷商小国。

《小臣謎簋》中的一个重要人物，是伯懋父。在周初金文中，与伯懋父相关的还有《召尊》《令簋》《小臣宅簋》《御正卫簋》。

①《召尊》载："佳九月才（在）炎师，甲午白懋父赐召伯白马。"（《集成》06004）

②《令簋》载："唯王于伐楚，伯在炎。"（《集成》04300—04301）

③《小臣宅簋》载："佳五月壬辰，同公在豐，令宅事白懋父。白易小臣宅画甲、戈九、马两。"（《集成》04201）

④《御正卫簋》载："五月初吉甲申，懋父赏御正卫马匹自王。"（《集成》04044）

这些铜器铭文向我们显示了如下信息：

伯懋父是"殷八师"的统帅，是周王室东部战区的军事总指挥。伯懋父率师东征，沿泰山北麓一直打到东海边。伯懋父是有很大权力、很高威望的军事统帅。

"唯王于伐楚，伯在炎。"此"楚"为东楚，"在炎"，即"在郯"。关于"郯"，《水经注》：郯县故鲁地。但陈梦家先生认为：西周初之郯与春秋之郯不在一地，《左传·庄公十年》："齐师灭谭，谭子奔莒。"而《齐世家》'桓公二年灭郯，郯子奔莒。'《集解》云'徐广曰一作谭。……是谭即郯，在今历

图二十四

---

①《孟子·滕文公下》。

②《逸周书·作雒解》。

城县东七十五里龙山镇"。因此这个"炎"也就是现在的章丘。现在鲁地的郯，"此郯可能是周初灭炎以后南迁之国"。^①唐兰先生认为："在郯的伯，就是伯懋父。"^②因此伯懋父率领的东征大军曾在齐国的谭驻扎或有军事行动。

另外，《集成》06490，铭文为："齐史𬳵作祖辛宝彝"，这里的齐史𬳵，也就是伯懋（懋、𬳵音同）父。前面已论及，沬伯𬳵，是卫侯的行政总管，也是殷八师的统帅。这里又成了齐的史官，掌管册命、制禄、图籍等国之大事。第一次周公东征后，将薄姑、逢国的版图划归了齐国，但因齐太公和子吕伋一直在周室，这个地区还没有完全归顺齐国。这次伯懋（𬳵）父在谭地驻军，表明周公通过伯懋（𬳵）父，重新规划、敲定齐国的版图、行政等事宜。可见周公对这个人物的信赖和重用。

"懋父赏御正卫马"，御正，殷八师的官职；卫，人名。与卫相关的另一器为《卫鼎》，铭文有"卫肇作厥文考己中宝𣪘"（《集成》02733），己中（仲）是卫的父，己仲是纪国人，那么卫也是纪国人。说明伯懋父的东征队伍中有纪国族的人马。

2. 伯懋父率殷八师征东夷的政治背景和战略意图

要理解周初伯懋父率殷八师征东夷的政治背景和战略意图，就必须把握周初的政治大格局。

《尚书·金縢》载："既克商二年，（武）王有疾，弗豫。二公（太公、召公）曰：'我其为王穆卜？'周公曰：'未可以戚我先王。'"武王克商后的第二年，天下还处在混乱动荡中，周的三公（周公、太公、召公）本该齐心协力共商对策，但二公为王穆卜，周公作"金縢"之书，表明周公与二公在对待周初的政治安排上出现了严重分歧。

当武王崩，因成王年少，周公代成王摄政当国时，"召公疑之"，"召公不说（悦）"，为此，周公作《君奭》。其实对周公摄政意见最大的是太公，因太

---

① 陈梦家：《西周铜器断代》，中华书局 2004 年版，第 30 页。
② 唐兰：《论周昭王时代的青铜器铭刻》，载《古文字研究》第二辑，1980 年。

公有极强的权力欲望,他又是成王师、成王舅,若武王崩后幼年的成王执政,实际上就是太公幕后执政,大权独揽。《史记·鲁周公世家》:群弟流言于国后,"周公乃告太公望、召公奭曰:'我之所以弗辟而摄行政者,恐天下畔周。'"可见在这关键时刻,太公和召公是站在与周公对立的一条线上的。

因为有召公、太公对周公摄政的"疑"和"不说","武王既丧,管叔及其群弟乃流言于国曰:'周公将不利于孺子'"。[1]《书传》曰:流言"以诬周公,以惑成王"。在这种舆论导向下,管蔡"乃与武庚作乱,欲袭成王、周公"[2]。"三叔及殷、东、徐、奄及熊、盈以略。"[3]

周公深谋远虑,作师旅,"临卫攻殷","降辟三叔,王子禄父北奔,管叔经而卒,乃囚蔡叔于郭凌。凡所征熊、盈族十有七国,俘维九邑"。[4] "东伐淮夷、残奄。"[5]《塱方鼎》:"唯周公于征伐东尸(夷)、豐伯、尃古,咸戋。"(《集成》02739)周公征东夷、丰伯、薄姑、践奄后,周的军事、政治势力才延伸到了东方。鲁在泰山南麓,齐在泰山北麓。在周公东征前,齐在东方并无实际控制地区,《史记·齐太公世家》:"武王已平商而王天下,封师尚父于齐营丘。(太公)东就国。"此封地只是政治许诺,齐地此时仍被薄姑、逢伯控制,史家之所以对"营丘"地望争论不休,盖因封师尚父的"营丘",并不在周的实际控制之下。所谓"太公东就国"只是战国人假托,系小说家言,并无其事,如崔东壁说的:"太公至成王时犹在王室,是太公未尝亲就国也。"[6]泰山北麓的齐国如果疆域涵盖胶东半岛,会造成齐鲁疆域、势力失衡。再就是基于召公与太公的特殊关系,"昔召康公命我先君太公曰:'五侯九伯,若实征之,以夹辅周

[1]《尚书·金縢》。
[2]《史记·宋微子世家》。
[3]《逸周书·作雒解》。
[4]《逸周书·作雒解》。
[5]《史记·周本纪》。
[6](清)崔述撰著,顾颉刚编订:《崔东壁遗书》,上海古籍出版社 2013 年版,第341 页。

室。赐我先君履，东至海，西至河。"① 为此，周公必须对东方进行战略布局，以平衡齐鲁。

东方的薄姑，在商代属纪国地。从齐太公到齐襄公长达三百八十多年的时间里，齐国的东部国境一直在齐都临淄东十数里的纪鄣，显示了伯懋父东征在政治上的深远影响和重要意义。在齐国都临淄以东，一直到东海这大片区域，划归了**𢼷**族团，或曰"𣪘吴"族团，亦即后来的纪国。齐国始终未能"东至于海"。

（四）《高卣》中的"𣪘长妣"

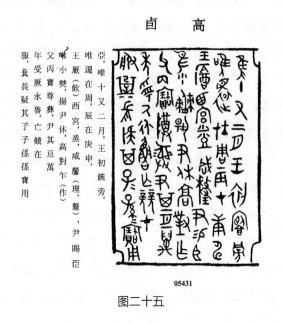

图二十五

《集成》05431 名为《高卣盖》，此器只有盖而无器。《高卣盖》铭文的大意是：康王元年十二月，也就是成王去世、康王继位时，在蒡京举行祭祀，回来时住在离蒡京很近的周都。庚申这一天，王在西宫举行饮酒蒸祭大典，𣪘侯接受赏赐。王赏给他的衣服的衣领上绣缀着雀纹，为称扬他的美德，特作此宝

_____

① 《史记·齐太公世家》。

尊彝。

《高卣盖》铭文显示了"冀妣"族的如下信息：

（1）冀侯妣奉召参加了成王的葬礼和康王的登基大典。

（2）康王登基后，冀侯妣受到王的赏赐，表明冀妣族人在成康之际，对王室有重要贡献。

（3）表明这时的"冀"国或曰"冀妣"族，在政治上充满活力，有"尹其亘万年受厥永鲁，亡竟在服"的政治抱负和雄心。

（4）此时齐国在王室的地位已下降。《史记·周本纪》曰："成王将崩，惧太子钊之不任，乃命召公、毕公率诸侯以相太子而立之。"此时太公还在，或因年老，已不在相康王的诸公之列。太公子伋成了王室的卫队长，《尚书·顾命》："俾爱齐侯吕伋，以二干戈、虎贲百人逆子钊于南门之外"，注曰："伋为天子虎贲氏"。虎贲之职，负责执掌王的禁卫军。齐太公子虽然担负禁卫重任，但也不在"顾命"之列。

（五）周初燕地的亚冀矢族

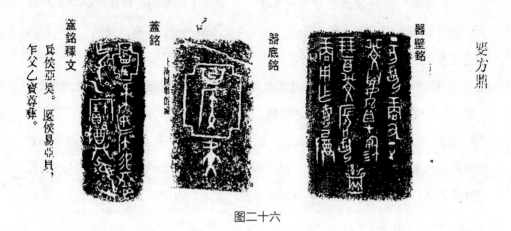

图二十六

在周初的亚冀矢族铜器中，有多件出自北方的燕地。其中有详细铭文的是《集成》09439《亚盉》和《集成》02702《嫂方鼎》。《亚盉》出自北京芦沟桥，铭文为：

> 亚異侯矣，匽（燕）侯易（赐）亚贝，作父乙宝尊彝。

《㚸方鼎》出自辽宁喀左，器壁铭文为：

> 丁亥，聑商（赏）又（有）正㚸婴贝，才（在）穆。朋二百。㚸辰（张），聑商（赏）用作母己尊鬲。

器底铭：

> 異侯亚矣。

《亚盉》是"亚異矣"族的亚，受到匽（燕）侯的赏赐，为父乙作的宝器。《㚸方鼎》是亚異矣族的㚸，受聑赏赐，为母己作器。而聑也是異矣族人。

"亚異矣"族的铜器在北方燕地出土，表明了什么历史含义？陈平先生认为："这个蓟国，据近现代在其近旁之芦（卢）沟桥一带曾出有'異侯亚矣'铜盉等迹象推测，很有可能就是商末名臣箕子的封国'異国'……而蓟邑，可能就是这个北土'異国'的都邑。"[1]此观点与白寿彝先生主编的《中国通史》的观点一致。[2]葛英会先生承吴大澂、刘体智、王献唐、邹衡等先生观点，视"矣"为"燕"的释读，认为"商周的北燕国，是一个兼容燕、亳、異等北土诸国族，君统自商自然顺延到西周，由三个（異、蓟、燕）势力相当的强支族轮流执政的部族联合政体。"[3]按这些说法，異是北方燕地的土著，自商时就在此立国，一直延

---

① 陈平：《燕秦文化研究》，北京燕山出版社 2003 年版，第 44 页。
② 白寿彝主编：《中国通史》第三卷，上海人民出版社 1990 年版，第 922 页。
③ 葛英会：《燕国的部族及部族联合》，载《北京文物与考古》第 1 辑，北京燕山出版社 1983 年版。

续到周。

以上结论的依据，是把"那（㠱）"释为"燕"，把"㠱"等同于"箕"。前面已经论及，把"㠱"释为"燕"不确；"㠱"与"箕"有某种内在联系，可从，但如果把二者等同起来，就把"㠱"字的丰富内涵简单化了。总之，由于前提条件牵强附会，其结论就难以成立。

与这类铜器有关的还有"⿰䵼"这个人物。前面已论及"⿰䵼"是殷末纣征东夷的领军人物，但周初又成了燕地的将领。其间发生了什么，我们无从知晓。

虽说"亚㠱㠱"为燕地的土著不确，但"亚㠱㠱"族的亚，受到匽侯的赏赐。燕地的琉璃河、顺义、昌平出土了大量的"亚㠱㠱"族铜器，殷末的"⿰䵼"又能成为周初燕国的将领，表明"亚㠱㠱"族人与燕（匽）国、燕侯确有某种内在联系。这种联系可从《太保簋》《保卣》中找到答案。

《太保簋》铭文为：

> 王伐录子耶（聖），叡厥反。王降征令于太保，太保克敬（竟）亡（无）遣。王永太保，赐休余土，用兹彝对令。（《集成》04140）

《保卣》的铭文为：

> 王令保及殷东国五侯，诞贶六品。……（《集成》05415）

《史记·周本纪》载：武王"封尚父于营丘，曰齐。封弟周公旦于曲阜，曰鲁。封召公奭于燕。"武王之封，只是政治许诺，当时周王朝还不能够实际控制东方的齐鲁地区和北方的燕地。武王死后，禄父及三监叛周，周公和成王、召公东征。对东夷奄、薄姑、丰（逢）的军事征伐，也是与东方政治势力的沟通、协调。总之，东征后，齐、鲁有了实际控制地盘，但召公受封的燕地还没有落到实处。

《史记》集解的说法比较笼统："周公奉成王命，伐诛武庚、管叔，放蔡叔。"似乎武庚和管叔同时被杀。但《逸周书·作雒解》："二年，又作师旅，临卫攻殷，殷大震溃。降辟三叔，王子禄父北奔。"王子禄父北奔了，武庚的问题并没有解决。或者说，周公东征，东夷奄、薄姑、丰的叛乱及齐鲁封地解决了，但召公燕地的问题还没有解决。王子禄父原封于邶，《说文》："邶，故商邑。自河内、朝歌以北也。"河内、朝歌以北，北达何地？学界一般认为在河南以北至河北南部，大体在今邯郸地域。王子禄父北奔，所奔之处应在邶地以北。由于在河北涞水出土"邶伯"铜器，所以学界认为涞水就是王子禄父的逃亡地，并推断有大量殷遗民追随他。

《太保簋》所载的就是王令太保（召公）伐北奔的录子𣄰（聖）。有学者推断，《太保簋》中的"录子𣄰（聖）"与《清华简·系年》中"录子耿"系同一人，即商纣之子王子禄父。[①]有关召公北伐王子禄父的兵力情况，《保卣》中提到"王令保及殷东国五侯"。参与北伐的五侯虽不能全部弄清，但受匽侯赏赐的"亚"是亚盉矣族，同时受赏的还有冀族的"复"，即《复鼎》（《集成》02507）中的"复"，因此"亚盉矣族"和"冀族"是召公北伐的主力，或者说是"五侯"之中的二侯。

"杜正胜先生根据这一类的例证，推断当时的匽侯手卜，有若干东方旧族，从征幽燕，也就葬在北方。这些人有臣妾之赐，有贝朋之赏，墓葬内容颇为丰富。杜正胜以为，在燕国的东方旧族可能仍保持原有的氏族组织，也当仍有领地采邑，在北方的东方旧族与周人共同享有统治者的地位。"[②]因此，燕地出土的大量"亚盉矣族"铜器表明，"亚盉矣族"是随召公北伐殷商王子禄父的兵力之一，《亚盉》是燕侯就国后对"亚盉矣族"的"亚"的赏赐。

---

① 陈致：《从王国维〈北伯鼎跋〉看周初"邶人于燕"的史事》，《台大历史学报》，2003年第31期。

② 许倬云：《西周史》，三联书店2012年版，第148页。

关于《婴方鼎》的历史内涵比较复杂，前面已论及"夙"是纣征东夷的统帅，但周初为什么"夙"器又出现在辽宁喀左？

前文已论及，"夙"及率领的征东夷的部队，由于种种原因，没有返回原殷商驻地，而是流落到了北方辽宁喀左北洞，但这只是一种可能。还有另一种可能，"亚聂夙族"随召公北伐王子禄父，其中有一支一直追到燕地东北，即今辽宁喀佐。

与《婴方鼎》同时出土的还有一罍，铭文有"孤竹"二字（《集成》09810）。孤竹，在商末周初是个重要的国族。《史记·伯夷列传》："伯夷、叔齐，孤竹君之二子也。"《汲冢书》曰："武王十三年，率虎贲三千人渡河。伯夷、叔齐叩马而谏，武王不听，去隐于首阳山。或告伯夷、叔齐曰：'胤子在北，父师在夷，奄孤竹而君之。'"胤子，即王子禄父的师，视王子禄父为君。关于事后商奄之举，文献中有明确记载："奄君、薄姑谓禄父曰：'武王既死，今王尚幼，周公见疑矣，此百世一时也，请举事。'"[1]奄君、薄姑直接怂恿禄父举事，这里虽未提"孤竹"，但孤竹和商奄是一致的。奄和孤竹，也都是随王子禄父北奔者。因此在北方的燕地发现北伐禄父的"亚聂夙族"器与"孤竹"器同处一地，就不难理解了。

五、春秋时的纪国及潍淄古国族

1.春秋时的纪国及纪邢、纪鄑、纪郚三邑。

春秋时的纪国，本为"己国"，商周时代居住在潍淄地区。罗振玉在《增订殷虚书契考释》中说："己象雉射之缴（系在箭头上的生丝）。"徐中舒先生详细考证后说："据此而言，甲骨文中从'己'之字（即弗、弟、弔、夷），皆当象缴之形。弟又从弋，是'己'为弋射之缴更可无疑。"[2]己与射有关，因此己国族也是崇箭善射之族。

---

① 《尚书大传》。

② 《徐中舒历史论文选辑》，中华书局1998年版，第445页。

《左传·庄公元年》："齐师迁纪邢、鄑、郚。"杜预注："齐欲灭纪,故徙其三邑之民而取其地。"邢、鄑、郚为纪国三邑,或曰附庸。纪邢器在寿光出土,表明纪邢在商时就是古纪国地。

纪邢为"己竝"。王永波先生考证:古立字从矢、从大、从天的演化规律,又证明竝字的原始摹画物为并立的双箭。[1]纪鄑,"甲骨文、金文中无鄑字,假'晋'为'鄑'。在周代典籍中,'晋'、'箭'互通。《说文·段注》:《礼》古文、《周礼》故书皆假晋为箭""甲骨文、金文中的'晋'字作两矢射日之形。"[2]此鄑应为射日之羿族的直系。

纪郚,"郚"之本字"午"与"矢"同义,《说文》:"午,牾也……此与矢同义。"故郚与鄑一样应为崇武尚箭之部族。

纪鄟,鄟之本字为"隽",《说文》:"隽,肥肉(段注:肥鸟)也,从弓,所以射隹。"后人又在"隽"上附加了"屮",成"雟";附加了偏旁"阝",成"鄟",亦附加了些别的意思,但本义"用弓射鸟"未变,说明纪鄟也是个善射之族氏。

上述事实说明,春秋纪国及其属邑都是夷羿族的后裔。

2.古纪国的邻国

古纪国先人中有纪昌,纪昌学射于逢蒙。古逢国在淄川,应是纪国的近邻。逢蒙学射于羿,前面已分析羿的童年在山区,或许就在逢蒙国淄川附近。

古纪国的西北方是薄姑,薄姑即金文中"箙弓"或"菐弓",都是崇尚弓箭的氏族。

《集成》05142一般释为《眲子弓箙》,"眲"是"昗"族的徽识,"弓箙"即薄姑。此器表明薄姑族与昗族即夷羿族有某种内在联系。

潍淄地区古有齐国,《山海经·大荒北经》:"有北齐之国,姜姓。"甲骨文中有地名、国名"齐",写为"𣥺""𠫟"等形体。《说文》:"齐,禾麦吐穗上

---

① 王永波:《"己"识族团考》,《东夷古国史研究》第二辑,三秦出版社1990年版。
② 王守功:《夷羿族团的衍变与考古发现辨证》,《古代文明》第1卷,第174页。

平也。"但甲金文中的"齐"字形体构件是一上二下，并不像麦穗上平，段玉裁发现此中矛盾，注释为："象地有高下，禾麦而实齐，参差其上者。盖明其不齐而齐也。"这种说法逻辑混乱。王树明先生考证："'齐'字之形原是三枚箭头的摹画。查'齐'字之本义，也多与其所画箭镞一类远射兵器有关。"[①] 因此，古齐国也是个使用弓箭的善射之族。

5142

3. 亚醜器中的"齐"和"其"

甲金文其字为"𐎅""甾"，齐字为"𐎅""𐎅"，因此《西清古鉴》对亚醜器的释读为："亚形格上三矢，中尊綦。"格上三矢，三矢为齐，綦又与其通，表明商时纪国地，称"齐"亦称"其"，"齐"也读济音，"其"也读己音。《山海经》中的"北齐"，看来与其、己有关，或者说与古纪国有关。

---

① 王树明：《齐地得名推阐》，《刘敦愿先生纪念文集》，山东大学出版社1998年版，第321页。

对妇好墓中"亚其"器的分析

——参观"纪念殷墟妇好墓考古发掘四十周年特展"后的思考

妇好墓葬特展中有"亚其"器两件，分别是亚其觚（《集成》06949）和亚其斝（《集成》09127）。妇好墓中共出土"亚其"器25件，表明"亚其"族与妇好有种特殊的关系。

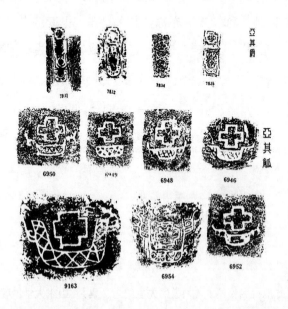

一、妇好墓中的"亚其"器

《殷周金文集成》共载"亚其"器 25 件，其中亚其爵 13 器，亚其觚十器，其斝和亚其斝二器。这 25 件铜器，出自妇好墓的有"亚其"爵九器（《集成》7835 ~ 7843），"亚其"觚七器（《集成》6946 ~ 6952），"其"斝（《集成》9127）和"亚其"斝（《集成》9163）各一器，计 18 器。非妇好墓出土的有"亚其"爵四器（《集成》7831 ~ 7834），"亚其"觚三器（《集成》6953 ~ 6955），计七器。"妇好"墓和非"妇好"墓出土的铜器，其铭文结构有些区别，据此，曹定云先生在《"亚其"考》中说："'妇好'墓'亚其'铭文与遗三一六觚'亚其'（《集成》6954）铭文相近但又有别。从目前所知：铜器铭文最早出现在武丁时候，武丁之前尚未确定。因此，这两件器物铭文都应是武丁时候的。但遗三一六'亚其'铭文字体原始，两手垂直捧箕；而'妇好'墓之'亚其'铭文字体开始衍化，两手简化而与箕的两边合为一体。很明显，后者与前者有一段距离。依照文字的发展规律，后者是前者的发展。因此，'妇好'墓之'亚其'铭文是比遗三一六'亚其'铭文要晚的一种形式。"[1]

这个分析判断是正确的，也就是说殷墟墓葬中的（妇好墓与非妇好墓出土的）这些青铜器，不是一个时间铸造，其铸造时间有先有后。

"妇好"墓中的这 18 件"亚其"器的铭文结构也有很大区别。在"亚其"觚（《集成》6951）中，捧箕的双手，比较完整，构图也比较精细；而《集成》6948、6952 的"亚其"觚，捧箕之手，就十分简陋、粗糙；《集成》6949 的"亚其"觚，只有箕，根本没有捧箕之手。应该说，这三组铜器，也有一个时间间隔，代表了三个不同的发展阶段。正如张政烺先生所说："殷墟五号墓有妇好铭文的铜器从形制花纹看有早有晚，铭文的字体也很不一致，这种演变不

---

① 曹定云：《"亚其"考——殷墟妇好墓器物铭文探讨》，《文物集刊》（2），1980 年版，第 143 页。

一定是一代人的时间所能形成的。"[1]

因此，殷墟墓葬中的这些有"其"和"亚其"铭文的铜器，一般来说形成于武丁的中期和早期，但不排除有些铜器，如我们列举的《集成》6948、6952 和 6949，可能形成于武丁以前，即殷墟文化的第一期。

妇好墓以外的"亚其"青铜器暂且不说，单是妇好墓中的"亚其"青铜器就有 18 件，即亚其爵九器，亚其觚七器，其和亚其斝各一器。马承源先生在《中国青铜器》一书中说："爵与其他器的组合，《仪礼·特牲馈食礼》载二爵二觚四觯一角一斝"，"商代墓葬中陪葬青铜饮酒器最低限度为一爵，有一爵一觚成组合，也有爵与斝单独组合的"。[2]按此礼制，妇好墓中的"亚其"青铜器可分为多个组合。

在商前期，或者说在武丁早期，"亚其"国族就能铸造如此大量精美的青铜饮酒器，而且贡献给领兵南征北战的武丁妃妇好，说明"亚其"国族是个历史悠久、势力强大、与王室有密切关系，曾跟随妇好南征北战的显赫国族。

二、武丁时期甲骨文中的"其"

武丁时期"亚其"青铜彝器的情况，说明"亚其"族在商王武丁时期有重要地位，殷墟甲骨卜辞也证明了这一点。曹定云先生在《"亚其"考》一文中列了一条一期甲骨文，即武丁时期的卜辞："亚其……□？"（京·1624）并说："问题的实质在于，殷代卜辞中确实记载着'其侯'，与'妇好'墓之'亚其'相印证。宁 1·508：'戍嵩其侯'便是明证。'其'即为诸侯，他就像其他的诸侯一样，对中央王朝要进贡。关于此，卜辞也有记载，如乙 2101：'贞：其入又报氏，若？'和前 2·25·2'其入'便是。再如，诸侯国名通常可作地名，这在卜辞中已习见；由于'其'是诸侯，故卜辞中亦有'在其'的记载（见《殷契遗珠》762）。这些情况说明，殷代确实有'其侯'，此'其侯'就

---

[1] 张政烺：《妇好略说》，《考古》，1983 年第 6 期。

[2] 马承源：《中国青铜器》，上海古籍出版社 2003 年版，第 104 页。

是表二中所引述的'亚其'与'其'。"①

为补充曹定云先生的观点，我们根据《甲骨文合集》所提供的资料，把武丁时期，即甲骨文一期中有关"其"或"亚其"的卜辞摘录于下：

（1）己未卜，贞翌庚申告亚其入于祊一牛。（《合集》三册 5685，一期）

（2）亚其入□又。（《合集》5686）

（3）贞来，亚其，牢。（残辞，但"亚其"二字十分明显。《合集》七册 20371，第一期附）

（4）乙亥卜，其入。（《屯南》2149）

（5）戊午卜，其入。（《屯南》2149）

（6）丙寅卜，骨贞：其入？（《甲骨续存补编》5·79·2）

（7）其入侑报示若？二告。（《合集》一册 150 正）

（8）其入商。（《合集》四册 7773）

（9）贞，多马，亚其有祸？（《合集》三册 5710）

（10）亚其〔屮〕凶。（《合集》三册 5693）

（11）贞其屮灾。（《合集》五册 14591）

（12）其侯□社祸？（《合集》三册 3334）

（13）戊午卜，方出其受侯又。……方……侯其……（《合集》6719）

（14）己巳……侯其……不延雨。（《合集》五册 12805）

（15）己亥卜，在岜，贞王令□亚其从缶白伐□方，不替戋，在十月又□。（《合集》十二册 36346）

（16）癸亥卜……侯其戋……眣。（《合集》三册 6840，一期）

（17）壬寅卜，崔侯弗戋眣。（《合集》三册 6839）

（18）贞侯弗辜罙。（《合集》三册 6841）

（19）丙子卜，侯其辜眣，三。（摹本见《宁》三，七三，《合集》十三册

---

① 曹定云：《殷墟妇好墓铭文研究》，云南人民出版社 2007 年版，第 6 页。

39923）

（20）……侯其……罘。（《合集》三册 3368）

（21）庚午卜，崔侯其［隹］……四。（《合集》二册 3321）

（22）甲申卜，王贞，侯其戋峀。（《合集》三册 6842，一期）

（23）□戌其大辈峀。（《合集》6843）

（24）贞伐峀。（《合集》6844）

（25）庚申卜，王，侯其立朕史人。（《合集》一册 1022）

（26）□卯卜，争，〔贞〕侯其及……二，三。（《合集》二册 3364）

（27）庚戌卜，□贞，今日亚其往来亡灾。（《戬寿堂所藏殷虚文字》第 46 页之 14）

《合集》05685

在这 27 条卜辞中，从占卜记载的事项看可分为这样几部分。一是记载作为商王武官、一方诸侯的"亚其"或"其"向商王进献贡品，如（1）～（8）条的"其入""亚其入""来"。"来"也是进献之意，与"入"的意思相同，向王朝进贡，是各路诸侯的义务。二是贞卜"其""亚其""其侯"有没有灾祸，如（8）～（12）条中的"亚其有祸""贞其㞢灾"和"亚其往来无灾"等。（14）条有残缺，内容大概是贞问"侯其"要做某事时会不会有雨。

三是占卜与讨伐有关的事项，如（15）："己亥卜，在峚，贞王（令）□亚其从缶白伐□方"，本辞虽缺字，但基本意思明确。一是商王亲自占卜问卦，二是缶白在亚其的率领下征伐□方。从其他卜辞中可知，缶白是武丁朝的一员虎将，在这次征伐中，缶白在亚其的统率指挥下，武官"亚其"在商王朝的军事系统中占有重要地位。

又如（16）～（21）这六条卜辞是贞问其侯戋或辈眜的，"侯其戋……眜"，"侯其辈眜"，"侯弗辈眜"，"崔侯弗戋眜"。"辈"释为"敦"，有征战讨伐之意；

"戋"指兵灾,有战祸意。这六条卜辞的问辞是"侯其要讨伐眹吗?"但判断都是否定的,即"弗戋眹"和"弗眹"。这几条卜辞也可释为"其"和"眹"这之间会发生战祸吗?其答案是不会发生。这一解释似乎更为合理和恰当。

再如(22)~(24),是贞卜侯其伐峀,"贞伐峀","王贞,侯其戋峀","其大羍峀"。商王武丁亲自贞卜伐峀,说明这一军事行动对商王朝很重要,也表明"其侯"是在商王亲自领导指挥下,参与军事活动。"其侯"频繁参与商王的军事行动,并由商王亲自占卜他行动的凶吉,表明"其侯"在商王朝中地位很重要。

6489

这些卜辞还明确地标出了"其"或"亚其"族的首领为侯爵。"侯其"也就是"其侯"。胡厚宣先生在《殷代封建制度考》一文中列举了武丁时所封侯爵有:丁侯、伊侯、先侯、周侯、示侯和侯雀、侯虎、侯光、侯告等[1]。侯名或国族名,既可放在封号前,也可放在后。因此这里的"侯其"也就是"其侯"。

第(25)条卜辞很特别,也很重要。"庚申卜,王,侯其立眹史人",也就是把侯其立为"眹",即商王的史人。胡厚宣、胡振宇在《殷商史》中说:"因为史是武官,所以在甲骨卜辞中,常担任征伐之事","至于卜辞为什么只有在西方才立大史,只有在南方才立三大史,这或者是因为殷武丁时期主要敌人是在西方和南方的缘故"。"史官的任命,还有一种仪式称'立史'。"[2]这样

---

① 胡厚宣:《甲骨学商史论丛初集》上,河北教育出版社 2002 年版,第 70 页。
② 胡厚宣、胡振宇:《殷商史》,上海人民出版社 2003 年版,第 108、111、114 页。

立"其侯"为史人，让他担任殷西北的守备武官。同时被立为史官的还有雀和𢀛（毕），而雀和𢀛既是殷王的战区武官，也是殷王的重要臣僚，这样侯其与雀、𢀛，都是殷王的重要武将。"侯其""其"在金文、甲骨文中又称"亚其"，"亚"表明了他的武官身份。

如果把卜辞"侯其立朕史人"与青铜器"其史作祖己"联系起来考察，侯其国族与祖己有关。

《合集》27320 的"贞"字和"其"字，写法特殊，此"贞"和"其"字的写法与午组卜辞相似，因此，此卜辞属武丁前期，可见亚其是个十分古老的国族。

"甲申卜，王贞，侯其伐岬"，是说商王武丁亲自贞卜，"侯其"去讨伐某方的凶吉。"丙戌卜，在其，今日王令逐兕。"（《屯南》664）是说王在"其"地狩猎，捕获野牛。既然商王武丁经常光顾"其"地，也说明"其"与王朝的关系十分密切。

上述这些卜辞说明，其或亚其，是商王武丁时的一个重要国族，与商王武丁的关系十分密切，商王常到"其"地狩猎，"亚其"常参与武丁或武丁妃妇好指挥的战役。

"其"在商王朝的重要地位，理应在甲骨文中有更多体现，但因为文字的歧异性，造成"其"在甲骨义系统中，有很大的模糊性。

"其"在甲骨文中使用频率极高。邹晓丽先生在《甲骨文字述要》中说："从卜辞来看，'其'大部分用作副词，一般用在句中，只有在省略的情况下才在句首。这一类'其'表示多种语气"，一表示该当；二表示假设；三表示决定；四表示原因；五表示将要。"另外'其'在卜辞中也有用为助词者，有人称之为发语词。"

照此说，"其"具有副词、助词、语气词的功能，所以邹先生又说："它们之中一字数类的现象还相当普遍，这就是说，各类虚词间的界限还处于模糊向清晰发展的过渡阶段。"①

"其"字在甲骨文中用作人名、族名、国名与用作虚词的界限十分模糊，难以区分。也由于学者的研究视角不同，往往把用作名词的"其"归入虚词之列。如殷墟一期甲骨文有："贞其有灾？"（《合集》14591）王宇信等先生释为："贞问会有灾害发生吗？"但此条也可释为："贞问'其地'（其国）会有灾害发生吗？"

所以"其"在甲骨卜辞中，是副词还是名词，容易混淆。有学者对此曾做过详细论述："表二所引卜辞中'亚其'之'其'，从语法上讲，可作两种理解：一为名词，则'亚其'即为诸侯；二为副词，如此，则'亚'为名词。但有的卜辞只能作第一种理解，如《粹》367'王其告其'的第二个'其'，只能是名词；前2·8·5（……亚其从𤰞白伐囗方……）从语法上讲，也可能只是为名词。"②由于语法上的模糊性，卜辞中一些"其"地、"其"族之"其"作了别的解释。除去把名词释为副词外，还有的就释为错刻，如"贞其其壆"（《续》6·22·11）第二个"其"是名词，是"其地""其国"之"其"，即贞问"其地"或"其国"会发生地震吗？但沈之瑜先生认为此条是在契刻时多刻了一个"其"字，是错刻（衍字）。③这样的解释就把很多本来反映"亚其"或"其"族（地）的卜辞掩盖了。

甲金文中"其"字所象之形是什么？或者说，"其"字最原始的含义是什么？古今文字学家最一般的解释是，"其"即"箕"，簸箕也。因此"其"字的构形就是簸箕。其实这个传统的解释不正确，这个传统解释既不符合社会发展规律，也不符合文字发展的规律。

人类社会的谋生方式，是从狩猎采集到原始农业，狩猎采集在先，而且

---

① 邹晓丽等：《甲骨文字学述要》，岳麓书社1999年版，第116、113页。

② 赵诚：《甲骨文字学纲要》，中华书局2005年版，第121页。

③ 中国社会科学院考古研究所：《小屯南地甲骨》下册，中华书局1983年版，第1508页。

是一个十分漫长的过程。种谷稻，"箕主簸扬，糠秕乃陈"，那已经是晚期的事了。在簸箕出现之前，很早就有箕类的盛物器具了，这就是采集用的筐、篮、篓之属。筐、篮、篓在先，簸箕在后，而且中间有一个十分漫长的间隔。邹衡先生曾说："甲骨文中的其字，恰好是冉字的倒置，看来冉、其二字都是土笼的象形。"①邹衡先生的土笼说十分正确，因笼与筐、篮、篓，是同类之属，《方言校笺》：竹笼也谓之篓，"笼……或谓之籢"，郭璞注"亦呼篮"。因此，"其"字是筐、篮、篓、笼这类器具的原始象形，而不是簸箕的原始象形。

从甲骨、金文字的构形看，把"其"说成簸箕也很勉强。《集成》6949，其构形怎么看也不像簸箕，而像个筐。《集成》6948、6951的构图，可以理解为是从簸箕后部见到的簸箕横截面，两手握着簸箕的边唇；但也可以理解为这是一个筐，两手握着的是筐的边唇；而《集成》7831、7832所示之"其"，两手在上，其壁很高，是由上而下提下面的"其"。该"其"就是筐、篮之属，而不是箕之属。古时作为盛物之"其"，因地域和形制差异，其叫法也不同，但界限很模糊。《急就篇》："箯箪箕帚筐箧篓。"《方言笺疏》："箪篓籢筥簾也。"钱绎云："《说文》'箯箪，竹器也。'江南亦名笼为箪"，"笼也谓之篓"。《玉篇》："簾，养蚕器也，饮牛筐也，亦作筥。""簾，古筥字。江沔之间谓之籢，赵代之间谓之筥，淇卫之间谓之牛筐。""圆底曰簾，方底曰筐。"而簾，南楚谓之篓，秦晋谓之箪，江南谓之笼，淇卫谓之牛筐，所以"簾，其通语也"。篮、箕、箪、篓、筐，皆可曰簾，"簾，淇水名也"。簾和其音同义同，"其"也就是篮、筐、篓类器具的统称。

《列子·汤问篇》："古诗言：'良弓之子，必先为箕；良冶之子，必先为裘。'"此"箕"为何物？张湛注："箕者，所以造弓之具也"，"箕、裘皆须柔屈补接而后成器。……学者必先攻其所易，然后能成其所难，所以为谕也。"意为学任何手艺，必须先易后难，先从基本功练起。"良弓之子，必先为箕"，

---

① 邹衡：《夏商周考古学论文集》，文物出版社1980年版，第286—288页。

要做好弓，必先从用树条编筐（箕）开始。原始弓及筐类的用材，都是树枝（条）。编制弓与筐都需熟练地把树枝条制成固定的形状，因此，做弓与编筐的技巧相似，即做弓之前，必须先练习编箕的手艺。由此可知，“箕”也为筐、篓、篮之属。

自（师）组卜辞的“其”写为：

第二个其字里面的这两条曲线代表什么？无论从哪个角度看，这两条曲线似乎都与簸箕无关。在狩猎采集阶段，采集时的盛物器具，应是筐、篮或篓。我们设想一下，先人（主要是女性）采集时，无论是从树上采集，还是从地上采集，如果两手提着筐、篮，就无法采集；如果两手采集，筐、篮就必须放在一边。在长期实践中，在筐、篮上拴上两根绳，将筐、篮背在身后或挂在胸前，提高劳动效率，是一种必然的选择。因此，这第二个“其”字中的两条曲线和第一个“其”字中的符号“×”，以及所有甲、金文“其”字中的符号“×”，均可理解为拴在筐、篮、篓上的两根绳。

如此说来，原始的“其”字，是先人在采集活动中，用以盛装采集物品的器具。由于先人所处的地域不同，所采用的材料和制作的方法不同，“其”的形状、用途、名称各异：筐、篓、篮、笼、篓。

其，盛物的器具。甲金文中用作名词的“其”，是族名、地名、人名，也是其族的族徽。我们知道，从初期母系氏族公社起，每个氏族就采用一种动物、植物或无生物作为本氏族的名称，即氏族的徽号，这就是图腾。氏族都有自己的首领，那么其族的首领是谁？或者说其族是哪位古人的后裔？

对其族的族系研究，邹衡先生迈出了重要一步。邹先生从古文字的角度分析，认为：“甲骨文中的其字，恰好是冉字的倒置，看来冉、其二字都是土笼的象形",冉、其均与取土治水有关;古益字是冉字上加了一个草字头,他进而认为伯益与冉、其二氏均有族源关系,冉、其二氏应为伯益族的一个分支。①但邹先生的观点并没有进行详细的论证。

王永波先生在邹先生论断的基础上,进行了进一步论述:箕地与伯益有关。他引证《史记》"益让帝禹之子启,而辟居箕山之阳"和《孟子》"益避禹之子于箕山之阴",认为:"故箕山之箕也可能与其氏有关","《太平寰宇记》卷十八青州条载,益都有箕山、箕岭镇……益与箕的两次偶合或可提示我们:伯益与其氏可能有某种亲缘关系;益都或为伯益之故地;而箕山之得名则应与其氏族人的聚居有关。"②伯益乃东夷首领,东夷益都也有箕山,箕山应是其氏祖居之地,益都乃伯益故地。

东夷首领伯益乃其氏的祖先,山东益地乃其氏族的祖地,诸先生分析和论断都十分正确。

淇水,《水经注疏》:淇水出河内隆虑县西大号山。高诱注:大号山在河内共县北,或曰在临虑县西。考汉时共县之北,临虑县之西,地虽辽阔,并无他县在其间。今辉县即共县,林县即临虑县,两地接壤。《方言笺疏》:淇,今河南卫辉府辉县治,古共城也。北九里有共山,又县西北有淇山,一名沮洳山,亦名大号山。淇水的发源地大号山又名淇山。淇水之名恐怕来源于淇山。许由避尧,耕于箕山之下。这个箕山在河南省登封。伯益让禹之子启,避居箕山之阳,这个箕山是许由避居的登封的箕山?还是另外一个箕山?会不会是卫辉府的这个淇山?如果史书所载夏启与伯益之间曾有过王位之争,曾有过流血冲突的话,说明禹死之后,形势相当紧张,伯益贤明,也许远去卫辉府的淇山躲避。如果推论成立,淇山、淇水就与伯益有关,箕、淇、簸,音同义同,都源自"其"。

① 邹衡:《夏商周考古学论文集》,文物出版社 1980 年版,第 286—288 页。
② 王永波:《"己"识族团考》,《东夷古国史研究》第二辑,三秦出版社 1990 年版。

《水经注疏》：淇水南流东屈，经朝歌城南。《晋书地道记》：本沫邑也。《地形志》：汲郡朝歌有朝歌城。《水经注疏》：沫邑，"沫之乡矣。殷王武丁，始迁于之，为殷都也。"前面已有分析，朝歌、牧野、沫邑也是己国族西迁后的居地，《广雅疏证》："沫、既、央、极，己也。"王逸注：沫，己也。所以这块己国族的封地，也称沫、牧、牟。

05364.1　　　　　　05363.1

淇山、淇水、淇地均在古朝歌、牧野周围。今淇县东邻滑县，滑县有故钼城，后羿的封地。《说文解字注》："钼……齐谓之兹其。"《仓颉篇》云："钼，兹其也。"《孟子·公孙丑上》云："虽有镃基，不如待时。"后羿封地"钼"，也谓"兹其"，"钼"也与"其"通，表明后羿与伯益有某种渊源关系。

《水经注疏》："巨洋水，又东北径剧县故城西，古纪国也。"《括地志》云："故剧城在青州寿光县南三十一里，故纪国。"纪国地又称"剧"，剧、其音同义同，是其族与其族首领伯益的故乡。

《玉篇》云：籆，"养蚕器也，饮牛筐也，亦作筥。"《方言》："淇水名也。其通语也。"是说"籆"与"淇""箕"通。

《说文》："娸，人姓也，从女其声……杜林说：娸，丑也。"注家把倛、

05364.1

媜、欺视为一字。《荀子·非相》:"面如蒙倛",韩愈注:"四目为方相,两目为倛。"看来媜(倛)是原始舞蹈中的一个假面具,但双目又是殷末周初金文中冎(遆)氏族的图腾类标志,如左图。

沫司徒遆诸器都冠以双目徽识。于省吾先生认为:冎,象纵目形,纵目使人惊动,故冎和从冎之字多含有惊恐之义。[1] 李孝定先生指出:"按《说文》:冎,目光短浅,左右视也,从二目,读若拘。又若良士瞿瞿。"[2]

《说文》段玉裁注:"或言瞿瞿,皆冎之假借,瞿行而冎废矣。"冎即瞿。《尔雅·释草》郝懿行疏:"籧、瞿、巨、句,音俱相近。巨、句又即瞿之合声。"所以郑杰祥先生考证:《陈留风俗传》曰:'长垣县有蘧乡'……此地位于浚县以南、卫辉市以东,古代皆属于卫地,蘧伯玉即为春秋时期卫国大夫,蘧与瞿、瞿与冎,目光短浅可相通假,他显然应当就是西周初期冎族沫邑司徒名吴的后裔。"[3]媜(倛),舞蹈中冎的象形,"冎"后被"瞿"字代替,瞿、籧(蘧)音同义同。

综上所列,古文献中籧(劇),淇(其、媜)、纪(己)、沫(牧)、钼(兹其)等等,这种同地多名和异地同名的复杂现象,虽然我们还一时无法说清楚它们之间的确切关系,但有一点是肯定的,即这些不同地名都体现了己、其、吴族的活动范围和迁移痕迹。

---

① 于省吾:《甲骨文字释林》,中华书局 1979 年版,第 311—316 页。

② 李孝定:《甲骨文字集释》,历史语言研究所 1965 年版,第 1159 页。

③ 郑杰祥:《冎族考》,见《纪念殷墟甲骨文发现一百周年国际学术研讨会论文集》,社会科学文献出版社 2003 年版,第 550 页。

纪国与異国研究综述

纪国和異国，是两个抑或一个古国？学界前贤的分析判断多有分歧，至今仍没有完全统一的认识。本文拟就这一问题作一些梳理和探讨，以求教于方家。

一、关于文献与甲骨文、金文中的纪国

《左传·隐公元年》八月，"纪人伐夷"；二年九月，"伯姬归于纪"；《左传·桓公六年》冬，"纪侯来朝"；《左传·桓公八年》冬，"遂逆王后于纪"；《左传·庄公元年》冬十月，"齐师迁纪郱、鄑、郚"。

《左传》的记载表明，春秋时的纪国曾伐夷，夷在城阳壮武县，今即墨地。伯姬是鲁惠公女，"伯姬归于纪"，记述纪国与鲁国有婚姻关系。"逆王后于纪"，纪国女为周桓王的王后，周王室与纪国通婚。齐师迁纪于郱、鄑、郚，郱、鄑、郚都成为纪邑，这三个纪邑分别在今临朐、昌邑、安丘，表明纪国版图很大，但后来都被齐国占领。

纪国之"纪"字，出现于战国时，西周和春秋时有"己"无"纪"，因此文献中的纪国，实为己国。

青铜器有《貉子卣》《貉子簋》，郭沫若认为："貉子即《己姜簋》之己侯貉子"，"殆宗周初叶康、昭时器"。是说这些均为周初康王、昭王时器。陈梦

家也同意此说。①

青铜器《己侯钟》，出自山东寿光纪台古纪国地，证明古纪国在今寿光地。陈梦家先生指出："此己侯当是潜齐哀公于周的纪侯。"② 由此可知，纪侯应该生活在周懿、夷王时代。

这些出土文献与传世文献互证，可知古纪国（今寿光地）历史，从西周初期一直延续到春秋。而且纪侯与鲁国、周王室都有婚姻关系。

1983 年，贾效孔先生在今寿光市益都侯城遗址，发掘出殷商铜器 64 件，其中青铜鼎五件、爵五件、觚三件、卣二件、尊二件，这 17 件铜器上均有"己竝"铭文。另外，在一件刀和二件锛上，均有铭文"己"字。③这说明在殷商时期，古纪国就存在，就在今寿光地。殷商时期，"竝"就是纪国的一个邑，亦即后来的"纪郱"。

除此之外，殷商甲骨卜辞里也有己（纪）国族的事迹。如武丁时期的卜辞有：

①丙寅……自己入，二。（《合集》21857，第一期附）

②甲午卜，量贞：己中酒正，在十月二。（《合集》41322）

③王占曰：其亦卤雨。隹己。（《合集》14468）

④辛其雨，吉己。（王本兴《甲骨文拓片精选》）

⑤……疾隹己。（《合集》02505）

⑥丁亥卜，己贞，子商妾娩，不其嘉。（《合集》14036）

⑦……己侯藪……死。（《合集》40621）

⑧御于己，正。（《合集》15139）

"自己入"的"己"，是国名，是己国向商王进贡。"己中酒正"，丁山先生在《甲骨文所见氏族及其制度》中指出："酒正者，酒人之长也"。"隹

---

① 陈梦家：《西周铜器断代》，中华书局 2004 年版，第 124 页。

② 陈梦家：《西周铜器断代》，中华书局 2004 年版，第 228 页。

③ 贾效孔：《寿光考古与文物》，中国文史出版社 2005 年版，第 259—266 页。

己""吉己""御于己"中的"己",指己国、己地。卜辞③中有"王占曰",说明商王亲自占卜其雨对己国的利弊。卜辞⑥表明"己"也是人名,而且是位贞人。卜辞⑦很明确:己侯名藏,已经去世。总之,在武丁时期,己国族或向商王进贡,或在商朝任职(商朝的贞人或酒正),而且商王还曾亲自占卜过问己国之事。这些卜辞与寿光益都侯城遗址中的殷商己、己垃器可互相印证,说明山东寿光的古己国在武丁时就已存在,并且与商王有很紧密的关系。

二、关于文献与甲骨文、金文中的异国

史上最早提及"异国"的是东汉经史学家卫宏。卫宏,东汉山东郯城人,先师从谢曼卿学《毛诗》,后追随杜林学《古文尚书》。卫宏说:"异,古国名。与杞同。"由于时代局限,卫宏对殷周彝器铭文缺乏关注,他提及的国名"异",看来出自文献。但来自何文献,史无载。宋代的《集韵》《类篇》,以及薛尚功均沿用此说。清朝的许瀚、陈介祺等经史学家也都认为"异"是个古国,与"杞"同。

异、杞一国说一直延续到民国时期。董作宾先生发表了《甲骨文断代研究例》提及:"如杞侯在武丁时作杞,到帝辛时便作异,杞、异,古今字。"①也就是说异国即杞国。

不过,方濬益《缀遗斋彝器考释》一文,观点有所不同。方氏认为:杞为夏后姒姓国,异为姜姓国,两者不是一国,并对铜器《王妇匜》考释:"王妇异孟姜"中的"异",即经传之"纪"。他把"异"和"杞"分开,而把"异"和"纪"连在一起,视为一国。《缀遗斋彝器考释》一书,方氏写了很久,但一直到去世也没有出版。方氏去世五年,也就是1935年,才由商务印书馆出版。

可能受《缀遗斋彝器考释》一书的启发,董作宾先生在1936年写的《五

---

① 《中国现代学术经典·董作宾卷》,河北教育出版社1996年版,第73页。

等爵在殷商》一文，对铜器中的"異"的看法也发生了变化，认为異侯之"異"，即经传中的纪国之"纪"。同样，杨树达先生在《王妇匜跋》中引用了方濬益的论证后也认为："此異即经传之纪，方氏之说当矣。"① 郭沫若考证《異公壶》："異亦是纪，同一纪国而作異若己者。"持相同观点的还有曾毅公、陈梦家等。

综上所述，在 20 世纪初，古文字和经史学家，普遍认为甲骨文、金文中的異国，亦即经传中的纪国。

1951 年 4 月，山东黄县归城出土了八件东周"異器"，王献唐先生据此写成了《黄县異器》一文，申述了如下观点：纪国历史，传世文献记述从西周懿王开始，它的铜器也是从西周前期出现，当为商代旧国，周代重封。但是这一国名，传世文献记述都作"纪"，金文作"己"，从来没有把"纪"写作"異"的证据，更没有把"己"写作"異"的证据。②

对異、纪两国论，20 世纪 80 年代，山东学者根据对传世文献的新理解和考古资料新发现，展开了热烈讨论，并对王献唐先生的观点进行了质疑、批判。

王恩田先生《纪、異、莱为一国说》一文，针对王献唐先生关于異器属于春秋时期的观点进行了反驳，指出传世《異仲作朋生壶》"从壶的形制、纹饰、铭文看，壶的年代应属于昭王时期，不会晚于穆王"③。对于異器的断代问题，王献唐先生推论："異国铜器情况，便不是这样，它有几件春秋时器，主要为黄县这一批。就盘、匜铭文书体看，已不是春秋前期，更谈不到最初期的鲁隐公和桓公。既然在隐、桓以后，到第三代的庄公四年，纪便灭亡。如说異就是纪，难道灭亡以后，还能更改国号书体为異，再铸铜器吗？"④ 意思是说，

① 杨树达：《积微居金文说》，上海古籍出版社 2007 年版，第 286 页。
② 王献唐：《山东古国考》，青岛出版社 2007 年版，第 168 页。
③ 王恩田：《纪、異、莱为一国说》，见《胶东考古研究文集》，齐鲁书社 2004 年版，第 367 页。
④ 王献唐：《山东古国考》，青岛出版社 2007 年版，第 169 页。

黄县这批铜器，是春秋晚期器，而春秋晚期，也就是到了鲁庄公时，即公元前690年，纪国就灭亡了，纪国灭亡了怎么能再铸这些铜器？

对黄县八器，王献唐先生认为分四次铸造，"但我认为这只是春秋时器，与西周无涉"①。而陈梦家先生在《西周铜器断代》一书中，把黄县冀器定为周宣王时器。周宣王在位四十六年，取中的话是二十三年，即公元前805年。从公元前805年到公元前690年齐灭纪，中间有一百一十五年。因此王献唐先生关于黄县八器"与西周无涉"的论断不能成立。

对冀、纪是一国还是两国，论争影响比较大的，是1969年烟台上夼村出土的两件铜器，即《冀侯鼎》和《己华父鼎》。《冀侯鼎》铭文为："冀侯易（赐）弟叟司或，弟叟作宝鼎。"（《集成》02638）《己华父鼎》铭文为："己华父乍宝鼎子子孙永用。"（《集成》02418）对此，李步青、王锡平先生说："冀、己同出一墓，当为一家，即墓葬主名叟，号华父。因之，知冀与己通用，同为一国之称，亦即文献记载之纪国。"②

1983年李学勤先生在《试论山东新出青铜器的意义》一文中也说：上夼村出土《己华父鼎》和《冀侯鼎》，"'己'、'冀'互见，证明'冀'在周金文里是纪的又一写法，而不是另一姜姓国。"③高广仁、邵望平两先生在《海岱文化与齐鲁文明》一书中，也重申了这一说法："而'己'、'冀'并用、通用。上夼的这一发现有助于解决考古、史学界一个疑难问题，即卜辞、金文中的'己'、'冀'和文献中的纪国是一国还是两国的问题。……烟台上夼的发现，才为重新肯定己、冀一国之说提供了新证。"④

王献唐先生的己（纪）、冀两国说，在20世纪80年代，由于考古资料的新发现，似乎已被多数先秦史研究者否定，但有的学者仍然坚持王说，所以这

① 王献唐：《山东古国考》，青岛出版社2007年版，第126页。

② 李步青、王锡平：《建国以来烟台地区出土商周铭文青铜器概述》，《古文字研究》第18辑，中华书局1992年版。

③ 李学勤：《试论山东新出青铜器的意义》，载《文物》，1983年第12期。

④ 高广仁、邵望平：《海岱文化与齐鲁文明》，凤凰出版社2005年版，第367页。

个问题并没有完全解决。坚持"两国说"的代表人物，主要是杜在忠和逄振镐两位先生。逄振镐先生在 2006 年出版的《山东古国与姓氏》①一书中，是把纪国和曩国作为两个古国分别进行论述的，但书中对纪、曩的关系只字未提。

杜在忠先生主张纪、曩两国说的主要依据，还是王献唐先生的注音说：

> 因为涉及古代的国别，主要是"己"与"曩"这两个字的关系，己与曩是一国，还是两国，有不同的见解由来已久。曾有不少前辈、专家认为己、曩同属一个国家。尤其自 20 世纪 50 年代黄县曩器出土以来，近几年在胶东的掖县、黄县等地也发现己器，甚至还有己、曩两器在一墓中共存的现象，这岂不更证明了己、曩一国的观点。笔者也曾一度认为这是有道理的。但是，由于寿光己器的新发现，再三思考，获得了新的启迪。笔者认为早年王献唐先生关于曩非己的研究成果颇有可取之处，他的独到之处是从古代音韵的研究入手，从而阐述了曩国非己国的新观点。认为己、曩在古时东方的读音相同，殷代卜辞和金文中早有曩，而其字为什么又在上面加一个己，这是因为"古文字有一惯例：某一字音在某一时间或空间有了变化，新音和旧音交混，一些读旧音的要注明本读，每在字的一方，加注一个与旧音相同的字，使之一看知为何音，略等于近代的注音；但是新音也可以如法标注与新音相同的字。曩字从己，就是一个注音字，凡用这个字的人，一定读曩如己，不读为今音若奇的其"。②

杜在忠先生坚持己、曩两国说的主要依据，还是王献唐先生的"注音说"。因此，要正确认识己与曩的关系，必须对王氏的"注音说"进行深入全

---

① 逄振镐：《山东古国与姓氏》，山东人民出版社 2006 年版。
② 杜在忠：《寿光纪器新发现及几个纪史问题的再认识》，载《东夷古国史研究》第一辑，三秦出版社 1988 年版。

面的剖析。

对商末甲骨卜辞"夷"字，判断为在"其"字上加注音"己"，目前看来只是种推测，并没有找到可靠的科学的依据。赵诚先生认为："从语言学的角度研究甲骨文，在某种意义上可以说是学术研究中一个接近空白的地区。"[①] 张之强先生主张："夏商时代的语言真相由于文献不足，目前还很难说。所以讲上古音韵，只好断自周初。"[②] 在这种大背景下，王氏"注音说"的可靠性很值得商榷，可作一家之言，但不是定论。

对王献唐先生的"注音说"最早提出质疑的是山东考古研究所的王永波先生。王永波先生："按，王氏（王献唐）分纪、夷为两国很是，然其谓'夷'读如'己'却无裨于史实。首先，甲骨卜辞的'其侯'与'夷侯'、青铜器铭文中的'亚其'与'亚夷'学界已公认为早晚传承关系。王氏谓其到安阳后要保持本音，才于其上加'己'，缘何早到安阳的'亚其'反倒不标'己'音？其二，'夷'为东方古国，与己（即纪）国同时同地，在文字极不发达的上古时期，两国称谓共用一音岂不生出很多混乱？"[③]

王永波先生的质疑和驳论很有说服力。甲骨文、金文显示，武丁时就有"其""亚其""其侯"。"其"在武丁时，就是地名、族名、人名。而学界普遍认为，"夷""夷族""夷侯"的"夷"字出现在帝乙、帝辛时。如王永波先生说的，为什么从武丁、祖庚、祖甲一直到武乙、文丁时，在这么长的时间段内，安阳的"其""亚其"族不在"其"上标"己"字，而到了帝乙、帝辛时才加"己"字？其二，在文字极不发达，读音极其混乱的古代，把纪国和夷国的读音强行一致，即都读"己"音，岂不生出更多混乱？

甲骨卜辞证明，在殷商时期，"己"是个重要国族，己是诸侯、贞人、酒正，商王多次亲为己国事占卜。也就是说，己侯、己国族在商王朝拥有重要政

---

① 赵诚：《古代文字音韵论文集》序，中华书局 1991 年版。

② 张之强：《古代汉语》，北京师范大学出版社 1984 年版，第 629 页。

③ 王永波：《"己"识族团考》，载《东夷古国史研究》第二辑，三秦出版社 1990 版。

治地位，在殷商贞人、史官的档案中，对此都记录在案，把这样一个国族的族徽符号轻易加在另一个国族名上作为注音，这有违常识和礼制。

同样，"其"或"亚其"在商朝尤其武丁时期，是跟随妇好南征北战、功勋卓著的国族。这一点在武丁时期的卜辞中，也有大量记载，如：

①己未卜，贞翌庚申告亚其入于祊一牛。（《合集》05685，一期）

②贞来，亚其，牢。（《合集》20371，一期附）

③丙寅卜，骨贞，其入。（《甲骨续存补编》5·79·2）

③贞多马，亚其有祸。（《合集》05710）

④戊午卜，方出其受侯又。……方……侯其……（《合集》06719）

⑤庚申卜，王，侯其立朕史人。（《合集》01022）

⑥庚戌卜，□贞，今日亚其往来亡灾。（《戬寿堂所藏殷虚文字》第46页第14片）

亚其、其侯与商王关系如此密切，在殷商王朝中具有如此重要的地位，在亚其或其侯的族名、人名上突然加一个"己"字，那么这个新出现的"異"，还是原来的"其国"吗？这个"異"跟"其"是什么关系？这必然引起一系列疑问、追问，如同王永波先生说的，"岂不生更多混乱"？

问题还不止于此。在上古时期，"其""己"二字音同义通，王献唐先生在《山东古国考》中也引述了这一上古语言现象："《诗·扬之水》篇'彼其之子'，郑笺：'其，或作记，或作己，读声相似。''其'亦作'己'，证之音读如'己'，作记亦同。《羔裘》篇'彼其之子'，春秋襄公二十七年、《左氏传》、《晏子春秋·杂篇》及《韩诗外传》均引作'彼己之子'。《候人》篇'彼其之子'，《春秋》僖公二十四年传及《国语·晋语》引作'彼己之子'，证据甚多。……无论今古文经传，作'其'也好，作'记'也好，一律读'己'，直传到现代。这样看，'其'读若'己'，是古代黄河流域东方一种音读。"[①]

---

① 王献唐：《山东古国考》，青岛出版社2007年版，第130、131页。

王献唐先生的这番考证说明，在上古时期，"其""己"二字音同，而且通用。照此说，上古"其"读若"己"。既然古代"其"读"己"音，"其""己"通用，那在"其"字上特别加注音"己"有必要吗？

但王献唐先生强调的一点是"其"读"己"音，是齐鲁间的读法。他说："《尚书·微子》篇：'予颠隮若之何其？'《史记·宋微子世家》集解引郑注：'其，语助也，齐鲁之间声如姬。'是齐鲁之间读'其'如'姬'音与'己'正应。"也如前引的"'其'读若'己'，是古代黄河流域东方一种音读"。

"其"读若"己"只是齐鲁之间或"黄河流域东方"一种音读吗？

王献唐先生在该书中提道："本来黄河流域古代东西两方音读时有差别，其混合区域在双方交汇的河南。"又说："即'其'，在东方相传读'己'，但到安阳两音混合区域……"即商都安阳是东西方两音混合区域，若理解不误的话，即是说殷都安阳"其"有两读，既读"奇"音又读"己"音，因从东夷首领颛顼由曲阜徙商丘（帝丘，今河南濮阳）开始，帝喾、舜、伯益等大量东夷族人在今河南地域任职、生活，河南地域确实是东西方的语音混合区域。既然"其"在安阳有两种读音，还有必要专门加注音"己"吗？

其实，"其"读若"己"，不止齐鲁，从河南安阳至山西、河北均有此情况。"彼其之子"，《国语·晋语》也读"彼己之子"，《韩诗外传》也读"彼己之子"。可知"其""己"音同、两字互通的区域很广。

古文字学家通过对古文献详尽考证发现，"其"不仅与"己"通，也与"基""几"通。

"其"通"基"。《礼记》："夙夜其命宥密"，郑玄注："《诗》读其为基"；陆德明《经典释文》："其，音基"；朱骏声《说文通训定声》："其，假借为基。"

"其"通"几"。马王堆汉墓帛书乙本《老子·德篇》："恒于其成而败之"，甲本同，王弼本、傅奕本、河上公本均把"其"作"几"。

己、基、几，音同，古文献中的这一语言现象，表明了上古时代的一种语言文字特征。因此,《诗》《国语》《左传》等文献中的"其"与"己""基""几"互通,是上古语言习惯的反映。顾颉刚先生言:"以吾侪处理史料之惯习言,宁取信于《国语》与《左传》,盖此虽作于战国,而时期较早,尚保存若干古代真史料也。"①综上所述,上古"其"读"ji"音是个较为普遍的现象,对"其"另标注"己"音,看来没有必要。认为"冀"字上的"己"是个注音符号不合理。

三、关于"复合族徽"中的己、其、冀

单从字面上讲,甲骨文里有己、其、冀,既是人名、地名,也是国族名。冀,是己与其的合文,因此研究"冀"字的历史内涵,就必须从研究己与其的关系入手。"冀"在甲骨文里是个独立的字,但在殷周铜器上,"冀"与"亚""吴"共处一体。如图:

5377   01745

这些图像表明,包含亚、己、其、吴四个符号的图形,不是一个单纯的文字,是学者公认的"族徽",而且是个"复合族徽"。因此要探究"冀"字的真实含义和"冀"国历史变迁,不能孤立地研究"冀"字,而必须把"冀"字放在这一"复合族徽"中进行研究。

雒有仓、何景成二位博士,在总结诸前辈对"族徽文字"研究成果的基础上,在博士论文中对"族徽文字"做了概括性的论述。

---

① 顾颉刚:《史林杂识初编》,中华书局 1963 年版,第 35 页。

雒有仓博士："通过族徽文字、甲骨文、文献记载合证，归结出商人家族通常以一种多层次的亲属集团形式存在，而周人家族形态则是不同姓的杂居，改变了殷代商人社会中那种大面积的血缘聚居状态。"①

何景成博士："族氏铭文代表家族的名号，族氏铭文的研究对于探讨商代家族的组织形式、构成状况，研究商代家族的分化、分布、迁徙，研究族与族之间的关系有重要的意义。"②

对于"复合族徽"，雒有仓认为：复合族徽，又称复合氏名，"它是指两个或两个以上的氏名组合而成的族徽"；何景成主张："所谓复合氏名是指在一件器物的铭文中，作器者自署其所属族氏之名号，是由两个乃至两个以上的族氏名号组成的，而且在不同的器物中，有着不同的组合形式。"

据此可以判断，含亚、己、其、㠱的"复合族徽"，或曰"复合氏名"，是由己、其、㠱三个族氏联合而成的名号，内含着己、其、㠱三族的历史关联和变迁。对于"复合族徽"的性质，学术界主要有两种观点：一种认为"复合族徽"是几个族相结合而构成的族的标识；另一种认为是一个族的分支，该分支将其氏名附于自身所从出的族名下以别之。这两种观点其共同点都是认为"复合族徽"或"复合氏名"都是两个或两个以上族氏的组合，其区别，一是静态地观察，一是动态地观察。严志斌先生认为应把这两种观点结合起来理解复合族徽现象。③

这里需申明一点，古代的人群不是单一氏族孤立地存在、长期延续的。由于婚姻和战争，一个氏族必须与另一氏族联合或结盟，才能延续，才能战胜各种困难和风险。另外，古代的参战者不是单个人的集合，而是氏族的集合。由于军队的编制，一个氏族与另一氏族可能长期并肩作战，最终会形成两族之间的联合体。

---

① 雒有仓：《商周青铜器族徽文字综合研究》，陕西师范大学博士学位论文，2007年。

② 何景成：《商周青铜器族氏铭文研究》，吉林大学博士学位论文，2005年。

③ 严志斌：《复合氏名层级说之思考》，《中原文物》，2002年第3期。

因此要准确完整地理解"鼻国"历史，就要认真研究这一复合族徽，研究己、其、鼻三个族氏的历史和联系。

（一）"复合族徽"中的"己"

"己"是中国最古老的姓氏之一。郑樵《通志·氏族略》列出古姓二十七个，顾炎武《日知录》列出古姓二十三个，顾栋高《春秋大事表》列出古姓二十一个，其中都有"己"姓。《国语·晋语》曰："凡黄帝之子，二十五宗，其得姓者十四人，为十二姓：姬、酉、祁、己、滕、箴、任……是也。"

黄帝之子少昊为己姓，杜预注："少昊金天氏，己姓之祖也。"

《帝王世纪》载："帝颛顼高阳氏，黄帝之孙，昌意之子，姬姓也。"但又载："少昊帝名挚，字青阳，姬姓也。"在没有文字的五帝时代，人们交往主要通过"音"的口耳相传。己、姬音同，因此文献中把少昊说成是己姓之祖，又说少昊青阳是姬姓。文献中少昊、颛顼之姓，己、姬混淆。同样是 ji 音，不同地区或族氏的人造了不同的字。

祝融八姓，首姓为己姓。《左传·昭公二十九年》："颛顼氏有子曰黎，为祝融。"祝融之姓来自颛顼。《国语·郑语》："己姓：昆吾、苏、顾、温、董。"昆吾在卫地，今濮阳；顾，在今山东范县顾城；苏，在今河南温县；董，在济阴定陶。还有个戎州己氏，在曹州。看来祝融时的己姓主要分布在今山东西部和河南濮阳，这与《帝王世纪》载颛顼登帝位，"始都穷桑（曲阜），徙商丘（今河南濮阳）"，相吻合。

"己"本来是少昊东夷穷桑族裔，从颛顼开始，有一部分西迁至河南濮阳。己姓后裔就分布在今山东的西部和河南的东北部。

但寿光益都侯城"己""己竝"铜器群的发现证明，商时的己国仍在今弥河流域的寿光地。

"在殷商甲骨卜辞中，'己'除作干支或先祖名外，亦可作族长名、地名、侯国名。也就是说甲骨卜辞中的族长名'己'，代表的是一个地名或侯国名。"① 己国之人在商王室中任贞人、酒正，己侯在商王室任职，己国不断向王室进贡。因此，己，是商朝的一重要国族。

（二）"复合族徽"中的"其"

上文已举例，甲骨卜辞中有大量其地、其侯、亚其的记载。《殷周金文集成》收录"亚其"器25件，其中有18件出自妇好墓，表明其氏族在武丁时期，是政治舞台上一个十分活跃的国族。

"其"的甲骨文、金文为：

图表一

其	☖	☗	☖	☖	☖	☖	☖

"其"字在甲骨卜辞中作"☖""☖"等形。武丁时期宾组卜辞有"☖""☖"字。

对这个"其"字，学者普遍认为即"箕"，亦即"簸箕"也。其实这个传统解释并不正确，既不符合社会发展的规律，也不符合文字发展的规律。"人类社会谋生和劳动方式，是从狩猎采集到原始农业，狩猎采集在先，而且这是个十分漫长的过程。种谷种稻，'箕主簸扬，糠秕乃陈'，那是后期的事了。"②

根据以上金文图形判断，"其"就是泛指编织的盛物器。原始人打猎也好，采集野菜、野果也好，必须将狩猎采集的野物，放到一容器里，带回居住地让族人共享。这个"其"可以说是最原始、最普遍的劳动生活工具。"其"，首先是个编织物，因时间、空间不同，这个编织物用料不同，可能是草，或树条，或竹子。这个编织盛物器的形状、功能因时间、空间不同，也多种多样。它是后来的其、箕、筐、篓、篮、笤、笼之祖型。

"其"在商时，是一个十分重要的氏族集团，与商王室有十分密切的联

---

① 王长丰：《殷周金文族徽的整理与研究》，郑州大学博士学位论文，2006年。
② 李沣：《探寻寿光古国》，齐鲁书社2011年版，第127页。

系。对其氏族，王永波先生认为它是伯益族的一支，他说："益为东夷部族的著名首领，是夷夏之交时期较早进入中原的一部。伯益所避居的箕山与禹避商均之阳城属同一性质，应为伯益部众东夷族人在中原地区的聚居之地。所以伯益才能'以箕山为据点，进攻禹都阳城'。《太平寰宇记》卷十八青州条载，益都有箕山、箕岭镇。……（山东）益都或为伯益之故地。"[1]王永波先生得出的结论就是："伯益为其氏可知的最早祖先。"这一见解十分重要，打开了先秦史研究的一个重要窗口。

沿王永波先生的思路往深处推论，可知"其"与伯益族团有紧密关系。"其"既然是古人采集狩猎阶段的主要劳动、生活工具，五帝时代主管采集狩猎的官员就是伯益。《尚书·舜典》："帝曰：'畴若予上下草木鸟兽？'佥曰：'益哉！'"舜帝让伯益作朕虞官，管理山水草木鸟兽，也就是管狩猎采集，以解决臣民食物问题。

再就是伯益与禹共治洪水，而治水的主要方法是疏导，而疏导就要挖、运土石，而远古搬运土石的主要工具就是"畚臿"。《淮南子·要略》云："禹之时，天下大水。禹身执畚臿，以为民先。""畚"，《左传》有"畚筑"，注曰："畚，盛土器。以草索为之，筥属（筐、篓、篮、笼皆筥属）。"畚亦即"其"类，盛土、运土的工具；"臿"，掘土器，即铁锹。"其"是治水的主要工具，因此，"其"也是伯益族的图腾符号，是伯益族的族徽。

伯益族西迁后在中原的居地"其"，即濮阳西部的淇山、淇水、淇县。伯益族的故乡，在山东益都，益都也有箕山。《隋志》："都昌有箕山，尧水所出。"寿光的益都侯城、益县之"益"，也即伯益之"益"。

伯益又名"大费"，"费"的本字为"弗"，甲、金文写为 开、书、弟、笋。何金松先生认为："'弗'表示绳索捆绑几根长条形物体，其中的曲形符号即'己'字。"[2] 开 是"己"字的衍化，因此其意也与"己"同，即用绳捆绑

---

[1] 王永波：《"己"识族团考》，载《东夷古国史研究》第二辑，三秦出版社1990年版。

[2] 何金松：《汉字文化解读》，湖北人民出版社2004年，第832页。

弓箭。

甲骨文中的 ⚹、⚹，像系在箭上的生丝，罗振玉先生释此字为"己"，曰："己象弋射之缴（系在箭上的生丝）。"（《增订殷虚书契考释》）《庄子·应帝王》："鸟高飞以避矰弋之害。"古弔字，也就是系在箭上的生丝，而这生丝即"己"，因此费（弗）与己有关。

《尚书·费誓》中的"费"字，古文又写作鲜、柴、狄。司马贞《索引》："古今字异，义亦变也。'鲜'，狄也。因行猎田之礼，以取鲜兽而祭，故字或作鲜，或作狄。"徐广以为"一作狄"者为近实。益都或寿光有弥河，此"弥"似乎也与伯益之"费"（狄）相关。

《周礼·春官宗伯》："以櫑燎祀……飘师、雨师"，郑玄注："风师，箕也。"丁山先生曰："风伯之为箕星，似为我国最古传说。"[1]《汉书·郊祀志》："雍有日、月、参、辰……二十八宿、风伯、雨师……诸逐之属"，颜师古注："风伯，飞廉也。"箕，风师（伯）。飞廉为风伯（师），而飞廉（蜚廉）为伯益后。因此从星象学上分析，箕亦即伯益族。

古文字学家朱士端在《彊识编》中曰："妃、配，王（念孙）云当有己字，妃、配等字从此得声，'己'即古'飞'字也。"古"飞"字与"非"字通。因此古纪（己）国的"己"，即伯益后裔飞（蜚）廉之"飞"，或者是大弗（费）之"弗"。

总之，其（箕）、己、弗（费）、弥、飞（蜚）等古文字背后具体历史渊源，我们一时还难以完全厘清，但有一点是肯定的，即这些材料暗示着古弥水下游，即古潍淄、益都地区，是伯益族的故乡。

（三）"复合族徽"中的暨（ 🔲 ）

据胡厚宣先生研究，"帝乙、帝辛时所封者有攸侯喜……暨侯"[2]。赵诚先生

---

① 丁山：《古代神话与民族》，商务印书馆 2005 年版，第 313 页。
② 胡厚宣：《甲骨学商史论丛初集》，河北教育出版社 2002 年版，第 71 页。

同意此说，认为"曩"字是甲骨文四期出现的字。

岛邦男先生在《殷墟卜辞研究》一书中，绘制了一幅商代诸侯分布图，他把董作宾、胡厚宣、陈梦家统计出的殷商诸侯名加在一起，共计 35 个，其中曩侯出在第五期（因分期断代有差别，第五期也是帝乙、帝辛时）。曩的位置在杞国的东北，似乎就在曹州，古戎州己氏地。岛氏还指出：这些侯名中，"皆以地区被称"，"可知诸侯的封地是固定的"，"诸侯有封地、武力，除从事征伐外，还监视方国动静并向殷报告"。①

对这个"己""其"合文的"曩"字该如何理解？是单独的一个字，还是个"复合族徽"？学界认识不一，其中多数学者认同王献唐先生的"己"为"其"的注音之说。如此理解，"曩"是个单独的、完整的文字。但也有学者对此怀疑，认为这是由"己"和"其"两个氏族结合的一个新的复合氏族符号，即"复合族徽"。

最早对这个问题进行质疑并做出新论断的是王永波先生，他说："我们认为，至少在商代，亚其徽识带'己'字应与'己竝'器同例，释为'己'、'其'二字。'其'上加'己'与'竝'前冠'己'一样，应是一个殊于国名、族称的特别标识，而绝非注音符号。"②王永波先生的洞见，很值得思考和重视。

我们可以看到，如下页图 1，可以视作一个完整的"𢀖（曩）"字，但图 2、3，"己"与"其"字没有构为一体，似乎是两个独立的字。图 4、5、6 十分明确，徽文是两个氏族符号的联结，即"北子孙"族与"其"族的联结，是"复合氏族"徽文。图 7、8，更为明确，是"己竝（并）"两氏族结为一体的徽文，殷商时己族和竝族有结盟关系，图 7 出自安阳殷墟，图 8 出自寿光益都

---

① （日）岛邦男著，濮茅左、顾伟良译：《殷墟卜辞研究》，上海古籍出版社 2006 年版，第 838、841 页。

② 王永波《"己"识族团考》，载《东夷古国史研究》第二辑，三秦出版社 1990 年版，第 129 页。

侯城。"己"和"竝"都是能征善战的氏族，因为某种机缘，商时两族的某些支系就结为一体，一直到春秋时。春秋时的"己竝"，文献为"己邴"，即纪国的邑或附庸，位于今临朐。"己"在上，"竝"在下，表明两者是主从关系，"竝"依附于"己"。以此类推，可知图4、5、6，是"北子孙"族与"其"族的联合。"亚🔲（異）"中的"己"，如王永波先生所说，"应是一个殊于国名、族称的特别标识，而绝非注音符号"。如此，"己"和"其"，是两个氏族，而"異"，是"己""其"两族融为一体，是两个氏族联合的标识，而不是注音的关系。

四、对異字、異族的讨论

（一）对異、其为一字，是殷商后裔的讨论

对異字、異族，学术界的主流观点，认为"異族"就是"其族"，属商

族系统。王长丰在博士论文中说:"王蕴智师考证曰:如今已发现有一系列的
'亚其'(其亦作畁)、'亚疑'之称……而且常以'畁'字取代'其'字,且
甲、金文中的'亚其'和'亚畁','其侯'和'畁侯'都有互见之例。……畁
字从其已声,是个形声字,它亦乃古箕字的一个异文。……总的说来,殷商箕
族本是从王族子姓成员中分化出来而别立徽识的一支。"

曹定云先生也说:"由此看来'亚其'与'畁侯'既有区别,又有联系。
其区别在于有时间的先后的不同与地望的不同;其联系在于是同一家族不同时
候的两次分封。"还说:"玄鸟(燕)为商族之图腾。而商族之初至少有两个并
行的胞族。'亚其'(旲)为燕形,可知'亚其'属于商族,是王族之外极为重
要的一支商族力量。"①

张亚初先生说得更简明:"'亚畁旲'族的青铜器,目前我们已经见到六十
多件,这是商代最显赫的族氏之一。而且这一族的铜器屡见于殷墟,在甲骨文
中,又有他和商王一起祭祀祖先的记载,说明畁是商王的同姓贵族,畁就是箕
子之箕。"②

如上说,畁(其)即箕,是商族中的一个分支。我们前面已论证"其"
族是伯益的后裔,如果联系族氏起源的神话传说,这一论断还是有根据的,因
为商契和伯益父大业都为玄鸟所生,如《史记·殷本纪》载:"简狄,有娀氏
之女,帝喾次妃。三人行浴,见玄鸟堕其卵,简狄取吞之,因孕生契。"而
《史记·秦本纪》载:"秦之先,帝颛顼之苗裔孙曰女脩。女脩织,玄鸟陨卵,
女脩吞之,生子大业。"大业子大费,即伯益。照此传说,商祖契和其祖大业,
都是玄鸟生,商、其两族同根,畁即其,亦即箕子之箕,史载:箕子,文丁之
子,纣之叔父。因此畁族、畁侯,与商王同根同祖。

但这个表面上顺理成章的说法,有一个无法自圆其说的矛盾,即商族是
子姓,畁族是姜姓,从姓源上说,这是两个截然不同的氏族集团。把"畁氏

① 曹定云:《殷墟妇好墓葬铭文研究》,云南人民出版社 2007 年版,第 12、144 页。
② 张亚初:《商代职官研究》,《古文字研究》第 13 辑。

族"归到子姓的商族系统中，看来有些牵强附会。

曩即其，即箕子之箕的说法，其要害是只把"其"上的"己"字，看作是一注音，而不是一个氏族。而决定曩族为姜姓的最主要因素，是"己"字，纪国原本是"己国"，"己国"姜姓，因此"曩国"，按"己竝（并、邶）"之例，"己"族在上为主，"竝"族在下为辅，"曩国"之姓由"己"决定，所以为姜姓。据王永波先生论证，要把"己"视为一国族，而不是一注音符号。

（二）对曩国地望的讨论

由于"纪"字是战国后出现的字，传世文献中的纪国实际上是"己"国。曩国与纪（己）国同为姜姓国，尽管王献唐先生认为曩、纪为两国，但两者不仅同源，而且各方面都极其相似，王先生也认同：曩国和纪国"情况几乎完全一样。由纪可以证曩，由曩国本土之早，也可以证纪国本土之早，它们都不是周代的封国，而是从商代沿下来的"[①]。曩、纪两国同源，发展的历史经历相同，地域也大体相同。王先生之所以把它分为两国，有一根据是两国的具体地望有别，他在《黄县曩器》一文中作了如下论证："以曩名县名国，前时必有所因，当是旧为箕地，秦汉设县。"认为曩国就在箕地，秦汉在此设县。关于"箕地"，他引《太平寰宇记》谓箕县故城在莒县东北一百余里，引《说文》谓"潍水出琅玡箕屋山"，并说："现在莒县北部偏西，正有一个箕山，一个屋山"，也就是说莒县北部的箕山、屋山，即古箕县地，亦即古曩国地。从王先生绘制的地图看，箕山、屋山均在东莞的西北方向，箕县就在徕庄镇、东莞镇、茶沟镇诸地。

从卫星地图上看，莒县北一百余里的箕山、屋山及箕县，是在沂水与五莲、安丘之间，离莒县较远。《水经注》载："潍水出琅玡箕县。"许慎、吕忱云："潍水出箕屋山。"守敬按：《禹贡》郑注《地理志》云：'潍水出琅玡箕屋

---

① 王献唐：《山东古国考》，青岛出版社 2007 年版，第 253 页。

山。许、吕承班（固）说，箕屋山，谓箕县之屋山也，而人多连称箕屋山。"守敬的意思是"箕屋山"实际是箕县的屋山，是强调潍水之源是屋山，是箕县的屋山。

笔者遍查史志资料发现，这个地区古今只有"郚山"，而无"屋山"之名。《地理风俗记》："朱虚县（今临朐）东四十里有郚城亭，故县也。"这个地区古有郚山、郚城、郚县、郚城亭。从现今卫星地图上看，这个地区有郚山、唐郚山。而唐郚乃纪邑"纪郚"所在地，因此，这一地区的郚山、郚城、郚城亭及诸多名"郚"的地点，恐怕都与"纪郚"之"郚"有关。在古代，东莞周围地区与潍淄地区，属于同一行政区域。《补三国志》载："剧属东莞郡（山东省古地名，位于今临沂市莒县北部一带）"，《晋太康志》载："剧属琅玡"，可证今寿光地也属古东莞或琅玡（一般指山东省临沂市）。

《史记·封禅书》："黄帝封东泰山，禅凡山。"凡山，古为圣地。而"凡山"，亦即"丹山"，亦即"箕山""纪山"。《续山东考古录》云："纪山：近《志》称在临朐东十五里。《水经注》称丹山在朱虚东北。朱虚故城在县东南六十里，而白浪水、两丹河、漪水皆谓出自丹山，即今昌乐县南、临朐县东北大抵皆古丹山。后世名析愈多，遂以其西麓一峰当之耳。丹山或讹凡，又讹丸，讹卂。纪音同几，故又作纪山。"[1]因此，在益都东、昌乐西南、临朐东北，也有一箕（纪）山。这一箕（纪）山，实际在古纪国地域内。如果由此说古"冀国"与古"纪国"同处一地，或说"冀国"即"纪国"，也有其历史的根据，也并不是牵强附会。

其，作为纺织的盛物器，在禹夏及殷商时，用多种材料，有多种形态，反映到文字上，也是多种构形，如甘、甘、甘、甘。

在古纪国版图上出土的青铜器，其中铭文最多的是苏埠屯所出的"亚醜"器。"亚醜"器右面的图形为𦥯、𦥯，实际上是个拟人形的"其"字。在寿光益

---

① 叶圭绶：《续山东考古录》，山东文艺出版社 1997 年版，第 769 页。

都侯城出土的铜甗中，有铭文█字，此字与"亚醜"器右半部相类，似乎就是"其"字，是"屮"字的变态。有学者把此字读为"齐"，但是，齐在甲、金文中为"⺊"，与此字形差异太大。总之，在古纪国地出土的铜器铭文中有"屮"（其）字，亦即伯益族的徽识。另外《三代》15·27 的徽文为"█"，即"己"和"其"的合文。此器虽出土地点不详，但联系古纪国地出土的铭"己""其"的铜器，我们隐约感知，古纪国地是古夷国地，纪国也就是夷国。

（本文为与任怀国合著。任怀国，男，汉族，1965 年出生，山东高密人。1986 年毕业于曲阜师范大学历史系。潍坊市专业技术拔尖人才，曾兼职中国孔子研究院、山东师范大学齐鲁文化研究院、山东省文史馆研究员。）

考己、呂、𠂤字
与纪、潍、寿地的关联

在甲金文中，有己、呂、𠂤三个字。对这三个字，古文字学家有各种解释，似乎至今还没有取得完全一致的共识。

这三个字从形体上看，有内在的联系，三个字的字根都是己，呂𠂤都是己的孳乳。

己，是古姓。东夷首领少皋是己姓之祖；呂，史家都释为雍己，即商王，雍己之雍，亦为雝、淮、潍字，因此，此字又可释为"潍淄其道"的潍；𠂤，有的学者亦释为雍己，但多数学者释为"畴"字，纵观金文"寿"字，其主体都是𠂤，因此，𠂤即"寿"字。

己，己（纪）姓、己（纪）国，与潍、寿一样，其地望都在东夷，具体来说，就在潍水流域。不管这些古字的起源和历史地理的演变如何错综复杂，这三个字有其共生关系和内在的牵连，这三个字的相关性，显示出文（字）和史的丰富内涵和无穷魅力。揭示这三个古文字的相关性及其历史含义，是我们了解东夷或者说潍水流域历史的一个重要视角和切入点，为此，将古文字学家对这三个字的见解介绍于下。

一、关于"己"字

《说文》曰："己，中宫也。象万物辟藏诎形也。己承戊，象人腹。"

朱骏声《说文通训定声》曰："己即纪之本字。古文象别丝之形，三横二纵，丝相别也。"① 别，弯、折、绕、转意，别丝，即折叠之丝。

叶玉森曰："其物当为纶索类，利约束耳。"② 纶索，意用来捆绑东西。何金松同意此说，认为"己字是舍去了被系之具体物之后的一般弯曲状态，独体象事结构，本为系，是系字的初文"③。

战国后出现了"纪"字，而"己"是"纪"的本字。《说文》："纪，丝别也。"可见己、纪同义。对这个纪字，《墨子·尚同上》曰"譬如丝缕之有纪，罔罟之有纲"，因此，纪是从蚕茧抽丝时的头绪。

上述各释，虽有差异，但其核心意思即己（纪）是丝的头绪，是别丝。与其相左的是吴其昌、罗振玉先生。

吴其昌先生释"卪"为雍己。雍，为辟雍之雍，雍即邕，《说文》："邕字籀文作邕。"④ 罗振玉曰："从巛即水字，从口从隹，古辟雍字如此。辟雍有环流，故从巛。或从乛，乃巛省也。"⑤ 如此，己字就是巛省为乛，亦即流水的水字。

己，古姓。东夷首领少皋乃己姓之祖。《元和郡县图志》载："青州，古少皋之虚。"如此说来，潍淄地区乃己姓的根据地。

己，古国。1983 年贾效孔先生在寿光北部的益都侯城发现了一个商代器物坑，其中有 19 件青铜器，有的铜器上铭文"己""己竝"，据此，孙敬明先生说："今益都侯城一带，最迟在商代已经是纪国的国都。"⑥ 因此，位于寿光的西周和春秋时的纪国，早在商，甚至商以前，就已在这里立国。

少皋和昌意都是黄帝子。少皋邑于穷桑，登帝位后都曲阜。《大戴礼记》载："黄帝产昌意，昌意产高阳，是为帝颛顼。"颛顼，昌意子，少皋之侄，也是少皋孺子。《帝王世纪》载："及颛顼生，十年而佐少皋，二十而登帝位……

① 朱骏声：《说文通训定声》，武汉古籍书店影印 1983 年版。

② 叶玉森：《说契》，北平富晋书社影印 1929 年版。

③ 何金松：《汉字文化解读》，湖北人民出版社 2000 年版，第 831、832 页。

④ 吴其昌：《殷虚书契解诂》，武汉大学出版社 2008 年版，第 118 页。

⑤ 罗振玉：《增订殷虚书契考释》，东方学会石印本，民国十六年（1927）。

⑥《寿光考古与文物》再版序，中国文史出版社 2005 年版。

始都穷桑，徙商丘（又称帝丘，今河南濮阳）。"说明黄帝后裔己姓之人，颛顼时，由东向西迁移，由今日之曲阜迁到了今河南濮阳。

颛顼子是祝融，祝融后分为八姓，但首姓是他的本姓己姓。祝融己姓的昆吾、苏、顾、温、董，都分布在今山东西部和河南东、北部。笼统地说，从颛顼帝开始，己姓由今山东到了河南地。

在商时，出现了一个"己"和"其"两氏族的联合体，即"冀"国族。"其"氏原本在河南淇山、淇水，而这个"冀"，其地望有多种说法，但按照董作宾、岛邦男先生的研究，商时的"冀"在殷东，在泰山东北，离 🔲（莒）国很近，大致就在古青州地域，与周时的纪国地望基本相合。①董作宾先生谓："彝器中的《亚文乙簋》，亚形中有'冀侯'二字……如传世之《己侯钟》《己侯骆子簋》等器是，亦即春秋之纪侯。"②总之，商代的"冀"也就是春秋时的纪国。

二、关于"🔲"字

对此字，吴其昌先生曾做过详细考证，现将他的主要观点摘录于下：

"🔲"者亦殷代先公先王之名也。其字作 🔲🔲🔲🔲……诸形。从"口"从"己"，当即"口己"二字之合文也。然则此"口己"合文之"口"果为何字？曰：此"邑"字古文作🔲者所从之"口"，亦即古辟雍字，甲骨文作🔲者之原始初文也。《说文解字》《《部"🔲"四方有水，自邕城池者，从川从邑，读若雝，按邕、邕、雝，实一字也。契文"雝"字作🔲、🔲、🔲诸形。罗振玉曰："从《《，即水字，从口从隹，古辟雍字如此。辟雍有环流，故从《《，或从丨，乃《《省也。"故此"口"字者，谓之"雝"字之省文亦可，谓之"雝"字之初文亦可，即谓之"雝"字

① 岛邦男：《殷墟卜辞研究》，上海古籍出版社2006年版，第722、724、835页。
② 董作宾：《五等爵在殷商》，《集刊》六本三分，第416页。

之本字，殆亦无不可也。于是可证，㠯即"口己"之合文，而"口己"又即"㠯己"之旧写耳。①

对甲骨文"㠯"，顾颉刚先生曰："'雍'之'淮'，在后世固然是截然不同的两字，但在甲骨文中则'雍'作'㠯'，即'雔'。所以罗振玉云："此（淮）疑与'雔'为一字，省口耳。"顾颉刚先生还说：《史记·秦本纪》：'德公元年，初居雍城'，秦都所以名雍，即表示秦族本居潍水流域，他们这一族迁到渭水流域的凤翔……把这条出于凤翔流至周至的水称作'淮'水了。他万万想不到'雍'即'淮'，这个水名和邑名都是周公东征之后原来居于潍水流域的鸟夷族西迁后的新名词。"联系族群迁徙史，可以看到：雍即雔，雔即淮，淮即潍。潍淄的潍水，土著古也称淮水。为此，顾颉刚先生还专用《汉书》来证明，他说：淮水"在《汉志》这五条里，两处用'维'，三处用'淮'，然而都在琅玡郡，今山东东南部，这分明是潍水而不是淮水，即此可知，到了汉代，还是'维'、'淮'、'潍'诸字通用的。"②

综合吴、罗、顾诸先生的考释可知：㠯己即㠯己，而㠯，是雍、雔、淮、潍。己之族人，本出自东夷潍水流域；㠯，亦即潍水流域之己族。

三、关于"㠯"字

甲骨文有（《合集》339、1654），（《合集》1626），（《合集》1183），（《合集》9503），（《合集》23614），（《合集》27223），（《合集》14912），（《合集》27875），（《合集》21174），（《合集》27223）等字形。

罗振玉、姚孝遂和肖丁、刘兴隆等释为"畴"（田㠯）字。罗振玉曰："此

---

① 吴其昌：《殷虚书契解诂》，武汉大学出版社2008年版，第118、119页。
②《顾颉刚古史论文集》卷十，中华书局2011年版，第836页。

与许书或体同，知许书之或体中每有古文字。"①

刘兴隆曰："此字象犁沟间有牛耕印形。《说文》'畴，耕治之田也，从田象耕屈之形'。𫇭，畴或省。与《说文》畴之古文同。后世用作寿。"②

徐中舒释此字为"铸"，"其下部之𫄧所从之𠃊形等象水流，亦借用表示凡属流动之液体如铜液等；𠃑为陶范之通气孔，铜液经通于范中流动即为铸造。""此字作为祭名时，当读为'祷'。"③

夏渌则认为是"𦟛"的象形字。他说："两个象口形的构件'代表肉'，曲画，代表肉上的皱纹、皱褶。孳乳产生绉、皱、𦟛等后起的形声字。"𠃊用作田地的皱纹时为"畴"字，用作水的皱纹时为"涛"字，用作金属熔化流动状态时为"铸"字，用作老人皮肤状态时为"寿"字。④

吴其昌举例说："契文有𢕌、𢓼、𢔀，亦省作𠃊、𠃑，盖即'寿'之本字，亦即'祷'之本字；因《说文》从'示'之字，契文往往省'示'也。"⑤因此，吴其昌先生认为"寿"字即"祷"字之省，𠃊即"寿"字。

金文中的"寿"字有多种写法，例：𤯞（沈子它）簋，𦘔、𦘘（鼂簋），𦘕（沃伯寺簋），𤯞（姬鼎）、𦘔 𦘘（迟盨），𦘕（乐子严䣄匜），𦘔（曩伯盨），𤯞（县改簋），𦘕（曩中壶），𦘘（子𦊆盆）。纵观多种多样的"寿"字，其核心部件始终是𦘔，但在𦘘字上加了个"老"字的部件，即长头发𠂼。《说文》老部："七十曰老，从人、毛、匕，言须发变白也。"故"寿"字的金文从老，使古"畴"字成为老寿之"寿"。

寿，是山东潍水流域的一个十分古老的地名。《竹书纪年》载："柏杼子征东海及三寿，得一狐九尾。"《太平御览》卷九百九引：夏柏杼东征，获狐九尾。《国名纪己》云："后杼征东海，伐王寿。"汉时，潍水流域又有平寿县、

① 罗振玉：《增订殷虚书契考释》，东方学会石印本，民国十六年（1927），第8页。
② 刘兴隆：《新编甲骨文字典》，国际文化出版社2005年版，第907页。
③ 徐中舒：《甲骨文字典》，四川辞书出版社2003年版，第1483页。
④ 夏渌：《评康殷文字学·释畴》，武汉大学出版社1991年版，第132、133页。
⑤ 吴其昌：《殷虚书契解诂》，武汉大学出版社2008年版，第172页。

寿光县。郦道元《水经》言：巨洋水"又东过寿光县西"。应劭曰"寿光县有灌亭"。杜预注："在县东南，斟灌国也。"又言："斟亭在平寿县东南。"因此，潍水流域在夏时就有"寿"（三寿、王寿）的地名。孙敬明先生在其《浮烟山区域文化概论》一文中说："文献所谓之'王寿''三寿'实际是典籍中之'平寿'。"

关于寿光，疑伯益故乡。医通㠱，古翳、翿通用。《释名·释兵》："翳，陶也。其貌陶陶下垂也。"王先谦疏证补："翳与翿古字通。翿，从寿声。寿从㠱声，㠱从㠱声。"

古翳、益通用。《经典释文》："益，皋陶子也。"《史记·秦本纪》"昔伯翳为舜主畜"，伯翳即伯益。寿光有"益县"及"益都侯城"，益与翿、寿通，因此寿光之"寿"源渊很古，寿光之"寿"与伯益有关。

对潍坊之"潍"的历史解读

一、关于"潍淄其道""莱夷作牧"

《尚书·禹贡》有"潍淄其道","莱夷作牧"。对"莱夷作牧"的"作牧",史家的释读差异很大,孔《传》云:"莱夷,地名,可以放牧。"《史记》索隐曰:东莱黄县是也。黄县,今属山东莱州府。作牧者,当以鸟兽为贡。服虔以为,莱,就是黄县(今龙口)。而作牧,是以鸟兽为贡,那肯定就是狩猎。

顾颉刚先生的学生刘起釪先生考证:"作牧"之义有数说,主要有放牧说、耕作兼放牧说、以畜为贡说、献贿贡丝说。他说:"据《禹贡》以'贡'名篇之用意及此语叙在'厥贡'之下,自以第三说为确。'莱夷作牧',是说莱族向中央王朝贡献它的畜牧所得。"① 此结论与服虔论断一致。但有的经史学家对此说持否定态度,吴幼清认为:"作,谓耕作;牧,谓放牧。夷人以耕牧为业也。"胡渭在《禹贡锥指》中言:作、牧非一事,《经》所以言'作'又言'牧'也。若从旧解则'作'字颇赘;且《经》凡书'作'皆谓耕作,此不当独异。故改从吴(幼清)氏。金吉甫曰:'莱夷地宜畜牧,取其畜以贡。'此异说也。《禹贡》《周官》未有以畜贡者"。因此,"以畜为贡"说,似难以成立。

按吴幼清、胡渭之意,"作牧"为两事,"作"是耕作,牧是放牧。而"放

---

① 顾颉刚、刘起釪:《尚书校释译论》,中华书局 2005 年版,第 589 页。

牧",是放养,并不是"以畜为贡"。

(一)关于耕作

"莱"的本字为"来",甲骨文来字为 ͡ ,"来"的本义为麦(麥)。所以《说文》曰:"来,周所受瑞麦来麰也。"《诗·周颂·思文》:"贻我来牟。"《广雅》:"来,小麦;牟,大麦也。"

关于"莱夷",王献唐先生曰:"凡来之所在,因其种来,而呼地为来,种来之人,更称其族亦曰来,而来地来族之名因以成立。"而"来"字"为莱之初文,每多作莱,山东之莱夷,亦其族也"①。因此,莱夷就是个种麦并以麦为名的族团。因此"莱夷作牧",首先要明确"莱夷"之"莱"的来历。

《禹贡》中,在"莱夷作牧"前有"嵎夷既略,潍淄其道",最后一句是"浮于汶,达于济"。"嵎夷既略,潍淄其道"是因,"莱夷作牧"是果。"嵎夷",史家认为即九夷,亦即东夷九种。"略"即经略,"略"又训"界","嵎夷既略"即九夷各有所居,相安无事。"潍淄其道"是说,当漫浸大地的洪水过后,潍、淄两河河道显露出来,正常的雨水顺潍水、淄水流入大海时,两河流域的平原出现。此两河流域,亦是莱夷居地。"莱夷"既是国族名,也是地名,它似应在潍、淄两河流域及以东地区。

"浮于汶,达于济",汶水在淄水上游,济水在淄水下游。潍、淄与汶、济交汇在一起,形成南北流向的潍、淄水系及它们之间的平原地带。这个地带可以叫莱夷分布区,也可称为潍、淄两河流域。所以王献唐先生说,莱夷分布面很广,西部有莱芜,东部有黄县东莱,这都是古莱族杂居的地带,但"这个地带,可以叫做潍淄区,是以潍水淄水为主干的"②。"莱夷"地望确定在潍淄以及东部地区之后,"作牧"也应该作新的解释。

语言的形成发展规律是,先有声音后有文字。夏时有无文字系统,现在

---

① 王献唐:《炎黄氏族文化考》,齐鲁书社1985年版,第367页。
② 王献唐:《山东古国考》,齐鲁书社1983年版,第167页。

还无定论。李约瑟的《中国科学技术史》里有这样一段话："出土文献之大量利用假借文字可以说明文献基本上是以口语——而不是以文字——记住的。"既然是口耳相传，牧、牟（麰）、麦（胶东读"麦"为"沫"，音 mò）音同，可互用。因此，"牧"是畜牧之"牧"可能正确，在口耳相传的历史中，牧、牟（麰）、麦是可以同音假借，因此释"牧"为"牟""麦"，也是一种历史的解读。

《说文》："来，周所受瑞麦来牟。"来，小麦；牟，大麦。因此，"作牧"也可理解为"作牟"。"作"，耕作；"牧"，大麦也。因为夏商时有大麦，恐怕还无小麦。今山东潍淄地区的大麦和小麦，是麦类中的两个区别很大的品种，其外观和习性都有很大区别。大麦是个十分古老的品种，可能是麦家族的源头。

这个事实说明，夏商时期，麦类主要产自山东的两河流域。从甲骨文中可以看到，中原地区当时的主要农作物是"禾"，所以有"求禾""受禾""禾受年"的卜辞。孟世凯先生考证："禾有广义和狭义之分，广义指禾谷总称，狭义指粟米"，"北方种植的黍（俗称大黄米）和稷（北方称谷子，去皮后称小米）较多，如西安半坡、甘肃秦安大地湾、河南新郑裴李岗、河北武安磁山等遗址中都有发现。尤其是磁山文化遗址中发现的炭化粟多达十三万斤"[1]。说明现在盛产小麦的河南、河北等省，在夏商时期主要产谷类作物（谷和稷），很可能并不产大麦或小麦。《逸周书》也载："麦居东方"，"粟居西方"。

综上所述，"潍淄其道"，"莱夷作牧"，可理解为洪水过后，潍、淄两河流域出现平原，莱夷在此耕作，种植麦类。

（二）关于"放牧"

胡渭在《禹贡锥指》中言：作、牧非一事，《经》所以言作又言牧也。按此说，对"牧"也可另作理解。

---

[1] 孟世凯：《商史与商代文明》，上海科学技术文献出版社 2007 年版，第 168、171 页。

牧，意放养、放牧。放养、放牧的可能是牛羊，但联系"莱夷作牧"的后一句"厥筐檿丝"，此"放牧"的更可能是野蚕。

《禹贡》"莱夷作牧"后即"厥筐檿丝"，"檿丝"，即檿桑的蚕丝。《尚书·传》曰："檿桑蚕丝，中琴瑟弦。"《说文·木部》："檿，山桑也。"《尚书正义》曰："檿桑，山桑。"郭璞注："檿丝是蚕食檿桑所得丝。"食山桑的蚕也是野蚕、山蚕。王樵《尚书日记》云："按莱人之檿丝，至今有之，茧生山桑，不浴不饲，土人取之为绸帛，尤坚韧难敝。"胡渭《禹贡锥指》："今青州、济南、兖州等处皆有茧，防其蚕乃人放椿树上，食叶作茧……野蚕食山桑叶作茧。"牟庭《同文尚书》云："以今目验东齐之地，海岱之间，柞栎满山，饲蚕收茧，衣被数百里，意古以柞蚕为檿桑乎。今俗为柞茧曰山茧。"这里非常明确，檿桑是山桑，食檿桑叶的蚕，为山蚕或野蚕，其茧为山茧，所以吴澄《书纂言》云："莱夷之地可作牧也，故筐檿丝而来贡也。"因此，这里牧养的不是牛羊，而是野蚕或柞蚕、山蚕。

今人李步青、刘玉明先生也认为："胶东半岛丘陵山地盛产柞蚕，至今不衰。柞蚕是一种野蚕，是残存的古生物，养在山野柞林之中。它个大、绿色，有黑白斑纹，极像豆虫。"[①]

檿丝出自东莱，但"厥筐檿丝"并非东莱所贡。《尚书日记》："欲以此即为东莱所贡，则未有明文。疑檿丝出东莱而青州贡之。"茅瑞徵《禹贡汇疏》云："檿丝之贡虽出东莱，实附通州贡内，非莱夷以此贡也。"就是说檿丝虽产于东莱，而仍由青州入贡。

二、关于寒浞灭后相"大战于潍"

《左传·哀公元年》载："昔有过浇杀斟灌以伐斟鄩，灭夏后相。"《左传·襄公四年》杜预注：斟灌、斟鄩"二国，夏同姓诸侯。乐安寿光县东南

---

① 李步青、刘玉明：《"𣪘"铭义初释及其有关历史问题》，载《胶东考古研究文集》，齐鲁书社 2004 年版。

有灌亭。北海平寿县东南有斟亭。"但王玉哲先生认为"两斟"在巩县，即周地[1]。王守功先生认为在濮阳，即卫地[2]。但这与文献记载相悖。

问题又回到山东潍县说。按照《水经注疏》和顾颉刚先生的推断，斟灌国在今潍坊西部的寿光地域；斟寻国在今潍坊东南五十里处的古斟亭地；寒国在今潍坊北部的寒亭区；有鬲在今潍坊西北部的利津地；寒浇的过国在今莱州（原掖县）[3]。"昔有过浇杀斟灌以伐斟寻，灭夏后相。"这一重大历史事件就发生在东夷的"潍"地。

《竹书纪年》："夏帝相二十七年，浇伐斟寻，大战于潍，覆其舟灭之。"也就是《论语》中说的"（浇）荡舟"，说明寒浞子过浇伐斟寻、杀斟灌时，不仅有陆战，还有水战、舟战，战场就在潍水之上，战斗相当激烈。

这段历史说明，夏的中央政权一度由中原迁移到了东夷的"潍"，即"相居斟灌"；从斟灌在潍地被杀，直到夏众灭掉潍地寒浞，奉少康归于夏邑，等于夏政权中断了数十年，而夏朝历史上这一重大事变就发生在"潍"。"潍"是夏王朝的中兴之地。

三、是"玄鸟妇"还是"维妇"？

在"亚舁"铜器中，有一件比较神秘，即《集成》的第09794器。王献唐先生认为该器的图形文字为"鹲"字[4]，而于省吾先生认为是"玄""鸟"二字。他说"玄鸟妇三字合文是研究商人图腾的唯一珍贵资料"，该壶玄鸟妇三字合文的含义"是作壶者系以玄鸟为图腾的妇人"，但这位妇人不是吞玄鸟卵的简狄，而是"与商人保持通婚关系的有娀氏女子"。[5]

---

① 王玉哲：《中华远古史》，上海人民出版社 2004 年版，第 147 页。
② 王守功：《夷羿族团的衍变与考古发现辨证》，见《古代文明》第一卷，文物出版社 2002 年版。
③ 顾颉刚、史念海：《中国疆域沿革史》，商务印书馆 2004 年版，第 15 页。
④ 王献唐：《山东古国考》，青岛出版社 2007 年版，第 176 页。
⑤ 于省吾：《略论图腾崇拜与宗教起源和夏商图腾》，《历史研究》，1959 年第 10 期。

邹衡先生认为:"玄鸟既为此妇之先人(商)图腾,而燕('䧹'即'燕'字)则必为其所嫁之夫的图腾。换句话说,此器全铭当有商人之女嫁为燕国之妇的含义了。"但他又认为"以玄鸟为图腾者不必都是商族","因此,此铭含义应该是倒过来,即燕国之女嫁为商妇"。[1]

于先生在释读此铭时,因为忽视了该器下方的"亚吴"徽文,因此解读得不够完整。邹衡先生注意到了这一点,认为该器是"亚吴"族为其嫁于商族之女所作之器。这种解释从总体上说是正确的,但他肯定地认为"亚吴"国族就是燕国,这个问题需要讨论。

现在甲、金文学家和历史学家一般认为,妇某、某妇之"某",是该妇人所出(娘家)的地名、氏族名或国名;而"妇"是商王、商王的弟兄或子辈的妇人。照此理解,"玄鸟"是商氏族的图腾标志,也就是该氏族的名称。以玄鸟为图腾的氏族是殷商族,说明该"妇"是商人的女子。因此结论就是,"玄

---

① 邹衡:《关于夏商时期北方地区诸邻境文化的初步探讨》,见《夏商周考古学论文集》,文物出版社1980年版,第270页。

鸟妇"就是殷商女子嫁给了商王、商王的弟兄或子辈为妇，也就是商族的男性娶了商族的女性为妇，即族内婚。为了避开这个问题，于省吾先生说该妇"是与商人保持通婚关系的有娀氏女子，不是实指那个吞玄鸟卵的简狄"；邹衡先生说："此铭含义应该是倒过来，即燕国之女嫁为商妇。"[①]虽然具体解读上学者理解不一致，但众学者都认为这个图腾文字就是"鸹"或者是"玄""鸟"。通观整个铭文，这样理解有两个矛盾：

第一是有悖殷商的祖先崇拜。玄鸟，是殷商的始祖，即《诗经》说的"天命玄鸟，降而生商"。玄鸟是商人的原始祖先，玄鸟对商人来说，具有神圣、威严和至高无上的地位。"在商代后期前段，即武丁、祖庚时期，商人对死去的祖先怀有恐惧的心理。"[②]殷商有异代重名的现象，像有些臣僚和方国首领。但由于祖先崇拜和恐惧，殷商后世绝没有用他的高祖先公的名字来命名的，如夒、王亥。殷商后世的某妇或者婚姻族的某女不可能用商人的始祖神"玄鸟"命名。

第二是忽视了作器者的族属。该铜器身的铭文为"玄鸟妇"，器盖的铭文为"玄鸟妇亚𠂤（夨）"。说明作器者为"亚夨"族人。在甲金文中具有重要地位的"夨"是哪一个国族？邹衡释"夨"为"燕"[③]，因此"亚夨"族即为燕族。确实，很多学者释"夨"为"燕"，从古文字学角度这样解释，或许有几分道理，但这种解释未必正确。

"夨"是武丁，尤其是祖庚、祖甲时的重要贞人。我在《探寻寿光古国》一书中列了三十多条与"夨"有关的卜辞。伊藤道治先生把甲骨文二期的贞人分为三大群，而"夨群"是其中之一。"夨"是史官，也是驻守边陲的重要武官，因此夨的铜器都带"亚"形（亚，武官的标志）。王献唐先生收录的45件

① 邹衡：《关于夏商时期北方地区诸邻境文化的初步探讨》，见《夏商周考古学论文集》，文物出版社1980年版，第270页。

② 刘源：《商周祭祖礼研究》图版五，商务印书馆2004年版。

③ 邹衡：《关于夏商时期北方地区诸邻境文化的初步探讨》，见《夏商周考古学论文集》，文物出版社1980年版，第270页。

"亚吴族"器和何景成先生收录的 124 件"亚吴族"器,又称"己(异)"器。因为这个族的铜器上除去"亚形"外,还有三个重要的部件,即"己""其"和"吴",这个是复合族徽,是己、其、吴三族的联合体的标识。因此,如何景成先生所说:在商周金文中,"异应该也是属于'亚吴'族的,而'异国'就是'纪国'"①。著名考古、古文字学家李学勤先生讲得很明确,他在《新出青铜器研究》一书中说:烟台上夼出土的两件鼎的铭文中,"'己''异'互见,证明'异'在周金文里是纪的又一写法,而不是另一姜姓国(李学勤注:即王献唐说的另一姜姓国),《两周金文大系》《山东金文集存》等书以己、异器合列,并没有错"。

因此,"亚吴"族即"异"国族,也就是潍淄地区的纪国。若肯定"吴"族就是"燕"族,就有很多古文字学和历史学上的矛盾无法理清。

基于上述分析,此象形字很可能不是"鹑",而是"维","维夷""维邑"之"维",也即潍水之"潍"。此图形中的鸟图形释为"佳",这是文字学对鸟图形最一般、最常见的解释。鸟嘴所含的这个带"把"的两个不规则圆形是什么?学者多释为"玄"字。但《说文》把"玄"和"糸"看成是两个不同系列的字。"幺",写为"ρ",两个圆圈很圆并不直接相连,中间有段距离,用一直竖道连接起来,《说文》曰:"幺,小也,象子初生之形。""玄",古文"玄"字的图形如同"幺"字,但写作"ρ",两个圆圈里各有一圆点。甲骨文

①《"亚吴"族铜器研究》,载《古文字研究》第二十五辑。

中无"幺"和"δ"字，周初金文中才出现"玄"字。"糸"字在甲骨文、金文里都有，甲文写作"糸"，金文写作"δ"，图形的特点是两个或三个圆圈紧密相连，《说文》曰："糸，细丝也，也象束丝之形。""糸"和"玄"在图形上有很大区别，前者为扁圆，后者为圆；前者两圆相连，后者两圆不直接相连。因此，把此图形文字释为"维妇"比释为"玄鸟妇"，在古文字学上更站得住脚。"维"乃《禹贡》"潍淄其道"之"维"，"维""潍"为一字。潍淄一带是东夷的核心地域，是"亚其""亚吴""己其"的故土。"维妇"，可能是东夷潍地的女子嫁为商妇，在甲骨文中，与此相类似的情况有"己妇""杞妇"。"己妇""杞妇""维妇"，都是东夷女子，甚至可以说都是甲骨文中"其""己"氏族的女子。如果这一分析判断正确，"维妇罍"器向我们提供的信息就是，在殷商的祖庚、祖甲时期，商王室与东夷潍淄地区的关系相当密切和友好，商王室与亚吴族有婚姻关系；"亚吴"虽在王室任职，但他与故土还保持着一定的联系，他的族人名字还署"维"标识家乡的地名。

四、关于"纣克东夷，而陨其身"

"纣克东夷"，是商末最大的一次军事行动。"纣克东夷"，从政治、军事上削弱了殷商的统治地位，导致殷商的灭亡。

"纣克东夷"，也就是纣讨伐人方。东夷在何地？人方在何地？董作宾先生在《甲骨文断代研究例》一文中，将征人方所至之地列了一表，并说："除旧之一地不可知外，其余可以考知者皆在山东境内。"[1]岛邦男沿用董作宾和林泰辅之说，断定"逢就是临淄"，而㽃、㞢、潭等地"在临淄附近"。李学勤先生表述得更为明确，他认为"夷方在今山东中东部，其都邑在淄、潍之间的鲁北地区"[2]。文献表明，在商代末期，山东潍淄地区有一个方国或者是方国联盟，构成了对商王朝的直接威胁，是商纣数次征讨的对象，殷商与这一方国的

---

① 《中国现代学术经典·董作宾卷》，河北教育出版社1996年版，第69页。
② 李学勤：《商代夷方的名号和地望》，《中国史研究》，2006年第4期。

长期战争，导致了自己的衰亡。

（1）《合集》36968 铭文为：

①丙戌（卜），（在）淮，（贞王）□于□（亡灾）。（据《甲骨文合集释文》）

②庚寅卜，在淇师贞："王垂林方无灾。"

③壬辰卜，在淇贞："王其至于潢霍无灾。"

④甲午卜，在淇师贞："今日王步于眷（稻）无灾。"

（2）《合集》41757 铭文为：

①……隽（雟）……贞……

②庚寅王卜，在□（漾）师贞：垂林方无灾。

③壬辰王卜，在□贞：其至于箔灌沮（师）往来无灾。

④甲午王卜，在□师贞：今日步眷（稻）无灾十月二。隹十祀夕。

⑤己亥王卜，在苊竦（师）贞，今日步于淩亡（无）灾。

（3）《合集》41750 铭文为：

①丁酉……王令……

②今夕师不震。

（4）《合集》36956 铭文为：

①庚寅卜，在曩贞：王步于锥无灾。

②□辰卜，在□……步于□无灾。

这些地名中有些字很古怪，《合集》36968 ①中的 〔字〕即淮、潍；

②③④ "在"后面的"淇"字，即"浿"字，《括地志》曰："浿丘，丘名也，在青州临淄县西北二十五里也。"《世本》有"献公山弑胡公"，宋衷曰："其党周马缟人将胡公于贝（浿）水杀之。"说明在齐地有贝丘、贝（浿）水。④中的"眷"，学者多释为"稻"，《齐乘》云："稻城，高密西南"，《纪要》云："稻城在高密西南五十里。"

《合集》41757 ①中的隽即雟，亦即纪国西边的"纪鄣"；②中的 〔字〕，可释为"漾"，同"洋"，即巨洋水之"洋"，也就是现在的弥河；③中的"〔字〕

灌"，"𩵀"字不识，但"灌"乃斟灌之"灌"，灌在寿光地；⑤"己亥王卜，在苣𣏾（师）贞，今日步于淩亡（无）灾"中有"今日步于淩亡（无）灾"，淩与黎、莱通，属东莱地。

《合集》36956①中的㠱，即纪国，今寿光地；②中的㠱，刘钊先生读为"渚"，此"渚"很可能就是今潍坊诸城。

这三组卜辞里涉及的地名有：潍、洋、泦、灌、稻、逢、诸、㠱、莱，均在今潍淄地区。潍淄地域是商末征人方的战略进攻目标。李学勤先生说古"淮"字是"潍"，"也就是现在的潍坊。如果这一点成立的话，那么，商人从河南安阳出发，往东征东夷的路线就很顺了，即由安阳→兖州→新泰→青州→潍坊，一直向东进发"。①

纣征东夷人方，就是对东夷潍淄地区的征伐。纣为什么征东夷？史料中无明确记载。殷纣统治集团中与东夷有关的重要政治人物有姜太公和伯益后人费仲、恶来。这几个人可能与此事有涉。《史记·齐太公世家》记载"（太公）尝事纣。纣无道，（太公）去之"，姜太公在东夷海滨游说诸侯反商，由此引起商纣的东征，这是一种可能；东夷大反，纯属子虚乌有，是卧底在纣王身边的姜太公声东击西的离间之计，是姜太公的阴谋，这也是一种可能；潍淄地区的"益"地（今寿光）是费仲、恶来的故乡，也许出于他们的私利，纵容殷纣东征，这也是一种可能。现有资料不能证明哪一种理解正确，但也不能证明哪一种理解错误。无论如何，殷商的灭亡，与东夷的潍淄地区有直接关系。

五、周穆王时的师𩵀（雉）父

在陈梦家先生编辑的《西周铜器断代》中，列了一群铜器，即：

（1）《遇甗》（《三代》5·12·2），铭文为：

惟六月既死霸，丙寅，师𩵀（雉）父戍在由师，遇从。

---

① 李学勤：《中国古代文明十讲》，复旦大学出版社2003年版，第208页。

（2）《齸鼎》（《三代》4·13·13），铭文为：

惟十又一月，师𤰩（潍）父省道至于𣪘，齸从。

（3）《稽卣》（《博古》10·33），铭文为：

稽从师潍父戍于由师，蔑厤，易贝卅孚。稽拜稽首，对扬师潍父休。

（4）《臤尊》（《集成》06008），铭文为：

惟十又三月既生霸，丁卯，臤从师潍父戍于胡师之年，臤蔑厤，仲竞父易赤金，臤拜稽首，对扬竞父休。

（5）《录簋》（《征图》198，《集成》04122），铭文为：

伯潍父来自𣪘，蔑录厤，易赤金。对扬伯休。

（6）《录卣》（《征图》342），铭文为：

王令戒曰：叡！淮夷敢伐内国，女其以成周师氏戍于由师。伯潍父蔑录厤，易贝十朋。录拜稽首，对扬伯休。

（7）《戒方鼎》二（《集成》02824），铭文为：

戒曰：乌呼！王唯念戒辟剌考甲公，王用肇使乃子戒率虎臣御潍戎。对这些铜器的年代，史家说法不一，郭沫若将它们列入穆王时器，容庚定此群为成王时器，吴其昌则定为周宣王伐淮夷时器，陈梦家定为康、昭时器，而唐兰定此群为厉王时器。从成王到厉王，经康、昭、穆、共、懿、孝、夷、厉共九王历经一百三十多年。对铜器年代的判断分歧如此之大，对铜器铭文所记述历史的理解和阐释，就不可能符合当时的历史真实。近年很多学者认同郭沫若说，定此群为穆王时器，而铜器铭文所记述就是在穆王西征的时候，徐夷（戎）率九夷以伐宗周。徐夷，即南淮夷，大致在泰山西南麓；九夷，东夷的总称，泛指山东的各土著氏族集团。笼统地说，这些铜器反映的是西周王室对东夷各族团的征伐。但这样理解，就产生很多矛盾，不能自圆其说。

在这些铜器中，有一个重要的地名"戜"，陈梦家先生释为"甫"，"甫"在河南上蔡附近。但陈先生又说，金文之"戜"也可能是"胡"，今安徽阜阳西北有胡城。河南上蔡与安徽相邻，在一个区域。通过陈先生的这些考释，铭文中的这几个军事要地，胡、许、道等，均在今河南上蔡或安徽阜阳附近，也就是说穆王时期，师潍父等将领率军与东夷交战，其战场就在上蔡或阜阳这个地域。陈梦家先生用古文字、古地理学相结合的方法进行了解读，对这群铜器铭文中的地名，似乎取得了圆满的结论，但严格推敲起来，其中还有很多与军事历史发展逻辑相悖的地方。例如：

第一，按照文献记载，这次周军的保卫战，是由于徐夷率九夷伐宗周而引起的。我们知道，徐夷在今徐州以北的泰山南麓，九夷泛指山东半岛的若干小国，徐夷率九夷进犯宗周的话，周军讨伐的路线应是今洛阳、郑州、开封、商丘、徐州，而不可能绕到南面的阜阳、新蔡。

第二，这群铜器的出土地点与上述的阜阳、新蔡无涉。《黄县志稿·金石目》："光绪二十二年春，城东鲁家沟田中起古器十。"本群中的第一器《遇甗》就是这十器之一。另据《山东金文集成》载，本群第二器《嘁鼎》也是这十器之一。陈梦家先生还说，王献唐见过《黄县志稿》，说这十器中还有一器为鼎，鼎铭为"釐白作旅贞"。据此，陈先生指出："莱伯之鼎出土于黄县莱阴，乃莱国之地，师（釜）父组之甲器亦出土于此，则知西周初之莱地已有周人驻戍。"①因资料的局限，错综复杂的历史真相一时还无法厘清，我们可暂时对这些金文资料做一简单扼要处理，即暂时撇开对其他地名的释读，尝试从"雠"字上入手解决。

在这些铜器中，雠（潍）字是一个很关键的字。除伯雠父之"雠"外，《簋鼎》还有"王用肇使乃子彧率虎臣御潍戎"，可见潍也是地名，也是彧率虎臣驻守的军事要地。1975 年陕西扶风庄白村西周墓出土的铜器除上述三件外，还有鼎、献、簋、壶各一件，均为彧所作，但其铭文简略，唯独一盘铭七字，为"伯雠父自作用器"。铭伯彧诸器与铭伯雠父器同出一墓，无疑，彧就是伯雠父。上述诸器中的"录""彧""伯雠父"为一人。

在这群铜器中，"雠"字的写法是：左上方是水，下方是一个口或者两个口，右面是佳字。对这个字，史学大师顾颉刚先生做过非常详尽的考证，这里只把他考证的要义转引如下：《汉书·地理志》有"右扶风武功……有垂山、斜水、淮水"。清代两位《水经注》专家都说这"淮"是错字，赵一清说这"淮"应是"雍"，汪士铎说应是"褒"。王国维考定《散氏盘》和《克鼎》两者的地名有联系，而《克鼎》出土于陕西宝鸡渭水南，铭文有"眉田"和"淮司工"，王国维认为"眉"就是扶风郿县，"淮"就是扶风武功的"淮水"。顾先生引《新唐书·地理志》"扶风，本沣川……以沣水名之"，他说："唐的岐山县即今陕西岐山县，也即汉的雍县。那里有沣水，'沣'也写作'围'，而刘熙《释名》云：'淮，围也。'沣、淮同音。"顾先生又引丁山："雍水，今名'沣水'。沣、淮古音相近……深疑雍水本名'淮水'……由《散氏盘》推之，秦、汉以来所谓'雍水'者，固皆'淮水'之误。"顾先生说："'雍'，古文作'雝'……雝的字形都是从'佳'从'邑'，说明它的本意是鸟夷的都邑。"又说："《史记·秦本纪》：'德公元年，初居雍城'，秦都所以名'雍'，就因为它在雍水的旁边，正确地说，就因为它在淮水的旁边。而这条水之所以名'淮'，即是表示秦族

① 陈梦家：《西周铜器断代》，中华书局 2004 年版，第 120 页。

本居潍水流域，他们这一族迁到渭水流域的凤翔，是在作《散氏盘》之前，这些秦人已经把这条出于凤翔流至周原的水称作'淮水'了；到秦德公时建为都城，东方的遗民住到那边的就更多了。其后'雍城'的字音虽因它的假借字而读 iung，但'雍水'的音则始终不变，直到现在还是被呼作'沣水'。为了秦人住在那里有根深蒂固的历史，所以《禹贡》的作者就规定了西河到黑水这一区域的名称为'雍州'。他万万想不到'雍'即是'淮'，这个水名和邑名都是在周公东征之后原来居于潍水流域的鸟夷族西徙后的新名词，在传说的大禹时代是不可能存在的。为着东方民族大迁徙，恶来这一族被迫迁移到渭水流域，于是本在东方的'淮（潍）水'一名西迁了，东方民族所崇奉的上帝和祖先少昊也西迁了，甚至后起的'凤翔'这一地名也很可能由秦人的'高祖少昊挚之立也，凤鸟适至'，及'凤鸟氏，历正也'这古老的传说而来。"[①]

顾先生的这一长篇详细考证说明，现在陕西扶风地区（含扶风、宝鸡、岐山、眉县）的"雍水"之"雍"，本名为"淮"，读音"沣"，即"潍"的本音，"淮"借为"潍"。"潍"即"潍淄其道"的"潍"，是东夷的古地，也是伯益的祖地。商末周初，伯益族后裔从今山东东部西迁到渭水流域，把"潍"这个地名及祖先神少昊也带到西方的渭水流域。后人把淮（潍）讹为"雍"，因此"雍"字实为"潍"。

据此，伯雍父的"雍"实为"潍"，应读为"淮"（沣、潍）。伯雍父之所以名"潍"，就是因为他出生在淮（潍）地。前面我们曾论述过，成康时期，伯懋父率师东征，直到东海边，为了巩固东征成果，把一部分"殷八师"的建制单位，即兵民合一的氏族留在了潍淄地区，这一地区的行政总管就是中旎父。而穆王时的伯雍父和伯犀父应该是伯懋父或中旎父的子孙，即己、其、吴族的后裔。

"雍"字实为"潍"字，"师雍父"实为"师潍父"。把铜器和传世文献中的伯遜父（沫伯）、伯懋父、仲旎父、师潍父、师犀父这些名字排列起来，可

---

① 顾颉刚：《鸟夷族的图腾崇拜及其氏族集团的兴亡》，转引自《古史考》第六卷，海南出版社 2003 年版。

以明显地看出，前三父的名字中都有沫（懋、旄、牟）即昧邦、牧野之"沫"音，这三父的名字都与卫地有关，而卫地的沫、牧，是东夷人的后裔；而后二父的名字都与潍地和东夷有关，说明穆王时的师潍父和师犀父，他们出生在东夷的潍淄地区，他们是伯懋父征东夷后留在东夷的后代，是己、其、吴族的后代。

（本文为与任怀国合撰）

对"青丘"地望的考索与讨论

　　青丘是个十分古老的地名。《山海经》中提到青丘山、青丘国，但没有指明青丘的地望。唐代李吉甫的《元和郡县图志》在青州千乘县下曰："千乘者，以齐景公有马千驷，畋于青丘，今县北有青丘县，因以为名。"这里的青丘，在今高青县。元代于钦《齐乘》：乐安北清水泊，盖以青丘得名。这是清水泊青丘，在今广饶、寿光北。此后学者提到青丘地望时，多用清水泊青丘说。我在《探寻寿光古国》一书中，也沿用此说。但最近寿光市史志办赵守祥主任来信称：寿光纪台镇有青丘村，村中并有一丘。《民国寿光县志·文物名胜·城台》载：位于县城东南 18 公里的纪台乡后寨子村附近，又名青丘台。1950 年勘察时，台高 12 米，西长 42 米，东长 36 米，南北各长 30 米。

　　寿光东南的这个青丘既有地名，又有实物。这样在古青州地，就有高青县青丘、清水泊青丘和纪台青丘。但哪一个青丘是《山海经》中的青丘山或青丘国呢？高青县青丘与清水泊青丘有什么关系？这需要参照遗迹周围环境，并对古文献进行重新讨论研究。

一、纪台青丘

　　古文献对青丘的记载如下。

　　《山海经·南山经》载："又东三百里，曰青丘之山，其阳多玉，其阴多青䨼。有兽焉，其状如狐而九尾……有鸟焉，其状如鸠，其音若呵，名曰灌灌，佩之不惑。英水出焉，南流注于即翼之泽。”

《山海经·海外东经》载：“青丘国在其北，其狐四足九尾。”

《山海经·大荒东经》载：“有青丘之国，有狐，九尾。”

《十洲记》：“长洲，一名青丘，在南海辰巳之地。地方各五千里，去岸二十五里，上饶山川及多大树，树乃有二千围者，一洲之上，专是林木，故一名青丘。”

《外国图》曰：“青丘之民食谷，衣野丝，去琅琊万三千里。”

《淮南子》：尧时有大风为民害，乃缴大风于青丘之泽。高诱注：“大风，风伯也，能坏人屋舍（一曰鸷鸟）。”《蕉轩随录》曰：“风伯坏人屋室，羿则射中其膝。”“射中其膝”，说明羿射的也是人，“大风”实际上是以鸷鸟为图腾的氏族部落。

透过这些有神话色彩的记载，可以看出：

一、青丘是山地，森林茂密，其阳多玉，有灌灌鸟，有九尾狐。众多记载表明，九尾狐为青丘独有。

二、青丘是山名，也是国族名。古有青丘国，青丘也是个很大的氏族部落。这个部落的首领为风伯，尧时被羿征服。

三、青丘在东方，东为青，东夷首领少昊为青阳氏，青丘、青州，应在同一地域。“去琅琊万三千里”，既然以琅琊为坐标，说明青丘离琅琊不远，三千里、五千里，这些都是虚数。

四、青丘国，或者青丘部落，是处在半山地半丘陵地带。一方面说青丘山，一方面又说：“青丘国在其北，其人食五谷，衣丝帛。”既然食五谷，就不是在深山老林里，而是在丘陵地带，山的北面。

用古文献的这些记载，对照千乘县和寿光县两地的地形地貌，比较一下，看哪个青丘更符合文献记载中的青丘特征。

寿光青丘在今寿光纪台镇，也就是古纪国的地域，汉时为剧县。这个地域的南面是山地，按照《齐乘》的描述，青丘南面有尧山、丸山、其山。《齐乘》："康浪水出其山,尧水经其山东,山在剧县西南。"今青丘村正南数里就有尧沟,《齐乘》：青州"府东角崩山与方山相连,伏琛《齐记》亦名尧山,水名尧水,地名尧沟。"青丘村周围,现在是平原,种五谷。

所谓青丘,丘也。何为丘?《周礼》注："高土为丘。"《广雅》："小陵曰丘。"《尔雅》："大阜曰丘,非人力为之,自然也。"尽管《元和郡县图志》说千乘有青丘,为齐景公牧马之地,但丘在何处,或者说有没有丘,各种文献均没有提及。而此地地上似乎也没有明显的古丘遗迹。因此,相比之下,纪台青丘不仅地理环境与古青丘相似,而且确有一丘,纪台青丘为古青丘山、青丘国的可能性更大。

《博物志》："营（州）与青（州）同海,东有青丘,齐有营丘,岂是名乎?"胡渭按："齐曰营州",齐临淄有营丘。按张华之说,临淄的营丘在西,而青州的青丘在东。如果青丘在巨淀（清水泊）的话,青丘与营丘的地理方位就不是东西关系,而是南北方位。临淄青丘在南,清水泊青丘在临淄正北。因此,"东有青丘,齐有营丘",与纪台有青丘,临淄有营丘非常吻合。

《淮南子》"缴大风于青丘之泽",说明青丘为风性族团的根据地。史上有风后、风伯、风师。《离骚》："后飞廉使奔属。"东汉应劭注："飞廉,风伯也。"《周礼》：以橿燎祀风师。应劭：风师者,箕星也。《周礼·春官·大宗伯》郑玄注：风师,箕也。这些材料显示,风性族团与伯益族有关。风伯就是飞廉,而飞廉,伯益后也;"风师,箕也"。我在《探寻寿光古国》一书中,多处引用学者王永波先生的论证："伯益乃其氏族的原始祖先。"箕（其的变体）就是伯益族的图腾符号。寿光地有益都侯城、益城,表明寿光是伯益族的祖地。《史记·夏本纪》有"益让帝禹之子启,而辟居箕山之阳"。《孟子·万章上》有："益避禹之子于箕山之阴。"禹死后,伯益避居箕山。这个箕山在哪里?有河南说和山东说。前面我们引用《齐乘》说,青丘南有其山（箕山）。《太平寰宇记》也载："益都有箕山、箕岭镇。"

青丘——风伯——飞廉——其星——伯益——箕山——益都,这些地名、族名、人名、山名都在青州东部或寿光地，表明寿光与青丘（伯益）国族有密不可分的关系。

二、清水泊青丘

但有些文献对青丘的论述，似乎与千乘青丘有关。《淮南子》记载"乃缴大风于青丘之泽"，是说青丘是个泽，或者说青丘是在泽旁，在一片大水的旁边。对这一说法注释得更为详细、明确的是《齐乘》。《齐乘》："青丘，乐安北清水泊，盖以青丘得名。齐景公有马千驷，田于青丘，与晏子游于少海，皆此地。"这就是说，清水泊是以青丘得名，青丘就是清水泊，也就是巨淀湖。齐景公与晏子游于"少海"。"少海"，小海也，也可理解为清水泊、巨淀湖。

关于巨淀或清水泊地望，《汉书·地理志》补注：武帝耕于此。《淄水》注：淄水自淄川东安平来，东径巨淀县故城南，县东南则巨淀湖。《一统志》：故城今乐安县北，寿光县西北八十里。巨淀县或巨淀湖，或清水泊，在今广饶县北，寿光县西北。《寿光乡土志》载："清水泊为诸水之所汇，在县治西北四十里，古之巨淀湖也。在乐安境者十之二，在寿光境者十之八。"关于乐安国，《一统志》：故城在今博兴县东北。博兴东北，即广饶县。

《齐乘·千乘城》："高苑县北二十五里，古千乘县。以齐景公有马千驷，畋于青丘得名。县北有青丘泺，即今清水泊也。"于钦的这段话里有致命的矛盾。高苑北的千乘与清水泊相距百里以上，中间隔着今桓台、博兴两县，两者不是一个地方。于钦把两者混为一谈，视为一个地方，表明于钦对青丘地望还没有完全弄明白。这个问题后面再具体分析。于钦的意思是千乘县即青丘，千乘县北有青丘泺，"泺"有两读，一读 luò，水名，在山东；一读 pō，即湖泊的泊。因此青丘泺，即青丘泊即今清水泊。

按于钦《齐乘》的这些说法，青丘即清水泊，历史上也叫巨定湖或巨淀湖。再由此得出的结论就是千乘、青丘、青丘泺、巨淀、清水泊，实为一地。因清水泊的地望非常明确，即在乐安，今广饶北部和寿光的西北部，因此今广饶北和寿光西北部清水泊（巨淀湖）就是齐景公的牧马之地，就是古千乘、古青丘。

《齐乘》："与晏子游于少海，皆此地。"少海即小海，这句话似乎也是说齐景公的牧马地就是清水泊。

但考索地理沿革，秦、汉时千乘并不与清水泊为邻，也不在今广饶地。《汉书·地理志》载：汉时的千乘县属千乘郡，在博昌的西部，即在今邹平县；汉时的广饶和寿光，属北海郡，汉时的北海郡无千乘县，也就是说汉时的广饶县和寿光县北并无千乘县。清水泊北无千乘，那么齐景公有马千乘畋于青丘，即畋于青丘泺、清水泊的说法由何而来？把《元和郡县图志》与《齐乘》联系起来，就能看清这一问题的大概的演变线路。

《元和郡县图志》载：

> 千乘者，以齐景公有马千驷，畋于青丘，今县北有青丘县。

《齐乘》载：

> 千乘城，《郡国志》：高苑县北二十五里，古千乘县，以齐景公有马千驷，畋于青丘得名，县北有青丘泺，即今清水泊。
>
> 汉高置为千乘郡，和帝更名乐安国，千乘县并属焉。至隋开皇初，移县至广饶，此城遂废。

《元和郡县图志》把"千乘"的原意说明了，即齐景公有马千乘；把"千乘"的地望也讲清楚了，即牧马地"青丘"。因此"千乘"即"青丘"。这里说的"千乘"即在高苑县北二十五里。但自古至今，高苑县北有青县无青丘县，把青县当成青邱县，是正读还是误解？还是另有别的含义？不管这一说法正确与否，《元和郡县图志》并没有把千乘、青丘、清水泊联系在一起。把三者联系在一起的是《齐乘》。

《齐乘》一方面说千乘城在高苑县北二十五里,而这个古千乘县是以齐景公有马千乘畋于"青丘"得的名,这样就把古千乘县与青丘联系在了一起,而且还明确地说,这个千乘(也就是青丘)在高苑县北二十五里。但文字下面急转:"县北有青丘泺,即今清水泊",把高苑的千乘(青丘)一下转变成了今广饶、寿光北的青丘泺、清水泊。这样齐景公有马千乘畋于青丘的青丘,一下子就由高苑北二十五里,变成了广饶、寿光北的清水泊。因此,《齐乘》中古千乘县即今清水泊的说法不能成立,齐景公有马千乘畋于青丘在清水泊的说法也就不能成立,除非还有别的文献材料能证实齐景公有马千乘畋于青丘就在清水泊。

三、高苑青丘

古千乘县(城)这个地名,应该来自"齐景公有马千乘"的历史典故。关于古千乘的地望,《史记·田儋列传》载:韩信"使灌婴破杀齐将田吸于千乘"。正义曰:"千乘故城在淄州高苑县北二十五里。"《史记》的这一说法,相比其他说法更有权威。《括地志》:"千乘故城在淄州高苑县北二十五里。"与《史记》说法一致。

汉千乘,高帝六年(前201)置。汉有千乘郡,据《河水注》郡治千乘,《续山东考古录》王汝涛注:千乘郡遗址在今惠民地区高青县元和乡孙集村南。

汉千乘县,到了后汉和帝永元七年(95),改为乐安国,晋为乐安郡。

后汉与晋的乐安古城,《齐乘》:"乐安城,章丘临济东北八十里,地志以为汉千乘,后更为乐安国,乃在高苑。"《括地志》曰:"高苑县,千乘故城在淄州高苑县北二十五里。"综上所述,西汉时的千乘县,后汉与晋更名为乐安国,都在高苑。因此古千乘县在高苑县北二十五里。按今人王汝涛《续山东考古录》注:高苑县"遗址在今惠民地区邹平县苑城乡驻地苑城村北"。也就是现今山东省邹平县东北的苑城镇。

据《齐乘》,高苑县在后汉以后,又称乐安国、长乐、被阳和狄。为了弄清古千乘的确切地望，我们可以将这些地名逐一定位、拼接起来，看看古千乘的地望到底在何处？

关于高苑县，《齐乘》：高苑故城，长山北二十里苑城店因此名。《续山东考古录》：高苑县故城在长山县北二十里今宛城店，又名西高宛城。《齐乘》与《续山东考古录》的说法一致，高苑县故城即宛城店。《续山东考古录》注：高苑故城"遗址在今惠民地区邹平县苑城乡驻地苑城村北，今称高苑故城遗址，亦称西高苑"。在今山东邹平行政区划图上，仍有苑城镇。

关于长山县，《齐乘》："府北六十五里古于陵地，汉置于陵县，属济南郡，故城在县南……隋开皇十八年改武强为长山县，以县南长白山名。"《续山东考古录》："隋齐州齐郡长山县，开皇三年废东平原郡，十八年改武强为今名（长山）。大业初，省济南县入之（邹平）。"《续山东考古录》注：长山县故址即今邹平县长山镇。《齐乘》：元丁巳年，长山县废入高苑。《读史方舆纪要》：宋长乐县即今高苑县治。因此，古长山县、于陵县、高苑县，实在一个区域，即都在现今的邹平县、高青县境内。

关于长乐县，《续山东考古录》载：高齐、周武强县地，长乐县地。隋、唐、五代、宋、金长山县地（武强改）、高苑县地（长乐改）。因此长乐县地也就是高苑县地。

关于被阳和狄。《太平寰宇记》载："被阳故城，在（长乐）县西南八十步……高齐，自如狄故城移长乐县理于此。"《续山东考古录》注：被阳县遗址即今高青县高城（即原高苑县城）；狄县遗址在今高青县高城镇高城西北一公里。因此，被阳、狄，与高苑县城，也实为一地。

综上所述，长山县、长乐县、以及被阳和狄，都在高苑县境，是同一地域在不同时期变更的名称。

千乘、乐安、广饶实为一地多名。

关于乐安，《齐乘·乐安》：后汉属乐安国，晋属乐安郡。隋省入千乘县。开皇三年移于广饶，属青州。

关于千乘，《齐乘·千乘城》：汉高置为郡，和帝更名乐安国，千乘县并属焉。至隋开皇初移县至广饶。

这些记载表明，古千乘，即千乘郡的千乘县，后汉属乐安国，晋属乐安郡，其地望为高苑县北二十五里。隋开皇初将千乘县移至齐郡广饶、寿光地。广饶、寿光地的乐安千乘，是隋开皇初从千乘郡（乐安国、乐安郡）迁移过来的。广饶地的千乘，不是千乘的祖地。千乘的祖地在古千乘郡，不在齐郡。这样，齐景公的千乘之马的放牧地，只能在古千乘（高苑县），而不会在隋以后迁移后的广饶地、清水泊。

四、对青丘地望的讨论

本文涉及了三个青丘，一个是纪台青丘，一个是清水泊（隋以后的千乘）青丘，一个是千乘青丘（高苑县）。这三个青丘哪一个是《山海经》中说的青丘呢？

首先应该排除的就是清水泊青丘。《元和郡县图志》把青丘与千乘联系在了一起："千乘者，以齐景公有马千驷，畋于青丘，今县北有青丘县，因以为名。"由此，千乘在青丘，青丘地盘上有齐景公的马千乘。史上有两个千乘县，一个是汉千乘，在高苑；一个是隋千乘，与清水泊为邻。齐景公有马千乘，是春秋时的事，接近春秋的是汉而不是隋，因此齐景公的养马地，应在千乘郡的千乘县，即高苑县。春秋时齐景公的养马地千乘，与隋时迁移到清水泊附近的千乘县无涉。因此，不管清水泊附近有没有"青丘"县，或者有没有青之"丘"，因齐景公的养马地不在此处，所以这里的"青丘"之说，是后世之说，与古青丘无涉。

第二，关于高苑青丘，这个问题很复杂。齐景公的千乘之马确实在高苑，高苑千乘是古千乘的原址。

高苑县在史上也确有青城。《禹贡》有"浮于济、漯，达于河"语，胡渭《禹贡锥指》释曰："济、漯之'漯'，《说文》本作'濕（湿）'，燥湿之湿，汉千乘郡有湿沃县，漯水之所经，故名。"漯水"又东经邹平县故城北，又东北径东邹城北"，邹逸麟注："今青城县界有东邹故县。"王汝涛《续山东考古录》注：东邹县故城在今邹平东北六十里花沟镇。今高青县（高苑与青县合并后的称谓）的花沟镇就是故青城遗址。

古代高苑北（青城）也有个大泽（泛、湖、泊）。《淮南子》：尧时有大风为民害，乃缴大风于青丘之泽。不管这一说法有没有原始依据，由于是汉代人的说法，可备一说。按《淮南子》的说法，青丘是"泽"，或者说是泊、淀、湖，是个有水的地方。高苑县附近就有个大的湖泊，即马常坑。《禹贡锥指》：漯水"又东北径东邹城北，又东北径建信县（高苑西北）故城北，又东北径千乘县二城间，又东北为马常坑，坑东西八十里，南北三十里"。也称"乌常泽""乌常泛"，齐人谓湖为泛。因此，高苑千乘东北的青县附近，也有个大水泊。这与"缴大风于青丘之泽"相吻合。

除此之外，东方朔认为青丘也可以与高苑挂靠。《十洲记》："长洲，一名青丘，在南海辰巳地。"前面已引述过，古高苑县也称长乐县、长山县。这个地方有河湖纵横交叉相连，水中陆地曰洲，因此，这个地方也可叫"长洲"。

还有一个证据，就是《晏子春秋》中有《景公为邹之长途晏子谏》一章，曰："景公筑路寝之台，三年未息；又为长庲之役，二年未息；又为邹之长途。"路寝之台、长庲之台，都是大型豪华建筑，目的是为了享乐。"邹之长途"是通往邹（邹国，即高苑，今邹平）的宽阔的道路。景公修此路，也是为了享乐。因此高苑似乎也是景公的向往之地，或许就因为高苑有马千乘。

但把"青丘"与水联系在一起，称青丘泽、青丘泺，与《山海经》中的青丘山相悖；高苑地区虽有长白山，但这是座孤山、小山，而周围全是河、湖和平原，这也与《山海经》中的青丘山不符。青丘是个很古老的地名，千乘青丘出自《元和郡县志》，不知依何文为据。比《元和郡县志》早近二百年的《括地志》中，提到这个地区有营丘、沴丘、葵丘，没有提到青丘。高苑青丘是个十分模糊的概念，《齐乘》将青丘移到了清水泊。《齐乘》的说法，反证了高苑青丘的不确定性。

第三，纪台青丘。按《山海经》记载，青丘是山，也是国，因此青丘是一个区域，不是某一个具体地点。纪台青丘，是由山地到丘陵、平原，在梯形地带，南面有方山、丸山、箕山等山地，北面是平原。这个地区既有山林的鸟兽、玉石（昌乐是蓝宝石之乡），又有丘陵、平原的五谷杂粮。这与《山海经》的说法一致。

纪台确有青丘之名，在现今行政区划上有青丘村，在寿光史志里还有"青丘渡"。清人编纂的《寿光县乡土志》载："由县治东南行十五里，为鲍家楼，渡洱水又东南行十里，为尧河店，又行十里，为青丘渡，丹水南入昌乐。"这个丹水上的渡口，在青丘村偏东北处。

纪台有名为青丘的土山，高 12 米，西长 42 米，东长 36 米，南北各长 30 米，这就是青丘台遗址。

古青丘的标志性动物，是九尾狐。《寿光县乡土志》载："狐，禹五台、纪台等处，荆棘茂密，向多有之。"

综上所述，纪台青丘，似乎与古老的《山海经》中的青丘山、青丘国更为吻合。

《尚书·高宗肜日》古今谈

一、"高宗肜日"是高宗祭成汤

《尚书·高宗肜日》原文为：

> 高宗肜日，越有雊雉。祖己曰："惟先格王，正厥事。"乃训于王曰："惟天监下民，典厥义。降年有永有不永，非天夭民。民中绝命。民有不若德，不听罪。天既孚命正厥德。乃曰：'其如台。'呜呼！王司敬民，罔非天胤，典祀无丰于昵。"

经史学家一致认为：高宗即武丁庙号，高宗即武丁；肜是祭名，伪《孔传》："祭之明日又祭，殷曰肜。"但对殷商"高宗肜日"这一大祭中，高宗是主祭还是被祭，训王之祖己是谁，经文没有明确。尔后孔子《书序》、伏生《尚书大传》、司马迁《史记》进行了大意相似的阐释。

《书序》曰：

> 高宗祭成汤，有飞雉升鼎耳而雊。祖己训诸王，作《高宗肜日》《高宗之训》。

明言"高宗肜日"是高宗（武丁）祭先帝成汤，祖己训王，并作《高宗肜日》《高宗之训》两文。《史记·孔子世家》："序《书传》，上纪唐、虞之际，

168

下至秦缪，编次其事。"《汉书·艺文志》曰："《书》之所起远矣，至孔子纂焉，上断于尧，下讫于秦，凡百篇，而为之序。"因此，汉儒马融、郑康成都认为《书序》是孔子所作。

《尚书大传》曰：

> 武丁祭成汤，有飞雉升鼎耳而雊，问诸祖己。祖己曰："雉者，野鸟也，不能升鼎。升鼎者，欲为用也。无则远方将有来朝者乎？"故武丁内反诸己，以思先王之道。三年，编发重译来朝者六国。孔子曰："我于《高宗肜日》，见德之有报之疾也。"

《尚书大传》明言，"高宗肜日"是武丁祭成汤；对飞雉升鼎而雊，认为是种征兆，即"欲为用也"。怎么"用"？"武丁内反诸己，以思先王之道"。结果，来朝者六国。

《尚书大传》作者是伏生。《史记·儒林列传》载："伏生者，济南人也。故为秦博士。孝文帝时，欲求能治《尚书》者，天下无有，乃闻伏生能治，欲召之。是时伏生年九十余，老，不能行，于是乃诏太常使掌故晁错往受之。秦时焚书，伏生壁藏之。其后兵大起，流亡，汉定，伏生求其书，亡数十篇，独得二十九篇，即以教于齐鲁之间。"因此孔子和伏生，都见过《尚书》的早期文本。孔、伏二人说的"高宗肜日"是武丁（高宗）祭成汤，必有所本，他们没有必要向壁虚构。

《史记·殷本纪》曰：

> 帝武丁祭成汤，明日，有飞雉登鼎耳而呴，武丁惧。祖己曰："王勿忧，先修政事。"……武丁修政行德，天下咸欢，殷道复兴。

《史记·封禅书》曰：

有雉登鼎耳雊，武丁惧。

司马迁也把"高宗肜日"视为武丁祭成汤。

二、对武丁祭成汤说的否定

对"高宗肜日"，后人多从武丁祭成汤说。西汉时杜邺曰："臣闻野鸡著怪，高宗深动。"[①]扬雄曰："丁感雊雉，祖己伊忠。爰正厥事，遂绪高宗。"[②]刘向上书曰："高宗、成王亦有雊雉、拔木之变，能思其故，故高宗有百年之福。"[③]《汉书·艺文志》："雊雉登鼎，武丁为宗。"东汉王充在《论衡》中两处引用"高宗祭成汤之庙"。《尚书》正义云："高宗丰于祢，故有雊雉升远祖成汤庙鼎之异"，"高宗既祭成汤，肜祭之日，于是有雊鸣之雉在于鼎耳。"所以易宁先生说："西汉今文学家的武丁成汤说，在东汉亦十分流行，《论衡·指瑞篇》《汉书·五行志》等俱载此说。汉人的说法，又为魏晋至唐人所从，如王肃《尚书注》云：'雉升远祖成汤庙鼎。'……至宋代，学者们对武丁祭成汤提出了质疑。蔡沈首发其端。"[④]

蔡沈质疑的理由是：祭成汤事，于史籍无征；经文"祢"字，应作近庙解，非祭远祖成汤。金履祥在《尚书表注》中，对"高宗肜日"为武丁祭成汤说提出如下质疑：其一，《书序》谓高宗肜日和高宗之训"两书"为祖己作，"按《史记》则祖己述高宗之事为祖庚作也"；其二，高宗名臣世多称甘盘、傅说而无祖己；其三，书之训告其君多系其所言之臣，而此"二书"皆训体，既非义例矣；其四，凡书之本序多称其君之名，或曰王，未有以庙号称之；其五，典祀无丰于祢，又安知非祖庚之时，绎于高宗之庙而有雊雉之异乎？其结

①《汉书·杜邺传》。
② 扬雄：《十二州箴·兖州牧箴》。
③《汉书·楚元王传》。
④ 易宁：《〈史记·殷本纪〉释〈尚书·高宗肜日〉考论》，《北京师范大学学报（社科版）》，1999年第4期。

论:"高宗肜日"为祖庚祭高宗(武丁)。

"清代经学昌盛,单单《尚书》一经,清人的专门著述已行世者就不下二百种之多。"[①]清初阎若璩撰《尚书古文疏证》,论定了伪孔传之伪;乾隆年间,孙星衍撰《尚书今古文注疏》,兼疏今古文,成为乾嘉时期《尚书》学研究的总结性著作。清末,今文学派盛行,皮锡瑞的《今文尚书考证》是其代表。

孙星衍在《尚书今古文注疏》中说:"既称高宗,则是立庙后追记其事。武丁称高宗者。"对"肜日"注解:"祭成汤之明日。"孙星衍从《史记》"帝武丁祭成汤"之说。

皮锡瑞在《经学通论》中说"夫据古义以斥孔传可也,据宋人以斥孔传则不可,阎引金履祥说,以高宗肜日典祀无丰于昵,为祖庚绎于高宗之庙,其误一也",提出阎若璩否定金"祖庚绎于高宗之庙"说。

皮锡瑞案:"史公以《高宗肜日》作于祖庚之时,正如《盘庚》作于小辛之时,其事仍当为高宗时事。高宗崩后,追序其事以美之耳。"意与孙星衍一样,都从"武丁祭成汤"说,但对武丁祭成汤事,认为是武丁死后的追记。

皮锡瑞甚至还说:"去汉未远,臆说未兴,信宋人不如信伪孔。"也是对金履祥之说的否定。

对此,易宁先生概括为:"清代学者,无论今文家或古文家,大抵均主武丁祭成汤说,甚至以善于疑古著称的史学家梁玉绳也未置疑词。"[②]

但到了近代,由于甲骨文的发现与研究,学界对这个问题的认识发生了巨大变化,刘起钎先生总结:王国维先生在《高宗肜日说》一文中,摒弃了自己早期的说法,认为"高宗肜日"就是殷王祖庚对其父武丁的宗庙高宗的肜

---

① (清)皮锡瑞撰:《今文尚书考证》,中华书局1989年版,第1页。

② 易宁:《〈史记·殷本纪〉释〈尚书·高宗肜日〉考论》,《北京师范大学学报(社科版)》,1999年第4期。

日之祭，其理由是：其一，《尚书》言祭祀的文例则汉儒说，当为王祭于成汤，依卜辞"肜日"文例：皆祭所祭之人而非主祭之人。其二，祖己为武丁之子。其三，祢庙是祖庚祭武丁庙，非武丁祭成汤庙。[①]据以进行了较详细的论证，完全驳倒了武丁祭成汤这一汉代以来说法，而标出了殷代"高宗肜日"一词的新内涵。因此，可以明确"高宗肜日"就是殷王祖庚对其父殷高宗武丁的宗庙的肜日之祭。[②]

此后，从王氏说的还有吴其昌，他在《殷虚书契解诂》中说："高宗肜日，乃祖庚或祖甲时举行肜日之祭于高宗武丁。"[③]郭沫若在《卜辞通纂》中也认同"高宗肜日"即祖庚祭武丁。对《尚书》进行详尽校释的刘起釪坚持并详细论证了此说，因此，这一说法似乎成为当代史学研究中的定论。

三、对武丁祭成汤说的否定之否定

但近年，随着对甲骨文和战国简的深入研究，不少学者又对这一"定论"进行了质疑。王国维先生的主要论据就是卜辞中"凡云贞王宾某甲某乙某祭者……皆谓所祭之人，而非主祭之人"，从而得出"高宗肜日"当是祖庚祭高宗的结论。对此李学勤先生认为："按现已发现的卜辞金文，或作'王宾某某肜日'，或作'遘于某某肜日'，与'高宗肜日'不完全相合，同时也没有出现'高宗'的称呼，用来推断'高宗'不是主词，是缺乏充分根据的。"[④]就是说王国维所列举的卜辞，还不足以证明"高宗肜日"为祖庚祭高宗。对此，李锐先生有一段十分精彩的论述："甲骨卜辞和金文、铭文都是特殊的文字记录，它们有非常重要的史料价值，但是当其和传世文献出现差别时，我们似乎应该采取宽容的态度，对旧说不要轻率否定。或许甲骨文和传世文献属于不同的文

---

① 王国维：《观堂集林》，中华书局 1959 年版，第 30 页。
② 刘起釪：《尚书校释译论》，中华书局 2005 年版，第 1025 页。
③ 吴其昌：《殷虚书契解诂》，武汉大学出版社 2008 年版，第 236 页。
④ 李学勤：《〈夏小正〉新证》，载《李学勤说先秦》，上海科学技术文献出版社 2011年版，第 85 页。

化系统，二者之间虽然可能有'家族相似'之处，但是并不能完全一一对应。"由于"王宾某某肜日"与"高宗肜日"不完全相合，王国维之说虽有重要参考价值，或者说高宗有可能是"被祭者"，但还没有足够多的证据能推翻"高宗肜日"中的高宗是"祭者"。

李锐先生文中还说："西周早期的作册麦方尊（6015）铭文有'遹（会）王餐荠京 𠦪 祀'之语，西周中期的繁卣（5430.2）铭文有'公 𠦪 祀'，'公禘 𠦪 辛公祀'，这里的' 𠦪 祀'，一般认为即'肜祀'，主祭者为'王'、为'公'，其词语位置都在'肜祀'之前——由此看来，'高宗肜日'能够表示高宗举行肜日之祭，而非后人祭武丁。"[1]

网友老闷在博文中也说："王国维认为，既然卜辞中常见'贞宾于××肜日无尤'，则'肜'字之前必是被祭王之名，由此，《尚书》中所谓'高宗肜日'，是以'肜日'之礼祭于高宗，而非高宗主持肜祭，对此，老闷不能同意。其实，在卜辞此类记录中，'肜'字之前之所以是被祭王之名，乃由于其更前处有'宾于'字样；如果无'宾于'出现，则'××肜'或'××肜日'在语法上不能独自成立。"

我觉得老闷这个见解非常重要。王国维先生所举例：其一，王宾大丁肜日；其二，王宾大甲肜日；其三，王宾武丁肜日。按老闷先生的意见，在这里决定主祭与被祭关系的是"王宾某某"四个字。"王宾"，赵诚先生认为是"商王亲自进入祭场参加祭祀"。[2] 刘源先生列出王宾卜辞的一般形式为：

干支卜，某贞：王宾，祭祀对象，祭祀动词（牺牲），亡尤（咎）。[3]

因此"王宾大丁""王宾大甲""王宾武丁"等四个字已十分清楚地表明

① 李锐：《由楚简〈鲍叔牙与隰朋之谏〉看〈尚书·高宗肜日〉》，《人文中国学报》，2014年第20期。

② 赵诚：《甲骨文简明词典——卜辞分类读本》，中华书局1988年版，第232页。

③ 刘源：《商周祭祖礼研究》，商务印书馆2004年版，第40页。

了祭者与被祭者:"王"是祭者,"大丁""大甲""武丁"是被祭者。因此在确认祭与被祭的关系时,关键是要确认"王"是谁,与后面的"肜日"无关。如果无视"王宾"二字,只讲辞中某甲、某乙皆谓所祭之人,就有断章取义之嫌。"肜日"只是祭名,与谁祭、祭谁无涉。

"高宗肜日,越有雊雉。"理解"高宗肜日"时,需联系"越有雊雉"这一兆头。

诸多学者对《甲骨文合集》21538 甲、乙版,进行了深入探讨。晁福林释作:"䄠,鸟至……御父庚三牢记,又(侑)奚二。"并说:"这条卜辞载在䄠祭的时候适逢鸟至。卜辞贞问在向父庚祈求禳除灾祸的御祭时,是否杀两名奚为人牲。"[1]

张利军先生对《合集》21538 和 21539 详细解读如下:

《合集》21538:

  1. 䄠,雈至,御小辛,三牢又奚二。
  2. 䄠,雈至,御父庚,〔三牢〕又奚二。
  3. □父庚□。
  4. □雈至不。
  5. □〔御〕般庚,三牢又〔奚二〕。
  6. □〔御〕般庚,三牢又〔奚二〕。

 《合集》21539:

  辛亥卜:其至,三牢又奚二父乙。

---

① 晁福林:《夏商西周的社会变迁》,北京师范大学出版社 1996 年版,第 255 页。

　　张利军先生说：有的卜辞分类断代学者将这两片卜辞列为"子组卜辞"，而朱凤瀚先生将其列为师组卜辞，"这两版应该是武丁时期的师组小字类卜辞"，"《合集》21538 片中父甲当为阳甲，父庚即同版的盘庚。《合集》21539 中的父乙即小乙。阳甲、盘庚、小辛、小乙为武丁诸父。根据称谓可以直接判断为武丁时期卜辞"。①

　　对"𤔲"字，一说为"酒"字。孙诒让认为："然龟文此字甚多，寻文究义似即用为'酒'字。"饶宗颐从其说。②

　　但叶玉森否定此说，他认为："𤔲"字并非酒字，疑是肜日之肜，𤔲盖肜日酒祭之专名。𤔲祭之日即肜祭之日。③张利军先生考证：《麦方尊》中"𤔲"，即是肜字，唐兰、于省吾都认为是肜祀，"这个字仍是 𤔲，只是以 𤔲 的异体字来表示肜祀。金文中的 𤔲 就是周代祭之明日又祭的肜。𤔲 不见于后世流传，后人是以肜表示 𤔲 的。《高宗肜日》写定于周代，受了周人语言习惯的影响而以肜表示 𤔲。也就是说高宗肜日在商代的书写应是高宗 𤔲 日，即高宗武丁举行 𤔲 祭的日子。"④

　　甲骨文、金文中都没有右边为"月"字旁的"肜"字。被释为"肜"字的甲骨文原写为"彡"或"𠃌"。刘兴隆先生认为："《说文》释彡：'毛饰画文也。象形。'卜辞作祭名，彡、𠃌即后来之肜或彤、肜。"⑤徐中舒先生同意此说："肜，《说文》作彤，可知彡、肜、彤、肜，古音盖不远。"⑥由此看来，对祭名的甲骨文彡、𠃌，并不只有"肜"一种解释。照此推论，张利军及叶玉

---

　　① 张利军：《〈尚书·高宗肜日〉的史料源流考察——兼论商人的灾异观》，《古代文明》，2010 年第 4 期。

　　② 孙诒让：《契文举例》（下），齐鲁书社 1993 年版，第 108 页；饶宗颐：《殷代贞卜人物通考》，香港大学出版社，第 152、153 页。

　　③ 叶玉森：《殷虚书契前编集释》，据上海大东书局 1933 年石印本影印。

　　④ 张利军：《〈尚书·高宗肜日〉的史料源流考察——兼论商人的灾异观》，《古代文明》，2010 年第 4 期。

　　⑤ 刘兴隆：《新编甲骨文字典》，国际文化出版公司 2005 年版，第 563、528 页。

　　⑥ 徐中舒：《甲骨文字典》，四川辞书出版社 2003 年版，第 947 页。

森、唐兰、于省吾诸先生的说法都有一定道理。其结论就是殷商时的"高宗肜日"亦即"高宗🔲日"。

对《合集》21538的"🔲，萑至"中的"萑"，《说文》："萑，鸱属，从隹从丫。有毛角。所鸣，其民有祸。"张利军先生认为："萑这种鸟叫声如'其民有祸'。或是在古人观念中这种鸟叫会给人带来灾祸。那么在举行🔲祭时有萑鸟至，在殷人看来是不祥的征兆"，"这两版卜辞记载商王武丁举行🔲祀时有萑至，于是武丁对诸父进行御祭祓除不祥"。①

由此看来，王国维先生的卜辞中"凡云贞王宾某甲某乙某祭者……皆谓所祭之人，而非主祭之人。"由此论断为"高宗肜日"为后人祭高宗，在甲金文与传世文献比照、甲骨文语法及所选卜辞的代表性上，都有可商榷之处，或者说都有片面性。

对"高宗肜日"问题，众学者近来都十分重视对上博简《竞建内之》资料的研究。

上博简《竞建内之》前半部内容为：

> 昔高宗祭，有雉雊于僖（彝）前，讙祖己而问焉。曰："是何也？"祖己答曰："昔先君客（格）王，天不见禹（雩），地不生龙，则诉（祈）诸鬼神，曰：'天地明弃我矣！'从臣不讦，远者不方（谤），则修诸乡（乡）里。今此祭之得福者也，青（请）□之以寝□，即祭之后焉修先王之法。"高宗命伇（傅）鸢（说）□之以祭焉，既祭焉，命行先王之法：废古（故）芦，行古（故）迮（作），废迮（作）者死，弗行者死。不出三年，耀（遂）人之怀（服）者七百邦。

"昔高宗祭，有雉雊于彝前，讙祖己而问焉。"这与《书序》："高宗祭成

_____

① 张利军:《〈尚书·高宗肜日〉的史料源流考察——兼论商人的灾异观》,《古代文明》,2010年第4期。

汤，有飞雉升鼎耳而雊，祖己乃训王"对照起来，虽个别文字不同，但内容基本一致，可证《书序》的真实性。

"昔高宗祭"，开宗明义，是高宗祭，非祭高宗；"有雉雊于彝前"，与"飞雉升鼎耳而雊"义同；"讓祖己而问焉……祖己答曰"，虽与"祖己乃训王"不直接对应，但联系后面的内容，其意思是一致的。因此，高婧聪先生认为："尽管简文有对《高宗肜日》改编的痕迹，但其中所述商代史事的某些内容却与商代史实暗合。……《竞建内之》所云'昔高宗祭，有雉雊于囗（彝）前'，认为祭祀主体为高宗武丁，与汉代以后学者对'高宗肜日'的理解很接近，汉代以至清代学者的传统说法当是有所本的。"[1]

诸多学者对这个问题的认识基本一致，臧克和先生分析：该简的关键之处"一是跟上出第二简'昔高宗祭''讓祖己而问焉'联系起来，将高宗作为祭祀的主持者。……高宗祭成汤的说法，所从来已远，既非纯系《书序》经说，亦非伪孔传所向壁虚造。"[2]李锐先生认为："虽然简文中个别字还有待考证，但是简文大意基本上可以明白：讲高宗祭祀时，碰上了'有雉雊于尸前'的异象，于是召祖己而问。"[3]张利军先生主张："简文所引史实与《高宗肜日》皆由高宗祭祀发生雉鸟鸣叫异象，引出祖己的话。"[4]韩江苏、江林昌先生也说："从《书序》《史记·殷本纪》《尚书大传》等文献记载看，高宗肜日，即武丁是主祭者，为武丁肜祭成汤时，有'雉鸟登鼎'而鸣的灾异现象发生。"[5]

---

① 高婧聪：《从上博简〈竞建内之〉所引商史事看经学在战国时期的传承》，《管子学刊》，2010年第1期。

② 臧克和：《楚简所见〈尚书·高宗肜日〉祭主及年代问题》，《语言论集》，2009年第6期。

③ 李锐：《由楚简〈鲍叔牙与隰朋之谏〉看〈尚书·高宗肜日〉》，《人文中国学报》，2014年第20期。

④ 张利军：《〈尚书·高宗肜日〉的史料源流考察——兼论商人的灾异观》，《古代文明》，2010年第4期。

⑤ 韩江苏、江林昌：《〈殷本纪〉订补与商史人物徵》，中国社会科学出版社2010年版，第157页。

该简文中还有一条重要信息，即"高宗命傅鸢（说），量之以祭……"高宗武丁继帝位后三年得傅说，武丁在位五十九年。因此，"高宗命傅鸢"和"高宗祭"中的高宗，即武丁。

根据目前诸多学者依据甲骨文、战国简的深入研究，对王国维先生之说的质疑和讨论，对《高宗肜日》是高宗祭还是祭高宗，有了进一步的认识，即回归汉儒武丁祭成汤说，否定王国维祖庚祭武丁说，完成了对《高宗肜日》认识的一个否定之否定。

四、"典祀无丰于昵"与祖庚祭高宗之庙

王国维先生的第二个结论是祖己即武丁子孝己，这个问题另文再讨论。

王国维先生的第三个结论是由"典祀无丰于昵"，而昵为祢庙，引申出"高宗肜日为祖庚祭高宗之庙"。

对"典祀无丰于昵"的"昵（尼）"字，古今文学家和近现代学人的释义很不一样，可以说有多种理解和注释，王国维的释义只是诸多理解中的一种，本文认为据此得出结论"高宗肜日为祖庚祭高宗之庙"缺乏足够的说服力。

古文经学家，确有称"昵"为"祢庙"之说。《尚书正义》中马融注："昵，考也，谓祢庙也。"《蔡传》承马融、王肃之说："昵者祢庙也。"昵，近意，因此祢庙有的称为"父亲的庙"。但孙星衍、王鸣盛指出，汉代才有"祢"字，殷代不应作此解。因此，把"昵"释为祢庙、父庙，看来还没有十分确凿的凭据。

清人对这个问题也有争论，魏源在《书古微》中说："以昵为祢庙，不但非今文说，并非古文说也。"吴闿生据吴汝纶《尚书故》之言："昵，邪慝也。言继自今能敬勉，则天无不续以长年者，慎勿礼于邪慝也。"总之，把"昵"作祢庙解，是一个重要意见，但不是唯一解，因此也不是最终结论。

近人于省吾《尚书新证》："伪《传》云：'祭祀有当。不当特丰于近庙。'《史记》训'昵'为'弃道'。……尼、尸、夷古通。《礼记·丧大记》：'奉尸夷于堂'。《公羊》宣公八年何注：'祭必有尸者'——旧或以独厚于祢庙解之，

穿凿附会，终无当于经旨也。"① 可知于省吾否定王国维说。对此问题研究最为周密精当的还属刘起釪先生，刘先生在《高宗肜日》一文中说：

> 以上分别释"昵"为"弃道""祢庙""近庙""继嗣""邪慝""祭尸"，各为一说，无由折衷。以"弃道"之说最早，最为近古，可能得其原意，但不知何以成此解释。"祢庙""近庙"之说，显然是后代儒生根据周以后甚至是汉代的宗庙祭祀制度所作的解释，由他们把"高宗肜日"之祭解释为高宗祭成汤，即可证明他们对殷代祭祀制度已完全不懂。②

刘先生此文有自相矛盾之处。他认为"弃道"之说最古，可能得其原意，但后面他又不认可此说。他说"祢庙"之说是后代儒生对周之后，甚至是汉代宗庙祭祀制度所作的解释，他们把"高宗肜日"解释为高宗祭成汤，说明他们对殷代祭祀制度完全不懂。这就有点偷换概念了。王国维认为："经云典祀无丰于昵，马本作尼，训为祢庙，则高宗肜日为祖庚祭高宗之庙，而非高宗祭成汤无疑。"③ 刘起釪先生也袭祢庙为父庙之说，曰："祢庙是祖庚父武丁庙，而非武丁远祖成汤庙。"④ 王、刘的主要论点就是把"尼（昵）"训为"祢庙"，内含"近庙""父庙"意，由此推论出："高宗肜日为祖庚祭高宗之庙"，也就是子祭父庙，进而否定了"高宗祭成汤"。

刘先生说："祢庙'、'近庙'之说，显然是后代儒生根据周以后甚至是汉代的宗庙祭祀制度所作的解释"，如果按照这种解释的话，只能做出"祢庙是祖庚父武丁庙"的结论，而根本得不出"高宗祭成汤"的结论。成汤与武丁之间有若干代、若干王，《大戴礼记·少闲》载："成汤卒崩，殷德小破，二十

---

① 于省吾：《尚书新证》，载《于省吾著作集》卷一，中华书局 2009 年版，第 87 页。
② 顾颉刚、刘起釪：《尚书校释译论》，中华书局 2005 年版，第 1021 页。
③ 王国维：《观堂集林》，中华书局 1999 年版，第 30 页。
④ 刘起釪：《古史续辨》，中国社会科学出版社 1991 年版，第 249 页。

有二世，乃有武丁即位"，成汤不仅不是武丁父，连武丁祖、曾祖都不是，《书序》《尚书大传》《史记》之所以把"高宗肜日"释为"武丁祭成汤"，就隐含着否定"祢庙"之说。因此按刘先生的"祢庙""近庙"之说，显然是后代根据周以后甚至是汉代的宗庙祭祀制度所作的解释，由这种说法只能得出"祖庚祭武丁"的结论，怎么刘先生又得出"他们把'高宗肜日'之祭解释为高宗祭成汤"的结论？在这一点上，刘先生确有逻辑混乱之嫌。

在这个问题上产生的矛盾，与对"典祀无丰于昵"中的第四个字理解也有些关系。如果把"昵"理解为"近庙、父庙"后，再把第四字解读为"丰（豐）"，即丰盛的"丰（豐）"，其意思就是祭祀父庙时祭品过于丰盛，由此也就否定祭远祖，而肯定祭父庙，由此也只能得出祖庚祭武丁的结论。但豐、豊二字古文相类，孙海波《甲骨文编》收了大同小异的十六个形体，列于豊字条下，认为"古豐豊同字"；金文中有豊字，后人亦往往释"豊"为豐，若禮，如《大豊簋》"王有之豐"，孙诒让释作"王有大禮"；吴闿生《吉金文录》谓"豊、禮同字"。于省吾先生认为："金文凡上从珏者为豐，否则为豊"，但由于它的象形："一个器皿里面盛两串玉贝以奉于神"，所以仍然被释为"大豐之禮"。刘起釪也说："《史记》作'禮'，是用了'豊'的后起字，原文就是'豊'。"刘先生还说："由于以后流传本都作豐，故伪《孔传》、《孔疏》、《蔡传》都释为豐富之豐。以后治《尚书》者皆同。其有知原义当如《史记》作'禮'者，也释豐为了禮。"[①]刘先生的意思就是流传本都作"豐"，豐富之"豐"，但"其有知原义当如《史记》作'禮'"，意思是这个字的原义是"禮"，即"豊"。所以《史记》转述《尚书》此段云："常祀毋礼于弃道。"若把"典祀无丰于昵"，理解为"常祀毋礼于弃道"，就与通常的理解有差别，如老闷说的：古文家释"昵"为"祢"，并进一步将"祢"解读为"父庙"；相应地，古文家释"豐"为其本字："豐盛"之"豐"——谓宗庙祭祀不可仅丰盛于父王，而

_____

① 顾颉刚、刘起釪：《尚书校释译论》，中华书局 2005 年版，第 1017 页。

冷落了其他祖先。问题是，《高宗肜日》前文乃是谈及上帝和臣民的关系处理，若于文章结尾处转而论及祭法，不合逻辑。也有许多学者将"肜"解读为"愿"——可信！所谓礼"愿"，礼于"邪道"也。"愿"字之上古音从"匿"，进而可知从"若"，正与"肜"音近而合。如此理解"肜"，也正与史迁之所谓"弃道"不谋而合！①

如果理解为"常祀无丰于尸"，其差别更大。"王司敬民，罔非天胤，典祀无古于肜"，这是祖己训王的要旨。按于省吾先生的解释：王应该主于敬民，民众是天之胤续，典祀不必特别丰厚。祖己的话，强调的是修德敬民取法先贤。这和商周时期注重人事以应对灾异的进步思想是相合的。

综上所述，《高宗肜日》为武丁祭成汤，汉儒从其说。金履祥、王国维否定此说，主张祖庚祭高宗，经近人刘起釪系统整理论证，此说一时成为定论。但近年来，李学勤、李锐、臧克和、张利军、高婧聪等众多学者对王国维、刘起釪之说，又进行质疑并深入探讨，经过学术研究中的否定之否定，使问题更加接近真理，使历史更加接近原貌。

---

① 李锐：《由楚简〈鲍叔牙与隰朋之谏〉看〈尚书·高宗肜日〉》，《人文中国学报》，2014 年第 20 期。

《尚书·高宗肜日》中的祖己是何人？

《尚书·高宗肜日》原文为：

> 高宗肜日，越有雊雉。祖己曰："惟先格王，正厥事。"乃训于王，曰："惟天监下民，典厥义。降年有永有不永，非天夭民。民中绝命。民有不若德，不听罪。天既孚命正厥德，乃曰：'其如台。'呜呼！王司敬民，罔非天胤，典祀无丰于昵。"

《史记·殷本纪》曰：

> 帝武丁祭成汤，明日，有飞雉登鼎耳而呴，武丁惧。祖己曰："王勿忧，先修政事。"……武丁修政行德，天下咸欢，殷道复兴。

先不论祖己这个人物的细节问题，从《尚书》和《史记》的记载中可以看出，在"武丁修政行德，天下咸欢，殷道复兴"中，祖己是个关键性人物。联系殷商的兴衰史，一个一以贯之的铁律就是：每个复兴王的左右，必有一贤臣辅佐，汤时有伊尹，太戊有伊陟，祖乙有巫贤，因此祖己和伊尹、伊陟、巫贤同类。

一、训王之祖己是武丁子还是武丁臣？

祖己为何许人？《书序》《尚书大传》《史记》都未明确。孔安国注：祖己"贤臣也"；《汉书·古今人表》把祖己、孝己并列；《汉书·五行志》："武丁恐骇，谋于忠贤"，视祖己为忠贤；《白虎通义·姓名》载"以《尚书》道殷臣有巫咸，有祖己也"，东汉班固非常明确，祖己为殷臣。

东汉王充《论衡·异虚篇》中提到汉武帝时，获白麟戴两角而共牴，深得武帝赏识的谏大夫终军评议："兽为吉"；晋文公与楚成王战于城濮，彗星出，问大臣咎犯，咎犯曰"战必大胜"；同篇也引用高宗祭成汤雊登鼎而问诸祖己，并曰"殷无咎犯之异知，而有祖己信常之占"，意祖己与终军、咎犯都是深得君主信任的重臣。

孔颖达《尚书正义》对"祖己曰：'惟先格王，正厥事'"的注解，也从孔安国祖己贤臣说。《尚书注疏》："贤臣祖己见其事而私自言曰：'惟先世至道之王，遭遇变异，则正其事，而异自消也'。"

南朝任昉四子北叟所撰《乐安宗系考原》载：

> 奚仲生吉光，夏禹时掌车正，建侯于薛，继迁于邳。又十二世生仲虺，亦曰莱朱，为商汤左相，作诰，备言五常之德，为见知之圣。配亨历代帝王庙。臣扈、祖己，皆仲胄裔。

欧阳修《新唐书·宰相世系表》所载薛氏、任氏与北叟《乐安宗系考原》大同小异。关于薛氏，《新唐书》载："奚仲迁于邳，十二世孙仲虺，复居薛。为汤左相。臣扈、祖己皆其胄裔。"关于任氏，《新唐书》载：黄帝"十二世孙奚仲，为夏车正，更封于薛。又十二世孙仲虺，为汤左相。太戊时有臣扈，武丁时有祖己"。

这里明确，祖己是汤相仲虺之后。

在欧阳修一百年后，宋代邓名世编的《古今姓氏书辨证》中，所述任姓、薛姓，与《新唐书》同，因此宋代也是把祖己放到殷臣的行列中。

清儒对祖己有何说法？

孙星衍在《尚书今古文注疏》中，没有直接定义，但引用《大传》："武丁问诸祖己"后，引用了《五行志》作注："武丁恐骇，谋于忠贤。"也就是说他同意了班固之说，武丁问的祖己，是忠贤。

清儒皮锡瑞在《今文尚书考证》中，对祖己之人曾详细辨证："《古今人表》虽列孝己之名，不详其事。高宗废孝己，汉人称引皆未之及，惟见于《家语》《帝王世纪》二书。《家语》王肃增加，《世纪》皇甫谧撰，二人皆作伪乱经之人，其说岂可为据？且如二书之说，则孝己已废矣，魏乃云以祖己之谏不废，已与二书不符。又云殷世惟天子得以干支名子，《尚书》道殷臣有巫咸、有祖己也。是臣民皆得以干支名，祖己是臣，并非世子。魏以祖己为王世子，更不知出何书。"皮锡瑞明确不同意祖己为世子说。

郭沫若在《甲骨文字研究》一文中说："而卜辞中更有祖丙、祖戊、祖卯。人臣之名有祖伊、祖己。"[1]

王国维在早期撰写的《殷卜辞中所见先公先王考》中，认为卜辞中的祖己"或即雍己、孝己"，"非《书》高宗肜日之祖己"。也就是认为"高宗肜日"中的祖己，非卜辞中的雍己或孝己。但他强调"商时祖某者皆先王之名，非臣子可袭用"，因此他说"疑《尚书》误"。因此在《高宗肜日说》中，他又明确说《高宗肜日》中的祖己即卜辞中的孝己。[2]

王在该文中曰："卜辞又有一条云：'癸酉卜，行贞：王宾父丁岁三牛罪兄己一牛、兄庚一牛、亡尤？'考殷诸帝中，凡丁之子无名己与庚者，惟武丁之子有孝己，有祖庚。则此辞乃祖甲所卜，父丁为武丁，兄己、兄庚谓孝己、祖庚也。兄庚后称祖庚，则兄己后亦必称祖己。殷人祀其先祖，无论兄

---

① 《中国现代学术经典·郭沫若卷》，河北教育出版社1996年版，第278、279页。

② 参见王国维《观堂集林》，中华书局1959年版。

弟嫡庶与已立未立，名礼皆同。是孝己得称祖己无疑。"又云:"《商书》中以日名者皆商之帝王，更无臣子称祖之理。……故《书》之祖己，实非孝己不能有此称也。"又云:"《世说新语·言语篇》:'陈元方曰:昔高宗放孝子孝己。'注引《帝王世纪》云:'殷高宗武丁有贤子孝己，其母蚤死，高宗惑后妻之言，放之而死，天下哀之。'《家语·弟子解》亦云:'高宗以后妻之言杀孝己。'其言必有所本。又古训'杀'为'放'，非必诛死之谓。则《经》之祖己，自必其人。……盖孝己放废不得立，祖庚之世，知其无罪而还之。"①

后人杨筠如从其说，在《尚书覈诂》一文中说:"后人之称孝己，盖本名己而以其孝行称之;此称祖己，则其子孙称之也。"

刘起釪先生完全同意王的结论，他引用了王的"故《书》之祖己，实非孝己不能有此称也"后说:"他所举出的理由是可以成立的。"②还说:关于祖己，"直到王氏才最后确定他是孝己，是王室大贵族，而不是所谓的贤臣"。还说:"所以我们认为王国维谓孝己不死于武丁时之说仍是可信的。"③

王国维先生引用了一条卜辞，证明孝己即祖己;引用了三条史料，证明武丁时孝己（祖己）没有死，因此祖庚时能训于王。王的推理和结论，有很多矛盾之处，值得认真推敲。

刘义庆《世说新语》"高宗放孝子孝己"，刘孝标注引自《帝王世纪》:"殷高宗武丁有贤子孝己，其母蚤死，高宗惑后妻之言，放之而死，天下哀之。'"这两条史料实际上是同一含义，即皇甫谧《帝王世纪》言。《帝王世纪》说得非常明确、肯定:"高宗惑后妻之言，放之而死，天下哀之。"孝己已被"放之而死"，明确孝己已经死了。王国维先生结论时，为什么视"放之而死"而不见?

---

① 王国维:《观堂集林》，中华书局 1959 年版，第 28—30 页。
② 顾颉刚、刘起釪:《尚书校释译论》，中华书局 2005 年版，第 1029 页。
③ 顾颉刚、刘起釪:《尚书校释译论》，中华书局 2005 年版，第 1031 页。

第三条史料为引《孔子家语》"高宗以后妻之言杀孝己"。王国维先生认为："又古训'杀'为'放',非必诛死之谓。"王国维先生的这条理由非常值得推敲。《孔子家语·弟子解》这句话的全文是:曾参告其子曰："高宗以后妻杀孝己,尹吉甫以后妻放伯奇。"如果说古训"杀"为"放"的话,即"杀""放"同义。既然杀、放同义,《孔子家语》为什么对高宗后妻用"杀孝己",而对尹吉甫后妻用"放伯奇"? 同义的话可都用"杀"或都用"放",这里一用"杀"一用"放",肯定两者有区别。

《说文》:"杀,戮也";《尚书·康诰》:"有厥罪小,乃不可不杀";《墨子·三辩》:"武王胜殷杀纣";《春秋穀梁传·昭公十三年》:"弑其君虔于乾溪",弑即杀,因此古文中"杀"就是"戮",就是"屠"。所谓训"放",蕴含"放之而死"的意思。在这里令人不解的是,王国维先生为什么引用《孔子家语》时,只引用"高宗以后妻杀孝己",而不用"尹吉甫以后妻放伯奇"?片面地使用史料,必然会得出片面的结论。

关于孝己之死,今本《竹书纪年》载:武丁"二十五年,王子孝己卒于野"。

文献中,武丁子孝己已死,看来如王国维先生说的:"其言必有所本。"

卜辞也有小王孝己的记载:

①癸未卜,侑小王。(《合集》5029)

②□□卜王,贞……凡小王。(《合集》5030)

③□□卜,王,贞凡小王。(《合集》20021)

④戊午卜:勺业(侑)小王?(《合集》20022)

⑤王同(兴)小王。(《合集》5030)

⑥御子辟小王不?(《合集》20023)

王宁先生在文章中说:"'侑'、'凡'皆祭名,是祭祀'小王'。从其被祭祀知,在武丁时'小王'已死。"曹定云先生也认为:"'凡'、'业'为祭名,是动词。这是'小王'已死而被祭祀的明证。由此可见,'小王'死于武丁时代。"①对武丁时卜辞小王孝己已死，刘起釪先生有不同看法，他说："论者遂以为祖己已死于武丁时。其实所有这些卜辞都只称'小王'，并没有一条称'小王子己'。怎么就能确定小王必然是祖己呢？"②但历史与刘先生开了个玩笑，卜辞确有称"小王□己"的：

①己亥卜：佀（侃）御小己，若。(《合集》21586)

②……侑小王……己牝。(《合集》39809)

③……小王父己。(《合集》28278)

因此，王宁先生说："《合集》21586 中'小己'盖即《合集》39809'小王己'的简称"，"知此'小王'为武丁太子孝己者，是由于在第三期卜辞中有'小王父己'(《合集》28278)这样的连称。"所以，小王孝己死于武丁时还是确有根据的。

卜辞中的"小王""小己"是不是文献中的孝己？

于省吾最早提出卜辞中的"小王"即孝己，他认为"至于甲骨文之称孝己为小王，是由于小、孝音近字通"③。陈梦家也说："孝己于卜辞称小王，他当是选中了为王而未及其位，即以亡故。"④

孝己是武丁长子。

卜辞有："癸酉卜，行贞：王父丁岁三牛暨兄己一牛、姚庚……亡尤？"(《合集》23187)王国维、刘起釪都认为："此辞乃祖甲所卜，父丁谓武丁，兄己、兄庚谓孝己、祖庚也。"⑤此卜辞可证，武丁子的排行顺序为：孝己、祖庚、祖甲。孝己最大，是武丁嫡长子。殷商对国君称王，《尚书·汤誓》开篇"王曰……"，《尚书·盘庚》中"我王……先王有服"，因此，武丁为王，武丁长子，为"王子""太子"，所以又称"小王"。这里的"小王"是"王子""太

---

① 曹定云：《'妇好'、'孝己'关系考证》，《中原文物》，1993 年第 3 期。

② 顾颉刚、刘起釪：《尚书校释译论》，中华书局 2005 年版，第 1031 页。

③ 于省吾：《甲骨文字释林》，中华书局 1979 年版，第 44、45 页。

④ 陈梦家：《殷虚卜辞综述》，中华书局 1988 年版，第 373 页。

⑤ 顾颉刚、刘起釪：《尚书校释译论》，中华书局 2005 年版，第 1000 页。

子"的意思，未必如陈梦家先生所言"是选中了为王"。

学者通过对祭祀卜辞研究，认为武丁有三个法定配偶，即妣辛、妣戊、妣癸。曹定云先生根据《合集》36268：

①辛巳卜，贞：王宾武丁奭妣辛壹，亡尤？

②癸未卜，贞：王宾武丁奭妣癸壹，亡尤？

③戊子卜，贞：王宾武丁奭妣戊壹，亡尤？

认为："武丁三个法定配偶的死亡次第是妣辛、妣癸、妣戊。妣辛即'妇好'，她是最先去世。""'妇好'是武丁的法定配偶妣辛……'孝己'是'妇好'所生。"[①]

王宁先生观点与此说有别，他认为："周祭谱排列武丁三配偶受祭顺序的原则也不是以她们死亡的先后排列的，而应是根据直系先王之母、未即位太子生母这个地位顺序排列的，也就是说，妣辛应该是直系亲王祖甲的生母，妣癸是旁系先王祖庚的生母，妣戊是未即位的太子小王己（祖己、孝己）的生母。"王宁先生还说："综合卜辞来看，武丁的第一位正妻是妣戊，她是武丁前期的正妻，可能也是武丁为王子时候的妻子，生了孝己，被立为太子，称为小王。她应死于武丁前期。"

由于在武丁三个配偶中，妇好地位显赫，影响大、活动时间长，她应似王宁先生所说，是武丁的最后一位配偶，是祖甲的生母。她如果是嫡长子孝己的生母，是武丁最先去世的配偶的话，就与文献记载中的妇好不吻合。

孝己是武丁长子，孝己名"孝"，表明他的人格特质突出为一个"孝"字。《尔雅·释训》："善父母为孝。"《说文解字·老部》：孝，善事父母者。因此《尸子》："孝己事亲，一夜而五起，视衣厚薄，枕之高下也。"《战国策·秦策一》："孝己爱其亲，天下皆欲以为子。"可见孝己视孝敬父母为生命第一位，他的情感寄托，全部集中在父母，尤其是母亲身上。因此，当他的生母

---

① 曹定云：《'妇好'、'孝己'关系考证》，《中原文物》，1993 年第 3 期。

去世后，恐怕他不是一般地悲痛，而是精神崩溃。孔子主张"三年之丧"，"君子之居丧，食旨不甘，闻乐不乐，居处不安"，[①]恐怕殷商时就有了这种习俗，《礼记》："三年之丧，君不言。"孝己恐怕是三年居丧期间，过度悲伤，"放之而死"。

通过上述的引证、比较和分析，大致能得出以下两个结论：

第一，传世文献和卜辞都证明孝己在武丁时已死。如此，"高宗肜日"所祭，只能如《史记》说的是武丁祭成汤。既然孝己在武丁时已死，那么武丁崩，祖庚或祖甲继位后，其兄孝己早已亡故，因此，王国维先生说的"盖孝己放废不得立，祖庚之世，知其无罪而还之"，就不能成立。同样，刘起釪先生所说的，孝己"当祖庚肜祭父王武丁宗庙的时候，因鸣雉之异，对祖庚讲了这篇话"[②]，也不能成立。

第二，"高宗肜日"，训王之祖己，不可能是武丁子孝己。如王国维先生所言："如王斥（指）高宗，则以子训父，于辞为不顺。"丁山先生曾强烈质疑："祖己即为孝己，是武丁长子也。父可训子，子不可训父，《高宗肜日》称'祖己乃训王'，果如太史公说，则是以子训父，有是理乎？"[③]刘起釪先生也说过类似的话，他说："而且像传说中那样，以一个为父王所不喜，至于放逐的儿子，竟能无忌惮地对父王讲这一篇劝诫的话，也是不可想象的。"[④]传统的礼教是父可以训子，但子不可以训父，这是其一；其二是孝己是"孝子"，所谓"孝子"就是把自己的生命和爱，全放在父母身上，就是对父母毕恭毕敬，就是特别重视生活细节，"孝己视亲，一夜而五起"，这样的孝敬虽然符合传统，但不符合政治家的要求，就若诸子们说的"孝未必爱"[⑤]。武丁是位有雄才大略的君王，他朝思暮想的是继商汤之志，治国兴邦。但所有资料都证明，其子孝

①《论语·阳货》。
② 顾颉刚、刘起釪：《尚书校释译论》，中华书局 2005 年版，第 1031 页。
③ 丁山：《甲骨文所见氏族及其制度》，中华书局 1988 年版，第 102 页。
④ 顾颉刚、刘起釪：《尚书校释译论》，中华书局 2005 年版，第 1030 页。
⑤《庄子·外物》。

己虽有孝心，但没有远大的政治眼光、政治胸怀、政治谋略，并非治国强邦之材，并不具备武丁事业继承人的素质要求。

二、有些卜辞中的祖己、父己、兄己不是孝己

"高宗肜日，越有雊雉""乃训于王"的祖己，或桑谷生于朝，武丁问相，相曰："吾虽知之，吾不能言也"，而勇敢地对王说出："野草生于朝，亡乎！"在那样不祥的征兆面前，挺身而出，敢于直言的祖己，是个大巫、贤臣，绝不是孝己一类的孝子。训王之祖己，绝不是孝己，必另有其人。

笼统地说，训王之祖己，是与汤相伊尹、太戊相伊陟、祖乙相巫贤一类的人物。他是既有通天的巫术，又有治国安邦的政治谋略、政治胸怀的贤臣。卜辞也证明，武丁时的祖己非武丁子孝己。

①……又（侑）祖己牛。（《合集》21973，附一期）

②丙辰卜：岁于祖己内己牛。（《合集》22055，一期）

③戊寅卜：燎于祖己。（《合集》22056，一期）

④……祖己……（《合集》21888，一期）

以上四条，皆一期即武丁时的卜辞。关于武丁子孝己，一期时称小王，二期祖庚、祖甲时称兄己，三期廪辛、康丁时称父己，四期武乙、帝乙、帝辛时称祖己。因此，武丁时卜辞的祖己，绝对不能是武丁子孝己。

这里被祭祀的祖己，与伊尹相仿，是对异族神的祭祀。卜辞有：辛卯卜：虫于伊尹一羌、一牢（《屯南》3612）；丁丑卜：伊尹岁三牢（《合集》32791）；丁未卜，扶：虫咸戊（《合集》20098）；贞：虫于咸戊（《合集》3507）。关于伊尹，常玉芝先生考证："伊尹在商王朝的建立和巩固上立下了卓越的功勋，使他成为商王朝最显赫的功臣，所以在后世商人的心目中他的地位很高，对他给予频繁而隆重的祭祀，并且世代不断。"[1] 咸戊的情况也是

---

① 常玉芝：《商代宗教祭祀》，中国社会科学出版社 2010 年版，第 400 页。

这样。

伊尹、咸戊是商王的重臣，传世文献与甲骨文记载相吻合，学界基本无争论。但祖己的情况就比较复杂，一期卜辞中的祖己到底是谁，疑点很多，争议较大。多数学者认为祖己就是武丁子孝己，但把甲骨文一期中的祖己说成是孝己，就违背了甲骨文的基本规律。在这个问题上，丁山先生另辟蹊径，他说：

> 孝己既先武丁而卒，不能至祖庚、祖甲之世，复训其弟。《高宗肜日》果成书于祖庚初世也，则训王之祖己，宜为"己氏"传闻之误。翼辞既见：

> 丙寅，二，自己入。（前·8·4·6。）

卜辞又见：

> 己亥，卜，己贞，子商妾□□。（《粹编》1239）

> 此贞人己氏，宜即"自己入"之己，亦即"训于王"之祖己矣。然则，武丁、祖庚之际，自甲骨文征之，孝己之外，实有人以己为氏者。且此己氏，尚有一卣传世，其后称"己中"，如卜辞云：

> 甲午，卜，量贞，己中酒正。在十二月。（《金璋》3）

> 酒正者，酒人之长也。己氏，殆世为王朝酒人，故得假雉呴之异，以训于王。①

---

① 丁山：《甲骨文所见氏族及其制度》，中华书局1988年版，第102页。

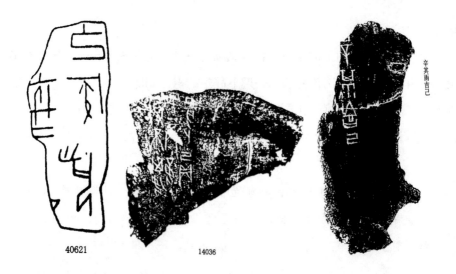

40621　　　　　　　14036　　　　　　　辛其雨吉己

武丁时的卜辞中，除上述丁山先生所举之例外还有：

①己巳卜，亘贞：乎……己曰：隹告我。（《合集》14357，一期）

②……好隹己。（《合集》02678，一期）

③不……辛其雨，吉己。（《合集》29887）

④王占曰：其亦盏雨，隹己。（《合集》14468，一期）

⑤戊申卜，己其雨，不雨，启少？（《合集》20990）

戊申卜，己启允启。（《合集》20990，一期）

⑥戊寅，贞，翌己雨。（《合集》20899，一期）

⑦……疾隹己。（《合集》02505，一期）

⑧……己侯蓻……死。（《合集》40621，一期）

⑨御于己，正。（《合集》15139，一期）

上述卜辞说明，武丁时有己侯，后来己侯有病薨逝，还"御于己"，进行祭祀（⑦⑧⑨）；妇好与己有关联（②）；己有封地，多次占卜己地有无雨，王对己地的雨水情况也很关心（③④⑤⑥）。

武丁时的这些卜辞说明：己是侯爵，也是贞人，有自己的封地，是独立的国族；己侯与武丁妃妇好关系密切，在武丁时，并受到祭祀。因此丁山先生说这个"己"就是"训王之祖己"是有根据、有道理的。

金文中也有"己"字。王长丰先生说："在殷周金文族徽铭文中，有单独的'己'字族徽铭文如《集成》11791、11792、11808 等，其时代均在殷商时期。这说明殷商时期已经有'己'方国或族氏存在，可与殷商甲骨卜辞互证。"[1]

由于祖己即武丁子孝己，在多数学者心目中已成定论，因此对卜辞中有关"祖己"和"己"的记载，都视为孝己。尽管这种认知与卜辞规律不符，但也有些学者不能正视，或回避这个情况。

例一：

常玉芝先生在《商代宗教祭祀》一书"祖先神的崇拜与祭祀"这一章中，在《祖己》这一节下明言："祖己为武丁长子，史书上称其为'孝己'——因为他曾被立为太子，是王位的法定继承人，所以在周祭中他被祭祀。"[2]并引用了以下卜辞：

①丙辰卜：岁于祖己内己牛。（《合集》22055，一期）

②戊寅卜：燎于祖己。（《合集》22056，一期）

他说："第①辞问用割杀牛祭祀祖己。第②辞卜问燎祭祖己。两辞均是董

① 王长丰：《殷周金文族徽整理与研究》，上海古籍出版社 2015 年版，第 94 页。

② 常玉芝：《商代宗教祭祀》，中国社会科学出版社 2010 年版，第 333 页。

作宾甲骨分期中的第一期卜辞，祭祀祖己应是祖庚卜辞。"常先生明确提出这是一期，也就是武丁时的卜辞。如果武丁时祭祀死去的儿子孝己的话，绝对不会用"祖己"之称，因此在这里仍把"祖己"视为"孝己"，是严重的逻辑错误。他又说"祭祀祖己应是祖庚卜辞"，这也不对，祭祀祖己应是孝己、祖庚的孙辈即武乙卜辞。

上述卜辞中的"祖己"应该指何人？常先生没有说明。

例二：

吴其昌先生的《殷虚书契解诂》一七九引：

癸丑卜，求，且（祖）辛。外己，父己。

然后说："本片卜辞，尚有同例类者一片"，吴先生说的"同例类者"是"癸丑卜，𣂏，且（祖）丁、且（祖）辛、父乙"（《合集》22184）。他说："盖此二片者，有相同之点四焉。"其中一点是字迹绵细纤弱，"诸字结构形态绝同，章体罕异，与寻常卜辞作风迥远，而此二片自成一格"。既然此两片卜辞与寻常卜辞风格不同，自成一格，这中间就蕴含很多未知，存在着各种可能性。另外，他还认为辞中的"外己"，"只此片一见"，未知"生平之详耳"。他说："考殷代先王无于'己'日生者。在皇室近系中，亦惟有'祖己'一人，为武丁之长子，而未尝继位。此外更绝无以'己'名者矣。"因此他认为这里的"父己"是武丁子祖己（孝己），祖辛是武丁父辈之小辛，而"外己""殆为小辛之犹子行，武丁之兄弟行，孝己之诸父行矣"。[1]

这里有两个问题。其一：如若吴先生说，辞中的"外己"未知生平之详耳，说他是"武丁之兄弟行，孝己之诸父行"，只是种推测，并无法证明。这就有另一种可能，此"外己"并非殷王世系，而与伊尹、巫

---

① 吴其昌：《殷虚书契解诂》，武汉大学出版社 2008 年版，第 296 页。

咸同类。其二：如果卜辞中的"父己"是祖己（孝己），此卜辞必然是三期，即禀辛、康丁时卜辞。但吴先生列举的与此片卜辞相同的是《前》三·二三·四，即：

> 己酉卜，丁巳酚祖丁……祖辛二牛、父己二牛。
> 癸丑卜，秦祖丁祖辛父己。（《合集》22184）

《合集》22184是一期卜辞。一期，也就是武丁时卜辞中的"父己"，不可能是武丁子孝己。如此，卜辞中的"父己""外己"都是何人，恐怕还是个悬案。

一期中的"父己"还有：

①甲午卜：禦父己。（《合集》22074）

②乙卯卜：有岁父己。（《合集》22075）

甲骨文一期中的"父己"，到底是何人，需要正视和研究，而不能笼统地说成是"孝己"。

有些甲骨文中的"兄己"也不是孝己，如：

①丁卯卜，用羌（报）〔自〕丁今于兄己。（《合集》19775）

②丁卯卜，用羌于兄己。（《合集》19776）

"依据卜辞分类断代研究的成果，这两条卜辞属于师组小字类，时代从武丁较早的时期开始，一直延伸到武丁晚期"，"卜辞贞问今日用□牲祭祀兄己，表明这位兄己在武丁在位的晚期已经亡故，说明这位兄己活动的时间应在武丁早期、中期。此兄己可能为武丁诸父之子，当年轻的商王武丁祭祀诸父被除不祥时，年长的兄己对武丁进行了劝谏，劝谏的内容是否如今天所见《高宗肜日》中所载，我们已无从知道。这位兄长于后世被称为祖己，与商先王被称为祖道理是一样的。这位兄己与商王祖庚、祖甲的兄长兄己不是一人。把《高宗肜日》的祖己视为祖庚之兄兄己（孝己）是不合适的……以往研究者认为祖己是贤臣或王的宗族都是有道理的意见。"①

　　张利军先生的分析和判断,我认为非常客观和正确。一期卜辞中的兄己或者祖己,都不是武丁子孝己,而是武丁贤臣或者宗族。

　　一期卜辞中有兄己,有父己,有祖己,这与董作宾先生说的"孝己,在祖庚、祖甲时,祭祀称兄己;禀辛、康丁时,祭祀称父己;称祖己则在武乙以后"这一甲骨学的常识相悖。姚孝遂、肖丁先生也早已注意到:"卜辞周祭于祖庚、祖甲之世,却有祖己享有与先王同等之位,显然与典籍所载不尽相符。"②

　　甲骨文一期卜辞中的"兄己""父己""祖己",不是殷商王室系统里的"孝己",而是另外一个殷商贵族。

　　陈梦家先生在《殷虚卜辞综述》中就指出:"宾组似乎是王室正统的卜辞;师组卜人也常和时王并卜,所以也是王室的,而其内容稍异;午组所祭的人物很特别。"③

　　李学勤先生在《帝乙时代的非王卜辞》中系统地总结了非王卜辞的特征:①问疑者不是商王;②没有王卜,辞中也不提到王;③没有商先王名号,而有另一套先祖名号;没有符合于商王系的亲属称谓系统,而有另一套亲属称谓系统。④

　　《小屯南地甲骨》前言指出:"小屯南地1973年出土了十几片'午组卜辞'。'午组卜辞'之内容所涉及的不是整个商王国,而是一个家族。"⑤

　　方述鑫先生在《论非王卜辞》一文中说:"祖己、祖壬、祖癸和父丙、父丁、父己,是非王卜辞所特有的。"在宾组、师组,即武丁时的正统王室卜辞

　　① 张利军:《〈尚书·高宗肜日〉的史料源流考察——兼论商人的灾异观》,《古代文明》,2010年第4期。
　　② 姚孝遂、肖丁:《小屯南地甲骨考释》,中华书局1985年版。
　　③ 陈梦家:《殷虚卜辞综述》,中华书局1956年版。
　　④ 李学勤:《帝乙时代的非王卜辞》,《考古学报》,1958年第1期。
　　⑤ 中国社会科学院考古研究所编著:《小屯南地甲骨》,中华书局1980年版。

中，受祭的祖辈先人有祖乙、祖丁、祖戊、祖庚，而没有祖己、祖壬和祖癸；在受祭的父辈先人中有父甲、父乙、父戊、父庚、父辛、父癸，而没有父丙、父丁、父己。①

黄天树先生更明确地指出："午组家族是一个大的宗族，其下包含若干小的宗族"，"午组家族在其居地有自己的宗庙"，"午组家族臣属于商王"②。黄先生还说："所谓'非王卜辞'，就是说，这类卜辞的主人不是商王，而是与商王有密切血缘关系的一些殷人家族的族长。"③

《〈殷本纪〉订补与商史人物徵》一书中也说："商王以天干为名，商王之臣子也有以天干为名者，他们与在位或故去的商王有密切关系，但都不曾即位为商王。……论证商王及特殊人物可以以天干命名的情况，在于说明文献中的祖己与商王有密切血缘关系，他不曾即位为王，却曾辅佐过武丁，又在祖庚时期执政，并拥有很大权力，故祖庚即位后，他能嘉武丁之以祥雉为德，立其庙为高宗。遂作《高宗肜日》及《训》。由此得出结论，文献中的祖己，非武丁之子孝己。"④

根据上述卜辞分类的研究，甲骨文一期卜辞中的兄己、父己、祖己，不是孝己，而从属于另一个殷商贵族集团。

三、祖己是己、其氏族人

既然甲骨文一期中的祖己，不是武丁子孝己，那他是谁？是哪个族氏的贵族首领？

丁山先生说"贞人己氏"与"自己入之己，亦即'训于王'之祖己矣"。因此，丁山先生认为"训王之祖己"，是"己"氏族人。但丁山先生没有进行

① 方述鑫：《论非王卜辞》，中国文字研究会第六届年会论文。
② 黄天树：《古文字论集》，学苑出版社 2006 年版，第 133—148 页。
③ 黄天树：《古文字论集》，学苑出版社 2006 年版，第 57 页。
④ 韩江苏、江林昌：《〈殷本纪〉订补与商史人物徵》，中国社会科学出版社 2010 年版，第 214 页。

更多的考证和分析。

《我方鼎》中的己、其族人

《我方鼎》，又名《亚形若铭鼎》，在《殷周金文集成》中编号为 02763，
铭文为：

> 唯十月又一月丁亥，我作御袚（恤）祖乙妣乙、祖己妣癸，诞祎褉，
> 二母咸异，遣福二𢀛。贝五朋，用作父己宝尊彝。亚若。

甲金文学者对《我方鼎》铭文的解读，存在很大分歧。相较各家言，杨
树达先生的解读比较顺畅可信，他将《我方鼎》铭文释为："我为御祭于祖
乙妣乙、祖己妣癸，继又重为叙祭于妣乙妣癸二母，既讫事，丞遣□□（胙
肉），赐贝五朋，用作父己宝尊彝。"[①] 据此可知，《我方鼎》是晚辈"我"来
御祭自己的日名为乙和己的两位祖父，以及他们两位的配偶妣乙和妣癸。祭

---

① 杨树达：《积微居金文说》，上海古籍出版社 2007 年版，第 237 页。

祀完后，又继续叙祭日名为乙和癸的两位祖母。祭祀完毕，分得胙肉和贝五朋，然后用所赐之贝，为父己作此宝尊彝。铭文勾勒出了"我"的家谱，"我"的父亲日名为己，"我"的两位祖父日名为己和乙，两位祖母日名为癸和乙。

殷商史上的祖乙、祖己是谁？先说祖己。商先人中，以"己"为日名的有雍己和孝己，而雍己和孝己的配偶，卜辞中均无记载。此铭文中明确记载祖己的配偶是妣癸，因此，此祖己不是雍己，也不是孝己，而是商王系列以外的另一人。方述鑫在《论非王卜辞》的亲属称谓诸祖的列表中，关于祖己，有：①戊寅卜：㞢（燎）于祖己？（《合集》7·22056）；②丙辰卜：岁于祖己内己牛？（《合集》7·22055）关于祖己的这两条，为非王卜辞特有，一期宾组、师组卜辞中均无祖己。因此武丁时期祭祀的这位祖己，不在商王系列之内。一期卜辞中有"己贞"之己和"自己人"之己，还有被祭祀的"兄己"之己和"祖己"之己，可见武丁时，在王周围确有一位重要的己氏族人。《集成》06489铭文为："其史作祖己宝尊彝"，这位作器的祖己后人为其史官。祖己与"其"族有关系，而妇好墓中出土大量"其器"，说明"其族"在武丁朝中，地位很显赫。

关于祖乙。商的先人中，以"乙"为日名的有大乙、祖乙、小乙、武乙，他们的配偶分别是妣丙、妣己、妣庚、妣戊。此祖乙的配偶是妣乙，因此，此"祖乙"既不是大乙、祖乙，也不是小乙、武乙，他不在商王系列之中，与商王不同宗。

祖乙配偶妣乙，也是午组卜辞特有，师组、宾组卜辞中均无妣乙。[1]《我方鼎》是为日名己的父作器，父己也是午组卜辞特有，师、宾组中也均无父己。

根据甲骨卜辞中的上述特点，《我方鼎》中的人物，与非王卜辞中的人物

---

① 方述鑫:《论非王卜辞》，中国古文字研究会第六届年会论文。

对应。《我方鼎》中的祖乙、祖己、父己都不属于商王系列，但"这些家族的首领与商王都有或近或远的亲属关系"①。

在殷商史上地位显赫，并与商王有或近或远亲属关系的这个"己氏家族"，考察与此相关资料，我们注意到王献唐先生《山东古国考》中的"殷代貲国"一章值得认真思考。

在本章中，王先生列出了貲器43件，其中（10）、（11）（14）、（15）、（16）、（17）为父乙器，（12）为父己器，（6）、（7）、（8）、（9）为母癸器，而第（20）至（41）共21器，均带有"亚吴"或"亚中其吴"的族徽符号。

王献唐先生说："貲国是姜姓，姜姓在夏商以前，早是一个庞大的族类，不同于周，也不同于夏和商。它的日名、族徽、礼俗却和殷人相同，正与其他同化的大族情况一样。"②一是说姜姓貲国非常古老，在夏商之前就已存在；二是说貲国的日名、族徽、礼俗和殷人相同，这也说明日名制并非只有商朝诸王专用。

王献唐先生又说："为什么父乙祭器特别多？为什么好几位貲侯先后给他造器？因为父乙就是吴，只有他才具备这些特殊条件。"③吴是祖庚、祖甲时的著名贞人。王献唐先生在《黄县貲器》一文中，列出貲器43个器号，共73件，并认为这73件，一为吴作器，只有亚吴二字；一为吴系子孙所作，第21以前各器；一为非吴系人物所作，第42、43属此。何景成先生根据《殷周金文集成》列出了124件亚吴族铜器。按照王献唐先生的判断，吴在武丁时就在王朝服务，祖庚、祖甲时为贞人，是三朝旧臣。他是贞人，也是武官，所以有条件大量造器。

王献唐先生还问："吴有几位兄弟？晚期前一段一位不知名的貲侯，既造父乙簋，又造父己簋，当然乙和己是兄弟。"从王献唐先生这段考证中，

---

① 彭裕商：《"非王卜辞"研究》，中华书局《古文字研究》第十三辑。

② 王献唐：《山东古国考》，青岛出版社2007年版，第178页。

③ 王献唐：《山东古国考》，青岛出版社2007年版，第204页。

可以看到：（1）夒，似乎与《我方鼎》有关。一个己侯为父乙、父己造器，那么己侯的子或侄必然称这位己侯为父己，那么这位己侯的父乙、父己，己侯的子或侄也必然称祖乙、祖己。（2）明确了乙和己是兄弟，但谁是兄谁是弟？

按《我方鼎》的排列顺序，祖乙在前，祖己在后，似乎祖乙（夒）是兄，祖己是弟。但这个兄弟之序，与文献中的记载不符。因为祖己是武丁的重臣，在武丁前期已有很高的地位和很大的影响，而夒在武丁时只是一般官吏，到祖庚时才登上贞人的宝座，祖乙显然比祖己小。殷商时的排名，或许不完全依据先兄后弟的顺序。卜辞有：

贞：御自唐、大甲、大丁、祖乙百羌百宰。（《合集》300，一期）

对此，常玉芝先生说："该辞大甲与大丁的世次颠倒。"[1]对花东 H3 卜辞，朱凤瀚先生说："刘源曾著文认为这类卜辞所反映的祭祀程序，有悖于商王祭祖之常规。因为如果祖甲为羌甲，祭祀位于他前面的祖乙不当在其后。指出这点是有道理的，在殷墟卜辞中，确实很少出现逆祀，即逆着王世世次前后顺序祭祀的情况。从上举花园庄卜辞看，先祭祖甲，后祭祖乙，并不像是偶一为之的事，而是一种常规。这显然与王卜辞中所见，祭祀先王时祖乙作为羌甲之父通常应在羌甲之前受祭的惯例有悖。"[2]

由此可知，《我方鼎》祖乙、祖己排列顺序的颠倒是非王卜辞的常态。这也从一个侧面证明，这些非王卜辞中的日名，很可能有的如王献唐先生说的是冀国的贵族首领。因为冀国的日名、族徽、礼俗和殷人相同。

---

① 常玉芝：《商代宗教祭祀》，中国社会科学出版社 2010 年版，第 229 页。
② 朱凤瀚：《读安阳殷墟花园庄东出土的非王卜辞》，《2004 年安阳殷商文明国际学术研讨会论文集》。

总之，在甲金文中，祖己是兄，祖乙（夋）是弟。训王之祖己和祖庚、祖甲时的贞人夋，是亲兄弟。商族徽文字中，有"亚畀父己尊"（《集成》05742 和"其侯亚夋父己器"（《集成》10559），该族徽中的"父己"，恐怕就是"亚畀"或者"其侯"的父辈"己"，即"祖己"。

对"训王之祖己"是畀氏族人，张碧波先生从另一个角度利用金文资料作了证，他说："高宗武丁因'有飞雉升鼎（耳）而雊'而惧，祖己'训诸王'这件事……'飞雉升鼎（耳）而雊'，在殷青铜铭上有记载：据《中子畀玙父丁觥》的铭文中'中子畀玙乍父丁尊彝贤籀'，《玙父丁鼎》铭'玙乍文父丁籀贤籀'，籀字形作雉在鼎上，并以'贤籀'为徽记，可知畀为武丁时人，这两件青铜器就是'畀庆祝商王武丁以祥雉为德'，由畀之后裔作器以资纪德。雉雊之异为商王武丁时的大事，这个畀就是殷商历史上大名鼎鼎的祖己。"①

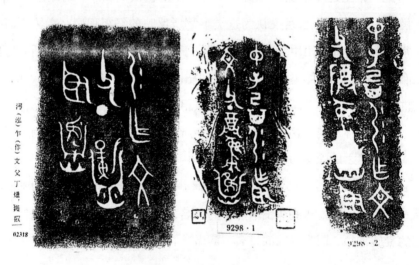

《中子畀玙父丁觥》和《玙父丁鼎》

① 张碧波：《论商王武丁与傅说、祖己》，载《黑龙江社会科学》，2004 年第 2 期。

　　为把问题说清，现将张碧波文中提到的金文图片及他文中引用的几个金文字体一并放在此处。张文起码明确了以下两点：一是《集成》9298·1和02318左下角的象形字，即"飞雉登鼎"的象形，是雉在鼎上；二是飞雉登鼎这件事与冀氏族有关，作器者乓，是冀氏族人，如张先生所论"雉雊之异为商王武丁时的大事，这个冀就是殷商历史上大名鼎鼎的祖己"，这也就明确了《高宗肜日》训王之祖己，是冀国族的先人，是武丁之臣。

　　与此相关的是《集成》02318，左下方的两个象形文字，一个是登鼎之雉，一个是"量"。对这两个象形字，高婧聪先生在研究《上博简·竞建之内》时，进行了详细考证和阐述。

　　她说："曇（《集成》02318左下方右面的字），学者一般读为'量'，愚以为应读为燇，此字与金文中的鬵字形相似，应为鬵的简写形式。鬵于铭文多见，如《乃孙作祖己鼎》'乃孙作祖己宗宝粸鬵'（《集成》02431）；《董鼎》'用乍大子癸宝尊鬵'（《集成》02703），鬵字为《说文》所无，应是鼎的一种自名；又燇，《类篇》云：'火煨也。'故此字在简文中为用鼎器烹煮之义。""可知简文的大意是高宗祭祀之时有雉鸟在彝器前鸣叫，商王诏祖己询问其中缘由，祖己答以先代贤君面对失政而相应地采取措施，即求诸鬼神和修善政，现在若要借祭祀而求福，则须将此雉用汤汁烹煮，祭祀完毕后，乃修先王之法。于是高宗命令傅说烹煮雉用来祭祀，而后行先王之法，其结果是'服之人七百邦'，这是行善而远离祸患的方法。此商史实与《尚书》中的《高宗肜日》篇较相似，都是祖己针对商王祭祀时发生的异事所进行的评论，这当是简文的编订者在理解《高宗肜日》篇的基础上所作的发挥。"[1]

---

　　① 高婧聪：《从上博简〈竞建内之〉所引商史事看经学在战国时期的传承》，《管子学刊》，2010年第1期。

把张碧波、高婧聪的文章联系起来看,训王之祖己乃"異"国族人,而丁山先生认为是"己"国族人,那么"異""己"是一个国族还是两个国族?王献唐先生对"異"字曾有个说法,他说:"'異'字从己,就是一个注音字。凡用这个字的人,一定读'異'如'己',不读今音若'奇'的'其'。"[①]王先生认为,在"其"字上加"己",是用"己"标注这个"其"字读"己"音。此说不确。因为"己"不单是一个注音的问题,而是一个重要的国族。

"己"和"其"是武丁时的两个重要国族,也是重要的人名、地名。关于"己",前面列举大量的卜辞和金文族徽可证,"己"是殷商武丁时的人名、地名、国族名。

关于"其",《殷周金文集成》载"亚其"器共25件,其中18件出自妇好墓,说明"亚其"是个能征战的国族,跟武丁妃妇好关系密切。

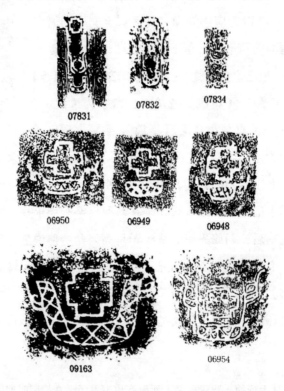

07831
07832
07834

06950
06949
06948

09163
06954

① 王献唐:《山东古国考》,青岛出版社2007年版,第130页。

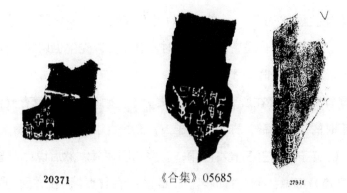

20371　　　《合集》05685　　　27931

甲骨文一期中也有很多有关"亚其"的记载，如《合集》20371、05685、27931。另外还有：

①己未卜，贞翌庚申告亚其入于祊一牛。（《合集》05685，一期）

②……亚其……又……（《合集》05686，一期）

③丙申，贞，来……曰亚其……爵……（《合集》20371，一期）

④其侯□祸。（《合集》03334）

⑤贞，多马，亚其有祸。（《合集》05710）

武丁时金文除有"己"和"其"外，还有"己其"。如《合集》9570、9571、3538（正）等。这个"己其"是"己"和"其"两字，还是一字"冀"？对此问题，古文字学家理解很不一致。这中间有其客观的原因，如从字体看，"己"在"其"上，"己""其"两字一般大，有的"己"还比"其"大，如《合集》9570，因此，学者对"己其"和"冀"字的理解上，就有差异。

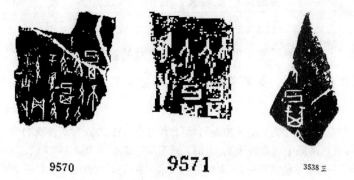

9570　　　9571　　　3538正

胡厚宣先生说："帝乙、帝辛时所封者有攸侯喜……異侯……"① 在这里，胡先生实际上认为，異侯是帝乙、帝辛时才有。赵诚先生也认为"異"字是甲骨文四期（帝乙、帝辛时）才出现的字。

但胡厚宣与胡振宇在所著的《殷商史》中，确认武丁时就有異侯、異地。他列出武丁时的三条卜辞，即：①甲子卜，充，贞于翌乙：丑尸異。乙丑允尸異不□□；②贞于翌乙丑尸異不□雨；③翌乙□尸異。然后说："'異'，地名。《集韵》《类篇》都说：'異'古国名。卜辞说：'在異贞'，'王在異□'。又或称'異侯'。"② 照此说法，武丁时，就同时存在己、其、異。己、其、異，既是地名，也是国族名。但后来的族徽说明材料中，己、其、異和异，是一个族团。

如何理解己、其、異之间的关系？一种可能就是，"己""其"同音同义，是一个国名的异写，为避免产生歧义，后来将其合并为"異"，如李学勤先生说："'来'也是莱，与厘是同一国名异写，和纪国原作'己'，后改作'異'是类似的。"③ 另一种可能，就是按照复合族徽的解释，己、其、異是三个近亲氏族，后来合并为一，如葛英会先生说："金文徽号以其独特的形式，反映着

---

① 胡厚宣：《甲骨学商史论丛初集》，河北教育出版社 2002 年版，第 71 页。
② 胡厚宣、胡振宇：《殷商史》，上海人民出版社 2003 年版，第 270 页。
③ 李学勤：《李学勤说先秦》，上海科学技术文献出版社 2011 年版，第 131 页。

古代中国氏族组织繁衍分割与再行组合的历史事实……复合式以多个氏族徽号的复合说明了氏族的再行组合。"①

关于"戻"，前面曾提到，"戻"与"己"是兄弟。

还有一个问题，就是族徽符号中，为祖己作器者，有多个族氏符号标记，如下图：

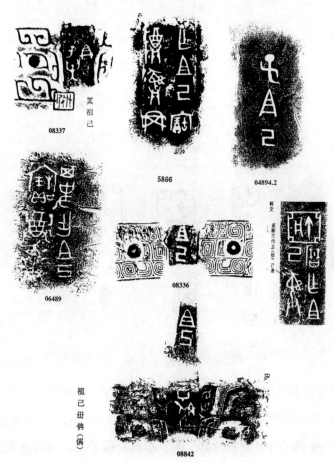

一个是"其史作祖己宝尊彝"（《集成》06489）。这个好理解，因为"其""亚其"也属己氏族团。陈槃先生认为"暈国"始封"或曰伯益"，认为

① 葛英会：《金文氏族徽号所反映的我国氏族制度的痕迹》，《北京文物与考古》，1991年第二辑。

伯益为其氏之祖。①

一个是"冉作祖己宝尊彝"(《集成》05866)。邹衡先生认为:"甲骨文中的'其'字,恰好是'冉'字的倒置,看来冉、其二字都是土笼的象形。"冉、其均与取土治水有关,古益字是冉字上加了一个草字头,进而认为伯益与冉、其二氏有族源关系,冉、其二氏都是伯益族的后裔。②

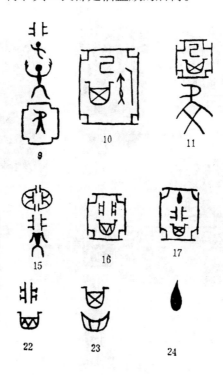

一个作祖己器者署名"北子孙"(《集成》08337)。象形字"北子孙"(《西清古鉴》铭"析子孙")。对此字,丁山先生释为"冀",于省吾先生释为"举"。"举"族和"冉"族与"冀"国族都有族源关系。葛会英先生绘制的上图中9是"由亚吴与'北子孙'复合而成"。"北子孙"族与"亚吴"族有族缘关系。而16、17、22中的"北"是"北子孙"的简化。"北其"即"北子

① 陈槃:《不见于春秋大事表之春秋方国稿》,历史语言研究所1982年版,第149页。
② 邹衡:《夏商周考古学论文集》,文物出版社1980年版,第286、288页。

孙"与"其"氏族的复合。葛英会先生说："一些著名的氏族，在某个久远的年代里，由繁衍分化而异地而居的各个分支，同地域相邻的近缘氏族再行组合为胞族（或部落）。这种遗迹表现于 15、16、17 诸徽中，是由主、北、其三氏族组合而成的一级组织，三者均可独立为徽，为一氏族之标识，组合起来则为胞族的徽号。"[①] 这种两个族氏的复合族徽还有"己冉"和"举己"，及"子黄尊"["子黄尊"最后面的铭文为"用作己□"，署北子孙（《集成》06000）]。如下图：

己冉　　　　举己　　　　　　子黄尊

　　综上所述，其或吴与冉、北子孙诸族的人，之所以都为"祖己"作器，是因为这些族人，都有某种因缘关系，因此也都把祖己视为先祖，并作器纪念或祭祀。

　　另外，在纪（己、眔）国疆界内发现的"祖己"器还有"祖己觯"和"鱼祖己"。"祖己觯"的出土地点不详，但为潍县人陈介祺收藏，有可能是在潍淄地区，即古己（眔）国的疆域内出土。

_____

① 葛英会：《金文氏族徽号所反映的我国氏族制度的痕迹》，《北京文物与考古》，1991年第二辑。

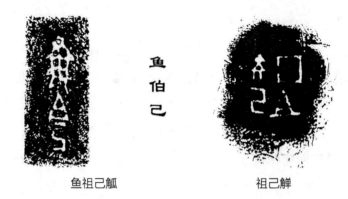

鱼祖己瓢　　　　　　　　　祖己觯

　　"鱼祖己"铜瓢，1973 年出土于青州弥河公社涝洼村。当时将"祖"字释为"伯"。"鱼祖己"中的鱼是立式的。《山东青州市发现"鱼伯己"铜瓢》一文中说："'立鱼式'不见于仰韶系统陶器，却多半见于山东半岛出的陶器铭文中"，还说：铭文"'己'字应是国名，金文中的'弓'通'纪'，即为纪国"。① 诸多材料都证明，商晚周初，己国在寿光一带。"鱼祖己"铭铜器在青州出土，就是对这一观点的有力证明。张懋镕先生认为，山东学者将青州出土的铜瓢铭文释为"伯己"不确切，应更名为"鱼祖己"瓢。②

　　上述两器证明，祖己或祖己子孙，与弥河流域的古己（異）国有关。这一事实也证明，祖己是己（其、異）国族人。因在商王身边供职，并在王畿附近有封地，祖己器在安阳或河南各地也都有出土。

_____

① 周庆喜：《山东青州市发现"鱼伯己"铜瓢》，《考古》，1999 年第 12 期。
② 张懋镕：《"鱼伯己"瓢应为"鱼祖己"瓢》，《考古》，2002 年第 5 期。

青州苏埠屯一号墓主为
《尚书·高宗肜日》中的祖己

一、苏埠屯青铜器的流传

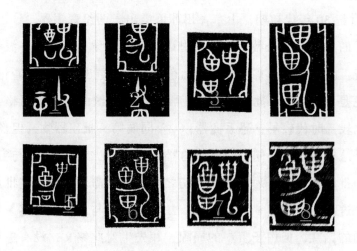

乾隆十四年（1749），尚书梁诗正等奉召"仿博古图遗式，精绘形模，备摹款识为《西清古鉴》一编"。其中收录"亚尊蓁"器24件，如上图。

《西清古鉴》主要依据宋徽宗敕撰、王黼编纂的《宣和博古图》和宋代吕大临撰的《考古图》两书，说明"亚尊蓁"器，早在宋，甚至于宋以前民间已有流传。

《西清古鉴》编绘者，对这类铜器铭文作了如下释读："亚形中铭二字，曰尊蓁。按蓁、其、基古文相近，《博古图》引列子蓁卫之箭谓蓁，为国名。然綦国不见于书传,而彝器铭此者甚夥。……又荀子目欲綦色耳,欲綦声注谓綦或为其。"看来《西清古鉴》编者是把此亚形内的左上方部件释为尊,其他部件释为"綦",而綦与其同。综合后来学者的各种释读,本文认为《西清古鉴》的释读还是很有独到之处,把亚形内一主要构件释为"綦"或"其"是非常符合铸器者本意的。由于条件限制,《西清古鉴》对亚尊綦器的出土地点都无法注明。

《西清古鉴》收入"亚尊綦"器 24 件,再加上后来编纂的《西清续编》甲编、乙编和《宁寿鉴古》,四书共收录"亚尊綦"器 45 件。可见,在清以前,"亚尊綦"器,不论何地出土或何人收藏,已经在民间广为流传。

20 世纪 30 年代初期,山东青州苏埠屯出土两组青铜器,计 15 件,保存在当时的益都县民众教育馆。历史语言研究所傅斯年、李济派祁延霈去实地调查。1936 年祁延霈写出了《山东益都苏埠屯出土铜器调查记》一文,祁的结论是:(1)第一批出的圆鼎,饕餮纹、蝉纹的样式与风格,与殷墟出铜器比较,时代较早,恐系商器;(2)同属第一批出器物,但爵无花纹,残觚也是这样,恐不是同时或同地的器物;(3)第二批就花纹与字体看来,似较第一批时代略晚,恐系商末周初之物。祁延霈基本断定这批铜器是商代遗物。这批铜器中,一鼎、一觚、二斧上皆有与《西清古鉴》铭"亚尊綦"相同的铭文,但由于资料的局限,祁先生对此铭文,没有进行详细分析研究。

山东学者王献唐先生在民间购得带有"亚尊綦"铭文的铜斧,他的益都朋友孙观亭说县中曾出同铭戈矛。罗振玉《贞松堂集古遗文》,收有"亚中奉尊"形矛,题云"此矛近出青州";于省吾《双剑誃吉金图录》亦著录来自山东青州出土。据王献唐所知,除苏埠屯出土的那 15 件铜器外,民间还有六件"亚中奉尊"形矛和王献唐所购斧两件。

其实苏埠屯铜器在这之前已有出土。据村民回忆,早在 1920 年,村民陈俊在南岭挖土时,发现了一件造型奇特的青铜器,但未引起人们的重视。又过了六年，1926 年，村民杨明喜又于北岭中段挖出四件青铜器，其中有一件青铜鼎，底部还有铭文。这四件铜器引起了轰动。收藏家和文物贩子竞相购买，这批青铜器最后下落不明。

对苏埠屯铜器上的那个族徽文字，王献唐先生在 1944 年写的《释▨上》一文中，对▨字摹绘原纹，但未做更多解析。罗振玉在《三代吉金文存》中收录有此铭文的铜器七十余件，他将此铭文释为"亚奉尊"，与《西清古鉴》的"亚尊綦"铭有共同之处，即把"酉"形字释为"尊"，区别是左面的象形，《西清古鉴》释为"綦"，罗氏释为"奉"。

二、苏埠屯墓地的发掘

1965 年春，山东省博物馆在益都苏埠屯清理发掘了商代一大墓（苏埠屯 M1），是一座有四条墓道的"亚"字形大墓。墓室有 56 平方米，墓深八米多，有东西南北四条墓道，南墓道长 26 米多。墓中殉人 48 个。由于此墓遭三次盗掘，埋葬物大量遗失，但仍出土青铜器圆鼎、方鼎、斝、爵，兵器有钺、矛、戈、镞等。两件青铜器大钺尤显该墓主地位的高贵。一铜钺上有铭文"▨"。

1966 年春进行第二次发掘，又发掘了二号大墓和三号、五号中型墓，即苏埠屯 M2、M3、M5 和一座残墓 M4。M2 出土的铜器残片中也带有▨铭文。

1986 年山东考古研究所在此地继续发掘，清理出有两条、一条墓道及无墓道的贵族墓六座，其中中型墓 M7 有三具殉人，出土青铜鼎、簋、觚、爵等礼器，而觚、爵上都有▨铭文；中型墓 M8 为单墓道，出土器物 312 件，青铜礼器 18 件，青铜兵器 235 件，其中 15 件上有铭文"融"或"册融"▨。

对苏埠屯墓地的三次考古发掘，清理墓葬八座，其中苏埠屯 M1 为殷王畿之外的唯一一座四墓道"王者之墓"。带有铭文▨的青铜大钺和大量铭▨的青铜礼器在此出土，表明史传的诸多▨铜器，主要出土于苏埠屯。按照郭沫若的说法，"殷代青铜器铭文中的图形文字，乃是古代国族之名号，为古代氏族图腾之子遗或转变"①。▨为氏族图腾或国族名号徽，而▨铜器又大量出于苏埠屯墓地，因此苏埠屯很可能就是▨的氏族墓地。苏埠屯墓葬的风格、人殉、出土物的形制、作风，几乎与殷王畿墓制雷同，因此▨氏族，是与殷王室有密切关系，在商王朝拥有重要地位和威望的氏族。

对▨铭文，王献唐在1944年的《释▨上》和1972年山东省博物馆的《山东益都苏埠屯第一号奴隶殉葬墓》文中，都没有解读。1977年，中国社会科学院考古所的殷之彝（张长寿）先生写了《山东益都苏埠屯墓地和"亚醜"铜器》一文，从此文献基本习用殷说，将▨铭文释为"亚醜"，将这个族氏称作"亚醜"族。

三、苏埠屯一号墓的墓主是谁？

参与发掘苏埠屯墓地的山东考古、历史学界，对苏埠屯墓地的族属及一号大墓的墓主，始终持十分慎重的态度。山东省博物馆1972年写的《山东益都苏埠屯第一号奴隶殉葬墓》一文的结论是："据目前知道的资料，除了河南安阳商代'王陵'之外，这里属于最大的商代墓葬。我们推断，这个墓里的奴隶主的身份，应是仅次于商王的方伯一类的人物。"这位奴隶主或方伯是谁？没有作结论。

（一）亚醜、薄姑墓地说

1977年，殷之彝（张长寿）先生在《山东益都苏埠屯墓地和"亚醜"铜器》一文中，给出了两点明确结论，一是明确地将苏埠屯徽文定为"亚醜"（1931年郭沫若在《殷彝中图形文字之一解》中，把▨隶定为"亚醜"，但注明仅是其中的一种推测），并认为苏埠屯墓地"很有可能就是该族的墓地"；二是根据《左传》中晏婴"昔爽鸠氏始居此地，季萴因之，有逢伯陵因之，蒲

---

① 郭沫若：《殷彝中图形文字之一解》，《殷周青铜器铭文研究》，科学出版社1961年版，第11页。

姑氏因之"这段话，断定："在殷末周初这一带乃是薄姑氏所居，而'亚醜'族文化应该就是薄姑氏的文化遗存。"

把苏埠屯徽文▨释为"亚醜"，这是目前学界比较权威的解读，很多学术成果对苏埠屯徽文都以"亚醜"论之。但我认为这个解读并不可靠，主要是因为徽文中右边的人形，与甲、金文中的"鬼"字不符，这个人形的头部，可以释为若、其、畄、西、樓，但不能释为"鬼"头，甲、金文中的鬼头，是"田"字形，与此形不类，因此，把苏埠屯徽文▨释为"亚醜"有些牵强。

很多学者对此释读持否定态度，如李零、李海荣等，更有权威性的证据：一是容庚先生主编的《金文编》中，十七画检字表中无"醜"字，但在附录上中标出了36个▨徽文，对这种徽文并没有解读，也就是说他不认为苏埠屯徽文▨是"醜"字；二是高明先生编的《古文字类编》中，对"醜"字的甲骨文、铜器铭文，均列空白，意甲骨文、铜器铭文中均无"醜"字。两位先生非常明确，甲骨文、金文中无"醜"字。这也就间接否定了对铜器铭文▨的"亚醜"解读。

对苏埠屯墓地为"薄姑氏的文化遗存"说，认同者还有张长寿、高广仁、邵望平诸先生。张长寿先生说：苏埠屯墓地"很可能是薄姑氏国君的陵寝"[1]。高、邵先生认为："苏埠屯一号大墓所表现的'王气'，在海岱区北部的东夷方国群中，似乎只有薄姑氏国君陵墓才能当之。"[2]

上述学者均认为苏埠屯一号大墓很可能是薄姑氏国君的寝陵，但他们对这个结论也有些疑惑。如张长寿先生在上文中又说："上述两处古城（薄姑和姑幕），一在今小清河的博兴，一在今潍水上游诸城县的西北……而两处距苏埠屯均较远。"还说："苏埠屯靠近弥河，薄姑城不会离苏埠屯太远，更不会远离弥河去建在别的河流旁。"实际上对苏埠屯墓主是薄姑国君提出了怀疑。主持发掘此墓地的山东考古研究所的王恩田先生直接否定了苏埠屯墓主为薄姑氏

---

[1] 张长寿：《山东益都苏埠屯墓地和"亚醜"铜器》,《商周考古论集》,文物出版社2007年版。

[2] 高广仁、邵望平：《海岱文化与齐鲁文明》,凤凰出版社2005年版，第244页。

的说法，王先生说："蒲姑是商代东夷古国，位于今博兴县城南 7.5 公里。东南距益都苏埠屯约 100 公里"，"像蒲姑这样的国家，虽为东夷大国，其领土充其量也不过像'公侯'那样享有'方百里'的范围，不可能辖有远在一百公里之外的苏埠屯"。[①] 这个质疑很尖锐，国族祖先墓地一般都在国都附近，把祖先埋在很遥远的地方，单从祭祀的角度说，也不太可能。

对史上的"薄姑"，王树明先生有其独到见解，他说："建国六十年来，在山东地区的考古发现中，也未发现一处商周时代遗址或其出土遗物，可被确认是属我国古史中的所谓'薄姑'一国的物质文化遗存者。可以论定，我国古代历史记载中的东夷古国'薄姑'一名，原来并不是一个具体的国家名称。常兴照、张光明先生考证，'薄姑'是'箙'、'弓'二字传写之误，'薄姑'即'箙弓'氏，是齐地尚箭诸部族中以'箙'、'弓'图像文字为徽文所部的一个族名、族称"；还说：高青县东南、桓台县史家"考古发现与文献记载互证，'薄姑'或

曰'箙弓'族团的这一活动中心地带，地处古济水下游"。[②] 按此说，薄姑是个族团，不是一个具体方国，其活动中心在桓台县北、高青县南，古济水旁。桓台县北、高青县南，在博兴县西，离苏埠屯更远。薄姑氏首领的墓地不可能离开自己活动中心的济水周边，到遥远的弥河边苏埠屯安葬。

常兴照、张光明先生考证，"薄姑"即"箙弓"，史上确有大量"箙"和"弓"徽文的青铜器。对此族氏，葛英会先生云："《周礼·司弓矢》：'仲秋献矢箙'，郑注：'箙，盛矢器也，以兽皮为之。'……箙部族的先祖应以制造矢箙而著称，故以箙名其族。"[③] 箙部族徽文符号如右图。

① 王恩田：《山东商代考古与商史诸问题》，《中原文物》，2000 年第 4 期。

② 王树明：《山东省高青县陈庄西周城址周人设防薄姑说》，《管子学刊》，2010 年第 4 期。

③ 葛英会：《金文氏族徽号所反映的我国氏族制度的痕迹》，《北京文物与考古》第 2 辑，北京燕山出版社 1991 年版。

从族徽标志上看，薄姑氏族与▨氏族无关联。

当然，箙族徽文中也有很多复合族徽，如与弓、戈、庚、目等的复合族徽。如葛英会先生说的，"一些著名的氏族，在某个久远的年代里，由繁衍分化而异地而居的各个分支，同地域相邻的近缘氏族再行组合为胞族（或部落）"。但葛英会先生认为箙部族与亚吴部族不是同一族团，他说："商晚期，由亚吴分衍派生的各分支已发展到相当规模，并且制造留下各自的宗彝。"他认为亚吴族的六个分支是辛、共、福、曩（或作其）、守、宪，而箙和亚吴不是一个族团，也就是说箙和曩不是一个族团，从复合族徽中也很难得出薄姑氏族与▨氏族有关的结论。

另外，殷之彝先生的结论主要依据《左传》中晏婴那段话，其实在苏埠屯周围，商时古国很多，学者根据甲骨文、金文考证，商时苏埠屯周围有己（曩）、逢、齐、夷等国。[①]因此在商代，苏埠屯地区不是只有薄姑国。

（二）齐太公墓地说

也有学者主张齐国族墓地说。但对这种说法，需要具体分析。李零先生说："我们不妨把上述铭文（即▨）隶定为一个左半从酉从皿，右半从妻或从齐、妻合体的字，读为'亚齐'……由于苏埠屯墓地的位置与齐都临淄相近，并距传说的薄姑旧地不远，人们很容易联想到它与西周齐国的关系。过去有学者曾推测，此国就是周灭薄姑以封齐的薄姑。但如果上述考释不误，我们亦可考虑，商代可能本来就有以'齐'为国氏的一族，周人封齐，只是因袭旧名。"[②]

李零先生把苏埠屯族徽▨隶定为"亚齐"，认为苏埠屯为齐氏国族的墓地。但他说的这个"齐"，不是"周齐"，不是姜太公之"齐"，而是殷商时的

① 孙敬明：《甲骨金文所见山东古国与商王朝关系——从潍淄流域的考古发现谈起》，《潍坊高等专科学校学报》，1999 年第 4 期。

② 李零：《苏埠屯的"亚齐"铜器》，《文物天地》，1992 年第 6 期。

"齐","周人封齐，只是因袭旧名"。郭沫若先生也说："齐当齐国之前身，盖殷时旧国。"

殷商确实有"齐"。卜辞有：（1）癸丑王卜，贞旬无忧〔在〕齐师（《合集》36821）；②□巳，王卜贞：旬无忧，王占……夕在齐师（《合集》36805）。《韩诗外传》："太公望少为人婿，老而见去。"《战国策·秦策五》："太公望，齐之逐夫。"因齐国有长女不出嫁的风俗，男方到女方家入赘。太公曾是齐人的赘婿。说明太公年轻时，就是齐国人的上门女婿。这也证明了商时就有齐国。李零先生隶定的"亚齐"是商时的齐国，不是姜太公受封的齐国。

黄川田修先生据李零先生释▨为"妻（齐）"，推论说："苏埠屯遗址极有可能就是西周早期前后齐国统治阶层的墓地"；"吕尚或其后裔给自己建造这种亚字形墓的可能性也相当不小"；"苏埠屯遗址很可能就是齐侯墓地"[1]。黄川田修先生的结论十分明确，即苏埠屯四墓道大墓就是吕尚的墓地，这也就是说，苏埠屯一号大墓的年代是周初。

我在《探寻寿光古国》一书中曾有如下议论："苏埠屯一号大墓与殷墟王陵墓葬几乎一模一样，因此苏埠屯墓葬，尤其是一号大墓，应是商晚期的贵族墓葬，而不可能是西周时的贵族墓葬，认为该墓葬为齐国贵族的墓葬有些勉强。另外，文献记载，齐国五世返葬于周，即'太公封于营丘，比及五世，皆反葬于周。'《礼记·檀弓上》记载非常明确，齐太公及子孙五代并没有葬在山东地。另外，殷商与西周的墓葬制度不同，殷商贵族墓有大量人殉——而西周墓葬没有人殉。"[2]现在众多学者都认为一号大墓是商时墓，黄川田修先生也说："苏埠屯遗址出土有很多商式陶器，其中特别应该注意的器类有爵和觚。西江

---

① （日）黄川田修：《齐国始封地考——山东苏埠屯遗址的性质》，《文物春秋》，2005年第4期。

② 李沣：《探寻寿光古国》，齐鲁书社2011年版，第139页。

清高先生曾有过论述，认为这类器物在安阳外的地区几乎没有发现。”① 因此，把商时墓，说成埋葬着周时人，这是逻辑混乱。

（三）斟灌墓地说

此说的主要依据是苏埠屯徽文可依据形和义解读为斟灌，同时苏埠屯墓地与夏时斟灌国处于同一区域。

对苏埠屯徽文，唐兰先生释之为“祼”，亦即“灌”，因《周礼·春官》:“以肆献祼飨先王”，注曰“祼之言灌，”罗振玉先生释为“奉”，敬奉。

杜在忠先生综合王献唐、容庚、杨伯峻等先贤的解读，得出结论:“故对字的考释，以其会意，即许书之盥，假借其音，亦为斟灌之灌。因此，苏埠屯一带当属夏代姒姓斟灌氏后裔在商时的贵族墓地所在。”②

对苏埠屯徽文研究最为全面而深刻的还属王树明先生。王树明先生对铭文的总体和各个构件，进行分解、对比、综合后，得出如下结论:“‘亚丑（醜）’徽文是一人操作‘酉’、挹勺、‘其’四（应为“三”）个不同器物之形，以表示‘滤酒’或‘酾酒’场面的一图象文字”;“‘亚丑（醜）’徽文，是甚亦即斟族的徽文标记。因‘斟’本字‘甚’，是‘亚丑（醜）’族先民实行祼礼场面的摹画。所以，所谓‘亚丑（醜）’徽文又可称之为‘祼礼’徽文，或可简称之为‘灌’。……所谓斟族也可称之为灌族。……由‘亚丑（醜）’徽文‘滤酒’灌地，人形经‘化装’、有诡异、神秘之状分析，所谓‘亚丑（醜）’徽文，很可能是有夏与国斟灌之祖……滤酒灌地，藉以祈祷神灵庇佑举行宗教祭祀活动场面的摹画。”③

①（日）黄川田修:《齐国始封地考——山东苏埠屯遗址的性质》,《文物春秋》，2005年第4期。

② 杜在忠:《关于夏代早期活动的初步探析》，载《杜在忠学术文存》，文物出版社2014年版，第93、94页。

③ 王树明:《“亚丑（醜）”推论》,《东夷古国史研究》第二辑，三秦出版社1990年版，第76—99页。

　　针对上述分析，我在《探寻寿光古国》一书中曾做过如下概括："王树明先生的推论与唐兰先生的识读相符，与杜在忠、王锡平、孙敬明诸先生的识读和分析也非常一致，把'亚醜'徽文与斟灌古国联系起来，看来还是有根据的。"①

　　在此，我还想顺着王先生的思路，对苏埠屯徽文做些解读补充。苏埠屯铜器是个庞大的集群，其徽文和部件及总体布局，都有很大变化。苏埠屯徽文可以说是这个族氏历史的概括。从下图可以看出如下几点：

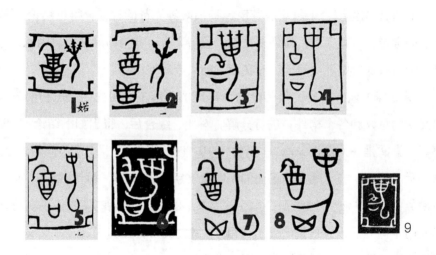

　　图1、2的右边部件是个"若"字，而若即桑。《山海经·大荒北经》："上有赤树，青叶，赤华，名曰若木。"《楚辞·离骚》："折若木以拂日兮，聊逍遥以相羊。"徐锴曰："桑音若，东方自然神木之名，乃蚕所食也。"若木即桑树叶、桑木枝。图3、4、9左上方的部件不是酒字，而是果实，是桑葚（椹），下面（图3、4、5）是个"口"字。东夷首领颛顼"生自若水，实处空桑"，穷桑也是东夷首领少昊之号，少昊世济穷桑。说明古时东夷遍地为桑，在以

---

　　① 李沣：《探寻寿光古国》，齐鲁书社2011年版，第42页。

采集为主的原始社会，采桑葚食之，是重要的远古生活方式。《诗·鲁颂·泮水》有“食我桑黮”，甲骨文有大采、小采，《吕氏春秋·本味》云：“有侁氏女子采桑，得婴儿于空桑之中”，是商人采葚为食的例证。《说文》：“葚，桑实也”，食之可以止饥。食桑葚止饥的传统一直延续到汉，《后汉书·孝献帝纪》载：兴平元年陕西大旱，“桑复生椹，人得以食”。

图5、7、8，“葚”字变成了“酒”字。葚变酒，是个自然现象。果实放久了发酵转变成酒。周清泉先生说：“商人以椹为饭，以酒为饮，所采集的桑椹存贮在空桑中，日子久了，椹汁发酵成酒。”[①] 从酿酒的历史看，酒之始是果酒而不是粮食酒。

原始的桑葚酒，葚粒与葚汁混在一起，黑色葚粒浮在上面，如蚂蚁状，称“浮蚁”。《释名·释饮食》：“泛齐，浮蚁在上泛泛然也。沉齐，浊滓沉下，汁清在上也。”这种没有过滤的“浊酒”又叫“沉齐”。浊酒有六种，又叫“六齐”，所以“齐”也是酒之称。浊酒必须用竹、草、树条编织的“其”类器物过滤，如王先生说的：“‘亚丑（醜）’徽文是一人操作‘酉’、‘挹勺’、‘其’四（应为“三”）个不同器物之形，以表示‘滤酒’或‘酾酒’场面的一图象文字。”随之，图3、4、5的“口”字变成了“田”字，象形也变成了以酒灌地。右边的“若”（桑树）演变成描绘神秘祭祀的人形。

“斟”字从酒从斗。古人饮酒，用勺从尊中取出，叫酌；将勺中酒倒入饮者杯中，叫斟。大勺叫斗，《诗》曰：“维北有斗，不可以挹酒浆。”

综上所述，苏埠屯徽文中有葚，有其、酒（尊）、勺（斗），有斟酒祭祀之人。李玄伯先生说过：“姓实即原始社会之图腾”，还说“斟姓图腾为桑葚”[②]，把这个徽文理解为斟酒灌地，是有道理的。苏埠屯又在古斟灌国的区域内，“故此地可能是斟灌氏后裔于商时的墓区”[③] 的结论贴切而合理。

① 周清泉：《文字考古》，四川人民出版社2003年版，第183页。

② 李玄伯：《中国古代社会新研》，开明书店1949年版，第34、83页。

③ 杜在忠：《杜在忠学术文存》，文物出版社2014年版，第95页。

四、苏埠屯 M1 墓主是《高宗肜日》中的祖己

苏埠屯四墓道大墓，学者都认为是商王一级的大墓，是商王陵以外的唯一一座王者之墓。在王陵之外的这位墓主，肯定不是商王，但这座墓葬具有王陵的形制。苏埠屯一号大墓的考古发掘，尽管出土文物不少，但还没有确证墓主的资料，因此对墓主只能做些推测或假说，由此把问题引向深入，如张敏先生说的："科学意义上的假说，是建立在对若干事实进行归纳、排比、分析等综合研究的基础上，根据事实与事实之间的有机联系，用逻辑推理的方法，探讨若干事实有可能导致某种必然结果的研究方法。在考古学上，它虽与传统的考古学手段有相悖之处，但却可以给人以启迪。在某些课题尚无法得出结论的情况下，假说不失为一种可能的研究方法。"[1]

商史专家宋镇豪先生在《商代社会生活与礼俗》一书中说：商王陵安阳侯家庄附近，分东西两区，共有八座四墓道大墓，"只有四墓道大墓才符合王陵的规格，墓主身份为殷王。杨锡璋曾对八座四墓道大墓和一座'空大墓'进行了考古学分期，提出最早的 M1001、1550、1400 号大墓分别属殷王武丁、祖庚、祖甲，其次的 M1004、1002、1500、1217 号大墓分属殷王禀辛、康丁、武乙、文丁，晚后的 M1003 号大墓为帝乙之墓，至于未完成的'空大墓'，本应为殷王帝辛而筑。"[2] 这是一种意见，但考古发现证明，四墓道大墓并非王陵的专有形制。

苏埠屯一号墓为四墓道，南墓道最长，有大量人殉，墓室有"亚"形椁室，有青铜器方鼎，有大铜戈和大量戈、矛，与殷王陵大墓的规制、风格接近。由于所葬之地，不在殷王陵，墓主必定是殷王的重臣。"从卜辞来看，商代旧臣的地位比后代要高得多，有的可以和商之先王同时祭祀，也可以称示，

---

[1] 张敏：《华夏文明起源的假说》，《东南文化》，1990 年第 4 期。
[2] 宋镇豪：《商代社会生活与礼俗》，中国社会科学出版社 2010 年版，第 583—586 页。

则和先王相等。"[1]在商代祭祀旧臣的卜辞中,有祭祀伊尹、黄尹的,也有祭祀祖己的。伊尹佐汤灭夏,功高盖天,所以《史记·殷本纪》正义引《帝王世纪》曰:伊尹死后,商王"沃丁以天子礼葬之"。武丁中兴,得益于祖己"修政行德"之谏,因此祖己和伊尹一样,在祭祀中受到了同先王一样的待遇,其死后也会像伊尹一样"以天子礼葬之"。

在商代后期,佐王有功,使殷复兴的贤臣有伊尹、伊陟、祖己等。伊尹佐汤伐桀,商立国正天下。《竹书纪年》载:伊尹卒,"沃丁葬以天子之礼,祀以大牢。亲自临葬三年,以报大德",《吕氏春秋·慎大览》曰:"祖伊尹世世享商。"《史记·殷本纪》曰:"既葬伊尹于亳",伊尹葬于亳地。亳是伊尹的家乡,即西亳,今河洛地区。太戊之时有贤臣伊陟、巫咸。《史记·殷本纪》言:"帝太戊赞伊陟于庙……殷复兴,诸侯归之。"伊陟,伊尹之子,死后葬身之地应与伊尹同。巫咸死后,《史记》正义按:"巫咸及子贤冢皆在苏州常熟县",而《一统志》言巫咸墓在"解州夏县",二说不知孰是。"商汤、太戊、武丁三位商王是有作为的圣君,而且三位辅政大臣中的伊尹、伊陟、祖己都是著名的三位贤臣,才得以流传百世。"[2]那么商王贤臣祖己卒后葬在何处?

苏埠屯一号大墓是王者之墓,墓葬采用了王陵的形制,却葬在东夷潍淄地区的弥河流域,因此墓主肯定与这个地区有关。商代的苏埠屯地区属于古己国地盘,墓主很可能就是己国族首领。

按丁山先生论证:"此贞人己氏,宜即'自己入'之己,亦即'训于王'之祖己矣。"[3]祖己是己国族人,而商时己国在今山东寿光。其证据是1983年贾效孔先生在寿光益都侯城发掘出了大量青铜器,其中17件青铜器上带有铭文"己"字,说明"商代纪(己)国的中心当在鲁北弥河中游一带"。[4]"今(寿

① 赵诚:《甲骨文与商代文化》,辽宁人民出版社2000年版,第92页。

② 孟世凯:《商史与商代文明》,上海科学技术文献出版社2007年版,第101页。

③ 丁山:《甲骨文所见氏族及其制度》,中华书局1988年版,第102页。

④ 高广仁、邵望平:《海岱文化与齐鲁文明》,凤凰出版社2005年版,第235页。

光）益都侯城一带，最迟在商代已经是纪（己）国的国都。"[1]

（一）斟灌与祖己

上述诸多学者认为苏埠屯徽文为"斟灌"，苏埠屯墓地为斟灌后裔的墓地，本人又认为苏埠屯一号大墓墓主为武丁时训王之祖己，因此必须找出夏之"斟灌"与商时祖己的历史联系。

杜在忠先生说：我们多年来的考古调查结果发现，"大致在弥河中游一带有一个庞大的古代遗址密集区域。……这一古遗址密集区的中心部位在以吕宋台遗址为中心的寿光前扬公社一带。这一带总面积仅有 70 多平方千米，纵横古河道六条，分布着 40 处重要遗址，包括大汶口文化 8 处，龙山文化 12 处，商周 15 处，东周 12 处。……应该认为这一地域远在史前阶段开始，历夏、商、周时期，甚至更晚一些，就有一支先民劳动、生息、繁衍在这块肥沃的土地上，并为我国古老文明作出了自己的重要贡献。"[2]

《史记·五帝本纪》载："黄帝居轩辕之丘，而娶于西陵之女……生二子，其后皆有天下。"这二子，其一是青阳，其二是昌意。《世本》载："少昊，黄帝之子，名契，字青阳"；"黄帝生昌意，昌意生高阳，是为帝颛顼"，颛顼是黄帝之孙、少昊之侄。《山海经·大荒东经》："东海之外大壑，少昊之国。少昊孺帝颛顼于此，弃其琴瑟。"颛顼不仅是少昊之侄，而且还是少昊孺子，是由少昊教养大的。因此《帝王世纪》曰："及颛顼生，十年而佐少昊。"

关于少昊之墟，《帝王世纪》：少昊"邑于穷桑，以登帝位，都曲阜"；《左传·定公四年》："以登帝位，徙于曲阜"；《晋书·地理志》："少昊始自穷桑，而迁都曲阜。"现在绝大多数学者都认为穷桑就是曲阜，或曲阜附近。但如果穷桑就是曲阜或曲阜附近的话，登帝位后"迁都曲阜"或"徙于曲阜"，这个"迁""徙"就毫无意义。

---

① 贾效孔：《寿光考古与文物》，孙敬明序，中国文史出版社 2005 年版。
② 杜在忠：《杜在忠学术文存》，文物出版社 2014 年版，第 108、109 页。

少昊之国本在东海大壑，少昊邑于穷桑，登帝位后迁曲阜，从生活逻辑上分析，少昊由东海迁曲阜前，所邑穷桑，必在东海与曲阜之间，王献唐先生引"少昊邑于穷桑""穷桑在鲁北""东海之外大壑少昊之国"后说："可知少昊地在东方，族迁名随。"① 这些说法反映了少昊有从东到西的迁徙历史。

少昊登帝位前所居穷桑在哪里？《元和郡县图志》载："青州，少昊之墟。"《毛诗注疏》："齐者，古少昊之氏、爽鸠氏之墟。"《咸丰青州府志》：青州，《左传》爽鸠氏始居此地。东方曰青，古青州也是古青丘之地。少昊"名契，字青阳"；少昊，青阳氏。古青丘、青州之"青"，很可能就是少昊青阳之"青"。

文献中记载有少昊名质、名挚、名契或名挈，质、挚、挈、契，音同义同，古字通，雷学淇注《世本》："皆挚（挚）字之伪。"苏埠屯墓地发掘出的青铜器中，有铭 、（挚）字之器（见左图）。这个象形字可释为"卂"或"挚"。《说文》：卂，持

也。持，握也。象手有所卂据也，读若戟（己音）。挚，《说文》：握持也。段注：周礼六赞字，许书又鸟部鸷鸟字，皆或假挚为之。苏埠屯墓地出土多件带铭文"挚"的铜器，说明斟灌族是少昊后裔。青州寿光呂宋台之"呂"，是"啇"的简体，啇、呙、㐸、契、挚，古字通。《世本》："少昊，黄帝之子，名契"；《帝王世纪》："少昊帝名挚，字青阳"，契、挚与啇通假，呂宋台与苏埠屯，看来都与东夷首领少昊氏族有关。

另外，贯穿苏埠屯和呂宋台的弥河，是一条古老的河道，古称巨洋水。《国语》谓之具水；袁宏谓之巨昧；王昭以为巨篾，或曰胸弥，或曰沫，实为

---

① 王献唐：《炎黄氏族文化考》，齐鲁书社 1985 年版，第 10 页。

一地。青州地,古籍也名为般阳路,《齐乘》:"般阳府路,禹贡青州之域。"般阳县原在淄川,后迁入临朐。般阳之始与变迁虽不能说清,但"般"在古青州地是肯定的。这些水名、地名恐怕还是大有来历。《路史·后纪七》:少昊"元妃生倍伐,降处缗渊,即封蔑为蔑氏……次妃生般,为弓正,是制弓矢……有子曰昧。"少昊后有蔑氏,有般,有昧,这些名号与今弥河的古称蔑、昧同,与青州之般也同,这些古水名、地名与人名的一致,恐怕不全是偶然的巧合,而是包含着少昊氏族与这一地区密不可分的历史关联。

综览诸多历史文献,可窥见少昊己氏族团的足迹是由东到西,而古潍淄地区或曰弥河中游,是它的一个重要居住地,如李步青、刘玉明二位先生说的:"据考古发掘初步可定,己氏族起源于胶东半岛,以后逐渐向西发展到今昌潍地区……其山东部分,大致相当于齐国最强大时的范围。"[1]张富祥先生认为:"伯益部的活动中心在以曲阜为中心的鲁西南,潍淄流域则是它的大后方。"[2]

(二)少昊、颛顼、祝融族的姓氏

《国语·晋语》:"黄帝之子二十五人,其同姓者二人而已。唯青阳夷鼓皆为己姓。"《通志·氏族略》:"少昊挚,亦为青阳氏,己姓。"但是《世本》不同的辑本对少昊姓氏记载不同。王谟辑本:"昆吾己姓国,出自少昊";陈其荣辑本:"己姓出自少昊。"《春秋左传正义》昭公十七年杜预注:"少昊,金天氏,黄帝之子,己姓之祖也。"十三经注疏本用的是"已"字,既不是"己",也不是"巳"字,但杜预又说"已,音纪,又音祀",也就是说"已"应读"己"音或"巳"音。《世本》"巳姓出自少昊",用的是"巳"。对"己""巳"混用,文字学家早有公论。董增龄《国语正义》:"己姓即姒(巳)姓。"刘师培在《姒姓释》中对己、巳、姒的关系进行了详尽考证。因此顾颉刚先生说:"刘氏从古文字上看出,'辰巳'的'巳'、'己止'的'己'和'用以'的'以'既

---

① 李步青、刘玉明:《胶东考古研究文集》,齐鲁书社 2004 年版,第 373 页。

② 张富祥:《商先与东夷的关系》,《殷都学刊》,1997 年第 3 期。

然是一字，所以'巳'姓和'姒'姓只是一姓。"①

综上各论，少昊是己姓之祖无疑。

关于颛顼姓氏，《帝王世纪》载："少昊帝，名挚，字青阳，姬姓也"；"帝颛顼高阳氏，黄帝之孙，昌意之子，姬姓也。"这里少昊与颛顼同姓，但把少昊的"己"变成了"姬"。在有文字记载之前靠的都是口耳相传，己、姬同音，同音假借或相混是普遍的现象，比如周姬姓，《白虎通义·姓名》："周姓姬氏，祖以履大人迹生也。"周人姓之"姬"，源于"履大人迹"之"迹"，借其音也。

颛顼是少昊侄，又是少昊孺子，十年而佐少昊，属同一族团，其族姓也应一致，为己姓。

颛顼后裔为祝融。《左传》："颛顼氏有子曰黎，为祝融"；《山海经·大荒西经》："颛顼生老童，老童生祝融。"苏埠屯墓地出土多件铭文"融"和"册融"的铜器表明，今弥河中游地区，也曾是祝融族的居地，当然也是其祖颛顼帝的居地。祝融八姓，首姓为己姓，由此也可旁证颛顼帝为己姓。

尧、舜、禹三朝重臣伯益，是少昊后，也是颛顼之苗裔。《说苑》谓尧时"益掌火"。《路史·后纪》："始舜之摄，俾益掌火，禹平水土"；《论语·泰伯》曰："舜有臣五人而天下治"，这五人是禹、稷、契、皋陶、伯益；《史记》曰："大费……佐舜调驯鸟兽，鸟兽多驯服，是为柏翳。舜赐姓嬴氏"；《尚书·皋陶谟》载：帝舜接见皋陶、禹时，禹言洪水滔天，"予乘四载，随山刊木，暨益奏庶鲜食"。讲治水时，"益奏庶鲜食"，伪孔传云："奏，谓进于民，鸟兽新杀曰鲜。与益槎木，获鸟兽，民以进食。"江声《尚书集注音疏》云："奏，进也。与益进众民于鲜食。"说明尧、舜、禹时，益掌火，驱赶鸟兽使民得安，并管山林河泽，通过采集狩猎，使"民以进食"，民以食为天，伯益是尧、舜、禹时主管民生的重臣和有功之臣。

---

① 顾颉刚：《祝融族诸国的兴亡》，载《古史考》第六卷，海南出版社 2003 年版，第 218、219 页。

潍淄地区，或曰弥水流域，是伯益的根据地。史传伯益嬴姓，《说文》："嬴，帝少昊之姓也。"《通志·氏族略》云："少昊挚，亦为青阳氏，己姓，后为嬴姓鸟官。"伯益族团，原本也是己姓，后封嬴地，或曰"为嬴姓鸟官"，改为嬴姓。今弥河中游的寿光地，有汉益县和益都侯城，与伯益之"益"有关。伯益本名大费，关于"费"字，《尚书》有《费誓》，但《尚书大传》于《周传》内列篇为《鲜誓》，《史记·鲁世家》作《肸誓》，因此《困学纪闻》云："《费誓》，《说文》作'粊誓'，《大传》作'鲜'。"徐广曰："一作鲜，一作狝。"刘起釪解读曰："古今字异，义也变也。'鲜'，狝也。言于肸地誓众，因行狝田之礼。"因此"费"也读"鲜、肸、粊、狝、芈"音。寿光的一条主要河流，即弥（米）河，古人名、氏名、地名，多作水名，费读狝音，因此伯益之费，或许就是弥河之"弥（米）"的源头。这也证明了弥河流域是伯益族团的大本营。

另外，前面谈到咼宋台之"咼"又名"契"。《辞海》云："契，亦作禼（卨）、偰。"《郑笺》云："偰，当为禼。"这些记载暗示，今弥河中游的寿光地，或曰咼宋台文化圈，古也是伯益的故乡，伯益原本也姓"己"。

综上所述，古潍淄地区，今弥河流域，是古己国族的根据地。而古己、齐（济）、其（箕）音同义同，古时属于同一个历史文化区域。

（三）斟灌的族源和氏称

史家都认为斟灌、斟寻为夏后，姒姓。《左传·襄公四年》杜预注："灭斟灌及斟寻氏。二国，夏同姓诸侯……乐安寿光县东南有灌亭，北海平寿县东南有斟亭。"但斟灌、斟寻两地说由来已久，《汉书集注》薛瓒云："相居斟灌，东郡（河南濮阳）灌是也。"《史记·夏本纪》引臣瓒说："斟寻在河南，盖后迁北海也。"

《山海经·大荒南经》云："东南海之外，甘水之间，有羲和之国。"《世本》言颛顼生老童，老童产重黎，但张澍按："据《左传》少昊氏之子曰重，颛顼之子曰黎。《史记·楚世家》：'帝喾诛重黎，而以其弟吴回为重黎，后复居火正，为祝融。'《世本》分重黎为二人。"《吕刑传》云："重即羲也，黎即和也，盖羲和亦曰重黎，帝尧所命。"《楚语》云："尧复有重黎之后，孔安国、班固皆云羲和其后。法言云羲近重，和近黎。羲，重后；和，黎后也。"吴仁杰《两汉刊误补遗》言："《国语》尧复育重黎之后，以至夏商。又云黎之后有斟姓，则知尧所命羲和即重黎之后，而斟灌、斟寻即嗣所征羲和也。《书》言羲和湎淫，《左传》言浇杀斟灌以伐斟寻。《书》举其官，而《传》举其姓耳。羲与和本二人，其一为斟灌，其一为斟寻。"

这些说法其意即是少昊、颛顼之后为重黎，而重黎之后为羲和，而斟灌、斟寻即羲与和也。联系苏埠屯墓地出土"融""册融"，也可证明斟灌、斟寻为祝融后裔，而斟灌、斟寻原本就在东夷。

传统的、权威的说法是斟灌、斟寻为禹后，姒（巳）姓。前面已论说姒（巳）姓即己姓。斟灌、斟寻为禹后姒姓，也可说为己姓。二斟是祝融后，是少昊、颛顼后。少昊是己姓之祖，颛顼也是己姓，祝融八姓首姓为己姓，因此斟灌、斟寻也应是己姓。

在知其母不知其父的时代，"姓在最初就是母系血缘关系的标志，当时的姓是由母亲那里继承下来，并依母系而永远的传递"①。《帝王世纪》："纳有莘氏女曰志。是为脩己，见流星贯昂，又吞神珠，意感而生禹。"禹母是脩己，是己氏族人，禹及禹后为己氏。古禹字，是虫字，如顾颉刚先生说的"禹是条虫"，甲骨文虫为ℓ？？？，巳也，即己也。

（四）斟灌后裔

夏时斟灌的政治命运，是与夷羿、后相居斟灌，及寒浞篡权，杀夷羿、后相，灭斟灌、斟寻联系在一起的。《左传》襄公四年：寒浞"使浇用师，灭斟灌及斟寻氏……靡自有鬲氏，收二国之烬，以灭浞而立少康"。在这场权力

---

① 张淑一：《姓氏起源论略》，《贵州民族研究》，2000年第3期。

斗争中，斟灌、斟寻，是被寒浞灭掉了。在这个意义上，《国语》说"斟姓无后"，但被寒浞灭掉的是二国，而不会是二国的全部族人。王肃云：古者灭杀同名，"其意言杀其君而灭其国"。在这场斗争后，斟灌、斟寻族人的下落如何？答案有四：一是部分被寒浞杀害了；二是寒浞杀后相后，部分斟灌族人跟随或说护送后相妻后缗逃到了有仍国；三是大部分斟灌、斟寻族人，在靡的带领下逃到了有鬲氏；四是一些特殊的残留人员留在了原地，臣服了有寒国。总之，斟灌、斟寻族人的绝大部分依然存在，但被一分为三，寄寓在别的族团中或流亡、臣服。

斟灌、斟寻族人，是灭寒浞立少康的主力军，即"靡自有鬲氏，收二国（斟灌、斟寻）之烬，以灭浞而立少康"，杜注："有鬲，国名，今平原鬲县。"《世本·氏姓篇》："鬲，古鬲国，偃姓，皋陶后。"偃即嬴，是少昊后，也是皋陶、伯益后。鬲，也是有穷后羿的祖地。如《水经注疏》引《地理志》云："鬲津也，王莽名之曰河平亭，故有穷后羿国也。"

部分斟灌、斟寻族人随后相妻逃到了有仍。《左传·哀公元年》："昔有过浇杀斟灌以伐斟鄩，灭夏后相。后缗方娠，逃出自窦，归于有仍，生少康焉。"《后汉书·郡国志》："任城本任国。"即古仍国，故地在今山东省济宁市金乡县。总之，从寒浞灭斟灌、斟寻，到有鬲氏灭寒浞，中间有一段很长的历史间隔，部分斟灌、斟寻族人与有鬲氏、有仍氏共同生活，并融为一体，是客观的存在。

（五）对苏埠屯徽文的再释读、再思考

对于苏埠屯徽文▨，《西清古鉴》释为"綦"，董作宾释为"奉"，郭沫若释为"鬼"。但对照甲、金文，看来还是《西清古鉴》的释读相对准确，即："按綦、其、基古文相近，《博古图》引列子綦卫之箭谓綦，为国名。然綦国不见于书传，而彝器铭此者甚夥。……又荀子目欲綦色耳，欲綦声注谓綦或为其。"也就是说，这个象形徽文可释为"其"，为证明此说，下面对徽文进行再分析、再判断。

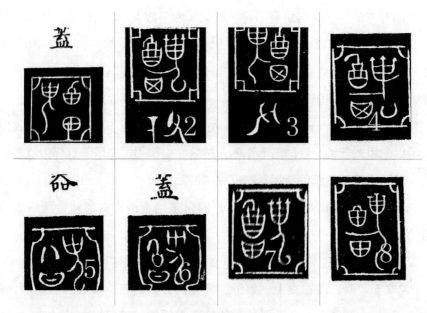

苏埠屯徽

	甲骨文		金文	篆
甾	甾	《合集》3690	甾（子陵鼎）	甾
西	西	《合集》34154	甾（鱼鼎）	西
	西	《合集》6057正		西
其	其	《合集》20371	其（沈子簋）其（颂鼎）	
	其	《合集》17302		
甹	甹 甹		甹	

对苏埠屯徽文的释读

1.苏埠屯徽文主体可释为"甾"，如上图甲、金文甾字。

《说文》：甾，东楚名缶曰甾。象形。古文甾。此说有误。缶，陶器，甲、金文中都有"缶"字，与甾字不符。戴侗《六书故》：甾是竹器。与甾字相关的字有"巢"，鸟用草、细枝条编织的像筐篓一样的器物。古文畚中的"田"字为"甾"，简化为"畚"，《说文》："畚，蒲器也，所以盛粮。"畚，本义是用草绳、树条或竹篾编织用于盛土的器具。

甾，所以名缶，还有一说，即古人用湿泥作缶坯，因缶体量大，成形困难，所以先用树条编织好的缶形作模，然后在内部用泥塑缶，这样缶就源自编织器。所以用树条编织的筐篓器物也称"缶"。

总之，苏埠屯徽文可释为"甾"，而甾是用草绳、树条、竹篾编织的盛物器。

2. 苏埠屯徽文主体可释为"西"，如上图甲、金文"西"字。

《说文》："西，鸟在巢上，象形。日在西方而鸟栖，故因以为东西之西。或作栖。"西，鸟巢也，鸟巢也是类似筐篓类器物。但甲骨文的"西"，是草席的象形，西，亦席也。总之，西也是编织的器物。

3. 苏埠屯徽文的主体，可释为"其"。甲骨文的"其"是编织的盛物器，妇好墓中的大量"亚其"器可证。

综上所述，"其"是编织的盛物器的泛称，是用草、树条、竹篾等多种材料，编织的多种形状和多种用途的盛物器，亦即筐、篮、篓、笼之属。《急救篇》有："筵、箪、箕、筹、筐、篋、篓"，《方言笺疏》有："箪、篓、籯、筥，籧也。"高诱注："圆底曰籧，方底曰筐，皆受桑器也。《月令》作籧筐，《淮南》则训作莒筐。籧并与莒通。"

籧，淇水名也。籧、其通语也。郭璞注：籧，古莒字。籧与其通。在漫长的原始采集和狩猎阶段，采集、运送、储藏，都需要这类盛物器。因此，对苏埠屯徽文的解读，还是回到《西清古鉴》的论断："按綦、其、基古文相近……又荀子目欲綦色耳，欲綦声注谓綦或为其"，把苏埠屯徽文释作"其"。

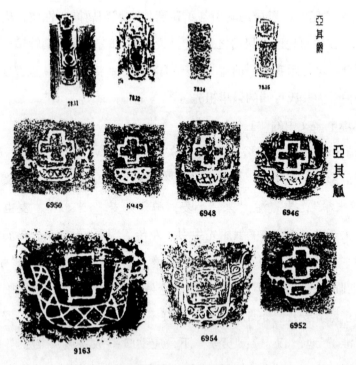

妇好墓出土的"亚其"器

古文"其"读"己"声。《诗》:"彼其之子",《左传》《晏子春秋》及《韩诗外传》均作"彼己之子",郑笺:"其或作记,或作己,读声相似。"戴家祥在《金文大字典》中说:"忌从己声,己、其声同。"

商时的"其""亚其"是与商王关系十分密切的国族,一期卜辞及妇好墓中的大量"亚其"器可证。而史学家认为"其""亚其"是伯益之后。

如邹衡先生言:"甲骨文中的'其'字,恰好是'冉'字的倒置,看来冉、其二字都是土笼的象形。"并认为冉、其均与取土治水有关。古"益"字是"冉"字上加一个草头,他进而认为伯益与冉、其二氏有族源关系,冉、其二氏都是伯益后裔。[1] 而对此问题进行详细论证的是王永波先生,他引证《史记》"益让帝禹之子启,而辟居箕山之阳"和《孟子》"益避禹之子于箕山之

---

① 邹衡:《夏商周考古学论文集》,文物出版社 1980 年版,第 286、288 页。

阴"后，说："伯益所避居的箕山与禹避商均之城阳属同一性质，应为伯益部众东夷族人在中原地区的聚居之地。"又说："益都有箕山、箕岭镇……益与箕的两次偶合或可提示我们：伯益与箕氏可能有某种亲缘关系；益都或为伯益之故地……伯益为其氏可知的最早祖先。"①

4.苏埠屯徽文中的"三矢"

《西清古鉴》对徽文多注"格上三矢"。《世本》："夷牟作矢。"夷，东夷；牟，东夷的地名、氏族名。《禹贡》有"莱夷作牧"，牧、牟音同义同。《诗》曰："贻我来牟"，朱熹注："来，小麦；牟，大麦。"来、牟，麦也，因此来与牟通。关于"莱都"，王献唐先生引《左传》"莱子不会，故晏弱城东阳以逼之"后，认为："左氏传注'东阳，齐境上邑'，《路史》谓之青州之临朐，《通典》谓临朐有东阳城。"王先生的结论是："那时的莱都，既距临朐东境甚近，临朐东南界安丘，东北界昌乐，无疑不在安丘，便在昌乐。"安丘、昌乐古"维（淮）"地，《汉志》："夷安"下，应劭曰："故莱夷，维邑。"维，即潍也。昌乐近邻寿光有牟城，《续山东考古录》："寿光县故城在东北二十里，俗曰牟城。"总之，莱、牟故地在潍水流域。夷牟，为东夷少昊后，也为伯益族团。

《史记·五帝本纪》载：黄帝"东至于海，登丸山，及岱宗。"《史记·封禅书》载："黄帝封东泰山，禅凡山。"《地理风俗记》曰：丹山在西南，丹水所出。《临朐县志》："纪山，即丹山，或作几，或作丸，或作凡，传写之误。"丸山，是黄帝亲临的东方圣地。丸（丹）山，也是丹水的源头。丸、凡古字为"乩"字，甲金文为"𠬝"，"乩"读"己"音，因此丸山又称"纪山"。"自古受命之王，曷尝不封禅"，看来位于东西丹水流域的古斟灌地，从黄帝始，历代隆盛之王就不断来此封禅。

古己国的益都故地，有箕山、箕岭，有巨昧，有牟城；古卫地有淇水、

① 王永波：《"己"识族团考》，《东夷古国史研究》第二辑，三秦出版社1990年版。

淇山、淇县，有牧野，有妹邦。而妹、沬、昧、麦与牟、沫、牧、鲧同源。淇、昧、沬也读"己"音。《楚辞·离骚》："芬至今犹未沫"，王逸注："沫，己也。"益都古己国地是伯益的故乡，而卫地是伯益政治活动中心。

5. 秦与伯益

伯益是秦祖，而秦地有沣水，有雍邑，顾颉刚先生曾对沣水和雍邑之名做过详细考证，其结论：沣即淮，雍即淮，"这个水名和邑名都是在周公东征之后，原来居于潍水流域的鸟夷族西迁后的新名词。……恶来这一族被迫迁移到渭水流域，于是本在东方的'淮'、'潍'水一名西迁了"[①]。恶来，伯益后。这也表明伯益族原本住在潍水流域，潍淄地区，即古纪国地，是伯益族的大本营。

6. 苏埠屯墓主是伯益族的后人

伯益族团与殷商王朝有非常密切的关系。《史记·秦本纪》载："大费生子二人：一曰大廉，实鸟俗氏；二曰若木，实费氏。其玄孙曰费昌。""费昌当夏桀之时，去夏归商，为汤御，以败桀于鸣条。"费昌是汤灭夏时的功臣。费昌归殷，不是他一个人，按《博物志》"于是费昌徙族归殷"的说法，是他带领族人归殷。《史记·秦本纪》又曰："大廉玄孙曰孟戏、中衍，鸟身人言。帝太戊闻而卜之使御。吉，遂致使御而妻之。自太戊以下，中衍之后，遂世有功，以佐殷国，故嬴姓多显，遂为诸侯。"大廉玄孙孟戏、仲衍，为太戊御者，因深得太戊帝喜爱，授以官职、妻以宗女。从此，伯益族与殷王室结为姻亲，伯益其族与殷王室不仅有君臣关系，还有姻亲关系，这样伯益族人和殷王室的关系，就非同一般，亦即"中衍之后，遂世有功，以佐殷国，故嬴姓多显"。

汤时费昌，太戊时孟戏、中衍，直到纣时的费仲、恶来、飞廉，伯益后人陆续成了商王朝的重要臣僚。

---

① 顾颉刚：《鸟夷族的图腾崇拜及其氏族集团的灭亡》，转自《古史考》，海南出版社2003年版，第108页。

纣时，王朝中还有重要人物，即箕子。《史记·宋微子世家》："箕子者，纣亲戚也。"马融、王肃以箕子为纣之诸父，服虔、杜预以为纣之庶兄。马融曰："箕，国名也；子，爵也。"金文中有"冀"国，郭沫若认为即箕子的国邑。王国维谓"冀"即春秋之纪国，其地在今山东寿光南。"箕子可能就是在商王朝供职而其封地在今山东境内的'冀'的一个贵族。"[1]箕、冀的本字为"其"，箕子也是伯益后。

王蕴智先生云："殷周时代的'其'族是一个世家大族，《集成》即著录有诸多形式。该族的族称及该族首领人物的活动，在不同时期的甲金文中都有所反映，其最早盖可追溯于商王武丁在位之时。"[2]

其为箕的本字，其族称为亚其（箕）。在妇好墓中曾出土了二十一件铜器。"这一族领有夊（疑）地。此族的夊从二期卜辞可知，担任过祖庚、祖甲的贞人。其后人遂以'亚其夊'作为族氏名。这一族氏的铜器屡见于殷墟，又有它和商王一起祭祀的记载，说明冀是商王的同姓贵族。冀就是箕子之箕。《史记·宋（微子）世家》称他是'纣亲戚'……这个族氏名的沿革情况表明，商王的同姓贵族历来掌握着商王朝的大权。上面提到的亚冀夊、亚毕、亚雀，都是商王的近亲，都是中央王朝的职官，同时，又有自己的领地，是自己的管辖地的领导。"[3]

（六）青铜器中的祖己

1.《集成》06489，铭文为："其史作祖己宝尊觯"，是其氏国族的史官为祖己作的彝器。尽管这位其氏国族的史官，与祖己的关系不甚明确，但其史既然为祖己作器，表明其史、其氏族团与祖己有着紧密的关系，这种关系很可能

---

① 顾颉刚、刘起钎：《尚书校释译论》，中华书局 2005 年版，第 1144 页。

② 王蕴智：《殷商箕族渊源考订》，《高敏先生七十华诞纪念文集》，中州古籍出版社 2001 年版，第 64—78 页。

③ 张亚初：《商代职官研究》，《古文字研究》第 13 辑，中华书局 1986 年版。

是血缘关系，但也有可能是地缘关系。伯益与其氏族在弥水流域，因此，祖己跟弥水流域也肯定有关。

U6489

2. "鱼祖己"瓲

《考古》1999 年第 12 期发表了《山东青州市发现"鱼伯己"铜瓲》一文，张懋镕先生认为该文对铜器铭文的释读不确切，该器（见左图）中的第二字不是"伯"，而是"祖"，因此，应更名为"鱼祖己"瓲。① 此铜器于1973 年 5 月出土于青州弥河公社涝洼村。今青州弥河公社（弥河镇）与苏埠屯同属弥河流域，相距很近。尽管目前对"鱼族"的地望，对鱼族与祖己的关系了解甚少，但这件有祖己铭文的铜器出土于苏埠屯附近，是苏埠屯大墓与祖己相关的一个有力证据。

① 张懋镕：《"鱼伯己"瓲应为"鱼祖己"瓲》，载《考古》，2002 年第 5 期。

3. 冉其作祖己器

释文
亚馀历作且（祖）
己彝

《集成》05866   《集成》02245

《集成》05866，铭文为："作祖己宝尊彝冉。"冉是商时的一个重要氏族，已发现该族铜器有一百五十多件。冉族与伯益族有关，如邹衡先生所言："甲骨文中的其字，恰好是冉字的倒置……冉其二氏应为伯益族的一个分支。"[①]《集成》05866表明，冉氏族为祖己作器，冉其又同为伯益后裔，再次证明祖己亦为伯益后。

《集成》02245铭文为"亚馀厤作祖己彝"。此器的族徽名为"亚馀"，于省吾云："梌，应读作馀。梌、馀并谐余声。"[②]梌、馀及徐、涂音同，其本字都是余。徐夷即淮夷，《左传·昭公元年》："周有徐、奄。"贾逵、杜预注："徐，淮夷。"又《史记·秦本纪》正义引《括地志》："古之徐国，即淮夷也。"

淮夷祖地在潍水流域，顾颉刚先生考证：潍水之"潍"就是因淮夷所居而得名。[③]因此，徐夷、淮夷皆为嬴姓伯益后，亚馀也是伯益后裔。祖地为潍水

---

① 邹衡：《夏商周考古学论文集》，中华书局1980年版，第286—288页。

② 于省吾：《甲骨文字释林》，中华书局1979年版，第74页。

③ 顾颉刚：《徐和淮夷的迁、留——周公东征史事考证四之五》，《文史》第32辑，1990年。

流域的亚醜族人为祖己作彝器，也证明祖己与潍淄地区、弥水流域有关。

（七）族谱中的祖己

欧阳修《新唐书·宰相世系表》："薛氏出自任姓。黄帝孙颛顼少子阳封于任，十二世孙奚仲为夏车正，禹封为薛侯，其地鲁国薛县是也。奚仲迁于邳，十二世孙仲虺，复居薛，为汤左相。臣扈、祖巳皆其胄裔也。祖巳七世孙曰成，徙国于挚，更号挚国。"在该世系表任姓中对祖己（巳）说得更具体，即"太戊时有臣扈，武丁时有祖巳"。

按欧阳修所说，祖己是奚仲、仲虺之胄裔，出自任姓。而奚仲、仲虺为颛顼之后。奚仲为夏车正，仲虺为汤左相。而《史记》说伯益祖为帝颛顼之苗裔，伯益孙费昌为汤御（驾驭车马、侍从）。奚仲、仲虺出自任姓，任即有仍。

前引《左传·哀公元年》："昔有过浇杀斟灌以伐斟寻，灭夏后相，后缗方娠，逃出自窦，归于有仍，生少康焉。"寒浞灭后相，后相妻逃回娘家有仍，生少康。有仍即任姓。《左传·桓公五年》载："天王使仍叔之子来聘"，而《穀梁传》把"仍叔"写作"任叔"，陈槃先生云："仍、任声相近，或是一地，犹甫、吕，虢、郭之类。案《地理志》：东平有任县，盖古仍国。"[1]

有仍（任）与斟灌、其地有很深的历史联系。后相居斟灌，也意味着有仍氏居斟灌；寒浞灭斟灌、斟寻，杀后相，后相妻由斟灌逃回有仍，也意味着部分斟灌、斟寻人护送后相妻逃到了有仍。斟灌、斟寻的姒姓即己姓；任姓也本己姓，《路史》云："任，伯爵。本己姓。"斟灌、斟寻与有仍、与任姓，历史上有某种姻缘或地缘关系是肯定的。把武丁时的祖己归到任姓之后，与祖己是斟灌、斟寻之后，是伯益之后，并不相矛盾。

《新唐书》"祖巳七世孙曰成，徙国于挚，更号挚国。"青铜器有"己成"或"成己"器，见下图。己是姓，成是名。

---

① 陈槃：《春秋大事表列国爵姓及存灭表撰异》，上海古籍出版社2009年版，第1252页。

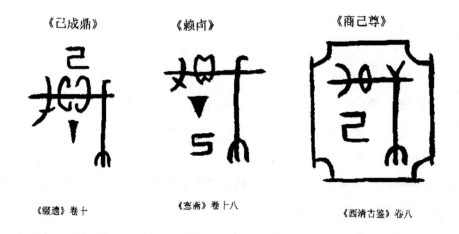

《己成鼎》　　　　《赖卤》　　　　《商己尊》

《缀遗》卷十　　　《愙斋》卷十八　　　《西清古鉴》卷八

因这些铜器的出土地点不详及断代有困难，这个成己与祖己的关系不详，但有一点可以肯定：都是己氏之器。成迁于挚，苏埠屯墓地出土多件为"挚"作的器，说明商时苏埠屯墓地，亦即弥水流域，与挚有关。前述青州寿光呙宋台之"呙"，是"卨"的简体，卨、偰、傻、契、挚，古字通。呙宋台早就以契、挚为名，成迁于挚，是承继原名。杜在忠先生认为："虽然呙宋台遗址有丰富的西周遗存，但它是在晚商基础上发展起来的。是百平方米的遗址，其规模较之今天大型村镇也远远超过，这里自晚商以来就应属一处上层显贵的住地。联系到苏埠屯墓葬群，尤其一号墓的规模，显然只有此两者是相匹配的。"① 杜先生把晚商的苏埠屯墓地与呙宋台遗址联系起来，视为一古国族的统一体，是很有见地的。苏埠屯的高规格墓地，预示着苏埠屯附近必有一显贵的国族，而相距苏埠屯只有近十公里的呙宋台，很可能就是苏埠屯墓地主人的城邑。

---

① 杜在忠：《杜在忠学术文存》，文物出版社2014年版，第108页。

也说伯夷与伯益

《中国覃氏通书》中记载，覃氏族人编写的一些覃氏族谱中，把商末周初的伯夷、叔齐列为覃氏祖先，把舜、禹时代的伯益列为覃氏的始祖。

据河南新蔡县文联主席谢石华介绍，他通过查阅大量的历史资料，发现新蔡县的"天下第一井"，是因伯夷首先发明了凿井术而开凿的。

但《世本》明载"伯益作井"，"化益作井"，谢石华先生把作井者"伯益"变成了"伯夷"。

目前族氏文化研究中，把伯夷与伯益混淆的情况并不罕见。其实这个问题古史研究中也存在。

丁山先生在《古代神话与民族》一书中说：炎帝为火师，"夫而后知火师即掌火，掌火即山虞。故《管子·立正》，省官'修火宪，敬山泽，虞师之事也'。虞烈山泽，故炎帝又有烈山氏之号。但《尚书·皋陶谟》则谓之虞云：'帝曰，俞！咨！益！汝作朕虞。'《孟子·滕文公》则谓：'舜使益掌火，益烈山泽而焚之，禽兽逃匿。'"①这样，伯益掌火、烈山，就与烈山神炎帝联结在一起了。

《论衡》："禹、益并治洪水。"《史记·夏本纪》载："禹乃遂与益、后稷奉帝命，命诸侯百姓，兴人徒以傅土，行山表木，定高山大川。"《论衡》《史记》说佐禹治水的主要是伯益，或者说禹与伯益、后稷行山表木，定高山大川。但

---

① 丁山：《古代神话与民族》，商务印书馆 2005 年版，第 395 页。

《国语·周语》说：禹治洪水，"共之从孙四岳佐之，高高下下，疏川、导滞"。《史记》说四岳"伯夷之后"，"佐禹平水土甚有功"。文献中把佐禹治水者的伯益、伯夷，混淆在一起了。

关于嬴秦之祖，《史记·秦本纪》：秦之先，帝颛顼之苗裔孙曰女脩，女脩生大业，大业子大费，大费即伯益，舜赐姓嬴氏。但《文选》中班固《幽通赋》："嬴取威于伯仪兮"，"嬴，秦姓，伯益之后"，把嬴姓作为伯益之后。

另外，有的学者考证，皋陶即伯夷。童书业先生在《五行说起源的讨论》一文中说："《尚贤中》云：'若天之所使能者谁也？'曰：'若昔者禹、稷、皋陶'是也，先王之书《吕刑》道之曰：'乃名（命）三后恤功于民：伯夷降典，哲（折）民惟刑；禹平水土，主名山川；稷隆（降）播种，农殖嘉谷。三后成功，惟假（殷）于民。'据此，是皋陶即伯夷也。"[①]杨宽先生引《吕刑》"伯夷降典，折民惟刑"和《淮南子》"故皋陶喑而为大理，天下无虐刑"后说："此证之职司，可知伯夷、皋陶为一神也。"所以他的结论就是："许由即伯夷，又即皋陶，既证之矣；则伯夷亦即皋陶也。"[②]

但皋陶为偃姓，《帝王世纪》载："皋陶生于曲阜。曲阜，偃地，故帝因之而赐姓曰偃。"偃姓，少昊之后。伯益，嬴姓，《说文》：嬴，帝少昊之姓也。偃、嬴同为少昊后，偃、嬴乃一声之转。皋陶、伯益同姓，均为少昊后裔。《尚书正义》："益，皋陶子也。"

伯夷为姜姓，西方之人，皋陶为偃姓，东方之族；伯夷为炎帝后，皋陶为少昊后。如果伯夷即伯益，伯益为皋陶子，这中间的矛盾太多，关系很难理顺。但如杨宽先生所说："盖皋陶、伯夷与伯益传说之淆混，由来久矣。"这种混淆在远古时代有其客观必然性。五帝时代，据目前传世文献、考古资料证之，文字系统还不够发达，历史故事的传承靠的是口耳相传，也就是靠"音"而不是靠"文"。在这种大背景下，"伯夷"与"伯益"，由于音同，两人事迹

---

① 童书业：《童书业史籍考证论集》，中华书局 2005 年版，第 616 页。
② 杨宽：《中国上古史导论》，上海人民出版社 2016 年版，第 247、248 页。

混淆就具有必然性。如杨宽先生说的："伯益本东方民族之祖先，乃或作伯夷，而《路史》亦以《山海经》之噎鸣即伯夷。盖益、翳、噎俱与夷音近。西羌民族之祖先伯夷……与伯益之为鸟神者绝不同，乃以音近而相混淆。"①

因伯益与伯夷音同，所以在口耳相传时代，两者出现了混淆。这是伯益与伯夷相混的一个重要原因，但不是全部原因。因时空变化，两者相混还有更复杂的背景和渊源。比如"共工"。《山海经·海内经》曰："炎帝之妻……生祝融。祝融降处于江水，生共工。……共工生后土，后土生噎鸣。"由此可知，共工是炎帝、祝融后，为姜姓。共工从孙为噎鸣，噎鸣即伯夷，并且把"祝融"放到炎帝系。但《左传》载："少皞氏有不才子……天下之民谓之穷奇。"《左传》说穷奇之行云："靖谮庸回"；《尚书·尧典》言共工之行云："静言庸违。"其事既同，知穷奇即共工，所以杜预注穷奇"即共工"。两文献的记载有矛盾，按《山海经》说，共工乃炎帝后，姜姓，西羌人；按《左传》说，共工乃少皞后，己姓或嬴姓，东夷人。

又比如"四岳"。《国语·周语》曰："共之从孙四岳佐之"，"祚四岳国，命以侯伯，赐姓曰姜，氏曰有吕。"这里共工的从孙四岳即伯夷，把伯夷与四岳视为一人。陈槃先生云："伯夷、四岳，或以为一人，或以为二人，或则以伯夷为四岳之族，或则以为四岳之父，纷论无定。"②但可以肯定的一点是，伯夷、四岳皆姜姓，即《国语·郑语》"姜，伯夷之后也"，《国语·周语》"祚四岳国，命以侯伯，赐姓曰姜"。而姜，西羌种也，如顾颉刚先生言："姜之与羌，其字同源，彼种盖以羊为图腾，故在姓为姜，在种为羌。"③

但文献中又有四岳即羲和四子说。《尚书·尧典》："乃命羲和，钦若昊天，历象日月星辰，敬授人时。"孔安国注："四岳，即上羲和之四子。分掌四岳之诸侯，故称焉。"孔安国还说："重黎之后羲氏、和氏世掌天地四时之官，故尧

---

① 杨宽：《中国上古史导论》，上海人民出版社 2016 年版，第 282 页。

② 陈槃：《春秋大事表列国爵姓及存灭撰异》，上海古籍出版社 2009 年版，第 816 页。

③ 顾颉刚：《史林杂识初编》，中华书局 1963 年版，第 36 页。

命之。"羲和是重黎之后，而重黎是东夷首领颛顼之后，《山海经·大荒西经》载："颛顼生老童，老童生重及黎，帝令重献上天，令黎邛下地。"《世本》云："颛顼产老童，老童产重及黎。"因此，四岳乃东夷首领颛顼之后，而颛顼是少昊孺子，如《山海经·大荒东经》："东海之外有大壑，少昊之国。少昊孺帝颛顼于此。"照此说，四岳乃东夷族人。这就与前说四岳乃西羌种大相径庭。

　　文献中的这些矛盾，是由多种原因造成的，其中一个重要原因即氏族、部落的迁徙和融合。比如炎帝，炎帝姜姓，《说文》："羌，西戎，牧羊人也。"王献唐先生考证："炎帝牧羊之族，初本名羊，羊亦作羌，或书羊为羌。"[1]炎帝源自西方，但炎黄大战后，这个氏族部落不断东进，《帝王世纪》："炎帝自陈营都于鲁曲阜。"东夷人也不断西进，《帝王世纪》："颛顼始都穷桑，徙商丘（帝丘，今濮阳）。穷桑在鲁北。"尔后，炎黄两族不断融合，而融合的一个重要途径即婚姻。史载：帝喾四妃，长曰姜源。帝喾，东夷首邻，姜源，炎帝族裔。"昌意娶浊山，颛顼娶邹屠，老童娶根木，夏禹娶涂山，皆炎裔。""炎、黄二族之昏（婚）媾既通，其（黄帝）制服炎族最巧妙有效之术，即以炎裔妾妃所出还治其地也。……乃以己之亲支分封各地，统治之，监视之，使之不得叛，不能叛。"[2]如此，炎黄大战后，炎、黄族裔就错综复杂地交织在一起。炎帝后裔巨、伯陵、祝庸成了黄帝臣。而且同一官职，有时是炎帝后，有时又是黄帝后，比如"颛顼生老童，老童生祝融"[3]，但《山海经·海内经》又载：炎帝妻生炎居，炎居生节并，节并生戏器，戏器生祝融。说明黄帝、炎帝后都曾任过火正祝融之职。这类记载，到后世就容易产生混乱。

　　再就是同样的官职，不同时代由不同的人担任，若离开时代的严格序列研究人和事，就容易把官职名和人名混淆。

　　《国语·楚语》云："及少皞之衰也，九黎乱德……颛顼受之，乃命南正重

---

① 王献唐：《炎黄氏族文化考》，齐鲁书社 1985 年版，第 45 页。
② 王献唐：《炎黄氏族文化考》，齐鲁书社 1985 年版，第 53 页。
③《山海经·大荒西经》。

司天以属神，命火正黎司地以属民……尧复育重、黎之后，不忘旧者，使复典之。经至于夏、商，故重、黎氏世叙天地。"颛顼、尧以至于夏商时管天地的官，是由不同的人担任的。如《史记·楚世家》："重黎为帝喾高辛居火正，甚有功，能光融天下，帝喾命曰祝融。共工氏作乱，帝喾使重黎诛之而不尽。帝乃以庚寅日诛重黎，而以其弟吴回为重黎后，复居火正，为祝融。"重黎为火正，火正为祝融，这里的"祝融"为官号，因此重黎被诛，吴回任火正，吴回成为祝融。

关于"共工"，陈槃详考史籍后曰："然共工匪一，有颛顼时之共工，有高辛时之共工，有尧时共工，有舜时共工，有禹时共工，或曰伏羲、神农时亦有共工。"①因此，文献中很多情况下的共工，是官名，不是具体的人名。

---

① 陈槃:《春秋大事表列国爵姓及存灭表撰异》，上海古籍出版社 2009 年版，第 288 页。

对周烹齐哀公真相的政治分析

《竹书纪年》：周夷王三年，"致诸侯，烹齐哀公于鼎"。也就是周夷王把众诸侯召到京城，并当着众诸侯的面，把齐哀公扔到开水沸腾的鼎里煮了。

初登帝位不久的周夷王，为什么对有大功于周的齐太公之玄孙，用这种极端方式处以死刑？诸史书都语焉不详。

齐国人写的《春秋公羊传》曰："哀公烹乎周，纪侯谮之。"是说"周烹齐哀公"是因为纪侯告状、诬陷。但纪侯告的是什么状，诬陷的是什么罪，史书均无直接答案。经史学家对此有些推测，主要是说齐哀公淫乱。《毛诗正义》中《齐风·鸡鸣》的注疏认为："思贤妃也"，"哀公荒淫怠慢"，"哀公荒淫女色，怠慢朝政"。诸侯淫乱，在那个时代，虽然不德，但不是罪。即便齐哀公有违周礼，不管多么严重，也不至于用这种酷刑处之。

在研究这一历史悬案中，有的学者认为周夷王此举是为了杀一儆百，"他为了竭力重振周王室之声威，竟极其残忍地烹齐哀公，以为杀一儆百，使周天子重新树立权威，但结果使诸侯离心离德"。[①]但《史记·周本纪》载："孝王崩，诸侯复立懿王太子燮，是为夷王。"说明夷王燮深得众诸侯的拥戴，是众诸侯把他扶上帝位的。另外，《左传·昭公二十六年》载：武王克殷，成王靖四方，康王息民，"至于夷王，王愆于厥身，诸侯莫不并走其望，以祈王身"。把夷王与武王、成王、康王并列，并说他身体有疾时，诸侯祭祀山川，为夷王祈福，

---

① 郭伟川：《两周史论》，北京图书馆出版社 2006 年版，第 287 页。

说明周夷王在诸周王中，是个贤德之人，深受众诸侯的爱戴。

总之，周夷王烹齐哀公，看来不是因为他淫乱，也不是为了树立威望杀一儆百，而是有复杂的政治背景。

一、懿、孝、夷三王的王位传承不正常

《史记·周本纪》载："懿王崩，共王弟辟方立，是为孝王。孝王崩，诸侯复立懿王太子燮，是为夷王。"懿王、孝王、夷王三王的承继问题，可谓有违宗法礼制，极其反常。懿王崩，懿王的叔父辟方立，是为孝王。叔叔承侄子的王位，这既不是父死子继，也不是兄终弟及，有违夏、商、周礼制，这是其一。其二，孝王崩，"诸侯复立懿王太子燮，是为夷王"。这个"复立"二字太重要。所谓"复立"，一种含义就是懿王崩后，按照"父死子继"的传统，应由太子燮继位，但因某种原因，太子燮未能继王位，现孝王崩后，复立太子燮继王位。还有种可能，即懿王崩后，太子燮继承了王位，后被废黜，孝王崩后，又"复立"。

总之，懿王、孝王、夷王的王位继承，与传统礼制不合，存在异常现象。这异常现象的背后，必然隐藏着史不能言的政治原因和运作。但对这一反常态的政治乱象，经史学家一直没有正面质疑和分析判断。《毛诗正义》引徐广言："夷王上有孝王，书传之文不言孝王者，有大罪去国。"徐广言孝王有大罪，但何罪？无解。到了清代，崔东壁在《丰镐考信录》中言："懿王之崩，子若弟不得立而立孝王，孝王之崩子又不立而仍立懿王子，此必皆有其故。"[①]崔东壁指出，懿、孝、夷王位继承反常，"此必有其故"。其中的缘故，崔氏没有解释。

近代学者对此提出质疑的是胡澍咸先生，他在 1967 年写的《蔡簋考释》一文中说："懿王死，太子燮未得继立，而孝王立为王。懿王的太子为什么未

---

① 崔述撰著，顾颉刚编订：《崔东壁遗书》，上海古籍出版社 2013 年版，第 234 页。

能继他的父亲为王呢？从孝王死，诸侯复立懿王太子燮为王看，这当是由于懿王死时太子燮年幼，孝王乘机篡位。孝王死，孝王子又未得位，而诸侯复立懿王子燮为王，此时显有争夺王位的斗争，夷王乃是藉诸侯之力始得立为王的。"胡澱咸先生明确指出：三王的王位承继中，"显有争夺王位的斗争"，"孝王乘机篡位"。①

二、关于孝王篡位

美国学者倪德卫、夏含夷从另一个角度，对有关史料进行解读，似乎触及了问题的本质。

倪德卫在《克商以后西周诸王之年历》一文中说："孝王可能于前882年即已开始掌权，《竹书纪年》谓前881年懿王'迁于槐里'，这恐怕并非自愿。令孝王掌权的情势显然是，懿王无能，继位未久即逊位或遭放逐。"②

夏含夷说："这些史料揭示，尽管懿王在位时间明显较长，他死后王位继承是不正常的，王位落入他叔叔手中，而不是后来才继位的夷王。倪德卫因此提出孝王的'僭位期'事实上在懿王死前就开始了。虽然在传统史料中找不到支持这一看法的明确证据，却有一些片段按照这种看法可以讲得通。例如《竹书纪年》记录了西方敌人对周都地带的不断入侵：'七年，西戎侵镐。十三年，翟人侵岐。'在记载这些入侵后，《竹书纪年》轻描淡写地提到'十五年懿王从都城宗周迁到一个叫槐里的地方'。"③

对懿王所迁之"槐里"，《世本四种》："懿王自镐徙都犬丘，一曰废丘，今槐里是也。"犬丘，即周王室的养马场，《史记·秦本纪》："非子居犬丘，好马及畜，善养息之。犬丘人言之周孝王，孝王召使主马于汧、渭之间，马大

① 胡澱咸：《甲骨文金文释林》，安徽人民出版社2006年版，第261页。
② 倪德卫：《克商以后西周诸王之年历》，朱凤瀚、张荣明编：《西周诸王年代研究》，贵州人民出版社1998年版，第385页。
③ 夏含夷：《西周诸王年代》，朱凤瀚、张荣明编：《西周诸王年代研究》，贵州人民出版社1998年版，第278页。

蕃息。"

倪德卫、夏含夷先生均认为，周懿王还健在时，即懿王十五年，孝王已篡夺了王权，即倪先生说的"孝王的'僭位期'事实上在懿王死前就开始了"。①"僭位"就是冒用天子的职权行事，《公羊传》有"诸侯僭于天子"。倪、夏二位先生的推断，具有一定的合理性。

另外，从史料记载看也有矛盾。《竹书纪年》："元年辛卯春正月，王继位。……九年，王陟。"但《太平御览》卷八十四引《史记》"孝王在位十五年""九年，王陟"，表明继位前，已经执掌王权，占据王位。

"七年，戎人侵镐"，"十三年，翟人侵岐"。戎和翟人，都是西方的少数民族。西戎侵周，七年进犯到镐京，十三年，翟人侵岐。在这种危险的形势下，十五年"懿王自镐徙都犬丘"。西戎、翟人东犯，懿王应由镐向东迁移，而且镐京东面有很多像样的都邑，为什么迁到镐京西面的荒漠之地，迁到戎、翟人的活动地域，迁到周王室的养马牧场？因此，把懿王十五年，懿王由镐京徙都槐里，理解为被孝王及其同党驱逐出王宫，流放到槐里，是很有道理的。

对懿、孝、夷三王的王位继承中的反常现象，何幼琦先生看得更透，他对辟方"立"说："当懿王太子尚在，即王族的大宗未绝的情况下，他（辟方）是无权继承王位的。孝王的'立'当系篡位夺权后的自立为王。根据近年出土《王臣簋》和《柞钟》推算，懿王在位只有两年，结合太子燮逃到诸侯一事考察，辟方一定是经过流血的政变才能实现夺权的，懿王多半是在政变中被杀害了。"②

（一）青铜器的信息

懿王在世，被放逐犬丘，大权旁落，孝王在镐京篡位掌握实权。这个过程绝不是风平浪静、一帆风顺的，而是充满尖锐的武力冲突和斗争，就像何幼

① 按倪德卫先生推算，懿王于前881年"迁于槐里"，孝王于前882年已开始掌权。而懿王死于前872年，这就是说，在懿王死前十年，孝王已经"僭位"，已经篡夺了王权。
② 何幼琦：《西周四世轶史初探》，《江汉考古》，1983年第2期。

琦先生说的"是经过流血的政变"。传世文献中对这段极不寻常的历史只字未提，但从青铜器铭文中，可以看到一些蛛丝马迹。

1. 懿王在世，孝王篡权，这中间两王并存，如倪德卫说的"孝王在位九年实际上有四年和夷王在位的年数相重叠"[①]。与此年代相关的铜器有《此鼎》（《集成》02821~02823）和《十三年兴壶》（《集成》09723~09724），而赵光贤先生曰："按自恭、懿以来，金文用殷正甚少，几于全用周正。降至夷世，独《此鼎》与《十三年兴壶》用殷正。"[②]这就说明懿、夷交接期间，两王名义上曾同时在位。

2.《燮簋》铭文有："王令燮在市、旅。"（《集成》04046）为什么懿王不让太子燮在宫中，而让燮在"市"或"旅"中？说明懿王在位时，宫廷内政治斗争已经十分尖锐，为太子安全计，让他远离政治中心，居留在可信赖的诸侯的地盘。

3. 孝王逐懿王于犬丘（槐里），是名副其实的宫廷政变，在此前后，懿王和孝王两个阵营，必有权力的明争暗斗。宫廷的卿士王官及各路诸侯，也必有个选边站队问题，而双方政治较量的主要筹码是军事实力。由于对青铜器的断代十分困难复杂，一件无纪年的铜器属于哪位王，可以说是众说纷纭。但从铜器铭文中的历史人物及其相互关系，能大致判断出历史事件的梗概。用此方法，可以对懿、孝、夷王的历史变革作些梳理和分析。

（1）关于益公

彭裕商先生在《西周青铜器年代综合研究》一书中，列出与益公及相关人物的铜器《师晨鼎》《王臣簋》等四组十八件。这十八件中，史官多为"史年"（"年"或释为"尤"），有时为"尹"，相关人物有：司马共、师俗、师晨、宰曶。[③]《王臣簋》铭："王各于大室，益公入右，王臣即立中廷。"表明益公地

① 倪德卫：《克商以后西周诸王之年历》，载《西周诸王年代研究》，贵州人民出版社1998年版，第383页。

② 赵光贤：《武王克商与西周诸王年代考》，载《西周诸王年代研究》，贵州人民出版社1998年版，第311页。

③ 彭裕商：《西周青铜器年代综合研究》，巴蜀书社2003年版，第363、364页。

位显赫，位在王臣之上。所以张闻玉先生曰："益公实共王、懿王之重臣，忠于共懿父子。""差不多终懿王之朝，益公都是一位大权在握者。"[1]

《师永盂》铭文大意为：益公传周王的命令，把陕西洛河南北的边疆土地分给师永（人名），当时有邢伯、荣伯、尹氏、师俗父、遣仲等五人在场听命。益公还命令郑司徒等人邢界、监理分封给永的赏田。韩巍先生指出：益公为最高军政长官，邢伯为冢司马，荣伯为司土，尹氏是史官之长，师俗父曾任司寇，单伯曾任司徒，等等，其官职的重要程度是排名先后的依据。[2]刘源先生说："以井氏宗子（井伯）身份担任王朝大司马，从五祀卫鼎、师永盂等器铭文来看，其政治地位很高，位居三有司等重臣之首，仅次于益公。"[3]

益公手下还有一批掌握军事大权的人，如师询、师俗等，杨宽先生说："益公引导的师询，是高级军官……作为王宫的警卫队长。"[4]这些信息表明，在懿王身边有一个以益公为首的掌握军政大权而效忠他的臣僚团队。

到了孝王时，铜器铭文就不再涉及益公。张闻玉先生说："大概失势了"[5]，实际上是孝王时益公辞世了。夷王时的《鲜钟》铭："毕鲜作皇祖益公尊簋"，表明懿王崩后，益公也去世了。益公是否自然死亡，史料空缺。但益公的离世，使懿、夷王位的稳固和承继，失去了最重要的政治保障，懿、夷王位的异常与益公辞世有直接关系。

（2）关于荣伯

根据陈梦家先生的西周铜器断代，懿王时的执政大臣益公、井公、尹氏、师俗等，在孝王时记述王室活动的铜器中，已经销声匿迹，孝王最得力的卿士

---

① 张闻玉：《共懿夷王序、王年考》，《西周诸王年代研究》，贵州人民出版社1998年版，第335页。

② 韩巍：《西周金文世族研究》，北京大学博士学位论文，2007年，第276—277页。

③ 刘源：《从亲簋铭浅谈西周王朝三有司的任用》，北京大学出土文献研究所编：《青铜器与金文》（第一辑），上海古籍出版社2017年版。

④ 杨宽：《西周史》，上海人民出版社2003年版，第345页。

⑤ 张闻玉：《共懿夷王序、王年考》，载《西周诸王年代研究》，贵州人民出版社1998年版，第335页。

是荣伯、庠伯父。

《康鼎》铭:"王才(在)康宫,荣伯内右康。王命:死司王家。"(《集成》02786)荣伯这时成了孝王的首席执政大臣。孝王召见康,是让他效忠(孝)王,是在拉党结派。

《同簋》铭:"王才宗周,各于大庙,荣伯右同立中庭北乡。"(《集成》04270)孝王接见同时,荣伯担任宾右。

《卯簋》铭:"隹王十有一月既生霸丁亥,荣季入右立中廷,荣伯呼令卯曰:舔乃先祖考死司荣公室,昔乃且亦既令乃父死司莽人,不盄,爰我家窜用丧。今余非敢梦先公又进逑,余懋再先公官,今余隹令女死司莽宫莽人。"(《集成》04327)

陈梦家先生认为:此为荣伯廷见卯下达命书的记录,廷见时有右者荣季,于受命者任经职事,且重加赏赐。与王者廷见之礼相若。①《卯簋》突显了荣伯在孝王朝的至高权力。荣伯像王一样,召见、命职、赏赐臣僚"卯"。此《卯簋》,内含当时政治斗争的重要信息:一是荣氏在孝王朝占有至高地位,荣伯行王的权力,而他的兄弟荣季为宾右;二是荣伯命卯"死司荣公室",即让卯效忠荣氏,誓死效忠捍卫荣氏,同时让卯誓死效忠孝王。此《簋》铭文暗示,荣伯兄弟是孝王篡夺王位的推动者、维护者。

懿、孝王时的荣伯兄弟,是周初的荣公后裔。关于周初的荣公,赵缊先生作过详细考证。他说:"周初的历史有一个特殊现象长期困惑着中外的历史学、考古学家们,金文中周公、召公、毕公之器每每屡见,唯独太公之器阒然无闻。《国语》中有'重之以周、召、毕、荣'、'厉王悦荣夷公'……《风俗通义·姓氏》:'周成王卿士荣(营)伯后',印证了荣、营原一字。"他还说:《国语·晋语》列举文、武王时的"诸位干臣,其中有八虞、二虢、闳夭、南宫适、蔡原、辛尹,最后是周、召、毕、荣,从中找不到这时期关键人物姜太公

---

① 陈梦家:《西周铜器断代》,中华书局 2004 年版,第 223 页。

的影子。如果把营、荣同源的关系连接起来，便会发现最后那个'荣'当即是姜太公。"①

据此，懿、孝王时的荣伯兄弟，很可能就是齐太公五世孙不辰即齐哀公兄弟，亦即孝王篡夺王位，剥夺懿、夷父子王权的主要操纵者、执行者。

（3）关于宰屖父

宰屖父的先辈就是成周八师征东夷的主将。孝王之所以能篡夺王权，身旁必有一群掌握军权的权臣朋党，宰屖父就是孝王身边的一员武将。《害簋》（《集成》04258）载："惟四月初吉王才屖宫，宰屖父右害立。"陈梦家先生考证：屖宫当是宰屖父之宫。"右害立"者，宰屖父为宾右，立于中庭。"王才屖宫"，孝王不在"周宫"，而在"宰屖父之宫"，充分表明了"宰屖父"权位之重。"宰"，王家总管，周孝王在王家总管屖父的宫里处理国事，而宰屖父为"右"。②杨宽先生曰："册命的仪式，受命者居左，同时有引导者居右……作为'右'者都是公卿大臣。"③周孝王时，宰屖父可谓孝王的最得力的贴身总管，掌握着生杀大权。

宰屖父是宾右，是代王行使权力的人。害是武官，孝王赏赐害的物品，按照陈梦家先生考证，主要是武器。这说明宰屖父代王向武官害赏赐武器，是让害为保卫孝王效力。

孝王重臣"宰屖父"乃齐姜之子。《遟父钟》（《集成》00103）铭文有："遟父乍姬齐姜龢林钟。"陈梦家先生考证说："遟父疑即《害簋》的宰屖父……此齐姜，可能为遟父之母。"④也就是说，宰屖父是齐国或者说是齐哀公的外甥。如此说，周孝王的重臣、总管乃齐国女齐姜的儿子。因此，政治上孝王与齐国是最亲密的，也可以说是生死与共的盟友。看来周孝王的一些重大举措，包括

① 赵缊:《姜太公首封地新考》,《管子学刊》, 2002 年第 4 期。
② 陈梦家:《西周青铜器断代》, 中华书局 2004 年版, 第 226 页。
③ 杨宽:《西周史》, 上海人民出版社 2003 年版, 第 343 页。
④ 陈梦家:《西周青铜器断代》, 中华书局 2004 年版, 第 227 页。

放逐懿王、篡夺夷王之权，都与齐国有关。

（4）孝王篡夺夷王位

懿王崩，懿王叔继位，这极不正常。共、懿王在位时，向臣下发布命令，加封臣下官职或赏赐，"都必须由史官起草和宣读文书，并作为档案保存"①。但孝王几次重要的册封礼，如《康鼎》《同簋》《卯簋盖》，对康、同、卯的策封赏赐，只有荣公宾右，无史官出场，也无作册记载，隐含着孝王惧怕史官，惧怕作册记载。

①《蔡簋》（《集成》04340）铭文为：

> 唯元年既望丁亥，王在雖应。旦，王各庙。即立，宰智入右蔡立中庭。王呼史年册令蔡。王若曰：蔡，昔先王既令女（汝）作宰，司王家。今余唯申就乃令。令汝及智疋正对各，从司王家外内。毋敢又（有）不闻司百工，出入姜氏令。毕有见，有即令。毕非先告蔡，毋敢庶有入告。汝毋弗善效姜氏人，勿吏（使）敢又（有）庶止纵狱。易汝玄衮衣、赤舄、敬夙夕，勿遽（法）（废）朕令。蔡拜手稽首，敢对扬天子不显鲁休，用作宝尊簋。蔡其万年眉寿，子子孙孙永宝用。

陈梦家先生释"雖"为"减"，但他又注此字宋人释"雍"。胡澱咸先生将此字释为"水、口、隹"的集合，即"𤽎"，亦即"潍淄其道"的"潍"。这与丁山、顾颉刚先生的考证一致。丁山先生："由《散盘》推之，秦、汉以来所谓'雍水'者，固皆'淮水'之误。"顾颉刚先生曰：《史记·秦本纪》：'德公元年，初居雍城'，秦都所以名'雍'，就因为它在雍水的旁边，正确地说，就因为它在淮水的旁边。而这条水之所以名'淮'，即是表示秦族本居潍

---

① 杨宽：《西周史》，上海人民出版社2003年版，第335页。

（古淮、潍一字）水流域，他们这一族迁到渭水流域的凤翔。"① 关于"应"字，陈梦家先生曰："金文之'应'即《说文》之'庌'，行屋也，屋假作喔。"②

因此《蔡簋》的"王在 应"表明，懿王后期或懿王崩后，懿王或夷王已不像《免簋》《守宫盘》所铭的"王才（在）周"，或《师晨鼎》《谏簋》所铭的"王才（在）周师录宫"，而到了" 应"，亦即雍，亦即犬丘或曰槐里。这里住的不是"宫"，而是"行屋（喔）"，亦即"行辕"，这与《竹书纪年》"十五年，王自宗周迁于槐里"中的被放逐地相吻合。

"唯元年既望丁亥，王在 应。"此器为夷王时器，因此"元年"，可理解为夷王元年。倪德卫说：公元前"868年懿王崩于放逐中，支持夷王的人宣称夷王继位。孝王的党羽最初否认其事"③。

懿王放逐在" 应"，驾崩在" 应"，夷王继位在" 应"。但宗周的孝王依然掌握着实权，因此夷王仍然处在被放逐的" 应"，周的实权被孝王篡夺。夷王依然处在十分危险的境地，《蔡簋》的铭文暗示了这一点："王呼史尤（年）册令蔡。王若曰：蔡，昔先王既令女（汝）作宰，司王家。"这句话的大意是：王呼史尤（年）册令蔡，王对蔡说：昔先王既令汝作宰，专管王家的事，今令你与召主管接待王家宾客及对外联络事宜。史尤（年），是共、懿王时最重要史官，是共、懿王身边最信任的人。

"今余唯申就乃令。令汝及召疋正对各……畢有见，有即令。从司王家外内。毋敢又（有）不闻司百工，出入姜氏令。"这段话的大意是，夷王宣布，命蔡和召你们二位，今后要互相商量、互相监督，共同管好王室内外之事。并要勤勉主管百官听从姜氏的命令。胡澱咸先生说："从前后文意看，似此时周王死，嗣王初立，母后姜氏听政。"

---

① 顾颉刚：《鸟夷族的图腾崇拜及其氏族集团的兴亡》，转引自《古史考》六，海南出版社2003年版，第108页。

② 陈梦家：《西周铜器断代》，中华书局2004年版，第142页。

③ 倪德卫：《克商以后西周诸王之年历》，载《西周诸王年代研究》，贵州人民出版社1998年版，第385页。

"乒有见，有即令。乒非先告蔡，毋敢氒有入告。"胡先生说："这句话是说，凡是来朝见或受命者，必须先报告蔡，不先报告蔡，不能入告母后姜氏。"

"女毋弗善效姜氏人，勿吏敢有氒止从狱。"胡先生云："这是说你要好好教导姜氏人，不要使他们随便拘留从事狱讼的人。"①

在夷王继位或"名义上继位"后，一来夷王年轻，二来孝王及朋党实际上掌握着周的大权，因此饱经政治风雨的姜太后，走上了政治前台，处处替夷王谋划决策。为了王位的安全，王把蔡、召来，册命为王室总管。凡入王室朝廷之人，不经蔡允许概不准入内，表明了政治形势的严峻，也表明了姜太后的政治智慧。策令中"女毋弗善效姜氏人，勿使敢有氒止从狱"一语，意为对姜后娘家人也好，身边人也好，要严管，尤其对狱讼，不要乱用权力。按今日说法，就是对那些上访告状、打官司的人不要随便拘留。因为这时孝王党羽掌握着实权，那些公开觐见夷王上访、告状的多是支持夷王的地方诸侯。太后此举，一方面是自律，另一方面是顺应政治形势和重视民意。②

蔡、召，无疑是姜后信得过的人。蔡在王的左右，此蔡应为蔡国国君。《虘钟》（《集成》00088、00089、00090、00091）表明，己伯子虘的夫人是蔡姬，是蔡国之女。己伯、釐伯，均为虘和夫人蔡姬的父辈。蔡国和纪国、釐国是婚姻之国，互为亲家。召，《召壶盖》有："王呼尹氏册令召，曰：更乃祖考作冢司徒于成周八师，赐汝……用作朕文考釐公尊壶。"（《集成》09728）铭文表明，召的祖父是成周八师的冢司徒，父亲是釐公。成周八师冢司徒，根据《沈司徒疑簋》（《集成》04059）判断，很可能是纪国的先人。召的父亲为釐公，釐国，纪国兄弟之国。这里懿王妇、夷王母姜氏，很可能就是铜器《異孟姜匜》（《集成》10240）中的王妇異孟姜，纪国女。太后启用的两位大管家，一位是纪国的亲家，一位是纪国国君的侄子，显示了夷王时纪国、纪侯在政治

---

① 胡澍咸：《甲骨文金文释林》，安徽人民出版社2006年版，第261—263页。

② 李沣：《探寻寿光古国》，齐鲁书社2011年版，第303、304页。

上的微妙地位。①

②《元年师旋簋》和《十三年痪壶》

孝王篡夺王权，经历了尖锐复杂的斗争，《蔡簋》表明了形势的严峻。另外《元年师旋簋》和《十三年痪壶》，表明了孝王权臣的耀武扬威。

《元年师旋簋》和《十三年痪壶》这两器铭文的信息，与我们上述判断有矛盾。

《元年师旋簋》铭："佳王元年四月既生霸，王在减应，王各庙，即立，迟公入右，师事即立中廷。"（《集成》04279~04282）另外上面谈到，"雒应"是懿王被放逐的犬丘。在《蔡簋》中我们判断"佳元年"是懿王崩后，夷王名义上继位的元年。这里的"王"是夷王。但前面又认定迟公即犀父，而犀父是孝王的嫡系，是孝王身边的一员武将，因此《元年师旋簋》中的"王"就是孝王。孝王携武将犀父，到懿、夷王的"行幄"宣读对师旋的册命令，这极其反常。是上述判断有误，还是孝王和武将犀父故意在懿王崩后，到懿王太子处耀武扬威，干涉抑或剥夺夷王权力的一次行动？这个疑点，还需要进一步探讨。与此相似的还有《十三年痪壶》。

《十三年痪壶》铭："王在成周司土虢宫……犀父右痪，王乎作册尹册易痪。"（《集成》09723~09724）因犀父为右，此王应为孝王。孝王赏赐痪，在司徒虢宫进行。这也极其反常，因为这位司徒虢，也就是《己侯虢钟》中的纪侯，纪侯虢是周王室的司徒，是懿、夷王的嫡系，是孝王及嫡系犀父的对立面。孝王率领嫡系犀父到纪侯司徒虢的宫里进行策命赏赐，有复杂的政治背景和图谋。从当时的政治背景和朋党的关系来看，孝王的这次行动表明，在镐京，孝王的势力占绝对优势。懿、夷王及党徒处于劣势。尽管纪侯虢是周的司徒，在孝王和犀父面前，也不得不忍辱低头。

以上两器勾勒了懿王崩后，宫廷两派针锋相对的政治形势。

---

① 李沣：《探寻寿光古国》，齐鲁书社 2011 年版，第 303、304 页。

（二）文献的暗示

1.《竹书纪年》："元年辛卯春正月，（孝）王继位。命申侯伐西戎。"

《史记·秦本纪》："申侯乃言孝王曰：'昔我先郦山之女，为戎胥轩妻，生中潏，以亲故归周，保西垂，西垂以其故和睦。今我复与大骆妻，生适子成。申、骆重婚，西戎皆服，所以为王。'"申侯之女为大骆妻，大骆为非子父，而"非子居犬丘，好马及畜，善养息之"。

懿王死，孝王篡权后第一件事就是命申侯伐西戎。周懿王死了，懿王太子燮，是篡夺了王权的孝王的心腹之患，因此孝王正式继位后的第一件事就是伐西戎。因为西戎和非子关系融洽，而非子驻地犬丘，即槐里，也是懿王及太子燮的驻地。因此孝王伐西戎是假，威胁、震慑懿王太子燮是真。但这件事并不遂他愿，因为非子是申侯的外甥，他不会真正对非子动武。所以申侯强调："申、骆重婚，西戎皆服"，"西垂以其故和睦"。为此，孝王变换了手法。

2.《史记·秦本纪》载孝王对非子曰："'昔伯翳为舜主畜，畜多息，故有土，赐姓嬴。今其后世亦为朕息马，朕其分土为附庸。'邑之秦。"

对这条史料，史家均正面理解阐述，即非子养马有功，孝王沿袭舜帝的做法，赐土命姓。但若联系懿王居犬丘，孝王"僭位"，孝王与懿王父子尖锐对立等背景，本文怀疑，孝王此举有孤立瓦解夷王之意。非子本在犬丘养马，现孝王赐他的邑地在秦。秦，《水经注疏》：渭水"又径清水城南，又西与秦水合。水出东北大陇山秦谷。"秦水又"历三泉，合成一水而历秦川。川有故秦亭，非子所封也。秦之为号，始自是矣！"《通典》："秦州，今理上邽县，古西戎之地，秦国始封之邑。"秦谷、秦水、秦川、秦亭、秦邑，在天水郡上邽。非子的大本营本来在犬丘（槐里），现在封到了天水。懿王太子燮的主要靠山被孝王转移走了。我认为"邑之秦"三字大有文章。

3.《竹书纪年》："八年，初牧于汧、渭。"孝王九年崩，前一年到非子养马场汧、渭之间放牧狩猎。当时牧猎、田猎，都带有军事演练的性质。汧、渭之间，即犬丘（槐里）的大后方。孝王死前的这一行动，恐怕与居犬丘的夷王有关，有对政治形势、政治权位变动的考量。

三、关于齐哀公之罪

在懿王放逐犬丘，孝王篡位，孝王与懿王父子尖锐对立中，齐国、齐哀公扮演着什么角色？历史文献中没有任何史料提及。黄中业先生说："共王、懿王、孝王、夷王的史料缺乏，其中的原因之一，很可能与王室内部的宫廷政变有着某种关系。"[①] 史料缺失，我们只能根据已知史料做一些分析、推断。

前面引用了赵缊先生关于荣公即齐太公的论断，那懿、孝、夷王时的荣伯、荣季就是齐太公后裔、齐哀公兄弟。金文中关于荣伯、荣季大权在握、耀武扬威的记载，可证齐哀公兄弟在懿、孝、夷三王的王位继承中，扮演了极不光彩的角色。除此之外，《诗》中还透露齐哀公的诸多罪行。

1. 《诗·齐风·还》

《毛诗正义》曰："《还》，刺荒也。哀公好田猎，从禽兽而无厌。"孔颖达疏："作《还》诗者，刺荒也。所以刺者，以哀公好田猎，从逐禽兽而无厌。"刺，即讥刺、讽刺，民间作诗，针砭时弊。作《还》诗，针砭齐哀公好田猎，逐禽兽而无厌。对此诗理解中有一问题，即齐哀公田猎是在齐地，还是在周王畿。齐哀公是齐太公的五世孙，齐君五世反葬于周。因为从吕伋始，齐国君都是王官，在周王朝服务。虽然齐哀公在王朝中任何官职不明，但从种种迹象判断，哀公似乎在镐京有官府，在王畿有采邑。赵缊先生考证："宗周近畿仍有他（齐太公）养老憩息的一块封地——荣邑。"太公五世返葬于周，"太公冢墓亦当在宗周荣邑，即今陕西户县。"[②] 从"王才犀宫"，而白犀

---

① 黄中业：《三代纪事本末》，辽宁人民出版社1999年版，第287页。

② 赵缊：《姜太公首封地新考》，《管子学刊》，2002年第4期。

父是齐国的外甥，可判断齐国君哀公，与周王室，即与孝王的关系非同一般。如此，《还》诗中的哀公好田猎，就有可能发生在孝王在位时，就有可能是齐哀公为了监视、恫吓懿王太子燮，不断地在犬丘附近田猎，进行武装示威。懿、夷王住的槐里（今陕西兴平）与齐太公的封地荣邑南北相邻，齐哀公、荣伯兄弟，肩负着监视懿、夷王父子的政治责任。如果与另一齐诗《东方未明》联系起来，齐哀公行动的政治背景，就有更多可疑之处。《东方未明》描述：东方未明，公就命令手下叫醒并驱赶手下的小官吏穿衣出工，"狂夫瞿瞿"，厉声喊叫训斥。手下"颠倒裳衣，倒之颠之"，就像部队紧急集合，时间急迫，衣服都穿颠倒了，可见行动的紧张、任务的严重，而且天天如此，所以齐公手下的小官吏怨声载道。如果是为了消遣田猎，不会天天把部下弄得如此紧张，齐哀公的这些反常举动，隐含着宫廷的一些机密。

《东方未明》与《东方之日》的内容，有的经史学家说是"刺齐襄公"，但郑氏笺曰："非也。南山以下始是襄公也。"因此，《南山》前的这两诗及《鸡鸣》《还》都是刺齐哀公的。

《毛诗序》曰："东方未明，刺无节也。朝廷兴居无节，号令不时。挈壶氏不能掌其职焉。"《竹书纪年》有："懿王之世，兴起无节，号令不时，挈壶氏不能共其职，于是诸侯携德。"这段话反映的是懿王时，王室内部恶斗，诸侯无所适从，失德或分化。因此，所刺"无节"，主要不是指"号令不时"，"兴居无节"，而是指政出多门，号令无节，政治混乱。这样《东方未明》所刺是懿、孝王时王室斗争残酷，诸侯无所适从，局势动荡不安。在这种大背景下，作为孝王朋党的齐哀公及其手下，担负着重要而神秘的任务，所以弄得部下天天紧紧张张，生活颠三倒四。这些诗影射齐哀公参与孝王篡位，并维护孝王执政。

2.《诗·大雅·桑柔》和《诗·小雅·雨无正》

《诗·大雅·桑柔》，是芮良夫讽刺周厉王之诗，因此，《毛诗序》曰："《桑柔》，芮伯刺厉王也。"与此诗相类的还有《诗·小雅·雨无正》，《毛诗序》曰:"大夫刺幽王也",但郑笺云:"亦当为刺厉王。"

关于芮伯刺厉王,确切地说,是芮伯讽谏厉王。《国语·周语上》芮良夫劝说厉王:"夫荣公好专利而不知大难","荣公若用,周必败。"《逸周书》载:"专利作威,佐乱进祸,民将弗堪。"但厉王不听,后来"荣公为卿,诸侯不享,王流于彘。"但与《国语》《逸周书》不同,《桑柔》《雨无正》既是"刺诗",所刺的就不是当朝的王事,而是前朝的王事。而且两诗忧心的也主要不是荣公专利、厉王悦荣公的事。

关于"芮伯",《尚书·顾命》:"乃同召太保奭(即召公)、芮伯、彤伯、毕公、卫侯、毛公。"可见成王时,芮伯就是顾命大臣,与召公、毕公并列。青铜器有《芮公鼎》《芮公簋》《芮公钟》《芮公鬲》等,尤其是《芮叔簋》与《㝬叔簋》同出陕西武功县一墓地。大量的芮公铜器说明,芮伯的后人在懿、孝、夷、厉诸王时,依然是地位显赫的王官。与《芮叔簋》同出一墓的《㝬叔簋》中的"㝬",即"胡",厉王名。陈梦家先生考证:"今谓作器者为厉王胡,器铭之王为夷王,故作器者曰:'我惟司配皇天王',司配夷王也。"[1]厉王时作的器,说的是夷王时的事。《毛诗正义》:"以诗之内体,虽事有在先或作在后,故大雅文武之诗,多在成王时。作论功颂德之诗,可列于后追述其美;则刺过讥失之篇,亦后世尚刺其恶。"所以,厉王时的芮伯所作的刺诗,讥讽的是厉王前,亦即懿、孝、夷王时的事。

《雨无正》:"周宗既灭,靡所止戾。正大夫离居……""周宗"即"宗周",指"镐京"。"周宗既灭",指犬戎侵镐,也指懿王迁槐里。"靡所止戾","靡"意无,"止",居所,意逃离镐京,居无定所。"正大夫离居",意王的卿士大夫,也被放逐。在这种险恶的政治环境下,"三事大夫,莫肯夙夜。邦君诸侯,莫肯朝夕。""三事大夫",即司徒、司马、司空,是王权的主要执行者。"邦君诸侯",即各路诸侯。他们都不能正常地为国事尽责尽力。从《雨无正》的

---

① 陈梦家:《西周铜器断代》,中华书局 2004 年版,第 311 页。

内容看，说的是懿、孝、夷王时的事，与厉王流彘无涉。

《桑柔》："天降丧乱，灭我立王。"意为丧乱从天降，所立之王被放逐。"降此蟊贼，稼穑卒痒。"这句从字面上解释，是天降害虫，把庄稼都毁了。但这里的蟊贼，指的是危害国家和百姓的害人虫。这样的害人虫出现，必然把政治制度和社会秩序搞乱。因为这些"蟊贼"把国家搞乱了，所以官府和王臣"自西徂东，靡所定处"。"维此惠君，民人所瞻。"意为这个惠民顺理的国君，万民对他敬仰。"维彼不顺，自独俾臧。自有肺肠，俾民卒狂。"意为那个害民悖理的君王，独断专行，野心勃勃，使众人迷惑狂乱。

从上述内容看，两诗所表达的都不是厉王流于彘的事，而是懿王被孝王放逐犬丘，才有"周宗既灭，靡所止戾。正大夫离居"，才有"天降丧乱，灭我立王"，才有"降此蟊贼，稼穑卒痒"，才有两个对立的君王。

诗《桑柔》，秦穆公以为芮良夫之诗，看来很有道理。芮良夫，芮伯后代。关于芮国，《汉志·左冯翊·临晋》注："芮乡，故芮国。"《太平寰宇记》引《水经注》云："芮水出小陇山。"《读史方舆纪要》云："芮水出凤翔府陇州。"《汉志·扶风·汧县下》云："芮水出西北，东入泾。"《禹贡锥指》曰："泾属渭汭。"笼统地说，芮良夫的故乡，就在汧、渭之间，也就是说与非子的封地大致在同一区域。因此，芮良夫家族与非子，与懿、夷父子，都有交集，而且与荣伯、荣夷公父子也势不两立。在懿、夷父子与孝王的权力之争中，芮氏也都被卷入斗争的漩涡中，所以对这段历史感同身受，刻骨铭心。

3.《桑柔》中的"不辰"

《桑柔》诗中有："忧心慇慇，念我土宇。我生不辰，逢天僤怒。自西徂东，靡所定处。"孔颖达疏曰："我既不得还归，故皆怀忧，其心慇慇，然顾念我之乡土居宅也。既不得归，故自伤我之生也不得时节，正逢天之厚怒。使我从西而往于东，无所安定而居处。"这样从字面识读，似乎也顺理成章。经史学家都是把厉王无道，国人相叛，袭厉王，厉王出奔于彘为该诗的政治背景的。如前所述，《桑柔》中的内容情节，与此背景不合。因此，经史学家的这些释读，字面上说得通，但诗的背景弄错了，诗的本意及寓意就不可能如实地揭示出来。余冠英先生曰：诗经与楚辞，"它们的思想内涵极其丰富深厚，见仁见智，难以穷尽"。《桑柔》这段诗的前一段是："君子实维，秉心无竞。谁生厉阶？至今为梗。"意思是宫廷那些贵族卿士，一心辅佐君王，没有人争权夺利。是谁离经叛道，制造祸端？而且至今还在从中作梗。这一段提出了"是谁制造祸端"的问题。下一段应与此照应。

"忧心慇慇，念我土宇。我生不辰，逢天僤怒。自西徂东，靡所定处。"就是回答上面的提问，即是说臣民在忧心国家命运的当口，宫廷里出了佞臣"不辰"，因此"逢天僤怒"，弄得王臣百官，从东到西，无安定居处。

"不辰"，是齐哀公的大名，哀公之"哀"是死后的谥号。在这历史的漩涡中挣扎、恼怒的芮良夫，他熟知而且痛恨"不辰"这位齐国国君，因此这里的"我生不辰"，即我们朝里出了"不辰"这个人。"逢天僤怒"，不辰的举动，臣僚诸侯不满，上天也极其愤怒。这样释读与传统的释读相悖，"我生不辰"，按照传统的释读，即"我生不逢时"，如此识读，与下一句"逢天僤怒"无法连接。"刺诗"直面政治，但因为是诗，必隐晦曲折，含蓄影射。所以这里的"不辰"，可直读为"不是时候"意，但从诗刺政治的层面上也可理解为人名。

与此相关的是晋人孙绰的《表哀诗》中有："咨生不辰，仁考凤徂"之语。孙绰写的是"表哀诗"，突出个"哀"字，而齐哀公所以死后谥名"哀"，就是因为他一生作恶多端，死得很惨，就像周厉王一生残忍无道，所以死后谥名"厉"。

这样释读，尽管史无明证，但与诗的政治背景相合，可作为一家之言。因此，我用《探寻寿光古国》一书中的一段话，作为本文的结尾：

"懿王被放逐，太子燮（夷王）被冷落，孝王及党羽祸乱朝政，齐国君主及其左右是这些政治阴谋的策划者和首要执行者。因此，当夷王复王位后，严惩罪魁祸首，即是夷王的政治本能，恐怕也是众诸侯的强烈要求，起码是纪国的强烈要求。夷王三年，'致诸侯，烹齐哀公'。夷王当着众诸侯的面烹杀齐哀公，烹齐哀公后夷王更得诸侯拥戴，这表明，烹齐哀公是得到众诸侯认可的。这从一个侧面证明齐哀公确有大逆不道之罪。"[1]

---

[1] 李沣：《探寻寿光古国》，齐鲁书社 2011 年版，第 278 页。

西周和春秋早期的东方大国纪国之一

在我们的传统观念中，西周和春秋时东方的大国是齐国，而纪国只是个无名小国。将纪国视为东方的一无名小国，这是对这段历史的一个误解。在西周和春秋早期，东方的齐、鲁、纪，可以说是三足鼎立。在长达三百多年的时间里，齐和纪旗鼓相当，而且在某些时间段，纪国比齐国还显得更为强势。齐国的强势，齐、纪力量的失衡，始自齐襄公，而齐国的崛起，并成为诸侯霸主，是从齐桓公用管仲为相，进行一系列改革后出现的。

一、纪国的疆域和势力范围

1.纪国都城

史载，纪国都剧。《通志·都邑略·周诸侯都》："纪，都纪，迁于剧。剧在青丘，临朐县东，寿光县西。亦名纪，音讹为剧。"《括地志》："故剧城，在青州寿光县西南三十一里，故纪国城也。"剧，是纪国被齐灭掉以后的称谓。《水经注疏》曰："《春秋·庄公四年》，纪侯不能下齐，以与弟季，大去其国，违齐难也。后改曰剧。"

文献里有淄川国之剧和北海郡之剧的区别和变迁，但实际勘察其地理方位，寿光东南三十里的剧，昌乐县西北的剧，西去齐城九十七里的剧，基本上是在一个位置，即现今寿光的纪台镇。

《续汉志》云："剧有纪亭，故纪国。"《水经注疏》："城之北侧有故台。"纪台，距今已两千多年，现基本完好。按此说，今寿光纪台镇，即古纪国所在。纪侯钟出自纪台镇，"纪侯钟，清乾隆年间山东寿光人得于县城南二十五里纪侯台下"。"铭：'己侯□作宝钟'三行六字。"① 著名金石学家、考古学家王献唐先生在《山东古国考》一书中也说："己侯钟出寿光纪侯台下，己侯簋也出于寿光，证明是纪国故都所在，无可疑的。"② 依据历史文献记载，今寿光纪台镇为纪国都城没有多少争议。

2. 纪国疆域

《水经注·巨洋水》："巨洋水又东北径剧县故城西，古纪国也。"纪国的核心区域，大体与现在的寿光市重叠。

《左传·隐公元年》载："纪人伐夷。"鲁隐公元年，即公元前722年。八月，纪人伐夷。《释例·土地名》："夷国在城阳壮武县"，即今即墨西。夷国距纪国将近三百里，纪远征夷国，说明这时纪国还处在强势阶段，也说明纪国的势力已延伸至山东半岛的东端。

要弄清纪国的疆域、势力范围，还需要弄清"邑"和"附庸"这两个概念。

"邑"，也就是"采邑"。在西周分封的诸侯中，其爵位分公、侯、伯、子男五级。受封的各级诸侯国，在其封地内，同样把一些封地赏给其亲属或对他有功的扈从，这些封地称为采邑，或曰邑。邑从属于国。

周初，是在众多古代小国的基础上进行分封的。周分封了一些大的宗主国，与这些大的宗主国有一定关系的小国，就附属在这些大的宗主国之下，成为这些大的宗主国的附庸。《孟子·万章下》："天子之制，地方千里，公侯皆方百里，伯七十里，子、男五十里，凡四等。不能五十里，不达于天子，附于诸侯，曰附庸。"附庸也就是因国小势弱，不能与天子沟通，在周王朝那里挂不上号，只能依附于某诸侯国的小国。

关于纪国的邑，《左传·庄公元年》："齐师迁纪郱、鄑、郚。"根据春秋经

① 贾效孔主编：《寿光考古与文物》，中国文史出版社2005年版。
② 王献唐：《山东古国考》，齐鲁书社1983年版，第176页。

传的记载和经学家们的研究判断，春秋时纪国的邑有纪鄑、纪郱、纪鄟、纪郚、纪鄑等。"阝"在右为邑，从这些字的偏旁就可以看出，这些小国均是纪国的邑。有的文献中也称这些小国是纪国的附庸。

鄑，或谓纪鄑，《左传·昭公十九年》："秋，齐高发帅师伐莒。莒子奔纪鄑。"纪鄑是纪国最初的封地，在今日照市岚山安东卫。纪国由纪鄑迁移到北海寿光后，纪鄑成为纪国的附庸。

鄑，或谓纪鄑，纪国附庸，纪侯弟纪季的封地。鄑城，齐灭纪后改为安平城，在今临淄区皇城乡，西距齐国故城临淄三四公里。纪鄑是纪国的西界，但已深入齐国的腹地。周初如此分封，不知武王、周公的初衷是什么。

郱，或谓纪郱，杜预注："纪邑，在东莞临朐县东南。"《春秋大事表》载："应劭曰一作骈，后为齐大夫伯氏邑，管仲夺伯氏骈邑三百即此。"在今临朐东南。

鄟，或谓纪鄟。杜预注："纪邑，都昌县西有訾城。"在今潍坊市昌邑县西北三十里。

郚，或谓纪郚。杜预注："纪邑，朱虚县东南有郚城。""晋朱虚县在临朐县东六十里。""今青州府安丘县西南六十里有郚山，四面险绝，其上宽平，约数百里，有古城遗址，即郚城也。"郚城的地望，即今安丘西，临朐东，现属昌乐县的郚城故地。该地区现有鄌郚镇和北鄌郚乡，说明这里是古郚国的所在地。

上述五个小国，《左传》中明确标明是纪的附庸。还有几个小国，《左传》中虽然没有直接标明是纪的附庸，但后来经史学家研究和注释中，认为也是纪的附庸，例如浮来和黄。

浮来，《左传·隐公八年》："公及莒人盟于浮来。"杜预注：浮来，"纪邑，东莞县北有邳乡，邳乡西有公来山，号邳来间。""今沂州府蒙阴县西北有浮来山，与莒州接界。"现莒县城西数公里有浮来山镇，恐怕就是浮来当年的遗址。

黄，《左传·桓公十七年》："十有七年春正月丙辰，公会齐侯、纪侯，盟于黄。"对于黄的地望有多种解释，一在河南潢川西，一在淄川镇东北，一在黄县。《路史》:"登州府之黄县东南有古黄城,本纪邑,后入齐。"按《路史》的说法,黄也是纪的附庸。

如果把纪国的这些邑或附庸标示在今山东地图上,可以看出,纪国的版图(势力范围),几乎涵盖了今山东的潍坊、临沂、日照、烟台,亦即半个山东半岛。尽管不能以点代面,但由以上文献可见,纪国与这些地区有密切的联系,而且对其有很大的政治影响。这一事实说明,在西周和春秋早期,纪国的势力范围很大。

关于纪国疆域之大,著名历史学家、考古学家、古文字学家,"夏商周断代工程"专家组组长李学勤先生撰文:"这样看来,纪国的疆域是很大的。现在纪国青铜器出于烟台、莱阳,烟台出纪侯之弟的器物,莱阳出纪侯命小臣掌管的用器,证明这些地方均在纪国境内。通行历史地图把山东半岛大部标为莱夷,是不对的。"[1]

李学勤先生还说:"纪侯器从寿光到莱阳直到烟台等地都有发现,足见纪国统辖的范围之大。就重要性看,纪国不如齐国,但纪国的领域之大够得上齐国。纪国所辖的这个范围,在考古学上大概可以由珍珠门文化来概括。"[2]

旅美学者李峰在《西周的灭亡》一书中说:"另一个与周向东扩张有关联的较重要诸侯国是纪国。纪国(金文作己)最初离齐国不远,坐落在寿光,早在19世纪早期,那里就发现了己侯钟。不过近来与纪相关的器物似乎集中于胶东半岛的东部。1969年,烟台上夼村发现了两件分别由己华父和異侯的一位兄弟铸造的西周晚期铜器,一并出土的还有其他七件铜器,证明了異和己实是同一个诸侯国。"[3]

---

① 李学勤:《试论山东新出青铜器的意义》,《文物》,1983年第12期。

② 李学勤:《中国古代文明十讲》,复旦大学出版社2003年版,第209页。

③ 李峰著,徐峰译,汤惠生校:《西周的灭亡》,上海古籍出版社2007年版,第357—358页。

随后在 1974 年，位于胶东半岛丘陵地带中心的莱阳也发现了一件由己侯铸造的当地风格的壶，还发现另外六件具有明显西周晚期特征的铜器。其后在同一个地点又发掘了五座墓葬及一座车马坑，有趣的是，其中有一件西周中期铜器盉的陶仿制品，上面刻有十四个字。另外，在 1951 年，黄县发现了一套由眉伯子妊父铸造成的四件簋（《集成》04442~04445），以及另外两件眉伯为其女制作的媵器。在黄县、烟台和莱阳这三个地区发现眉国成员铸造的铜器铭文，清楚地揭示了西周晚期纪国政权的活动区域。其中莱阳的发现尤为重要，说明纪国的势力不仅包括北部沿海地区，而且渗入到东夷占据的山东半岛南半部。基于这些发现，一些学者以为纪国占据着大面积的地理版图，从西部的寿光一直延伸到东部的烟台。[①]

3. 齐国的边界

西周和春秋早期的齐国版图，文献中没有明确记载。但有两个坐标点非常重要，由此可大致勾画出齐国疆域的轮廓。这两个坐标点一个是东面的纪鄑，一个是西面的谭国。

纪鄑，纪邑。杜预注："在齐国东安平县。"《水经注》："女水东北流，经东安平县故城南，城，故鄑亭也。"顾祖禹："今临淄县东十九里。"《史记》正义：东安平"在青州临淄县东十九里，古纪国之鄑邑"。

临淄，齐国都城，在齐国都城东十里或十九里，就是纪国的版图纪鄑。以东安平为坐标点，画一条南北直线，可以勾勒出齐国大致的东界。叶圭绶在《续山东考古录》中对齐的东界做了如下的描绘：春秋初，齐之东境不逾百里，其正东十许里纪鄑也，其东稍南数十里纪都城（纪台）也，其东南数十里或百里，纪之邴、鄀等邑也，是纪国地环列齐之东境。[②]叶圭绶在这里是以临淄为基点，计算到纪邴、纪鄀的距离。如果按照上面说的，以东安平为基点画一条

---

① 李学勤：《新出青铜器研究》，文物出版社 1990 年版，第 247 页。

② 叶圭绶撰，王汝涛等点注：《续山东考古录》，山东文艺出版社 1997 年版，第 404—405 页。

南北直线的话，这条直线也就是齐国与纪国的边界线。而这条边界线在齐国国都临淄东十数里。

西面是谭国。《左传·庄公十年》："冬十月，齐师灭谭。谭子奔莒。"也就是"纪侯大去其国"六年后，齐师灭谭。这时齐襄公已死，由齐桓公继位。

关于谭国地望，杜预注解："在济南平陵县西南。"《太平寰宇记》："今济南历城县东南七十里有谭城。"叶圭绶《续山东考古录》："谭国故城在（历城）东八十里。"王汝涛点注："谭国，遗址在今济南市章丘县驻地明水镇西十六公里，齐济青公路北侧，今称城子崖遗址。"① 由此可见，直到齐桓公时，齐国的西界，都在章丘。

---

① 叶圭绶撰，王汝涛等点注：《续山东考古录》，山东文艺出版社 1997 年版，第 26 页。

西周和春秋早期的东方大国纪国之二

——齐、鲁、纪与周王室的错综复杂关系

西周和春秋早期的诸侯国，还不具有完全的政治独立性。《诗经·小雅·北山》载："溥天之下，莫非王土；率土之滨，莫非王臣。"土地和属民为周王所有，诸侯只是代管。天子授土授民给诸侯，是分封诸侯的重要仪式。另外，诸侯国的卿大夫，不能由诸侯国君主决定，而必须由周王派遣、任命，即《礼记·王制》说的："大国三卿皆命于天子。"因此判断这个时期诸侯强大与否、政治地位如何，除去看土地和人口之外，还要看它与周王室的关系如何。对西周和春秋早期的齐国，史书笼统的、正面的肯定较多，忽略了一些负面的、细节性的内容。本文就此做一些考证，认为西周和春秋早期，齐国在政治上有被王室边缘化的倾向。

在伐纣灭商的政治变革中，姜太公功勋卓著，就如司马迁在《史记·齐太公世家》里说的："天下三分，其二归周者，太公之谋计居多"；"迁九鼎，修周政，与天下更始，师尚父谋居多"。《史记·周本纪》："于是封功臣谋士，而师尚父为首封。封尚父于营丘，曰齐。"《齐太公世家》又曰：周成王少时，"乃使召康公命太公曰：'东至海，西至河，南至穆陵，北至无棣，五侯九伯，实得征之。'齐由此得征伐，为大国，都营丘"。这样笼统地概述齐国历史，给人的印象就是齐国从齐太公开始，就是周朝的元勋和顶梁柱，是有周一代的最主要封国，最得力的屏障。历史的真实不完全是这样，下面从四个方面考辨。

一、周公摄政时的齐太公

按照司马迁的说法，周的强大和周灭商，"太公之谋计居多"。太公之谋，多为阴谋，如《史记·齐太公世家》说的："周西伯昌之脱羑里归，与吕尚阴谋修德以倾商政，其事多兵权与奇计，故后世之言兵及周之阴权皆宗太公为本谋。"太公是权谋的鼻祖，权谋是把双刃剑，在灭商立周时，它是文王、武王的利器；在武王崩后成王幼时的权力纷争中，权谋很可能就是祸乱之源。太公不仅是位"谋士"，而且还是有很大野心的政治家。商时，太公事纣（殷王），"纣无道，去之。游说诸侯，无所遇，而卒西归周西伯（周文王）"（《史记·齐太公世家》）。"吕望鼓刀在列肆，文王亲往问之。吕望对曰：'下屠屠牛，上屠屠国。'"[1]说明太公有强烈的政治参与需求，千方百计参与政治，而且手中掌握军政大权。《史记·周本纪》："武王即位，太公望为师，周公旦为辅。"有学者指出："周初根基未固、战争频仍，权力重心显然是在执掌兵戎武事的太师手上。文、武两朝元老的姜太公在朝执太师兵权、享王舅荣公之誉；在外操荥封东线总军事、控三监并殷，权力确实过于招摇。"[2]可见，齐太公当时的政治地位高于周公。

1. 太公、召公的"穆卜"与周公的"金縢"之书

灭亡商纣的第二年，武王得了大病，在这紧要的政治关头，太公、召公的思虑和表现，与周公截然不同。

《尚书·金縢》载："既克商二年，（武）王有疾，弗豫。二公（太公、召公）曰：'我其为王穆卜。'周公曰：'未可以戚我先王。'"（戚，使……忧虑）克商后的第二年，天下还处在混乱动荡中，这时武王有疾，群臣恐惧，在这

---

①《楚辞·天问》王逸注。

② 赵缊：《姜齐封立新考》，《管子学刊》2003 年第 3 期。赵缊曾在《姜太公首封地新考》一文中，依据金文释定营、荥、荣初为一字，复据文献史料判断武王克殷后将姜太公首封在荥，统筹三监与整个东线攻防事务。

紧要关头，武王的三公（周公、太公、召公）应该共同商讨对策。但二公（召公、太公）曰"我其为王穆卜"，而周公曰"未可以戚我先王"，并设坛祝告先王，把请求先王让自身为质替代武王去死的祝册放在"金縢之匮"中。这明显表明周公与召公、太公在对待武王重病的问题上出现了裂痕。

2. 对周公摄政的质疑和反对

《史记·封禅书》载："武王克殷二年，天下未宁而崩。"《史记·鲁周公世家》载："武王既崩，成王少……周公恐天下闻武王崩而叛，周公乃践阼代成王摄行政当国。"但很多资料显示，周公不仅是摄政，而且是"摄政君天下"，"摄天子之位"，即"摄政称王"。因为在王权变故、动荡险恶的政治形势下，只有用王权的权威，才能驾驭左右全局，如杨宽先生所说的："这时周公出来摄政，而且称王，是十分必要的。不称王，不足以号令诸侯以及周的所有贵族。"[①]首先公开出面质疑反对周公摄政的是燕召公。《史记·燕召公世家》载："成王既幼，周公摄政，当国践阼。召公疑之，作《君奭》。君奭不说（悦）周公。"《列子·杨朱》："武王既终，成王幼弱，周公摄天子之政，邵公不悦，四国流言。"其实最不满周公摄政称王的应是齐太公，齐太公和燕召公这时是站在一条战线上。因为齐太公不仅是成王师，而且还是成王的亲舅舅。前面已论及齐太公不仅是权谋的鼻祖，而且还有强烈的政治参与欲望。武王崩，成王继位，作为成王师、成王舅的齐太公当然力主成王主政，成王主政实际上就是齐太公主政。而周公摄政，就必然影响齐太公的政治地位和政治权力。姜姓的齐太公，在姬姓王位的继承问题上，似乎没有更多的发言权，所以姬姓的燕召公就公开站了出来。实际上这时的齐太公和燕召公是站在同一条战线上。所以"周公乃告太公望、召公奭曰：'我之所以弗辟而摄行政者，恐天下畔周，无以告我先王'"[②]。周公认为对他摄政最不满意者是太公望和召公奭，太公望在幕后，召公奭在前台。

---

① 杨宽：《西周史》，上海人民出版社 1999 年版，第 140 页。

② 《史记·鲁周公世家》。

3. 周公对"二公"分化瓦解

贤德智慧的周公对此形势明察秋毫。他深谋远虑,作《君奭》对召公动之以情,晓之以理,深情地说:我的兄长太保奭啊!希望您能诚敬地和我一道,吸取殷人丧亡之教训,长久顾及天命的威力。只有您和我同心同德,共辅王室,上天才会降下幸福。君奭啊!我说这些只是因忧念关怀天命和我们的人民。[①] 周公在《君奭》中用"襄我二人,汝有合哉","在时二人,天休兹至","惟时二人弗戡"和"呜呼!笃棐时二人,我式克至于今日休",连续用四个"二人"来强调、劝说召公,在国难当头、社稷安危之际,上天降大任于我们二人,只有我们二人同心同德,携手共进,才能使我周的江山安稳,人民安乐。

在《君奭》中,周公还说:君奭啊!过去为什么上帝殷勤奖励文王之德,把大命集于他身上?因为他善于团结重用贤良,把治国名臣虢叔、闳夭、散宜生、泰颠、南宫括团结在身边。如果无此五位贤臣辅佐文王,文王之德也就无法普及于人民。武王时,这五位贤臣中唯四人尚在。《尚书大传》载:文王以闳夭、太公望、南宫括、散宜生为四友。周公在《君奭》中只字不提太公望,这绝不是疏忽,也不是由于姜姓太公望的地位比这些异姓大臣高得多而不提,而是周公看透了太公望的阴谋,所以在《君奭》中,只提召公、周公二人的重要性,完全把太公排除在外。赵缊先生认为:"公元前 1043 年武王崩,死后六个月才由岐周归葬于毕,人们猜测这期间似乎很混乱,发生了一些什么变故。从现象上看,其结果竟是太师的大权落在了周公手上,于此便有了他以王叔的身份'摄政',姜太公(荣公)却自此默默无闻。关于这场宫廷政变的详细内幕史料在传世中大多被湮没了。"[②]

武王崩,成王幼,"周公行政七年"。在这七年中,"周公、召公内弭父兄,

---

① 《尚书·君奭》:公曰:"君!告汝,朕允(兄)保奭,其汝克敬以予,监于殷丧大否。肆念我天威。予不允(兄)惟若兹诰。予惟曰:'襄我二人,汝有合哉!'言曰:'在时二人。'天休兹至。惟时二人弗戡。"

② 赵缊:《姜齐封立新考》,《管子学刊》,2003 年第 3 期。

外抚诸侯。"①成王时，"自陕以西，召公主之；自陕以东，周公主之"②。"召公为保，周公为师。东伐淮夷，残奄，迁其君薄姑。"③本来成王师为太公，《新书》载：昔者成王幼，"召公为太保，周公为太傅，太公为太师"。但《史记》载这时"周公为师"，也就是说周公东征时，成王师已经不是太公而是周公。东征是周初巩固政权的最重要的军事行动，封地在东的齐太公已被完全排除在这一行动之外。这些记载表明，西周初齐太公在政治上已被边缘化，已被排除在西周政治权力中心之外。

二、成康交替时的齐与纪

纪侯、纪国与周王室的关系如何？从周初的成王崩、康王继位这个问题上可见一斑。康王元年的青铜器《高卣》(《集成》05431)及尔后的《奚方鼎》(《集成》02729)，有力地证明了纪侯、纪国与周王室关系非常亲近、密切。

青铜器《高卣》铭文表明：(1)纪侯亚疑奉召参加了成王的葬礼和康王的登基大典，说明周王和他的顾命大臣对这个遥远的东方诸侯国非常重视；(2)在康王登基大典上，纪侯受到了王的赏赐，说明纪侯、纪国在周初的二十年中，对周的统治有重要贡献；(3)铭文表明纪国在政治上充满活力，所以有"尹其亘万年受厥永鲁"的政治抱负和雄心。

《奚方鼎》说的是纪侯疑的后人受到了毕公子楷中的赏赐。两器表明纪侯父子都在宗周，并先后接受由毕公代王授予的赏赐。此时齐国、齐侯与王室的关系如何？

《竹书纪年》载："康王六年，齐太公望卒。"说明成王崩、康王继位时齐太公尚在。但《尚书·顾命》和《史记》记述成王崩后安排成王后事和康王继位的顾命大臣会议时，与会的顾命大臣里均无齐太公。不管何种原因，齐太公

①《逸周书·作雒解》。
②《史记·燕召公世家》。
③《史记·周本纪》。

在周初已被排除在政治核心之外。齐太公之子，虽然仍在王室服务，担任"虎贲"之长，即王室的警卫队长，但不是太师之类重臣。可见成康之世，齐国已今不如昔，齐侯与周王、王室的关系已日渐疏远。

三、周烹齐哀公

在周初的历史上，曾发生过一件惊天动地的大事：烹齐国君主哀公。《竹书纪年》载："三年，王致诸侯，烹齐哀公于鼎。"就是周夷王当着众诸侯的面，将齐哀公扔到鼎里活活地煮了。周烹齐哀公是冤案，还是齐哀公罪有应得，《竹书纪年》没有记载。但齐国史官写的《公羊传》给出了答案："哀公烹于周，纪侯谮之。"《史记·齐太公世家》也如是说："哀公时，纪侯谮之周，周烹哀公。"周夷王为什么烹齐哀公？这个问题非常复杂，有专文论述，这里暂不涉及。但就齐国人《公羊传》的观点来看，起码说明了周夷王时，纪国与王室的关系比齐国亲近、融洽，互信程度高；齐国与王室的矛盾已经尖锐到敌对、无法容忍的地步。

齐哀公是齐太公的五世孙，周烹齐哀公，还属西周前期的事。由于外敌入侵和对周边方国的征讨，懿、孝、夷王时，国力渐衰，但王室对诸侯仍有号令控制权力，如《史记·齐太公世家》说的："周烹哀公而立其弟静，是为胡公。胡公徙都薄姑，而当周夷王之时。"周夷王烹了齐哀公后，立哀公弟静，为胡公，胡公徙都薄姑，由此引发了齐国内部的权力纷争和社会动乱。对齐国的这段历史，《史记·齐太公世家》作了详细记载：

> 哀公之同母少弟山怨胡公，乃与其党率营丘人袭攻杀胡公而自立，是为献公。献公元年，尽逐胡公子，因徙薄姑都，治临菑。九年，献公卒，子武公寿立……二十六年，武公卒，子厉公无忌立。厉公暴虐，故胡公子复入齐，齐人欲立之，乃与攻杀厉公。胡公子亦战死。齐人乃立厉公子赤为君，是为文公，而诛杀厉公者七十人。

这段记载表明，周烹齐哀公后，齐国陷入内部的权力纷争，历经胡公、献公、武公、厉公、文公，长达半个世纪之久。都城也经历由临淄到薄姑，再由薄姑回迁到临淄的变迁。长期的内部纷争和恶斗，使齐国国力大衰，处于自顾不暇，无力与人抗争的弱势境地。

四、纪强齐弱的地缘政治态势

纪、齐国土面积和势力范围的大小，前文已作了考证和论述。纪、齐谁强谁弱？历史记载得很清楚。《左传·僖公四年》载：管仲对曰："昔召康公命我先君大公曰：'五侯九伯，女实征之，以夹辅周室。'赐我先君履，东至于海，西至于河，南至于穆陵，北至于无棣。"这个命令是召公的私命，还是像有的史家说的是"周王使召公命太公"？[①] 在周公摄天子位时有无可能发出这样的命令，暂且不论。周王室给了齐太公征讨"五侯九伯"的授权，向东可以征伐至海，为什么从齐太公至齐襄公的三百八十多年间，齐国不要说东至海，就连都城临淄东十数里的纪国邑纪鄅都不能收归己有？这里面必有重要的政治、军事原因。

齐国与纪国有世仇，齐国君念念不忘"复仇"，如《公羊传》所载："何贤乎襄公？复仇也。何仇尔？远祖也。哀公烹乎周。纪侯潜之。""远祖者，几世乎？九世矣！九世犹可以复仇乎？虽百世可也。"既然齐国君主世世代代，念念不忘复仇，而且又有"五侯九伯，女实征之"的王令，为什么在长达三百八十多年的时间里，齐国没有东征于海，也没有报复仇人纪国？为什么三百八十多年一步也没有跨过都城临淄东十数里的纪、齐边界？有一点可以肯定，即在三百八十多年的时间里，齐国惧怕纪国，或者说齐国还没有讨伐纪国的信心和力量。这件事最能说明在整个西周和春秋早期，纪国比齐国强势、强大。

---

① 蔡瀛海：《齐国历史年表》，《管子学刊》，1992年第1期。

五、齐国头上的太上皇国、高二氏

周虽封太公于齐，但周王室并没有把齐国全权交给太公家族，而是派国、高二氏来监视齐国，这在西周历史上也是独一无二的。《左传·僖公十二年》载：这年冬，齐侯派管仲来调和周与戎人的关系，"王（周襄王）以上卿之礼飨管仲，管仲辞曰：'臣，贱有司也，有天子之二守国、高在，若节春秋，来承王命，何以礼焉？……管仲受下卿之礼而还。"这段对话反映了一直到齐桓公时，国、高二氏在齐国仍具有很大的权威，国、高二氏世世代代为齐国的太上皇。管仲为齐国宰相，理应为上卿，但齐国的国子、高子乃天子所命的守臣，皆为上卿，而管仲尽管是齐国的执政大臣，但他是齐侯所命，只能是下卿。这段历史说明，在齐侯的头上还有两位太上皇，即国、高二位守臣。所谓"守臣"就是为天子看守家业的大臣，齐国的这两位守臣就是为周天子看守齐地这份家业的大臣，实际上是监视齐国的官员。

西周和春秋早期的东方大国纪国之三

——青铜器中的纪国

　　青铜礼器是商周时一个国族政治权力、政治地位和经济实力的象征。分布于山东、河北、河南及陕西等地的己、異国族的大量青铜器的出现，表明己、異国族在西周，甚至于早在殷商时就是一个在政治上具有举足轻重地位的显赫国族。

　　古文献中的纪国之纪，本字是"己"，给"己"字加偏旁"糸"，是战国时出现的，西周和春秋时期无"紀（纪）"字。因此，西周和春秋青铜器中的"己"国族，即文献中的纪国。

一、己器与纪国

　　"己国"即"纪国"的重要证据就是山东寿光纪侯台出土的《己侯钟》（《集成》00014），铭文为"己侯虎作宝钟"，证明今寿光纪台为纪国都城。

　　1983年，贾效孔先生在寿光"益都侯城"发掘出土纪国铜器64件，有铭铜器19件，铭文为"己"或"己竝"。己竝即纪国附庸或曰纪邑的"纪邢"。学者认为这批铜器为商末器，也就是说，最迟商末，己（纪）国族就生活在今山东寿光地域。

《己侯钟》

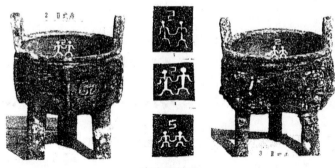

寿光己竝器

己（纪）国铜器除出土于纪国故地寿光外，还大量出土于东莱和河南地。

1.《己侯钟》，烟台市博物馆藏，传为黄县归城出土，铭文字体与寿光出土的《己侯钟》相同，但铭文布局和钟的形制差别很大。两钟应为同时器，但一出寿光，一出烟台。

2.《己侯壶》（《集成》09632），1974年出土于莱阳中荆乡前河前墓地。铭文为："己侯作铸壶，（吏）使小臣台（以）汲，永宝用。"是说己侯命令管理生活的小臣汲水。表明己侯在这一地域活动过。

3.《己爵》，烟台市博物馆藏，西周器，1994年烟台毓璜顶东坡出土。

4.《己侯鬲》（《集成》00600），西周晚期器，1958年黄县归城和平村出土。

5.《己侯簋》（《集成》03772），西周中期器，为陈介祺旧藏，此器也出自东莱。

上述五器已知的出土地点为莱阳、烟台、黄县。因此，著名历史、考古、古文字学家李学勤先生说："现在纪国铜器出于烟台、莱阳……证明这些地方均在纪国境内，通行历史地图把山东半岛大部标为莱夷，是不对的。"[1]

---

① 李学勤：《新出青铜器研究》，文物出版社1990年版，第248页。

6.《己侯貉子簋》(《集成》03977)，"己侯"是官职，貉子是纪侯的名字。

釋文 | 盖銘

己侯貉子簋

7.《貉子卣》(《集成》05409)。

8.《己侯簋》(《集成》03772)。

6、7、8器的年代，郭沫若、陈梦家定为康王时器。①《己侯貉子簋》的铭文为："己侯貉子分己姜宝，乍（作）簋。"大意是：己侯貉子分给女儿己姜宝器，己姜为此作了这个簋。此纪侯，与寿光纪侯台下的《己侯钟》所铭己侯同。《貉子卣》描述的是周王与己侯貉子田猎活动之事，而这次田猎，可能就在商丘附近的田猎区。但无论在何地田猎，此卣均表明己侯、己（纪）国与周王室关系非常密切。

二、冀器与纪国

在我国青铜器宝库中，有一个十分庞大的铜器集群，即冀器。冀器数量

---

① 陈梦家:《西周铜器断代》，中华书局 2004 年版，第 122—124 页。

庞大，分布面很广，除今山东外，北京、辽宁、河南、陕西都有出土。青铜器中的異器属于哪个国族？古文献中无任何记载。宋人薛尚功沿袭东汉卫宏说，異与杞同，古国名。董作宾先生也认为異、杞为一国，"杞侯在武丁时作杞，到帝辛时作異侯。杞、異古今异字。"[①] 方濬益《缀遗斋彝器考释》始将杞、異分为两国，他认为"杞为夏后姒姓国，異为姜姓，不可为一"。郭沫若、陈梦家、杨树达诸先生均从此说。

（一）黄县異器

1951 年，山东黄县归城出土了八件铜器，其中六件有铭文，即:《異伯子宧父盨》四件（《集成》04442、04443、04444、04445）、《異伯宧父盘》（《集成》10081）、《異伯宧父匜》（《集成》10211）。铭文表明该六器为姜姓"異器"。王献唐先生据此写了《黄县異器》一书。书中说:"从古代书籍找異国历史，除了'異，古国名'四个字外，可以说一无所得。"但他认为:異国既不是杞，也不是纪。"異在殷、周是一个有高度文化的国家。"異在潍水之源，即《汉书·地理志》所载箕县故地。[②] 按照王先生的说法，既然異国是殷、周时期具有高度文化的大国，为什么異国故地潍水之源的箕县至今不见任何文献的记载

異伯子宧父盨

---

① 董作宾:《甲骨文断代研究例》,《庆祝蔡元培先生六十五岁论文集》,历史语言研究所 1933 年。

② 王献唐:《山东古国考》,齐鲁书社 1983 年版。

和考古学的证明？这个拥有大量青铜礼器的曩国为什么在中国古代版图上找不到任何踪影？

（二）烟台曩器

1969 年，考古学家在山东烟台上夼村发掘一西周晚期墓，出土鼎两件，即《曩侯弟鼎》(《集成》02638)、《己华夫鼎》(《集成》02418)。烟台上夼村出土的这两件纪国铜器，对揭示西周晚期东夷地区的政治版图，还原纪国历史的本来面貌，具有决定性的意义。因为在这之前，几乎所有研究东夷古国历史的专家，包括像王献唐、李白凤这样的专家，都认为曩和己（纪）是两个国家。王献唐先生在《黄县曩器》一文中详尽论述了曩国历史，认为此曩国与己（纪）国毫无关系，如此，己（纪）国在春秋以前的历史完全被架空，剩下一片空白。历史辉煌的曩国地望和国都，又一直没有得到考古学的证明。烟台上夼这两件曩器的出土，从根本上解决了这一历史悬案。《曩侯弟鼎》和《己华父鼎》同出一墓，证明曩侯和己华父是一家人，曩、己二字通用，曩国与己（纪）国为一个国族；王献唐先生在《黄县曩器》一书中列举的大量曩器，也

五〇一　曩侯鼎　五〇一

五〇〇　己華父鼎　五〇〇

烟台二器

就是己（纪）国器。如此，就恢复了己（纪）国历史的本来面貌，也就正确地揭示了西周晚期东夷地区的政治版图。

（三）莱阳己盉

1981 年在莱阳前河前村出土一陶盉，铭文有"己国"字。因此地出土过《己侯壶》，此"己国"与"己侯"应为同姓或同族之称。[①]

综上所论，己（異）国铜器在山东半岛东部大量出现，铜器的分布，与我们前述的纪国疆域非常吻合，可以说纪国疆域覆盖了弥河以东的半岛大部。如著名旅美学者李峰在《西周的灭亡》一书中说的："由己国成员铸造的有铭文铜器在黄县、烟台和莱阳这三个地区的发现清楚地标示了西周晚期己国政权的一个三角形活动区域。其中莱阳的发现尤为重要，说明己的势力不仅包括北部沿海地区，而且能够渗入传统上认为是东夷占据的半岛南半部的复杂地形中去。基于这些发现，一些学者以为己国占据着大面积的地理版图，从西部的寿光一直延伸到东部的烟台。不过，或许还有一种更好的假设，即原本地处山东西北部寿光的己，于西周中期偏早的扩张期间在遥远的东部便已开辟了新的领土。"[②]

三、周初北方的異器和異族

（一）燕国異器

历史文献和考古学证明，今房山琉璃河为燕国早期都城。从清道光年间开始，这里就不断出现異国族铜器。

[①] 李步青、王锡平：《建国以来烟台地区出土商周铭文青铜器概述》，《胶东考古研究文集》，齐鲁书社 2004 年版，第 352 页。

[②] 李峰：《西周的灭亡》，徐峰译，汤惠生校，上海古籍出版社 2007 年版，第 357—358 页。

1. 卢沟桥畟器。清朝末年，卢沟桥附近出土一青铜盉（《集成》09439），铭文为："畟侯亚吴。匽（燕）侯易（赐）亚贝，乍（作）父乙宝尊彝。"全文的意思是：燕侯赐贝给畟侯"亚"，"亚"为父乙作了这个宝尊彝器。此盉铭文说明：畟侯"亚"为燕国君做事，燕侯赐贝给"亚"。卢沟桥所出畟器不止这一件，晏琬先生云："芦（卢）沟桥所出铜器，有盉一，卣一，爵二，觚一，俱一人所作器。"晏琬先生还说：这件亚盉"形制类似1931年益都苏埠屯所出'奉盉'……字体和复尊、复鼎同时"。①

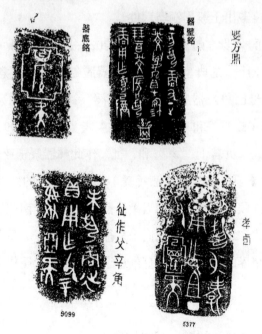

① 晏琬：《北京、辽宁出土铜器与周初的燕》，载《考古》，1975年第5期。

2. 琉璃河眔器。琉璃河青铜鼎（《集成》02035），铭文为："亚眔夨。"

3. 顺义牛栏山眔器。1982 年，顺义牛栏山供销社收购青铜器八件，计有鼎、卣、尊、觯各一件，觚、爵各二件。鼎的腹部有铭文两行："晕作比（妣）辛尊彝，亚眔夨。"（《集成》02374）

卣的铭文为："亚其父己。"（《集成》05078）

尊的铭文为："亚眔父乙。"（《集成》05742）

两爵均在鋬内铸阳文族徽"亚眔夨"，其余各器也均铸"亚眔夨"族徽和"父己"铭文。

牛栏山这八件铜器，也是典型的商末周初己（眔）国族铜器。

（二）辽宁喀左眔器

1973 年，辽宁喀左县北洞村发现了两个窖藏铜器坑。一号窖藏出土殷商铜器六件，二号窖藏出土殷周铜器六件。

二号窖藏中的《𢶀方鼎》（《集成》02702）是眔夨国族的一件重器，通高 52 厘米，重 31 公斤，是典型的眔国器。器腹铭文的主要意思是：祝赏𢶀贝二百朋，𢶀用作母己尊。器底有"眔侯亚夨"铭文。与此铜器铭文相似的是《孝卣》（《集成》05377）和《征作父辛角》（《集成》09099），祝赏给亚眔夨族的"孝"和"征"贝若干，"孝"和"征"作此彝器祭祀亚眔夨的祖先。

受祝赏赐的《𢶀方鼎》出在己（眔）国千里之外的东北辽宁喀左，说明商末眔族的贵族首领的活动范围相当大，眔氏族是个走南闯北的商周巨族，今山东、河南、河北和辽宁，都是他们来来往往的地方。联系前面讲的山东的益都、山东与河北交界的徒骇河，一直到辽宁的徒河，说明作为伯益后人的眔夨族，确实活动在这一广大区域内。

（三）北方眔器中的"己其夨"图腾符号

在上列北方诸眔器中，出现了一个独特的图腾符号（复合族徽），即"亚戛戣"。

对于复合族徽的含义，学界主要有两种理解，一种认为它是由两个或多个氏族结合而成的标识，一种认为它是一个族的分支或分化。[1]但无论哪种理解，这个族徽都代表着"己""其""戛"这三族氏的联合，是部族联合体的徽文。对此，我在《探寻寿光古国》一书的前言中有如下的说明："商末周初己（戛）国族的徽文中有三个重要的部件或曰文字符号，即己、其、戛。'己'是己国族的族根，'己'的本字是'巳'，即虫（蛇）或蚕，是太皞、少皞族的图腾符号；'其'，按王永波先生的考证，'伯益为其氏可知的最早祖先'；'戛'，按王树明先生考证，'是我国古代人民推尊、崇拜的箭神、射神夷羿的形象'。恩格斯说：每个氏族都起源于一个神，'这种神被假想为氏族的祖先，并用独特的别名表明这种地位'。'己、其、戛'这个符号表明，太皞、少皞、伯益、后羿这些洪荒时代的英雄，都是后来的纪国族的祖先神。"[2]商周时的己（纪）国族，不是单一的血缘氏族，而是由己、其、戛三个血缘氏族组成的联合体。

四、西方铜器中的己（戛）国族

（一）《高卣》中的戛长戛

《高卣》（《集成》05431），唐兰先生认为，该器中的"长字当为侯字的摹误。这也是戛侯亚戛族"[3]。刘雨先生认为作器者为"戛长戛"[4]。

---

① 刘晓辉：《商周族徽铭文研究述评》，《古文字研究》第 26 辑，中华书局 2006 年版。
② 李沣：《探寻寿光古国》前言，齐鲁书社 2011 年版。
③ 唐兰：《西周青铜器铭文分代史征》，中华书局 1986 年版，第 134、135 页。
④ 刘雨：《金文荟京考》，《考古与文物》，1982 年第 3 期。

卣　　高

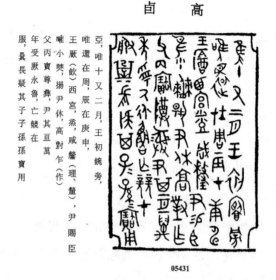

05431

亞，唯十又二月，王初饒旁，
唯還在周，辰在庚申，
王厭（飲）西宮，烝，咸釁（理、釐）
唯小燮，揚尹休，高對乍（作）
父丙寶尊彝，尹其亘萬
年受厥永魯，亡競在
服，曼長疑其子子孫孫寶用

《高卣》铭文的大意是：康王元年十二月，也就是成王去世、康王继位时，在荠京举行祭祀。庚申这一天，王在西宫举行饮酒蒸祭大典，不少人受到赏赐。尹赏赐臣"亚曼侯矣"衣领上绣缀雀纹的衣服，为称扬报答尹的美德和好意，"亚曼侯矣"作此父丙宝尊彝，祝祷延续万年受这永远的福佑，并在服务周王的事业上永远出类拔萃。

《高卣》铭文表明：己（曼）国国君曼侯参加了（成王去世后）康王的继位大典；曼侯在大典上受到王的赏赐；曼侯作此器一是报答周王的恩赐，二是发誓继续为周王效力。此卣表明了己侯、己国在周初王室那里具有举足轻重的地位。

（二）《曼母鼎》

《曼母鼎》（《集成》02146），铭文为"曼母尊彝，亚矣"，曼、亚、矣这些字表明，这是典型的己（曼）族器，该器出土于陕西扶风县黄堆乡齐镇村西周墓。在扶风还出土《文考日己觥》（《集成》09302）和《文考日己彝》（《集成》09891）。另外在陕西宝鸡虢镇还出土《己作宝尊彝》（《集成》02025）。

288

己国器在这里频繁出土，说明在西周时，西方的扶风（古雍州）与东方的潍淄有着很紧密的联系，己国族的一些要人穿梭于两地之间。

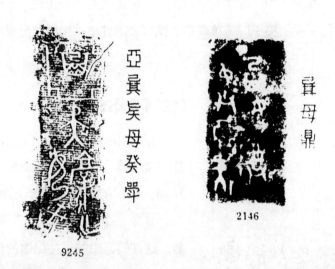

9245

2146

（三）《異孟姜匜》

周初，己（纪）国与王室的关系非常友好和密切，标志性的事件是纪国女孟姜嫁周王成为王妃。

王婦異孟姜乍（作）旅也（匜），其遇（萬）年眉壽用之

異孟姜匜

10240

異孟姜匜

《㠱孟姜匜》(《集成》10240)，铭文为："王妇㠱孟姜作旅匜，其万年眉寿用之。"王妇即王后，孟姜是东夷女子的通称，㠱孟姜是㠱(纪)国女子无疑。纪国女子孟姜嫁为王妇，表明此时的王室与纪国关系非常密切。之所以如此密切，肯定与懿、孝、夷王时王位继承、烹哀公事件中，纪国、纪侯的特殊作用有关。

㠱(纪)公乍(作)爲子
叔姜滕盟壶，
眉寿萬年，永
保其身，它它(施施)熙熙，
受福無期了
孫永保用之

㠱公壶

09704
㠱公壶

(四)《㠱公壶》

《㠱公壶》是㠱公为女儿叔姜作的滕器，《集成》编者定为春秋器，表明春秋早期，纪国的国势还处于正常的发展状态，㠱公还能为自己的女儿做这样的铜器。这件铜器恐怕也是纪国的最后一件铜器了。从铜器铭文还可以看到，直到春秋早期，金文中的纪国，仍写作己或㠱，而不见"纪"字。这样我们就可以说，春秋经传中的纪国之"纪"，是对"己""㠱"字的一种讹变，本身并没有记载着"己其㠱"国族变迁的任何信息，或者说把"己其㠱"国族的国名写作"纪"，只是取其"己"或"己、其"的读音，并没有赋予其他含义。

对山东沂水纪王崮春秋墓主的讨论

一

据《齐鲁晚报》2012 年 4 月 23 日报道，对沂水纪王崮春秋墓主，山东省文物考古研究所原所长张学海先生和省博物馆研究员、古文字学家王恩田先生，都根据考古数据提供的信息及以往的考古经验，发表了重要的意见。张学海先生根据纪王崮顶春秋墓与 1975 年沂水县刘家店子春秋墓的规制、陪葬品、人殉等共同之处，断定该墓主的身份为莒国国君。王恩田先生根据墓葬出土青铜器铭文，断定墓主名叫中段（通"返"）氏，但中段氏是哪个时代、哪个国族的人，没有明示。据此，我认为沂水纪王崮顶春秋墓主到底是何方人士，还是一个需要继续讨论的问题。

由于张学海先生的判断非常肯定，本文就张先生的意见做一些分析和讨论，以求教于张先生。

张学海先生根据墓主随葬了鼎、鬲、敦青铜器，马车四辆（可能原有十辆）及成组的乐器，并将墓修到了崮顶，判定墓主不是"一般的城邑或地位低的统治者"，应该是诸侯国君，而且是"莒国国君"。

判定该墓主为诸侯君主，这是正确的，但断定这位墓主一定是莒国国君，似乎还缺乏直接、过硬的根据。

《齐鲁晚报》提出：既然是莒国国君，为什么不葬在莒国国都，即现在莒县县城一带？张学海认为：以往考古发现中，莒国国君的墓葬多是如此。譬如沂水县西南部院东头春秋莒国墓距离国都约四十公里，莒南县大店春秋古墓距国都约四十公里。此次发现的崮顶春秋墓，距离莒国国都的直线距离为五十公里左右，可见莒国国君墓离都城都比较远。因此，不能说隔得远就不是莒国国君的墓。

这里有几个问题需要讨论。

第一，断定墓主的主要根据是什么？

刘家店子墓出土一铜戈，上有铭文"莒公"二字；莒南大店墓出土"莒叔仲子平钟"，从而断定这两墓墓主为莒国国君墓。但纪王崮顶墓的铜器铭文为"叚氏"，因此根据出土物的铭文现在还无法判定该墓就是莒国国君墓。

正因为如此，张先生主要是根据墓制和随葬品做的判断。但墓制、随葬品等能大致地判断出该墓的年代和文化类型，却很难就此断定墓主是哪国国君。因为同属于东夷的莒国与其他各国，其墓葬文化有很多共同性，很难据此来判定墓主身份。关于人殉，《中国考古学·两周卷》载：春秋早期的鲁故城M202，春秋中期的莒南大店M2和春秋晚期的大店M1等皆有殉人。

关于墓葬制，《中国考古学·两周卷》认为，三重葬，即重椁一棺或一椁重棺，此种墓葬现象见于薛故城M9、M5、M3，沂水刘家店子M1，长岛王沟M10，章丘宇家埠M137和女郎山M1，莱芜戴鱼池战国墓。[①] 由此看出，春秋时期东方各国族的墓葬制度有很多共同点，因此单以墓葬制度来判断墓主为某国国君很不可靠。

第二，莒国国君墓葬在距莒国都城五十公里的东北山区的根据是什么？

张先生举例分析了莒南大店和沂水院东头春秋墓后说："可见莒国国君墓离都城都比较远。"这两处莒国君主墓，一处在都城的南方，一处在都城的西方。今莒南县、莒县及沂水县东南部，都是古莒国的中心区域。但沂水县东北的纪王崮与此不同。到春秋晚期或者按张先生说的春秋战国之交，莒国的周边

---

① 中国社会科学院考古研究所编著：《中国考古学·两周卷》第六节，中国社会科学出版社2004年版。

环境和自身的政治地位已发生了根本性变化。

公元前 693 年，"齐师迁纪郱、鄑、郚"；公元前 691 年秋，"纪季以酅入于齐"；公元前 690 年夏，"纪侯大去其国"。至此，纪国的领土已被齐国占有，纪国首领纪侯已远走他乡，实际上纪国已经灭亡。

纪国灭亡后，莒国领土就直接暴露在齐国面前。纪郱，杜预注："纪邑，在东莞临朐县东南。"临朐县东南，已经是沂水、沂源了，这里已经成为齐国的势力范围了。

纪国灭亡后，齐国开始征伐周边小国。公元前 686 年夏，"师及齐师围郕。郕降于齐师"；公元前 684 年冬十月，"齐师灭谭，谭子奔莒"。齐师灭谭，谭子奔莒，这对莒国不是个好兆头。紧接着，公元前 675、674 年，"夫人姜氏入莒"，与齐襄公私通的鲁夫人两次入莒，入莒的目的虽然于史无考，但对莒似乎也无益处。齐桓公时，实行近交远攻，虽然没有对莒下手，但已不把它放在眼里。《管子·小问》载："楚伐莒，莒君使人求救于齐，桓公将救之，管仲曰：君勿救也。……莒君，小人也，君勿救。桓公果不救而莒亡。"《晏子春秋·内篇》言："景公问晏子曰：当今之时，诸侯孰危？晏子对曰：莒其先亡乎！公曰：何故？对曰：地侵于齐，货竭于晋，是以亡也。"管仲、晏子都是在齐国说话算数的人物。

在这种政治形势下，莒国君薨后，将其葬在离国都一百里外的齐国的势力范围内，这是不可想象的。

第三，纪王崮顶是墓地还是都城？

如果纪王崮顶春秋墓是莒国国君墓的话，纪王崮顶就是墓地，墓地就是死人的居所；墓地不会是城郭，城郭是活人的居所。但《齐鲁晚报》载："省博物馆研究员、古文字学家王恩田提出一个惊人的观点：纪王崮崮顶存在中国最早的城堡式国家。"纪王崮崮顶是不是城堡，是不是一个国家，暂且不论，根据现存建筑遗迹判断，这里确实是座具有防御功能的微型山城堡垒。这里当年似乎有殿堂或者是居屋，有很多人在这里生产、生活。从出土大量的车马、青铜器、乐器、玉器及各种生活用器分析，纪王崮顶具备贵族群体生活、生产和防御功能，墓葬只是一个辅助功能，总之，它绝不是个单纯的墓地或者陵园。

纪王崮顶上居住着一个特殊的贵族群体，是因为某种政治原因迫不得已住在这里的一个贵族群体。在莒国国都完好、国土完整的情况下，莒国贵族没有理由居住在这偏远荒凉的崮顶上。因此，纪王崮顶与莒国国君无涉。

二

沂水纪王崮春秋墓的墓主是谁？本文认为是纪国贵族。

根据目前已掌握的材料可以判断，纪王崮顶上居住着一个群体，而且是一个贵族群体。根据这里的特殊地形地貌和崮顶门道的特殊改建布局，还可以推断，这个贵族群体是个逃难、逃亡的群体，是不得已在这里落脚和居住的群体。

这个贵族群体属于哪个国族？答案是纪国族。为什么？

当时在纪王崮周边落难的国族可能有二，一是谭国，二是纪国。

《左传·庄公十年》（前684）载："冬十月，齐师灭谭，谭子奔莒"；"冬，齐师灭谭，谭无礼也。谭子奔莒，同盟故也"。这些记载表明，谭国被齐国灭亡后，谭子（谭国国君）奔莒，因谭、莒为盟友，因此莒君应留谭子居都城，不会让他住到深山老林里。

纪国的情况就与谭国不同了。齐、纪两国矛盾很深，纪酅离齐国都城临淄不到十里，纪国对齐国的威胁、妨碍太大，因此齐对纪的征伐，不仅是对领土的占领，而且还要把整个纪国臣民驱逐出境。《左传·庄公元年》记载，公元前693年，"齐师迁纪郱、鄑、郚"。《正义》："齐人迁此三邑……故知齐欲灭纪，故徙其三邑之民而取其地也。"名曰"迁"，实为"驱赶"。把"三邑"之民赶走，把"三邑"之地据为己有。"纪三邑"是位于纪国南部临朐的纪郱、位于纪国东南部安丘的纪鄑和位于纪国东北部昌邑的纪郚。"三邑"之民，数以万计，从此沦落为难民。

《左传·庄公三年》：公元前691年秋，"纪季以酅入于齐"，杜预注："季，纪侯弟。酅，纪邑，在齐国东安平县。齐欲灭纪，故季以邑入齐为附庸，先祀不废，社稷有奉。"这是在齐军压境、彻底灭亡纪国前夕，纪侯为了"先祀不废，社稷有奉"而采取的一个重要义举。虽然纪季和酅邑成了齐国的附庸，但他对祖宗社稷，总算有了个交代。

纪侯采取的第二个行动就是"大去其国"。《左传·庄公四年》记载，公元前690年，"三月，纪伯姬卒"，夏，"纪侯大去其国"。杜预注："以国与季，季奉社稷，故不言灭。不见迫逐，故不言奔。大去者，不反之辞。"经学家对"大去其国"有不同的解读，有的释为"不留一人之辞也"，有的释为"永不再返"。但无论哪种解释，"纪侯大去其国"都是无比惨烈的壮举。从此，数十万的纪国臣民跟随纪侯告别故土，远走他乡，走上了一条艰难的、不知所终的大逃亡、大迁徙之路。

纪国臣民去了何方？这是一个复杂的问题。但据后来纪姓（以国为姓）人主要分布在江苏、浙江、福建、广东、台湾①的情况判断，当时纪国臣民的主体是沿弥河向南行，从今日照沿海逐步到了江苏、浙江、福建、广东，尤其是潮、汕地区，纪姓人特别集中。

在这个纪国族人大迁移、大逃亡中，纪侯率部分臣民，落脚到了纪王崮。

纪侯为什么要落脚到这里？纪侯是一位贤人义士，而且是一位懂谋略的国君。在齐国侵城掠地，称霸诸侯，势力和野心高速膨胀的背景下，纪国虽有兄弟之国莱国和莒国，婚姻之国鲁国，但都不能去投靠。因为无论投靠谁，都会把齐国的战争之火引过去，连累对方。

第二，纪侯也不能去太远的地方，因为他有牵挂。纪酅那里还有自己的亲弟弟和供奉着祖先的宗庙，自己的夫人伯姬刚刚去世，不管如何安葬，对他都是挥之不去的牵挂。

---

① 李沣：《探寻寿光古国》，齐鲁书社2011年版，第335页。

第三，纪王崮远离都邑和平原发达地区，是深山、荒野，在那个年代属于无人区，交通闭塞，与世隔绝，对逃亡者来说，是个相对安全的地带。

第四，从卫星地图上可以清楚地看到，纪国紧靠弥河，沿弥河南行进入临朐地，过冶源后，南行至后峪，到了弥河的源头，再往南就是沂山。翻过沂山，不走河道，右拐到深山里就是纪王崮。纪国贵族对纪国——临朐——沂水这条南北通道是熟悉的，《左传》载：隐公八年"九月辛卯，公及莒人盟于浮来"。杜预注："纪邑，东莞县北有邳乡，邳乡西有公来山，号曰邳来间。"今蒙阴县西北有浮来山，与莒县接界。今沂水县西南有纪邑，即纪国的附庸。纪鄣是纪国的另一个附庸，纪鄣在今日照安东卫。由纪到浮来，由纪到日照，这是纪人非常熟悉的路线。

第五，根据最新的考古发掘报告，墓中出土大量青铜器、乐器、玉器："南边箱则出土铜鼎、铜鬲、铜豆、铜罍各7件，铜敦3件。""北边箱出土铜錞于2件，甬钟一套10件，镈钟一套4件，钮钟一套9件，石磐一套10件，舟4件，瓿、罍、壶、盘、匜、瑟各一件。另外还有铜剑、钺、斤、箭头、凿等。"另外还有祭天祭地的玉璧、玉琮。①纪国是商周时的大国，我在《探寻寿光古国》中，列举大量的文献证实，从夷王烹齐哀公后，在整个西周和春秋早期，纪国与王室的关系比齐国密切，纪国的政治影响和政治实力比齐国强大。齐国的强大和称霸，是从齐桓公任用管仲实行改革以后开始的。纪国有大量宝器，因此齐国曾千方百计想据为己有。《竹书纪年》载："齐国佐来献玉磬，纪公之献。"《左传·成公二年》，"齐侯使宾媚人赂以纪甗、玉磬与地。"杜预注："甗、玉磬皆灭纪所得。"

该墓埋藏的是纪国哪一位贵族？

在纪王崮居住的这个逃难群体中，能得到这种高规格墓葬待遇的只有三种人，一是纪侯，二是纪侯的两位夫人伯姬和叔姬，三是纪侯的卿大夫。从目

---

① 《春秋大墓现沂水》，《山东商报》，2012年4月17日。

前发掘得到的信息看，似乎不是纪侯。不是纪侯，那么是夫人墓还是卿大夫墓？从已出土的一些装饰物判断，墓主似乎是位夫人。如果是夫人墓的话，墓主不是伯姬就是叔姬。

纪夫人伯姬，鲁国女。叔姬，伯姬之妹，纪侯之媵妾。纪侯夫人伯姬和叔姬，在春秋史上是有名的贤义之女。春秋时期，有七位诸侯夫人，但在《春秋》经传里记载其卒、葬的只有三人，即纪伯姬、纪叔姬和宋共姬。因此，吕祖谦曰："内女不书葬，而书葬者三，宋共姬、纪伯姬与叔姬，皆非常也。"之所以书这三人，乃褒其贤。

关于伯姬，史书记载，庄公元年冬十月，"齐师迁纪郱、纪鄑、纪郚"。庄公三年秋，"纪季以酅入于齐"。庄公四年三月，"纪伯姬卒"。

纪国、纪侯，在四年中出了三件大事：齐师迁"三邑"，可以说齐灭纪国之战已经开始，并且齐国已经取得了决定性胜利。"三邑"归齐后，纪国已失去半壁江山，而且齐灭纪已成定局，纪侯求救于鲁公、求救于周王都无效果，纪国的彻底灭亡也已成为定局。因此，为保全祖宗社稷，纪侯将纪酅拱手让给了齐国，即"纪季以酅入于齐"，"纪之宗庙、社稷皆迁于酅，承祀如本"。[①]在纪国、纪侯惶惶不可终日时，纪夫人伯姬卒。伯姬卒，是纪侯大去其国的直接动因。

纪夫人伯姬卒后，如何安葬？当时有两种选择，一是安葬在纪国，二是安葬在已属齐国管辖的纪酅。在纪国安葬，也就是由纪侯亲自安葬，一切将按部就班、顺理成章。但在齐国大军压境的危险时刻，把伯姬埋藏在纪国，纪国灭亡后，将遭"封其墓，毁其庙"的国难。如果安葬在纪酅，纪侯必须以投降者的身份，进入齐国，这等于给齐侯下跪，为维护纪国、纪侯的尊严，这步棋是万万不能走的。在这种情势下，纪侯采取断然举措，"大去其国"。

《左传·庄公四年》春，"三月，纪伯姬卒"，"夏，纪侯大去其国"，"六月

---

① 《左传正义·释例》。

乙丑，齐侯葬纪伯姬"。这就是说，纪侯率纪国臣民大去其国后，齐国马上就安葬了纪伯姬。纪伯姬肯定是安葬在纪侯弟守候的纪鄑。纪侯未能亲自安葬夫人伯姬，是他终生的遗憾。如果该墓最终未能发现尸骨，断定该墓为衣冠冢的话，该墓很可能就是埋藏伯姬的衣冠冢。

如果该墓最终发现女性尸骨的话，该墓墓主就可能是纪叔姬。

关于纪叔姬，纪侯大去其国之后，纪侯就从文献上彻底消失了。但对叔姬，《左传》中还有如下记载：庄公十二年春，"纪叔姬归于鄑"。杜预注："纪侯去国而死，叔姬归鲁。纪季自定于齐，而后归之，全守节义，以终妇道，故系之纪而以初嫁为文。"按经学大师杜预之说，庄公十二年，也就是纪侯大去其国后的第八年，纪侯去世了，也预示着纪侯在纪王崮居住生活了八年。在这八年中，纪侯与叔姬的行踪，历史记载上一片空白。但很有可能，这八年中，纪叔姬是陪伴在纪侯身边，或者很多时间是陪伴在纪侯身边。纪侯去世后，纪叔姬归鲁，回娘家，但"纪叔姬归于鄑"，就如杜预说的"而后归之，全守节义，以终妇道"。

《左传·庄公二十九年》："冬十有二月，纪叔姬卒。"

庄公二十九年，也就是纪侯去世后的第十七个年头。这十七年中，叔姬的生活和行踪，于史无载。但她有四个可能的去处（生活居住地），一是娘家鲁国，二是已归齐的纪鄑，三是纪王崮，四是齐国给纪国留下的最后一个邑地，即位于今日照安东卫的纪鄣。

叔姬死在何地？根据史料推断，死在纪鄣。

《左传·庄公三十年》："秋七月，齐人降鄣。八月癸亥，葬纪叔姬。"

庄公二十九冬十二月，纪叔姬卒；庄公三十年秋，齐人将纪国的最后一个附庸国纪鄣占领，八月，即占领后立即安葬纪叔姬。所以由此可以断定，纪叔姬晚年生活在纪鄣，最后死在纪鄣，安葬在纪鄣。纪叔姬安葬时，已经是纪侯大去其国后的第二十六个年头了，也是纪侯去世后的第十八个年头了。当年跟随纪侯左右的人，大部分也已作古，因此再把纪叔姬迁葬到纪王崮的可能性极小。但也不能完全排除纪国后人将纪叔姬迁葬到纪王崮的可能。如果纪王崮顶上能确证有纪叔姬墓，可以肯定地说，纪侯墓也在此处。

关于纪王崮春秋墓的葬制有很多与传统相悖之处。我们考虑到纪侯为亡国之君、仁义之君，与他逃难到纪王崮的人和物（车、马等各种器物），对他来说，都是有功之"臣"，都是救命"恩人"。他对这些人和物的埋藏，不当作陪葬品，而是怀着感恩和敬畏之心去埋藏，因此就必然会不符合传统规制。

对山东沂水纪王崮春秋墓主的再讨论

《对山东沂水纪王崮春秋墓主的讨论》一文，虽然对墓主为何人进行了全面探讨，但对该墓出土的青铜鼎铭文没有涉及。青铜器铭文对判定墓主及墓主的身世，有极其重要的参考价值，因此本文就这个问题略陈管见。

2012 年 4 月 23 日《齐鲁晚报》发文《沂水春秋墓申报省级重点文保单位 专家公布解读铭文》："省博物馆研究员、古文字学家王恩田解读铭文后认为：墓主名叫中叚氏。"并将铭文释为："华孟子作中叚氏妇中子，媵宝鼎其眉寿，万年无疆，子子孙孙保永享。"王先生还进一步解释："华孟子就是这件大青铜鼎的制作者。制成后，给自己名为'仲子'的二女儿做陪嫁用的宝鼎。"因此华孟子鼎，"证明墓主应该是华孟子的女婿，也就是中子的丈夫中叚氏的墓葬"。王先生的这个释读大体是正确的，但华孟子、中叚氏是哪个国族的人，该墓是哪个国族的墓，还没有点明，而这是一个非常重要的，广受关注而且必须回答的问题。《左传》中的如下记载似乎与王先生的释读有关：

> 惠公元妃孟子。孟子卒，继室以声子，生隐公。宋武公生仲子，仲子生而有文在其手，曰为鲁夫人，故仲子归于我。生桓公而惠公薨，是以隐公立而奉之。
>
> （隐公二年）九月，纪裂繻来逆女。冬十月，伯姬归于纪。
>
> （隐公七年）春王三月，叔姬归于纪。

按照王恩田先生的思路，用《左传》的这三段话对照铜鼎铭文，可以这样理解：华孟子就是鲁惠公元妃，此鼎为华孟子为二女儿仲子出嫁而制作的陪嫁宝器。而这位二女儿仲子，也就是叔姬。因此这尊宝鼎也就是陪送叔姬的媵器。铭文中叔姬的夫君、华孟子的女婿为中叚氏，与《左传》对应的这位中叚氏，这位鲁惠公和元妃孟子的女婿，就是纪侯。纪是姓，侯是爵位，纪侯的名字不详，也许纪侯的名字就是"中叚"。纪侯的弟弟为纪季，纪侯为纪仲，这也非常有可能。总之，结合《左传》文理解王先生的推论，很容易得出该墓主为纪侯的结论。

粗线条的分析判断似乎还能顺理成章，但严格分析起来，这中间还有些矛盾，或者说还有些不能自圆其说处。如，（1）叔姬，按照排行，是老三，叔姬与仲子似乎不对等；（2）纪侯与中叚氏联系起来，现在既无文献也无考古学的证明；（3）此器作器者"孟子"，受器者"仲子"，同是子姓，王献唐先生说："在一切媵器中，凡是作器者为一姓名，受器者为一姓名，两姓不同，大抵是母亲为女儿所作。女儿从父姓，其母则从母家的父姓，因而有别。"[①] 因两者都是子姓，是同姓，就不是母子关系。

总之，王恩田先生的分析判断，对照历史文献还有很多矛盾，似乎很难成立。

近从网上看到从事田野考古和甲骨文研究的柏杭（音）先生的《山东沂水纪王崮新出土铜鼎铭释文》，释文说："此器是'华孟子'为中（仲）子做的媵器。从铭文里的'中叚氏妇中子'，可知'中（仲）子'嫁的是'中（仲）叚氏'。"这个释读与王先生的释读基本一致。柏先生又说："中（仲）叚氏，或与邾瑕相涉。《春秋·哀公六年》：'城邾瑕。'《大全》：'邾瑕如鲁济之类，鲁有负瑕，故称邾以别之。'"在这段话后，先生孤零零地又冒了一句"此器也许与宋国的华氏有关"，然后又引《上博简五》《史记·齐太公世家》，推测

---

① 王献唐：《山东古国考》，青岛出版社 2007 年版，第 136 页。

"华孟子有可能是齐桓公如夫人宋华子"。

纵观上述二位先生的研究思路和成果，我认为大方向基本正确，实际上他们已经走到了神秘之门的大门口。在他们的启发、鼓舞下，本人循着他们的思路，重新检索历史典籍，对这个神秘的大墓和墓主，做出了如下推测：

《左传》开篇的文字就是：

> 惠公元妃孟子。孟子卒，继室以声子，生隐公。宋武公生仲子，仲子生而有文在其手，曰为鲁夫人，故仲子归于我。生桓公而惠公薨，是以隐公立而奉之。

纪王崮铜鼎铭文：

> 华孟子作中叚氏妇中子，媵宝鼎，其眉寿万年无疆，子子孙孙永享。

对比两段文字，其中有很多相似之处。我们假设，这两段文献记述的是同一件事，即宋国与鲁国的婚姻。要证明这个论断能够成立，必须进行历史学的求证。

一、关于孟子与华孟子

《左传》中"惠公元妃孟子"说明，鲁惠公元妃，即第一夫人为孟子。"孟"是排行老大，"子"是姓。宋，殷后，子姓。"宋武公生仲子"，把全文联系起来，孟子就是宋国诸侯长女。孟子、仲子都为宋武公女。

《左传》言"孟子"，为什么铜鼎文言"华孟子"？这两者是同一个人吗？本文认为是，根据如下。

宋国是殷后，所以是子姓。殷祖契，契母简狄吞玄鸟卵而生契，所以为子姓。古女子有姓，男子有氏。当母系社会转变为父系后，国族的父氏也就变成了姓。"华"也是宋国的姓，追根究底，很可能是父姓。《潜夫论·志氏姓》载，子姓的宗族有孔氏、华氏、微氏等五十一姓。因此华氏是宋国的别姓之一。

《史记·宋微子世家》载：殇公九年，"大司马孔父嘉妻好，出，道遇太宰华督。""庄公元年，华督为相。"《集解》服虔曰：华督，"戴公之孙"。《史记·宋微子世家》还载："戴公卒，子武公司空立。"因此，华督是戴公之孙，是武公之子或之侄，与鲁惠公元妃孟子及仲子同辈。宋武公之子名华督，同理，宋武公之女名华孟子。因此，铜鼎文中的"华孟子"就是《左传》文中的鲁公元妃"孟子"。

二、关于中（仲）子

《左传》文和铜鼎文中，都有"中（仲）子"。按照排行，中（仲）子为孟子之妹。铜鼎文中的"中子"为"华孟子"，《左传》文中的"仲子"也是惠公元妃孟子之妹。

春秋时，实行陪嫁媵妾制。《仪礼·士昏礼》郑玄注："古之嫁女子，必以侄娣从，谓之媵。"侄是侄女，娣是妹妹，即嫁女时，女的侄女或妹妹为媵，必须跟着陪嫁。因此，宋武公长女孟子出嫁鲁国后，次女中（仲）子只要到了婚嫁年龄，也必须随姐而嫁。至于《左传》中的"宋武公生仲子，仲子生而有文在其手，曰为鲁夫人，故仲子归于我（鲁国）"，只不过给这种媵嫁关系，涂上一层神秘的色彩，如《公羊传》所说："文也，以其手之文理自然成字，有若天之所命，使为鲁夫人。"不管手上有文无文，仲子都必须为鲁夫人。

三、关于"中叚（瑕）氏"

按照此思路，铭文中的"中叚氏"应为鲁惠公，即仲子的夫君惠公。

关于"中叚氏"，柏杭先生文中提到"中（仲）叚氏，或与郏瑕相涉"，这个思路是正确的。

"中叚氏"是不是鲁惠公?

《春秋左传正义》曰:"惠公名弗皇,孝公之子也。谥法爱民好与曰惠。"惠公是死后的谥号,不是真名。惠公名曰"弗",或曰"弗皇",或曰"弗湟""弗湜"。但古人的名字不止一个,古人有名还有字,而名、字有时与采邑有关。因此,有可能惠公为太子时,食采邑于"叚"。华孟子作器时,对夫君惠公,不能直呼其名,惠公是做太子时的叚丘主人,"叚氏"也就是惠公。

鲁有"负叚"和"叚(瑕)丘",两名实为一地。叚是鲁国的一个风景优美而神圣的地方。

《水经注疏》云:"昔卫大夫公叔文子升于瑕丘,蘧伯玉从。文子曰:乐哉斯丘!死则我欲葬焉。"表明"瑕丘"这个地方美妙无比,死都想葬在这里。

《史记·五帝本纪》载:"舜耕历山,渔雷泽……就时于负夏。"《厄林》曰:"又负夏可为负瑕,则虞舜所迁。"

由于"负叚"是鲁的一块圣地,鲁太子往往食邑于"负叚",成为这个采邑的主人。《左传》文中的仲子之子鲁桓公,就食采于瑕丘。《汉书·地理志》载:山阳郡,县二十三,有瑕丘县。《通志·氏族略》:瑕丘氏,姬姓。《风俗通》:鲁桓公庶子食采瑕丘。《路史·国名纪五》:瑕丘,桓庶子莱。汉隶泰山,今兖治瑕丘。《水经注疏》:泗水西过瑕丘县东。瑕丘,鲁邑。《春秋》之负瑕矣。杨守敬认为:瑕丘在今滋阳县东北五里。

据报道,大墓出土了江国器,有人就认为该墓与江国(在今淮河流域,伯益后,与徐、郯、莒同宗)有关。前文提到的《齐鲁晚报》文章载:"对单单根据一只大鼎铭文就断定墓主人的说法,省考古研究所研究员王永波持反对意见。古代嫁女、结盟、战争掠夺、迁都时往往用到铜鼎。"我完全同意王永波先生的意见,铜器散落异国他乡,是非常普遍的事,纪国铜器在北燕、辽东、陕西、烟台、海阳墓葬中都有出土,只能说这些地区与纪国族有某种联系,而不能说这些地区的墓就是纪国君墓。

江国铜器在这个墓中出土,表明江国与"中叚氏"有某种关系。《经典释文》载:"瑕丘江公受《穀梁春秋》及《诗》于鲁申公,武帝时为博士,传子至孙,皆为博士。"[①]说明江公与瑕丘有关,与鲁国有关。江公后世子孙皆为博士,江公祖先肯定也是有官爵之辈,江氏与瑕氏有关,因此,江氏器与瑕氏器共出一墓 就非常自然,只不过我们现在无法把具体关系弄明白。

四、关于"华孟子"作器

铜鼎铭文非常明确,此鼎为华孟子作。但《左传》认为:

> 惠公元妃孟子。孟子卒,继室以声子,生隐公。宋武公生仲子,仲子生而有文在其手,曰为鲁夫人,故仲子归于我。生桓公而惠公薨,是以隐公立而奉之。

《左传》这段文字的意思是:惠公元妃为宋女孟子,孟子卒,娶宋女声子,然后又娶仲子。就是仲子归鲁时,仲子姐华孟子已去世多年。既然华孟子早已去世,怎么能给仲子作媵器?从事件的发展时序上看,这确实是个无法回避的问题。如果这个问题没有有说服力的解释,全文的论述就没有立论基础。现在看来,能支撑这一论断的只有以下两个事实:

(一)三传(《春秋左氏传》《春秋公羊传》《春秋穀梁传》)中,有些人物和事件的时间顺序上,不十分准确,例如:"故仲子归于我。生桓公而惠公薨。"若机械地理解此文,即生了桓公后,惠公就过世了。但实际情况是葬惠公时,主葬者是桓公而不是隐公。《左传》孔颖达疏:"改葬惠公,而隐公不临,使桓为主。薨年生,则才二岁,未堪为丧主。"另外,桓公为弑杀隐公的同谋,如孔颖达言,"羽父弑隐(公),与桓同谋。若年始十二,亦未堪定弑君之谋。以此知,桓公之生,非惠公薨之年"。实际上恐怕是桓公生七八年,甚

---

① 陆德明:《经典释文序录疏证》,中华书局 2008 年版,第 106 页。

至于十几年后，惠公才过世。孟子卒于何年？仲子生于何年？史无载。但仲子出生时恐怕孟子还在世。

（二）华孟子是惠公元妃，但华孟子无子，《史记·鲁周公世家》载："惠公嫡夫人无子"，元妃无子或曰嫡夫人无子，惠公后继无人，这对惠公和华孟子，都是天大的缺憾，也是巨大的压力。在这种背景下，"宋武公生仲子"就有特别重要的意义。按照春秋时的媵嫁习俗，孟子之妹仲子，到了婚嫁之年必须归鲁。仲子归鲁，并为惠公生儿育女，成为华孟子的最大的期望，所以出现了"仲子生而有文在其手，曰为鲁夫人"的预兆。仲子，就是华孟子的希望。在这种背景下，华孟子为仲子作了这件媵器。

五、关于声子

《左传》这段文字中还说："孟子卒，继室以声子，生隐公。"

声子，子姓，也是宋国女。但声子与孟子、仲子的血缘关系不清。但按照孟仲叔季排列，孟子、仲子是亲姊妹，声子可能是她们俩的叔伯姊妹，即杜预所注："孟子之侄娣也。"声子不为宋武公所生，因此地位低贱，《史记·鲁周公世家》："惠公嫡夫人无子，公贱妾声子生子息（隐公）。"子以母贵，母以子贵，因此，"桓（公）幼而贵，隐（公）长而卑"[1]。

以上分析若能成立，其结论就是：该铜鼎为惠公元妃华孟子为妹妹仲子作的媵器。

《左传》又载：隐公二年，"九月，纪裂繻来逆女。冬十月，伯姬归于纪"。"七年春三月，叔姬归于纪。"

纪裂繻，纪国大夫。纪侯命纪裂繻来鲁迎娶鲁惠公之女伯姬。因此纪伯姬、纪叔姬都是鲁惠公之女，都是鲁隐公、鲁桓公的姊妹，他（她）们兄弟姊妹四个的年龄，也不会相差太大。伯姬、叔姬，是谁所生，史无载。但惠公元

---

[1]《春秋公羊传·隐公元年》。

妃孟子无子而且早逝，声子贱，伯姬、叔姬似乎与孟子、声子都无涉。仲子生桓公，也很可能生了伯姬和叔姬。仲子贵，因此，伯姬、叔姬不管是不是仲子所生，仲子都是她俩的母后。伯姬归纪时，仲子很可能以嫡母的身份，把姐姐华孟子给她作的这个铜鼎陪送给了伯姬。这种做法在古代屡见不鲜。山东著名考古、历史学家王献唐先生在考证黄县鼎器时曾说："因为是女，她母亲才给她专造媵器，又把自己日用的四件盨，一齐给女儿作妆奁带到夫家。"① 这就是说，女儿出嫁时，母亲可能专为女儿出嫁作媵器，也可能把自己使用的，别人为她制作的媵器一并当嫁妆陪送给女儿。因此，这件铜器就有可能是伯姬出嫁时，仲子作为妆奁陪送给伯姬，由伯姬带到纪国的。

---

① 王献唐：《山东古国考》，青岛出版社 2007 年版，第 216、217 页。

辨析菑川国之剧与北海郡之剧

一

史上到底是一个剧还是两个剧，经史学家有不同的说法，至今似乎也没有个统一的结论，本文试图就这一问题做一辨析。

《汉书·地理志》载：北海郡，景帝中二年置。属青州。县二十六。这二十六县中有剧，侯国。又载：菑川国，故齐，文帝十八年别为国。县三，首县为剧。

《水经注》载："丹水有二源，各导一山，世谓之东丹、西丹水也。西丹水自凡山北流经剧县故城东。"就是说北流的西丹水的西面，有剧县故城。《水经注》又载："巨洋水……又北过剧县西。""康浪水北流，注于巨洋。巨洋水又东北经剧县故城西，古纪国也。"是说巨洋水会合康浪水后，往东北流时经过剧县故城西。这样就有两个剧县，一个在西丹水的西侧，一个在巨洋水的东侧，即古纪国地。对此，赵一清认为："按《郡国志》云，北海国，建武十三年，省菑川、高密、胶东三国，以县属。但《前汉志》菑川有剧，北海也有之。此是菑川之剧，非北海之剧也。"也认为是有两个剧。"菑川国之剧，在寿光县东南三十里，亦曰剧南城。北海之剧在昌乐县西北。后汉时，此剧废省，而移北海郡治菑川之剧也。"并明确，这两个剧一个在寿光地，一个在昌乐地。

清人叶圭绶在《续山考古录》中也沿用此说。他说："汉有两剧县。一属北海，在今昌乐，而西北去纪城四五里。一即纪城，菑川国治之。名同地近，后人称隶北海者为剧南城以示别。"因此，他在"寿光县"条下注："菑川国剧县故城在寿光城南二十五里。……此即纪国城，今故址内犹有故台。"在"昌乐县"条下注："北海郡剧县故城在昌乐县西十里，又名剧南城。"此说有误，赵一清说的纪南城是菑川国，在寿光东南三十里的剧，非昌乐之剧。

另外，文献中对剧还有些别的说法，如《水经注》：剧属东莞；《文献通考》：剧属琅琊。而清代的程恩泽在《国策地名考》中，对剧的地望的考证令人难以理解："剧，齐附庸。今淄川剧县。"说剧是齐的附庸，这是对的。但说剧即"今淄川剧县"，就与上述各种说法相悖。因今淄川在青州以西，属山东省淄博市管辖，而我们说的剧在今寿光，属潍坊市管辖。那么在今淄川地域是否也有剧县？他还说："北海之剧，在丹水之西，今在青州府临朐县西南。"在临朐县西南的话，还真是淄川地。这是笔误还是对剧的地望的一个新判断，从文字上还无法得出结论。

综上所述，在汉时古青州地，到底是一个剧还是两个剧？抑或是多个剧？对此问题，经史学家一直有不同的看法，为了澄清问题，必须弄清剧的源流，即弄清剧的来龙去脉，弄清剧的隶属关系的变迁。

二

关于剧之源，《水经注》曰："巨洋水又东北径剧县故城西，古纪国也。《春秋·庄公四年》，纪侯不能下齐，以与弟季，大去其国，违齐难也。后改曰剧。"鲁庄公四年，即公元前690年，"纪侯大去其国"，也就是齐国灭了纪国，从此纪国已不复存在，纪国的地盘已成为齐国的邑，所以把这个地区的名字由纪改为剧。

为什么叫剧？说法不一。《通志·都邑略》周诸侯都篇曰："纪都纪，迁于剧。纪本在东海故赣榆县，纪城是。剧在青丘，临朐县东，寿光县西。亦名纪，音讹为剧。"《通志》的说法不确，纪由赣榆迁于寿光后仍称己（纪），是齐灭纪后，此地才改曰剧；说剧在"临朐县东，寿光县西"也不确，因临朐和寿光两县的地理坐标，不是东西的关系而是南北的关系，临朐在南，寿光在北。但这种说法与程恩泽的说法相似。

关于齐灭纪国后，将纪地改曰剧的原因，我想还是因为己、其、箕、剧、籧这些字的音、形、义相似所致。我在《探寻寿光古国》一书中，曾用很大篇幅考证其、其（箕）与籧（籧，筐属，同筥）的关系。①《广雅疏证》云："豆、籧，杯落（簸箩）也"；又云："簸箩，箕也。"《方言笺疏》有"簞篓簰筥籧也"。《玉篇》云："籧，养蚕器也，饮牛筐也，亦作筥。""籧，淇水名也。其通语也"。是说"籧"与"淇""箕"通。在古文字里，籧、劇（剧）是假借字，互通用；籧又与淇、箕相通。古纪国的"纪"，在甲、金文里是"己"，周时无"纪"字，"纪"写作"己"或"冀"。箕、冀、籧、劇（剧）均是互为假借。因此，把箕、冀与籧、劇（剧）互相通用，在古文字里是常见的现象，即一字多体和同音同义。

剧即古纪国。古纪国的疆域涵盖了临朐以北、安丘、昌邑以西、东安平以东的广大地域。因此，古纪国的疆土，在纪国灭亡后，也统称剧。春秋末和战国时期，很多国家都实行郡县制，像魏、秦、楚等，只有齐国没有设郡，而设都。②战国时期的郡和都都是国家周边的军事要地。齐的五都，除国都临淄以外，还有平陆、高唐、即墨、莒等，都是边防重镇。五都以外的城邑仍沿用旧称。齐国在齐威王时已有一百二十城③，城、邑也类似后来的县。因原纪国疆域很大，剧地就不止一城一邑。原纪都称为剧南城，既有剧南城，也就有可能有剧北城、剧东城，但可惜这些资料失传。汉时，在古纪国都纪台东北有一县名叫剧魁，剧魁应是古剧地东北的一个城邑。齐襄王时封田单为安平君，安平，古纪国邑鄀，此地也在剧的范围内。后来又"益封安平君以夜邑万户"。④

---

① 李沨:《探寻寿光古国》，齐鲁书社2011年版，第126、127页。
② 杨宽:《战国史》，上海人民出版社2003年版，第229页。
③《战国策·齐策一》邹忌语。
④《战国策·齐策六》。

对夜邑，经史学界有不同的解释。夜，在山东有不夜，在今荣城；有掖县，即今莱州。这些夜地离安平都较远，益增的安平君封地，不可能在这些地方。对益封的安平君夜邑，东汉经史学家高诱注：夜，一作剧。东汉离战国时间还不算太远，高诱所注必有其本。照此说，安平君的原封地与新增的万户封地就连在一起了。由此可见，战国时，剧地是安平君的封地，包括原来的纪邑鄑和纪鄑东部的一大片地区。这个地区战国时统称剧。

秦兼并六国，建立统一的秦帝国后，实行郡县制，"分天下以为三十六郡"，原齐地为齐郡和琅琊郡（《史记·秦始皇本纪》）。但随后又将郡扩大到四十六个，齐地除齐郡、琅琊郡外，又增设了济北、胶东和东海郡。秦时剧地主要在齐郡，但也有可能它的西南和东南部分地域划归琅琊和胶东郡管辖。

三

秦帝国的寿命很短，前后只有十五年，就被刘邦的西汉政权取代。西汉政权的初期，刘邦将立下汗马功劳的臣僚封为诸侯王，即异姓诸侯王，如韩信就被封为齐王。异姓诸侯王各据一方，对中央政权构成了严重威胁。燕王臧荼、梁王彭越、淮南王英布相继叛变被诛。刘邦为剥夺韩信对齐地的控制，将韩信改封为楚王，都下邳，后又将韩信改封为淮阴侯。韩信由掌控原整个齐国地，到最后居洛阳被架空，无地可守。刘邦为了巩固刘氏天下，后来彻底废黜了分封的异姓王，并立誓："非刘氏而王，天下共击之。"（《史记·吕太后本纪》）分封刘氏宗室子弟为王。至刘邦死时，被封为诸侯王的刘氏子弟共有九个，其中分封刘邦的长庶男刘肥为齐王。《汉书·高帝纪》载："以胶东、胶西、临淄、济北、博阳、城阳郡七十三县立子肥为齐王。"汉高祖刘邦把原齐地的七十三县，以及凡言齐语者都并入齐国，划归齐王刘肥管辖。这时，西到济南，北到渤海，东到胶东、胶西，南到城阳，都是齐王刘肥的地盘，此时无独立于齐国以外的北海郡。

　　同姓王权势日益膨胀，对中央政权同样构成了威胁。为削减诸侯王的权势，根据贾谊的主张，实行"众建诸侯而少其力"，把诸侯王的封地再分封给诸侯王的子孙，这样诸侯王愈分愈多，而封地越来越小，权势也就愈来愈小。齐王刘肥有子九人，汉惠帝六年，立齐王刘肥太子刘襄为齐哀王。第二年，惠帝崩，吕太后称制，封刘肥子刘章为朱虚侯，立刘肥子营陵侯刘泽为琅琊王，"分齐国为四"。"文帝元年，尽以高后时所割齐之城阳、琅邪、济南郡复予齐。"（《汉书·高五王传》）说明"分齐国为四"就是把东南面的城阳、琅琊和西面的济南割了出去。也说明这时有郡，但各郡都在齐王的管辖之下。这时城阳、琅琊以西，临淄以东的郡县名称无记载。

　　文帝二年，立朱虚侯刘章为城阳王，都城在莒；东牟侯刘兴居为济北王，都城在博阳。后济北王刘兴居谋反被诛。

　　文帝四年，封齐悼惠王子七人为列侯。至此，齐悼惠王九子中，二人为王，七人为侯。

　　文帝十五年，齐文王薨，无子。"时悼惠王后尚有城阳王在，文帝怜悼惠王适嗣之绝，于是分齐为六国，尽立前所封悼惠王子列侯见在者六人为王。……孝文十六年，六王同日俱立。"（《汉书·高五王传》）这六人为：齐孝王将闾、济北王志、菑川王贤、胶东王雄渠、胶西王卬、济南王辟光。从此有了菑川国。

　　《汉书·地理志》载："甾川国，故齐，文帝十八年（王念孙云：十八年应为十六年）别为国。"从文帝十六年才有了甾川国。甾川国辖剧、东安平、楼乡三县，都剧。东安平，即春秋时纪邑鄣，《大清一统志》：故城今临淄县东十里。楼乡，钱坫认为："今青州府诸城县西南有楼乡。"但这个楼乡与甾川国相距太远，中间还隔着安丘、潍县、昌乐，似乎甾川国的疆域还没有扩展到此。甾川国有三县，国都在剧，东安平在剧之西，楼乡似应在剧之东。贾效孔先生在《寿光考古与文物》一书中列表明示，纪台东北的田马镇有娄家村，村北的后埠岭曾出土周、汉遗物；相邻有步家楼村，村西土埠有汉遗迹。娄家之"娄"和步家楼之"楼",似乎与汉时甾川国的楼乡有关。①若果真如此,西汉时的甾川国,以剧为都,西到临淄东,东到今寿光稻田镇,与潍坊和昌乐相邻。

《汉书·高五王传》记载,汉景帝三年(前154),"吴、楚反,胶东、胶西、甾川、济南王皆发兵应吴、楚。"景帝发兵讨伐,"齐孝王惧,饮药自杀。而胶东、胶西、济南、甾川王皆伏诛,国除。独济北王在。……济北王志,吴、楚反时初亦与通谋,后坚守不发兵,故得不诛,徙王甾川。"甾川国虽参与谋反,后仍复国,原济北王刘志继甾川王位。

"元朔中(前127年前后)齐国绝。悼惠王后唯有二国:城阳、甾川。甾川地比齐,武帝为悼惠王冢园在齐,乃割临甾东圜悼惠王冢园邑尽以予甾川,令奉祭祀。"(《汉书·高五王传》)元朔"二年冬,赐淮南王、甾川王几杖,毋朝"(《汉书·武帝纪》)。至此,甾川国又以原济北王刘志及子孙延续存在。

不知出于什么原因,汉武帝对甾川国情有独钟,因此,甾川王在汉武帝时,得到了朝廷的厚爱。"割临甾东圜悼惠王冢园邑尽以予甾川",汉武帝把临淄以东的大片土地,"尽以予甾川",临淄以东到底东至哪里?到底把多少县邑并入甾川国?史书虽无明确记载,但从五凤中"有诏:削四县"(《汉书·高五王传》)看,甾川国在武帝时,至少也有七县。所削四县应在剧和楼乡的北面和东面。

武帝赐甾川王几杖,是对甾川王的尊重和厚爱。《礼记·月令》:"养衰老,授几杖。"授几杖,即敬老。武帝送几杖给甾川王,表明甾川王深得武帝的关爱。在这个时间段内,甾川国疆域很大,国都剧似应处在甾川国的中心位置,因此剧地的任何一个城邑都不可能归北海郡管辖。

《史记·王子侯表》所载建元以来王子侯者中,甾川王刘志之子十二人于元朔二年封为侯。在这个时间段内,临淄、益都以东,临朐以北,平度以西,

---

① 贾效孔:《寿光考古与文物》,中国文史出版社2005年版,第44页。

都是菑川王刘志的地盘，这时不可能有北海之剧。

剧，古纪国，地域很大。《汉书·地理志》："剧，义山，蕤水所出，北至寿光入海。"《齐乘》："尧水，一名蕤。"义山，"亦名尧山"。《太平寰宇记》引伏琛《齐记》："尧山南有二水，名东、西丹水。"由此可知，现昌乐境内的尧山、尧水，与丹山、丹水在同一地，汉时都为剧县地。因此，对于《水经注》中"西丹水自凡山北流经剧县故城东"，说这个故城东的剧县就是北海郡剧县，就是昌乐西十里的剧地，这一说法肯定有误。现昌乐西十里与昌乐故城，尧水与尧沟，在汉武帝时都是剧县，都是菑川国辖地，与北海郡无涉。

《汉书·高五王传》载：菑川王"（刘）志立三十五年薨，是为懿王。子靖王建嗣，二十年薨。子顷王遗嗣，三十五年薨。子思王终古嗣"。五凤中，青州刺史奏："终古禽兽行，乱君臣夫妇之别，悖逆人伦，请逮捕。""有诏：削四县。二十八年薨。"时间到了"五凤中"，也就是汉宣帝晚期，公元前57年前后，青州刺史向宣帝奏菑川王终古的禽兽之行，并奉诏逮捕终古，削除菑川国四县。这时，菑川国的地位已今不如昔。青州刺史部有相当大的权威，可以奏请并处置菑川王和菑川国。被削除四县后，菑川国就只剩下了东安平、剧和楼乡三县了。也有可能这时剧县的东部一部分被并入了北海郡。

《汉书·高五王传》载：终古薨后，子考王尚嗣，五年薨。子孝王横嗣，三十一年薨。子怀王交嗣，六年薨。子永嗣，王莽时绝。据《汉书》载，刘志子孙八代为菑川王，前后延续一百七十余年。也就是说，在这一百七十余年间，剧始终是菑川国的都城。王莽当政后，菑川国绝，菑川国的辖地包括剧，划归了北海郡。这时的北海郡也就有了剧县，而且是整个的剧县。

四

班固《汉书·地理志》载："北海郡，景帝中二年置，属青州。……县二十六，营陵，或曰营丘，莽曰北海亭。"这一记载能告诉我们的信息是：北海郡是景帝二年（前155），即西汉政权建立后的第五十一年设立的郡级政区。北海郡隶属于青州，这是个极笼统的说法，因为包括青州刺史部在内，汉十三州刺史部是武帝元封五年（前106）设立的，因此景帝二年时还没有青州刺史部。北海郡辖二十六县，也是个模糊的说法，是对整个西汉北海郡所辖县数的笼统概括，因为景帝二年设郡时，北海郡不可能有这么多县。郡治营陵（营丘），因为班书所列郡的首县一般就是郡治所在地，这如同诸侯王国所列首县即国都所在地一样。有学者认为应治营陵，但无确证。营陵，《春秋》谓之缘陵，《大清一统志》：故城今昌乐县东南。如果北海郡治在昌乐县东南的话，就离剧国太近了。

通过上述对北海郡的分析可以看出，《汉书·地理志》为我们提供了大量可贵的地理信息，但《地理志》中也有很多不实之处，对这一点，周振鹤先生编著的《汉书地理志汇释》代序中有这样一段表述："在历数《汉志》的优点之后，还必须指出它的不足之处。……西汉政区的设置和废弃在二百年间是经常发生的，因此一讲行政地理就必须与一定的年代相联系。但是作为《汉志》主体的行政地理恰恰是两份不同断代年限资料的混合，郡国一级的名目以元始二年初的版籍为据，而各郡国所属县邑却反映成帝元延、绥和间的情况，由此产生了某些王国下属侯国这样与历史事实不符的矛盾。"[1]在长达二百年间的西汉历史上，郡和国的关系，郡、国下属的县邑的变动和设废，是在一定的年限内发生的，脱离了这些年限，笼统地罗列郡或国所辖的县邑，就必然有很多的混淆。说北海郡属青州，说北海郡有剧县，就属于这种情况。在一定的时间段内说北海郡有剧县，这是对的；笼统地说北海郡有剧县就是错的。一切都随着时间而变动，而《汉志》的不足之处就是在叙述郡、国、县的相互关系时，脱离了具体的时间和背景，产生了混淆。

《汉书·地理志》言：北海郡，景帝二年置。但景帝二年为什么置北海郡？当时的北海郡包括哪些县邑？这些县邑是怎么来的？郡的治所在哪里？这些问题《史记》《汉书》中都没有确切的记述。为弄清这些问题，我们需把

---

① 周振鹤：《汉书地理志汇释》，安徽教育出版社2006年版，第227页。

北海郡周围的郡、国的变动进行梳理，然后再推论北海郡的形成过程和有关问题。

菑川国的西邻，即秦、汉的临淄郡。汉高帝六年（前201），"以胶东、胶西、临菑、济北、博阳、城阳郡七十三县立子肥为齐王"，都临淄。临淄是个古老的名字，战国时特别辉煌。汉时是齐王的都城。班固《汉志》载北海郡治所为营陵（营丘）。因此有些经史学家说这个营陵（营丘）即临淄。临淄先为临淄郡治所，后为齐国都。齐悼惠王刘肥孙齐文王"十四年薨，无子，国除"。齐国就变成了齐郡，治临淄。因此临淄是齐郡的治所，不可能是北海郡的治所。北海郡治所营陵，极有可能是昌乐东南的原营陵（缘陵）。

菑川国的西北是济北郡，后为济北王刘志的王国。刘志徙王菑川后，济北地入于汉，后为千乘郡，所辖的博昌、乐安，都在今寿光的西北。

菑川国的东部原有胶东、胶西国。因胶东、胶西国参与了吴、楚叛乱，胶东、胶西王被诛，辖地一部分并入东莱、琅琊郡，而大部分恐怕并入了北海郡。因此，当时北海郡所辖的县邑，大部分就是今寿光地域的古城邑。到了西汉的末期，古菑川国也划入了北海郡。周振鹤先生编著的《汉书地理志汇释》编者按："景帝二年，'胶西王卬以卖爵有奸，削其六县。'此时胶西国东有胶东，南有城阳，西北有菑川，都是诸侯王国，不能容纳所削之六县。推测六县之地于此时置为北海郡。《汉志》北海郡所领二十六县，绝大部分为王子侯国，其中得胶东者十，高密者二，城阳者一；又有二县（应为六县）自菑川国削来，一县自胶西国削来。因此景帝时之北海郡实尽六县，这正是景帝二年削自胶西王卬的六县。"[1]这一分析判断非常准确。北海郡所辖二十六县，是在一个很长的历史过程中形成的，初期的北海郡只有六县；当北海郡所辖县达到二十六个时，原来那些诸侯王国已不复存在了。当菑川国存在时，北海郡就不可能有剧县；当北海郡有剧县时，就没有菑川国了。

---

[1] 周振鹤:《汉书地理志汇释》，安徽教育出版社2006年版，第227页。

关于秦人的祖先

《光明日报》登载了李学勤先生的《清华简关于秦人始源的重要发现》一文，此文依据司马迁《史记·秦本纪》关于秦先人记述的脉络，对秦先祖中谲、飞廉族人是在什么情况下西迁的，提出了更为确切的论据，李先生说：

> 中谲的儿子是飞（或作蜚）廉，飞廉的儿子是恶来，父子三代都是商朝末年的著名人物。《秦本纪》说："恶来有力，蜚廉善走，父子俱以材力事殷纣。"他们助纣为虐，史有明文，但他们给秦人带来怎样的命运，却没有文献记载。

> 清华简《系年》的第三章，具体回答了这方面的疑问。简文叙述了周武王死后发生三监之乱，周成王伐商邑平叛：

> 飞（廉）东逃于商盍（盖）氏。成王伐商盍（盖），杀飞（廉），西迁商盍（盖）之民于邾，以御奴之戎，是秦先人。

飞廉参与三监之乱，失败后东逃到奄。奄也即是《秦本纪》讲的运奄氏，属于嬴姓，正是由于同一族姓，飞廉向那里投靠。当时山东到苏北的嬴姓国族都是反周的，《逸周书·作雒解》说："周公立，相天子，三叔及殷东徐奄及熊盈以略。……二年，又作师旅，临卫政（征）殷，殷大震溃。……凡所征熊盈族十有七国，俘维九邑。"这充分讲明了嬴姓国族在这场战乱中的地位。

奄是东方大国，是商王朝非常重要的组成部分。根据古本《竹书纪年》，商王南庚、阳甲都曾建都于奄，然后盘庚才迁到今河南安阳的殷墟。奄之所以称为"商奄"，大概就是由于这个缘故。据《左传》，周初封鲁，"因商奄之民，命以《伯禽》，而封于少皞之虚"，杜预注："商奄，国名也。……少皞虚，曲阜也。"[1] 传统上认为奄国即在今山东曲阜。不过奄的国境范围肯定要大得多，有学者主张奄相当于周朝的鲁国，同奄一起反周的蒲姑相当于周朝的齐国，大致属实。

李先生依据《清华简》明确论断，秦之先人是飞廉，因飞廉参加了三监叛乱，失败后逃到商奄，因商奄与飞廉是一个族姓，都是嬴姓，是一家子，而且商末周初都是反周的，所以飞廉逃到商奄。成王伐"商奄"后，杀飞廉，将飞廉后裔及商奄之民西迁于邾，"以御奴之戎，是秦先人"。

为什么将商奄之民西迁？李先生认为：

> 秦国先人"商奄之民"在周成王时西迁，性质用后世的话说便是谪戍。其所以把他们遣送到西方，无疑也和飞廉一家有关，因为飞廉的父亲中潏正有为商朝"在西戎，保西垂"的经历，并且与戎人有一定的姻亲关系。中潏、飞廉一家，本来也是自东方出身的。周朝命令"商奄之民"远赴西方御戎，完全不是偶然的决定。

因为飞廉一家与西垂有关，飞廉父中潏在商时就"在西戎，保西垂"，并且与戎人有一定的姻亲关系。就是说飞廉族氏与西方关系渊源深厚，盘根错节。由此得出的结论是，秦之先人是以飞廉家族为主体的商奄移民。秦之祖先在商时已因保西垂而定居西戎地，周初又将逃到商奄的飞廉家族及部分商奄之民一同西迁，新迁之民与中潏后裔汇合为秦族主体。

"商奄之民"也就是"奄民"。《路史·国名纪》："奄，故曲阜有奄城、奄

---

[1]《左传·定公四年》。

里，古之弇中。"奄亦曰"商奄"，《春秋地理考实》："商奄，谓商时之奄国。"
《左传·昭公九年》："及武王克商，蒲姑、商奄，吾东土也。"《路史》："奄君
附禄父，周公践伐之"，"奄，后阳甲居之商奄也"。李学勤先生沿用此说，认
为："根据古本《竹书纪年》，商王南庚、阳甲都曾建都于奄，然后盘庚才迁到
今河南安阳的殷。奄之所以称为'商奄'，大概就是由于这个缘故。"①《尚书正
义》："自契至于成汤凡八迁都"，古本《竹书纪年》："南庚自庇迁于奄"；"阳
甲即位，居奄"。这就是李学勤先生所说的，"奄之所以称为'商奄'，大概就
是由于这个缘故。"

"商奄之民"是嬴姓。《世本四种》："徐、奄，嬴姓。""商奄"与"奄"是
否有别？陈槃《春秋大事表列国爵姓及存灭表撰异》曰：《路史·国名纪》分
奄与商奄为二，以奄为秦后嬴姓，商奄为商后。已言商后，则是子姓矣。案
奄与商奄，实为一事。以殷商尝居奄则为奄国子姓，固亦有可能。然无文可
考。②因此"商奄"也就是"奄"，嬴姓之民。

飞廉族裔也好，商奄之民也好，都是嬴姓之民，都是少昊、伯益后裔。
李学勤先生所释此《清华简》，补充了秦之先人的一些史料，并印证了司马迁
《史记·秦本纪》所述内容的正确性，是对《史记·秦本纪》如下说的补充：秦
之先，帝颛顼之苗裔孙曰女脩。女脩生大业，大业娶女华，女华生大费，与禹
平水土，是为柏翳（即伯益）。舜赐姓嬴氏。大费生子二人，一曰大廉，二曰
若木……其玄孙曰中潏，在西戎，保西垂。生蜚廉。蜚廉生恶来。恶来子女防，
女防生旁皋，旁皋生太几，太几生大骆，大骆生非子。非子居犬丘，为周孝王
养马于汧、渭之间。周孝王曰："昔伯翳为舜主畜，畜多息，故有土，赐姓嬴。
今其后世亦为朕息马，朕其分土为附庸。"邑之秦，使复续嬴氏祀，号曰秦嬴。

① 李学勤：《清华简关于秦人始源的重要发现》，《光明日报（理论·史学版）》，2011
年9月8日。
② 陈槃：《春秋大事表列国爵姓及存灭表撰异》，上海古籍出版社2009年版，第
1148页。

秦之为秦，周孝王封伯益后人非子邑于秦。

总之，《清华简》进一步证明了秦之先人为伯益后，嬴姓之后。

当然，这个问题要深究，必然会引申出一些更为复杂的问题。如同陈槃的假设："分奄与商奄为二，以奄为秦后嬴姓，商奄为商后。已言商后，则是子姓矣。"这就涉及秦之先与商之先的关系问题。我在《探寻寿光古国》一书的前言中曾说："伯益族和商族都有以玄鸟为图腾，都为玄鸟所生，不管他们后来的姓氏为何出现了分化，从根本上说他们是同一个族团的。"与这个问题有关的是张光直先生论述的殷商的二分现象。王室内部甲乙与丁两系交替执政，或曰昭穆两组轮流执政；殷礼中又分为新旧两派，两派势力起伏消长，轮流执政；卜辞中有王卜辞和非王卜辞两个大系，非王卜辞反映了殷商时存在一个仅次于商王的特殊群体；有的殷商旧臣权力极大，伊尹可以放逐太甲，祖己可以训王。这些二分现象，为研究商世系及姓氏的变化增添了难度。

再就是商是子姓，但甲骨文里面的"子"与"子孙"的"子"不是一个字。"卜辞第六位之巳作'子'……金文辛巳、癸巳、乙巳、丁巳亦均作'子'。"[1]这样"子姓"与"巳姓"从古文字上说，就不好分辨，说子姓就是巳姓，而多数学者又认为巳姓即己姓。这又引申出了一些更为复杂的问题。

关于"商奄"之地望，学界也有争论。对"因商奄之民，命以《伯禽》"[2]，李白凤先生认为："《路史》注云：'世皆以为鲁奄，然与禄父相远，或此事。'所疑甚是，实在益都而非曲阜，细读《左传》文，可知是把商奄的遗民划归伯禽管辖，而不是指其地。"[3]按照李白凤先生的说法，商奄之民，在益都而不是在曲阜；商奄之民命以伯禽，是把益都的商奄之民划归鲁地的伯禽管辖，而商奄并不在鲁地。

---

① 郭沫若：《甲骨文字研究》，载《中国现代学术经典·郭沫若卷》，河北教育出版社1996年版，第328页。

②《左传·定公四年》。

③ 李白凤：《东夷杂考》，齐鲁书社1981年版，第77页。

古纪国地的"盐之三宗"

扬州盐宗庙里供奉着三位盐神、盐宗，即发明煮盐的夙沙氏，第一位盐商胶鬲，以及实行海盐官营的齐相管仲。提起海盐的历史，就必须谈谈这三位祖先。

一、煮海为盐的夙沙氏

夙沙氏，又名宿沙氏，为煮海为盐之祖。《世本》："夙沙氏煮海为盐。"《说文》："古者夙沙初作煮海盐。"

《帝王世纪》："诸侯夙沙氏叛不用命，箕文谏而杀之。炎帝退而修德，夙沙之民自攻其君，而归炎帝。"《吕氏春秋》："夙沙之民自攻其君而归神农氏。"《邓子》曰："至于栗陆氏杀东里子，宿沙氏戮箕文，桀诛龙逄，纣刳比干，四主者，乱君。"这些记载说明，夙沙氏族原不是炎帝后，后来归附炎帝。"箕文谏"，表明箕文是夙沙氏的重要臣僚，因进谏而被夙沙君杀。箕文，箕的初文本字是"其"，从姓氏上看，可能是商族，更可能是东夷首领伯益族。夙沙氏或许原本是东夷少昊、太昊之后，或伯益族人，宋代邓名世《古今姓氏书辨证》云：宿，出自风姓，伏羲之后以号为氏。

王应麟《困学纪闻》：说文古者宿（宿、夙音同）沙初作煮海盐。鲁连子曰：古善渔者，宿沙瞿子使渔于山。王应麟的这段话表明，夙沙氏族是古善渔者和善盐者，古代无冷冻设备，捕鱼者出海必备大量盐。《民国寿光县志》载：捕鱼必先腌制方能耐久，一船所买之盐，可以腌数船所获之鱼。因此，夙沙氏族必然处于盛产鱼、盐的海滨，那夙沙氏族所处的海滨在何处?《左传·襄公二年》:"齐侯伐莱，莱人使正舆子，赂夙沙卫。"杜预注:"夙沙卫，齐寺人。"郑玄注:"寺人，内小臣也。"史载，寺人多以阉人充任，夙沙卫是齐灵公的近侍、宠臣，可见夙沙氏的后裔是齐国人。《宋志》曰:宿沙卫，齐灵公臣。齐滨海，故卫为煮盐之利。齐灵公的宠臣夙沙氏之后宿沙卫，也是靠煮盐获利而受齐灵公重用，表明夙沙氏族世代为煮盐之族，因此世居齐国（原为纪国）北海之地。而临淄以东的大片齐国北海地，原本是古纪国的版图，因此夙沙卫的远祖应在古纪国前的古斟灌、斟寻地，古煮海为盐的夙沙氏族，亦应是古青州（潍淄地区）的人。

《尚书·禹贡》:"海岱惟青州。嵎夷既略，潍淄其道。厥土白坟，海滨广斥。""海滨广斥"，《传》曰:"言复其斥卤"，《说文》:卤，碱地也，东方谓之斥。"金氏曰:"斥卤可煮为盐，故齐有鱼盐之利。"表明潍淄地区有广袤的盐碱地，可以煮盐。而寿光双王城制盐遗址的发现，证明了潍淄地区就是重要的制盐的地区。

李乃胜等在《试论"盐圣"夙沙氏的历史地位和作用》一文中提出:山东大学考古文博学院、山东省文物考古研究所、寿光市博物馆联合作业，经七次大规模的田野工作，在30平方公里范围内，共发现制盐古遗址85处。其中龙山文化古遗址3处，商周时期76处，宋元时期6处，是目前我国沿海地区所发现的规模最大的盐业遗址群。综合上述史料，我们基本可以推论出盐宗夙沙氏的活动范围在现今山东北部的潍坊或东营滨海区域，即以寿光为中心，西至广饶，东至昌邑一带。而从盐业遗址群的出土和当地人文历史来看，寿光的中心地位不容置疑。[①]

现今的双王城，古称盐城，可见这里自古就出盐。《民国寿光县志》载:"盐城，亦名霜雪城，在今县城西北六十里。"对于霜雪城，叶圭绶在《续山东

---

① 李乃胜等:《试论"盐圣"夙沙氏的历史地位和作用》，载《太平洋学报》，2013年第3期。

考古录》中言："盖雪又薛之讹，霜又因雪加耳。"他认为"霜雪城"的"雪"，即古薛县之"薛"，亦即《史记·公孙弘传》"齐菑川国薛县人也"中的薛县。此说有些牵强，寿光城西北六十里的盐城，亦即《尚书·禹贡》说的："厥土白坟，海滨广斥。"遍地是盐碱地，而盐碱地自然呈白色，远处望之，就像霜雪。"霜雪"，是对这一盐碱地貌特征的形象比喻。

《寿光县志》又言，盐城，"今当地人已讹称为'双王城'（双王二字是方言谐音，无实际历史意义）"。此说值得商榷。换个角度说，"双王城"或许是这个地区最古老的传说。"双王"就是这一地区曾经有过双王并立的时代。联系《帝王世纪》"诸侯夙沙氏叛不用命，箕文谏而杀之。炎帝退而修德，夙沙之民自攻其君，而归炎帝"这一记载，这里的诸侯王原是夙沙氏，但因夙沙氏"叛不用命"，失掉了民心，"夙沙之民自攻其君，而应该归炎帝"。而应该夙沙之民自攻其君而归炎帝的过程，绝不是风平浪静一夜之间的事，而是充满血腥的斗争过程。这个过程中，夙沙之民必有其领头人，也就是新的诸侯王率领夙沙之民，攻击、废黜夙沙氏，而归顺炎帝。这是夙沙氏族在历史上的双王并立的时代。"双王"这一城名，正是这一历史事件的印记。

二、第一位盐商胶鬲

《孟子·告子下》："舜发于畎亩之中，傅说举于版筑之间，胶鬲举于鱼盐之中……故天将降大任于是人也，必先苦其心志，劳其筋骨，饿其体肤……"是说能肩负大任的人，必有一番苦难、穷困的经历。"胶鬲举于鱼盐之中"，这是文献中对胶鬲生平的唯一记载。"举于鱼盐之中"是指"鱼盐贩子之中"呢，还是指"鱼盐生产者之中"呢？经史学家都认为无法判断。但贩卖鱼盐者，也必须长期生活在鱼盐的生产者中，因此对孟子的这段话，可以理解为胶鬲是第一位在鱼和盐产地生活、劳作、经营，并将鱼盐大规模推向市场的人。

张居正在讲评《孟子》时说："胶鬲左右文王，成开创之功，是周之贤相。

胶鬲

然当初身亲贸易,鬻贩鱼盐也……何其陋也。"[1] 是说胶鬲被推举为文王近臣之前,是个鱼盐贩子,"鬻贩鱼盐",地位非常低下。

胶鬲之"胶"是古姓,《元和姓纂》:胶氏,"殷末贤人胶融(胶鬲也称胶融)之后"。《通志·氏族略》:"胶氏,商末贤人胶融之后。"从姓氏上看,胶鬲(融)是胶姓之祖。胶鬲之"胶",与胶水、胶国有关。由于胶鬲举于鱼盐之中,因此胶鬲的生长地必在海滨。《水经注》云:胶水"又北过当利县西北,入于海"。守敬按:"汉县属东莱郡";《地理志》曰:"胶水北至平度入海者也。"守敬按:"今北胶河,经平度州昌邑县,至掖县西入海。"看来胶鬲的出生地、生长地就在掖县、昌邑这个范围内。也可以说他的生长活动地域,基本上在古盐业中心广饶、寿光、昌邑这个区域内。

莱州湾产鱼,但古代无冷冻设备,渔船出海,必须备盐。《民国寿光县志》载:"捕鱼必先腌制,方能耐久。……一船所买之盐,可以腌数船所获之鱼。"捕鱼的船首先得备足盐,渔船出海必须有盐,鱼和盐紧密相连。《国语》:"桓公通齐国之鱼盐于东莱。"说明东莱捕鱼之船到纪国后为齐国买盐装船由来已久。《民国寿光县志》还透露:"从前王官区(即羊角沟盐区)不放鱼盐(实行鱼盐管制),捕鱼船户往往驶行虎头崖、石虎咀各口岸先购鱼盐。"这间接说明羊角沟自古就是莱州湾渔船买盐的主要口岸。从这些史料可推知,鱼盐贩子胶鬲虽出生在掖县、昌邑间,但因莱州湾的渔船必须到今羊角沟地区装盐,所以胶鬲是长期居住或往返于莱州湾的羊角沟地区,具体说是往返于原纪国的双王城地区。

胶鬲贩卖鱼盐和吕尚屠牛卖饭一样,是在商都或商都附近,如朝歌、孟

---

[1] 张生玺编著:《张居正讲评〈孟子〉皇家读本》,上海辞书出版社 2007 年版,第 407 页。

津。将北海的鱼盐贩运到商都一般是通过水运，就像《管子·地数》中说的："循河、济之流，南输梁、赵、宋、卫、濮阳。"因为装满鱼盐的船从北海进入古济水，然后再入古黄河及清水、淇水等，进入殷商之地，这是一个十分艰难、曲折、危险的行程。就像孟子说的，是个"苦其心志，劳其筋骨，饿其体肤"的过程。

胶鬲在殷都贩卖鱼盐，经人推荐，成为商纣的重臣。有可能经文王推荐成为商臣，文王发现吕尚与发现胶鬲具有同样的时代背景，甚至同在潍淄地区的胶鬲和吕尚早就相识为伍。当然，还有种可能，即当时纣王身边的宠臣费仲、恶来是伯益之后，也不排除他们把胶鬲推荐给纣王的可能。

胶鬲是商王朝的贤臣，他的经历和太公吕尚相似。《古史考》："吕望常屠牛于朝歌，卖饭于孟津。"后为商臣，即《史记·齐太公世家》说的："太公博闻，尝事纣。"胶鬲是商的贤臣，《孟子·公孙丑上》："纣之去武丁未久也，其故家遗俗，流风善政，犹有存者。又有微子、微仲、王子比干、箕子、胶鬲，皆贤人也，相与辅相之。"

《韩非子·喻老》："周有玉版，纣令胶鬲索之，文王不予；费仲来求，因与之。是胶鬲贤而费仲无道也。"这里也暗示了周文王对胶鬲的好感和别有用心。

《孙子兵法·用间》："昔殷之兴也，伊挚在夏；周之兴也，吕牙在殷。故惟明君贤将，能以上智为间者，必成大功。"商纣的腐败和灭亡，与姜太公的谋略有很大关系，即《史记·齐太公世家》："周西伯昌之脱羑里归，与吕尚阴谋修德以倾商政。其事多兵权与奇计，故后世之言兵及周之阴权皆宗太公为本谋。"胶鬲是殷之贤臣，但由于纣无道，微子出走，箕子装疯，他心归周，但人仍留在纣王身边。文献中有吕牙在殷为间之语，在殷为间的记载也有胶鬲。或许两者有秘密的联系。

《吕氏春秋·慎大览·贵因》："武王至鲔水。殷使胶鬲候周师，武王见之。胶鬲曰：'西伯将何之？无欺我也。'武王曰：'不子欺，将之殷也。'胶鬲曰：'蜴至？'武王曰：'将以甲子至殷郊，子以是报矣。'胶鬲行。天雨，日夜不休，武王疾行不辍。军师皆谏曰：'卒病，请休之。'武王曰：'吾已令胶鬲以甲子之期报其主矣。今甲子不至，是令胶鬲不信也。胶鬲不信也，其主必杀之。吾疾行以救胶鬲之死也。'武王果以甲子至殷郊，殷已先陈矣。至殷，因战，大克之。此武王之义也。"

在武王灭商的牧野之战中，胶鬲和武王里应外合，胶鬲是武王灭商的有功之臣，所以《国语·晋语》曰："妲己有宠，于是乎与胶鬲比而亡殷。"妲己和胶鬲是从不同角度促使殷商灭亡的两个关键人物。但周灭商，武王、成王的分封褒奖中，胶鬲却销声匿迹语焉不详，这很不正常，很可能与吕尚的政治利益、政治手腕有关。

三、实行海盐官营的齐相管仲

管仲家贫，青壮年时与鲍叔牙一起经商，成莫逆之交。《史记》引《吕氏春秋》："管仲与鲍叔同贾南阳，及分财利，而管仲尝欺鲍叔，多自取。鲍叔知其有母而贫，不以为贪也。"所以管仲曰："生我者父母，知我者鲍子也。"

管仲和鲍子牙一起经商，但经营的内容史无载。《史记·管晏列传》："管仲夷吾者，颍上人也。"韦昭云："夷吾，姬姓之后。""夷"，东夷，因此有的史书说管仲是齐国人。鲍叔牙何方人士不详，但"鲍"姓之祖与"鱼"有关，是个以渔为生的族氏。不管原籍在何方，他们后来都投靠了齐国，他们的前半生肯定与齐国有关。

管夷吾像

关于管仲相齐，帮齐桓公富国，有两段话非常重要。一是《管子·轻重甲》曰："管子曰：'阴王之国有三，而齐与在焉。'桓公曰：'此若言可得闻乎？'管子对曰：'楚有汝、汉之黄金,而齐有渠展之盐,燕有辽东之煮,此阴王之国也。'""阴王",古人以天为阳,以地为阴。阴王即大地储藏的资源,亦即山海之利。这段话的意思是:大地资源最丰富的国家有三,齐国在其内。具体而言:楚国的汝河、汉水盛产黄金;齐国的渠展盛产海盐;燕国的辽东也煮海为盐。国家有丰富的自然资源,问题是怎样开发利用。

二是《盐铁论》记载大夫引用《管子》云:"国有沃野之饶而民不足于食者,器械不备也。有山海之货而民不足于财者,商工不备也。……燕、齐之鱼盐旃裘,兖、豫之漆丝绨纻,养生送终之具也,待商而通,待工而成。故圣人作为舟楫之用,以通川谷,服牛驾马,以达陵陆;致远穷深,所以交庶物而便百姓。"这段话是管仲经营观念的要点。"有山海之货而民不足于财者,商工不备也。"宝贵的资源没有利用,是因为"商工不备也",因此要开发利用这些资源,就是要把这些资源变成商品,推向市场,进行交易。要把它变成商品,首先要开发,要生产加工。把这些自然资源开发加工成商品后,要推向市场,而扩大市场,就要造船修路,才能把商品输送到遥远的地方,甚至深山老林。

怎样以盐富国?《管子》中记载的管仲与齐桓公的对话,叙述了当年他们具体操作的流程:(1)"今齐有渠展之盐,请君伐菹薪,煮沸火为盐,正而积之。"(《管子·轻重甲》)意思是让齐桓公下令砍柴煮盐,然后由政府征收而积存起来。桓公采纳这个建议,从十月到来年正月,煮盐存盐三万六千钟。(2)"北海之众毋得聚庸而煮盐,然盐之贾必四什倍。"(《管子·地数》)一是禁止民间煮盐,二是将官盐屯积不售,迫使盐价上涨,"则盐必坐长而十倍"(《管子·轻重甲》)。(3)当盐价上涨四十倍后,"君以四什之贾,循河、济之流,南输梁、赵、宋、卫、濮阳。"(《管子·地数》)"乃以令使枭之,得成金万一千余斤"。桓公按照管仲的意思,下令将盐卖到上述国家地区,因这些国家地区靠输入食盐过活,共得黄金一万一千多斤。

管仲在齐国实行食盐国家专卖制度,充分利用了齐国大地蕴藏,靠海盐专卖,一次就获黄金一万一千多斤,使齐国称霸诸侯有了雄厚的经济基础。

"齐有渠展之盐"，齐国的渠展在何处？史家说法不一。有人说"渠展"就是渤海。此说不确，"燕有辽东之煮"，辽东之煮也是渤海，渤海概念太大，范围太广。《管子》中有"北海之众毋得聚庸而煮盐"，《尸子》："南海之犷，北海之盐"。《唐书》中也言："边于北海，多沮泽，有鱼、盐之利。"这里的"北海"也就是齐国北部靠海的出盐地区，亦即"渠展"，"渠展"即北海。近年来，"山东各级相关文物考古部门与省内外科研机构在渤海南岸东至昌邑西至无棣的广大滨海地带进行了一系列的田野调查、发掘工作，共发现 700 余处古代盐业遗址，位于今潍坊市境的昌邑、寒亭、寿光三县（区）的商末至西周及东周时期盐业遗址即有 356 处之多"。这些遗址"主要分布在距现今海岸 10 公里至 30 公里范围内"。[①] 具体来说，春秋时期齐国的产盐地"渠展"就在今广饶、昌邑、寒亭、寿光等离海岸 10 至 30 公里这个盐碱地区。齐桓公时期的昌邑、寒亭、寿光、广饶原来都是纪国的土地。管仲时的"渠展"，是齐国灭亡纪国后刚划归齐国的纪国地。

"渠"，《说文》曰：水所居，从水，榘省声。古人把水居（有水）的地方都称作"渠"，因此卤水井，卤水沟渠，盛卤水的过滤池、沉淀池，都称为"渠"。"展"，《说文》曰：转也。卤水从井里打上来，顺着沟渠相继进入过滤池、沉淀池及煮盐灶旁的卤水坑，也可视为卤水在这些不同的盛水处流转。因此，"渠展"，就是对煮盐区的地形地貌的形象比喻、概括。总而言之，"渠展"就是指广饶、寿光、昌邑等离海岸 10 至 30 公里的产盐区。这个产盐区是齐灭纪后，从纪国手里强行占有的。

---

① 王伟波：《潍坊商周盐业遗址考辨》，《潍坊学院学报》，2014 年第 1 期。

对剧姓之源的探讨

——复剧姓后人剧浩先生

前　言

　　《姓氏急就篇》:"齐大夫食采于剧,因氏焉。"由此,剧氏后人繁衍于大江南北。战国时的剧辛,与郭隗、乐毅、邹衍齐名,列为诸子百家之一,称剧子,亦称处子。历朝历代,剧氏多显贵。剧氏后人敬祖崇根,专门建立了寻根问祖网站。因剧在今山东寿光地,剧氏寻根问祖秘书处秘书长剧浩先生与我建立了微信联系,为寻剧祖之事频繁交流,其中一项是关于"剧"的读音。《水经注》:"巨洋水又东北径剧县故城西,古纪国也。《春秋·庄公四年》,纪侯不能下齐,以与弟季,大去其国,违齐难也,后改曰剧。"《括地志》:"故剧城,在青州寿光县南三十一里,故纪国城也。"因纪、剧一地,原住居民肯定把纪、剧混读。所以《通志·都邑考·周诸侯都》:剧,"亦名纪,音讹为剧"。其实把纪改曰剧,恐怕还有其政治原因,即鲍叔牙与齐桓公避难于莒的历史。《齐乘》曰:"桓公与群臣饮酒,谓鲍叔曰:'姑祝寡人。'鲍叔奉酒起而祝曰:'君无忘其在莒也'。"剧,古莒(筥)字。《方言》:剧,淇水名也,剧、其通语也。而"其"古读"己"音,因此"剧"也读"己"音。考古、古文字学家王树明先生也同意将剧、莒、纪联系起来考察。除此问题外,最关键的问题是剧氏之祖,那位食采于剧的齐大夫是何人?因史无载,为此专写本文探讨。

对剧姓之源的探讨

齐灭纪后，将纪地改称剧。从理论上说，改名之人，是个很有智慧和胸怀的人，是齐国统治集团中的重要人物，也是个与纪地管辖有关的人物。把"纪"地改为"剧"，对齐国统治集团是个很好的交代，因为齐国已经把纪国征服了，必须把纪国的符号去掉；这对纪国的遗民也能起安抚作用。"剧""纪"古音近，虽然改朝换代了，但纪音仍存，纪的历史似乎仍在延续。但不知这个人物是谁？是何时、何种背景下做这一改动的？总之，齐灭纪国后，纪地改称"剧"，从此"纪"名就不存在了。有"纪"时无"剧"，有了"剧"后，就无"纪"了。

史书中谈到"剧"姓之源时，多有避讳。宋代郑樵在《通志·氏族三》中讲"以邑为氏"者，说齐国有闾丘氏、隰氏、闬氏、崔氏、卢氏、鲍氏、棠氏、穰氏、晏氏、画氏、檀氏、来氏、蓄氏、盆氏、即墨氏、即氏、葵丘氏、梁丘氏、籍丘氏、余丘氏、安平氏、高堂氏等二十二氏。并说这些氏，多是采邑名，如：画氏，《风俗通》：齐大夫食采邑画，因氏焉；梁丘氏，齐大夫食采梁丘；隰氏，齐庄公子廖事，桓公封于隰阴为大夫，故以为氏；卢氏，齐文公之子高之孙傒，食采邑于卢，因邑为氏。但《通志》列举的以齐邑为氏的二十二氏中无剧氏，而剧氏如《世本》说：剧氏，齐大夫食采于剧，因地为氏。《水经注》：巨洋水，又东北径剧县故城西，古纪国也。……纪侯大去其国，违齐难也。后改曰剧。总之，齐国确有"剧"，"剧"即原古纪国；而齐国也确有剧氏，即齐大夫食采于剧。郑樵《通志·氏族略》是集录古文献，不知为何，他没有采用东汉宋忠《世本》有关剧氏之记载。

文献中对有采邑的齐大夫，基本都有名、姓的记录，唯独对食邑于剧的齐大夫，姓名情况，空白无载。本文认为主要由于齐灭纪无理无道，对齐后人来说不很光彩，因此，对纪国灭亡之后改为剧的事，就有所避讳。

纪侯贤，纪国无罪，而齐把纪国灭掉，是赤裸裸的侵略，是齐襄公的霸道。《春秋左传》云："纪侯大去其国"，范宁注：不曰灭，而曰大去其国，盖抑无道之强以优道之弱。……齐受人之邑而灭人之国，故于义不可受也。《公羊传》云：纪侯大去其国，大去者何？灭也。孰灭之？齐灭之。曷为不言齐灭之？为襄公讳也。齐人也承认，不谈齐灭纪，是为襄公讳。

齐襄公灭纪，打的旗号是为老祖宗复仇，"事祖祢之心尽矣"，似乎襄公是老祖宗的孝子贤孙。徐彦在《春秋公羊传注疏》中揭穿了襄公的无耻和虚伪，他说："尽者何？以襄公淫逸行同禽兽，而言事祖祢之心尽，故执不知问。"何谈对祖宗的尽孝之礼？王献唐先生也说："我认为复仇只是齐襄公的一种借口，本质是想吞并纪国……《诗序》说襄公为'禽兽之行'，试想这种人，哪能想到他九世的祖宗，为他复仇？"[①]因纪侯贤，齐襄公恶，如同禽兽，因此齐灭纪，无道失德，是一件丑恶之事，齐国史上尽力回避，有其必然性。

齐灭纪，是公元前690年。但纪地改称"剧"是何年？史料阙如。

一种可能就是齐襄公八年（前690）夏，纪侯大去其国后，齐接管了纪国地，将其改为"剧"，并作为齐国某位大夫的采邑。襄公被杀后，其余党被逐或黜，这位大夫也就销声匿迹。但这种可能性极小，因为襄公荒淫，内政不修，在位期间作恶多端，导致宫廷内乱。

如《左传·庄公八年》云："初，襄公立，无常。鲍叔牙曰：'君使民慢，乱将作矣。'"《史记·齐太公世家》云："初，襄公之醉杀鲁桓公，通其夫人（鲁公夫人即齐襄公的亲妹妹文姜），杀诛数不当，淫于妇人，数欺大臣。"《国语》曰：齐桓公亲逆管仲于郊而与之坐，问焉，曰："昔吾先君襄公，筑台以为高位；田狩毕弋，不听国政；卑圣侮士，而惟女是崇。"可见桓公当权后，对襄公的所作所为，也是持鄙视和否定态度。因此作为明君的桓公，要巩固政权，也必然、必须和襄公划清界限。因此对齐灭纪，尽量回避或持模糊态度。同时，荒淫无度、不理朝政的齐襄公灭纪后，他可能对纪地财物进行了大肆抢

---

① 王献唐：《山东古国考》，齐鲁书社1983年版，第183页。

掠，不可能选贤任能对纪地进行有效治理。再就是齐襄公灭纪后，宫廷内乱，民怨沸腾，短短四年后，就被臣下所杀。因此，在这种多变的政治形势下，作为食邑于剧的齐大夫，不太可能是齐襄公时的政治安排。

因齐襄公不修内政，欺压兄弟和大臣，齐灭纪四年后，即公元前686年，齐宫廷内乱，襄公被杀，公子小白回齐继位，即齐桓公，襄公时代结束。

齐桓公继位后，在管夷吾、鲍叔牙的辅佐下，进行了大刀阔斧的改革，对齐襄公持批判态度，对齐灭纪，也是多方回避。

如《国语·齐语》载桓公曰："吾欲南伐，何主？"管子对曰："以鲁为主。"桓公曰："吾欲西伐，何主？"管子对曰："以卫为主。"桓公曰："吾欲北伐，何主？"管子对曰："以燕为主。"这里没有谈东伐之事，因为东方除小国莱、莒外都已被齐征服，都成为齐的一部分。但谈到齐国的疆域时，却又说："正封疆，地南至于陶阴，西至于济，北至于河，东至于纪酅。"这就与史实严重不符了，因为此时纪酅（东安平）及纪酅以东的广大区域，亦即古纪国，都已被齐国占领，都已成了齐国的属地，为什么不谈齐国东部疆域在纪酅以东的大片地区？因为齐灭纪是一件犯忌讳的事。

桓公时的主要臣僚，如《管子·小匡》说："桓公能假其群臣之谋，以益其智也。其相曰（管）夷吾，大夫曰宁戚、隰朋、宾胥无、鲍叔牙。用此五子者何功？度义光德，继法绍终，以遗后嗣。"管仲、宁戚、隰朋、宾胥无、鲍叔牙，这五人是齐桓公治理国家的助手和栋梁。《说苑》曰："以得管仲、隰朋，九合诸侯，一匡天下，毕朝周室，为五霸长，以其得贤佐也。"可见隰朋对桓公称霸诸侯起了重要作用。

齐桓公时，对已占领的纪国地，笼统称为东国，而管理东国事务的是卿大夫隰朋。《管子·大匡》：管仲曰："隰朋聪明捷给，可令为东国。宾胥无坚强以良，可以为西土。""桓公践位十九年……桓公使鲍叔识君臣之有善者，晏子识不仕与耕者之有善者，高子识工贾之有善者，国子为李，隰朋为东国，宾胥无为西土。"

　　这里的"东国"和"西土"，不是齐国以外的国家，不是外交问题，而是内政。如果指对周边国家关系处理问题的话，南面、北边还有很多国家，而这里只字未提南北。因此，东国指临淄以东的齐地，西土指临淄以西的齐地。

　　为什么让隰朋管东国？因为临淄以东，主要是古纪国的地盘，而且是个很大的地盘，除纪国本土外，还有今安丘的纪郡，今昌邑的纪鄣等。这里涉及对占领国民众的安抚和对占领地的有效治理。说到臣僚的优长之处时，管仲与齐桓公两段对话都谈到隰朋。《管子·小匡》管仲云："升降揖让，进退闲习，辨辞之刚柔，臣不如隰朋。"说明隰朋很会处理各种关系。当管仲卧病，桓公询问他国家大政委托给谁时，"管仲对曰：'隰朋可。朋之为人，好上识而下问。臣闻之，以德予人者谓之仁，以财予人者谓之良……以善养人者，未有不服人者也。于国有所不知政，于家有所不知事，必则朋乎。且朋之为人也，居其家不忘公门，居公门不忘其家，事君不二其心，亦不忘其身。举齐国之币，握路家五十室，其人不知也。大仁也哉，其朋乎！"还说："朋之为人也，动必量力，举必量技。"①这一大段话说明，隰朋之为人，眼光远大而又虚心下问，善于用德行熏陶人，该管的事必管，不该管的事不管，行动必估算自己的力量，举事必考量自己是否有胜人的法和术。他曾用齐国的钱救济过路难民五十多户，而受惠者不知道是他，隰朋称得上大仁。

　　东国纪地是齐国侵占土地，这里有很多社会矛盾，需要有外交手腕的人来治理。东国纪地为齐粮仓，《管子·轻重丁》："桓公曰'齐西水潦而民饥，齐东丰庸而粟贱。"齐东五谷丰登而粮价低廉。管子还说："昔者纪氏之国强本节用者，其五谷丰满而不能理也，四流而归于天下。"（《管子·轻重乙》）说明含纪地在内的东国非常富饶，在农耕社会粮食最为重要，"凡五谷者，万物之主也"②，桓公曰："何物可比于君子之德乎？"隰朋对曰："夫粟。"③东国的纪地

---

　　①《管子·戒》。

　　②《管子·国蓄》。

　　③《管子·小问》。

是齐的政治、经济命脉。所以这个地区需要由隰朋这样德才兼备的人来管理。

透过这些史料信息，似乎得出第一位食邑于剧的齐大夫是隰朋，但这只是依据有关史料作出的逻辑推论，或者说是个假说。目前，还无法从文献资料直接证明第一位食邑于剧的齐大夫就是隰朋。但在特殊条件下，假说对我们的研究还是有借鉴启示作用的，就如同张敏先生说的："科学意义上的假说，是建立在对若干事实进行归纳、排比、分析等综合研究的基础上，根据事实与事实之间的有机联系，用逻辑推理的方法，探讨若干事实有可能导致某种必然结果的研究方法。在考古学上，它虽与传统的考古学手段有相悖之处，但却可以给人以启迪。在某些课题尚无法得出结论的情况下，假说不失为一种可能的研究方法。"[1]

如果这个假说成立，其后果如何？

西周和春秋形成了天子、诸侯、卿大夫、士的宗法序列。《左传·桓公二年》："天子建国，诸侯立家，卿置侧室，大夫有贰宗，士有隶子弟。"《国语·晋语四》："公食贡，大夫食邑，士食田，庶人食力。"王公享用贡赋，大夫靠采邑生活，士人靠公田生活。大夫的采邑，既是衣食的来源，也是自己的领地，也是自己宗族的所在地。在采邑里有宗庙、官吏和行政系统。因此，剧邑，也是隰朋族氏的所在地。隰朋死后，其子孙有一定的继承权。

齐桓公对管夷吾言听计从，霸业辉煌。但管仲死后，齐桓公六神无主，在用人问题上一下由明君变成了昏君。

前面曾论当管仲卧病，桓公询问他国家大政委托给谁时，管仲对曰："隰朋可。"而据《史记·齐太公世家》和《韩非子·十过》载，桓公却认为易牙、开方、竖刁最为合适。上博简五《鲍叔牙与隰朋之谏》曰：桓公"或以竖刁、易牙为相，二人也，朋党群兽，娄朋取与"。竖刁、易牙"不以邦家为事，从公之所欲更"。竖刁管后宫，易牙管烹调，虽得桓公宠，但都不是治国之材。

---

[1] 张敏：《华夏文明起源的假说》，《东南文化》，1990年第4期。

而且两人品质恶劣，"朋党群兽"。因此鲍叔牙和隰朋"讽谏桓公，远离佞臣竖刁、易牙"。但管仲死后，大权还是落入竖刁、易牙之手。竖刁、易牙得势，也就意味着鲍叔牙和隰朋面临着杀身之祸。隰朋死，死因不明；鲍叔牙销声匿迹。然后桓公五子争权，互相残杀，齐国大乱，致宫中无人，齐桓公被饿死后，"尸在床上六十七日，尸虫出于户"，无人照管。

在这种大背景下，隰朋子孙及剧地之民，都处于极其危险的境地，已为齐国所不容，只有外逃避难一条路。

剧姓之人外逃，有两个去处，一是莒国，二是卫国。《史记·楚世家》中有这样一段记载："齐桓，卫姬之子也，有宠于釐公，有鲍叔牙、宾须无、隰朋以为辅，有莒、卫以为外主，有国、高以为内主。"

襄公专权时，桓公（小白）及师鲍叔牙、隰朋，就在莒国避难。但莒国离齐国太近，不是避难的理想地。因此，剧姓之人很可能逃到了卫国。剧姓之人之所以逃到卫国，可能有多种多样的原因。除桓公为卫姬之子外，还有卫与古纪国的诸多历史联系。

卫都朝歌，即淇县，这里有淇水、淇县、牧野、朝歌以及楚丘，与古己国祖先伯益、夷羿有关；而周时的伯懋父，也与古己国地有关，"《沫司徒疑簋》（《集成》04059）是说周公平定三监叛乱之后，封康叔于卫，而沫地（牧野、朝歌、故殷墟）的司徒疑前来协助。……因此，沫伯疑、伯懋父与牟夷，与寿光地都有着古老的历史渊源"[1]。另外，齐桓公二十六年（前660），狄人侵卫，齐桓公伐狄救卫，并将卫的部分臣民迁于楚丘，使卫摆脱了狄人的威胁。鉴于这些历史的联系，隰朋后裔及剧地之民，很可能逃到了卫国避难。剧的远祖剧辛是赵国人，而战国时的赵国与春秋卫国相邻。

因现在无充分史料证明春秋时的隰朋就是食邑于剧的那位齐大夫，这客观上就存在其他可能，这位齐大夫或是战国时人。

---

① 李沣：《探寻寿光古国》，齐鲁书社 2011 年版，第 242 页。

东汉寿光人徐干在《中论·亡国》篇中说:"昔齐桓公(田氏桓公)立稷下之宫,设大夫之号,招致贤人而尊宠之。"桓公之子齐威王时稷下学宫进一步发展,到了桓公之孙齐宣王时稷下学宫鼎盛,《史记·田敬仲完世家》载:"宣王喜文学游说之士,自如驺衍、淳于髡、田骈、接予、慎到、环渊之徒七十六人,皆赐列第,为上大夫,不治而议论。"《史记·孟子荀卿列传》:"齐襄王时,而荀卿最为老师。齐尚修列大夫之缺,而荀卿三为祭酒焉。""列大夫""祭酒"都是稷下学宫的职位尊称。

齐宣王时的慎到,齐襄王时的荀卿,都是齐大夫,又都是赵国人,慎到、荀卿是食邑于剧的齐大夫吗?是剧辛的先祖吗?我开始也倾向于食邑于剧的齐大夫是慎到,并且将观点告知了剧浩先生。但仔细分析战国历史,看来这个观点难以成立。

首先排除荀卿。荀卿是赵国人,是齐大夫,但荀卿任稷下学宫"祭酒"后,又回到赵国,然后又应聘入秦,最后到了楚国,春申君让他做了兰陵(今山东苍山)县令,最后死在兰陵。因此荀卿与剧氏无关。

慎到,赵国人,齐大夫。慎到是否是食邑于剧的那位齐大夫?综合分析战国时的剧烈变革和慎到个人经历,慎到不可能是食邑于剧的那位剧姓始祖齐大夫。

战国时一项重要变革,就是延续几千年的世卿世禄制向官僚俸禄制转化。春秋以前,各级贵族兼任诸侯国的官职,并可世代相传,这即所谓的世卿世禄。战国时风行"任贤举能",私学兴起,培养大批后备官僚,最后各国变法,逐渐从制度上变革了"世卿世禄"制度。[1]《孟子·公孙丑下》载:齐宣王为使孟子留仕于齐,答应给孟子"万钟"的俸禄。再就是战国时,齐地也已实行郡县制,县,齐曰城。《战国策·齐策一》:齐有"地方千里,百二十城"。

从世代关系上考虑,慎到也不像剧氏之祖。文献所载剧辛,是目前已知

---

① 杨宽:《战国史》,上海人民出版社 2003 年版,第 213、214 页。

的第一位剧氏远祖。剧辛卒于前 243 年，假如他活六十岁左右的话，大致生于前 300 年左右。而齐宣王在位为前 319—前 301 年，这几乎与剧辛同代，因此宣王时齐大夫中，都不可能有食邑于剧的剧姓始祖。这位始祖与远祖剧辛基本没有隔代，如果剧氏族谱中剧辛为八世孙的话，这位剧氏始祖应在春秋时期，而不能在战国时期。

再就是慎到虽是赵国人，但史载，楚怀王在位时，慎到为太子横之师。太子横质于齐（前 300—前 299），慎到相随到齐。襄王（太子）归楚，"即位为王。齐使车五十乘，来取东地于楚。楚王告慎子"[①]，可见这时慎子又随襄王自齐归楚，并佐襄王巧妙地处理了楚与齐、秦两国之间的复杂关系。现在有些学者也认为出土郭店竹简的郭店一号墓墓主，就是楚襄王师慎到。这样看来，慎到与剧氏确无关系。

综上所述，隰朋与慎到比较，春秋隰朋为食邑于剧的齐大夫的理由更为充分，但由于受史料限制，这只能是推论，可备一说。

---

① 《战国策·楚策二》。

剧（劇）、蘧、璩三姓之源流

公元前 690 年，齐灭纪，将纪地改曰"剧（劇）"，原纪国的地盘成了齐国的剧邑。

一、剧（劇）氏的产生和面临的危境

《元和姓纂》载："剧氏，齐大夫食采于剧，因地为姓。"从此有了剧（劇）氏，而这位食采于剧的齐大夫，也就成了剧氏的始祖。

这位齐大夫姓甚名谁？史无载。我在《对剧姓之源的探讨》一文中，根据齐桓公治国理政集团中的人物特性和分工情况，推断这位食邑于剧的齐大夫很可能是隰朋。齐桓公晚年，未听从辅佐桓公称霸的大政治家管仲、鲍叔牙的用人主张，即重用有政治胸怀、谋略的贤臣隰朋，远离后宫奸诈之臣易牙、竖刁。上博简《鲍叔牙与隰朋之谏》中载：桓公"或以竖刁、易牙为相，二人也，朋党群兽"。而晚年的齐桓公真的用了这二人为相，把治国大权交给了无任何政治经验，只有后宫权术和政治野心的易牙和竖刁二人。由此，齐桓公自掘坟墓，病危时，易牙、竖刁趁机作乱，"塞宫门，筑高墙，不通人，矫以公令"。夺取了齐桓公的大权，实行了宫廷政变。在"五子争立"中，培植自己的势力，争夺政治权力。尽管齐桓公已奄奄一息，他们仍把他关起来不准任何人接近，别说治病，就连水和饭也不供应，将齐桓公活活饿死，"尸在床上六十七日，尸虫出于户"。

易牙先是奉卫长姬作乱，杀死群吏，立公子无亏为君。后公子昭又联合曹、卫、邾伐齐，杀死无亏，立公子昭。这时的齐国政治完全被后宫操纵，管仲、隰朋、鲍叔牙的党徒及后人，已完全被边缘化，甚至于惨遭追杀、迫害。如清人马骕《绎史》注曰：管仲对桓公言："'愿君之远易牙、竖刁、开方也。'桓公不听，使三子专权，又多内嬖，卒启五子之争，以至弑夺相寻者四十余年。"①齐国政治大乱，管仲、隰朋等贤臣、功臣的党徒和后裔，在"杀死群吏"的白色恐怖下，或销声匿迹，或被剥夺封邑。在这种政治背景下，隰朋党徒及后人，即剧氏族人，极有可能逃离齐国迁往外地。

当然，政治关系错综复杂，齐桓公死后，《史记·管晏列传》载：鲍叔牙"子孙世禄于齐，有封邑者十余世，常为名大夫"。齐桓公死后一百多年，公元前545年，田氏联合鲍氏、栾氏、高氏共灭执掌国政的庆氏；公元前532年，田氏又与鲍氏灭掉专权的栾氏、高氏。说明鲍氏在田氏代齐前，还一直活跃在齐国的政治前台。但从齐桓公死后，史书上再也没有管氏、隰（剧）氏的身影，可以说管、隰（剧）二氏随着齐国的政治动乱，彻底从齐国政治舞台上消失了，这间接证明了隰氏即剧氏族人，逃离迁出了齐国。

剧（劇）氏族人，由于齐灭纪的背景，不光是隰朋后裔，肯定还包含众多的原纪国族人。

二、剧（劇）氏族人的迁徙

剧氏族人在齐桓公死后，在齐国内乱之后，外迁何处？我在《对剧姓之源的探讨》一文中有如下的一段话：

> 在这种大背景下，隰朋子孙及剧地之民，都处于极其危险的境地，已为齐国所不容，只有外逃避难一条路。
>
> 剧姓之人外逃，有两个去处，一是莒国，二是卫国。《史记·楚世

① 马骕：《绎史》，齐鲁书社2001年版，第1064页。

家》中有这样一段记载："齐桓，卫姬之子也，有宠于釐公，有鲍叔牙、宾须无、隰朋以为辅，有莒、卫以为外主，有国、高以为内主。"

襄公专权时，桓公（小白）及师鲍叔牙、隰朋，就在莒国避难。但莒国离齐国太近，不是避难的理想地。因此，剧姓之人很可能逃到了卫国。剧姓之人之所以逃到卫国，可能有多种多样的原因。除桓公为卫姬之子外，还有卫与古纪国的诸多历史联系。

卫都朝歌，即淇县，这里有淇水、淇县、牧野、朝歌以及楚丘，与古己国祖先伯益、夷羿有关；而周时的伯懋父，也与古己国地有关，"《沬司徒疑簋》（《集成》04059）是说周公平定三监叛乱之后，封康叔于卫，而沬地（牧野、朝歌、故殷墟）的司徒疑前来协助。……因此，沬伯疑、伯懋父与牟夷，与寿光地都有着古老的历史渊源。"① 另外，齐桓公二十六年（前660），狄人侵卫，齐桓公伐狄救卫，并将卫的部分臣民迁于楚丘，使卫摆脱了狄人的威胁。鉴于这些历史的联系，隰朋后裔及剧地之民，很可能逃到了卫国避难。剧的远祖剧辛是赵国人，而战国时的赵国与春秋卫国相邻。

对上述说法再做如下补充修正。

在齐桓公称霸中原时，齐国是卫国的保护国，如《史记·卫康叔世家》载："（卫）戴公申元年卒，齐桓公以卫数乱，乃率诸侯伐翟，为卫筑楚丘，立戴公弟毁为卫君，是为文公。文公以乱故奔齐，齐人入之。"

齐、卫也是婚姻之国。除齐桓公母是卫国人外，齐桓公六位爱妾中，长卫姬、少卫姬也都是卫国人。另外，卫国君仁义善良，宽以待人。《史记·卫康叔世家》："文公初立，轻赋平罪，身自劳，与百姓同苦。"

齐国和卫国有诸多的联系，而这些联系又是在管仲、隰朋辅佐齐桓公时

---

① 李沣：《探寻寿光古国》，齐鲁书社2011年版，第242页。

形成的。因此齐国大乱后，管仲、隰朋党徒及后人（剧姓之人），迁往卫国避难，就具有必然性。

隰朋后裔西迁的另一去处就是晋国。齐国大行（类似今天的外交部部长）隰朋与晋国友好，并对晋多有帮助。

《左传》僖公九年（前651），晋献公卒，三公子之徒作乱，"隰朋帅师会秦师，纳晋惠公"。在晋国内乱时，齐桓公派隰朋与秦协商，共立夷吾为晋君，是为惠公。

《左传》僖公十年（前650），"周公忌父、王子党会齐隰朋立晋侯"。是说周王室的卿士忌父、大夫王子党一起与齐大夫隰朋会盟磋商，正式立夷吾为晋侯。

《左传》僖公十二年（前648）冬，"齐侯使管夷吾（管仲）平戎于王，使隰朋平戎于晋。王以上卿之礼飨管仲"。因晋为救周王室，曾伐戎，使戎与周、晋不和。管仲出面协调周和戎的关系，隰朋出面协调戎和晋的关系，为此周王"以上卿之礼飨管仲"。当然晋国对隰朋也感激不尽。

上述历史说明，隰朋对晋国有恩德。隰朋后人有难后迁往晋国会顺利无阻。

三、卫晋的疆域及其变更

卫，《史记·卫康叔世家》曰："以武庚殷余民封康叔为卫君，居河、淇间故商墟。"春秋卫国都朝歌，卫地含今淇县、滑县、濮阳、黎阳等地。

晋，唐后，初都山西太原北唐城，后迁绛（翼城县），又迁曲沃。春秋之世晋又向西、向东扩展。《左传》僖公三十三年（前627）、宣公十一年（前598）、宣公十五年（前594）晋数败狄。"赤狄、长狄被灭，晋迅速向东拓进，自晋东南至于冀南、豫北，大片狄土及为狄所攘夺的邢、卫故地，如河内、朝歌、邯郸等，皆为晋邑。"[①]

---

① 李学勤主编:《春秋史与春秋文明》，上海科学技术文献出版社2007年版，第130页。

公元前 453 年，韩、赵、魏三氏联合起来灭掉专权的晋知氏，"尽并其地"，形成"三家分晋"的局面。《史记·晋世家》载：公元前 403 年，"周威烈王赐赵、韩、魏，皆命为诸侯"。公元前 376 年，"魏武侯、韩衰侯、赵敬侯灭晋后而三分其地"。卫国北部的晋地邯郸为赵氏所得，从此诞生了赵国。

四、关于卫、赵的剧（劇）、蘧、璩氏

1. 关于剧（劇）氏

宋代邓名世《古今姓氏书辨证》曰："剧氏，齐大夫食采于剧，因氏焉。燕有剧辛，汉有剧孟。皇朝大理卿剧可久，字尚贤，范阳人，有传。"[1]

2. 关于蘧氏

南宋郑樵著《通志·氏族略》："卫大夫蘧瑗，字伯玉，之后汉有大行令蘧正，望出黎阳。"

《姓源》云卫大夫蘧瑗之后。《路史》云邾子蘧蒢之后。《左传》宋有蘧富猎，《汉书》有蘧政，《南史》有蘧法生。

3. 关于璩氏

《通志·氏族略》："唐神功登科有璩抱朴，望出豫章。宋登科璩秉、璩重，并岳州人。"

4. 敦煌（唐）文书的记载

（1）敦煌石室存《唐贞观八年条举氏族事件》中有："黎阳郡卫州二姓：蘧、桑。"

（2）《新集天下姓望氏族谱》（斯坦因敦煌文书第二〇五二号）中卫州条下载："卫州黎阳郡出五姓：璩、桑、卫、析、猗。"

《新集天下姓望氏族谱》，其年代在唐肃宗乾元元年（758）孔至撰《百家类例》之后，在宪宗元和七年（812）林宝等撰《元和姓纂》之前。

---

① 邓名世：《古今姓氏书辨证》，江西人民出版社 2006 年版，第 609 页。

这两条史料表明，蘧、璩同为卫州大姓。卫州，古殷都，即史上的朝歌、牧野，春秋战国时的卫国地。《唐贞观八年条举氏族事件》中有"蘧"无"璩"，而《新集天下姓望氏族谱》中，有"璩"无"蘧"，因此卫州黎阳的"璩""蘧"，很可能是同一姓的异写。

5. 对春秋时卫地的剧（劇）、蘧、璩三字的理解

春秋时，古卫国地有剧（劇）、蘧、璩三大姓，这三姓是同一姓氏的分化还是同字异体呢，还是三个互不相干的独立的姓氏？这个问题需要从古文字学角度进行考释。

劇、蘧、璩，是形声字，也是同源字。三字的声符都是"豦"，都是在声符"豦"字上加了不同的偏旁（意符）。古文字学家刘钊先生说："古文字的考释实践表明，字音在字的构造和演变中具有非常重要的作用，古代文字的构成和演变，许多情况下都是以声音为枢纽来进行的。"[1] 经学家王念孙《广雅疏证》认为：训诂之旨存乎声音，字之声同声近者，经传往往假借。学者以声求义，破其假借之字，而读之以本字，则涣然冰释。音同音近的字，往往义同。劇、蘧、璩，音相同，形同源，其义必含有历史的内在联系。

何为"豦"？《说文》以为从豕虎，谓"豕虎之斗不解也"。此说不确。甲骨文里有类似"豦"的字，徐中舒先生认为："象兽张口露齿之形，所指何兽不明。"[2] 陈初生先生对许慎"从豕虎"，说"非"，并说金文"豦"字，当是兽之象形。[3]"豦"字是小篆体，与甲、金文中的"豦"的初文形变很大。如赵诚先生说的："由于许慎所收大多为春秋、战国文字，不可避免地会根据讹变的小篆形体立说，自然有不少讹误。"[4]《辞源》："豦，兽名，獲类，大如犬，似猕猴，黄黑色，能举石掷人。"

---

① 刘钊：《书馨集：出土文献与古文字论丛》，上海古籍出版社 2013 年版，第 467 页。
② 徐中舒：《甲骨文字典》，四川辞书出版社 2003 年版，第 532 页。
③ 陈初生：《金文常用字典》，陕西人民出版社 2004 年版。
④ 赵诚：《古代文字音韵论文集》，中华书局 1991 年版，第 258 页。

《尔雅·释兽》:"貗,迅头。"郭璞注:"今建平山中有貗,大如狗,似猕猴,黄黑色,多髯鬣,好奋迅其头,能举石擿人。玃类也。貗,音据。"貗,亦名"迅头",迅,就是疾、快。

《山海经·西山经》:有兽焉,其状如羊而马尾……豹尾而善投,名曰举父。郝懿行疏:"惟能举石擿人……故经曰善投。亦因名举父。……举、貗声同,故古字通用。"

文献说明,貗,兽名,脑袋好动,能举石打人,属玃类,而玃类即猿。总之,与豕虎无关。

齐灭纪,纪地改曰"剧(劇)"。齐大夫食采于剧(劇),卫大夫蘧瑗,燕将剧辛赵国人,因此文献中的这些劇(剧)、蘧姓之人,都是春秋或战国时人。汉字经历了甲骨文、金文、小篆、隶书等演变过程,形体发生了巨大变化。"战国时代秦国文字的正体后来演变为小篆。……战国时代东方各国通行的文字,跟西周时期和春秋时代的传统的正体相比,几乎已经面目全非。"[1] 春秋或战国时的剧(劇)、蘧、璩氏之人所用的标志姓氏的字到底如何写法? 这是个很难解答的问题。

《辞源》:蘧,音 jù,疾、速、窘迫、畏惧之意。《国语·吴语》:"吴晋争长未成,边蘧乃至。""蘧"通"竟",强也。《墙盘》(《集成》10175):"乙公蘧趄",杜预注:"竟,蘧也。""蘧趄",犹"竟爽",刚强爽明之意。

因此,劇与蘧,音同义近。《辞海》云:"劇"的本字是"勮"。而"勮"字的偏旁是力,意强也,这与"蘧"字的本义相符。

"文字结构上的变化所造成的繁化,最常见的是增加偏旁。"[2] 劇、蘧、璩,都是对声符"豦"加了偏旁(或曰形旁)。"为形声字选择形旁时,如果对文字的所指的事或物有不同的着眼点,所选择的形旁就会不一样。这也是造成形旁

---

① 裘锡圭:《文字学概要》,商务印书馆 1990 年版,第 52 页。
② 裘锡圭:《文字学概要》,商务印书馆 1990 年版,第 30 页。

代换现象的一个原因。"① 勮的偏旁是"力"，突出强、疾、猛的内涵。蘧，加草头，是植物，蘧麦，但《本草》谓之瞿麦，又名巨麦、句麦，因此蘧、瞿、巨、句通假，音同义同。璩，玉名。总之，劇、蘧、璩是同源字、同声字。

劇、蘧、璩，形、音都一致。陈槃先生认为："姓之字，金文与旧籍所载往往不同，是亦重音不重形之一例。"还说："不惟金文字异，既旧籍亦往往互歧。如秦系'嬴'姓，字或作'盈'，或作'偃'。嬴与偃已同祖，则六国偃姓与秦国嬴姓亦同祖矣。"② 张澍在《姓氏寻源》中也列举音同而形变之姓为同祖，如说：恭即共也。引《世族谱》"文王侵恭者即共伯国"，说讳者将共改为恭。又引《路史》云：太公望吕侯之后有共氏、龚氏。《姓谱》云：龚其先共氏，避难加龙为龚。因此，共、恭、龚，同祖同宗，本为一姓，后因故改为不同字形。

6. 剧（劇）、蘧、璩的源和流

剧（劇）氏之源，是齐大夫食采于剧（劇）。这事发生在齐桓公时代，即公元前 685 至前 643 年间；齐桓公死后，齐国内乱，五子争位，隰朋后裔剧姓之人西迁卫、晋，因某种原因，有的剧（劇）姓之人将"劇"改为"蘧"或"璩"。蘧姓的代表人物是卫国大夫蘧瑗，字伯玉，是卫献公、卫殇公、卫灵公的三朝元老，是孔子的好友。

根据文献记载，卫州蘧瑗与剧（劇）姓始祖隰朋的关系，大致如下：

《世本八种》秦嘉谟辑本载：隰朋谥成子。

《世本八种》茆泮林辑本载：成子常生襄子班，班生庄子伯。

《汉书辞典》载：蘧伯玉生于卫公族，大夫蘧无咎之孙。

蘧伯玉有可能是隰朋的重孙。从年代上考察，隰朋死在公元前 643 年，蘧伯玉生在公元前 585 年左右，中间相距约六十年，因此说蘧伯玉是隰朋之重孙很有可能。

---

① 裘锡圭：《文字学概要》，商务印书馆 1990 年版，第 168 页。
② 陈槃：《春秋大事表列国爵姓及存灭表撰异》，上海古籍出版社 2009 年版，第 20 页。

剧（劇）氏族人西迁后，其落脚地一是卫州黎阳，古卫国地，这一支的始祖为蘧伯玉。另一支落脚在战国时为赵国，其后人有剧辛。大概在后汉时，由于中原动乱，洛阳倾覆，中州避乱江左者十六七。在这个大背景下，有些蘧（璩）族人南迁到长江流域。《通志·氏族略》："唐神功登科有璩抱朴，望出豫章。"《百家姓》载：璩，音同蘧。

王献唐先生认为："异世迁徙，氏名随之，更以原有之氏名名其新迁之地。"[①]《三国志·吴书·吴主传》载："八年，（孙）权西伐黄祖，破其舟军，惟城未克，而山寇复动。还过豫章，使吕范平鄱阳、会稽，程普讨乐安（鄱阳郡乐安县），太史慈领海昏（豫章郡），韩当、周泰、吕蒙等为剧县令长。"对剧县的"剧"，胡三省释为形容词，艰也、甚也，剧县即山越之要地。但通读原文，各将领讨伐或坚守的鄱阳、会稽、乐安、海昏，都是豫章郡（今江西省）的地名，因此"剧县"很可能也是地名。豫章郡剧县，剧（蘧、璩）氏南迁后，"以原有之氏名名其新迁之地"。

《安徽桐城桦林岗蘧氏家谱》记载："璩之为姓也，三代以前未见经传。相传伯玉七氏孙讳乐者，因避难，易蘧为璩。历汉晋五代未有传人。"此安徽家谱的记载表明，安徽的璩氏，是蘧伯玉后裔，因避难迁到了安徽。这也是豫章之"劇（剧）"，名随族迁的一个旁证。

安徽南部的桐城桦林有璩（劇、蘧）氏。《三国志·吴书·贺齐传》载："齐复表分歙为新定、黎阳、休阳，并黟、歙，凡六县。"此黎阳应是从卫国迁来的，是璩氏族人南迁后，将原住地名带到了新居地。这也表明，安徽南部也有一支南迁的剧（劇、蘧、璩）姓族人。

---

① 王献唐：《炎黄氏族文化考》，齐鲁书社 1985 年版，第 65 页。

附

录

黄县

王献唐

第一部分

山东前莱阳文物管理委员会黄县分会报告该县国铜器出土情况，略谓：一九五一年四月，县城东南十里灰城区域南埠村，村民姜德科在村东地内平泥沟，由其伙伴后李家村李显安掘出铜器八件，疑器中含金，敲击验看，致多损伤。当时由南埠村分得一部分，李显安分得一部分，还有一件匜，归该区区政府保存。

铜器出土以后，黄县分会即派金经一、张敏生到南埠村调查。铜器已全部归公，现在山东省博物馆陈列。

八件器的分组和时代

八件铜器中，六件有铭文，两件无铭文。六件有铭文的铜器中，四件𨤙是一次作的，盘和匜是一次作的，都有铭文可证，铭文书体不同。四𨤙较薄，盘匜厚重，皆为蓝绿斑锈，前者大体为蓝色，后者大体为绿色。

（一）

铭文"伯子"，""为国名，今先说音读。

《说文》："，长踞也。从己，其声。读若杞。"许说未可尽据。它的本字为"其","其"也是后出字,初只作👹。《说文》以👹为"箕"的古文,卜辞作👹、作👹,金文作👹、作👹,都象箕形。"箕"本侈口,为写刻便利,上作两画,后由👹形变👹,今写作👹。

殷代"箕"字作👹、作👹。本既为👹,为什么上又从己,《说文》及以后各家书中,皆未解释。古文字有一惯例:某一字音在某一时间或空间有了变化,新音和旧音交混,一些读旧音的要标明本读,每在字的一方加注一个与旧音相同的字,使人一看知为何音,略等于近代的注音。但是读新音的也可以如法标注与新音相同的字。"箕"字从己,就是一个注音字。凡用这个字的人,一定读"箕"如"己",不读为今音若"奇"的"其"。

本来殷代金文"箕"亦作👹,初只专用👹体,至有标注"己"音的"箕"字新体出现时,必已演为两音。两音是由不同空间产生的,一读"己"音,一读"奇"音,因交流而混合,因混合而注音。但是读"其"为"己"的,又为哪个空间?《尚书·微子》篇:"颠跻,若之何其?"《史记·宋微子世家》集解引郑注:"其,语助也,齐鲁之间声如姬,《礼记》曰何居。"是齐鲁之间读"其"如"姬","姬"音与"己"正应。郑氏说的"何居",为《礼记·檀弓》篇文,郑注:"居读为姬姓之姬,齐鲁之间语助也。"合起来看,作为语尾问词的"其""居"助字,齐鲁通读"姬"音若"己"。《诗·园有桃》篇"子曰何其",《庭燎》篇"夜如何其",两个"其"字,当然也应随着同读。

但是这个语助"其"字,用在句尾读"己"。若用在句中,不为问词,应如何读法?《诗·扬之水》篇"彼其之子",郑笺:"其或作记,或作己,读声相似。""其"亦作"己",证知音读如"己",作记亦同。《羔裘》篇"彼其之子",《左传·襄公二十七年》《晏子春秋·内篇杂上》及《韩诗外传》均引作"彼己之子";《诗·候人》篇"彼其之子",《左传·僖公二十四年》及《国语·晋语》引作"彼己之子",证据甚多。汉代经读,初本于齐鲁。齐鲁也是由古读传来。有些"其"字,古读若"己"。无论今古文经传,作"其"也好,作"记"也好，一律读"己"，直传到现代。这样看，"其"读若"己"，是古代黄河流域东方的一种音读。

就此可以得出"曩"字加"己"的原因。本来黄河流域古代东西两方音读时有差别，其混合区域在双方交冲的河南。卜辞出于河南安阳，殷代曩器最大部分也出于安阳，其中的"曩"字都已标注"己"音，知在安阳已混合而有两读。曩国本为东方国家，在山东境内，殷代武丁以来，其领主即在王朝服务。它们的国名，本只作✦，即"其"，在东方相传读"己"。但到安阳两音混合区域要保持本音，因于✦上加"己"，成为一个新的注音字。后代有许多地名、姓氏，本地人和本族人读法常和一般不同，也是从古相传保持下来的本读，其理并无二致。卜辞有若干"其"字，从不以"曩"为"其"。"曩"字的应用，在卜辞和殷代金文中，先后只有一个曩国的国名，正说明了"曩"为曩国新字，更说明了曩国以东的国家读"其"为"己"，最晚是殷代东方的古读。由此便和周汉音读先后联系起来，证明"其"字不必用作助辞才有"己"音。

"曩"字传到后代，或音假为他义，《说文》训曩为长踞便是佐证。《玉篇》"曩，长跪也，或作跽也"，是"曩"即后出"跽"字。《说文》"跽"训长跪，又训"曩"为长跪，乃是同音，借"跽"为"曩"。在长跪假借字义里来说"曩"形，安能了解"从己"本义？无怪许君不对"从己"作说明，也无怪后代小学家不对"从己"作说明。但是"曩"字既以同音被借为"跽"，由"跽"的音读更证明"曩"为"己"音。

殷代"曩"只作✦，为何以后写作"曩"体？这应兼述"其"体演变，这一演变也关系到黄县这批曩器时代的鉴定。

古文字的注音，一字可有数体，这个人注音造字，那个人也可以注音造字，并不拘限。✦字作✦是一个注音字，✦字作"其"仍是一个注音字。《说文》训箕为"籔"，古文作✦，籀文作✦，统属一字。它说其下从丌，为"丌其下也"。又说："丌，下基也，荐物之丌……读若箕同。""丌"字诚象荐物器，有许多字为证，如"典"、如"奠"等等。但是一个籔箕，何须用"丌"

来陈荐？特别制造一个长几形器，专以陈荐簸箕，恐怕任何人都要发笑。"丌"字许读如"箕"，音义本由"基"出，▨下加丌，是标注▨的音读，并不是加荐。

卜辞已经有了▨形，下加一画，是丌的早期形状，也该读丌。卜辞"奠"字作▨，商代"綦""鼎""祺"字偏旁作▨，（见《博古图》诸书。）都与此同。以后在一个近似平板的荐物器下加足，便成了"丌"。"丌"为后时演变的新字，商代卜辞、金文未见，只见于周代器铭，且不属于西周最前期。它的形状声读，可能就是以后再演变的"几"。

殷代"其"字最少有两音，一读为今音若"奇"，一读如"基"。要标明"基"音，于▨下加一为声，入周一变为丌，又从丌作"其"。这和"其"上加"己"的"冀"为同一字例，以声读印证，"基"音正与"己"合。冀国的新体，是在两音混合中，特别区分声读，初只专用于冀国国名。还有其他人也要区分声读，又造了一个▨的新体使用。由"己"音证知"基"音也是东方音读，因情况不同，用同一字例造了两个字。

西周初期铜器，从铭文或出土地点，知为宗周及洛阳作品，由盂鼎起，所有的"其"字，一律作▨。在山东出土比较早期的如甗鼎等器，又类作"其"。西方器铭不加丌字注音，大抵他们读如今音的"其"；东方加丌，当读如"基"，也就是"己"。汉石经《尚书·立政》篇"丕丕其"，今本作"基"，为齐鲁旧读。《前汉书·地理志》，"不其"属琅邪郡，颜注："其音基。"这类例子很多，通是"其""基"同音的证据，也通是东方读"其"为"基"的证据。

这种分别，在音读方面，尽管一直传到汉代，或到现代，而在字形方面，西周初期以后又互相混用。西方逐渐用"其"，东方也逐渐▨，由少而多，直至不分，中间包括了河南的东西交杂地带。大体殷代没有"其"体，西周初期以后始有，到达西周后期和春秋时期，为最严重的▨、"其"混用阶段。但是到了战国，又一般用"其"，不见▨体，▨完全为"其"替代，直至现代。

"其"体演变如此，从"其"的"㠱"字，当然也随着演变。殷代卜辞、金文没有"㠱"体，只是作🐚、作🐮。一到西周，初期金文没见这个字，以后有用作国名的；有用作人名的，如师寰簋、无㠱簋等；更有郑太宰簠，又用作借字。那时已是混用时期，一个"其"体有两种写法，另外还有古体、别体，有些人通会写，把它分别用在"㠱"字上。单以无㠱簋言，现在知道有三件器都是对铭，㠱字便有四种写法。这位书手，通晓先后演变，几乎把各种"其"体一齐用完。

从师寰簋等几件器铭里，也可以推求"㠱"字本读。师寰簋铭："命女（汝）逮（率）齐师，㠱、𨾊、秣、印，左右虎臣，正（征）淮尸（夷）。"大抵这位㠱是齐师将领之一，以此为名，当从齐音读"己"。郑太宰簠为山东作品，铭文"万年无㠱"，"无㠱"犹高襄鼎等"𪣻（眉）寿无期"和齐良壶"寿考无期"的"无期"。《诗·頍弁》篇"实维何期"，释文"本亦作其"，知"何期"即前引《尚书·微子》篇诸书的"何其"。那些"其"字读"己"，这个"期"字也当读"己"，由"期"读为"己"，知道"㠱"读亦为"己"。两字皆属借音，后时通作"无极"。

当然这次黄县出土的㠱器，"㠱"字一定读东方本音为"己"。盨铭字形作🐚、作"㠱"，盘匜通作"㠱"。这是春秋时器，正在🐮、"其"混用时期，因而"㠱"字也随着混用。若为殷代或西周初期作品，便不会有"㠱"体；若是战国时期作品，就不会有🐚体。

（二）

盨铭"㠱伯子"，就是盘、匜的"㠱伯"，"伯"为伯仲义。"婝"字不见字书，应释为"媵"。《说文》："寳，珍也。从宀、从玉、从贝，缶声。"卜辞作🏠，从贝玉在宀内，不别从缶声。金文、篆文增"缶"，只嬴氏鼎作🏠。贝、玉通为珍宝，单从玉亦有宝义。依照古文从玉省缶即成宝，加女旁为婝，书以今文便成"媵"。🌿亦作🌿、作🌿、作🌿，变化不一，末笔皆向左曳，各器可辨者六字皆然，只二器似向右。下有残泐难定，当是**ナ**字，即后出的"左"。

寶氏见《姓苑》，后汉光武时有寶忠。金文一般姓氏通例，类于本字加女旁。"嬻左"的"嬻"当为氏，而"左"为字。异本姜姓，现在称嬻，应是嬻氏女子名左者嫁为异妇。古代男女皆可称"子"，《仪礼·丧服》郑注："凡言子者，可以兼男女。"《礼记·曲礼》注："言子者，通男女。"因凡金文如番匊生壶铭曰："番匊生铸媵（媵）壶，用媵（媵）氒（厥）元子孟妶芈。""元子"指的是长女，这类例子很多。现在"嬻左"称"伯子"，也是指的她为嬻氏长女，嫁于异君，因称"异伯子"，省称"异伯"，并不是异君长子名"嬻左"。

这种解释，骤看似乎可怪，但若联系媵器铭例来讲，也很平常。在一切媵器中，凡是作器者为一姓名，受器者为一姓名，两姓不同，大抵是母亲为女儿所作。女儿从父姓，其母则从母家的父姓，因而有别。现在举两个例，苏冶妊鼎铭曰："穌（苏）冶妊乍（作）虢改鱼母媵（媵）。"（媵下脱"鼎"字。）"改"即"己"，为苏国姓氏。（见《国语·郑语》。）妊氏女名冶，嫁为苏妇，称"苏冶妊"。她的女儿名"鱼"，"母"为美称，犹男子称"父"，（详《观堂集林》女字说。）因署"鱼母"。鱼母随着她父亲姓改，嫁给虢国，因署"虢改鱼母"。这是苏君夫人妊氏为她女儿所作的媵器。干氏叔子盘铭曰："干氏叔子乍（作）中（仲）姬客母媵般（盘）。""叔子"例犹此盨伯子，乃干氏女子嫁于姬氏为其仲女名客者所作媵器，女随父姓为"姬"，因署"仲姬客母"。这种情况通例是作器者为一姓名，受器者为一姓名，也即作器者为母，受器者为女。若是她父亲为女儿作媵器，便不会有两个姓。现在异器的"嬻左"，无疑"嬻"为姓氏，如为男子名，例不从女。它的盘铭文曰："异白（伯）𡩋左媵（媵）姜无彔（䤋）般（盘）。"匜铭曰："异白（伯）𡩋左媵（媵）姜无彔（䤋）它（匜）。"姜无是她的女儿，从父姓为姜，名无。又明是作器者为一姓名，受器者为一姓名，也是媵器。以上例，就肯定了嬻左为姜无的母亲、异君的夫人。

四件盨是嬻左自己作的。铭言"征盨"，义犹"旅盨"，为旅行时用具。

金文"盨"字（写法作"䀂"），写法间有不同，一般从皿，此则改皿从又为异。"又"作为右手，他盨亦作，证知亦犹，当是形把末二画写成一横，古文字中常常遇见。郑虢仲簋一器一盖，既作，又作，就是一个手形例证。木父壬鼎父字作，也是将作，只少写了一个手指，并非从寸。鼎为殷器，那时还没有"寸"体。由此联系兹卣和父乙爻角，都是殷代一个人作的，有同样徽识作，还有一个爻字。陈介祺说"为肘有悬聿之形"，方濬益说"为手，为矢"。现在看来，和盨文相同，也是用作，把末二画写作一笔。即"史"字。单手执为，双手执为。这样就是"又史"，也就是"右史"，以官名联合爻字作徽识。但是盨文形，又变化作，如果没有、诸体对照，就无法猜度它是右手的"右"。

铭文"其阥（陰）其陽"，指盖、器而言。盖下覆为阴，器上仰为阳。金文如麤羌钟及周代币文玺文。"阥"字类从今声，它的古本音在侵部，但如《诗·七月》篇与冲为韵，亦转入东冬部，因而"阥滑"玺文，字又作"隆"，既从今声，又别注虫音，这和上文说的"眔""其"形音为同一字例。盨铭"阥"字单从今声，在此为仅见，他器偶有从者，多为合文。

"割"音古隶祭部，读如勾。铭言"割釁（眉）寿无彊"，即借音为"勾"，无重鼎"用割釁（眉）寿"，与此正同。"勾"训"乞"、训"求"，金文如师奎父鼎等"用勾釁（眉）寿"，屡屡使用。《诗·七月》篇"以介眉寿"，《小明》篇"介尔景福"，"介"也是"勾"的同音借字，和"割"字例同。

铭文以阳、行、彊、臧协韵，古音统隶阳部。

（三）

盨铭"庆其以臧"，他盨亦作"允臧"。前凡五见，后凡三见，知"以""允"通用。《诗·定之方中》篇"终焉允臧"，《毛传》"允"训"信"，实是一个语词，《经传释词》诸书已讲过。

铭文"以""允"两字所提供的新资料，不在字形字义，而在声读，因为借此能解决古音韵学上一些疑难。

古代"允"音，过去有三种读法。一读为"以"。《说文》："允，信也。从儿，㠯声。"《说文声系》《说文声类》诸书从之，古音入之部。一读为今音余准切的"允"。《说文解字注》说"㠯非声"，把它归入谆部。《说文声订》从同，《说文通训定声》《六书通故》的韵读大体与此合。一读如"沿"。始于《说文谐声谱》，以后古韵通说推演其义，把它归入元部。这三种读法，只是一音之转，由时间空间不同，发生区别。

清代古韵分部，主要根据周代各书韵文。由韵以定部，由定部的字，联系与它谐声或辗转孳生的字，一齐归入一部。但是不幸得很，现存周代各书韵文，竟没有一个"允"字协韵，就是在《金文韵读》里也找不到。过去一部分人只根据《说文》定出第一音，到底没有佐证。一部分人复从韵书旧读定出第二音，韵书又出汉晋以后。至于第三音，乃是从刘歆、张衡两人赋中从允声的协韵字中得出，亦只是汉人音读。究竟古本音如何读法，没有定论。

这首先应检查它的字形。周代金石文戉鼎"允"字作𠃌，石鼓文同。兮甲盘、虢季子白盘，"猃狁""狁"字作𤞤、作𤜏，现在盨铭作𠃌，都从㠯从人，和小篆一系相承。上推殷代，卜辞允作𠃌、𠃌诸体，只是把四笔简作两笔的便利写法，例证很多，并不如旧说"象人回顾形"。《殷虚书契精华》三块胛骨中"允"字最多，都是武丁时期刻辞，证明这个字最晚在殷代武丁时已出现。

但是"允"字从㠯从人，又作何解释？栾调甫先生引《左传·昭公九年》"允姓之奸"，说"允"为允人专字。（见所著《从文字学上窥测中国古代社会的一般》。）这些允人，就是猃狁的同族，（见《观堂集林·鬼方昆夷猃狁考》。）也就是"狁"，从犬是后来加上的。栾又根据《左传·文公十八年》注疏，说允人为鲧的同族，和夏代姒姓一家；如再认为允人就是猃狁，便可根据《史记·匈奴列传》，说猃狁一部分即是匈奴，《史记》明言"匈奴，其先祖夏后氏之苗裔也"，正相符合。

古代一个强大氏族，常为氏族名称造一专字，如羌族所造为从人会意、从羊为声的羌体，鬼方所造为从人会意、从古文"䕘"声的鬼体。前一字已见《说文》，后一字尚需解释。《说文》"贵"从古文蕢声，玺文"贵"作𧴫、𧴪，上边都是"䕘"的象形字。"䕘"训草器，草编的为"䕘"，竹编的为"簣"，都是一事。卜辞"鬼"字作𢀛、作𢀜，梁白戈作𢀝，鬼上形状通是古文"䕘"字，与玺文类合，证知"鬼"为从人蕢声，和"羌"字同例。

由"羌""鬼"字例，推知猃狁的允族，所造当同样是从人𠙻声的允体。羌、鬼和允的从人，不分男女；如果为女，又单独造字别从女。这样羌族的女子便成了姜；鬼方的女子又成了𢀞，（子禾子釜"魂"字偏旁。）也就是媿；允族的女子复成了𠙻，（不娶簋。）𠙻是允女合写的，单独从𠙻，又成了𠙻，（叔向父簋等。）也就是姒。由羌族、鬼方、允族女子所生的子嗣，便成了姜姓、媿姓、姒姓。

这就看出"允"是从人会意、从𠙻为声的允族专字。既然从𠙻为声，便决定它的古本音应该读"以"。传世有册簋和册父乙簋，册是族徽，允右的"册"字为史官"作册"标记，最晚为西周初期器。这个族徽，于官职旁加"允"，可能就是允族的一支。他们并不全为"允姓之奸"，也不全为"允姓之戎"，（《左传·僖公二十二年》注。）更不全为周人讨伐的猃狁，而是久经分化为各支各系的一个庞大族类。

这个"允"字读"以"，其实早在《说文》的"𠙻声"里就提出了，不过没有佐验，一向使人怀疑，造成清代小学和音韵学者的纠缠。现在黄县四件𣄰出土，正好替他们解决。铭文明明把"允""以"两字同用，先后八见，知"允"读为"以"；若不读"以"，它不会用"以"代"允"，这是新的铁证，无可非辩。

如对这个字音还有怀疑，可以用几句话来道破。"允"是把人、𠙻上下合写的，若左右分作两起来写，便是"以"字。《待时轩印存》有"痬以之"玺，（见《古玺文字征》。）"以"作𠚤，为战国时期物。后时秦刻石作𠚤，汉代许多镜铭用之，隶作𠫔，变为今体的"以"。把人字写在𠙻下为𠙻，写在𠙻右为㕥，本是一样的，则"允"就是"以"。《墨子·明鬼》篇引《商书》曰："百兽贞虫，允及飞鸟，莫不比方。"《经传释词》谓："允犹以也。……言百兽贞虫以及飞鸟也。"说虽正确，但他不知道"允""以"一字，《商书》用的正是"以"，无所谓犹与不犹。

"以""允"既以同字而同音，前引"谆"部余准切的今音和"元"部的沿音，当为后代转音。每一个字常有几种转音、几种字体、几种解释，由于历史习惯，后人常把某种字音、解释用在某一字体上，把另一种字音、解释用在另一字体上。长期积渐分化，"谆"部余准切的转音，便占了"允"体，训为"信"；"之"部的本音，又占了"以"体，训为"用"，成了语辞。《说文》没有"以"字，字只作"㕥"，而"人"部反有"侣"字训为"象"。"侣"也就是"以"，把人又写在左方，汉铜华镜铭"以"作㕥可证。《说文》训"像"，是由读"侣"为"似"而生的，乃"以"字声纽转变，另为一义所借，另占有了一体。就此可以看出，一个"允"字分了三种写法：其一人字在下，其一在右，其一在左。它又有三种声读、三种解释，各各占了一体。每一种解释只为分化出来的一般常语，也还有其他许多解释合流，并不单纯固定为一义。它们的来源不一，多非造字时本义，用以说形，自不免流入曲解。

倒还好，在"元"部转音方面，并未另有一体被它占用，重生纠葛，只是利用"允"字谐声，音读为"沿"。这个转音并不太晚。《尚书·禹贡》山东的"兖州"，《史记·夏本纪》作"沇州"。"沇"字水旁在左，隶书把它横写在"允"上即成"兖"形，实是一字。在作《禹贡》的时候，早就读"沇"为"沿"，字从允声，也知道造"沇"字的人读"允"为"沿"。《说文》古文"沇"字作"沿"，足为佐验。

最初"允"为允族专字，读"以"，这个音单对允族来说，仍多转变。"猃狁"见于《诗·小雅》及西周金文，但并非彼时始有此族。由卜辞"允"字上溯到《史记·匈奴列传》"唐虞以上"的猃狁和《平津侯主父列传》"上及虞夏"的猃狁，相距已有一千多年，《五帝本纪》直说黄帝"北逐荤粥"，荤粥亦即猃狁，时代更早。现虽无法确定它的前限，但是夏家的姒姓，是出于允族女子的。在这漫漫长期中，它有自称和他称的名号，不尽相同。这些名号也因时间、空间有变，随声而呼，随时写作同音的他体。《匈奴列传》罗列了一串名号就是例子，无法确知谁早谁晚。现在所能肯定的是，最晚从殷代武丁时，为它造专字的人已呼为"允"。允音读"以"，最古而最有力的证据，便是这四件盨铭。

第二部分

一、昃非杞亦非纪

黄县这批铜器，是昃国铸造的。历来关于昃国的名称、书体，有两种混合说法，一说昃就是杞，一说昃亦即纪。每一说法中又有辩难，迄今未能定。不定则昃国的历史地理随之无法掌握，应先厘清。

（一）

《集韵》《类篇》都说："昃，古国名。卫宏说与杞同。"昃字已见《说文》，说为"古国名"，始于《集韵》，但在史传方面，从无以昃为国名的证据。赵宋以迄晚近，大批卜辞铜器发现著录，证明"古国名"的说法是正确的。不过这个正确，乃由错误中引出。因为《类篇》抄自《集韵》，《集韵》"昃，古国名"四个字，是从卫宏旧说中抽绎而来的；卫说错误，《集韵》抽绎的解释从字面上看却不错误。

段玉裁的《说文解字注》已说卫宏《官书》不可信。《官书》指的是《古文官书》，今已不传，段谓卫氏这项说法出于此书。到了方濬益的《缀遗斋彝器考释》，继续纠正卫氏旧说，仍觉不够。早在宋代，薛尚功已把金文的昃国解作杞国，清代许瀚、陈介祺还沿用其说。《甲骨文断代研究例》更说："杞侯在武丁时作杞侯，到帝辛时候作昃侯，杞、昃古今异字。"以后《殷历谱》仍持此义，似乎已造成史地研究上一段微小的公案。

《殷虚书契前编》二卷二页有"異侯"的记载，约在帝乙或帝辛时期。证以后文殷代许多"異侯"铜器，知道三千年前早已有了異国，并且为侯爵，现在要说明的是这个異国的氏族和異、杞写法。

異国氏族，据周代王妇匜"王妇異孟姜作旅匜"铭，证为姜姓，孟姜为異国庶女，故称"異孟姜"。異公壶"異公作为子叔姜□盥壶"，"子"，指女儿，異公为他的庶女作媵器，故称"子叔姜"。女儿姓姜，当然他也姓姜，这次黄县出土的異伯盘、匜铭文，也能证明此事。

至于異字写法，前已说为东方異国特造的国名专字，在殷代卜辞、金文里，并不用作其他意义。书体作 ✿、作 ✿、作異，殷周一系相承，也不以他体代替，从后文许多金文中更能看出。

至于杞国氏族，是夏代后裔姒姓，为周武王所封。但在商代是否也有杞国，也是姒姓？《大戴礼·少闲》篇："成汤卒受天命……乃放移夏桀，散亡其佐，乃迁姒姓于杞。"殷敬顺《列子·天瑞》篇释文引《世本》："殷汤封夏后于杞，周又封之。"《史记·陈杞世家》："杞东楼公者，夏后禹之后苗裔也。殷时或封或绝，周武王克殷纣，求禹之后，得东楼公，封之于杞，以奉夏后氏祀。"《史记》但言"或封或绝"，知商代曾封禹后；《世本》则直言"封杞"，《大戴礼》言"迁姒姓于杞"，乃封杞以后，并其王室俱往。这就肯定了商代也有杞国，也是姒姓。

周代封的杞国，最初在今河南杞县，见《世本》宋衷注、(《史记·陈杞世家》集解引。)《续汉书郡国志》诸书。商代封的杞国，是否也在这个地带？王国维《殷虚卜辞中所见地名考》，(见《观堂集林》。)说杞即河南之杞，并未证实。《殷虚书契前编》二卷八页七版，一云："壬辰卜，在杞，贞：今日王步于啻，亡⚏？"一云："癸巳卜，在啻，贞：王徙鼎，往来亡⚏？于自北。"这是帝辛期卜辞。《金璋氏所藏甲骨文》七二八页甲文曰"癸巳卜，在啻、呻学、商鄙"，是和上一片癸巳卜辞一天卜的，"商鄙"就是"大邑商"——商丘的郊鄙。

统起来看，帝辛于壬辰日在杞，卜往于斉，次日癸巳即到斉，又经过呻学，到达商鄙。现在商丘和杞县相距一百余里，帝辛只走了一天，不是就两个县城所在计算，从这一地带到达那一地带，就有很大的伸缩性。由路线方面和距离远近证明，商代杞国确在杞县一带。

但是这个杞，也有人疑为地名，不必就是杞国。《殷虚书契后编》下卷三十七页，有武丁期卜辞云："丁酉卜，鬷贞：杞侯炅，弗其骨同有疾？"说明杞为杞国，也是侯爵。它在商代封于杞县一带，周初又就地重封，始终是姒姓。

周代杞县一带的杞国，后又迁往山东。《左传·隐公四年》："莒人伐杞，取牟娄。"此后经传所记杞事，统在山东，《左氏传》杜注、《史记索隐》以下，俱云后迁，其迁当在春秋以前。这些史实，和后文说的山东杞器书体，以及杞国的东西两支，都有联系。

杞国的"杞"字，又怎样写法？前引殷代武丁期卜辞作"杞"，帝辛期卜辞亦作"杞"。《殷虚书契后编》上卷十三页一版文云"王其田，亡《《，在杞"，又云"王其步自杞于□"，为祖甲期卜辞。这就包括了武丁、祖甲、帝辛三个时期所有"杞"字写法，都是从木从己声，把木字写在己上作杏，从没有一个作曩的，如何说"帝辛时候作曩"？上引"杞"字，都是杞国的杞，帝辛时候固然有一位"曩侯"，又如何证明曩是杞国的杞？

殷代铜器中有一件杞妇卣，杞也从木从己声，把木字写在左旁，和今体一样。到了周代，清道光光绪间，山东新泰出土了几件杞伯腾器，二鼎、一壶、一匜、一盉，所有的杞字，除一鼎作S☀，其余全把木字写在己上，和卜辞相同。这都是杞国东迁以后春秋时器。还有一件亳鼎，为西周作品，杞字也写成木、己的左右反文。

由上可知，周代有杞国，商代也有杞国，通是一家。商周两代杞国的"杞"字，从卜辞金文先后见到的写法，通是从木从己声。木字写在己上，或写在己左，全是一事。作正文也罢，作反文也罢，还是一事。无论怎么写，始终和"異"字全不混淆。不但卜辞金文如此，传世的经传史籍，也都如此。

这就可以得到结论：異国是姜姓，杞国是姒姓，两个氏族不同。卜辞金文及经传史籍一贯的写法，前一个字体作"異"，后一个作"杞"，始终截然各异。就此便可确定，異和杞不是一国，卫宏以下薛尚功等的说法，均不足信。

不过卫宏这项说法，段玉裁说是出于"唐人所谓《官书》"，似乎认为《古文官书》是假的。《官书》今既不传，究竟出于《官书》与否，并不可知。其书见于《隋书·经籍志》，也不是唐人伪造。卫宏受漆书于杜林，为东汉初期一位经古文学者，他见的古文书体必多。从西汉说起，把古文释为今文，并不是毫无错讹，也不是毫无误解，很可能他对異、杞是误解了。这一误解，到达许慎作《说文》时，殆以卫有"異与杞同"的旧说，遂在本字下注曰："读若杞。"更由卫、许两家，生出《集韵》《类篇》的引据，又生出薛尚功以下的解释。《甲骨文断代研究例》和《殷历谱》并不是由卜辞别得新证，它的根据大约还是卫宏。现在既将"異"字古本音证明，又将異、杞两国分清，不管卫氏说法出于《官书》与否，也不管《官书》可信与否，总是错误的。

（二）

过去既把異、杞两国合并，还有人把異国和纪国也合并起来，一见于《山东金文集存》，一见于《海外中国铜器图录》。前者并无解释，《商周彝器通考》评其书云："異侯恐非纪侯。"后书谓国族分合迁徙，称名往往先后不同，举了几个例，其中一个是異国。说纪国最早见于卜辞作👤，金文第一期作👤、👤，第二期作"己"，第三期作👤。第一期指的殷和周初，第二期指的西周全期，第三期指的春秋全期。

異国是姜姓，纪国也是姜姓，（《左传·隐公元年》孔疏："《世族谱》：纪，姜姓，侯爵。"《桓公九年》经杜注略同。）氏族正相符合；论其音读，又同从己声。最初我也疑为異、纪一国，以后从国名书体的系统，结合纪国历史和黄县这批启器分析，才证明不确。

经传史籍纪国的"纪"，金文皆不从系，只作"己"。主要证据为己侯钟出山东寿光纪侯台下，那是纪国旧都所在，《积古斋钟鼎彝器款识》因把"己侯"说作"纪侯"，以后有关于己国的器，也知道就是纪国。

其实，"己"就是"纪"的初文。《方言》："纪，绪也。"卜辞己作$\textrm{S}$、作$\textrm{P}$，金文作$\textrm{Z}$、作$\textrm{S}$，都像一根弯曲的丝绪，正是"纪"字。十干中"戊己"之"己"，无法为造专字，同音借"己"为用，久假不归，别造"纪"字当丝绪之"己"。殷代卜辞金文无"纪"体，西周及春秋金文亦无"纪"体，只《遁庵秦汉印选》有"纪钘"一玺，乃战国后期物，字殆战国时造。经传纪国的"纪"体，系用战国后出字。在春秋鲁庄公四年，纪便灭亡，那时和它以前都没有"纪"体，器铭只用初文"己"字。

纪国历史，在经传史籍上从西周懿王开始，它的铜器最早也是出现在西周前期。当为商代旧国，周代重封。但是这一国名，经传史籍都作"纪"，金文都作"己"，从来没有把"纪"写作"启"的证据，更没有把"己"写作"启"的证据。

这是启、纪国名书体一条很分明的界限，如果把它混合起来，用时间排比，说是殷代用启，西周又改用"己"，到了东周复用启，就可以问：为什么忽然中间改体？为什么以后又复古？这都无法解释。同时己侯钟为西周后期器，还有几件纪国或和它有关的铜器，如己侯簋、己侯貉子卣、卫作己中鼎、霾作己公鼎、大作己白鼎、沈子它簋、戲作己白钟、兮仲作己白钟等，有的是西周前期器，有的是西周后期器。但如戲作己白钟，有些书体，似乎是出了西周。后文引的周代五件启器，一般为春秋作品，其中一件启仲作朋生壶盖，书体又似乎是西周末期。在这些方面，也很难划清纪、启铜器的绝对时间。

纪国铜器，现虽无法考查出土所在，但非全部出于寿光的纪国，必有大部分出于宗周、洛阳各地，因为沈子它簋是洛阳出土的。纪国统治者并非完全住在国内，有一部分在宗周、洛阳为王朝服务，当时各国这类情况很多。由于不在国内而在宗周、洛阳，死后也就随地埋葬，有关纪国的铜器，因在所埋葬的坟墓出土。根据《春秋》经传及《史记》诸书，纪国在西周一个比较早的时期和王朝关系颇深，似乎是很得宠，以后就不行了。平王东迁以后，王朝方面已没有它的力量，有也无用。在本国方面，又逐渐受齐国压迫，直至抬不起头来，终于灭亡，仅仅占了春秋初期三十三年。

在这短短的三十三年中，前几年或者还能铸造重器，后几年面临生存危机，哪能顾到这些？这就知道为什么传世纪器几乎全是西周作品，没有春秋时器，因为它入春秋以后，很快便灭亡了。国灭以后，当然不会再铸铜器；未灭以前，它的铜器最晚不过铸到鲁隐公或桓公时为止，自然很难见到。

異国铜器情况便不是这样，它有几件春秋时器，主要为黄县这一批。就盘、匜铭文书体看，已不是春秋前期，更谈不到最初期的鲁隐公和桓公。既然在隐、桓以后，到第三代的庄公四年，纪便灭亡，如说異就是纪，难道灭亡以后，还能更改国号书体为"異"，再铸铜器吗？这是纪、異铜器最主要的时间矛盾。

认识到这个矛盾，就可以顺理成章地从国名书体上把纪、異分作两国。纪国的名称书体作"己"，先后并没改变。異国名称书体作∀、作⻖、作異，先后也是一事。它们二者之间，由书体的不同，证明截然为两国，既可以免去时间上的矛盾，也可以将《海外中国铜器图录》的几个疑问附带解决。它并不是最初作⻖、中间改"己"的，也不是以后又复古为⻖的，而是两个国家，始终各写各的书体。把它混合排比起来，就有了为什么改字和复古的疑问；分成两个国家，问题便不存在。

二、殷代的異国

（一）

从古代书籍找異国历史，除了"異，古国名"四个字外，可以说一无所得。从卜辞金文找曩国历史，过去又把它和杞、纪合并。现在既各分开，当然杞、纪的历史不是曩国历史。曩在殷周是一个有高度文化的国家，寂寞了两千多年，现在所得到的一些史料，使它由历史上的寂寞，渐渐地走到不寂寞。这个不寂寞，全部是源于地下材料零零星星的发掘。不挖掘，让它埋没了，当然可以不必理会，但是黄县这批铜器涉及的曩国，又怎样交代？

殷、周皆有曩国，今先说殷代。卜辞只有"曩侯"一词重要，余为国名残文，但有一位不署"曩侯"的曩国重要人物，必须以卜辞金文结合证明。金文著录颇多，散在各书，把它搜集排比起来，也能发现曩国一些可能知道的史迹。

以下便是殷代曩国铜器资料。次序以类相推，不限于时次先后，先后须在下文说明。现在全录铭文，并把征引书名最早的一种分注于下。同一器名铭文，或有数器，各书著录同异，势难分举，只有综合录列。

（1）孝祖丁卣　《贞松堂集古遗文》八、廿八（下省称《贞松》）

𥔲易（锡）孝，用乍（作）且（祖）丁□。亞中𢆶侯　矢

（2）征父辛角　《续殷文存》下，三八（下省称《续殷》）

丁未，𥔲商（赏）征贝，用乍（作）父辛彝。亞　矢

（3）褮母辛尊　《殷文存》上，廿四（下省称《殷存》）

亞中𢆶矢　褮乍（作）母辛彝。（盖）

亞中𢆶矢　褮乍（作）母辛寶彝。（器）

（4）母辛尊　《殷存》上，廿四

亞中𢆶矢　乍（作）母辛彝。

（5）母辛卣　共三器，对铭。《缀遗斋彝器考释》十一、十二（下省称《缀遗》）；《陶斋吉金录》二、三四至三五（下省称《陶斋》）；《三代吉金文存》十三、十五至十六（下省称《三代》）

亞中𢆶矢　乍（作）母辛彝。

（6）𤝔母癸罍　《邺中片羽三集》上，三六

亞中𢎛夨　𤔲乍（作）母癸。

（7）𤔲母癸鼎　《岩窟吉金图录》一、八（下省称《岩窟》）

亞中𢎛夨　𤔲乍（作）母癸。

（8）𤔲母癸爵　《岩窟》一、四六

亞中𢎛夨　𤔲乍（作）母癸。

（9）邑母癸罍　《陶斋》三、三二

癸巳，王易（锡）小臣邑贝十朋，用乍（作）母癸䵼（尊）彝。佳王六祀彡（肜）日，才（在）四月。亞　夨

（10）父乙簋一　《西清古鉴》一三、十七（下省称《西清》）

亞中𢎛夨　父乙。

（11）父乙簋二　《宁寿鉴古》六、八至九

亞中夨　乍（作）父乙。

（12）父己簋　《贞松》四、三八

亞中夨　父己。

（13）父丁尊　《贞松堂集古遗文续编》中，八

乍作父丁寶鼙彝。　亞中𢎛

（14）亞父乙盉　对铭。《愙斋集古录》一六、十九（下省称《愙斋》）

亞中𢎛夨　匽𢎛易（锡）亞贝，乍（作）父乙寶䵼（尊）彝。

（15）亞父乙觯　《小校经阁金文》五、九四（下省称《小校》）

亞乍（作）父乙寶䵼（尊）彝。

（16）亞父乙觚　《陶斋》三、廿六

亞乍（作）父乙寶䵼（尊）彝。

（17）父乙爵　共三器。《愙斋》廿二、七；《殷存》下，十八；《小校》六、六一

亞　夨　父乙

（18）父戊簋　《续殷》上，四三

亞中　矢父戊　矢

（19）父辛觶　《三代》十四、四七

矢　父辛

（20）矢卣　《奇觚室吉金文述》六、四（下省称《奇觚》）

亞中❈　矢

（21）亞矢鼎　共四器，三器亞矢合文，一器不合。《筠清馆金石》四、九至十（下省称《筠清》）；《贞松》二、四；《续殷》上，五；《善斋吉金录》礼器一、十四（下省称《善斋》）

𥩦

（22）亞矢尊　共三器，一盖器对铭，一两耳同铭，一只𥩦铭。《三代》十三、三；《河南安阳遗宝》三八（下省称《安阳》）

𥩦

（23）亞矢罍　共二器，一器亞矢不合文。《贞松》七、廿一；《安阳》三九

𥩦

（24）亞矢方彝　原署为壶，对铭。《愙斋》十四、七

𥩦

（25）亞矢斝　共二器。《贞松》八、卅三；《安阳》四八

𥩦

（26）亞矢觚　共四器。《筠清》二、五十；《殷存》下，二四；《贞松堂集古遗文补遗》中，十六；《三代》十四、十九

𥩦

（27）亞矢爵　共八器，内有亞矢不合文者。《邺中片羽二集》下，九（下省称《邺二》）；《续殷》下，十八；《三代》十五、十六

𥩦

（28）亞矢簋　共二器。《缀遗》六、六；《三代》六、五

亞夨

（29）亞夨盘　　共二器。《奇觚》八、七；《邺二》上，三四至三六

亞夨

（30）亞夨豆　　共二器，对铭。《三代》十、四六

亞夨

（31）亞夨觚　　对铭，原署为匜。《捃古录·金文》一之一、四四（下省称《捃古》）

亞夨

（32）亞夨矛　　《邺中片羽初集》下，五

亞夨

（33）亞夨戈　　共二器。《十二家吉金图录》双八（下省称《十二》）谓见二亞夨戈皆嵌松石，殆指此；《岩窟》二、九及十九

亞夨

（34）亞夨斧　　共三器，二器两侧同铭。《续殷》下，九；《岩窟》二、六二；《海外中国铜器图录》图八三

亞夨

（35）亞夨铙　　共二器，一器面背同铭。《捃古》一之一、一九；《邺二》上一

亞夨

（36）亞夨铃　　面背同铭。《十二》双八

亞夨

（37）亞夨车器　　共二器。《邺二》下七；《三代》十八、卅九

亞夨

（38）亞夨农器　　共二器。《三代》十八、卅

亞夨

（39）亞夨铜器　　《三代》十八、廿六

夨

（40）夨觯　　《三代》十四、三五

亞中夨

（41）鵁妇壶　　《西清》十九、十四至十五

鵁妇 夨（器）

鵁妇 夨（盖）

（42）中子弜父丁觥　　对铭。《续殷》下，廿九

中子弜乍（作）文父丁障（尊）彝。　　取

（43）弜父丁鼎　　《愙斋》三、十三

弜乍（作）文父丁　　取

以上四十三个器号，一号或包括数器，共有七十三件。这都是有铭文的，自然还有没著录或毁坏的，也必还有无铭而一同出在各个墓葬的，都无可考。

从铭文亞形中弜俟和一个夨字，知道这是夆国器。不作弜俟、但作弜或𤔔的，也是夆国器。连弜、𤔔都不作，只作一个亞形和夨字，比类而知统是夆国器。还有一位名"亞"的铸造父乙盂，铭有弜俟等字样，固为夆器；另外有父乙觯、瓤两件，也是亞作的，祭主、书体皆同，虽无弜俟诸字样，知道同是夆国器。几百年来散在各书的殷代夆器，现在都归纳一处。

以上器中确知为殷代何帝何年铸造的，只有一件邑母癸斝，《殷历谱》《帝辛祀谱》推算为帝辛六年。它的铭文主要是"癸巳"和"隹王六祀肜日，在四月"几个字。肜为殷代祭典之一，肜日是祭祀的那天，周代不用，因而决定它的年代。

（二）

现在先说夆器"亞中弜俟"和"夨"的各种标识，这些标识暂名为国族徽。

所谓族徽，指铭文上一些特殊图形文字而言，或识或不识，或加亞形或

不加,都是殷代氏族标识。周人氏族制度虽严,但在铜器上都不署族徽。过去有人把🜨释作天鼋,引《国语·周语》说为周代姬姓所用,可能有点误会;如果是天鼋,应属姜姓而不为姬姓。尽管西周初期,还有许多署族徽的铜器,但大抵属于殷人旧族,或是和它同化的异族,殷器迁往宗周、洛阳各处出土,更能带着族徽。这在西周初叶以后便逐渐消灭,又同化了周族。因此,凡有族徽的铜器,大部分为殷器,内中虽有许多西周器,但不属于周族。

试举一个例:殷人是以日为名的,周族则否。从来没有一件确知为周族的祭器上作祖甲、父乙等名号的,也没有一件确知为周族的祭器或用器上作族徽的。凡有族徽的祭器铭文,提到他的祖先,无一不是日名,这就够明显了。《史记·宋微子世家》,宋公稽的儿子为丁公申,以商代后裔,自然沿用日名。但是《博古图鼎盚总说》谓“齐有丁公、乙公、癸公,幽公之弟曰乙,齐悼之子曰壬”,认为日名不限夏商,周代也有。崔述也说“盖沿商制以干名为号者”。(《丰镐考信别录》。)诚然是“沿商制”,但有沿有不沿,不沿的为周族。齐国并非周族,太公治齐,是“因其俗,简其礼”,和伯禽治鲁的“变其俗,革其礼”不同。(见《史记·鲁周公世家》及《齐太公世家》。)既没全用周制改变齐国,也没改变姜姓自己的旧制,因而沿用日名正反映了非周族的礼俗。同时可以查考周代姬姓国家连宗周在内,他们的祖宗和子系有用日名的么?过去不用,到达灭殷以后,哪能再跟着殷人学习?和日名一套的族徽,当然从同,因为都是不需要效法殷人的。

为什么殷代鼎器有祖丁、父辛一系列日名?为什么还有一系列族徽?这就可以得到解答。鼎国是姜姓,姜姓在夏商以前,早是一个庞大族类,不同于周,也不同于夏和商。它的日名、族徽、礼俗却和殷人相同,正与其他同化的大族情况一样。这个一样,到达西周末期以及春秋,反和其他大族同化了周族,又是一样。它有许多宗派支系,鼎国的姜姓只是其中之一。每一个大族各支各系可以各自为徽,使其有别,并不完全一致。鼎器“亞中🜨族”和“夨”的各种标识,是鼎国这一支子系专用的,其中包括国名,因此我称它为国族徽。还有一支曩国人物，和它派系不同，另有族徽。

曩器国族徽有下列几种样子：

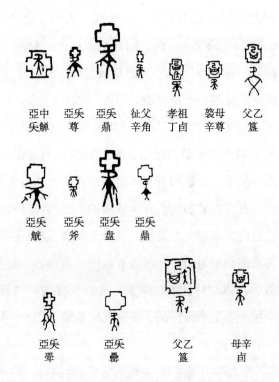

亞中 夨觯	亞夨 尊	亞夨 鼎	征父 辛角	孝祖 丁卣	襲母 辛尊	父乙 簋

亞夨 觥	亞夨 斧	亞夨 盘	亞夨 鼎

亞夨 斝	亞夨 罍	父乙 簋	母辛 卣

除上引几种，还有许多变格。它不是一人一时所作的器，不能完全一样；即是一人而不属一时作的，字体也间有变化，族徽也间有微异。只把近代洛阳出土著录的二十九件"臣辰"铜器和十九件"戠"氏铜器所署的族徽稍一比较，便可明了。

现在先说这个国族徽的"亞"形。

亞形在其他器铭中，屡屡见到，宋人说为亞室，阮元、孙诒让说为黻，刘心源说为记次，王国维说为界画，《秦书八体原委》说是古押字，《殷周青铜器铭文研究》说为文饰，犹后人刻印加以花边。它的最初字形作十，小变为亞，皆见于卜辞金文，不如《说文》所云"象人局背之形"，而是像四达的道路。《尔雅·释宫》："行，道也。"卜辞金文作╫，也像四达道路，和它相仿，只是一个开口，一个不开口。《释宫》又说："宫中衕谓之壸。"《说文》也训壸为"宫中道"，表示这个宫道，正是壸形所从的"亞"字，明白可见。殷代有亞形墓，内作四出道路，足为实证。古音亞入鱼部，应读如途，即是途路的"途"字的象形古文。《说文》："堊，白涂也，从土，亞声。"本音读涂，即涂抹、涂刷的"涂"。"惡"字同从亞声，应读如吐，是从厌恶吐弃声音得名的。这些字音，现虽不须详解，已足说明"亞"字的本读。

金文把亞形用在族徽上有何取义？如说为押记，既已有了族徽，便等于押记，何须重复？如说为印章的花边，有些族徽并不写在"亞"内而在"亞"外，冔器就有这种例子，难道印章有单刻一个花边的么？传世诸器族徽中，有全部不加亞形的，有大部分加的，有少数加的。既然可加可不加，似乎有无皆无关系。但如《西清古鉴诸书》著录一亞鼎，只作亞形，并无他字，哪能随便铸上一个毫无关系的亞形为记？同时各族徽中，有很多"亞"字，单独占一地位，不把族徽包含在内，并且不相联系，冔器也有这种例子。若是毫无意义，何必这样任意一加？偶见尚可托词，多则无以为解。加是一定有作用的，可能为一种特殊身份的标记。

《武英殿彝器图录》引唐兰先生说，"亞"为爵称。他根据齱簋的"诸侯大亞"、辛巳彝的"王酓多亞"、《铁云藏龟》的"多亞"，并引《尚书·牧誓》《酒诰》《立政》和《诗·载芟》篇一些亞名，说是"亞"与诸侯之称相似，金文亞形，是作器者自署爵称。如果这样，现在冔器的冔侯徽识就是它的反证。因为冔国明为侯爵，且把"冔侯"二字写在亞内，并不是什么相似与否。《牧誓》文曰："王曰：嗟！我友邦冢君御事：司徒，司马，司空，亞旅……"过去把"御事"二字，依伪孔传不连上读，实当合为一句。御，训治。先总呼一句，说"我友邦冢君的治事者"，下分举其名，为"司徒、司马"等等。否则，"御事"不是职官名，哪能和它们并列？这就看出"亞"为"友邦冢君"的属下，显然不是什么能和诸侯地位相比的爵称。相比，就成了"友邦冢君"了。

《牧誓》篇以"亞""旅"连称,《立政》篇"……司徒,司马,司空,亞旅……"句法与同。《诗·载芟》篇"侯亞侯旅","亞""旅"对举。这个"旅",并不是什么爵称,由连称对举句法,推知"亞"也不是爵称。它的古本音读途,用在这个名分上,乃以同音假借为另一意义的"徒"。《白虎通·封公侯》篇:"徒,众也。"《尔雅·释诂》:"旅,众也。"可见"亞"借为"徒",就等于"旅",统是"众"意。连称为"亞旅",对举为"亞"、为"旅",过去叫作"对文有别,散文无分"。

但又如何知道"亞"为"徒"的借字? 上只说音,现再说义。《说文》:"亞,醜也,象人局背之形。""亞"训醜是对的,许君必在故书中见到过这种解释,才有此说。不过"醜"字含有数义,一为"醜陋",一为"醜众"。(《尔雅·释诂》:"醜,众也。")用"醜陋"训亞,"亞"是"恶"的借字;(亞、恶,古通借。《诅楚文》"亞驼",《礼记》作"恶池";《史记·卢绾传》"亞谷",《汉书》作"恶谷"。)用"醜众"训亞,"亞"便是"徒"的借字。一个字因假借引申,尝有几种解释,用这一个字训那一个字,也尝带去几种解释,"亞""醜"便是这样。许君只把第一义解说亞形,又不知道它是借字,才造为"象人局背"之说。现在是用第二义来解说它的,以"醜"证"亞",以"众"证"醜",音合义合,断然无疑。"醜"训众,也不是"醜"字本义,乃后出"俦"的借字。古代没造本字,随便以同音他体借用,重重转借,造成这样复杂的现象。

这样看,所谓"亞"和"旅",当时并没有高贵身份,乃一般低级服役者而已。人数既多,又无正式名义,只能类比而称为"亞",称为"旅"。这有什么证据?《尚书·酒诰》篇:"越在内服:百僚、庶尹、惟亞,惟服宗工。""惟亞"的"惟"字犹及,(见《经传释词》。)"宗工"为尊官,(《诗集传》:"宗,尊也。"《臣工传》:"工,官也。")言百僚、庶尹及亞皆须服事尊官。若是亞为高级爵称而不属低级,还能跟在僚、尹以后,来为尊官服役么? 其实这个亞,几句话就可以道破:它既读"徒",便是《周礼》上所说的"徒"。《周礼》每一官下，类有徒若干人，数目很多，地位最卑。郑康成注："此民给徭役者，若今卫士矣。"它们先前作"亞"，以后作"徒"，因为写法不同，才生出这许多波折。

"亞"字既为"徒"的借字，应训为众，那么卜辞金文上的"多亞"，就是多众，齺簋上的"大亞"，就是大众。《诗·泮水》："大，训广。""大亞"正和"多亞"一样，不能因为称大，身份便随着加大。簋文"诸侯大亞"，是指诸侯的大众，并不是"大亞"和诸侯并肩相似。因为这位齺的任服，铭文指明为治讼，可以管诸侯的大众讼事，管不着诸侯。至于辛巳彝"王舍多亞"，只是赏给这些服役的徒众一顿酒喝，不能因为喝酒，就提高他们的身份。

因此，我无法同意唐先生以"亞"为爵称的说法，他把金文徽识亞形，用来象征这种爵称，都不合他所罗列的证据。但是在我，也提不出新的正确解释，解释而无实证，倒不如阙疑。我只说明"亞"字的形音义，至于把它用在族徽上，前已指出并不随便，可能为一种特殊身份标记。器主有这种身份的才加，否则不加，因而同一族徽的器铭，或加或不加，这一点，关系夃器国族徽的"矣"字，矣是有这种身份的。

以下再说"矣"字。

这个字，最初《西清古鉴》释"虔"，以后孙诒让释"彔"，(《名原》。)刘心源释"矦"，(《奇觚室吉金文述》。)《海外中国铜器图录》释"毥"。"毥"和"疑"有同样音训。《说文》："毥，未定也。从匕，矣声。矣，古文矢字。"又："疑，惑也。从子止彐，矢声。"这两条，清代小学家有许多说法，总是讲不通，因为原文无法讲通。经典只用"疑"字，不见"毥"体，也不见"矦"体。金文"疑"字，疑觯作𤻮，《齐史》疑觯作𤖴，伯疑父簋作𤖴。古音牛读若疑，统是之部字。它的主要部分为矣，以牛注音，从辵会意，确定矣音必读为"疑"。

秦代有许多始皇二十六年诏文权、量出土，器文皆有"疑"字。一般作𤖴，和小篆𤖴体差不多，只是矣字人口方向不同，笔画也没直贯上去。似乎最晚在始皇时期，"夨"字的大形已讹为"矢"，又把"牛"字讹为"子"。它是小篆体系，经此一讹，直到许慎作《说文》时，竟无法解释，勉强说夨为古文"矢"字，不知矢音古人脂部，夨人之部，声并不谐；同时在疑字下，又把夨形分作两起，自相龃龉。

卜辞有夨，《殷虚书契考释》说："殆即疑字，象人仰首旁顾形，疑之象也。"疑惑意义，很难用象形字表现，表现也容易误会到旁的意思上去。不过夨音读疑，倒是正确的。它在殷代即早有此体，从来没见故书上用过"夨"字，而一般常用的"矣"字，卜辞金文上也从来没见过。把"夨"字的音读和"矣"对照，正彼此相同，再把夨形和"矣"对照，又彼此相仿，就很容易联想到夨、矣是一字。

《说文》："矣，语已词也。从矢，㠯声。"为什么从矢？徐锴说："矢气直疾；今试言矣，则口出气直而疾也。"这话过于牵强，以后小学家类无解释。小篆"疑"字的夨形，讹"大"为"矢"，这个"矢"字也是由"大"而讹。㠯本作己，和㠯形相近，一讹再讹，合而夨变成"矣"。秦刻石已有"矣"体，又和"疑"字一样，最晚从始皇时期就错下来了。它的本形为夨，作朱，上面不是旁顾怀疑的人头，乃横书口字，从大从口会意。"大"是"人"的正立象形，与口字笔画合书成朱，不合书成卜辞的夨、金文的呆。这一会意字，即后出的"唉"，也就是"欸""诶"，从《楚辞》王逸注到后世字书类训为"叹"。"叹"义无法象形造字，用会意办法，即从大从口。这可以用"欠""旡"两字证明。《说文》训欠为"张口气悟"，训旡为"饮食气屰不得息"。婴次卢"次"字欠旁作，石鼓文"既"字旡旁作，不都从人，上也从口，只是和夨字人的写法不同，一个作正立大形，一个作侧面蹲踞形。"气悟"的欠、"气屰"的旡，皆由张口发出的气声得名，皆无法象形造字，皆从人从口会意。夨以同一类型字体，证知它也是张口发声，其声便是唉。欠、旡代表的声音，各为一种意义，夨字代表的声音又为一种意义。尽管不同，在"气悟"的欠时，在"气屰"的旡时，在慨叹的夨时，一般习惯，多是把头稍歪，歪则口亦随之而歪，因而这几个字，都改作象征的横口。横口写法早见于卜辞，也还有倒口，那都有些随便，这却不然。按口的方向说，不是向左才能发欠声，向右才能发旡声。旡字口向不拘，欠、旡分了左右，实不合理。《说文》把它讲作一反一正，前引婴次卢、石鼓文，就是反证，卜辞也有许多反证。可知欠、旡本是一字，从同一声纽转成两音，有两个不甚全同的意义，以后各领一音，《说文》遂把它分作两字，和前面说的允、以，统是一条规律。

以上由字音、字形、字义三方面，证知"旡"字确是"旡"。后时"旡"为"语已词"借义所夺，又别造唉、欸、诶诸字。至于金文"疑"字从旡从辵，就是"逆"字。《玉篇》："逆，进也。"周代康侯图簋有逆体，浯白逆尊有逆体，金文编列在附录里，实都是"逆"。以后用牛注音，必定逆有变音，不得不注。总之，"疑"字本训为进，初只作"逆"，从辵，旡声，周代前期金文用之。以后加牛注音，周代金文亦用之。训作疑惑，乃是同音假借，假借而小篆字又写错，无怪《说文》没法讲通。

还有一件事。卜辞金文"旡"字，在人形的大字手中，有一种写法像似拿着一物，其形为丨，变化不一。这是一根棍。《玉篇》《广韵》以来古本切读棍的丨，正其象形。古文字有些书体从丨，或只作丨，音训与此不同，一般是从旁一形体省变出来的。现在定此为棍，因有许多变体与他字不符，同时又提在人的手中，手或有指，也合于持棍的姿势。不过棍有各式各样，所提除了直棍以外，还有丫式，似是将就树枝丫形作的；也还有丁式，似是上有小横木可以扶手。无论何式，它既和丨同用，证知通为一事。在"旡"字各种书体中，有持棍的，有不持的，亦有只作手形的，又知持棍与否，无甚关系。如有先后或特殊意义，则卜辞旡为一个人名，就署了两体，前引亞旡合文各器也是一人所作，仍然包括两体，可见持棍与否是随便的。这个随便，几乎和现在一样，持手杖也是人，不持还是人，但由持与不持，"旡"字遂分两形。持棍的有时把棍写在一旁，如父乙簋的和、父己簋、传到后代，又演变为小篆的毙形。《说文》"毙"训"未定"，乃以"疑"义来同音借用，本字正是"旡"，不过为持棍的一体。

（三）

上已提到"夨"在卜辞中为一人名，现在再说史实。他是殷代曩国这一支有国族徽的器主祖先，也就是他们的分支祖。

卜辞的贞人和卜人不同，卜人限于卜官，贞人不限，署为某某贞的，就是贞人。夨在卜辞中是一位贞人，他贞的次数颇多，据不完全统计：《殷虚书契前编》二见，《后编》三见，《续编》十一见，《殷虚卜辞》五见，《殷契佚存》一见，《库方二氏藏甲骨卜辞》三见，《邺中片羽》三见，《殷契粹编》二见，《甲骨文录》三见，《殷虚文字甲编》一见，《战后南北所见甲骨录》二见，当然还有许多。前后都为第二期卜辞，包括祖庚、祖甲，有为祖庚时的，有为祖甲时的。例如《殷虚卜辞》一文曰："癸丑卜，夨贞：旬亡圀？八月。"（原书六八七页。）"八月"上无"在"字，为祖庚时佐证。《殷虚书契后编》一文曰："癸卯卜，夨贞：旬亡圀？在四月。"（原书下卷二十四页。）"四月"上有"在"字，为祖甲时佐证。《续编》一文曰："己丑卜，夨贞：王乎隹，又 �︎、�︎？"（原书五卷二十八页。）"王"字作 王，亦祖甲时佐证。《战后南北所见甲骨录》一文曰："癸亥卜，夨贞：翌甲子，其又于覲。……"（原书中卷明义士旧藏甲骨文字三五六片。）合文的"兄庚"，指祖甲之兄祖庚，也为祖甲时卜辞。合起来看，他当是祖庚、祖甲两个时期的贞人。

这位贞人夨，是什么身份？如前所引，他替王问事，是一般贞人常职。但《甲骨文录》有一文曰："丙寅卜，夨贞，卜冉曰：其ⵏ于丁牢？冎曰：从 �︎。翌丁卯 �︎ 若。八月。"（原书三五页。）"八月"上无"在"字，乃祖庚时卜辞。同片复有文曰："辛巳卜，夨贞，冎曰：人。王曰：人。允人。"王是祖庚。上一次卜时，由夨贞问，卜冉和冎相继作断词。这一次卜时，仍由夨贞问，冎作断词，王亦为作断词，其断相同，结果算是应了。占卜时夨和祖庚在一起，一个问，一个断，还有一位冎也断，这表示夨和王的亲近关系。

贞人的名字在卜辞中很多，包括时王诸侯等等，内有大批贞人，专门替王问事，问的次数又多，名称只是一个字，一般属于史官。这位夨，就贞问的词例和次数来看，正是史官身份。史官本出于巫，殷代早已分化，各有职掌，身份很高。那时王的祭祀、征伐以及其他大事，甚至于小事，时时向神请示，在卜辞里叫作贞。贞由史官担任，就能和王常在一处。

卜辞中许多夨字，都是贞人的人名，从来未作别用；殷代金文中也有许多夨字，都为器铭徽识，也从来未作别用。这两种突出现象，如把它联系起来，说卜辞的"夨"就是金文的"夨"，那就不突出了。

夨字最初为人名，有特殊身份，表示这种身份的是亞形，因而他作的器，铭文皆署合文"亞夨"。夨是名，亞是徽识。后来他的直系子孙作器，把"亞夨"用为族徽，成为这一支的特别标记。"亞夨"一般是合文，后来都把它分开。其爵号为侯，国名为異，因又多在亞形内作𠁁、作𠁁侯。而他这个夨字，始终保持不变，正说明他们为夨的直系子孙，也说明这些子孙，由于夨的祖荫成为世家，能铸造大批铜器。同时，"夨"字写法有两体，一个持棍，一个不持，卜辞完全采用，金文亦完全采用，彼此相同。他们祖先的名字，当时就有两种写法，其子孙用作族徽，不便随意改变，改变就不能表示徽识支系，就可能使人怀疑另为他义。换句话说，如果卜辞的夨体，通不持棍，金文全都持棍，那就有问题；或是卜辞一律持棍，金文一律不持，也就有问题。现在不然，他们不但始终保持一个夨字，并且保持"夨"字的两体，除了卜辞的人名、金文的徽识，又没有第二个用法，这就很自然地能把它们联系起来，也就很自然地能把一些突出现象消除。但是还要说，夨在異国只是他们姜姓的一位分支祖，当然还有他支，既不是夨的子孙，就不能用夨来作徽识，因而另有几件殷代異器，族徽和它不同。如不明了这一情况，便可能产生疑问：为什么同属殷代異器而族徽有异？正因为有异，恰恰可以证明：只有夨的子孙才能用自己祖宗的名字作族徽，不是夨的子孙，谁又肯认人作祖？这和后代"遥遥华胄"的人们，情况不一样。

（四）

问题并不这样简单，还要结合其他方面一些复杂分析来作决定。前引一大批异器，不是一人一时所作，其中当分先后，有是矣作的，有是他后辈作的，这都关系异国史迹，应先解决的，是铜器出土的空间问题，再一个是铜器铸造的时间问题。

现在先说空间。

传世殷代异器并非同时所出。宋人书中没著录一件，清乾隆十四年《西清古鉴》及乾隆间《宁寿鉴古》始把第十、第十一器两件父乙簋，第四十一器鸰妇壶列入。《小校经阁金文拓本》亚父乙尊（原书五卷三十三页。）就是第十四器亚父乙盉对铭的一铭。它在本书内虽然重出，由于重出的拓本上有张廷济题记，证知清道光间这件盉已经发现了。亚矣鼎之一和亚矣瓶之一，均见《筠清馆金石》，也是道光时期。到达光绪间，《攈古录金文》著录亚矣觥，《奇觚室吉金文述》著录母辛卣，复于矣卣下征引亚矣合文彝二、尊二、瓶一、盘一，还有其他异器，虽未完全著录，并有可疑者在内，但知道又复出一批。同时，《缀遗斋彝器款识考释》也著录了亚矣斝、簋两器。这件簋和《筠清馆金石》的鼎，都为介休韩克均旧藏，也都是那时出土。山东文物管理处藏亚矣铙拓本，由题记印文知为黄县丁树桢藏器，《攈古录金文》著录。亚矣壶和弜父丁鼎收入《愙斋集古录》，鼎的姊妹作品中子𠭟弜父丁觥，必同时所出。这些收藏著录，都在清咸丰、同治、光绪时期，远者至于道光。后时邑母癸斝复为端方所得，收入《陶斋吉金录》，清代不久便结束。并不是结束以后，异器也随着结束，以后还能续出。续出的类在近人书中著录，著录而不为上文所引的，必然有一部分出在清代结束以前。

这些异器大体分为三个部分：一为矣所作器，只署"亞矣"二字的属此；一为矣系子孙所作，第二十一器以前各器属此；一为非矣系人物所作，第四十二、四十三两器属此。第一部分出土约从清道光时或稍前开始，第二部分约从清乾隆以前开始，主要为光绪时期和清亡以后。若第三部分发现，似乎不出光绪时期。

三部分舉器都出于墓葬，墓主不属一人，有许多的墓，因而也有许多不同的殉葬铜器。这些铜器没有一件为科学发掘所得的，先后出土的情况也不同，到达后期，一般属于盗掘。全国盗掘的重点有数处，河南安阳为殷都所在，到解放以前，一直为重点的重点之一。

舉器是否在安阳这个重点出土？《邺中片羽》著录的都属安阳，第六器既在内，第七、八两器同为一人所作，祭主也为一人，当然俱出安阳。第二十七器、第二十九器、第三十二器、第三十五器、第三十七器，统在该书著录。《河南安阳遗宝》收录的铜器，也限于安阳，第二十二器、第二十三器、第二十五器都在内。还有第三十三器、第三十四器、第三十六器，也传出于安阳。在该地出土的，不限于上文第一部分，还有第二部分，证明安阳的舉国人物墓葬，不只为夨一人，并有他的许多子孙。

这只是说最大部分舉器出于安阳，未必包括全部。《贞松堂集古遗文》谓第二十三器亞夨罍之一"近出雒阳"，大抵根据贾客所传，即便可信，也是殷亡以后，由殷京带去殉葬的。同时它的姊妹作品另一件罍，据《河南安阳遗宝》出于安阳，又怎样解释？

以上是我认为舉器出土的空间，由这个空间，可以进一步追求舉国夨系史实。

卜辞证明夨是在王朝服务的，并且身历数帝。既然如此，他死后便能葬在殷都一带，生前铸造的亞夨合文铜器，绝大部分能随之殉葬，因在安阳出土。

夨为舉国领主，舉国并不在安阳附近。如在附近，还有其他服务王朝的诸侯也这样办，一个安阳连附近地带，哪能容得下许多国土？周公旦封鲁，他自己为宗周太傅，别有采邑名周，不在京畿。卫康伯髦封卫，他自己为宗周大夫，别有采邑名康，仍不在京畿。郑桓公封郑，他自己为宗周司徒，以后也不在郑。这类例子很多。既以殷代而言，卜辞有武丁许多嫔妃，嫔妃每有封地称为"妇某"，如"妇好""妇妌"等等。还有许多儿子封地称为子某，如"子画""子奠"等等。这些封地，略等于后代汤沐邑、食邑，儿子固然不能全在封地，尤其是嫔妃，武丁要了她们，就是准备遣发出去就国的吗？那时土地领主并非有了国土以后，便一律都回本国，而是仍然能在王朝服务，于国内别有安排，其制直传到后代。殷代的夨便是这样。

异国不在安阳附近，当然另有地点，后再说明。安阳出土异器，主要是夨的一批，必定夨为王朝重臣，才能大量铸造，才能在殷都殉葬。正好卜辞有一位夨，他的身份和服务王朝先后情况，恰与相似，再结合前面所说夨字用法，便可确定：商代铜器上的夨，就是卜辞上的夨。

这一问题，过去研究卜辞金文的人，或注意而没得到解决。现虽初步得出结论，但又引出另一问题：是不是夨死以后，子孙就地埋葬完毕，便一齐搬回异国去？

当然不是。他们借了夨的余荫，仍然可以继续在王朝服务。如没有其他原因，不会在夨死以后，不论臧否，全部遣发回国。这种制度传到后代，而夨的子孙，便在此情况下，有一部分留在殷都。他们有造祭器和用器条件，死后也可以用铜器殉葬。留在殷都服务的，不会把尸体运回本国，只能和夨一样，就地埋葬，所在仍然是安阳。

证据是第九器邑母癸斝。铭为"王锡小臣邑贝十朋"，显然邑是在王朝服务的。"小臣"屡见卜辞金文，有奉祭祀的，有掌车马的，不是外臣。同时器为帝辛六年所作，锡贝在肜日，肜乃时王祭典，必在王朝服务，才用王朝的祭日为记，若居本国，自然不须。从这一位异国夨系的邑推到祖庚时期他那位夨祖，也位列王朝，当然不会中断，自然有些人能和邑一样，住在殷京，死后多葬在安阳。

我在前文说安阳两部分异器，有为夨作的，有为夨系子孙作的，这就显然看出，若不是他们为王朝服务，住在安阳，就不会通在安阳出土。但是夨系子孙并非都在安阳，甚至夨本人铜器，也可能分散他处，最少有一件是这样。

夨的子孙服务王朝，只限于一部分主要人物，他们先后有些什么情况需要在器铭中推求，推求之先，要分别谁先谁后。那就转到夨器铸造的时间问题。

以下再说时间。

这是一种困难，而且不是一时能克服的困难。出土铜器从什么时候开始，似乎尚没有人作出决定。就从盘庚迁殷以后说，安阳各处一批一批的铜器陆续发现，是在一个相当长时期内铸造的，也没有人能给它分期。除开有证据的几件，一概目为殷器。综合器制、花纹、铭文作先后比较推断，是一般常用的方法。但是殷代除了铭文以外，很难利用器制、花纹给它断代，因为没有确知时间的大量铜器作标准。现在姑就夨器铭文，来作推测。

铭文暂分以下几项：

第一，最初的铜器不会有铭文，铭文是在发展到一定阶段才有的，那时只能署一个简单标记，以后演变成一句话，又后才变成一段文。殷代器铭凡是能成一段文的，都属晚期，能证明为帝辛时期作的，也全靠这一段文，以今所见，最长不过四十余字。它们有用器，有祭器，种类纷繁，铭文要看器的大小及安排处所来斟酌长短。因而上述演变，只能说：凡是铭文发展为一句话的，都非最初期；凡是到达一段文的，都是晚期。并非无铭文的都在它们以前，也非到达晚期就没有简单标记。

第二，以祭器铭文为例，如父辛鼎等只署"父辛"两字，不署作器者人名、族徽。如受父己卣，只为"受父己"三字，兼署族徽，在文法上是最简古的，但还不成一句话。以后加一个动词，如嗇父丁觚"嗇作父丁"，已渐成句，仍是不够完全。再后加了器名，如高父乙觯"高作父乙彝"，这一句便完全了。接着，器名以上又加形容词，如"宝彝""宝尊彝"等等，时次愈晚。但是它们的演变情况，仍和上项相同，只能说：凡是加动词成一句话的，都非最初期；凡是一句话后有器名和形容词的，都属晚期。并不是未成句和未完全成句的，均为初期。

第三，每一人书体常表现所处时代作风。《甲骨文断代研究例》说：殷代武丁期卜辞书体，都伟壮宏放，祖庚、祖甲期尚能守成，廪辛、康丁期就衰落下来了。武乙期益形简陋，文武丁期反能复古，力振颓风。接着便是帝乙、帝辛时期，制作一新，谨严峭劲。这些说法，乃先将卜辞分期，再看各期书体作风。若联系武丁的开疆辟土来看，书体伟壮宏放，就是那时社会政治意识的反映。帝辛是严法峻刑的，书体谨严峭劲，也是那时社会政治意识的反映。其他时期或好或坏，大都与此有关。如把这种分法，用在殷器铭文书体，彼此可能相应；惜乎分期的基础工作尚差，同时铭文安排处所也受到限制。只能说：凡是伟壮宏放书体，比较多在早期；谨严峭劲书体，比较多在晚期。并不是早期、晚期都没有颓废书体，也不是中间衰落时期就没有稍为宏放、谨严的书体。

以上说的初期或早期，仅能暂指盘庚迁殷以后，主要是武丁时期，前此尚无所知。至于晚期，则指帝乙、帝辛两世。这些看法，都包含着内在矛盾，不能单独以某项强加于某器，要与他项结合，也要与铭文以外的事项结合。现在试就曩器铸造先后时期作以下分析。

从第二十一器亚夨鼎起，到第三十九器亚夨铜器，包括其中一名数器者在内，共有四十五件，统是一位器主先后作的。因为"亚夨"二字，不但铭文全同，且一般都为合文，他器不尔。内中虽有不合文者数器，但仍紧接在一起，与他器焕然隔离的有别。它们都是用器，没有祭器，不但铭文可证，并且有矛，有戈，有车器、农器等等，皆非祭祀时所用。

这位墓主，我认为就是器铭上的夨。他是祖庚、祖甲时人，铜器约在那时铸造，有的或在前。第一，器铭只为简单标记，又有许多重器，如鼎、簋、罍、盘等，可以在宽阔地位铸成句或成段文字，但是没有，显示了早期铸造的重要特点。第二，器铭在小的地位或不重要的铜器上，尚难表现书体作风。在重器大的地位上，如前所摹鼎、盘诸铭，就有巨大书体，合书约二寸有余，宏肆雄壮，正是早期作风，与晚期不同。即中型书体，如尊、觚诸铭，笔画间架

虽在一个简单标记中，也能透露出这些消息。如再配合花纹来看，那一件鼎的
夔纹、方格雷乳纹和一件盘的玮丽气象，也与铭文书体相应。这一切，只能把
亚夨合文铜器时期提前，还要结合夨的身世来说明。

四十五件夨器，既不是祭器而为用器，夨又是一个人名而不为族名。如
果夨的后裔自己造器，单署这个徽识，少数尚有可言，多而且有大量重器，必
定别有本人名记见于某一器铭，这类证据很多，现在不是这样。如果夨的名
字，找不出他的证据来，也就无法判定"夨"是人名，只能当作一个尚难解释
的族徽，笼统说为全族公共标记，现在又不是这样。如果夨的服务所在不为王
朝，死后也不可能在殷都埋葬，安阳又没有这批夨的铜器出土，也就很难想象
卜辞上的"夨"就是他，现在又不是这样。如果夨的身份很低，造不出大量铜
器，只是由他的后裔各个铸造，用同一族徽，合成这一批，尚有可言，现在也
不是。就许多重器制作来看，这位器主就有大批造器的力量，仅仅在戈上镶嵌
松石，铸成华贵兵器，尚是小事。同时他有车器，还有铃，也是车马器，同类
的必然很多，因为无文字被毁坏散失了。那时能造这类车的主人，必能铸造大
批铜器。夨在当时，不但有这种力量，而且有这种身份。

以上一切疑难破除后，便可以结合铭文对证。祖庚和祖甲兄终弟及，两
位合起来的年数，不过四十年。夨为祖庚时贞人，祖庚在位只有七年，若七年
内生了夨，不会把个孩提小儿来作贞人，夨当然是祖庚以前武丁时生人。他到
祖庚时是什么年龄，无法知道，但绝对不为青年，青年当不了那时的史官。史
官属于内臣，要有相当资历，在武丁时期必已早为王朝服务，但非贞人。因为
武丁期卜辞一些贞人中，没有他的名字。这样看，夨是武丁、祖庚、祖甲三朝
旧臣，他的时代，也就是前面所说的早期。恰好这四十五件亚夨铜器，从铭文
词例推求，从书体推求，都属于早期，正相符合。

就此可以肯定这一批铜器，是夨自己作的，也可以肯定铭文上的"夨"，
是他的署名，"亚"是他的身份。他死后以铜器殉葬，虽不必为全部，但在安
阳大批出土的器物的主要墓主必然是夨。

　　夨在武丁时曾任什么职务，无从证明，只知他的身份表示是亚形，同时也是国侯爵，到达祖庚时期，便担任贞人的史官。那时文武不分途，侯在卜辞里屡屡见到征伐战争记载。夨的资历，是否先武后文？从殉葬兵器看，他必然能武，因为兵器上有他自己的标记，又有镶嵌松石的华贵作品，必为本人自用，不属他人。他身历三朝，随时可能铸造铜器，单就铭文看，书法已有些参差，最显然的是几件不甚合文的器铭。因此，我认为这四十五件铜器，不出一时，大抵是上至武丁，通过祖庚而下至祖甲先后陆续所造。

　　还有第四十一器鸬妇壶，也署亚夨合文徽识。它本来有盖，《西清古鉴》著录，以后编入《陶斋吉金续录》就没有了。盖铭摹刻失形，器铭却有拓本。两耳间亚夨徽识是铸款，极朴拙，与他铭书体不同，但是"鸬妇"二字，则飞动瘦劲。鸬字右方鸟形和一般写法有异，容庚《商周彝器通考》及《鸟书考》，说是殷代鸟书，释"鸬"作玄，鸟为另外所加。我看这两个字乃刻款，笔画粗细相生，变化不拘，绝非铸款所能达到。过去都说殷及西周铸款，春秋以后始有刻款。这件壶的铭文，竟是亚夨徽识铸款在先，另刻"鸬妇"二字，否则它们的书法，不会如此悬殊。原器花纹华美，亚款书法不称，并非伪作。大约铸款之后，未及修剔，便已加耳，耳且掩盖亚形上横，致成朴拙不完之状。铸款均恃修剔，如"鸬妇"二字亦铸而修剔，为何遗此徽识不修不剔？因为刻款在后，不管原来的铸款，才相形见绌。所谓"鸬妇"，鸬是国族名，女子例从母家族望，嫁后称妇。如为夨时造器，或后世有娶得鸬女者，器为所用，加刻此铭。也或别有他故，器归于鸬，加铭为媵器。总之，鸬妇不是用亚夨作徽识的，用则夨就成了鸬国或鸬族人物，与其他许多器铭矛盾。

鸬妇壶

　　以上是分析国器最早的一批，现再续说他器。

　　第十一器父乙簋，铭为"作父乙"，是祭器。有宽阔地位，可以多写几个字，现在仅署此文，尚是不成句的比较早期文法。亞形中加了&字，徽识铭文书体皆散漫无力。第十七器父乙爵和它相类，所祭的又同为父乙，器主可能为一人。第二十器吴卣，徽识与第十一器相同，细审也是刻款，书法更劣，吴字写成&状，但皆不伪。卜辞有许多其字，《甲骨文断代研究例》说：武丁至武乙时期，字皆作&，帝乙、帝辛时期皆于上加一横作&。加横确属后起，早期不加，但不能说一到帝乙时，像下命令一样，非加不可。以前必有所因，以后也不能完全断绝。录作乙公簋、从鼎、父己鼎，皆有其字，皆不加横，皆属西周器。周代尚是这样，殷更可知。这种说法，应于帝乙前后，皆为留有余地，截头去尾，不合于演变规律。第十一器&字&形正作&，上不加横。不加虽未必在帝乙以前，但与铭文词例、书体结合推断，它是帝乙以前作品。第二十器&字&形作&，似乎是加横，但不正规，结合铭文词例、书体推断，很难把它推到帝乙及以后时期。

　　第十器父乙簋和第十二器父己簋，通为祭器，是一人一时作的。它的特征一为吴的写法，第十器作&，第十二器作&，棍形与其他器铭皆不同，且写在一旁；一为书体间架笔画，工整清劲，彼此相合，与其他器铭亦有异。第十器亞形中作"&侯"，第十二器作"&侯"，徽识写法虽各有安排，细审实出一手。这位书家写得虽好，但无早期宏伟气象，&字所从&形，亦皆加横，仍为吴的后裔所作。一位器主造了两件祭器，受祭者一称父乙，一称父己，并非他有两位父亲。那时，"父"为诸父通称，其伯、其叔均可称父。如商代帝王阳甲、盘庚、小辛、小乙为兄弟，小乙之子武丁祭诸父卜辞云："父甲一牡，父庚一牡，父辛一牡"，（《殷虚书契后编》上，二十五。）皆署为父，即其一证。此外还有第十八器父戊簋，吴字作&，手持棍形，乃由Ｙ体所变，铭文又单署父戊，和上两器词例相同。三件器的国族徽，都有标新立异之处。不管怎么改动，书体笔画结构，从时代方面来看，已由颓废时期入了革新时期。各器&字皆加横，书体又都整饬，显示为晚期；但在宽阔地位上，作简古铭词，又交叉着早期，这是演化过程中常有的现象，殆属殷代晚期的前一阶段。若后一阶段，别有第十三器父丁尊，铭文完全成一句话，且有"寶肇彝"字样，书体又拘谨，都可证明。

以上都是不署器主人名的器，下再续说署名各器。

第六器至第八器🔲母癸斝、鼎、爵，都是🔲为母癸所造的祭器。🔲字🔲已加横，书法峭劲，应属晚期。铭文尚不完全成句，字数在斝、爵上可以缩短，鼎则不须，仍交叉着稍早的现象。

第三器袭母辛尊，是袭为母辛作的祭器。第四器母辛尊，第五器母辛卣，虽未署名，所祭的统为母辛，书体又完全相合，亦当为袭所作。三器铭文，不但有了器名成为一句话，并有"寶彝"字样，🔲字🔲形亦加横，应为晚期作品。第十四器亞父乙盉，是亞为父乙作的祭器。第十五器亞父乙觯，第十六器亞父乙觚，当为一人所作。盉铭已成了一段文，又有"寶尊彝"字样，也属晚期。

第一器孝祖丁卣，第二器征父辛角，铭文一言"斌锡孝"，一言"斌赏征贝"，两件器的斌是一个人，孝和征也是一时人，铭文皆成一段，都为晚期器。凡铭言作某某器的，只为作器而作器，有加"用"字言用作某某器的，必有锡赉荣命等事，作器为记。用义犹由，由义犹因，"用作"等于"因作"，必承上意而言，也必然为或短或长的一段文，起于殷代晚期，通于周代。第一、二两器铭，皆言用作某某器，第十四器亞父乙盉，亦锡贝作器，铭文"作"上应加"用"字而不加。加是通例，不加是个别的省减或脱略，后时亦偶一见。若第九器邑母癸斝，为王锡邑贝作的祭器，铭于作某某器上自然加"用"字，那是帝辛六年器，已详前文。

这些有器主名字的器，和那些无器主名字的器，以及亞呉合文诸器，通过以上分析，大体可分三个阶段：

一、早期　包括武丁、祖庚、祖甲三世，以亞呉合文诸器属之（约公元前1339—前1241年）。

二、中期　包括廪辛、康丁、武乙、文武丁四世，以第十一器父乙簋、第十七器父乙爵、第二十器夨卣等属之（约公元前 1240—前 1210 年）。

三、晚期　包括帝乙、帝辛两世，以第十器父乙簋、第十二器父己簋、第十八器父戊簋、第十三器父丁尊，及有器主名字诸器属之（约公元前 1209—前 1112 年）。

以上早、中、晚三期，是专对这一批夨器分的，不指殷器全部。早期三世，共有九十九年，从夨开始造器，不能占有整段时间，以前伸入武丁时期，以后可能还有他人造器。中期四世，共有三十一年，时间极短，器亦随少，也有可能搀入他器。晚期二世，共有九十八年，时间较长，器随增多，除开早期一批，大部分皆属此期（尚有暂难分析之器）。

从上述三期，结合各器铭文，就能看出另一问题：早期徽识亚形中，不加他字，中期加了夨字，晚期又加"夨侯"与加夨两用。任加何字，都脱不了一个"夨"字，显示为夨的子系，只是加法不同，不同便有其他的意义。

《殷虚书契前编》有帝乙、帝辛时卜辞记载夨侯，文云："（上阙。）贞：翌日乙酉，小臣𤇷其□又老夨侯，王其□邑？庚子，王弗每。"

虽多残泐，在晚期卜辞中已见夨侯。器铭亚中署"夨侯"，亦属晚期，正与相应，中期仅于亚中加夨。夨为国名，器主一定为夨国统治人物，加以为别，否则夨人太多，就混乱了族系。

夨国统治者这一支系子姓繁多，有承袭侯爵的，有不承袭的。迨后他们造器统用一个国族徽，又无以为别。其承袭侯爵的，乃特署"夨侯"；不承袭的，则沿用"亚中夨"旧徽。因而在晚期器中，两种徽识互见。若是器主本身不为夨侯，就不能自署"夨侯"，这是显然可见的。

"夨侯"最先在第十器父乙簋、第十二器父己簋、第十八器父戊簋铭文中出现，它们是晚期前一阶段作品，没有器主名字，无法知道夨侯是谁。再次是第一器孝祖丁卣、第十四器亚父乙盉，都有"夨侯"徽识，知道孝和亚都是侯爵承袭人。但有两个疑问：一、晚期帝乙、帝辛时，知名和不知名的夨侯，最少有三位。仅仅九十八年就传了三代，是否他们的寿数很短？商代统治者的承袭，是兄终弟及的，或到年老才能传到，虽不完全关系寿数，但亦有涉。二、孝和亞皆袭侯爵。器铭一称"夨锡孝"，一称"匿侯锡亞贝"。夨的身份不可知，匿侯和亞是同等地位，为什么称"锡"？彼时锡非专为以上赐下之词，字亦训与，（见《逸周书·谥法解》注、《汉书·扬雄传》注等。）就是匿侯赠予亞贝。《诗·菁菁者莪》篇："既见君子，锡我百朋。"平行亦可用锡，本无限制。但是那位称征的，器铭无"𠂤侯"，不为侯爵，铭文就称"夨赏征贝"，字面便有不同。还有一位邑，只为帝辛时小臣，当然不是侯爵，因而铭文也无"𠂤侯"字样。这两点，更证明了侯爵和非侯爵的分别。

分别是到晚期才有的。曩侯名称，虽与那时卜辞相合，并不等于晚期始封侯爵。中期于亞中加𠂤，已显示为曩国领主，早就受封。再溯至早期，夨的器铭虽只一个亞形，内中无其他标记，但也不等于绝非侯爵。正因为有爵，后裔才有根据于亞中加𠂤、加"𠂤侯"，否则便乱了他这位夨祖的身份。从出土曩器看，数量之多，制作之美，任何器主都比不了夨。他是最早一位有特殊身份任王朝重职的人，如若子孙地位更高，加封侯爵，铸造的铜器当然还要多还要好，怎么仅仅是一些祭器，而且分属若干人，每人只占一件或三两件呢？由此推断：曩国的侯爵，是世袭好几代了。世袭由于夨的余荫，远不及夨高贵，因而不能大量造器。而大量造器，正是夨兼为侯爵的征象。

夨在武丁、祖庚时期果为侯爵，是否那时早有这种称谓？当然已有，并且在卜辞中见到许多，如武丁时的"侯虎""侯雀""示侯""丁侯"等等，不可胜引。尽管在武丁期卜辞中尚没发现夨的名字，也尽管在祖庚、祖甲期夨以贞人身份出现，但都无妨于他身兼侯爵。不能因为晚期卜辞器铭有"𠂤侯"，便说封爵也在晚期。商代诸侯很多，仅就武王观兵一事说，大大小小就有"不期而会盟津者八百"，（见《史记·周本纪》。）即便夸张，按十分之一计算，在十万片断烂的卜辞中，就找不出八十个诸侯来？它不是后代所传的世族谱，也不是什么诸侯王表，哪能以此为断？

（五）

以上是对大批殷代冀器的空间、时间所作的初步分析，从这两方面推寻若干资料，下面便是结合其他方面，对冀国夨系史实的总结：

殷代武丁时期，姜姓冀国最高领主名字叫夨，在王朝服务。到达祖庚、祖甲时期，以原有侯爵兼任贞人的史官。他是文武兼资的一位人物，还有特殊身份，用亞形表示。曾先后铸造大批铜器，死后葬在殷都安阳，以众多铜器殉葬。

夨的子孙有承袭侯爵的，有不承袭的，仍多在王朝服务。廪辛至文武丁时期，有几位不知名的曾造铜器。到达帝乙时期，也有一位不知名的冀侯造了几件器。以后便有一位叫孝的，一位叫亞的，都承袭侯爵。又有一位叫𤔅的，一位叫徝的，一位叫襲的，一位叫邑的，不为侯爵，俱在王朝。邑的官称是"小臣"。他们大抵属于帝乙、帝辛两世，造器在帝辛时的较多。此外还有一些夨系子孙，就祭器铭文知道，孝的祖父或伯叔祖日名是丁，亞的父亲或伯叔是乙，徝的父亲或伯叔是辛，襲的母亲是辛，𤔅和邑的母亲是癸。先后还有乙和戊、丁、辛几位，没有器主名字，不知是谁的父亲或伯叔。

总起来看，冀国夨系一支，从殷代武丁时起，经过祖庚、祖甲、廪辛、康丁、武乙、文武丁、帝乙、帝辛八代，先后约有二百年，外领冀国，而内为王朝服务，子孙绵延不断。

明了上述情况，便有他们的支系辈行以及夨的日名，可以提出来说明。

日名不为本名，在十个干日中出生的，死后即以其日为署，不属一人而同日生的，日名亦同。上引一系列日名，有些相同的不必全为一人，但有可能为一人，尤其是那位乙，祭器特别多。在中期祭器里，他是一位冀侯的父亲或伯叔；在晚期前一阶段祭器里，他又是一位冀侯的父亲或伯叔，都没有器主名字。以后那位叫亞的冀侯，器铭也署"父乙"。为什么给他造器的都属冀侯本人？

夨在当时如有几位兄弟，兄弟也有儿子，兄终弟及而袭侯爵，他死在祖甲时期，到中期就能传到子侄为造祭器，晚期帝辛以前，也能有子侄为造祭器。合起来不过七八十年，都可以赶得上，子侄包括他自己的儿子在内。他是夨国这一支的分支祖，又是侯爵受封人，那些承袭爵位的，要造祭器，就得以他为首。一位祭主的祭器铸造，并不限于一世，有至数世的；一世亦不限于一人，有数人分作，或阖族公作的。夨在这一支系里，是唯一最高的祭主，因而每一位承袭夨侯的，在可能范围内，都要为他造祭器。

这就可以解决夨器铭文中一种突出情况。为什么父乙祭器特别多？为什么好几位夨侯先后给他造器？因为父乙就是夨，只有他才具备这些特殊条件。由此推断，夨的日名为乙，那些署父乙的祭器，也都属夨；更可推知中期晚期为父乙造器的三位夨侯，不是夨的儿子，便是夨的侄子，亞是其中最晚的一位。

夨有几位兄弟？晚期前一阶段一位不知名的夨侯，既造父乙簋，又造父己簋，当然乙和己是兄弟。以后一位夨侯名孝，铸造祖丁卣。按先后年代计算，他这位丁祖，不会是夨的上辈，但也不至于是下辈。就器铭书体看，在殷代晚期中并不太晚，夨侯的世袭，这时可能轮不到夨的曾孙。大抵丁和乙、己同为兄弟，孝是夨的孙子辈。

这样讲，最少夨有兄弟两位，如若兄弟相传，一入中期，似乎轮不到他的子侄袭爵。事却不然。夨的年龄，从武丁到祖甲合算起来，是一位高寿的人。在他死后，如若有位哥哥，大概已早死了；如若有位弟弟，大概也近晚年了。当然爵位是传弟的，就算传，不能延长许久，就轮着他的子侄。在许多祭器铭文中，没见到一件署"兄乙"的，他死后是否还活着一位弟弟承袭侯爵，尚是问题。

夨国夨系一支史迹，现在可能推证的一些情况，大略如上。

除了夨系一支，另外还有他支。夨并不是夨国的开国始祖，也不尽是世世单传或兄弟相传，先后能分成若干支系。凡是夨的子孙，以夨的名字作徽识，不是夨系，必定别有徽识，不与相同。

第四十二器中子[illegible]引父丁觥、第四十三器引父丁鼎为一人所作。他也是㠱国人物，名字叫引，但非矢系子孙。器铭徽识作“[illegible]𠬝[illegible]”，也省作“𠬝[illegible]”，和矢系各异。两器铭例书体，属殷代后期，作风与王朝相合。可能“𠬝”为人名，用于徽识，为[illegible]引一支的分支祖。

引能铸造这样精美的祭器，身份必高，惜乎出土地点不知。他仅是㠱国统治者另一支系，不是正支嫡系的最高领主，因为“[illegible]矦”徽识早被矢系占有。一个国家里，不会同时分封两个同姓的侯。

㠱国统治者两个支系，一是正支的矢系，一是别支的引系，另外可能还有他支。它们统为一族，在三千年以后的今天，可以稽考的一些史实，相比书本上“㠱，古国名”四个字，已大有不同。

三、周代的㠱国

（一）

殷亡以后便是周代，㠱国史迹仍然在书本上找不到，还靠着几件铜器。过去出土的太少，幸而黄县这一批给它增加了一些史料。现在就仅有的十几件来说，㠱国并未因殷亡随之灭亡，仍然存在，仍然保持姜姓统治权，直到战国初期。

除黄县一批，各书著录的周代㠱器，有以下五件：

（1）㠱公作叔姜匜（《薛氏钟鼎款识》十二、九）

㠱公乍（作）为子弔（叔）姜□盥壶。瀪（眉）寿万年，永保其身。它它（熙），受福无碁（期），子孙永保用之。

此器久佚。薛书作匜，《两周金文辞大系》以铭文为壶，改作壶。金文盥字，类用于盘、匜，不用于壶，此称盥壶，与例弗合。彼时器铭名称，有时与本器不符，原疑为匜，铭误作壶，今仍薛书不改。“姜”下只有一字，当为女名。“它熙”字旁，应各有重文二画，刻本脱去。

（2）㠱仲作朋生壶（《双剑誃吉金图录》上，廿七）

㠱中（仲）乍（作）朋生歓（饮）𣪘（壶），勾三寿歔德万年。

（3）㠱甫人匜（《贞松》十、四十）

㠱甫人余，余王□歔孙，丝（兹）乍（作）宝它（匜），子子孙孙永宝用。

（4）安伯㠱杏壶（《善斋礼器》三、四九）

安白（伯）㠱杏乍（作）旅壶，其永宝用。

（5）王妇㠱孟姜匜（《簠斋吉金录》三、匜六）

王妇㠱孟姜乍（作）旅它（匜），其徺（万）年夔（眉）寿用之。

以上五器，也须分析空间、时间。就空间说，第一器早在宋代出土，不详所在。第二器《双剑誃吉金图录》说："买自山西贾人，或系晋地所出。"也是疑似之词。第五器为潍县陈介祺旧藏，在《簠斋藏古目》内自己钤上"簠斋山左土物"印章。凡是山东出土器物，目内均钤此印，当属山东所出。出于何处，陈未明言，他把"㠱国"说成"杞国"，杞在山东，是否因此成了"山左土物"？器主为"王妇㠱孟姜"，时在春秋。既言"王妇"，一般应在平王东迁的洛阳一带出土，不在山东。但是古代彝器迁徙无常，也难断定。余器出土地点均不知。

至于时间，就铭文词例书体看，大体都是春秋期物，和黄县㠱器正同。其中当然也有早晚，㠱仲作朋生壶或能推到西周末尾，但没有一件为西周中叶或初叶时器，也没有一件战国时作品。

这是一种突出情况。殷代㠱国有大批铜器，西周没有，春秋忽然有了，到战国时又不见。究竟地下还有若干㠱器，现不可知，将来能否改变这一情况，也不可知。《海外中国铜器图录》以纪国为㠱国，似乎窥破这一点，把西周纪器给它补了缺。

㠱国在殷亡以后，原在王朝服务的㠱的一支，大约是式微了。《贞松堂集古遗文》说亚㠱罍出于洛阳，即使可信，也是殷亡以后带去的。是否㠱系子孙投降携往，或是当作"顽民"迁往，抑或别有他故，均不可知。总之，那件器是夨时铸造，即使真在洛阳出土，也不造于洛阳。既然如此，以后西周时期，没见一件夨系子孙的器，自然可以说是式微。

　　异国不在安阳附近，殷亡以后，夨系式微，本国并未随之灭亡，仍然存在。它所存在的地方，我认为是山东东南部。这一地带曾出过几件殷器，余皆为春秋、战国时器，未见西周作品。从山东全面看，殷器不时出土，春秋、战国器最多，西周器却寥寥无几。似乎殷代的山东，虽已出现青铜文化，但在西周时期，因政治、经济种种关系，又衰落下来。到达春秋时期，由各方面一齐抬头，也跟着发展。异国在同样情况下不能例外，因亦出现若干春秋器，未见西周器。迨到战国初期，异便灭亡了，当然无战国器出土。

　　可见西周无异国铜器发现，并不等于异国灭亡。入春秋后，先后有十几件铜器出土，也不等于一个新异国成立。铜器的有无，对异国的有无，不能被解释为决定因素。

　　异在山东东南部，周灭殷后，除却更换山东几个国家领主，并灭亡了反周的国家，余皆无所更动。异国统治者既和周王朝有婚姻关系，又远在山东东南部，自然能得以保存。

　　现在发现的十几件异器，大体为春秋作品，只能在春秋期中来求异国史料。这些器未必全部造于山东，但最少有两件和黄县这一批都是异国自造的。

（二）

　　第一器异公作叔姜匜，是一件媵器。叔姜为异公女儿，铭文称"子"，（说见前。）嫁于何国何人不可知，只能肯定这位异公为异国国君，时在春秋。

　　铭文的"公"不是五等爵号的公，只为国君的一种尊称，犹《春秋》三传淳于公的公。早期卜辞未见这种称谓，武乙时才有，指的是殷王祖宗。《方言》六："凡尊老，周、晋、秦、陇谓之公。"《汉书·眭弘传》注："公，长老之号。""公"就是"翁"字的古文，称公亦犹称翁。殷王以祖宗为公，后世也然，《史记·外戚世家》"封公昆弟"，索隐："公，祖也。"中国历史传统是尊老敬老的，因而公为尊称，用于祖宗，用于长老。周代早期周公、召公及"二王之后"称公，（见《周礼·大宗伯》注。）即由此出，那时还没有这一爵号。

这一尊称，最初只属长老，久而失其本义，或把年轻而尊贵的人，也称为公。过去呼少年人为张公、李公，夷然受之，若呼张翁、李翁，则无不大笑，其实公、翁一事，他们都忘本了。忘本不自今日，周代已然。那时一国君主是最尊贵的，也称国君为公，不论老幼。《尔雅·释诂》："公，君也。"《仪礼·既夕礼》注："公，国君也。"顾炎武《日知录》举出许多例子，如晋文公亦称文君，鲁昭公称昭君，知周代君、公两名通用。通用则淳于公称公，亦犹淳于君，可以洗清历来《春秋》三传学者的附会，也知道这件曩器的曩公就是曩君。同时一些器铭称公，如稣公簋、铸公簠、楚公钟等等，都应当作君来解释。他们并不是死后追称为公，也不是周天子的三公和所谓"二王之后"，更不是僭越自尊为五等爵首，只是一国统治者的通名。他人称公，自署亦为公，儿子称公子，孙子称公孙。至于国君以外的公，汉代晁错的父亲，竟称他儿子为公，（见《史记·袁盎晁错列传》。）若使殷人听见，必大笑其错把儿子当了祖宗了。

第三器曩甫人匜，器主名余，"余"上"甫人"二字，是她的身份称谓。传世有甫人父匜，有稣甫人盘、匜，有甫人盨，这些甫人，向无解释。甫人父匜是西周晚期器，余为春秋器，似乎这一期间，甫人为习用名称。甫人父匜的甫人是器主，它说"甫人父作旅匜"。稣甫人盘、匜，是甫人给她侄女作的媵器，铭为"稣甫人作嬗改襄媵盘"，《汗简集韵》谓嬗同侄，改为姓而襄为名。甫人盨是旁人给她作的，铭为"□□为甫人行盨"，作器者名字漫漶。所有甫人都是固定名称，于下加名固可，不加亦可。

古音"甫""夫"两字均属鱼部，声读相同。《诗·甫田》笺："甫之言丈夫也。"《说文》："夫，丈夫也。"音义既皆相合，"甫人"就是"夫人"。殷代卜辞金文，没有"夫人"名称，只称妻，称妇，周代王后和列国君主嫡配，始名"夫人"。"夫人"的本义，也很平常，妇和甫、夫同音，夫人就是妇人。

把"妇"字写作"夫",以后演变为封建高贵身份,把"妇"字写作"甫",致使考释金文者多费一些话。

周代曾姬无恤壶铭有夫人,邓公簋铭也有夫人,乃夫、甫两字并行。殷代的妇称,周还沿用,器铭称为某妇或妇某,到了后期,如晋邦盦等,也称宗妇。它们的称谓,并不一般整齐,也不可能一般整齐。

周代国君嫡妻称夫人,最初只由"妇"名演出,加上一个"人"字,犹男称男人,女称女人。但是女子必在嫁后称妇,由妇而孳生的夫人,也是嫁后名称。殷代妇名,不限嫡配,约从西周后期,通于春秋、战国,则为嫡配专名。《左传·僖公八年》注:"夫人者,正嫡之称。"只改变了字面,遂分等级。夫人既然如此,把它写作甫人,当然同样是"正嫡之称"。这样,前引器铭一些甫人便得到解释,"異甫人余",就是異国夫人名余;"穌甫人",就是穌国夫人;"□□为甫人行盨",就是某某给他夫人作的行盨。"甫人父"以女子名父,似乎刺目,那时并不计此。

異国这位余,当是異君嫡配,"穌甫人"也是穌君嫡配。穌为改姓,这位夫人给她穌国的侄女作媵器,自然侄女是改姓,铭文因称"改襄"。異国君主姓姜,夫人例从母家姓氏,铭言"余王□歔孙",是指母家而言,均迎刃可解。

"余王□歔孙"词例,牵涉到本器的早晚。金文器主有自叙家世的,如为某某之孙、某某之子等,西周无此例,再前更没有。家世有为本国君主或子姓的,如邾公钇钟的"陆𤞤之孙邾公钇",者减钟的"工歔王皮难之子者减"等等。有不为君主族姓的,如齐鞾氏钟的"齐鞾氏孙肉",陈逆簠的"余陈趄子之裔孙"等等。这种文法,用的比较广泛,有齐、邾、郳、楚、吴、邳及其他各国,时间最明显的为陈逆簠。(陈逆见《左传·哀公十四年》。)以《杜氏长历》推证,器当作于哀公二十年。(见《积古斋钟鼎彝器款识》。)但不能说自叙家世的铭例从陈逆簠开始,大体由春秋晚期通于战国。異甫人匜的"余王□歔孙",正是沿用当时文法,书体约属春秋晚期。到战国初期,異国已亡,不能因为这种词例时常见于战国时器,把它也拖到战国。

第四器安伯曩杏壶，器主为安伯曩杏，是一位曩国长女名杏，嫁于安国或安氏，造作此壶。词例和黄县曩器的"曩伯婈左"略同。

最重要的为第五器王妇曩孟姜匜。这位王妇的王，是指的周天子。王国维谓古代诸侯每于境内称王，与称君称公无异。（见《观堂别集补遗·古诸侯称王说》。）就传世器铭，应分自称、他称两类。他称如玫王、斌王、邵王、龚王等，皆指周天子。录白冬簋的釐王，虒白簋的虒几王，则指周诸侯。自称又分二例：一于王上署国名，如夨王鼎、吕王鬲等，都是诸侯的王。一只署王，不加名号，如母癸爵、番妃簋等，皆称王作某某器。王是指的殷、周帝王。殷代卜辞金文，单称王的都为殷王，周代金文亦然，经典从同，绝不为诸侯。因凡战国以前，尽管天子、诸侯皆能称王，王的称法也有不同，而单称王的皆指天子。间有不守此例，如者汻钟的越王，亦单称王，那是战国时器，时间不同。不但器铭，战国期的书籍称谓，也同样改变。

王妇曩孟姜匜是春秋时器，在此期间，王字例为周天子。《缀遗斋彝器考释》据《礼记·昏义》说王妇是天子世妇。按庶长称孟之制，孟姜当是庶女。庶女在周代没有资格充当王后，可能随着姊姊为媵而去。这样，曩国在春秋时期曾和周天子通婚，显然可见。

由此回顾曩甫人余匜自叙母家族望为"余王□戲孙"，虽"王"下一字漫漶，把他提出来，必有高贵身份，但不限于亲孙女。那时天子称王，诸侯也于境内称王，王的儿辈称王子，孙辈称王孙，和公子公孙同例。所谓"氏"，本有许多讲法，其实"氏""支"同音相通，初时称"氏"亦犹称"支"。这些王子王孙，成了一个支系，就能以王子和王孙为氏，也能以王为氏，因而王氏得姓的来源，周代已极复杂。（姓和氏，古本有别，经秦统一，本文沿后代惯例混用。）"王□戲"的"戲"，当为人名，"戲"上一字，是否为王子王孙的"子"和"孙"，今不可知。春秋时于名上加"王"，就是讲作姓氏，最低和王同宗为贵族，否则曩君不会娶来作嫡妻，她自己也不能以此标榜。如从周天子和曩国结婚的联系方面看，似有可能和周家王族有关。

（三）

中国的史书，似乎是浩若烟海，若专门钻研某一问题，都感觉不够。孔子为殷商后裔，相距不远，已说"文献不足征"。大约他知道的殷代文献，有某些地方，未必能及现代人细密。现代人仅是从地下得到孔子所未见的材料，摸索了若干年，才有些知解。把书本和地下材料结合研究，商周历史是否全部搞清楚了，距离似乎尚远。前面说的殷代异国，已觉着寒窘，现在又说周代异国，其寒窘益甚，下面便是我初步得到的结论：

一、异国最高领主，在殷王朝服务异的一支，先后二百年内，是比较煊赫的。殷亡以后，他们跟着垮台，但异国的本土，仍然存在，并未灭亡。

二、西周异国史实全无可证。它处在山东东南部一个僻远角落，周家政治力量不能及此，与内地国家也没发生重要政治关系。那时这一地带，青铜文化停滞，尚未发现有铭文的异器。

三、平王东迁以后，列国形势逐渐改变，异国也跟着抬头。山东东部和东南部许多僻远地方，从地下材料证明，并不如过去某些人想法一样——古代旷无人烟。它们的历史远在西周以前，并在商代、夏代以前，前到什么时期，现代无人敢下断语。不过这些历史体现，只是人类文化遗址，尚没有文字替它说话，异国自难例外。但又为什么殷代尚有点史迹？这几乎和过去山东所说的"创外"一样，有人跑到外边替王朝服务，居然煊赫起来。现在可考的是这些"创外"落户的人们，并不是异国本土。它从何时立国，在山东先后的历史还是茫然。到达平王东迁以后，由于青铜文化发展，异国铸造的一些铜器，上有铭文，竟似替它说了几句话，点缀上一点不完不备的史迹。

四、这些铜器最大部分是属于女子的。第一器为叔姜滕壶，第三器为异夫人自用，第四器为异女所作，第五器为孟姜所作，只有第二器的异仲不敢定，因为男女通可以排行称仲。至于黄县八件异器，四盨为异妇所作，盘、匜为这位异妇女儿的滕器，其余两件无铭。从表面上看，似乎异国史迹的接续，都借重于几位女子。曩君不能专给女子作器，自己也能作；也不是曩女嫁后都借夫家财力作器，母家也能作。地下大约还有一些曩器，已发现的十几件，不期构成这样的表现。

五、曩国女子，有一位叫杏的，一位叫无的，还有叔姜、孟姜，不署其名。曩君夫人一位叫余的，大约是王侯，一位叫左的是娠氏，先后辈行无法叙，只知道姜无为娠左的女儿。她们不尽是曩氏而为曩国，（《金文世族谱》一概说成曩氏。）有些器未必是在曩国铸造，但都属于曩国的姜姓支系。

六、从"曩公"和"曩甫人"两种称谓，可以肯定有一位曩君，有一位曩君夫人，并可以肯定这两件器为曩国自造。他们和周天子通婚，那时天子虽不济事，门面是要装的，通婚对象一定有相当的地位身份。从他们始祖母姜嫄起，姬、姜就是累世婚姻，山东中部的姜姓女子，如纪、如齐，被他娶去的很多，从曩国来看，竟直娶到山东东南部。这一地带因和周王朝有此关系，就不同于书本上的"化外"，是从东到西先后沟通的。如说沟通始于春秋，未免狭隘，殷代的曩国领主，早就跑到王京服务，难道入周以后，忽然从山东中部无端截断？

七、曩在殷代是侯爵，入周是否存在？仅就和周天子通婚一项估计，不会是没有的。周灭殷后，山东除了新封和灭亡的大小国外，其余类皆照旧。这些国家"位列王朝"的固不必说，即不列王朝，仍可以在自己国内沿用旧称，曩国自难例外。

结论只是以上几项。从殷代算起到它灭亡，曩国已是将近千年的古国，由地下曩器出土，它也跟着出土，惜只限于统治阶级史料，余多不详。

第三部分

曩国在哪里？

（一）

黄县灰城这批铜器是夒国铸造的。夒国的史料，就现在所知，已搜集起来。究竟夒在何处，我自己要问，旁人也要问。

一个历史悠久的夒国，和殷、周王朝又有关系，在故书中竟没有它的名字。《集韵》"夒，古国名"一句话，并非真知道有个夒国，乃由卫宏夒"读若杞"演绎而出，且也不明所在。

单论黄县这批夒器的器形、花纹，无法求出它的地方性。在铭文方面，第二部分讲的一个夒音，证知出于山东，同时书体受了山东别国影响，主要为盘、匜两铭受到齐国影响。另一方面，黄县夒国领主处在山东东北海角地带，能和夒国领主女儿结婚，相距必不很远。周天子有特殊地位，迎娶不论远近，春秋大国也如此，但夒、夒两国，都是不见经传的小国，夒国领主是否会从几千里外非山东区域的夒国迎娶？似乎摆不了这样大排场。就此推测，夒国所在不能远在本省以外，应是古代山东的一个国家。

夒国如处于山东中部、西部及鲁南各部，又是和王朝通婚的国家，在《春秋》三传及其他故书中，至少能出现一点征兆。因为这些地带的军事、政治情况复杂，夒国难以孤立，也不可能孤立。现在不然，必定在地理方面有特殊条件。因此，我认为夒国所在，不能在上项区域内寻找，应从春秋纷争圈外僻远地带注目。

由于夒为姜姓，研究周代山东其他姜姓国家，知道那时姜姓统治地带以山东中部潍、淄流域为中心，展到东部。夒在最中心区域内找不出来，从历史地理上推求，距离不至过远，要在淄、潍流域去找。

淄、潍流域的东、北、西三面，经过春秋时期，一齐为齐占领，无夒国存在余地。南面尚有数县未占，内中莒县为潍水发源地，南部有姜姓向国，正与打成一片，北部有一与夒国相同的古地名，恰合我想象的条件。

（二）

《汉书·地理志》琅邪郡下有箕县，为侯国。据同书《王子侯表》，初封侯为刘文，乃城阳荒王子，传至王莽时废除。箕县旧地，《太平寰宇记》谓"后汉省并东莞"，主要根据应为《续汉书郡国志》。志无箕县，省并应在东汉光武时期，见《郡国志·序》。

第二部分说"箕"于"其"上加"己"，乃注音字，本只作"其"，古作 🜍，为"箕"的象形本字。箕体后出，当时萛国名称 🜍、🜍 通用，推本溯源，"箕"正即"萛"。以萛名县名国，前时必有所因，当是箕地，秦汉设县。不过他省也有以萛名地的，是否琅邪郡的箕，即萛国所在？同时郡地甚广，箕县又在何处？

现在先说第二个问题。

《太平寰宇记》谓箕县故城在莒县东北一百余里，《沂州府志》谓在西北七十余里，《续山东考古录》谓在东北百□□里，《重修莒志》谓在县北境，址难详考。这一系列不同说法，都指明箕城在莒县，只方向远近有异。它们的根据，类出《水经注》，彼时箕县故城尚存在。

《水经·潍水下》："潍水出琅邪箕县潍山。"注云："东北径箕县故城西，又西，析泉水注之。水出析泉县北松山，东南流，径析泉县东，又东南，径仲固山东北，流入于潍。"《地理志》曰："至箕县北入潍者也。"后代莒县的潍水，是否和《水经注》所说路线相同，没有改变？照地形推测，水道经过的区域，两旁类为山岭，受到拘限，不会横冲乱流，可以照现下潍水路线来说。

《水经》谓潍水出箕县潍山，现尚找不到潍山所在。《山东通志》谓即沂水县东北泉头庄的西山，未免揣测，因为西山并不叫潍山，且和现下潍源不合。《重修莒志》谓潍有南北两源，北源出莒县西北约百里地带的箕山，南源出相距不远的屋山，至莒北响场乡合流，并考证南源即析泉水。说皆正确。《水经注》又曰："许慎、吕忱云：潍水出箕屋山。《淮南子》曰：潍水出覆舟山。盖广异名也。"吕说当出《字林》，源于许慎，《说文》谓："潍水出琅邪箕屋山。"《尚书·禹贡》孔疏："《地理志》云：潍水出琅邪箕屋山。"今本《汉书·地理志》本注脱此句，是《说文》又出《汉志》，先后原委如此。现在莒县北部偏西，正有一个箕山，一个屋山，由这两山发源的水，汇而为潍。可见《汉志》以下箕屋山名称，应当分作箕山和屋山来解，并非箕屋为一名。胡渭《禹贡锥指》讲作"琅邪郡箕县之屋山"，也不正确。箕山乃潍水北源，照现在水流情况，应是正源。屋山南源的水，是以后汇入的。因此我认为箕山即《水经注》的潍山，潍水由此发源，亦以潍名。

至于《淮南子》的"覆舟山"，当是屋山。山以屋名，或是象形，屋形也可以说像覆舟，因又以覆舟呼之，这是一解。古音侯、幽两部音近相通，屋隶侯，而覆、舟隶幽，今山东人谓覆盖音如屋盖，缓读可为覆舟，急读则为屋，这又是一解。两解总归于屋山就是覆舟山。

潍水发源地，由上共得三说：《水经》所指潍山，是北源的箕山；《淮南子》所指覆舟山，是南源的屋山；《汉志》所指箕屋山，是合箕山、屋山而言的。各限于耳闻目睹，各据一说著录。《水经注》谓"盖广异名"，并非一山而故意异名，也不需要故意地"广"。

《水经》明言"潍水出琅邪箕县潍山"，注亦明言"东北径箕县故城西"，明了了它的发源地，才能求出发源所在的箕县。水的北流正源是箕山，箕山当在箕县境内。其南源汇入的为析泉水，水出析泉县，水流所经当为析泉县。箕山在北，屋山在南，在这一相距不远地带，就划分了汉代箕县和析泉县一部分疆界。

潍水的北源南源，在未汇合以前，两水都向东南流。北源一带，即为箕县所在，《水经注》言"东北径箕县故城西"，方向便不对。这一区域北高南低，两水只有顺地势向东南流，无法向东北，《水经注》"东北"二字，乃"东南"之误。照"东南"讲，全段文字即可贯通。它说"东北径箕县故城西，又西，析泉水注之"，恰好潍水东南流到响场，确是"又西，析泉水注之"。南源的析泉水，虽和北源并向东南流，水道始终在西，到达源头镇，以地势转向东北同它汇合，照北源路线方向看，自然可以说是"又西"。

就潍水北源证箕县方位，应为莒县北部地带。箕山既在县区以内，境域似应包括附近的徕庄镇、东莞镇、荼沟镇、潍阳、大山、石岗、李家山、响场诸地，或扩至沂水县东北边部。具体分析有以下根据：

《汉书·地理志》析泉下本注，说析泉水至箕入潍，以今图证之，地在响场，响场当为箕地。《太平寰宇记》说东汉箕县并入东莞县。西汉东莞县境，多在沂水地带，东汉徙治莒县北乡，中心区为今日的东莞镇和东莞村，正在潍水北源上游以东，和箕山甚近，与《隋书·地理志》"东莞县有箕山"正合。这就得出三个重点：一为箕山，一为响场，一为东莞镇，都在箕县境内，上文便是由三个重点推测出来的。

东莞镇南接李家山，又南为荼沟镇，再南就是响场，都为潍水北源流域。所谓箕县故城，当在这几个乡镇的潍水东南方向找，若再往北往南，就不合于《水经注》了。荼沟镇区地面平坦，又为县中交通重点，有县治条件。再看潍水经流曲折，只有荼沟镇区，能合于《水经注》"径箕县故城西"的形势，要找这个故城，似乎它是一个比较合理的地方。如果不是，东莞镇到响场不过三十华里，说笼统一点，也当在这三十华里以内。

过去对箕县故城址略分三说：一谓在莒县东北，《太平寰宇记》和《续山东考古录》如此；一谓在莒县西北，《沂州府志》如此，《齐乘》略与相近；一谓在莒县北部，《重修莒志》如此。第一说的东北，乃据《水经注》"东北径箕县故城西"推测，"东北"既为"东南"之误，说难成立；第二说与《水经注》潍水的远近，距离悬殊，无法径城南而过，可以不论；第三说较为正确，惜未指实其地。现在考证的虽须实地勘查再定，只是这个方位，不会有多大出入。

为查考便利，姑据1935年《重修莒志》二十六万分之一的地图，将北部潍水两流区域一部分绘后，该县因与邻县分并，区域更变，新图简略难用，旧图今亦有所删节。

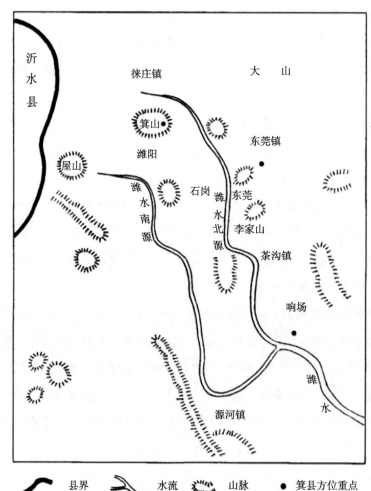

沂水县

徕庄镇

大山

箕山

潍阳

东莞镇

屋山

石岗

潍水南源

潍水北源

东莞

李家山

茶沟镇

响场

潍水

源河镇

━━ 县界　〰〰 水流　🌀 山脉　● 箕县方位重点

附注：图内潍水南源左右，类为汉析泉县境。

（三）

汉代箕县方位既经确定，就可讨论前面提出的第一个问题。

问题是：殷、周两代的纪国，是否就在箕县一带？现分以下几项来说：

第一，箕县在淄潍流域，占据潍水上游，当时毗连区域是一系列的姜姓统治国家。莒县北邻安丘，周代姜姓的淳于国在此。（暂照旧县区说，下同。）西北接近临朐，为姜姓莱国都城所在，莱与各国交错，包括安丘、高密、平度、博山，又毗连益都、临淄、寿光诸地，一广大区域复有两个姜姓的齐国和纪国。总起来看，一条淄水，一条潍水，它们的流域以及中间地带可以说完全是姜姓国家。在这些国家的东南潍水区内，有一箕地连成一片。"箕"又和"曩"相同，曩为姜姓，很自然地可以说曩是姜姓统治集团的一员。它包括三个条件：一为名称，一为地理，一为姓氏，合而假定箕县一带为古代曩国所在。

第二，莒县东北诸城、安丘地带也是潍水流域，周代却插上一个姒姓杞国，这并不足异。夏代淄、潍区域为姒姓及土著争夺重心，商代姒姓衰微了，逐渐由姜姓统治者代替，直到周代。杞在商王朝服务的封地在河南杞县，未被姜姓占领的老根据地却在诸城、安丘地带，幸而苟存。到达西周后期，杞在河南站不住，又跑回山东老家，便为春秋时的杞。姜姓国家虽以淄潍为中心，势不可能全受两水限制。曩国地处莒县北部，南部即有一个姜姓向国。《太平寰宇记》说故城在莒县南七十里，庄述《向城考》谓，为莒南大店镇西南三里许南城、西城等地。春秋鲁隐公四年，向为莒国吞并，先前和莒北曩国统是一个体系的姜姓国家，却在潍水范围以南。中间插上的莒国，故书有嬴姓、己姓两说，殆经两姓统治，各据一姓著录，总之不是姜姓。插入在后，并未淆乱姜姓原来的统治区域。《汉书·地理志》说莒子起于计斤，后徙莒。《水经注》说起于莒南赣榆县西。它到莒地因婚姻关系，初时未把向国全部吞并，后因向女跑回母家，才一怒灭向。在莒国插入以前，曩、向两国疆域，彼此当相毗邻，推知姜姓统治集团在山东东南部，不但发展到莒北，并且到莒南，更证实曩为其中一员的假定。

第三，春秋时期的曩国，约在莒国以北，莱国东南，淳于和杞的西南，处于山东东南僻远的山区地带。那时莱国对象为齐，无力侵略他国，淳于地小微弱，杞仅苟延残喘，只有一个莒国，好兴风作浪，又好参加大战役，能为曩患。但是它在北方东方不被注意，仅于隐公四年伐杞取牟娄，也只是一次，北方则无所闻。曩国那时还存在，《春秋》经传记莒事颇详，如吞并曩国，定有记载，和伐杞取向一样，但是没有。没有也不能专靠经传，这批異国铜器本身就是见证。大抵異非膏腴地带，先时莒从外来，或已占领大部異地，剩余山区由彼自保，别于他处扬威。

第四，上面只说春秋情况，是否春秋以前的西周甚至殷代也是如此？先后異国疆域，绝不可能限于汉代箕县县境。箕县只能说明它的方位所在，东西南北到达何处，现在无法知道，至少南部一部分国土，后时可能被莒国占领。周代大规模争夺，小国在纷争圈内的才见于经传，其中没有異国，正显示不在纷争圈内。既然如此，殷代及西周的異国在这一带不会有多大改变，但也不会和春秋时期一样绝无改变。

第五，有人可能会问：春秋时異国邻近的国家都见于经传，为什么異无所闻？这个"见"，除莒国喜欢惹事，其余若杞、若淳于、若向，都是被侵略吞并才"见"的，異国如无同样情况，就可以不"见"，"见"不"见"并不是異国有无的决定条件。山东在春秋战国时期唯一的侵略都头是齐国，它把莱国吞并以后，就很容易就近向东南一伸手，把異国抓去，但是没有。有什么证据？齐国的长城从春秋修起，到战国中期逐渐完成。按旧地名说，它从泰山北岗而东，由穆陵关至莒县太平山、高柘山转入诸城，至胶县入海，遗址多能勘出。莒县界内的长城，位处极北，恰好異国在它以南，未被包入长城以内，证知未为齐灭。在齐一贯的蚕食政策下，異国居然存在，更无论附近其他小国。

第六，殷、周異国能通过春秋，但在什么时候灭亡？大体江淮以北地带，春秋末期属吴王夫差势力范围，越灭吴后，楚便乘机东侵，广地至泗上，那时是楚惠王。他儿子简王在元年又扩大侵略，《楚世家》谓"北伐灭莒"。莒之灭，在周考王十年，为公元前431年。它的北邻異国，不会再有挣扎余地，就能一齐为楚所灭。有什么证据？齐长城先修西段，后修东段，更后全部连起来，城北为齐，城南为楚，莒县长城以南的異地，当然为楚所有，大概就是灭莒那年灭異的。前谓異国亡于战国初期，即由此推断，历来从未发现纯粹战国式的曩器，也可证明。

第七，箕县境内有箕山，《太平寰宇记》谓"盖因山为名"。这样，箕地是否就是曩国旧壤，从以得名？一个小山，本不足以构成县名。过去一般地名通例，凡是全部以山水为名的，类加山水字样，如山东的兰山县、沂水县等；若是依照山水方位为名，则附加其方位，如山东的莱阳县、济阳县等。先后县名变迁虽多，但是箕县县名并没经过改变，若由箕山得名，应称箕山县，而不应只称箕。《寰宇记》仅说为"盖"，乃揣测之词，不足为据。

综上七项，是我假定古代曩国在莒县北部的理由，也是对前面提出的第一个问题的解答。这个北部，只能说为曩国方位，并不包括先后疆域变迁。其中起主导作用的为第一项，其余有属于解释的，有属于旁证的，现虽不能完全肯定，总算是一个比较合理的曩国地点。

原由山东人民出版社1960年出版，收入本文集时内容有删节。

王献唐，山东大学、武汉大学教授，古文字、古文献研究和收藏专家，原山东省图书馆馆长，曾任故宫博物院研究员、山东省文物管理委员会副主任。

烟台市上夼村出土异国铜器

山东省烟台地区文物管理委员会

1969 年 11 月在烟台市上夼村东河旁黄土台地上，因基建工程破坏了一座古墓。我们进行了抢救。墓室大部被破坏，遗物仅存铜器。两件铜鼎有铭文，证明是异国器。现将全部资料介绍如下。

上夼村异国墓位于市区南部山脚下河旁黄土台地上（图一），因市区不断扩大，已看不出原来的自然面貌。据说四十年前在此墓北部不远的地方曾出过四十多件铜器，这批铜器当时被售往外地。

图一 墓葬位置示意图

墓室顶部与部分底部被破坏。可看出墓室长4.1米、宽2.8米、深3.6米，方向88°（即北偏西2°）。室内一棺，长2.8米、宽1.1米、高1米。棺木已朽，仅余灰痕，可看出系用边长约20厘米方形木条构成。棺底有4厘米厚的黑色灰烬，质地松软，可能为殉葬衣物遗存。墓底东部遭破坏，随葬铜器发现于这个位置，应是人架头部。在剩余的棺底部分未见尸骨痕迹。棺底有腰坑，长1.45米、宽0.69米、深0.25米。腰坑西头出土陶豆一、石环二及犬齿数枚，南壁出砺石一件。从灰层痕迹看，砺石原在棺中。（图二）

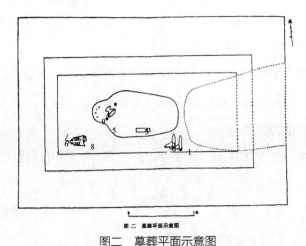

图二 墓葬平面示意图

1、2.铜戈 3.砺石 4.陶豆 5.石环 6.鱼钩 7.铜钟 8.铃 9.犬牙

图三 铜鼎铭文拓片

1.异侯鼎 2.己华父鼎

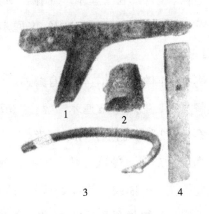

图四

1.铜戈 2.铜铃 3.铜鱼钩 4.砺石

出土铜器中，鼎二、壶一、匜一件出于东头破坏部分，其他还有戈二、钟、铃、鱼钩各一件。

曩侯鼎　通高 20.4 厘米，口径 24.3 厘米。立耳，折沿，蹄足，腹饰重环纹一周，底及足部有修补痕和烟炱痕。腹内壁铸铭文四行二十二字（重文二字）："曩侯易弟叟鬲或，弟叟作宝鼎，其万年子₌孙₌永保用。"（图三，1）

己华父鼎　通高 27.7 厘米，口径 29 厘米。形制与曩侯鼎同，腹饰弦纹两道。腹底经过修补，有烟炱痕。腹内壁铸铭文二行十二字（重文二字）："己华父作宝鼎，子₌孙₌永用。"（图三，2）

三角纹壶　2 件，形制花纹相同。一高 43.5 厘米，一高 34.3 厘米。侈口、细颈，鼓腹，凹底，肩有双环耳。颈部及肩部各饰弦纹一道。腹至肩饰三层三角纹，填以紧密的竖线。

匜　1 件。高 16.3 厘米，通长 29 厘米。口沿下饰目窃曲纹，四蹄足，兽首鋬。

钟　1 件。通高 20 厘米，最大径 9.3 厘米。素面，枚有脱落。

铃　1 件。高 3.5 厘米，宽 3 厘米，钮残。（图四，2）

鱼钩　1 件。长 7 厘米。（图四，3）

戈　2 件，形制相同。通长 28 厘米。胡较长，四穿，内部一穿。锋稍残。（图四，1）。

砺石　1 件。有孔，一端有磨损。长 17.8 厘米。（图四，4）

陶豆　1 件。高 13 厘米，盘径 16.7 厘米，圈足径 11 厘米。

石环　2 件。已残，径 3 厘米。

烟台上夼出土的这几件曩国器，就其形制纹饰看，属西周晚期至春秋初期。重环纹、窃曲纹、鳞纹等都是西周晚期常见的花纹。只有壶的纹饰较为少见。鼎的形制与颂鼎三件（《集成》02827、02828、02829），上村岭虢国墓地出土的铜鼎，①陕西岐山董家村西周铜器窖穴出土的重环纹鼎、庙朕鼎均相似。②三角纹壶与湖北随县出土的曾国三角纹壶相同。③有同志认为："这件器物（指曾国三角纹壶——编者注）的风格与中原迥异，具有浓厚的地方色彩。根据其造型纹饰看，像是模仿鱼篓之类的东西。"④意味着是半岛沿海的特有纹饰。此处出土的三角纹壶与湖北曾国墓出土的铜壶如出一模，说明当时沿海与内地在文化上是有密切联系的。

湖北随县曾国铜器因"与黄国的铜器并存，而黄国于春秋僖公十二年（公元前648年）灭于楚，可见这批铜器的年代，至迟不跨过春秋初年"。⑤陕西岐山县董家村出土的重环纹鼎、此鼎、庙朕鼎等定于西周厉、宣王时期。⑥

齐灭纪（即己），⑦《左传》载为鲁庄公四年。烟台市曩国墓的年代，约在西周厉、宣时期，最晚不过鲁庄公四年（公元前690年）。

烟台地区出土了曩、己国器，更加证明曩、纪、己实为一国。

烟台地区自新中国成立以来，出土了三批曩（己）国器。

1951年黄县灰城出土了八件曩国器，计盨四，盘、匜、鬲、鼎各一件。鼎、鬲无铭，其余六件均有铭。这批铜器属春秋早期，系墓葬出土。见王献唐《黄县曩器》一书。

1969年烟台市出土的这座曩国墓葬，是迄今为止发现的我国最东部的曩国器墓葬。

1975年莱阳县前河前村出土了八件己国器，计鼎二、壶二、甗一、盘一、

① 中国科学院考古研究所编著：《上村岭虢国墓地》图版拾伍，2、3，科学出版社1959年版。

② 庞怀清等：《陕西省岐山县董家村西周铜器窖穴发掘简报》，《文物》1976年第5期，图版肆。

③ 鄂兵：《湖北随县发现曾国铜器》，《文物》1973年第5期。

④ 齐文涛：《概述近年来山东出土的商周青铜器》，《文物》1972年第5期。

⑤ 鄂兵：《湖北随县发现曾国铜器》，《文物》1973年第5期。

⑥ 庞怀清：《陕西省岐山县董家村西周铜器窖穴发掘简报》，《文物》1976年第5期。

⑦ 郭沫若：《两周金文辞大系图录考释》，科学出版社2002年版，第199页。

匜一，另一件残成碎片，器形无法辨认。经现场调查，发现该处也是座被破坏的墓葬。其中一壶一甗有铭，壶铭在圈足内，文作："已侯作眉寿壶，使小臣□津永宝用。"甗铭残缺不可识。从该器形制看，为西周中期器，这个地点在胶东半岛的南部，五龙河下游河西岸，为西周墓葬区，早年曾出土有早期器。

这三批異、己国器，地点不同，年代也有早晚之分。现提出个人对異、己的一些看法，供作参考。

1. 关于異、己和纪的问题

上夼村異国墓两鼎铭文一作"異侯"，一作"己华父"。两器同出一墓，应系一人之器，即墓主名叟，号华父。当然也有可能己华父是異叟的长辈，但从鼎的形制看，无甚差别。不管怎样，同是一个家族是不成问题的。证明異、己本系一国之称。究其写法不同的原因，大概有以下两点：一是作器不是同时，书写不是一人，如两铭文中的鼎、宝写法都不同。二是当时书写无定形，书体较为随便。

《山东金文集存》主张異国即纪国。郭沫若也认为異国即纪国。[1]《海外中国铜器图录》作者认为，国族分合迁徙，称名往往先后不同。并举例认为纪国最早见于卜辞作 ，金文第一期（殷、周初）作 、 ，第二期（西周）作己，第三期（春秋）作異。《黄县異器》则认为異、纪为两个国家，纪国作己，異国作 、作 、作異。实物证明，王氏的看法是不正解的。

文献记载只见纪国，不见己国。金文只见 、 、己国，不见纪国。此中原因何在呢？

能证明纪国即己国的实物有"己侯钟"，此钟出土于寿光县南三十里的"纪侯台"，《积古斋钟鼎彝器款识》和《寿光县志》都有记载。《左传·隐公元年》"纪人伐夷"，杜注："纪国在东莞剧县。"《齐乘》云："寿光城南三十里，春秋之纪国即剧城也。"实物与文献互补，可以确证此处为纪（即己）国都城

---

① 郭沫若：《两周金文辞大系图录考释》，科学出版社 2002 年版，第 199 页。

所在。

王献唐先生对己和纪的关系做了详细的考证，他的结论是正确的。他说："其实己是纪的初文。《方言》：'纪，绪也。'卜辞己作𝕊、作𝕖，金文作乙、作𝕊，都像一根弯曲的丝绪，正是纪字。十干中戊己之己，无法为造专字，同音借己为用，久假不归，别造纪字当丝绪之己。殷代卜辞、金文无纪体，西周及春秋金文亦无纪体。……字殆战国时造。经传纪国的纪体，系用战国后出字。"[①]

以上资料证实，殷、周时期的曩、己、纪实系一国之称。

2.关于曩、己国的地望问题

这个问题过去各家曾有过不同的看法，归纳起来可以分为三种观点：一种认为曩国始终在今山东东南部莒县一带，一种认为在北方燕地一带，一种认为在山西西部蒲县一带。主张最后一说的还认为三个地点代表着三个不同的时期。[②]

曹定云同志在《"亚其"考》一文中根据安阳殷墟发现的"妇好"墓中出土的"亚其"器及多方面的资料，进行了研究对比，总结出殷代早期的"亚其"封地在山西西部蒲县东北古箕城一带，殷代晚期的曩国地望在周代北方的燕地一带，春秋曩国的地望在今山东东南部莒县一带。

但春秋曩国的地望，从目前已知的出土的己、曩器看，应在今山东寿光县南三十里的"纪侯台"一带，时间应包括西周至春秋初期。

原载《考古》1983 年第 4 期。

撰稿单位：山东省烟台地区文物管理委员会；执笔者：李步青。

① 王献唐：《黄县曩器》，山东人民出版社 1960 年版，第 72 页。
② 曹定云：《"亚其"考》，《文物集刊》（2），文物出版社 1980 年版。

山东寿光县新发现一批纪国铜器

贾效孔

1983 年 12 月 13 日，山东省寿光县古城公社古城一大队社员在"益都侯城"故址内挖井，发现一批铜器和其他遗物。我馆 14 日派人赴现场调查，收集了出土文物，并作了进一步清理。出土铜器共 64 件，其中有铭文的 19 件；共存的还有陶器 9 件，玉器 4 件，卜骨 2 片，蚌饰 12 件。

现将调查结果及有关资料报道如下。

一

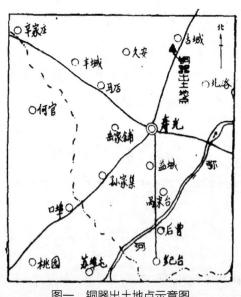

图一　铜器出土地点示意图

益都侯城故址位于寿光城北 10 公里（图一），羊（角沟）益（都）公路纵贯其中，为古城人民公社所在地。《寿光县志》记载："《汉书·王子侯表》载，武帝元朔二年封菑川懿王子胡为益都侯，即此。故俗相沿曰王胡城。"此地习称王古城，现在简称古城。

故址范围内汉代瓦砾遍地，俯拾皆是。地表以下 1.5—2 米为汉代文化层，其下是淤积土。据当地群众反映，故址内过去曾出土过汉代铜洗，铜、石钱范以及"大布黄千"古币等。此次铜器发现于故址中部偏西处，距地表深 3.5 米的一个长方形竖坑内。由于挖井扰动严重，坑边不太清晰。以残迹观察，坑东西长约 1.8 米、南北宽约 1.2 米、深约 0.6 米。周围为黄沙淤积土。坑壁为黑黏土，似经夯打，较坚硬，厚约 10 厘米。内壁涂一层粉红膏泥，很软，厚约 3—5 毫米。底铺 30—40 厘米厚的粗沙。

器物放置情况大致如下：酒器、兵器等在西侧，南北排列。北起顺序为罍、Ⅰ式提梁卣、Ⅱ式提梁卣。三件铜刀置于Ⅱ式提梁卣南侧，柄北锋南，由东至西顺序为Ⅰ式、Ⅱ式、Ⅲ式。戈在铜刀东北侧，内北援南，东西排列顺序为Ⅰ式、Ⅱ式曲内歧冠戈，Ⅰ式、Ⅱ式銎内戈。矛在铜刀西北侧，矛叶向南，东西排列。镞在矛西侧，出土时每三个锈在一起。罍东为斝，西为Ⅰ式尊，斝南侧为Ⅱ式尊。五爵间隔均匀地置于Ⅰ式提梁卣周围，流皆向外。Ⅱ式提梁卣东侧有二觚，西侧有一觚。两片卜骨搁于罍口沿和Ⅰ式提梁卣提梁上。玉戈置于Ⅰ式提梁卣盖西侧，三件柄形器在玉戈南侧东西向排列。陶器居中，自北而南一线排列，北起顺序为甗、盆、罐、鼎、尊形器，尊、爵位于上述五器中间偏西。以上情况均由一大队社员根据回忆提供。盛器、蒸煮器在东侧，自北而南一线排列，器间距离甚小，北起顺序为簋、甗、Ⅲ式鼎、Ⅱ式鼎、Ⅰ式鼎。所有器皿口均向上，未发现倾斜或倒置的。蚌饰在Ⅱ式鼎东侧分两行南北向排列。

二

出土器物主要是铜器和陶器。介绍如下。

（一）铜器

这批铜器，形制庄重、浑厚、大方。有的范铸痕迹清晰，有的器物经过修补。有几件器皿有锈蚀孔洞。由于非正式发掘，有些器壁较薄的在发现过程中被砸成碎片，已难以复原。因此，一部分器物的线图或者纹饰拓片在本文中只好付诸阙如。

鼎　5件。分三式。

Ⅰ式1件。大口，方唇，沿面略内倾，立耳，圆腹，圜底，圆柱形足。口沿下饰饕餮纹三组，扉棱六条（三条作饕餮鼻梁，三条作隔梁），云雷纹地。沿下腹内铸阴铭"己𣝀"，铭文位于两耳之间，与一足相对应。腹、足部有烟炱迹。腹内尚存畜类脊椎、肋骨9块，均呈绿色。通高33.4厘米、口径28厘米。（图版壹：1；图二：1）。

Ⅱ式2件。成对，形制相同。方唇，沿面略内倾，立耳，圆腹直壁，圜底，圆柱形足。腹饰夔纹、饕餮纹各三组，扉棱六条（三条作饕餮鼻梁，三条作隔梁）；夔纹每组四夔，头向皆对一扉棱；云雷纹地。其中一件的一足根部经过修补，足根及腹内各附一铜片，将腹壁夹于中间，焊接牢固。底部皆有11×11厘米的方格痕迹，系范铸痕。二鼎腹、足部均有烟熏迹。沿下腹内皆铸阴铭"己𣝀"，铭文位于两耳之间，与一足相对应。腹内皆有畜类脊椎、肋骨，一件9块，一件13块，均呈绿色。通高23.6厘米、口径17.8厘米。（图版壹：2；图二：2）

Ⅲ式2件。成对，形制相同。口微敛，方唇，沿面略内倾，立耳，腹微鼓，分裆，圆柱形足。口

图二　铜器铭文拓片

1. Ⅰ式鼎　2. Ⅱ式鼎　3. Ⅲ式鼎　4. 甗

沿下饰一周云雷纹，腹部正对三足处饰饕餮纹三组，云雷纹地。沿下腹内皆铸阴铭，一件为"ㄥ林"，一件为"s林"，铭文位于两耳之间，与一足相对应。二鼎腹、足部均有较厚的灰垢。腹内皆有畜类脊椎、肋骨，一件7块，一件11块，均呈绿色。通高19.2厘米、口径14.8厘米。（图版壹：3；图二：3）。

　　甗　1件。甑鬲连体。上部甑立耳，侈口，尖唇，深腹，束腰；下体鬲分裆，圆柱形足。腹内侧有隔，用以承箅。箅作心形，箅孔作"十"字形，一端有钮，便于提放。沿下腹内铸阴铭"林"，铭文位于两耳之间，与一足相对应。腹、足部有烟炱迹。一足外侧有席纹痕，纹理清晰可辨。通高34.2厘米、口径20厘米。（图版壹：4；图二：4）。

1　Ⅰ式鼎　　　　2　Ⅱ式鼎　　　　3　Ⅲ式鼎　　　　4　甗

图版壹　山东寿光县新发现的纪国铜器

　　簋　1件。侈口，束颈，垂腹，腹两侧置对称的兽头半圆形耳，平底，圈足，无珥。口沿下饰蕉叶纹一周，颈部两侧各有一个突起的兽头，兽头两侧各饰二夔，夔头均朝向兽头。腹部两面各饰一组饕餮纹，每组中间各有一窄棱作鼻梁。圈足部饰夔纹二组，每组四夔，中间有一扉棱，夔头皆朝向扉棱。通体以云雷纹为地。高15.6厘米、口径20厘米、底径16.2厘米。

　　爵　5件。形制相同。1件完整，4件残。窄流尖尾，流高于尾，两柱呈伞状，立于流鋬之间的口沿上，兽首半圆形鋬，圆腹，圜底，三棱体足。柱顶饰涡纹，腹饰饕餮纹二组，一组以窄棱作鼻梁，一组以鋬作鼻梁，云雷纹地。5件爵的鋬内器腹上皆在长方框内铸阴铭"ㄥ林"。通高21厘米、流尾间相距

18 厘米。

觚 3件。1件能复原，2件仅存圈足座。能复原的1件口呈喇叭状，平底，圈足座较高。腹、足部各饰凸弦纹二周，腹部饰扉棱二条，对称的乳钉纹四个，云雷纹一周；足部饰云雷纹一周并有乳钉纹四个。通体被绿锈覆盖，纹饰模糊不清。高20.5厘米、口径12.5厘米。残的2件，1件与上件同，1件为高圈足座，座上部饰凸弦纹二周，其下仅能辨出两条倒夔构成的饕餮纹。3件觚圈足内侧皆铸阴铭"己蓏"。

提梁卣 2件。1件腹椭圆外鼓，圈足座，腹上两侧各有半圆形鼻。拱形盖，盖上握手已锈掉。提梁为绳索形，两端呈环状与鼻相套合。盖与器子母口扣合，因锈蚀已不能开启。腹上部两面各有一突起的兽头，兽头两侧各饰二夔，夔头均朝向兽头。腹部两面各饰一组饕餮纹。圈足两面中间各有一扉棱，扉棱两侧各饰二夔，夔头均朝向扉棱。通梁高31.8厘米。另1件器较小，形制、纹饰与前件同。盖下端两面中间各有一窄棱，棱两侧各饰二夔，夔头均朝向窄棱。圈足内侧铸阴铭"己蓏"，通梁高18.5厘米。

尊 2件。皆残，分二式。

Ⅰ式1件。残，能复原。口呈喇叭状，方唇，腹微鼓，圜底，高圈足。腹中部、足上部各有凸弦纹二周，腹部饰饕餮纹二组，扉棱四条（二条作饕餮鼻梁，二条作隔梁），云雷纹地。圈足饰一周云雷纹带。通体被绿锈覆盖，纹饰模糊不清。器底有12×12厘米的方格痕迹，系范铸痕。圈足内侧铸阴铭"己蓏"。高28厘米、口径23厘米。

Ⅱ式1件。喇叭口，束颈，折肩，腹内收，平底，圈足。肩部饰对称的三兽头，兽头中间各饰一组饕餮纹。肩下端饰夔纹三组，每组四夔，夔头皆朝向扉棱。腹、足部各饰饕餮纹三组，扉棱三条，每组饕餮纹两侧各有一倒夔。此器锈蚀严重，腹部锈透孔洞三个。足部被绿锈覆盖，纹饰模糊不清。高26厘米、口径24.5厘米。

涡纹罍 1件。方唇，束颈，溜肩，最大腹径偏于肩腹交接处，小平底，矮圈足。肩部有对称的两个兽耳衔环，腹下部一侧饰兽首鼻。颈部有凸弦纹二周；肩部饰对称的圆涡纹六个，前后二涡纹两侧及两耳左右各饰一组饕餮纹，云雷纹地；腹上部饰凹弦纹一周；圈足饰云雷纹一周。高 42.5 厘米、口径 18.5 厘米。

斝　1件。侈口，尖唇，蘑菇状柱，束颈，分档鬲状腹，椭圆形足。颈、腹部正对一足有兽首半圆形带状鋬。柱顶端饰涡纹，腹饰一周六组对角雷纹。通高 34 厘米、口径 19.5 厘米。

斗　2件。斗孔圆形，平底，柄扁平，中间有脊。1件斗深 4.8 厘米、口径 4.8 厘米、通长 23.9 厘米。另一件柄残，斗深 3.2 厘米、口径 3 厘米。

戈　10件。皆残损断折，能判明式别的有：

銎内戈 2件。分二式：

Ⅰ式 1件。直援，两面刃，前端锋利，呈三角形，有脊。胡残。椭圆銎，銎内有朽木痕。长方形内。通长 24.2 厘米、援长 18.2 厘米。

Ⅱ式 1件。援略呈弧形，前锋呈舌形，两面刃，有脊。胡残。椭圆銎，銎内有朽木痕。长方形内。通长 21 厘米、援长 16.2 厘米。

曲内歧冠戈 8件。分二式：

Ⅰ式 4件。均残，1件能复原。直援，两面刃，前端近三角形，内后端作鸟形，钩喙下弯，形成下缘，歧冠伸至缘外。援部有革制戈鞘痕，皮革纹理清晰。通长 27.8 厘米、援长 20 厘米。

Ⅱ式 4件。均残，1件能复原。薄叶，直援，两面刃，有脊，内后端作鸟形，内上有阴线纹。通长 29.8 厘米、援长 19.2 厘米。

矛　4件。均残，1件能复原。矛叶近三角形，中部起脊，叶底有双孔。椭圆形銎，銎身较长。脊部饰三角纹、倒置兽面纹，有桃形血槽。长 24.6 厘米。（图三：1）

镞　15件。4件完整，11件残。双翼式，身有脊，中脊断面呈菱形。左右两叶为刃，向前聚成前锋，向后形成倒刺。圆柱形长铤上粗下细。通长 6.1 厘米。

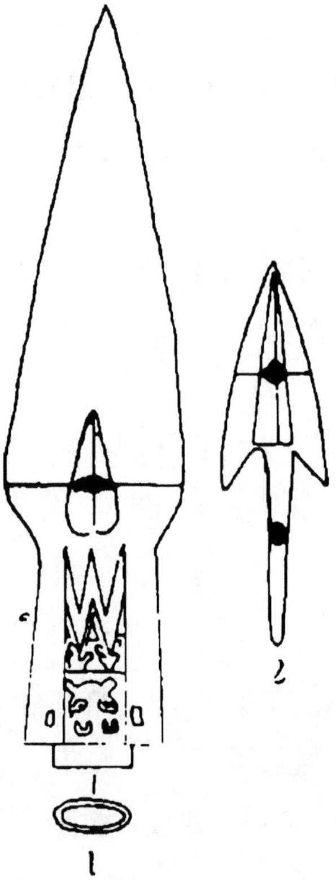

图三 1. 铜矛 2. 铜镞

（图三：2）

刀 3件。分三式：

Ⅰ式1件。长条形，刃部较平，前锋上翘。背部三銎，銎内有朽木痕。刀片长41.3厘米、宽5.8厘米、背厚0.3厘米。（图四：1）

Ⅱ式1件。不规则长条形，刀柄与刀片有明显分界。刃中部微呈凹形，或为使用磨损所致。前端上翘。刀柄长10.2厘米、厚0.7厘米，刀片长30厘米、背厚0.9厘米。（图四：2）

Ⅲ式1件。不规则长条形，刀片与刀柄有明显分界。锋端由刃向背方上斜。柄中间厚，两边薄，末端做环状。柄长11.2厘米、宽2厘米、中间厚0.7厘米，刀片长19.6厘米、宽4.4厘米、背厚0.5厘米。靠近背部铸阳铭“ꝛ”。（图四：3）

锛 2件。分二式。

Ⅰ式1件。扁平长条形，平顶，弧形两面刃，长方形銎。两侧有铸缝。銎内有朽木痕。靠近銎铸阳铭“ꝛ”。长11.4厘米、

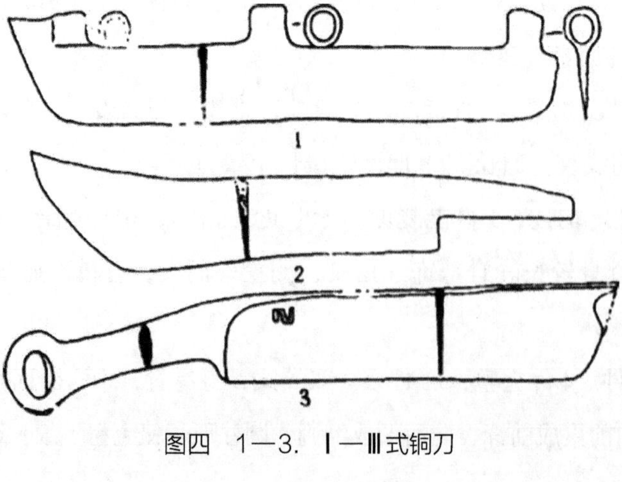

图四 1—3. Ⅰ—Ⅲ式铜刀

刃宽 3.6 厘米、銎径 4.2×1.4 厘米。(图五：1)

Ⅱ式 1 件。扁平长条形，平顶，单面刃，刃残，长方形銎，銎内有朽木痕。靠近銎铸阳铭"2"，其下饰"十"字形纹。长 10.8 厘米、刃宽 3 厘米、銎径 3.2×1.3 厘米。(图五：2)

图五　铜锛拓片
1. Ⅰ式　2. Ⅱ式

凿　1 件。细长条形，平顶，单面刃，方銎，銎内有朽木痕。长 12.8 厘米、刃宽 1.2 厘米、銎径 1.3×1.1 厘米。

铃　6 件。均残缺。可分二式。

Ⅰ式 4 件。凹口，平顶，半环状梁，铃身两侧各有一条扉棱。顶内侧铸一环，与舌上端的环相套合。舌做棒槌状，稍长于身。铃身两面各饰倒置的兽面纹一组。通高 6.5 厘米。

Ⅱ式 2 件。形体瘦长，平口，无顶，身两侧各有一条扉棱，半环状梁置于二扉棱上端。身两面各饰倒置的兽面纹一组。通高 5.5 厘米。

（二）陶器

这批陶器多数是夹砂褐陶，器物内、外壁为褐色，陶胎内层呈黑色。

鼎　1件。残，已复原。立耳，上端内倾，方唇，深腹，圜底，圆柱形足。素面。仿铜器作风很浓。腹部一侧附着扁豆粒大的铜锈块。通高22.4厘米、口径16.4厘米。

甗　1件。残，已复原。甑鬲合体，侈口，深腹，束腰，下体为分裆鬲。通体饰绳纹。高36.7厘米、口径29厘米。

盆　1件。残，已复原。敞口，圆唇，腹稍外鼓，小平底。口沿下饰绳纹一周，腹部有三组稀疏的绳纹。底部黏附一块枣子大的铜锈块。高10.4厘米、口径33.5厘米。

罐　1件。残，已复原。侈口，矮领，溜肩，最大腹径偏于肩腹交接处，小平底。肩腹交接处有对称的二横鼻。肩、腹部各有不规则的刻划纹两周，肩部刻划纹之间有三角形纹共十五组。底部黏附一块桃核大的铜锈块。高26.3厘米、口径14厘米。

爵　1件。残，已复原。短流，尖尾，尾高于流，两伞状柱立于流、尾中间口沿上，半圆形鋬，深腹，圜底，三棱形足。手制泥质黑陶，器表用刀类刮过的小平面清晰可见。通高15.8厘米、流尾间相距14.2厘米。

尊　1件。残，已复原。方唇，喇叭口，扁圆腹，平底，圈足。素面。泥质褐陶，陶胎中层呈灰色。此器较小，应为明器。高12.8厘米、口径10.6厘米。

尊形器　1件。残，已复原。喇叭口，尖唇，深腹，平底，高圈足座。腹部饰六周不规则的刻划纹。最下两周之间饰不规则的刻划斜纹一周。高26.3厘米、口径18.4厘米。

器盖　2件。残，已复原。形制相同。苇笠状，杵形柄。周边稍薄，边缘上方有一周凸棱。表面饰绳纹，靠近边缘饰方格纹。泥质红陶。因与铜器接触，器表密布铜锈斑点。高 9.5 厘米、径 22.8 厘米。

（三）其他

玉戈　1 件。玉质较细，深绿色，有绿、红天然纹理。直援，上下有刃，前锋呈三角形，援后部有一圆穿。中间起脊，脊线由锋贯至内。内较短，后缘稍斜，有安柲痕。通长 13.6 厘米、宽 4.4 厘米。

玉柄形器　3 件。扁平长条形，形制略有差异。分二式：

Ⅰ式 2 件。顶部如四阿式屋顶，顶下两侧内收呈弧形，柄下端略窄。1 件琥珀色，有白色天然纹理。柄下端有自然断茬。长 8.7 厘米。另 1 件黄褐色，有白斑。柄下端有短榫。长 8.3 厘米。

Ⅱ式 1 件。琥珀色，玉质细腻。平顶，顶下两侧内收呈弧形，柄下端加工磨光，明显窄于顶端。长 6.2 厘米。

卜骨　2 片。残。系用牛肩胛骨解劈磨制而成，已呈绿色。每件背面各凿长方形窝二排八个，未见灼痕。无卜辞。

蚌饰　12 件。形制相同。皆用蚌壳磨制而成。泡状，周边薄，中间凸起。直径 0.8 厘米。

三

"益都侯城"故址出土的这批铜器，器类较多，造型古朴、庄重，纹饰多为饕餮纹、夔纹、云雷纹、圆涡纹和弦纹，具有商末铜器的基本特征。罍的造型酷似陕西省博物馆保存的商代"聿贝甲罍"[1]，只是"聿贝甲罍"有盖，此器无盖，当为商末之物。觚与爵的形制、纹饰近似河北藁城台西村出土的Ⅲ式铜觚、Ⅲ式铜爵。[2] Ⅱ式铜鼎、Ⅲ式铜鼎的形制接近于殷墟妇好墓的Ⅲ式小型铜

---

① 段绍嘉：《介绍陕西省博物馆的几件青铜器》，《文物》1963 年第 3 期，图版伍：4。

② 河北省文物管理处台西考古队：《河北藁城台西村商代遗址发掘报告》，《文物》1979 年第 6 期，第 42 页，图一四：5、6。

圆鼎（804）和Ⅷ式小型铜分裆鼎（836）。①矛、镞、铃与益都苏埠屯（距古城27公里）一号墓出土的矛、镞、铃如一范所铸。②卣、刀、戈等也具有明显的商代风格。共存的陶器，就造型、花纹观察，也是比较典型的商代遗物，其中的器盖与苏埠屯出土的器盖犹如出自同一匠师之手。

铜器中的一件斝，从形制看是晚商的特征，然而所饰对角雷纹一般认为流行于西周早期。但是我们又注意到《安阳武官村北的一座殷墓》报道的M1：2铜鼎就饰的对角雷纹。③一种纹饰有其萌芽和发展的过程，因此，把饰有对角雷纹的器物统统视为西周遗物的见解，似可进一步探讨。我们认为这批铜器的相对年代似应定在商末。

这批铜器有五鼎、五爵、三觚、二卣、二尊、三刀、十戈、四矛，以及罍、斗、斝、镞、锛、凿、铃等，共存的还有陶器、玉器、卜骨、蚌饰。我们初步认为这是一个奴隶主墓葬的陪葬坑。至于墓主葬处，有待于今后进一步考察。

这批铜器的铭文仅一二个字，正是商代铭文的特点。"己"字见于礼器，也见于工具，应可认为是国名。"䍐""䒑"二字初见，不识，应当是族徽。可能前者是墓主的氏族徽号，后者是另一个氏族的徽号。相邻的不同氏族在通婚等交往中赠送铜器是常有的事情。

"己"即"纪"字。对此字，王献唐先生做过详细考证。他说："其实己是纪的初文。《方言》：'纪，绪也。'卜辞己作己、作己，金文作己、作己，都像一根弯曲的丝绪，正是纪字。十干中戊己之己，无法为造专字，同音借己为用，久假不归，别造纪字当丝绪之己。殷代金文无纪体，西周及春秋金文亦无纪

---

① 中国社会科学院考古研究所编：《殷墟妇好墓》，文物出版社1980年版，图版一〇：2；图版一二：1。

② 山东省博物馆：《山东益都苏埠屯第一号奴隶殉葬墓》，《文物》1972年第8期，第30页。

③ 中国社会科学院考古研究所安阳工作队：《安阳武官村北的一座殷墓》，《考古》1979年第3期，第224页，图一：2。

体。……字殆战国时造。经传纪国的纪体，系用战国后出字。"①

纪国铜器已有不少出土，见于著录的有寿光城南"纪侯台"（今称纪台）出土的"纪侯钟"②，邱辉先生捐献的"纪侯簋"③，莱阳前河前村发现的"纪侯壶"④，在黄县旧城收集的"纪侯鬲"⑤，以及"纪侯貉子簋"⑥等。上述铜器铭文中皆有"己侯"二字，这与纪国侯爵相合，可以断定是封爵之后纪国之器。"益都侯城"出土的这批铜器，只有"己"而无"侯"，我们认为当属封爵之前纪国之器。

原载《文物》1985 年第 3 期。

贾效孔，原山东省寿光博物馆馆长、研究员。

---

① 王献唐:《黄县𣆶器》，山东人民出版社 1960 年版，第 72 页。

② 容庚、张维持:《殷周青铜器通论》，文物出版社 1984 年版，第 75 页。

③ 陈佩芬:《上海博物馆新收集的西周青铜器》，《文物》1981 年第 9 期，第 35 页。

④ 李步青:《山东莱阳县出土己国铜器》，《文物》1983 年第 12 期。

⑤ 李步青:《山东莱阳县出土己国铜器》，《文物》1983 年第 12 期。

⑥ 陈梦家:《西周铜器断代（五）》，《考古学报》1956 年第 3 期。

山东益都苏埠屯第一号奴隶殉葬墓

山东省博物馆

山东省博物馆于 1965—1966 年，派出专人调查了山东省益都县苏埠屯
（村）属于奴隶社会时期的一处墓地，并发掘了四座奴隶殉葬墓。本文发表的
是其中的第一号墓的材料。

一、地理概况

墓地在山东省益都县城东北 20 公里，南距胶济铁路约 4 公里，东距弥河
1.5 公里的苏埠屯（村）东的一个隆起的土岭上。岭高出地面约 5 米。耕土层
以下即到原生土，未见文化层。由于长期取土，在岭中部形成了一条东西沟，
当地称沟北为"北岭"，沟南为"南岭"。一号大墓即位于北岭上。

二、墓的形制

墓室呈长方形，方向北偏西 3°。墓口的西半部已残，南北长 15 米，东西
复原长 10.7 米。墓室底小于墓口，南北 9.45 米，东西 5.9 米。墓深 8.25 米。
共有四条墓道。南墓道上口已残，底呈斜坡形，直达墓室底部。底长 26.1 米，
宽 2.7—3.2 米。西、北、东三条墓道与二层台相通。西、北二墓道作阶梯形，
东墓道未作。西墓道大部分为近代用土挖掉，北墓道为一汉代残墓所破坏，东
墓道为另一商代墓葬所打破。

墓室及墓道内填土全经夯打。夯窝为小"馒头夯"，直径 4 厘米。夯层厚

薄不匀，厚度一般为 4—10 厘米。夯土是用黄砂质土和黑褐色黏土混合夯打而成，故极坚实。黄砂质土为岭上所出，黑褐色黏土是从岭周围的平地上运来，附近的平地一般在耕土下就是这种土质。

墓室四壁及墓道整治光平，似在挖成后又加工刮磨，故未发现挖掘工具痕迹。

墓室中部有"亚"字形椁室。椁用木板构成，板厚 13 厘米，已朽。椁室南北和东西的最大长度均为 4.55 米，椁高 2 米，椁室内早年曾被盗掘，棺及墓主人的骨架被扰乱，仅在椁底尚留有一块长 78 厘米、宽 50 厘米、厚 2—5 厘米的漆皮，应是棺床痕迹。椁的下面铺一层木炭，南北长 5.35 米、东西宽 5.15 米，厚 4—5 厘米。

椁室中部木炭层下有"T"字形"腰坑"，包括一方坑和一长方坑。方坑南北 0.88 米、东西 0.82 米、深 1.05 米。坑内靠西壁有一具侧卧的狗骨架，头北面西。近腹处有一块兽骨，应为狗的饲料遗迹。坑西南角和东南角分别放置一个陶罐和一个陶盆。长方坑东西长 1.88 米、南北宽 0.33—0.43 米、深 0.8 米。内有一个殉葬的奴隶。坑内填土，未经夯打，土质为黄砂质土，内夹有木炭屑。

腰坑下层有一个大方坑，暂名为"奠基坑"。南北长 1.9 米、东西宽 1.8 米、深 3 米，坑底殉一个奴隶。坑内填土，未经夯打，土质为黄砂质土。

椁室的西、北、东三面有熟土二层台，台宽 0.7 米，高 2.2 米，土经夯打，土质内含黑褐色黏土很少。东台南端有两个殉葬坑，西台南端有一个殉葬坑，均有棺。东台南坑长 1.94 米、宽 0.43—0.45 米、深 1.15 米，棺高 0.65 米，内殉二人。北坑长 1.5 米、宽 0.47—0.48 米、深 1.15 米，棺高 0.6 米，内有四个殉葬奴隶。西台殉葬坑长 1.76 米、宽 0.5—0.54 米、深 1.05 米，棺高 0.58 米，内殉一人。

椁室南壁外和南墓道之间有一段甬道，暂名为"门道"。门道南端各有台阶与东、西二层台相通。门道中有三层殉人。门道内的填土是经过夯打的。

三、殉葬情况

这座大墓内共有48个奴隶殉葬和6只狗，还有一只不知名的小兽。现将殉葬情况分别叙述：

（一）腰坑和奠基坑内各有一个殉葬奴隶。其中腰坑内的奴隶头朝西北，仰身斜躺在东北角上，头和上身均被挤碎在北壁上，下肢搭在东壁上，下肢高于上身。膝盖以下的腿骨被折断，像是活着殉葬的。人头南有一个柱洞，径20厘米、深25厘米，尚有朽木痕迹，可能是用来拴这个奴隶的木桩。

"奠基坑"内的奴隶，面向北跪在坑底中央。头微低，下颌脱落，垂于右腋处。右肩上有一骨簪。

（二）二层台上殉葬的奴隶。东台南坑有二人，靠东边的一个，头向南，侧身，右上肢搭在东壁上。西边的一个，头北，上身骨已碎，从后下肢骨看，应为俯身。东台北坑殉葬的奴隶有四个，其中东部一个头骨及上肢骨保存较好，左臂骨上有一个绿松石和金箔镶嵌成的装饰品，右臂弯处有一儿童头骨。西部有一侧身骨架，骨已朽。坑中部有一人头骨，已朽，仅存牙齿。

西台坑内殉葬一个奴隶，头在北部，骨已朽，仅存牙齿，从牙齿看应是儿童。

（三）门道处殉葬奴隶上下叠压三层：

第一层：有一具人骨架，一个人头骨，一具狗的骨架。三者不在一个平面上。从墓室上口计算，人骨架在5.1米深处，人头骨在6.4米深处，狗骨在5.7米深处。人骨架为一儿童，头北俯身。人头骨头顶朝下。狗骨架头向北，伏卧。

第二层：在门道北部近椁处深7.4米的地方，杂乱地放了24个人头骨。有的头骨上还遗留有二三节颈椎骨，可以推断这些奴隶们是在殉葬时被杀死的。人头骨的南边有三个狗骨架都是头向北，东边的两具侧卧，西边的一具为仰身。狗的颈部有朽木痕迹。

第三层：在门道深 8 米处的北部有一排殉人骨架，骨架南部有一具狗骨架。殉人共 13 个，自西而东 1—6 号骨架排列比较整齐，均头向北，俯身，直肢。东半部 7—13 号骨架比较紊乱，像是因门道狭窄而胡乱堆在一起的。七具均为直肢，其中三具（8、9、13 号）头北，俯身；一具（11 号）头南，侧身；仅有一具（12 号）仰身，头北。

骨架身下有席纹的痕迹。有的骨架身上留有朱红痕迹。在 4 号骨架的下肢，有绳索痕迹。在 3、4 号骨架头旁和脚下有谷粒痕迹。5 号骨架头西是一件沾满谷粒痕迹的铜矛残片。人骨未经鉴定，从身材不高（1.1—1.4 米之间）及牙齿和骨骼看，都应为儿童。殉狗侧身，头向北，脚向东，颈下系铃。在狗骨架与西台阶之间有彩绘图案痕迹，人骨架及狗骨架下边也有彩绘痕迹，唯不成形。

另外，在靠近椁室西壁的二层台填土中，尚发现一具啮齿类动物骨架。

四、遗物

此墓早年曾被盗掘，围绕椁室共有三个盗洞直达椁室底部。盗洞长 0.7 米，宽 0.32—0.4 米。椁内全经扰动，看来重要器物已被盗走，仅存小件器物和一些器物的残片。椁室外的器物则得以幸免。

（一）铜器

1. 容器：均放置在椁室内，完整者已被盗走，所余残片不能复原，可看出器形的有鼎、方鼎、斝、爵等。

鼎　残片 3。一件仅存鼎耳，耳立沿上，耳高 4.5 厘米。另一件为口沿，饰云雷纹。还有一柱状鼎足（1：21），饰蕉叶纹。

方鼎　可看出器形者 1 件（1：19），长方体，耳立短边沿上，四角有扉，四柱足。器形不大，腹深 8.5 厘米、鼎耳高 3.6—4.4 厘米、足高 8.5—9 厘米。花纹有夔龙、平乳丁、尖乳丁、圆圈、三角云纹等。

斝　仅存一足（1：91）。高 22 厘米，剖面为菱形，朝外的两面饰夔龙纹，

钺

云雷纹地,有扉。

爵 1件(1:18)。仅存腹部。素面,饰三道凸弦纹。鋬内有铭文。另有足二件,剖面作菱形,朝外的两面饰蕉叶纹。足高10.5厘米。

2.锋刃器:除出土于墓室填土中的两件铜钺和门道第三层殉人的铜矛残片外,余均出于椁室被扰乱的土中。

钺 2件。平放在墓室北壁靠近北墓道口的填土中。装木柄(已朽)。铜钺体形巨大,两面透雕作张口怒目的人面形。直内,双穿,刃部有使用痕迹。可分二式:

Ⅰ式 1件(1:1)。体扁,眉、目、鼻均突起,口稍凹下。刃宽35.8厘米、长31.8厘米、肩宽30.7厘米。(见《文物》1972年第1期,第90页图二二)

Ⅱ式 1件(1:2)。体瘦长,眉、目、耳、鼻、口均突起,两侧有扉,两面各有两个铭文:⬛。右为正写,左为反书。长32.7厘米、刃宽34.5厘米、肩宽23.3厘米。

戈 由残片中可看出器形者有6件,可复原者1件,均出于椁室内扰土,内靠近援处有椭圆形銎,銎上有一条带状突起,直达于锋。内的两面都铸有铭文。标本1:15,背面遗有席纹。全长24.4厘米。

矛 可分二式:

Ⅰ式 数量较多。多为残片,可看出器形者14件,较完整者3件。标本1:29,短筒,筒口椭圆。薄叶,叶作柳叶状。叶中间有桃形血槽。下部饰三角形花纹和倒置的兽面纹。锋残,残长14.8厘米。

Ⅱ式 1件（1：6）。长筒，筒为椭圆形，叶作柳叶形，叶中部有桃形血槽。槽中起脊。通长 20.6 厘米、叶长 10.5 厘米。

镞 计 41 件，出于椁室西部扰土中。可分二式：

Ⅰ式 39 件。标本 1：13，薄叶，燕尾式。中脊起棱，镞锋锐利。长铤。全长 5.4 厘米、脊长 2.7 厘米、两翼长 3.7 厘米、距 1.8 厘米。

Ⅱ式 2 件。与Ⅰ式相仿，只是体形较大，铤较短。全长 5.6 厘米、脊长 3.8 厘米、两翼长 4.6 厘米、距 2.2 厘米。

斧 1 件（1：25）。直銎，銎口已残，凸刃，残长 3.4 厘米、刃宽 4.3 厘米。

锛 2 件。已残。标本 1：23，有铭文。

平斫 1 件（1：92）。刃残，残长 4.7 厘米。纳柄部分表面饰一兽面纹，与浚县辛村 MI 所出者近似。

3. 其他

铃 完整及可复原者 5 件，除 1 件（1：11）出土于门道第三层殉人南部狗骨架的颈部，其余 4 件均出于椁室内扰土中。可分四式：

Ⅰ式 1 件（1：11）。形体瘦长，筒略扁，平口微凹，平顶。顶上有拱形钮，顶内有鼻，衔铃舌。两面各有倒置的兽面纹。通高 9.7 厘米、上顶 3.6×3.2 厘米、下口 5.6×4 厘米。

Ⅱ式 1 件（1：9）。形制基本上与Ⅰ式同，唯体较粗，空顶。通高 10.3 厘米、顶 5.5×3.9 厘米、下口 7.2×5.2 厘米。

Ⅲ式 1 件（1：22）。形制与Ⅱ式同，唯两侧有扉。已残，失钮。高 6.5 厘米。

Ⅳ式 2 件。略同于Ⅰ式。空顶，两侧有扉。标本 1：8，铃身内有铃舌。素面。通高 7 厘米、顶 3.6×2.7 厘米、下口 4.8×3.7 厘米。

蝉纹环 1 件（1：7）。椭圆形，饰两个头顶相对的蝉纹，纹内尚遗有镶嵌的绿松石。外径 4×3.2 厘米、内径 2×1.2 厘米、厚 1.75 厘米。

兽头饰　1件（1：10）。牛头形，两角像五指张开的手掌。背面遗有铜器花纹的印痕，应为铜卣上的饰件。通高5.6厘米。《殷周青铜器通论》图版玖拾所著录的凤纹卣上的饰件与此极为相似。

鸟形铜片　1件（1：27）。长2.9厘米、厚0.15厘米。

花纹铜片　1件（1：62）。已残。两面花纹相同，为涡纹和蕉叶纹。残长7.9厘米、残宽3厘米、厚0.3厘米。

长条形铜片　1件（1：17）。已残，长条形，一面有十字形纹，一端有长条纹突起。宽3.2—4厘米、厚0.2厘米。

提梁　1件（1：93）。已残。宽2.8厘米，饰夔龙纹，云雷纹地。

（二）陶器

除腰坑内的陶盆和陶罐以及门道第三层殉人身下的陶瓿、陶瓠外，其他陶器均出于椁室内扰土中。其中门道第三层殉人身下的陶器，都是碎片，而且是东一块、西一块地分散放置着，像是有意识地打碎后放入的。均为手制。

盆　1件（1：65）。侈口，平底微凹，素领，领下有一周指甲纹，腹部及底部为绳纹。泥质灰褐陶。高23.5厘米、口径27.7厘米、腹径23厘米、厚1厘米。

罐　除腰坑内1件完整外，余皆是出自椁室内的残片。可复原者3件，不能复原者至少还有5件。小口外侈，圆肩，多数为平底微凹，个别作平底。腹部及底部饰绳纹，肩腹相接处饰一条附加堆纹。泥质灰褐陶，火候低，内里土黄色或砖红色。标本1：66，高18.5厘米、口径11.6厘米、厚0.7厘米。

器盖　能看出器形的至少有30件，可复原者15件。形状像一个斗笠。杵柄，单口。纹饰有绳纹、方格纹、菱形纹、篮纹等，除一件为泥质灰陶外，余均泥质红陶。高6.5—11厘米、径21—25厘米。标本1：84，菱形纹，泥质红陶。高9.2厘米、口径23厘米。

瓠　1件（1：68）。口外侈，腹壁近直，圈足较高。腹部近圈足处有二道宽弦纹，圈足上有五道弦纹。泥质灰陶。口残，残高28厘米、腹径6.3厘米、厚 1 厘米。

瓿　1件（1∶67）。敛口，球腹，圜底，圈足，肩部有二竖贯耳。肩部饰一条三角形划纹。圈足上有二道弦纹。泥质灰陶。高 20.8 厘米、口径 16.8 厘米、厚 0.8 厘米。

盘　1件（1∶73）。敞口，口沿与腹壁呈丁字形。折腹。底残，尚能看出圈足痕迹。素面，口沿及腹内各有一道弦纹。泥质黑灰陶，内表黑光，外表黑灰，外口沿处留有刮抹痕迹。残高 9 厘米、口径 28 厘米。

盂　1件（1∶69）。敛口，鼓腹。底残，有流，鋬残。腹壁压磨光滑，有四道弦纹。泥质黑灰陶。残高 13.8 厘米、口径 7 厘米。

杯　1件（1∶90）。敞口，直唇。饰弦纹和划纹。划纹作斜方格。有鋬，底残。黑灰陶。口径 11.2 厘米、残高 4 厘米。

鬲　残片，不能复原。高领，短足，足尖作乳头形。饰细绳纹。薄胎，夹细砂，质硬，表面作灰白色。

球　2件。褐色，粗糙。用途不详。直径 2.9 厘米。

（三）玉、石、骨器及其他

除注明出处者外均出于椁室内扰土。

石斧　1件（1∶58）。扁平长方形，上部有一孔，孔为两面对穿。刃部已残。残长 6.7 厘米。

石镰　3件。均残。单面刃。质为板页岩。标本 1∶57，残长 10.5 厘米。

石钺　2件。标本 1∶33，略作梯形。凸斜刃。两侧有扉。有二孔。长 7.6 厘米、刃宽 7 厘米。

玉戈　3件。标本 1∶40，乳白色，近内处有一穿。长 5.9 厘米、宽 2.2 厘米。

玉鱼　3件。分三式：

Ⅰ式　1件（1∶51）。鱼身细长，体扁平，腹平直，背微拱，背上有脊鳍，腹下有二腹鳍，尾鳍作锋利的扁锥形。近口处有一小圆孔。长 7.2 厘米。

Ⅱ式　1 件（1：89）。体较厚，腹背拱起。嘴和尾部共有三穿孔，周身刻云雷纹。长 6.4 厘米。

Ⅲ式　1 件（1：43）。体扁平，背拱起，腹鳍与腹部垂直。尾部残。

玉柄形器　1 件（1：35）。一端有孔，孔为一面穿。孔内嵌绿松石片。长 11 厘米、宽 2 厘米。

玉琮　1 件（1：38）。残，可复原。体扁平，外方内圆。长宽各 5.4 厘米、内径 4 厘米、厚 2.1 厘米。

圆台形玉饰　1 件（1：36）。呈圆台体，中有竖圆孔。周身刻两组倒置的兽面纹。台面径 2.2 厘米、底径 2.4 厘米、高 1.8 厘米。

玉石管　15 件（1：32）。一般均为圆柱体。个别的做扁柱体或圆柱体束腰状。中间有竖穿孔。最长的 2.8 厘米、最短的 0.7 厘米。

玉玦　4 件。其中一件（1：37）体形较大而完整。是内壁残破以后，又经过改磨成玦的，外径 8.7 厘米、内径 3.2 厘米、厚 0.3 厘米。另一件（1：47）两面刻对称的花纹。一穿孔。已残，残长 6.4、宽 2.4 厘米。

绿松石饰　1 件（1：40）。出土于二层台东台北坑东部殉人的左臂骨处。质料不识，与黏土相似，成层状，姜黄色，易碎。上部像馒头形，下部为底座，两层之间加一层金箔。底座上饰一圈绿松石片，片作扇面形。中间有竖孔，孔内安一圆棒，棒端有穿孔，用以系绳。出土时已碎，大致尚可复原。

礎石片　2 片（1：55）。台面清楚，无第二步加工痕迹。

骨簪　1 件（1：52）。出于奠基坑内殉人骨架的肩部。长 9.1 厘米。

骨挖耳勺　1 件（1：50）。柄残，残长 1.7 厘米。

圆形骨饰　11 件。圆片状，中间有圆孔。径 0.7—1 厘米。

戈形饰　1 件（1：54）。质料不识。质轻，似为骨、甲之属。表面光滑，有蓝色花纹。每面都有两条中线。已残，残长 5 厘米。

贝　计 3790 枚。均出于椁室内扰土，尤以椁室东南角为最集中。背后均有磨孔。大者长 2.8 厘米、宽 2.2 厘米，小者长 1.4 厘米、宽 1 厘米。

金箔　14 片（1：48）。作极薄而均匀的薄片。

五、结束语

苏埠屯一号墓的规模之大，殉葬奴隶之多，和河南安阳武官村所发掘的商代大墓相似。据目前知道的资料，除了河南安阳商代"王陵"之外，这里属于最大的商代墓葬。我们推断，这个墓里的奴隶主的身份，应是仅次于商王的方伯一类的人物。例如墓的形制是"亚"字形以及两把大型铜钺，都是很好的证据。铜钺的铭文，屡见于著录，郭沫若同志以为是氏族族徽，已有考证。这又证明苏埠屯原是一处氏族的墓地。

通过发掘，进一步揭示了我国奴隶制时代的阶级关系和阶级矛盾。证明了奴隶主阶级对于奴隶阶级，实行着极端残酷的奴役和任意杀戮。奴隶们没有生存的权利，只是被当作工具和牛马来使用。奴隶主阶级对于奴隶们握有生杀予夺之权。正如恩格斯指出的："人类是从野蛮开始的，因此，为了摆脱野蛮状态，他们必然使用野蛮的，几乎是野兽般的手段，这毕竟是事实。"奴隶主阶级生前过着奢侈荒淫的生活，死后除了驱使着奴隶们建造规模宏大的墓葬外，还野蛮地杀掉大批奴隶殉葬。这就必然要引起奴隶阶级的反抗和大规模的武装斗争，以至起来推翻奴隶主的政权。

从殉葬品中可以清楚地看出，商代的奴隶们在极端残酷的剥削和压榨下，创造了大量的物质财富和灿烂的古代文化，如铜器中的大型钺、戈、矛、镞、鼎、爵、觚等，尤其是当时已出现了金箔和镶嵌绿松石的各种工艺品。这都是奴隶们智慧的结晶，也充分证明了创造人类历史的并不是什么所谓的英雄人物，而是正如毛主席所说："人民，只有人民，才是创造世界历史的动力。"

原载《文物》1972 年第 8 期。

撰稿单位：山东省博物馆。

殷商己族及其相关问题考论

张俊成

己族是殷商时期重要的族氏之一。殷商甲骨卜辞及铜器铭文中都可以发现关于己族的相关古文字资料。学界对己族及其相关问题的研究虽取得了一定成绩，但仍有很多问题有待进一步研究，诸如己族的族源、地理等问题。有鉴于此，笔者运用古文字材料并参照传世文献对这些问题进行了一些考察，不揣陋薄，撰成此文以乞正于学界。

一

殷商甲骨卜辞中，"己"除了作干支和祖先日名外，亦可以作族长名、族氏名、侯国名。卜辞中习见"己"为贞人的卜辞。

> 丁亥卜，己贞：子商妾盂，冥不其嘉。（《合集》14036）

贞人在商代具有很高的地位。张秉权先生指出："至于贞人，并非全为卜官……他们是一群贵族，大概近于经传中所说的宗伯、宗人、族长一类的人物，也可能与王室有着亲戚关系。"[①]饶宗颐先生指出："按卜人己为武丁时人……当是子姓之族。"[②]甲骨卜辞族长名、族氏名、侯国名是一致的，"己"所

[①] 张秉权：《殷墟文字丙编》387 考释，历史语言研究所 1972 年版。
[②] 于省吾：《甲骨文字诂林》，中华书局 1996 年版。

代表的是一个族氏名或侯国名。

在殷商金文族徽铭文中也习见"己"族徽铭文:《殷周金文集成》11791（以下简称《集成》）、11792、11808。这些铜器时代均在殷商时期,这说明殷商时期已经有"己"方国或族氏的存在,可与甲骨卜辞互证。

西周金文中,也可以找到有关"己"族的铭文:

> 己侯慌乍宝钟。(《集成》00014)
> 己侯乍宝尊彝。(《集成》02025)
> 己侯乍姜萦簋,其孙子永宝。(《集成》03772)
> 己侯乍铸壶,事小臣汲,永宝用。(《集成》09632)

铭文中的"己侯"即是文献中的"纪侯",《史记·齐太公世家》:"哀公时,纪侯潜之周,周烹哀公。""己"即为"纪"。张秉权先生认为:"'己'字可能就是纪字的本字。"这是正确的。三国时魏人张揖《广雅·释言》:"己,纪也。"《广雅·释名》亦同。另外,商周时期,妇名常以国名或族氏名称谓,如《集成》03230、03977均有"己姜","己姜"即己族的姜姓女子。唐代林宝《元和姓纂》卷十:"姜姓,炎帝之后封纪,为齐所灭,以国为姓。"因此,己为方国名或族氏名为确证。

对于殷商时期己族的历史及其主要活动区域的考察,有学者进行了研究。王献唐先生认为纪当为商代旧国,周代重封。但是由于文献和出土材料的不足,对此问题一直缺乏有力的论证。1983年,在山东寿光"古益都侯"城古城村发现一铜器窖藏,出土铜器64件,其中有铭铜器19件,单铭"己"字的见于两件锛上,"己立"复合族徽见于16件青铜礼器上,此窖藏的年代为商代晚期,发掘简报认为"己"即"纪",这批器物是纪国之器。① 寿光为

---

① 寿光县博物馆:《山东寿光县新发现一批纪国铜器》,《文物》1985年第3期。

春秋时期纪国国都所在,《括地志》云:"葘州县也,故剧城在青州寿光县南三十一里,故纪国。"《寿光县志》载:"剧有纪亭,古纪国也。"因此,发掘报告对这批铜器族属的判断当可信。另外,1951 年在山东黄县东南的南埠一座春秋早期墓葬中出土一批青铜器,有盘 2、匜 1、鼎 1 等,共 8 件,其中前 6 件有铭,从铭文中可知为纪国嫁女的媵器。此地在莱国国都遗址灰城范围内,说明纪、莱两国是通婚的。1969 年在山东烟台南郊的上夼发现一座春秋早期墓葬,青铜器有鼎 2、壶 2、匜 1、甬钟 1、戈 2、鱼钩 1,共 9 件,两件鼎上有铭文,器主为纪侯之弟。烟台远离纪国而近于莱国,墓主人可能是由纪国迁到莱国。

己族的起源可能与纺织有关,"己"甲骨文字形象绳曲之形,本义为丝的头绪。龙山文化时期,寿光地区的先民就掌握了纺织技术。(后胡营大汶口文化遗址出土了骨针,火山埠遗址出土的龙山文化陶碗底部有清晰的布纹。)寿光古己族很可能是纺织品及布的发明者,因此他们以"己"为本族的族徽。从文献考察,古己族的历史可以上溯到中国古史的传说时代。晋皇甫谧《帝王世纪》载:"神农纳奔水氏之女曰听娃为妃……克生帝榆罔,凡八代,五百三十年,而轩辕氏兴焉。其后有州、甫、甘、许、戏、露、齐、纪、怡、向、申、吕,皆姜姓之后胤,并为诸侯,或分掌四岳。"《史记·五帝本纪》载:黄帝之妃西陵氏(嫘祖)生"二十五子,其得姓者十四人",《索隐》引《国语》胥臣云十二姓:"姬、酉、祁、己、滕、葴、任、荀、僖、姞、儇、衣是也。"商王朝建立后,在商王朝的早期、中期、晚期均发动了对东夷地区的战争。《后汉书·东夷传》概括汤六世孙仲丁后商夷战争:"至于仲丁,蓝夷作寇,自是或服或畔,三百余年。"前期的仲丁、河甲以近交远攻策略,远征蓝夷,正是在此次战争中,商王朝为了加强对东方的统治,在古伯益族的旧地、己诸侯国上游建立了子姓薄姑国。清乾隆年间于今寿光纪国故城遗址出土了西周中后期的"纪侯钟""纪侯簋"等青铜器。周初东征时纪国为东部一个国力强盛的国家,面对商亡周兴的大趋势,纪国采取了臣服周王朝的明智政策，因此被封为异姓诸侯国，纪台出土的青铜器铭文有"纪侯"，正反映了纪国臣服周王朝后的历史。西周所封异姓诸侯国纪国国都由伯益族旧地（今古城村"己"地）迁于伯益族的祖地、薄姑国国都旧址附近，当为"纪侯国"历史的开始。纪台村纪国故城的考古发掘证实了这一点。考古发现，纪国故城东西长 1500 米、南北长 1200 米，分外郭与内城两部分。在今纪台村东隆起高地上发现石柱础和鹅卵石，以及春秋至汉的陶片、瓦片，为纪侯和上层人居住的内城。城郭外为墓区，近城有 8 座高达 20 米的墓冢，当是纪侯贵族墓葬。纪国故城自西周初臣服周王室而封侯国始，至鲁庄公四年（公元前 690 年）纪灭于齐，共历 910 年。

由上所知，纪国应是位于商朝东方的诸侯国，国祚延续到西周到春秋时代。国君为姜姓，国都纪，位于山东半岛中北部，渤海莱州湾西南岸的今寿光市。

<h2 style="text-align:center">二</h2>

上文提到的 1983 年山东寿光纪国故城出土的青铜器上的"己竝"复合族徽还见于殷墟出土的青铜器上，1952 年安阳殷墟出土了一件青铜爵（见《集成》8898），上铸有"己竝"复合族徽。在安阳殷墟出土商代纪族铜器的原因，一种可能是该氏族成员有在王室任职者，另外还有可能是为死者送葬的赗赙制度。[①]

赗赙制度是商周时期的一种助葬制度，在贵族死后，由王、诸侯或者其他方国的首领赠送车马、衣物以及钱财等随葬之物在埋葬死者时使用。《近出殷周金文集录》[②]（以下简称《近出》）0208、0209 铜器上也铸有"己竝"复合族徽，可见"己竝"为一个独立的族徽铭文。"竝"在商代铜器上也是一种族

① 曹玮：《试论西周时期的赗赙制度》，《周原遗址与西周铜器研究》，科学出版社 2004 年版。

② 刘雨、卢岩：《近出殷周金文集录》，中华书局 2002 年版。

徽，竝族也为商代族氏之一。目前所见，"竝"族徽有 10 器 11 拓铭文，其中，有明确出土地点的有 2 器，一件竝母戊爵（《近出》0893），此铜器 1980 年出土于陕西岐山县蔡家坡；另外一件是竝瓺（《集成》06579），出土于河南新乡，现藏河南新乡市博物馆。另外还有竝卣（《集成》04733）、父心竝瓺（《集成》07142）。关于"竝"族徽，丁山先生认为："虽不尽武丁时代所制，谓皆商代竝氏之族徽识，则无疑也。"[1] 关于"竝"的地望，彭邦炯先生认为："商代竝氏故地在今山西省中部一带。"[2] 李伯谦先生也同意此观点。[3] 目前尚无有明确地点的成组的"竝"族墓葬出土，因此还无法确认竝族的地望。

竝在殷墟卜辞中，可用作名词，为族长名。在宾组、出组、历组卜辞中均见，时代从武丁至祖甲，如：

己巳［卜］，翌丙［午］，竝侑［于］丁。　　　　　　　　（《合集》4391）

甲戌卜，宾贞：翌乙亥，竝告王其出于……　　　　　　（《合集》4388）

己亥卜，贞：叀竝令省在南鄙。　　　　　　　　　　　（《合集》9639）

……卜，祝贞：二示崇王遣竝？十月。　　　　　　　　（《合集》24412）

丁巳卜，贞：王令竝伐商？　　　　　　　　　　　　　（《合集》33065）

乙亥卜，贞：王令竝伐？　　　　　　　　　　　　　　（《合集》33113）

庚申卜，兄贞：令竝众卫？十二月。　　　　　　　　　（《合集》40911）

庚寅，贞，王令竝伐商？　　　　　　　　　（《小屯南地甲骨》2907）

另外，卜辞中竝还可作国邑名。

……吉，王永于竝？　　　　　　　　　　　　　　　　（《合集》4387）

---

① 丁山：《甲骨文中所见氏族及其制度·殷商氏族方国志》，科学出版社 1956 年版。
② 彭邦炯：《竝器、竝氏与并州》，《考古与文物》1981 年第 2 期。
③ 李伯谦：《从灵石㫱介商墓的发现看晋陕高原青铜文化的归属》，《中国青铜文化结构体系研究》，科学出版社 1998 年版。

　　竝入十？　　　　　　　　　　　　　　　　（《合集》9247）

　　戊戌，匕庚，在竝。　　　　　　　　　（《殷墟花园庄东地甲骨》53）

　　从卜辞中可知，竝应该是商代中前期一个重要的方国，同商王室关系紧密，担负着勤王征讨等重要任务。另外，卜辞《合集》4391应属宾组晚期卜辞，当已经进入祖庚时代，"丁"似为祖庚之父武丁。在先秦时代只有同姓族人才能祭祀本族先祖，这在典籍中有明确记载。《论语·为政》："子曰：非其鬼而祭之，谄也。"郑玄注："人神曰鬼，非其祖考而祭之者，是谄求福。"《礼记·曲礼》："非其所祭而祭之，名曰淫祀，淫祀无福。"可以推知竝族应为商王朝的同姓亲族。因此，竝族的主要活动区域应该在王畿的中央地区，位置似应在安阳殷墟或周边地区一带。

　　目前所见"竝"族徽均属商代器物，西周时期不见。周原卜辞中有有关竝方国的记载：

　　　　卟曰：竝▲克事。

　　"克"，《尔雅注疏》："克，亦胜也。"疑此卜辞即是记载竝方国灭于西周的刻辞。

　　从上论述可知，己族和竝族都是商代重要族氏，那么己族和竝族合署在一起的含义是什么呢？目前学界把这种两个乃至两个以上的族氏名号组合而成的族徽称为复合族徽，又称复合氏名。在商周青铜器族氏铭文的研究领域中，复合氏名的研究一直是个比较薄弱的环节。迄今为止，学术界对于复合族氏的含义、性质，仍存在较大的争议。关于复合族徽的性质，目前学术界存在较大争议，常见有两种观点：一种观点为"结合说"，即认为复合族徽是几个族相结合而构成的族的标识，其代表是日本学者白川静[1]；另一种观点为"分支说"，

----

① 白川静：《殷代族之形态——关于所谓亚字形款识》，《说林》二，1950年1月。

即认为复合族徽表示的是一个族的分支，指该分支将其附于自身所出的族名下别之，以林巳奈夫[①]、张政烺[②]、李学勤[③]、朱凤瀚[④]等先生为代表。复合族徽究竟是一个族的分支，还是几个族的结合，这确实是一个值得认真思考的问题，因为它牵涉到对复合族徽性质的认识以及对族氏关系发展变化的认识。白川静认为，青铜器铭文中一个族的名号与其他名号相结合，是当时族氏出于壮大自身力量的目的而与其他族氏联合后出现的现象。对此，林巳奈夫提出异议，如果这是表示联合而成的族的名号，那么就需要自身先分离成同样数目的分支，才能与那么多的其他的族氏相联合，但这只能削弱自身力量，与联合的目的相矛盾。林氏之说显然注意到了一个族名同时出现在几个复合族徽中的现象，然其说没有充分考虑到这些复合族徽有可能是不同时期逐渐形成的，也有可能是一个族氏与其他族氏的多边联合，意即其自身并不需要将原来的族分离为若干新族氏之后再与其他族氏联合，而是可以同时由该族中的某个分支与其他几个族氏进行联合。因此，林氏之说并不能动摇"联合说"的根本。朱凤瀚先生注意到了这些问题，他补充说："带有同一族氏铭文的复合氏名会多到十余种，其时间亦均接近，怎么能想象一个族会在不长时期内与十余个其他的族相并合呢？"在朱先生看来，族氏的多边联合是存在的，但这种联合不可能由此构成一个独立的族氏组织，而复合氏名的作用仍是用来表示作器者自己所属的一个独立的族氏组织，所以它不可能是由族氏多边联合造成的。"此外还有很重要的一点，即复合氏名往往铭于祭器上，与表示所祭祖父妣母的日名相合，它所标明的只能是作器者（亦即祭者）本人的氏名，多也包括受祭者的氏名，不可能想象，在这种反映浓厚血亲关系的祭器上，会将不同宗、不同血亲关系的两

① 林巳奈夫：《殷周时代的图像记号》，《东方学报（京都）》三九册，1968 年 3 月。
② 张政烺：《试释周初青铜器铭文中的易卦》，《考古学报》1980 年第 4 期。
③ 李学勤：《〈中日欧美澳纽所见所拓所摹金文汇编〉选释》，《古文字研究论文集》，《四川大学学报丛刊》第十辑，1982 年版。
④ 朱凤瀚：《商周铜器铭文中的复合氏名》，《南开学报》1983 年第 3 期。

个以上族氏名号捏合在一起，仅从这个角度看，联合之说是难能成立的。"① 因此，朱先生是力主分支说的。

具体到我们讨论的"己竝"复合族徽的情况，己族和竝族在商代存在的时间上是共时的，很难有足够的证据证明己族是从竝族分化而来的一支。笔者更倾向于此处乃是二族的联合，因为我们在商代晚期所见复合族徽中还有己族与其他族复合的现象，比如"己戈""己甲""己耒""己重"的复合族徽。同时我们还可以看到竝族与其他族复合的现象，如"单竝""竝并""木竝""亚竝"等。

族徽的复合现象是复杂的，不是单用一种理论就可完全解释的。因为无论用哪一种理论都会出现解释上的悖谬之处。对此我们同意严志斌先生的看法："可以考虑结合族氏分支理论和氏族联合理论共同来解释这一现象，即其所体现的是族氏之间的分化或联合的关系。也许只有这样解释，才能弥合两种解释各自存在的不足和疏漏，也才能体现商周社会中存在的宗族制和方国之间的联盟这样的史实。因为从族氏关系发展变化的逻辑来说，一个族氏的发展既在时间上有前后沿袭关系和分化关系，也有某一时期与其他族氏的联姻和联盟同时存在。"② 严先生的看法是公允的。

商代地理的研究一直是商代史研究的前沿课题，也是研究的薄弱环节，本文且算是这方面的尝试，抛砖引玉，以期得到更深入的研究。

原载《洛阳师范学院学报》2009 年第 1 期。

张俊成，历史学博士，山东曲阜师范大学历史文化学院副教授。

① 朱凤瀚:《商周家族形态研究（增订本）》，天津古籍出版社 2004 年版。
② 严志斌:《复合氏名层级说之思考》，《中原文物》2002 年第 3 期。

𝑔盉铭义初释及其有关历史问题

李步青　刘玉明

　　1981 年春，莱阳县前河前村出土了一件有铭陶盉，颈铭十四字，流铭二字，腹铭二字，共十八字。铭文书体古拙，非刻、非印，乃用竹木器划于湿陶胚上的，笔触有粗有细，有起有落，并有顺势连书的行书风格，流畅自如。此系胶东半岛首次发现此类文字，其字数之多，特点独具，尚属全国罕见。有的字为殷墟卜辞所不见，肯定比卜辞原始。因此这件陶盉铭文的发现，为探讨我国古文字的起源问题提供了新的资料，也为研究山东东部古国和莱夷古文化提供了新的线索。目前对此器年代和铭文意义尚难确知，现仅参证卜辞、金文等有关资料做些初步解释，权作抛砖引玉。

一、𝑔盉铭义及其氏族

1981 年春莱阳前河前村出土之陶盉

　　颈铭十四字之第一字"𝑔"为卜辞习见，释"虫"，系地名或国名，并非干支中的"己"字，殆即己国之"己"，所以大而突出。第二字"ᄰ"，在𝑔字一旁，从结构看，从〇从戈，连笔书成；从形意看，释"国"为是，或即己国的合文。第三字"𝑦"为"父"

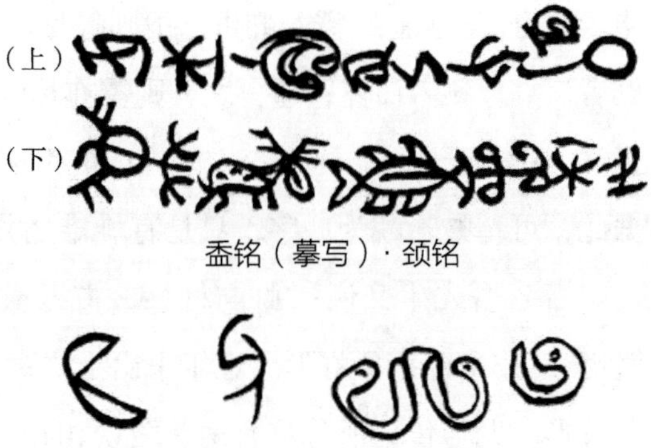

字。第四字"彡"为"乙"字反书，卜辞习见。第五字"岜"为"作"。第六字"⊙"为"卤"，即"酉"字，卜辞作"🝳"或"🝳"。第七字"丨"为"午"，卜辞中多见，有的释"十"，于省吾先生又释"午"，此处释"午"为妥。第八字"朱"，卜

（上）
（下）

盉铭（摹写）·颈铭

流铭   腹铭

辞中释"未"，唯卜辞中"未"字皆竖画上通，但古体无定，可通可不通。第九字"⊡"，卜辞中不见，初释为"宅"。第十字"�"、第十一字"⫯✳"不识。第十二字"⿰⿱㸚鱼"，应是"鼍"字，下从鱼，上长嘴。第十三字"⿰"，即"鹿"字。第十四字"龟"，即"龟"字。综合以上十四字，虽不得全识，释者也难免错误，但据初释看其大意，当是己国或己族名父乙的作器，时间是午未年于某地，其下属小部族有鼍、鹿、龟等，表示其势力强大。

流铭二字左"彡"、右"彡"，对称排列于盉流两旁，右为"父"，左为"师"或"阜"，可识不可读，不知是从何读起，是读"父师"，还是读"师父"，它是地名、官名，还是祖宗称谓，不敢肯定。卜辞中有"父师"，如"贞⿰"（粹一二五三）。

盉腹有图形文字二："⊙⊙⊙"，三虫大而突出，应是族徽或图腾。从右向左读作"Ꮐ（己）、虫（虹）"。此字也可合读作"ᏀᏀᏀ"或"ᚖᚖᚖ"，即"齐"字。"ᏀᏀᏀ"与"Ꮆ"有不可分割的关系，"齐"殆名源于"己"。

此盉铭之"己虫"，应是古代山东东部沿海一强大部族的族徽或图腾。这个部族是谁呢？文献记载，商代山东东部有"Ꮆ（己）国"，西周沿称己侯。"Ꮆ"应源于"⊙"；"虫"当源于"⫯"，两虫相交之象形。卜辞"虹"作"⩓"形，也是两虫相交，只是字较晚出，比盉铭进化罢了。《说文》："虹，螮蝀也。状似虫，从虫工声。"也就是我们今天说的彩虹。《孟子》："若大旱之

望云霓也。"赵注:"霓,虹也,雨则虹见。"于省吾先生按:"霓同蜺,分言之,雄者曰虹,雌者曰霓;通言之,则霓亦称虹也。"(见《甲骨文字释林》)《毛诗正义》引郭氏音义云:"虹双出,色鲜者为雄,雄曰虹;暗者为雌,雌曰蜺。"据此,可释虹、蜺为一字,只是有雌雄之分。盉铭两虫相交正与此合。

于省吾先生又说:"虹与杠梁、古玉璜形之相似。……《说文》:'璜,半璧也。'按半璧正象虹形。近年来出土之商周玉璜,两端多雕成龙首、蛇首或兽首形,尤与传记所称虹有两首之说相符。"[1]虹虹(蚩蚩)又是东方之部族。《山海经·海外东经》云:"蚩蚩在其北,各有两首。一曰在君子国北。"蚩蚩应是指东方以虫为图腾的相邻的两个大部族。不言一蚩而言"各有两首"者,即含有四个虫氏族之意。郭璞注云:"蚩,音虹;螮蝀也。"《诗·蝃蝀》:"蝃蝀在东,莫之敢指。"蝃与螮通,蝃蝀即螮蝀。"莫之敢指"者,反映东方这两大部族强大,无法征服也。这与商至西周初期都未征服过山东东部部族的史实相符合。

作为部族图腾或族徽的虫是什么呢?很可能是蛇或蚕。胶东半岛丘陵山地盛产柞蚕,至今不衰。柞蚕是一种野蚕,是残存的古生物,养在山野柞林之中。它个大,绿色,有黑白斑纹,极像豆虫,很美丽,也有点吓人,乍见是不敢去动它的。胶东也多蛇,往前数年或数十年,蛇是不罕见的,特别是毒蛇。如有一种叫"骚土"的毒蛇,身短而粗、头大扁圆,没有细尾梢,很像盉上之"ⵁ"形。其色灰褐如土,间以暗绿花斑。能栖息树上或洞中,摄食鸟兽,咬人很快能致死,特别"歹毒"。胶东方言至今有"歹毒"一语,可能与毒蛇——螮蝀有关,或即由螮蝀音转而来。"蝃蝀在东,莫之敢指"也与螮蝀歹毒有关。

蛇与蚕皆可作"ⵁ"或"蚩"之象形。"ⵁ盉"之"己蚩",与《山海经》中说的"蚩蚩",即可能是以蛇或蚕为图腾或族徽的两大氏族。

---

[1] 于省吾:《甲骨文字释林》,中华书局 1979 年版,第 6 页。

蚩蚩地望在哪里呢?《山海经》蚩蚩条下云:"朝阳之谷,神曰天吴,是为水伯。在蚩蚩北两水间。"蚩蚩南邻君子国,北面是朝阳之谷(即今辽东半岛南部地区),胶东半岛及其西部地区恰是其位置。"己蚩"在胶东半岛是可证的。据考古发掘初步可定,己氏族起源胶东半岛,以后逐渐向西发展至今昌潍地区,向北发展到辽东半岛。其山东部分,大致相当于齐国最强大时的范围:东至海,西至河,南至穆陵,北至无棣,并与南、北、西各相邻部族有文化交流。从ᡷ盉铭文看,己族文字产生很早、对卜辞文字可能是有过影响的。己族文化不仅影响了中原和辽东,甚至可以远渡重洋,波及东北亚和整个太平洋诸岛及沿岸地区。因此,认真研究沿海己族的历史和文化,研究己族建立的異、纪、莱等古国历史,很有必要和意义。

二、关于己国、齐国及其之间关系

《山海经》所载之蚩蚩并非荒诞不经、子虚乌有。"ᡷ"原是己蚩氏族的族徽或图腾,后来变成了国家的名称,叫己国。己在铭文和文献记载中写作ᡷ、異或纪。ᡷ、己、ᡷ、異、纪代表的是一个国家,若干字形反映的是一个字的演变或异书。这是有许多考古资料可证明的。

1974年冬莱阳前河前村曾出土了八件有铭铜器,其中之一的壶,底部圈足内铭文作:"己侯作眉寿(合文)壶吏(使)小臣□津永宝用。"说明己国为侯爵,莱阳一带是己侯小臣□津的封地,为己侯属邑。黄县灰(归)城出土了许多異器,都是媵器,陪嫁用的,说明己国与灰城领主有婚姻关系。烟台市上夼试掘了異国墓,出土器物中有两鼎,皆有铭文,一作"己华父作宝鼎子子孙孙永用",一作"異侯赐弟叟鬲或弟叟作宝鼎子子孙孙永宝用"。两器大小形制皆相同,而又出土于一墓当中,可证己与異通,为一字异书。[①]寿光县纪侯台是纪国之地,那里出土了己侯钟,说明纪与己也是一国,纪与己亦通。

---

① 参见《烟台市上夼村出土異国铜器》,《考古》1983年第4期。

己国始于何时？还不能确知。在卜辞中已有己的记载，说明商代早有己国。而莱阳9盉的发现，使己国历史可能大大提前。参证其他地区早期陶尊文字和胶东地区东岳石文化的早期铜器，己国历史当不迟于夏朝，直至春秋时期己国为齐国所灭。

关于齐国，名称来得很突然。《史记·齐太公世家》云：武王"封师尚父于齐营丘"。这个齐始封于周初，为什么叫齐呢？齐氏族从何而来呢？过去一些说法都难找到本源。如《史记·封禅书》云："齐所以为齐，以天齐也。"有人以此认为齐得名于临淄城南之天齐渊水。这很难令人信服。因为太公始封于齐都营丘，不都临淄，临淄是六代之后齐献公再迁之都。营丘在昌乐益都一带。还有人据《说文》"禾麦吐穗上平"为齐，说临淄一带盛产小麦，小麦吐穗上平，齐因此得名。这也经不起推敲。齐字在卜辞中多见，书写很不一致："𝌀"（前二、一五、四）、"𝌀"（二、一五、三）、"𝌀"（林二、二五·一六）、"𝌀"（乙九九二）等，明明上边不平，有的还倒书，头向下，怎能说是麦穗上平呢？还有人说，齐即济，因地近济水，因以得名，这也没有根据。《毛诗笺》云：周武王"封太师吕望于齐，是谓齐太公，地方百里，都营丘……成王用周公之法制广大邦国之境，而齐受上公之地，更方五百里"。齐国开始都营丘，在昌乐益都一带，方只百里，怎能地近济水呢？地近济水是以后的事。

笔者认为，"齐"来源于"9"，得名于"己"，齐己也是一国之称。

从古齐字字体看，三"9"并书。因古代字无定形，书无定势，"9"字可写作圆头，也可写作方头，因为方头刻写方便，所以卜辞中齐字写法多样，但都是三个"9"字合写。9盉腹铭之"𝌀𝌀𝌀"即三个"9"合起来，即"999"字初文。

"齐"字作为地名，卜辞中已有。如"□□卜，又于五山。在999……月卜"（殷粹、七二片），又"癸丑王卜贞旬亡𡆥在𝌀𝌀"（后上、一五、十二），等等。这些做地名的齐，都在齐国境内。说明齐早在商代已经存在，周初封太公于齐，并非偶然。

从齐氏族看，显然亦出于东方之己族。《毛诗笺》云："齐者古少昊之世，爽鸠氏之墟。"齐国封地在爽鸠氏族居住过的地方，齐氏与东夷少昊氏肯定有渊源关系。《史记·封禅书》载：齐祀八神。这八神之中多是山川日月天地之神，只有一个是人，就是蚩尤。蚩尤在传说中是作乱好战之徒，名声不好，齐人为什么要祭祀他呢？这里肯定有族源上的关系。蚩尤可能是齐族的祖先。少昊、蚩尤都是东夷部族的首领，"己蚩"是东方强大部族，齐氏族来源于东夷之己蚩是很可能的。

《史记·齐太公世家》又说："太公望吕尚者，东海上人……尝事纣。纣无道，去之。游说诸侯，无所遇，而卒归周西伯。或曰，吕尚处士，隐海滨。周西伯拘羑里，散宜生、闳夭素知而招吕尚。"由此更可知，齐氏族源于东部沿海，亦即早期的"己蚩"氏族。

从齐国地域看，西周始封之齐为爽鸠氏之墟，成王时益封又得蒲姑等地，地方至五百里，据《齐乘》引古籍云："古之国于此者，少昊之世有爽鸠氏，虞夏有季蒒，商有逢公柏陵薄姑氏。"关于薄姑，《元和志》谓："在博昌东北六十里，即殷末薄姑氏旧都。"《齐乘》又说："今博兴东北俗呼嫌城者是。"由此我们可以断定，薄姑在今黄河以南的小清河流域，博兴县一带。笔者认为薄姑一带也是古己族范围。

"古"字与"9"有关。因为"9"在金文或卜辞中写法不一，有正有倒，或作圆头，或作三角形头。在金文中释为"古"的𠱠字，殆即"9"之倒书，应释为"己"，而误释"古"。金文中之"尃古"（即薄姑）可能就是卜辞中的"东己"或"惠己"。因在卜辞中"尃"与"东"、与"惠"近似，周人对卜辞书写习惯不懂，对卜辞又不大熟悉，误将"东己（𠱠）"释为"尃古"，以后习以为常，"东己"就叫成"薄姑"了。

综上所述，可知齐国氏族、名称皆起源于己（9）。"9"在卜辞中有的两个并书作"99"，有的三个并书作"999"。这三种写法作为地名都是东方国家，都应读作"己"。这是因为在山东东部广大地域里，种族繁衍甚多，按地区特点分化成"9""99""999"三种写法，以志区别。但读音还都应是"己"。齐国之所以叫齐不叫己，原因就出在周人读音与山东地方不同，灭殷之后，周人将"己"读为"齐"了。

总之，齐国来源于"9"，即己（異、纪）国，齐氏族即"己蚩"氏族，即《山海经》中之"蚩蚩"。"己蚩"也就是史籍中之莱夷。莱夷有极高的智慧和创造力，历史上山东东部有几次文化高潮，如典型龙山文化蛋壳陶和早期铜器、苏埠屯"亚醜"氏之青铜彝器皆光辉灿烂。后来己国一部分为殷征服，这一部分文化一度出现低潮，但其先进文化给殷文化以影响。殷墟"妇好"墓中发现大批精美铜、玉等器，有些与苏埠屯亚醜器相同，这可能是妇好这个女英雄在征服夷方时的战利品。周灭殷后，周王把东方强大的己国分割开来，一部分封给开国重臣也是己族后裔姜太公，一部分留给原纪国，赐侯爵，仍称纪。太公封齐者，实封于己，因周语音叫作齐了。齐统一东方后，经济文化又繁荣起来，至春秋末期便出现了桓公盛世，成为春秋五霸之首。至战国，临淄成为全国最大最繁荣的城市。临淄之中七万户，"襁至而辐辏，齐冠带衣履天下"，齐国成为天下经济文化的中心。齐国的发达，与东夷悠久的历史是分不开的，可说是前几次文化高潮的继续。

原载《东岳论丛》1984 年第 1 期。

李步青，山东考古学会、山东古国研究会理事。

"亚其"考

曹定云

  殷墟妇好墓铜器中，"亚其"组铭文铜器共二十一件，计大圆斝一对，觚十件（内三件锈蚀严重，未见铭文），爵九件。这在妇好墓铜器中，仅次于"妇好""司䚡母""子辣泉"三组之铜器。圆斝的大小、形制与"司䚡母"圆斝接近，觚、爵的形制亦近于"司䚡母"之觚、爵，但此组无"司䚡母"组之方壶、圆尊。

  妇好墓之"亚其"铭文共有四种形式：

  一、"亚"在"其"中，"其"为箕形、较深；为网状，两手置于箕边上部。此式以1197大圆斝铭为代表（图一：1）。

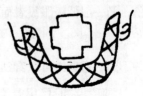

1. M5：1197 圆斝

  二、"亚"在"其"上，"其"为箕形，但箕两边已简化，两手置于箕之边上。此式以682爵铭为代表（图一：2）。

  三、"亚"在"其"上，"其"为箕形，箕两边已省，两手平置于箕旁作箕状。此式以630觚铭为代表（图一：3）。

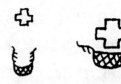

2. M5：682 爵 3. M5：630 觚

  四、"亚"在"其"上，"其"为箕形，但箕边及两手均省。此式以643觚铭为代表（图一：4）。

  以上四种"亚其"铭文形式"其"演变的规律

4. M5：643 觚 5.《遗》316 觚

图一 "亚其"铭文摹本

是由繁至简。因此，若单纯从文字学角度观察，这四种铭文形式似有早晚之别。

"亚其"之铭不仅见于"妇好"墓铜器，而且在整个殷代乃至西周的铜器中，都有铭"亚其"者。因此，弄清"亚其"铭文的含义、演变及有关历史问题，有着重要的意义。为此目的，本文作如下探讨。

一、释"亚"

在考释"亚其"之前，首先要弄清楚"亚"之含义。

"亚"字在甲骨文和金文中均习见，但对它的解释过去意见不一。唐兰先生曾考证"亚"是"爵称"。① 丁山根据《粹》1545B 片甲骨"以多田亚任"，指出"亚"即《酒诰》所谓"惟亚惟服"，《周颂》所谓"侯亚侯旅"；他进一步根据甲骨文和金文材料，论证了"亚"与"侯"之间的关系，认为"唐氏谓'亚为爵称'，不如释以'内服'的诸侯更为彻底"。② 尔后，王献唐在著《黄县㠱器》一书时否定了唐兰先生与丁山的意见，认为"所谓亚和旅，当时并没有高贵的身份，乃一般低级服役者而已。人数既多，又无正式名义，只能类比而称为亚、称为旅"。③ 陈梦家先生在《殷虚卜辞综述》中认为"亚"是武职官名。④ 从上述各种不同的意见中可以看到，关于"亚"字的解释，今天仍有重新讨论的必要。

"亚"在殷代甲骨文和殷周金文中，通常有如下几种用法：（一）和诸侯国名连用，如"亚雀""亚先"；（二）和具有诸侯身份的人名连用，如"亚侯""告亚"；（三）单独作为人名，如亚盉中"匽侯易亚贝"之"亚"；（四）武职官名，如《甲》2695"其令马、亚射鹿"，金文"王饮多亚"⑤；（五）与称谓连用，如《前》5.2.5"亚且乙"。上述不同用法中，第一、二、四种用法是密切关联的："亚"既为武职官名，担任这一职官的诸侯往往在自己的私名或

① 唐兰：《武英殿彝器考释》，第 2 页。

② 丁山：《甲骨文所见氏族及其制度》，第 45—48 页。

③ 王献唐：《黄县㠱器》，第 91 页。

④ 陈梦家：《殷虚卜辞综述》，第 510 页。

⑤ 辛巳彝，见《贞松堂集古遗文》四.四七。

其国名前加"亚"字或框以亚形，以显示自己的身份。为了说明这一点，我们试以其侯、侯告等九个诸侯的甲骨、金文材料说明之。（见表一）

表一　殷代诸侯是否加"亚"情况简表

甲骨卜辞		金文		
× 侯	亚 ×	亚 ×	亚形中 ×	不加亚
其侯 [字]《宁》1.580	[字]《京》1624	[字]《遗》316瓠	[字]《三代》13.15	
侯告 [字]《粹》1325	[字]《京》1624	[字]卣《海外》47	[字]《三代》6.6簋	
𢀛侯	[字]《甲》2464	[字]《劫掠》A780R1301		
犬侯 [字]《续》522			[字]《续存》2.17	
攸侯 [字]《缀》2.406		[字]《邺》2F.1		
[字]侯 [字]《乙》538				[字]《三代》16.16
禾侯 [字]《后下》8.6				[字]《青》图17
侯光 [字]《卜》579				[字]《三代》2.4
侯奴 [字]《后下》5.1				[字]《三代》6.3

从表一可以看出：（一）在甲骨文中加"亚"字之诸侯，在金文中亦加"亚"字或框以亚形，如其侯、侯告等；（二）甲骨文中不加"亚"字之诸侯，在金文中却加"亚"或框以亚形，如犬侯、攸侯；（三）甲骨文中称侯，金文中不加"亚"字和不框以亚形，如禾侯、侯光等。这表明：并非所有的诸侯都可以在自己的私名或其国名前加"亚"字或框以亚形，而只是其中的一部分，即担任"亚"这一职官的那一部分可以这样做。

担任"亚"这一职官之诸侯与不担任"亚"这种职官的诸侯，其地位是不同的。此点，陈梦家先生在《殷虚卜辞综述》中已经指出过。他说："卜辞中的'亚'可以'保王''保我'，可想见其关系。"他又分析"亚立吏"的有关卜辞，指出"①除王以外，立吏者如皐、雀等都是亚；②立吏的对象是侯伯；③立吏时或召众人同往，似以武力与侯伯建立使者关系"。① 这也说明亚与王的关系密切，地位在一般诸侯之上。

古代文献也反映出这方面的问题。《周颂》所谓"侯亚侯旅"指的是两部分诸侯，即侯亚、侯旅，又简称亚、旅。《尚书·周书·牧誓》："王曰：嗟！我友邦冢君、御事、司徒、司马、司空、亚旅、师氏……"② 此亚旅虽然连用，但亚在旅之前，这也说明，亚的地位在旅之上。自然，殷武丁时候的情况与周初的情况不会完全一样，但时代相去不远，仍可作借鉴。

总结以上可以认为："亚"是一种武职官名，担任这一职官的通常是诸侯；凡担任这一职官的诸侯，往往在其国名或其私名前加"亚"字或框以亚形；此种诸侯之地位似在一般诸侯之上。因此，"妇好"墓之"亚其"应是武丁时担任"亚"这一职官的其侯。

二、"亚其"与"冀侯"

"亚其"是殷代的重要诸侯，它与"冀侯"又是什么关系呢？这是必须探讨的一个问题。

王献唐曾花费不少精力对殷代"冀侯"做过考证。他认为，"其"即"冀"。"古文有一惯例：某一字音在某一时间或空间有了变化，新音和旧音交混，一些读旧音的要标明本读，每在字的一方，加注一个与旧音相同的字，使人一看知为何音，略等于近代的注音；但是读新音的也可以如法标注与新音相同的字。冀字从己，就是一个注音字，不读为今音若奇的其。""'其，读若己，是古代黄河流域东方的一种读音。'③ 王氏进一步考证，祖庚、祖甲时代的贞人冣是冀国侯爵，凡带有此字族徽的铜器都是冀器。④ 对于王氏的这些推论，我

① 陈梦家：《殷虚卜辞综述》，第 510 页。
②《尚书正义》上册，第 377 页。
③ 王献唐：《黄县冣器》，第 23—25 页。
④ 王献唐：《黄县冣器》，第 109 页。

们将重新予以检验。

为了弄清楚"亚其"与"曩侯"的关系，先引述有关卜辞，并按甲骨文五期之划分列表整理如下。（见表二）

表二　甲骨卜辞有关"亚其""曩侯"记录情况表

	亚其	曩侯
1	亚其……囚？《京》1624	
2		
3	庚戌卜，曩贞：亚其往宫，往来亡灾？《戬》46.14	我彳曩……㪉彳受《甲》2752
4	丙戌卜，戊，亚其隥其豊？《南明》445 己未贞：王其告其从✕侯？《粹》367	
5	己亥卜，在彳贞：王……亚其从㕧白伐南方不圉戈，在十月又……《前》2.8.5	……贞。翊日乙酉，小臣㑊其……又彳曩侯，王其……彳商庚凡，王弗每？《前》2.2.6 ……侯舌白王其在曩㽎正？《甲》2877 ……癸未……正于曩？《甲》3398

表二所引卜辞中"亚其"之"其"，从语法上讲，可做两种理解：一为名词，则"亚其"即为诸侯；二为副词，如此，则"亚"为名词。但有的卜辞只能做第一种理解，如《粹》367"王其告其"的第二个"其"字，只能是名词，《前》2.8.5从语法上讲，也可能只能是名词。陈梦家先生在《殷虚卜辞综述》中引述此条卜辞时，认为"王"与"亚其"之间是"令"字。[1]今审拓片，"王"字下一字虽残，但有可能是"令"字。如此，则"亚其"确应是名词。

问题的实质在于，殷代卜辞中确实记载着"其侯"，与妇好墓之"亚其"相印证。《宁》1508"戍㪉其侯"便是明证。"其"既为诸侯，他就像其他的诸侯一样，对王朝中央进贡。关于此，卜辞亦有记载，如《乙》2101"贞：其人又报示，若？"和《前》2.25.2"其人"便是。再如，诸侯国名通常又可作地名，

---

① 陈梦家:《殷虚卜辞综述》，第510页，"伐南方"被误引作"伐方"。

这在卜辞中已习见；由于"其"是诸侯，故卜辞中亦有"在其"的记载。[①]这些情况说明，殷代确实有"其侯"，此"其侯"就是表二中所引述的"亚其"与"其"。

我们仔细分析表二可以看到：（一）"亚其"或"其"在第一、三、四、五期都有记载；（二）夒侯出现于第三期；（三）在第二期中没有"亚其"的记载。此三点对于讨论"亚其"与"夒侯"之间的关系极为重要。

我们再转向金文方面进行探讨。《黄县夒器》一书共搜集了四十三件"夒器"，[②]毫无疑问，这对于探讨"夒侯"历史是相当重要的，但里面有一些错误和遗漏之处。此外，该书问世以后，又不断有新的材料发现。为了更好地探讨问题，我们在四十三件"夒器"的基础上进行增减：不能肯定的去掉[③]，错误的予以纠正，遗漏的予以补充，新发现的予以增补。从而共收集铜器五十四件，列入一个总表（见附表）[④]。有关纠正、补充、增补的情况均在表内注明，不再在文内赘述。

附　表

	顺号	器物	铭文	著录	同铭器物	出土地点	时代	备注
亚其	1	亚其瓿	亚其	《遗》316			1	《黄夒》未录
	2	亚其瓿	亚其	《考古学报》1977.2.P36		安阳小屯	1	
	3	夒卣	亚形中其　夒	《奇瓿》六·四			中期	《黄夒》二十

①《殷墟遗珠》，第762页。

②王献唐：《黄县夒器》，第76—82页。

③去掉的有第十五器、十六器、四二器、四三器。

④此统计表中，除妇好墓630"亚其"瓿外，其余妇好墓所出"亚其"青铜器均未统计。

	顺号	器物	铭文	著录	同铭器物	出土地点	时代	备注
亚其	4	母辛卣	亚形中其 収 乍母辛彝	《三代》13.15.16			略早于父己簋	《黄聂》五
	5	父己簋	亚形中其族収 父己	《续存》上、四三			晚期	《黄聂》十二 其错为聂
亚収	6	亚収鼎	亚収	《续存》上、五	罍《贞松》七·二·一	据传罍出于洛阳	2	《黄聂》二一、二三
	7	亚収鼎	亚収（合文）	《续存》上、五	尊、罍、方、彝、斝、觚等十八件	凡记载有地点的均出于安阳	2	《黄聂》二二至三九、四一
	8	父乙爵	収亚 父乙	《三代》16.33.3-4			中期	《黄聂》十七
	9	父辛觯	収 父辛	《三代》14.46			略比父乙爵晚	《黄聂》十九
	10	征父辛角	丁未，姒商征贝、用乍父辛彝，亚収	《续存》下、三八			略早于邑母癸斝	《黄聂》二
	11	邑母癸斝	癸巳，王锡小臣贝十朋，用乍母癸尊彝佳王六杞彡日，才四月，亚収	《陶斋》三·三二			帝辛六年	《黄聂》九
	12	父乙觯	亚形中父乙収	《劫掠》A521 R143			殷末周初	增补

	顺号	器物	铭文	著录	同铭器物	出土地点	时代	备注
亚夨	13	夨卣	夨 乍车彝 亚夨	《浚县彝器》15、16		河南浚县辛村	西周初	《黄夨》未录
	14	亚夨鼎	亚形中夨	《劫掠》A47 R141	觯《三代》14.35		中、后期	觯《黄夨》四十、鼎属增补
	15	父辛瓿	乍父辛尊 亚形中夨	《文参》1957.11.P66		河南上蔡田壮村	中、后期	《黄夨》未录
	16	亚夨妃盘	亚形中夨 妃	《考古》1974.5.P314		北京琉璃河 M54	西周初	增补
夨侯	17	父乙簋	乍父乙 亚形中夨 夨	《三代》7.9.4			中期	《黄夨》十一
	18	襃母辛尊	亚形中夨 夨 襃乍母辛宝彝	《三代》11.29			略比父乙簋晚	《黄夨》三
	19	母辛尊	亚形中夨 夨 乍母辛彝	《殷存》上、廿四			同上	《黄夨》四
	20	母癸斝	亚形中夨 夨 彝乍母癸	《邺三》上、三六	鼎爵（严窟一、一八、一四）卣尊（《遗》262.201）	斝出于安阳	略比母辛尊晚	鼎爵斝《黄夨》六、七、八；余未录
	21	父乙簋	亚形中夨 侯 夨 父乙	《三代》6.32.2			晚期	《黄夨》十
	22	父丁尊	乍父丁宝鞶彝 亚形中夨侯	《贞续》中、八			晚期	《黄夨》十三
	23	且丁卣	斱易孝用乍且 丁□亚形中夨 侯 夨	《贞松》八.廿八			略比父丁尊晚	《黄夨》一

	顺号	器物	铭文	著录	同铭器物	出土地点	时代	备注
冀族	24	父戊簋	亚形中冀族 父戊 旲	《三代》7.8.7			晚期	《黄冀》 十八
	25	妣辛 觯	亚形中冀族 妣辛 旲	《劫掠》 A523 R142			晚期	增补
	26	冀族 鼎	亚形中冀族 旲	《考古》 1974.6.P366		辽宁喀左 北洞村	晚期	增补
	27	亚盉	亚形中冀族旲 匽族易亚贝乍 父乙宝噂彝	《缀遗》 14.27		北京城郊	西周 初	《黄冀》 十四

附表中，我们将五十四件铜器按铭文族徽形式分为三类，即"亚其""亚旲""冀侯"。此三类亦即三个大的支系。第二、三类各自属于一个系统是显而易见的，问题在于第一类。因为，第一类所列举的各器物铭文族徽形式是略有区别的：前二件只署名"亚其"，而后三件则署"亚形中其"，并多出另一符号。它们能否归于一类，属于一个系统呢？我们认为是属于一类的。殷代侯国铜器铭文族徽中有如下的情形，即带"亚"字的族徽早期（包括武丁、祖庚、祖甲）均是简单的署名，作"亚×"；而在中期（包括廪辛、康丁、武乙、文丁）则铭文增多，族徽作"亚形中×"；到了晚期（帝乙、帝辛）铭文更增多，族徽作"亚形中×侯"，亦有把整个铭文都框入亚形中的。这些情形，虽不是绝对，但通常是如此。因此，第一类所列举的各铜器铭文族徽虽有细微的区别，但仍合乎上面的规律，当属于一类。

关于五十四件铜器的时代，原《黄县冀器》一书将所收集的殷代铜器分为三个时期，即早、中、晚三期。此三期的划分同本文的划分是一致的。至于具体铜器的时代，早期以《黄冀》第二一至三九、四一等器属之，中期以《黄畕》第十一器父乙簋、第十七器父乙爵等器属之，晚期以《黄畕》第十器、第十二器父己簋（原文错为父乙）、第十八器父戊簋、第十三器父丁尊等器属之。[1]（见附表）他还指出第九器邑母癸斝是帝辛六年时器。[2] 王氏对这些器物年代的分析大体是正确的。自然，也有一些不足之处，如第十四器亚盉应是周初之器，却被定为殷器。关于补充和增补之器的年代大致如下：《遗》316之"亚其"瓴（图一：5），与此次妇好墓之"亚其"瓴，字体原始，在这些铭文中应属最早——武丁时代；河南上蔡出土之父辛瓴，根据报道判断，似属殷代中、后期。其余各器均分别以上述器物为标准，做了大致的判断，均在表内注明。

根据三类族徽形式，以能明确判断时代的器物为依据，依照铜器早、中、晚三期之划分（并参照甲骨文五期），将各类族徽形式的演变列表如下：

表三　其、夨、畕铜器铭文分期简表

铜器分期 \ 甲骨分期 \ 铭文分类		亚其	亚夨	畕族
早期	1	（1）　（2）		
	2		（6）　（7）	
中期	3	（3）	（8）　（15）	（17）
	4			
晚期	5	（5）	（11）	（24）
西周初			（13）　（16）	（27）

注：括号内数字为附表中器物顺号。

---

① 王献唐：《黄县畕器》，第114页。
② 王献唐：《黄县畕器》，第83页。

表三的关键徽号是早期的"亚兲"。它是人名而非国名，凡只署此二字的诸器，字体接近，器物的时代特征也接近，当是一人之器。王献唐考证此人即是祖庚、祖甲时代的贞人兲。此意见是对的。问题是，他究竟是哪一国的侯爵？王氏定他为畟国侯爵。而我们分析此表则看到，在中期以后，三类族徽中都标有此字，这表明此人是此三系的共同祖先。可是，此三类中，只有"亚其"类在早期（甲骨文第1期）有铭文，而第二类、第三类均无。这告诉我们：他不仅是第一类中的关键人物，也是第一类转向第二类、第三类中的关键人物。从历史的承袭关系来看，他原本不为"畟侯"，而应是"其侯"，否则就难以解释。

我们从表三中还可以看到如下几点：

（一）"亚其"铭文出现于甲骨文第1期，与第1期卜辞相印证，说明"亚其"在武丁时已是重要的诸侯。

（二）甲骨文第2期中，金文无"亚其"，此又与表二第2期卜辞中无"亚其"记载相合。这是因为，"亚兲"本身是其国侯爵，又是贞人，就在殷王身边，又是主持贞卜的人物，卜辞中自不会有关于"亚其"的卜问。他此时的贞人身份比他的其国侯爵身份更重要，因而铜器署其贞人名，而不署其侯国名，故金文中自不会出现"亚其"铭文。

（三）第三类族徽"畟侯"出现在甲骨文第3期以后，说明"畟"是新封。此次新封可能是在祖甲后期。既然如此，"其"与"畟"就不会是同一个地方。

（四）第二类族徽不标明"其"与"畟"，说明此系是另一封国，但与"其""畟"当是同一家族。

由此看来，"亚其"与"畟侯"既有区别，又有联系。其区别在于有时间先后的不同与地望的不同；其联系在于是同一家族不同时候的两次分封，而其国号基本未改，只是读音有别，一为"其"，一为"畟"。王献唐只是看到其联系，而没有看到其区别，因而笼统地、不加分析地将所收集的铜器统称为"畟器"是很不妥当的。严格说来，只有标注"畟"字族徽的铜器才能称之为"異器"。同时，由于王氏未将铭文族徽进行分类，未收集"亚其"铭文材料，自不知"亚其"与"亚形中其异"之间的联系，不知"亚异"原本为"其侯"。通过以上分析，对王氏不足之处分别予以订正，这就为进一步探讨奠定了基础。

三、妇好墓之"亚其"是谁

"亚其"既是诸侯国名，而非具体的人名，那么，谁是妇好墓中的"亚其"呢？

为了探讨这一问题，首先要弄清楚妇好墓的年代。关于该墓的年代，已有不少同志做过推断。有的同志认为是属于武丁时期。[1] 根据发掘情况和出土器物判断，此结论是可信的。但武丁在位共五十九年，时间较长，因此还需要做进一步的细致分析。

"妇好"是武丁之妻，她的一生主要是在武丁时代度过的。她曾经参加过武丁时的一系列重要战争，例如伐羌方、土方、巴方、夷的战争[2]，并在这些战争中担任重要的将领，统率诸如侯告等人。"妇好"还多次生儿育女。根据这些情况，"妇好"不会过早地去世，出土物及铭文情况也可说明这一问题。发掘报告（简报）指出，铭文"妇好"有三种写法，而同类同式器物的字体基本一致。因此，这些不同字体的器物在铸造时间上似有早晚之分。又如，墓中出土的器物如石豆、铜簋等与大司空村1期器物相近，而陶爵的形制与殷墟第二期陶爵相同。这些器物前后也应有一段较长的间隔时间。[3] 这些情况说明，"妇好"去世似应在武丁后期。

---

① 中国社会科学院考古研究所安阳工作队：《安阳殷墟五号墓的发掘》，《考古学报》1977年第2期，第92页。王宇信等：《试论殷墟五号墓的"妇好"》，《考古学报》1977年第2期，第18页。

② 见卜辞库310、307，《粹》1230正，《佚》527等。

③ 中国社会科学院考古研究所安阳工作队：《安阳殷墟五号墓的发掘》，《考古学报》1977年第2期，第91—92页。

为了进一步说明问题，我们分析"亚其"铭文本身的特点。妇好墓"亚其"铭文共有四种形式。若单纯从字体分析似有早晚之别。《遗》316 觚"亚其"铭文（图一：5）比第一种要晚，比第三种要早，与第二种之形式并非一致，但在时间上可能接近。从目前所知，铜器铭文最早出现在武丁时代，武丁之前尚未确定。这四种形式的铭文无疑都是武丁时代的，但第一种字体原始、象形特别明显；第二种、第三种字体开始衍化，尤其 630 "亚其"觚铭文，两手简化而与箕之两边合为一体；第四种则是更进一步的简化。依照文字的发展规律，后者是前者的发展。因此，第一种形式与第四种形式之间也应有一段较长的间隔时间。

根据"妇好"一生的经历，妇好墓器物的特征以及"亚其"铭文本身的特征判断，妇好墓之"亚其"应是武丁后期的其国侯爵。现在问题是，谁是武丁后期的其国侯爵呢？

王献唐曾对祖庚、祖甲时代的贞人夹做过考证。他说："祖庚和祖甲兄终弟及，两位合起来的年数不过四十年。夹为祖庚时贞人，祖庚在位只有七年，若七年内生了夹，不会把个孩儿来作贞人，当然是祖庚以前武丁时生人。他到祖庚时是什么年龄，无法知道，但绝不会为青年，青年当不了那时的史官，史官属于内臣，要有相当资历，在武丁时必早已为王朝服务，但非贞人，因为武丁时卜辞一些贞人中没有他的名字，这样看，夹是武丁、祖庚、祖甲三朝旧臣……""夹在武丁时任什么职务，无从证明，只知道他的身份表示是亚形，同时也是夐国侯爵。"[1] 王氏上述推论，除了"夐国侯爵"这一点应予纠正外，余均是正确的。

根据王氏推论，此人在武丁末年的年龄可能接近三十岁或者三十岁以上。"妇好"既死于武丁后期，他与"妇好"就曾生活在同一时代，他的器物就可能进献给"妇好"。但他何时继承其国侯爵，目前还无法知道。推断有两种可

---

[1] 王献唐:《黄县夐器》，第 108—109 页。

能：（一）"妇好"死之前，殳已是其国侯爵，但不是贞人，他所作之器署名"亚其"，故此"亚其"当即他本人；（二）"妇好"死之前，殳还没有继承其国侯爵，根据殷代父死子继、兄终弟及的原则，则妇好墓之"亚其"当是殳之前任，即殳之父亲或兄长。这两种情况都有可能，比较而言，后一可能性更大一些。这是因为：第一，殳既是武丁、祖庚、祖甲三朝旧臣，则殳定是武丁后期生人，"妇好"死时，他的年龄不大，虽然并不能绝对排除他继承其国侯爵的可能性，但客观分析，可能性较小；第二，"亚其"铭文有四种形式，从第一种到第四种形式之间似有一段较长的间隔时间，如果第四种是"妇好"死时存在的形式的话，则第一、二种应是"妇好"死前早已存在的形式，为殳的可能性不大。

根据以上分析，我认为，妇好墓器物铭文中的"亚其"其人有两种可能：（一）"妇好"死时，殳尚未继承其国侯爵，则器铭中之"亚其"不是殳，而是殳之父亲或兄长；（二）"妇好"死时，殳已经继承其国侯爵，则器铭中的第三、四种"亚其"是殳，而第一、二种"亚其"很可能不是殳，而是殳之父亲或兄长。

四、"亚其"地望之推测

本文第二节已经指出："亚其"与"冀侯"既有区别又有联系，是同一家族不同时间的两次分封，"其"与"冀"不是同一个地方。因此，在讨论"亚其"地望之前，还顺便论及"冀侯"地望。

关于殷代"冀侯"地望，王献唐在考证春秋冀侯地望时曾经论及。他认为，春秋冀国地望在山东东南部、原汉代箕县县境，今莒县北部的箕山、东莞镇、响场一带；并进而认为，殷代的冀国也在这一带。[1]我们认为，春秋的冀国，王氏的考证是正确的。至于殷代的冀国，情况就另当别论了。王氏并没有

---

① 王献唐：《黄县冀器》，第 165—167 页。

提出证据证明殷代曩国与春秋曩国是在同一个地方。因此，我们必须从目前能够掌握到的考古材料，重新考虑这一问题。

殷代曩国地望，近年已有一些同志做过探讨。有的同志认为在今河北沙河县的沙河附近[①]，也有同志认为是在后来的北方燕地[②]。从考古发掘情况看，新中国成立前，北京城郊出土过亚盉；1973 年，辽宁喀左北洞村二号坑出土了曩侯鼎；1973—1974 年北京市琉璃河镇 M54 号墓出土了与曩是同一家族的亚矣妃盘（以上三器均见附表）。因此，后一推断是可信的。自然，它的确切地点，有待于今后考古发掘的进一步证实。

至于殷初"亚其"地望，由于受考古材料的限制，目前还无法断定，我们只能根据文献做一些推测。

殷周时代的许多诸侯国名，往往在后来的地名中保存下来，为后人的研究提供了线索。古籍中名"箕"的地方有许多处。《左传》僖公三十三年、文公二年、成公十三年三次提到了"箕"。春秋僖公三十三年，晋人败狄于箕。杜预《释地》曰："城在阳邑南，水北即阳邑县故城也。"[③]对此，清人江永指出："……今按此年，伐狄者，白狄也。白狄在西河，渡河而伐晋，箕地当近河。成十三年传云，秦人我河县，焚我箕、郜，是近河有箕。今山西隰州蒲县，本汉河东郡蒲子县地，东北有箕城，隋初移治此，后改蒲县，唐移今治，而箕城在县东北。晋人败狄于箕，当在此。若太谷之箕，去白狄远，别是一地。"[④]后来，刘文淇作《春秋左氏传旧注疏证》时亦采用此说。我认为，江永的考证比较合理。此地既名箕，且有城，说明此地过去可能是"其国"诸侯的封地（按：附近有郜，亦可能为殷之告侯封地）。因此，此地有可能是殷初"亚其"的封地。自然，这一推断有待于今后考古发掘与研究的订正。

---

① 晏琬：《北京、辽宁出土铜器与周初的燕》，《考古》1975 年第 5 期，第 279 页。

② 辽宁省博物馆等：《辽宁喀左县北洞村出土的殷周青铜器》，《考古》1974 年第 6 期，第 370 页。

③《水经注》卷三、一二。

④ 江永：《春秋地理考实》卷一，第 52 页。

五、结语

讨论至此，我们作如下结论：

（一）关于妇好墓的年代。本文已经指出，根据妇好墓出土器物的特征、"亚其"铭文特征来判断，妇好墓属武丁时候是可信的。这与武丁时期的卜辞中大量记载"妇好"的事实相吻合。但由于甲骨文第4期（即武乙、文丁时代）也曾出现过"妇好"，因而关于该墓的年代仍在学术界引起了争论。我们通过对"亚其"铭文的探讨，论证了此"亚其"应是武丁时候之人。这就从另一方面告诉我们，此"妇好"应是武丁时候之"妇好"，而非甲骨文第4期的"妇好"。

（二）关于"亚其"在殷王朝之地位。"亚其"在殷武丁时已是重要诸侯之一。到了祖庚、祖甲时候，其地位明显上升。特别是"亚灭"[①]担任贞人以后，由于他服务殷王朝有功，在他的晚年或死后又新封于"冀"。此"冀"是殷北方的屏障，也是通往东北方向的通道。将他封于此，显然是为了巩固殷王朝对北方的统治。这说明了殷王朝对他的信任与重用。

原载《文物集刊》（2），文物出版社1980年版；后收入个人专著《殷墟妇好墓：铭文研究》，云南人民出版社2007年版，有改动。

曹定云，中国社会科学院考古研究所研究员。

[①] 本文中的"灭"，我后来已释为"燕"，"亚灭"即"亚燕"，乃殷代燕国。详见拙作《殷代燕国考》，《人文与社会》第二期，台湾义守大学，2003年6月。

異祖夷羿新解

王树明

　　1951 年，山东黄县归城发现八件春秋时代的青铜礼器，为異伯嫁女的媵器。已故王献唐先生根据这八件異器，证以有关典籍，推定異是我国古代一不见经传记载的国家，原籍在今山东莒县北部潍水之源，即《汉书·地理志》所载箕县旧地。[①]異器在历代金文著作中多有著录，相传大多出土于河南安阳、浚县、上蔡、洛阳一带，因之，有的学者认为，異本商代畿内封国，故地在河南安阳西北、今山西榆社一带[②]，或者认为，異之本土在今河北沙河县境内[③]。新中国成立以来，異器在辽宁喀左县北洞村[④]，北京房山琉璃河[⑤]，河北邢台[⑥]，陕西扶风、宝鸡一带[⑦]，也有零星发现。于是，有人又提出，異之祖籍本河北北部、北京至辽宁喀左一带。已经发现的商代及周代初年的異器，其铭文中往往

　　① 王献唐：《山东古国考》，齐鲁书社 1983 年版，第 1—58、148—153 页。

　　② 晏琬：《北京、辽宁出土铜器与周初的燕》，《考古》1975 年第 5 期，第 274—279 页。

　　③ 晏琬：《北京、辽宁出土铜器与周初的燕》，《考古》1975 年第 5 期，第 274—279 页。

　　④ 喀左县文化馆、朝阳地区博物馆、辽宁省博物馆：《辽宁喀左县北洞村出土的殷周青铜器》，《考古》1974 年第 6 期，第 364—372 页。

　　⑤ 中国科学院考古研究所琉璃河考古队：《北京附近发现的西周奴隶殉葬墓》，《考古》1974 年第 5 期，第 309—321 页。

　　⑥ 河北省博物馆、河北省文物管理处：《河北出土文物选集》，文物出版社 1980 年版，第 29 页。

　　⑦ 陕西省考古研究所、陕西省文物管理委员会、陕西省博物馆：《陕西出土商周青铜器（三）》，文物出版社 1980 年版，第 65 页。

有"亚"字图形，由此，此类铜器又多称为亚其器。在"亚"字图形之内或在"亚"字图形之外，又往往有"㐫""㐫"徽识的图像文字。清代学者吴大澂曾提及，这一徽识的形体与"燕"字之形相似，其原始摹画乃家燕之形。[1]近年来，有人根据吴氏的这一说法，大加敷衍，将吴氏所谓亚其徽文所画似家燕之形一说拍死，从而肯定，亚其徽识就是"燕"字的初文，进而推度，此徽识所画即《诗·商颂·玄鸟》所谓"天命玄鸟降而生商"的玄鸟，是商人的族徽。基于这一判断和亚其器或曩器在河北、北京乃至辽西一带发现的事实，又认为，这是商民族起源于我国北方的一个物证。商民族到底起源在哪里、是否起源于我国北方暂可勿论，但是，说曩器徽文所画是商民族所尊奉之祖，即燕子或即载籍中所谓玄鸟之形，是商民族的族徽，则是我们不能苟同的。拙文就亚其徽识的原始摹画、释字及其他相关的问题，试作新解。

一、亚其徽识箭神说

亚其徽识在商末周初的曩器中，有的画于亚形之内，（图一，1、2）有的画于亚形之外，而画于亚形之外者多于前者。粗略统计，罗振玉《三代吉金文存》、周法高《金文诂林》著录此类徽识计凡四十余文，一般将徽识画于亚形之下，大致有两种画法：第一种画法，徽识上端头形横写的一笔与亚形下边的一笔合而为一，（图一，11—13）徽识与亚形浑然一体，不可分割地联结在一起；第二种画法，徽识上端头形与亚形分离，与亚形为不相连接的两个个体。（图一，8、9、10）亚其徽识皆画有两臂，有相当一部分徽识左、右两臂长短不一，有的徽识之一臂明显长于另一臂。（见图一，1、3、4、7、9—13）在长短不一的两臂中，略短的一臂不画手形，稍长的一臂则一般画有手的形象，手中还握有杆形"丁""Ｙ""｜"，（见图一，1、2、5、6、10—13）还发现有将杆形"｜"斜插于腰间者，（见图一，7）另有部分徽识一手持有镞头之形。（见图一，3、4、9）徽识两下肢形似双尾，"双尾"呈斜叉状或内弧状。截至

---

① （清）吴大澂：《愙斋集古录》第7册，第14页。

目前，尚未发现一例在徽识下肢末端画有足形者，这是耐人寻味的。

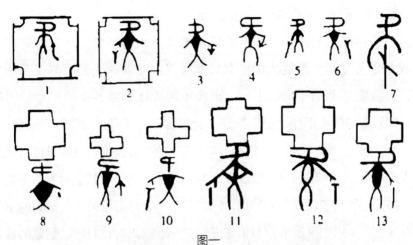

图一

1.《美帝》A147、B147 亚夨鼎　　2.《考古》1974 年第 5 期，第 314 页，图十一

3—7.《金文诂林·附录》第 321 页　　8—12.《金文诂林·附录》第 298 页

13.《三代》卷 17，第 1745 页

　　尽人皆知，历代发现殷周时代青铜礼器铸铭中，凡图画图腾、徽识一类标识之形，一般与摹画事物十分相像，观其形则知其物，只要对图形稍加研读，大致都能领悟古人的意旨。然而，亚其器徽文所画为何物使人颇费心思，令人难以辨识。从形象看，这一徽文画有手形，手中又握有杆形或镞头一类物，故可断言，此徽识的原始摹画与走兽一类动物之形无关；亚其徽识无飞禽一类翅、羽之形，且头形作"匸""⊐"，此形与金文中发现的摹写飞禽一类鸟首之形，无一相类，因此，也不能说这一徽识的原始摹画是家燕一类飞禽之形。亚其徽识与人形近似，但仔细推敲，它又与商周时代青铜礼器铸铭中所画人形有很大差异。殷周时代青铜礼器中发现的人形徽识铸文，无论是正视或侧视的人形，头部多画成圆形，其下肢的末端皆画有足形，其正面站立的人形，手足之形兼具。如：

　　"𢀖"（《三代》一二·四五，父辛卣）

　　"𢀖"（《录遗》三六〇，𠬝觯）

"🜨"（《三代》二·三〇，父癸鼎）

"🜨"（《三代》一二·四六，且乙卣）

等等。一望即知，上述一类图像的原始摹画是人的形象，是侧视蹲踞状或者正视双足叉开站立着的人的形象。此正视站立着的人形，不仅手足之形具备，其身躯各部如平肩、上宽、束腰也与人体身躯各部的形象、比例一致。亚其器徽识的头形作"⊐""⊏"，此形如不与甲骨文"既"字"🜨"（前七·一八·一）、"🜨"（燕二）中的"🜨""🜨"的头形比较，就很难使人理解它是人头的形象。亚其徽识仅一臂有手，身躯之形也与正视站立的人形不类，多尖肩、斜肩，平肩者仅属个别特例。（见图一，9）已著录的亚其徽识的躯体之形，百分之九十以上呈菱形，与山东龙山文化、商周时代石镞、铜镞的镞体之形，颇相近似。（见图一，3、4、8）另外一种，躯体的两端有钝尖儿，呈橄榄状；（见图一，12、13）躯体呈铲形者，（见图一，9）较为少见。

可见，亚其徽识畸形，仅一臂有手，两臂长短不一，较长的一臂手中握有杠杆或镞头；躯体多呈菱形，与镞头形、枣核形相似；下肢斜叉或内弧形，形似双尾，无足。综而言之，亚其徽识似人非人，有诸多诡异、神秘之处。尽管如此，我们仍然认为，亚其徽识所画还是人的形象，因为徽识的头形与甲骨文中的"既"字一侧蹲踞人形的头形完全相同。还有，徽识的一臂有手，且握有杠杆及矢镞一类物，此即有力地证明了亚其徽识是人，不是飞禽一类或走兽一类动物之形。窃疑这一图像之所以有诸多诡异、神秘之处，殆因其原始所画是神化了的某一事物的形象，或者说，该图像的形象有长期演变、积久发展的历史，在历史演变的长河中，随着社会的发展、文化的进步，这一神化了的"事物"之形，又逐渐地被赋予了"神"即人的形象。

亚其徽识的躯体之形与镞头之形相似，如果将徽识上端头形去掉即为"🜨""🜨""🜨""🜨""🜨"等等。由形体观之，其字形与甲骨文、金文中箭、尾兼具的"矢"字之形酷似。如甲骨文中独体的"矢"字写作"🜨"（甲三一一七）、"🜨"（缀一·二〇四）、"🜨"（河三三六），"医"字中的"矢"字写作"𡗎"（河九）、"𡗎"（天九六），"侯"字中的"矢"字写作"𡗎"（铁四六·三）、"𡗎"（前五·三六·七）。金文"侯"字中的"矢"字写作"𡗎"（周早簋，𣉢父钺），"至"字中的"矢"字写作"𡗎"（周晚克鼎），"疑"字中的"矢"字写作"𡗎"（周早疑觯），等等。就形体而论，亚其徽识的躯体、四肢的总体之形与前文征引甲骨文及金文诸文中的"矢"字之形，其基本特征、笔顺的走向大体是一致的。据古文字资料判断，亚其徽文的躯体之形，应是甲骨文、金文中"矢"字形体的变异。与亚其徽识相同的文字，甲骨文中也有发现[①]，是商代祖甲时期一贞人之名，写作"𡗎"（戬四五·八）、"𡗎"（京都二五四〇），陈梦家先生将是字隶定为"𡗎"[②]。是字与金文中发现的亚其徽文所不同的，只是笔画纤细，其他特征相同。

依据上文分析判断，亚其徽文的演变、增繁的顺序应为：

𡗎（甲三一一七）
𡗎（缀一·二〇四） ⎫ →
𡗎（河三三六） ⎭

𡗎（天九六"医"中"矢"）
𡗎（铁四六·三"侯"中"矢"）
𡗎（河九"医"中"矢"） ⎬ →
𡗎（前五·三六·七"侯"中"矢"）

𡗎（周早簋、𣉢父钺"侯"中"矢"）
𡗎（周晚克鼎"至"中"矢"） ⎬ →
𡗎（周早疑觯"疑"中"矢"）

𡗎（《金文诂林·附录》第 321 页）

𡗎（《金文诂林·附录》第 298 页）

---

① 中国科学院考古研究所：《甲骨文编》，卷八·五，中华书局 1965 年版，第 348—349 页。

② 陈梦家：《殷虚卜辞综述》，科学出版社 1956 年版，第 205 页。

（《美铜器集》A523、B142a）

从这一演变图示可以看出，亚其徽识原是一矢镞的象形，后来由矢镞形增繁成人形，演变成手中握有"⊤""⅄""↓"形的亚其徽文。换言之，亚其徽文原本是一人化了的矢镞之形。如果这一推演可以成立，那么，亚其族徽识原是神化了的一种远射兵具，即箭的化身，它应是由亚其族先民崇拜弓箭、尊奉弓箭为神灵的习尚渐次神化、演变而来的箭神或射神的形象。在已发现的亚其族徽识中，有的徽识手中握有箭头，这从侧面支持了我们的这一判断。

据民族志资料观察，原始社会时期，世界各民族的原始宗教一般都有拜物的习惯，或称拜物教。由于这一历史时期生产力低下，科学极不发达，人们对各种自然现象很不理解，因之，认为任何自然现象、任何事物，甚至包括任何具体物体、工具，比如石头、树木、弓箭、农具等等，都具有灵性，赋予其神秘的、超自然的性质。新中国成立前，胶东一带农村，逢年过节，几乎家家都有祭井、祭灶、祭牛槽猪槽的习惯，为求得农业丰收，甚至还有祭祀锨、镢一类农业生产工具的习尚。这一古老习尚，无疑有着悠久的发展历史，大概也是从我国原始社会先民习尚拜物教这一古老习俗演变、因袭而来的。殷周去古未远，民风少文、尚质，是故出现在这一历史时期的亚其族徽识，其所崇拜的箭神、射神之属，基本形体是一神化了的矢镞一类射兵的形象，就不难索解了。

在已发现的亚其族徽识中，有部分徽识手中持有箭头，绝大多数徽识手中握有杠、杆类器，有的象杆有柄饰或杆有分支可刺入之形。《吕氏春秋·荡兵篇》："兵所自来者上矣……人曰'蚩尤作兵'，蚩尤非作兵也，利其械矣。未有蚩尤之时，民固剥林木以战矣。"《史记·陈涉世家》："秦王既没……（陈涉）率罢散之卒……斩木为兵，揭竿为旗，天下云集响应，赢粮而景从，山东豪俊遂并起而亡秦族矣。"由文献记载推索，箭神或射神亚其族徽识手中所持杆形器，就是木质棍棒类物，其与箭头一样，也是作为一种兵具而执于手中的。

亚其族徽识手中所执为矢镞、棍棒类兵具之形，这对我们推定其原始摹画为我国古代人民尊敬、崇拜的箭神、射神的形象，无疑是一力证。因为箭神、射神为兵神、战神之属，在金属兵器未发明之前，我国古代有以木为兵之俗，木质的棍棒乃是基本的兵具之一。所以，先民在图画箭神一类战神之形时，为标明其身份，乃着意在其一臂手中画一箭头或木质棍棒类兵具之形为标识。

二、亚其徽识夷羿说

古史传说、神话载记中的夷羿，或简称羿。其本字为"羿"或"弓"，"羿"乃"羿""弓"二字之俗体或讹变。"羿"，《说文》曰："羽之羿风，亦古诸侯也，一曰射师。"段注曰："此谓有穷后羿……夷羿国也……俗作羿。"

"弓"，《说文》曰："帝喾射官，夏少康灭之。《论语》曰：'弓，善射。'"段注曰："弓与羿，古盖同字……羿之讹也。"

殷商甲骨文字中无"羿""弓"二字，更无俗体"羿"字者。"羿"与"弓"及其俗体"羿"字，见于周代以来诸文籍或金文中。我在《齐地得名推阐》一文中，根据扬雄的《上林苑令箴》及《荀子·解蔽篇》《荀子·儒效篇》等诸篇有关记载推论，神话传说、古史载记中的羿或曰夷羿、有穷后羿，癖性尚箭，嗜射，他长于射艺，是我国古代人民尊敬、崇拜的射者之冠、天下第一射箭能手。[1]更有甚者，有的古籍在记述夷羿事迹时，甚至推尊夷羿是我国古代弓、矢一类远射兵具的发明者、创造者。《吕氏春秋·勿躬篇》记载："夷羿作弓。"《墨子·非儒篇》曰："古者羿作弓。"

《山海经》一书记载，我国古代人民尊敬的这位射者之冠、天下第一射箭能手，有超绝常人的本领，他混迹于诸神之中，能"绝地天通"，他与上帝的下都，会集百神的昆仑神虚关系密切。《山海经·海内西经》记曰："海内昆仑之虚在西北，帝之下都。昆仑之虚方八百里，高万仞……百神之所在。在八隅之岩，赤水之际，非仁羿莫能上冈之岩。"《山海经·海外南经》曰："昆仑虚

① 王树明：《齐地得名推阐》，《东夷古国史研究》第一辑，三秦出版社1988年版，第133—153页。

在其东,虚四方。一曰在岐舌东,为虚四方。羿与凿齿战于寿华之野,羿射杀之。在昆仑虚东。"

《山海经·海内经》《楚辞·天问》诸篇又径直说,夷羿乃是上帝亲自赐给弓、矢,从天上派往人间,为人们排忧、解患的天使、天神。《海内经》曰:"帝俊赐羿彤弓素矰,以扶下国,羿是始去恤下地之百艰。"《楚辞·天问》曰:"帝降夷羿,革孽夏民。"

揆以古籍中有关夷羿事迹的记述,可以发现,神话传说中所谓夷羿,并非实有其人。这一传说的历史真相应该是,所谓夷羿,原是我国古代人民崇拜的一种神灵,其职主与弓矢一类射兵密切相关。换言之,我国古代神话与古史传说中的夷羿,实际上是先民尊敬、崇拜的弓箭之神,或可径直称其为箭神或射神。

古籍还记载,射神夷羿畸形,其臂长,或者记载,其上臂两肢长短不一,其左臂长于右臂。《史记·夏本纪》正义引《帝王世纪》曰:"羿学射于吉甫,其臂长,故以善射闻。"《淮南子·修务训》曰:"羿左臂修而善射。"徐宗元辑《帝王世纪辑存》曰:"羿学射于吉甫,辞佐长,故以善射闻。"(引自《太平御览·八十二》;本句"辞佐"乃"臂左"之误)他兵具不离于手,或"持弓矢",或"执鞅持扞"。《山海经·海外南经》曰:"羿持弓矢,凿齿持盾,一曰戈。"陈其猷校注《韩非子集解·说林下》曰:"惠子曰:羿执鞅持扞,操弓关机,越人争为持的……故曰:'可必,则越人不疑羿;不可必,则慈母逃弱子。'"

夷羿所执弓矢,为弓箭一类射兵;"扞"当作"杆"字之误,"持扞",谓持有木杆、木棍类物。清代学者王引之说:"扞,谓韝也,或谓之拾,或谓之遂,箸于左臂所以扞弦也……《乡射礼》'袒决遂',郑注:'遂,射韝也,以韦为之,箸左臂所以遂弦也。'"认为所谓"扞"者,原是缚箸于左臂的、用以扞弦的一种射具,属韦类皮质物。把一个很简单的问题,反而弄得复杂了。

王氏此论不妥。在《韩非子·说林下》一文中,"扞"之为物,乃是持于或曰握于手中的，与王氏谓其为遂，"箸于左臂"一说不符。《说文》一书中，"扞""干"二字互训，意义相通。"扞"又由"干"字取声，说明"扞"乃"干"字之孳乳，"干"为"扞"之本字。《说文》段注根据《说文》"扞""干"二字训"忮"，又提出"忮"即"枝"字，就是我们平素说的树枝的"枝"字。《说文》："扞，忮也。从手，干声。"段注曰："忮当作枝。枝，持字，古书用枝，亦用支。"

推研上文征引，"扞"与木杆的"杆"字，也是可以相通的。又羿本字为"羿""弜"，是二字皆从"开"，"弜"又由"开""弓"二字会意，或可这样说，夷羿的主要特点、特征，乃以"开""弓"二字反映的事物为标识。"开""干"音同义通。由《说文》段注推究，"开"字的原始摹画，乃木杆、木棍类物。羿本字"弜"，由"开""弓"二字会意、标形，对我们研讨《韩非子·说林下》"羿执鞅持扞，操弓关机"一语中的"持扞"为"持杆"，即手中握有木杆、木棍类物一说，应当说也是一个很好的证明。综前文可知，王氏所谓"羿执鞅持扞"的扞，是什么韦类皮质物一说，本不相关。

总前文所论，亚其徽识的基本形体是由"矢"字之形演变而来，它是我国古代人们崇拜、尊奉的箭神、射神的形象。此与神话传说、古史载记中的夷羿尚箭、善射、发明弓矢，是上帝派往人间的天使、天神的身份相合；亚其徽识两臂长短往往不一，其中，手中握有器物的一臂一般略长于另一臂，此又与夷羿左臂修长的记载相符；亚其徽识略长的一臂手中所执器物，或为镞头或为木杆、木棍类兵具，也与古籍载记中夷羿尚箭，嗜射，手中"持弓矢"，"弧矢是尚"及"执鞅持扞"的记载一致。依据上文分析，推定亚其徽识的原始摹画，是我国古代人们推尊、崇拜的箭神、射神夷羿的形象，应当是可以容许的，此其一也。晏琬在《北京、辽宁出土铜器与周初的燕》一文中指出，亚其器、冀器，就是文献记载中的箕子的物质遗存。并说："我们认为，商末的冀就是文献中微、箕的箕。铜器铭文中'冀侯，亚匙'每每省作'甘，亚匙'。《说文》：'箕，所以簸者也。从竹；甘，象形；丌，其下也。'又说：

'**甘**，古文箕.' 箕踞的箕,《说文》作'**畀**'，因此，铭文中的'**甘**'就是'箕'字，有时则借用相通的'**畀**'字。"[1]此论确不可移。《史记·宋微子世家》："箕子者，纣亲戚也。"索隐云：司马彪曰"箕子名胥馀"。后世学者，如王先谦、郭庆藩诸儒在《庄子·大宗师》集解、《庄子·大宗师》集释诸文中提及箕子本名时，皆从汉代硕儒司马氏的箕子胥馀说。此或说明，汉儒司马彪的箕子胥馀一说可以信从。我们在上文推定，畀或亚其即箕子的徽识，是我国古代人们推尊的箭神、射神夷羿的形象。畀或亚其即箕子，其名又曰胥馀，箭神、射神夷羿二字与胥馀二字今音颇相近似，缓读之，"胥馀"即亦"夷羿"矣。由此以推，史籍载记中箕子胥馀一名，很有可能就是神话传说中箭神、射神夷羿一名的混同或传写之讹谬。如果这一推测不致太错，又为我们推定亚其徽识所画为古史传说中箭神、射神夷羿神像一说，再添一证据。综以前文，由文献中箕子的有关记载分析，推定亚其徽识"**赤**""**赤**"，原是我国古代箭神、射神夷羿神像摹画一说，也是可以成立的。此其二也。据民族志资料反映，处在原始社会发展阶段的民族，其部族之名、图腾之名、主要领袖人物之名，往往是一致的。上文提及，甲骨文发现，商代祖甲时期的贞人之名与亚其徽识的写法是一致的，也是以"**赤**""**赤**"为名，此或说明，在商王祖甲时期，其贞人为亚其族主要领袖人物所担任，因此，亚其族先民崇拜的射神、箭神夷羿之名，又成了商王祖甲时期一贞人或一卜筮者之名。

三、亚其徽识"**旎**"字说

由于亚其徽识畸形，似人非人，有诸多诡异神秘之处，是故，历来对它的隶定与解释，产生了诸多分歧。清代金石学者吴荣光先生认为，亚其徽识释庙形"**旂**"。他在《筠清馆金石录》一书中，考订**旂**瓠一器时说："《说文》**旂**在丨部，旌旗杠儿，从丨从**沂**，**沂**亦声。《周礼·司常》'祭祀各建其旗'，

---

① 晏琬:《北京、辽宁出土铜器与周初的燕》,《考古》1975 年第 5 期, 第 274—279 页。

《诗》'龙旗十乘，大糦是承'是也。故祭器多为旌旗形，或为庙形。"①

观诸"𣃘"，乃"𣃘"字之衍生和孳乳，其本字为"𣃘"。"𣃘"，甲骨文字之形作"𣃘"（甲九四四）、"𣃘"（存一六四四）、"𣃘"（后一·二二·一），其总体之形，很像旌旗杆（竿）顶端缚结的游幢类物随风飘动之形。亚其徽识，除徽识手中握有杠杆一类棍棒之形，与吴氏所谓"旌旗杠儿"一说可牵强附会者外，其他人形部分与甲骨文字中"𣃘"之形，无一相似之处，说明将亚其徽识隶定为"𣃘"字一说，是不能成立的。前文提及，清代末年吴大澂曾提出，亚其徽识像"燕"的形象，其原始摹画乃家燕之形也。他在《愙斋集古录》一书中论及亚其徽识时说："亚形下当即燕字之上半截，象燕之形；下作𣃘，象燕在巢形。"②

燕子或玄鸟类图形文字，甲骨文字中多有发现。其正视如展翅飞翔之形，作"𣃘"（前六·四三·六）、"𣃘"（前六·四四·五）、"𣃘"（燕七四八）；侧视展翅飞翔之形，甲骨文字尚未发现，在周代金文中其形作"𣃘"（春秋，齐镈）、"𣃘"（晚周，克鼎）；息于巢中之形，甲骨文亦未见，在周代金文中作"𣃘"（周早，匽侯盂）、"𣃘"（周晚，克鼎），等等。就已发现亚其徽识诸形，与前所例举甲骨文、殷周金文中发现燕子正视、侧视飞翔之形及息于巢中诸形相较，无一相似之处，仅就文字形体一端亦足以说明，将亚其徽识隶定为"燕"字一说，也是不能成立的。以上两种说法，皆因失于对亚其徽识总体形象的考察、研析，又失于对这一徽文演变的历史不甚了了，在隶释这一徽识时，对其形体、隶定文字寓意的解释上，就不可能切中亚其族先民摹画这一徽文的历史真相。

20世纪50年代末，山左名贤王献唐先生，从字形、字义、音读三个方面着手，广征博引，对亚其徽识的形体特征做了精辟的分析，考订甲骨文、金文发现，未持杆形、矢镞形物，与亚其器图像文字人形相近的一类释"矣"，持

①《金文诂林·附录》，299（2112），香港中文大学出版社1977年版。
②（清）吴大澂：《愙斋集古录》第7册，第14页。

有木杆、矢镞头形的一类，即与亚其徽识完全相同的一类，释"毗"。要之，亚其徽文"毗"字是由"吴"字演变而来。王先生在《黄县䣄器》一文中，隶定亚其徽识时说："卜辞金文吴字，在人形的大字手中，有一种写法像似拿着一物，其形为丨，变化不一。这是一根棍。《玉篇》《广韵》以来古本切读棍的丨，正象其形。古文字有些书体从丨，或只作丨，音训与此不同，一般是从旁一形体省变出来的。现在定此为棍，因有许多变体与他字不符，同时又提在人的手中，手或有指，也合于持棍的姿势。不过棍有各式各样，所提除了直棍以外，还有丫式，似是将就树枝丫形作的。也还有丅式，似是上有小横木可以扶手。无论何式，它既和丨同用，证知通为一事。在吴字各种书体中，有持棍的，有不持的，亦有只作手形的，又知持棍与否，无甚关系。如有先后或特殊意义，则卜辞吴为一个人名，就署了两体，前引亚吴合文各器也是一人所作，仍然包括两体，可见持棍与否是随便的。……但由持与不持，吴字遂分两形。持棍的有时把棍写在一旁，如父乙簋的，父己簋的，传到后代，又演变为小篆的毗形。"[1]

王献唐先生上述说法，诚可谓准确、精当，甚得"毗"字造字之本。就目前已发现的亚其徽识中，有百分之九十以上是由人形、手中持杆、棍类及矢镞类物之形组成。人形部分头形作"⊐""⊏"，躯体部分之形作"⺅"，可见人形一侧当隶定为"吴"；手中所执木棍之形、矢镞形各体，形虽各异，实属一类物，都是作为兵具执于手中的。其中，棍形或杆形"ㄏ"，与甲骨文"匕"字"ㄏ"（后二·三六·六）、金文中的"匕"字"ㄏ"（周早倗万簋中"妣"字一侧之匕形）之形近似。"匕"是兵具物类的别名，矢镞类远射兵具的通称[2]，由此可知，亚其徽文手中所持杆形、矢镞丨、丫、丅及匕诸形，可通视为"匕"字形体的原始或曰滥觞。依此分析，将亚其徽识诸形隶定为"毗"字，是无可置疑的。

---

[1] 王献唐：《山东古国考》，齐鲁书社 1983 年版，第 86—90 页。
[2] 杨伯峻：《春秋左传注·昭公二十六年》，中华书局 1981 年版，第 133—153 页。

经传类典籍中,无"毕"字。朱骏声《说文通训定声》"毕"下曰:"未定也。从匕,矣声。矣,古文矢字。经传皆以疑为之,而本字废置不用。"由朱氏所论,"毕"乃"疑"之本字。可见,研究"毕"字本义,只能从"毕"字借字或其"衍"字"疑"字诸义中辨析、推究。

《说文》"毕"下曰:"毕,未定也。从匕,矣声。矣,古文矢字。"段注曰:"按未衍字也。《大雅》'靡所止疑',传云'疑,定也',笺云'止、息'。……疑,止也,有矜庄之色……按以上疑字,即《说文》之毕字,非《说文》训惑之疑也。疑、毕字相似,学者识疑不识毕,于是经典无毕字。"

"毕"借字"疑",《尔雅·释言》曰:"疑、休,戾也。"注曰:"戾,止也。疑者,止也。"人所共知,汉字由图画发展而来,所谓汉字的本义及其引申意义,与所画事物及其所画事物的形象密切相关。亚其徽识所画乃是人们崇拜的箭神、射神夷羿的神像,属兵神、战神类神灵之象;这一神像两臂外张,一手执兵,做横首伫立状。缘此,"毕"有"定""止息""矜庄之色",或曰有"停止""平息""平定""庄重威严"一类含义,即不难理解。由"毕"字本义反证,推定亚其徽识"毕"字,是箭神、射神夷羿图像文字演变而来,无疑是可以信从的。"毕"又"疑"本字,"疑"乃"毕"之借字或异构。查"毕"之借字"疑",为疑纽之韵,"羿"与"弩"之俗字"羿"为疑纽脂韵,说明"疑""羿"二字双声。按我国古代文字双声、叠韵可以互通的习惯,"疑""羿"二字可以通假。由此可推,"疑"本字"毕"与"羿"及"羿""弩"诸文,也是相通的。由"毕""羿"二字音读相同,可为互通一端,进而推定"毕"是由我国古代摹画夷羿神像的亚其徽文演变而来,也是可以成立的。看来,在我国商代甲骨文字中,所以无夷羿类"羿""弩"及"羿"诸字发现,原因在于当时夷羿类射神、箭神文字,就是被后世隶定为"毕"字的亚其徽文"𣏾""𣏾"诸文。后来,"毕"被借用或"衍"为训"惑"之"疑"字,因久借不归,于是人们又根据夷羿习尚弓矢或"执鞅持扞"的传说,为射神夷羿造出从"弓"从"干"之"弩",或从"羽"从"开"之"羿"一类新字。

这样一来，人们对"毙"字的历史根源，就更加无从知晓了，"毙"字渐次变成了一死亡的文字。

四、余论

总前文考证、研订，所见所得凡以下四点。

1. 亚其徽文由矢镞之形演变而来，它是亚其族先民对矢镞射兵的神化、人化。由矢镞人化、神化了的亚其徽文，原是我国古代东方夷人对所崇拜的弓箭之神、射神夷羿神像的摹画，其与燕子或曰玄鸟之形，本不相干。在商代甲骨文或商末周初金文中发现的"𥞉""𥞉"即"毙"，与后世周代以来出现的"羿""𦐿"本为一类字，它原是我国商代抑或西周时期"羿"的本字。

2. 亚其器或𪔂器徽文，就是上古三代以来我国赫赫有名的箕子一族的徽文，它是商末至西周时期"羿"的本字。由亚其徽文的发现与研究得知，武王翦商之后，与周武王阐说"洪范八政"及如何平衡天下、治理国家的大政治家、大学问家箕子，其本族远祖原族属东夷。箕子视夷羿为祖、以夷羿为宗神，据此或可这样说，所谓箕子者，原是我国古代东方夷人崇拜箭神、射神夷羿诸部的后裔。至于新中国成立后，在我国北方北京、辽宁诸地发现的标有亚其徽文诸𪔂器，当是商王朝灭亡后，箕子一族向东北迁徙朝鲜后的物质文化孑遗，其与商民族起源在什么地方，或无相干。

3. 古史载记中的夷羿，族籍为齐[①]，其同族诸邦国，如过、戈、寒、有穷后羿所立各国，多在今山东境内泰沂山系以北，约当今掖县、潍坊、德州诸地，即齐地之腹心区域。亚其一族尊奉夷羿为祖神，说明亚其一族的发迹之地也在山东境内泰沂山系以北，即古齐地领域之中。新中国成立后，亚其器不仅在山东黄县有所发现，近年来考古调查资料反映，其在山东临朐、山东桓台史家鲁北古齐地领域内，也时有所见。这对我们推定亚其族宗祖夷羿原发迹于鲁

---

① 王树明：《齐地得名推阐》，《东夷古国史研究》第一辑，三秦出版社 1988 年版，第133—153 页。

北齐地一说，无疑是一侧证。至于商代晚期，亚其器在河南安阳、上蔡等地乃至商王室大墓中不断发现，可能说明，亚其族先民与过、戈、寒、有穷后羿各部一样，在虞夏时期也曾沿泰沂山系北侧西徙中土，后来在由殷代夏过程中，或逐渐与商人建立同盟，或与商人建立了姻亲关系，故而在河南安阳、上蔡及商王室大墓中，亚其器也时有所见。

4.夷羿是我国古代人民崇拜的箭神、射神。由文献记载与考古资料观察，夷羿尚箭、嗜射的传说，缘起于泰沂系北侧古齐地，即潍淄流域诸地山东龙山文化时期[①]。在我国先秦经籍中，这位箭神、射神能混迹于诸神之中，"绝地天通"，是上帝或商人的老祖宗帝俊派往人间，为人们排忧解患的天使、天神。由祖甲时期贞人"妣"（即"𣄴""𣄷"）及《史记·宋微子世家》箕子回答武王问政，在关于卜筮、决疑诸事的问答中，可以看出，亚妣（殷时夷羿）地位显赫，其在商王朝中或世守神职，专司商代王室或人们卜问、决疑诸事，是一与鬼神打交道、可沟通人神者。亚妣或夷羿在商时的任职及其在商时的显赫地位诸端，又成为后世典籍中各种夷羿半神、半人类神话传说的历史根据。可见，在我国历史上，夷羿或有关夷羿的神话传说，是一个历史发展的产物，有着久远的历史背景和积久发展的历史"根蒂"。换言之，夷羿传说产生的历史"根据""根蒂"，在我国历史发展的长河中，是有踪迹可寻的，而其神话或传说，则是对其历史"根据""根蒂"的扭曲或演绎。

原载《华夏考古》2004年第2期。

王树明，山东省文物考古研究院研究员，考古学家、古文字学家。

---

① 王树明：《齐地得名推阐》，《东夷古国史研究》第一辑，三秦出版社1988年版，第133—153页。

纪、曩、莱为一国说

王恩田

在山东东部古国中，有几个尚待解开的谜。齐国东邻的纪国，春秋初年为齐所逼"大去其国"，去向何方？清末以来，山东境内不断出土周代曩国铜器，曩与纪究竟是何关系？此外还有一个莱国，其都城在何处？莱国与纪、曩又有何关系？本文准备对上述疑而未决的悬案加以探讨。

一、说纪

西周时的纪国，史料缺乏，仅知为姜姓，曾与齐国有过纠纷。《史记·秦始皇本纪》正义引《帝王世纪》云："周之纪国，姜姓也。纪侯谮齐哀公于周懿王，王烹之。《外传》曰：纪侯入为周土。"《齐世家》集解引徐广的说法，认为此事发生在周夷王时，与此有异。

春秋时的记载相对要多一些，总的说，纪与周王朝和鲁国的关系密切。周桓王曾娶纪女为后[①]，纪侯则娶鲁女伯姬、叔姬为夫人[②]。齐纪关系则依然紧张。随着齐国的逐渐强大，纪国日益受到齐的威胁，曾多次会见鲁侯，意图依靠周王朝及鲁、郑的斡旋，缓和与齐的矛盾，均无结果。

---

① 《左传·桓公八年》。
② 《左传·隐公》二年、七年。

《左传·桓公六年》："夏四月，公会纪侯于成。"

《左传·桓公六年》："夏，会于成，纪来咨谋齐难也。"杜预注："齐欲灭纪，故来谋之。""冬，纪侯来朝，请王命以求成于齐，公告不能。"

《左传·桓公十七年》："春正月丙辰，公会齐侯、纪侯盟于黄。"

《左传·桓公十七年》："春，盟于黄，平齐、纪，且谋卫故也。"杜预注："齐欲灭纪，卫逐其君。"

鲁庄公元年，齐国进一步吞并了纪国的邢、鄑、郚等三邑[1]。后来纪侯弟纪季又以酅邑入于齐国以为附庸。鲁与郑会盟于滑，谋救纪之计，郑伯则感到无能为力而没有取得具体成果[2]。纪国终于敌不过齐之威逼，于是"大去其国，违齐难也"[3]。

纪，金文作己。纪、己古通用，文献中有不少例证，林义光、陈槃已有论述。传世纪侯作器，有下列三件：

己侯貉子簋（《代》8.2.2）

己侯簋（《代》7.27.4—5）

己侯钟（《代》1.2.1）

其中己侯貉子簋时代属西周中期偏早，铭言"己侯貉子分己姜宝，乍簋"，应是纪侯为嫁女所作媵器。传世有貉子卣，铭言"王令士道归（馈）貉子鹿三"，此貉子与己侯貉子疑为一人。己侯簋与己侯钟时代属西周晚期。己侯簋铭言"己侯乍姜縈簋"，亦应是媵器。据上述纪器可知，纪女名"己姜""姜縈"，证明纪为姜姓。纪侯受王赏赐，与周王室关系密切。

---

① 《左传·庄公元年》。

② 《左传·庄公三年》。

③ 《左传·庄公四年》。

关于纪国都城位置，史存三说：1.江苏赣榆县东北说[①]；2.纪国即西汉淄川国所都之剧城[②]；3.汉剧县西说[③]。

赣榆东北说系误将纪子帛之国与莒之纪鄣城相混淆。纪之国土西起寿光，东至胶东半岛，其都城不可能在苏北沿海，此说非是。由于"纪侯钟"传为清乾隆间出土于纪台，故一般均信从《括地志》之说，以为寿光南三十一里的纪台为纪国都城。1965年春，笔者曾前往寿光纪台城调查。该城位于弥河东岸，距河五里。城略呈方形，城西墙和西南角一带保存尚好，残高约三米，夯层厚十余厘米。夯筑特点与临淄汉代修补城墙的夯筑技术相同，纪台城的修建年代应属汉代。所谓"纪台"，位在城中偏北部，巍然尚存，系一夯筑建筑台基。城内堆积多为战国和汉代砖瓦、陶片，无早期遗物。当地群众中亦无关于出土铜钟的传闻。同年秋，笔者偕北大考古专业实习同学对淄、弥两河流域进行考古调查时，再次到纪台调查，亦未发现早期遗物。初步判断，所谓纪台城应系战国剧邑和汉之剧县，而非纪国都城。

1965年秋在弥河流域考古调查时，在位于寿光城南十八里弥河西岸的呙宋台、郑家、鲍家、钓鱼台等七八个毗连的村落之间，曾发现大面积西周、春秋遗址。其遗址的密集、遗物的丰富，在山东境内同时期遗址中是罕见的。其中尤以呙宋台一带为最重要。《水经注》说辟闾浑墓侧"有一坟甚高大，时人咸谓之为马陵而不知谁之丘垄也"，即指此而言，《齐乘》名为"过宋台"。此台高七八米，台上遍布灰土。在台的断崖上清理了一个残灰坑，时代属西周中期。另在这一带征集到铜爵、仿铜陶簋，并采集到陶鬲等大量遗物。呙宋台一带与纪台城隔河相望，相距约六公里，方位在纪台北和西北方。从地理位置和遗址情况估计，这一带很可能是纪国都城所在。"纪侯钟"有可能出土于这一带。据此可知，顾祖禹引刘昫说纪城与剧县是二非一的意见可信。

---

①《水经·淮水注》。

②《史记·孝景本纪》正义引《括地志》。

③《读史方舆纪要》引刘昫说："剧县西有纪城，亦曰纪亭，故纪国也。"

纪国"大去其国"后去往何方？高士其引《城冢记》说："邹县东南二十五里有纪城及纪侯冢，相传为纪侯去国避难处。"按：邹县东南十二公里的"纪城"又名"纪王城"，实为春秋邾国故城，与纪无关。从考古发现看，纪侯"大去其国"后，逃往烟台地区的可能性较大。1974 年 12 月，莱阳中荆公社前河前村出土铜器九件，计圆鼎二件，有盖鼎一件（盖失），壶二件，簋、甗、盘、匜各一件。甗、簋、盘、匜的形制与虢国墓地出土铜器相近，一壶与烟台上夼和湖北随县出的编织纹壶相近。另一壶与匏壶相似，唯为直领，有铭在底外，铭作"己侯作铸壶，事小臣其汲，永宝用"。事通使。其，副词。甗也有铭文，但在器主处断裂，可以肯定，器主不是纪侯。1975 年春，山东省博物馆与烟台地区文物部门联合对出土地点做了调查，查明上述铜器系墓葬出土，并做了清理（编号 M2）。同时还清理了其他四座墓葬和一座车马坑，证明系西周、春秋墓地。M2 为中型墓，一棺一椁，铜器即出土于棺外椁内的头厢。墓主颈部佩鸡血石、玉石等串饰，身下及棺椁间殉儿童四人，另有鬲、豆、簋、罐等陶器一百零八件。从墓葬规模及壶铭看，墓主身份不会是纪侯，可能是纪侯身边主持杂役事务的嬖大夫之类。据铜器和陶器的形制、铭文看，墓葬时代应属春秋早中期。该墓的发现，无疑为探寻纪侯"大去其国"后的去向提供了重要线索。结合 1969 年烟台上夼村出土的"己华父鼎"，以及黄县归城出土的己侯钟、己侯鬲，可以认为纪国"大去其国"后并未迁出山东，也未到邹县"纪城"去避难，很可能是放弃了寿光县的旧都及位于今昌潍地区的大部国土，而收缩到今胶东半岛一带。其新都有可能就在黄县归城。

二、说夁

夁国，除《类篇》"夁，古国名。卫宏说与杞同"一条极为简略而又有错误的记载外，不见于其他典籍，只能依据考古材料了解其史实的梗概。殷、周两代各有夁国，但山东只发现了周夁铜器而不曾发现过殷夁铜器。本文仅讨论周夁，殷夁有关问题另文讨论。

据王献唐先生《黄县㠱器》(以下省称《㠱器》)一书统计,周㠱铜器计五器。其中"安白㠱杏壶"原释"器主为安白㠱杏,是一位㠱国长女名杏,嫁于安国或安氏"。实则杏乃生字误释。㠱生为安白之名,确切地说是安器而非㠱器,应予剔除,实有四器。㠱公作叔姜匜,宋代时已不明其形制,薛尚功定名为匜。郭沫若据铭文自称改名壶。[①]《㠱器》以"金文盥字,类用于盘、匜,不用于壶,此称盥壶,与例弗合"为由,仍从薛说不改。按壶的用途一般作酒器,自铭为"醴壶""畬(饮)壶""荐壶",也可用作其他用途,如"弄壶"。还可以作为水器,莱阳新出土的"己侯壶"就是用来汲水的。既可汲水,当然也就可以用于盥洗。传世"匜君壶"(《代》12.18.3,器在台北)也正是自铭为"盥壶"的。应从郭说更名为壶。

传世四件㠱器之外,1951 年黄县归城南埠村出土过一批㠱器。王献唐先生著《㠱器》一书收录了八件。据调查,同时出土的尚有甗上的甑和一件穿带小壶,今藏青岛市博物馆。这批㠱器中有铭者六器:四盨,盘、匜各一。器主名"㠱白妵父"。《㠱器》误释父字为左,解为"妵氏女子名左者嫁为㠱妇",以妵左为姜无之女,已有书评指出其误。正确的释读应是㠱为国名,白为氏称,妵父为其字。盨铭"㠱伯子妵父",意为妵父为㠱伯之子。这批㠱器实为㠱白之子妵父为嫁女姜无所作媵器。

1969 年,烟台上夼村发现一座墓葬,出土有铭铜鼎两件。一件铭作"㠱侯易(锡)弟叟嗣戜,弟叟作宝鼎,其万年子子孙孙永宝用",另一件铭作"己华父乍宝鼎,子子孙孙永用"。其他尚有壶、匜、钟、铃、戈二、鱼钩等。传世"王妇㠱孟姜匜",陈簠斋钤"山左土物"章,注明系山东出土,而不详具体出土地点。㠱白妵父器解为媵器,对于探寻㠱国地望意义不大。"㠱侯鼎"的出土,第一次提供了一件出土地点明确的㠱器,为探讨㠱国地理提供了重要依据。㠱器与己器共存,对于探讨两者关系也具有重要意义。

---

① 郭沫若:《郭沫若全集》考古编第八卷《两周金文辞大系图录考释(二)》,科学出版社 2002 年版,第 199 页。

关于周㠱铜器年代,《㠱器》认为"大体都是春秋期物……没有一件为西周中叶或初叶时器",其说可商。各家以往著录的"㠱仲作倗生壶"是一件壶盖。《双剑誃吉金图录》(上27)著录其器形和铭文,北京大学历史系考古教研室收藏。壶盖呈椭圆形,喇叭形钮,饰一周夔纹带,与西周早期的盖形制相近。仅就"铭文词例书体"看,明显具有西周早期作风。值得提出的是,过去一直未见著录的壶器今陈列于上海博物馆,现北大已将所藏壶盖拨赠上海博物馆收藏,使这件久经失散的器物得以团聚。最近笔者有幸目验聚合后的原器。器形不大,通高约二十厘米。器作卣形,只是没有提梁,故仍可依自铭称之为壶。壶腹饰一双相对的大鸟,足饰夔纹带与盖相应。铭在器底,与盖对铭。器与盖的子母口也密合无间。虽因埋藏或收藏条件不同,色泽略异,但确属同一器物无疑。从壶的形制、纹饰、铭文看,壶的年代应属昭王时期,不会晚于穆王。可见㠱器中没有一件周早、中期时器的说法以及㠱器西周写作"己"、春秋写作"㠱"的说法都是不能成立的。

根据上述㠱器可以明确如下数事:㠱女名叔姜、孟姜、姜无,知㠱为姜姓;据"㠱仲作倗生壶"知周㠱最晚在昭穆时代已经建国;㠱为山东东部古国,其东境达今烟台一带;㠱国君称"㠱公""㠱侯",使用伯、仲、叔、季称名方式;㠱女孟姜嫁周王为妇,㠱与周王朝通婚;"㠱甫人匜"铭称"㠱甫(夫)人余,余王囗叔孙",前余字为㠱夫人名,后余字为徐国之本字,或增邑作郐,据此知㠱也曾与徐通婚。

三、说莱

莱国也为姜姓。《左传·襄公二年》"齐姜薨……齐侯使诸姜宗妇来送葬。召莱子,莱子不会",可证。孔颖达据杜预《世族谱》不知莱国之姓,认为"齐侯召莱子者,不为其姓姜也。以其比邻小国,意陵蔑之,故召之,欲使从送葬诸姜宗妇来向鲁耳。莱子以其轻侮,故不肯会"。按前句明言"诸姜宗妇",莱子如非姜姓,为何召之?莱虽属"比邻",却非"小国"。与齐比邻之国多矣，为什么独欲"陵蔑"莱子？孔氏所疑毫无根据。子姓之来应为郑地之郲，《左传·隐公十一年》作"时来"。杜预认为即荥阳东之釐城。京相璠曰："釐音来，今荥阳县东四十里有故釐城。"

经籍中所载莱之史实亦极有限。西周时仅知齐太公建国时"莱侯来伐，与之争营丘"。[1]春秋时也只是由于齐、鲁联合伐莱而始见史乘。[2]鲁襄公二年，齐灵公再次伐莱，鲁襄公六年（前567年）卒为齐灭。

经籍莱、釐一字。《说文》："莱，蔓华。"《尔雅·释草》作："釐，蔓华。"《说文》："赉，赐也。"《诗·江汉》传："釐，赐也。"例证甚多，不备举。除上引釐器外，山东也出土过釐鼎。[3]

关于莱都位置，民国《黄县志》统计有泛指黄县、故黄城、黄县东南、龙门山、归城、即墨等六说，还可补充不夜城（孙福海《古不夜城记》）、临朐（《黄县彝器》）、昌邑东南（杨伯峻《春秋左传注》）三说。以上九说实际上可以分为两大派。一至五说是黄县说，不夜城说亦可附入。余三说可称非黄县说。首先对黄县说提出异议的是叶圭绶。他的《续山东考古录》认为莱国原来的都城"断不出古即墨、夷安诸县境"。齐灭莱后，迁莱于郳，郳即黄县南十里的归城。其主要根据有二：其一，《史记·齐太公世家》"营丘边莱"，其时莱为侯爵，律以周制，侯封已无都黄而靠近营丘之理；其二，"考东阳城在临朐东境，莱如都黄，相去三四百里，城东阳能逼之耶？"光绪《登州府志》亦以为莱国都城在青莱之间，其论据与即墨、临朐、昌邑等说一样都不外上述两点。《彝器》还根据姜姓彝国滕器出土于黄县归城，而古代有同姓不婚的规定，证明黄县归城的统治者不可能是属于姜姓的莱国。上述观点难以成立。

第一，所谓"周制"，不过是指《礼记·王制》所叙述的王者班爵授禄原则。其内容是"天子之田方千里，公侯田方百里，伯七十里，子男五十里"。

---

[1]《史记·齐太公世家》。
[2]《左传·宣公》七年、九年。
[3]《山东金文集存》下16。

《礼记》成书甚晚，为孔子弟子及二传、三传弟子所记，《礼记·王制》所言是否"周制"很成问题。郭沫若早已指出周代金文中无五等爵制。考古发现证明就在距周人的老家凤翔、岐山最近处只有数十里的宝鸡、汧阳、陇县一带，存在着一个矢国。也就是这个不见经传的小国居然在周王朝的心脏地区称王，其国祚且与西周王朝相始终。这一重要的考古发现彻底揭穿了《礼记·王制》的杜撰，同时也证明了据"周制"而断言莱之国土不可能靠近营丘之说是难以成立的。

第二，东阳位于临朐东境之说最早见于唐杜佑《通典》。而早在汉代东阳即不再设县，东阳在临朐东境说究竟有何根据，值得考虑。古代地多重名，以临朐而论，《汉书·地理志》齐郡有临朐，东莱郡也有临朐。怎知东阳定在齐郡临朐之东而不在东莱郡临朐之东？

第三，古代婚姻关系比较复杂，因此在利用嫁女的媵器来探讨国族地望时要格外慎重。至少在春秋以前，妇女"从一而终"的观念并未完全确立。妇女往往由于离异或夫死便回娘家或另行改嫁。例如鲁文公死后，其妻"姜氏归于齐"。①又如若敖死，其妻归于郧。②因此夫妻合葬习俗并不盛行，即所谓"合葬非古也"。这就是"王妇酅孟姜匜"本应出土于宗周或成周王室墓地，但却出土于其娘家酅国山东的缘故。又如蔡侯墓内出土一件"蔡侯卢"，是蔡侯为大孟姬作器。铭言"敬配吴王"，也应是一件媵器。既是蔡国所作媵器，为什么却在蔡侯墓内出土？郭老的解释是"铭中无媵字，知非初嫁时媵器，乃已嫁之后，为器以赠之，但因吴国已亡，故器留于蔡，而入声侯之墓"。③再如近年来河南固始一座大墓内出土一件句敔夫人簠。句敔即吴国，此器是宋景公为其妹嫁于吴国时所作媵器。为什么会在河南固始出土？笔者结合同墓共出的郙

---

① 《左传·文公十八年》。

② 《左传·宣公四年》。

③ 郭沫若：《郭沫若全集》考古编第六卷《金文丛考补录》，科学出版社 2002 年版，第 97 页。

子成周钟,以及河南固始附近的信阳、潢川一带不断出土番(即鄱)器,指出系吴国夫人因夫死或离异后又改嫁于鄱子成周的缘故。又如曲阜鲁故城内墓葬中出土铜盘铭作"鲁白者父乍孟姬媵媵盘",发掘报告认为是鲁女嫁于商遗民时所作媵器。当然,这并不排除同姓婚的可能性,因为曲阜鲁故城内发现鲁国铜器不少,迄今还没有发现过一件商遗民作器,城内是否有商遗民居住,尚待证实。可见媵器的情况是比较复杂的。如果把这一复杂问题简单化,根据同姓不婚原则,认为"王妇曩孟姜匜"出土于山东,证明姜姓曩国不在山东;因蔡侯卢的出土证明该墓不是姬姓蔡侯之墓,寿县不是姬姓蔡国都城;因鲁孟姬媵盘的出土证明姬姓鲁国的都城不在曲阜鲁故城,岂不大谬?

关于莱国都城位置,笔者认为莱与纪为一国(详下),西周时即纪都,春秋迁于黄邑,即黄县归城。第一,莱国与莱山密切相关。古代齐国曾盛行祀八神的习俗,其中的"月主"就是祭祀"莱山"。按《汉书·地理志》黄县有"莱山松林莱君祠",黇县(古县名,今黄县西南二十五里)有"百支莱王祠",长广(今莱阳)有"莱山莱王祠"。今莱阳境内无大山,汉宣帝神爵元年所祭祀的也是黄县的莱山。长广之说可疑。黄、黇二县的莱山实际是一山,位于今黄县城南二十里。今或名骡山,骡、莱一声之转,骡为莱之讹。归城即位于莱山脚下,其外城就建在莱山以北的余脉上。今归城南一里仍有村名"莱山庙马家",西南二里有村名"莱山庙周家"。这对于确定莱都位置是非常重要的。第二,从齐伐莱"堙之环城,傅于堞"[①]的情况看,莱都是有城的。齐国以东有城且多次出土大批铜器者,唯有黄县归城可以当之。而且从归城内文化堆积情况看,以西周和春秋的文化层最为丰富,出土铜器也大都属于这一时期之内。这与史载春秋晚期"齐侯灭莱"亦若合符节。第三,从莱与临淄相距里程看,莱都也应在黄县。

《左传·襄公二十八年》:冬十月,庆封田于莱,陈无宇从。丙辰,文子使召之。……庆嗣闻之,曰:"祸将作矣!"谓子家:"速归!祸作必

---

① 《左传·襄公五年》。

于尝，归犹可及也。"子家弗听，亦无悛志。……十一月乙亥，尝于大公之庙……庆封归，遇告乱者，丁亥，伐西门，弗克。

十月庆封到莱打猎，丙辰这天庆嗣判断尝祭时家里要出乱子，于是劝庆封立即回去采取对策，时间还来得及。尝祭是十一月乙亥，距丙辰十九天，也就是说从莱到临淄"速归"的话，十九天之内可以到达。由于庆封对此事毫不在意，走了三十一天，即十一月丁亥才到达临淄。如果莱都在临朐，则临淄距临朐不过百余里，不可能要走十九天，更不可能走一个月的时间。而黄县距临淄六百余里，古代日行军速度一般为每天三十里，即所谓"三十里为一舍"。以此速度则由莱到临淄需二十天，与十九天相符。因此莱都在黄县是比较合理的。

另外，鲁国曾参与齐伐莱之役。而黄县石良村于光绪十六年秋曾出土过"鲁士商虘匜"（此器未经著录，今藏旅顺博物馆），应与此役有关，也可以作为莱在黄县的旁证。

既然黄县归城为莱都，为什么这里没有出土过莱国铜器？迄今还没有发现过以莱为国号的铜器，估计与称名习惯有关。莱人称其祖考时可以称为釐王、釐公、釐伯……但对于国号并不自称为釐或莱，而称己或㠱。莱都黄县归城内恰恰是出土过己侯作器的。

四、关于纪、㠱、莱的关系

最早提出纪、㠱为一国的是清方濬益。他对宋代以来引用卫宏说证明㠱与杞同之说表示怀疑，正确地指出㠱为姜姓，杞为姒姓，两者不是一国，并进一步提出㠱国即姜姓纪国。郭沫若、曾毅公、陈梦家、杨树达诸先生并从此说。容庚先生对纪、㠱一国说曾表示怀疑，但并未详加讨论。《㠱器》一书也对纪、㠱一国说持否定态度，列举两条论据：

第一，纪国铜器"几乎全是西周作品"，这是由于"庄公四年，纪便灭亡"。应该指出"庄公四年，纪便灭亡"之说是对《春秋》"纪侯大去其国"的误解。关于"大去"的解释，三传有所不同。《左传》说："纪侯不能下齐，以与纪季。夏，纪侯大去其国，违齐难也。"杜预注："以国与季，季奉社稷，故不言灭；不见追逐，故不言奔。大去者，不反之谓。"而《公羊》则说："大去者何？灭也。孰灭之，齐灭之。曷为不言齐灭之，为襄公讳也。"以灭纪的齐襄公为贤者。而《穀梁》则说："纪侯贤而齐侯灭之。不言灭，而曰大去其国者，不使小人加乎君子。"以被灭的纪侯为贤者而齐襄公为"小人"。可见《公羊》《穀梁》的解释全凭个人好恶，信口而言，不足为据，应从《左传》及杜预之说。其次，如上所证，"舁仲作倗生壶"是一件西周早期昭王时器，而莱阳新出"己侯壶"则是春秋早、中期器。因此说舁无西周早、中期器与纪无春秋器的"时间矛盾"实际并不存在。

第二，纪国"经传史籍都作纪，金文都作己，从来没有把纪写作舁的证据，更没有把己写作舁的证据"。

烟台上夼村舁侯鼎与己华父鼎共存于一墓的事实，无疑是对这一说法的有力反证。但是纪国都城本在寿光，现在距此八百里之遥的烟台出土了纪器，应作何解释，需要加以说明。另外，如上所证，莱国都城在今黄县归城，而据《齐地记》，莱子曾在今文登东北的成山头一带设不夜城，烟台应属莱国领土或其势力范围。今烟台出土纪国铜器，纪、莱关系也有待说明。

笔者认为，根据文献记载，原来纪国领土西与齐国为邻，往东可以一直伸展到胶东半岛一带。由于春秋三传时常把纪、杞相混，给研究纪国史地造成困难，但仔细分析，关于纪国的大体疆域，脉络尚能分辨。大体说，庄公四年纪"大去其国"前，经传所记多为纪国史实。

关于纪与莱的关系，笔者认为两者也应是一国。

第一，两者均为姜姓，而且其领土都是西与齐国为邻，东至胶东半岛一带。纪国大体疆域已如上述。莱国都城在黄县，其西边的领土据《史记·齐太公世家》"营丘边莱"，知亦与齐国为邻。同属姜姓而领土又相密合，知两者应属一国。

第二，师衰簋中"晜釐"（莱）连称，作为征淮夷的一支军事力量与"齐师"并举，而且在金文中己与釐（莱）还可通用。如传世的"己白钟"共五枚（《代》1.17—18），其中1、2、4枚器主虘与蔡姬说"追孝于己白"，而第3枚却说"用作朕文考釐白"可证。

第三，烟台地区博物馆藏"己侯钟"，铭作"己侯作宝钟"。另有一件"己侯鬲"均为黄县归城出土。莱国都城出土己器，也可证两者为一国。

第四，齐灭莱后"迁莱于郳，高厚、崔杼定其田"。[①]杜预注："迁莱子于郳国，定其疆界。"《说文》："郳，齐地，从邑兒声，《春秋》传曰：'齐高厚定郳田。'"郳即小邾国。郳之地望，沈钦韩谓在今滕县城东一里。王献唐先生《春秋邾分三国考》以为即滕县东南五十余里的郳犁城，地近峄县西北境。清嘉庆二十二年邹县峄山西南二十余里的卧虎山出土王莽天凤三年的莱子侯刻石，徐森玉先生考证与"迁莱于郳"有关，这是非常正确的。这里还要介绍与晜、莱有关的一项重要考古发现，据王献唐抄录宣统戊申（1908年）十一月吴县陶眉叔"晜甫人匜"拓本题跋说："光绪乙未峄县出土，同出有大尊、大罍各一对，并四簋、三鬲、一破牺尊。除匜外，余皆无字。然尊、罍之大乃未曾有。余亲见之。"乙未即光绪二十一年（1895年），峄县今属枣庄市峄城区。这是迄今所见这批铜器唯一的最为翔实的记录，弥足珍贵。据刘承干《希古楼金石萃编》说，晜甫人匜于1931年春尚在津沽市上，今已不知所往。晜国本土在山东半岛东部，晜甫人匜又非滕器，为何在峄县出土？笔者认为晜甫人匜是齐迁莱于郳以后作器，该器在峄县出土为纪、莱一国说提供了重要旁证。

据上述分析，笔者的初步结论是纪、晜、莱为一国。

原载《齐鲁学刊》1984年第1期，后有改动。

王恩田，考古学家、古文字学家，山东省博物馆研究员。

---

① 《左传·襄公六年》。

夷羿族团的衍变与考古发现辨证

王守功

一、引言

翻检史籍，有关于羿的传说，可概而区分为两类：一是羿射九日力灭民害类传说，另则是所谓"后羿乱夏"类记述。其前者见于《山海经》《楚辞》，后者见于《左传》《汉书》《帝王世纪》[①]诸籍。在前类传说中，羿是正义之神，是接受帝俊所赐"彤弓素矰，以扶下国"[②]的英雄；在后类记载中，羿则是一以武力篡取夏政权的邪恶小人，与"太康失国"的历史事件相关。

在不同文献中，对羿的称谓是不同的。有"羿""后羿""淫羿""夷羿""仁羿""帝羿"诸名。因名称的不同，导致了汉代以来诸多学者的误解，多认为，羿与后羿是风马牛不相及的两个人物。《说文解字》"羿"下段注云："《淮南》书曰，虽有羿之知而无所用之。高云：是尧时羿也，能射十日，缴大风，杀窫窳，斩九婴，射河伯之知巧也。非有穷后羿。""羿"下曰："帝喾射官，夏少康灭之。"段注曰："云夏少康灭之，则邑部穷下云'夏后时诸侯，夷羿国也'。""夷""羿"二字今音相近，或可混同。"羿"疑或我国先秦时期人们对东方夷人某一族团或其族团首领的通称，殆因记载的时间或角度不同，于是有了许多不同的称谓，因其各种传说都反映"羿"为东方夷人，且在记载

---

① 徐宗元：《帝王世纪辑存》，中华书局 1964 年版。
② 袁珂：《山海经校注》，上海古籍出版社 1980 年版。

"羿"的传说中，又多以"夷羿"称之，因此，我们认为，文献记载中不同称谓之"羿"，以"夷羿"称之或更为合乎情理。

有关夷羿的神性、人性及其历史地位，自古以来，就有不少学者对之进行探讨，现代学者顾颉刚、童书业等先生认为"夷羿乱夏"的传说，是汉代以后的人为影射刘秀中兴汉室而杜撰的，在东汉之前，根本没有这种传说，从而断然否认了"太康失国"这一历史事实。[1]与此相反，傅斯年先生则通过夷羿乱夏的传说与民族资料的比较研究，认为在夏代，有穷后羿曾领导东方部族对夏代进行过战争，从而导致了"太康失国"，[2]遗憾的是文中对传说中羿及其与有穷后羿的关系避而未谈。近年来，王树明、王永波诸先生从古文献、古文字及考古发现资料等方面着眼，论证古代东方夷人的聚居之地存在一个崇武尚箭的部族或族团，又进而推定，祖籍在鲁北地区的殷商旧族嬴族的祖先为"夷羿"。[3]他们的研究为夷羿传说的研究开辟了新的途径，令人耳目一新，然而，关于"羿"与"后羿"的关系及族团源流等问题，文章中却未作进一步的阐述。

综观古代东方的古史传说，其早者为蚩尤氏，次之为太昊、少昊、帝俊诸氏，再其次且记载最多者则莫过于夷羿了。他曾承帝命，上射十日，为民除害，也曾发动了对夏王朝的战争，并一度夺取夏王朝的政权。我们认为，如果历史上确实存在这样一个人或族团，那么他对中国古代无论在社会意识还是在物质文化上都必定会留下深刻的影响或印记。早在20世纪30年代，顾颉刚先生就曾说过："……好在夏代都邑传说中不在少数，奉劝诸君，还是到这些遗址中做些发掘工作，捡出些真实的证据给我们瞧瞧！若是你们所有的也是书本上的材料，而且是战国以下书本上的材料，那么除了用这种方法整理之外，就

① 顾颉刚、童书业：《夏史三论》，《古史辨》第七册下，上海古籍出版社1982年版。
② 傅斯年：《夷夏东西说》，《傅斯年史学论著》，上海书店出版社2014年版。
③ 王树明：《嬴祖夷羿疏证》，《管子与齐文化》，北京经济出版社1990年版。王永波：《"己"识族团考——兼论其、并、己三氏族源归属》，《东夷古国史研究》第二辑，三秦出版社1990年版。

没有更适当的方法了。"① 顾氏此论，既为考古工作者提出了任务和期望，也为夷羿传说的研究指出了新的思路。

20 世纪 20 年代以来，山东地区先后发现了龙山、大汶口、北辛、岳石、后李等考古学文化，确立了后李——北辛——大汶口——龙山——岳石文化的文化发展序列，为研究这一地区殷商以前的历史提供了实实在在的物质依据。将文献资料与考古资料稍事比较后可以发现，"夷羿"族团早期活动的时代大致处在山东地区大汶口文化晚期迄至龙山及至岳石文化早期这一历史时期，其族团分裂后，其中某些部族的存亡兴衰也是有文献及考古资料可稽的。本文通过文献资料与考古资料的相互比勘，以期揭示夷羿作为古代东方的一个族团是确乎存在的，并探寻其对大汶口文化时代至夏代及夏代以后山东乃至中原地区产生历史影响的踪迹。

二、关于夷羿传说

（一）夷羿是古代东方夷人族团或族团首领的称号

不同文籍所记羿的历史年代不尽相同。

《淮南子·本经训》认为羿是尧时人，曰："尧乃使羿诛凿齿于畴华（即寿华）之野。"

《说文·弓部》又认为羿是帝喾时射官。

《山海经·海内经》云："帝俊赐羿彤弓素矰，以扶下国。羿是始去恤下地之百艰。"依此，羿又为帝俊时人。

为史学界所公认，帝俊、帝喾、帝舜诸名，为同一族团或族团首领的一些不同称谓，缘于此，传说夏之前的羿就有尧及舜两个不同时代的说法。

《楚辞·天问》曰："帝降夷羿，革孽夏民。"

---

① 顾颉刚、童书业:《夏史三论》,《古史辨》第七册下，上海古籍出版社 1982 年版。

《左传·襄公四年》曰："昔有夏之方衰也，后羿自锄迁于穷石，因夏民以代夏政。"

这两条文献所载之羿又是夏时人。

又，《太平御览》卷八〇五引《随巢氏》曰："幽、厉之时，奚禄山坏，天赐玉玦于羿，遂以残其身，以此为福而祸。"此神话又反映羿是姬周幽、厉时人。

凡以上诸文揭示"羿"的活动时间，历经尧、舜，直至夏太康时期，又有周幽、厉时活动的传说，其前后跨越时代之长显然不是一个人的寿限所能达到的。仅此一端，就足以说明"羿"并非某人的私名或专称。且这种说法，早在战国时期，就已经被人们所提出。

《荀子·君道篇》曰："羿之法非亡，而羿不世中；禹之法犹存，而夏不世王。"

《吕氏春秋·勿躬篇》中，认为夷羿是一官名。"大桡作甲子，黔如作虏首……夷羿作弓……巫咸作筮，此二十官者，圣人所以治天下也。"

综前文而论，"羿"非某人的专名，而是我国古代东方某族团或族团首领的总名、通称。在中国古代文献中，部族、人名、国名混而为一者可谓俯拾即得，比如《吕氏春秋·勿躬篇》中所提巫咸即为一例，如：

《山海经·海外西经》谓："巫咸国，在女巫北，右手操青蛇，左手操赤蛇，在登保山，群巫所以上下也。"

《太平御览》卷七九引《归藏》云："昔黄帝与炎帝争斗涿鹿之野，将战，筮于巫咸，曰：'果哉而有咎。'"

《太平御览》卷七二一引《世本》宋注："巫咸，尧臣也，以鸿术为帝尧之医。"

《太平御览》卷七九〇引《外国图》曰："昔殷帝大戊使巫咸祷于山河，巫咸居于此，是为巫咸民，去南海万千里。"

王逸注《楚辞·离骚》亦云："巫咸，古神巫也，当殷中宗之世。"

上述记载，巫咸或为人名，或为国名，其所属时代也有或黄帝或尧、殷等不同说法。毋庸置疑，"巫咸"不是特指某人的专名，乃部族或族团首领之称谓，此族团历世诸首领，以其善筮而见用于黄帝、尧、殷之世。只是巫咸忠于职守，没有像羿那样，做出"革孽夏民"这类惊天动地之举，因而没有引起人们的争议罢了。

由前文辨析可看出，古所谓羿者原是古代一族团或族团首领的称号，羿在古代文献中的诸多不同称号，都是不同时代人们站在不同立场或从不同角度、不同侧面对羿的一些不同称呼而已。本文所用"夷羿"名，是指古代夷方中羿族团或族团首领。

（二）夷羿传说所反映的历史史实

夷羿传说大致分神话和历史人话两个时期。

1.夷羿的神话传说时期

《海内西经》曰："海内昆仑之虚，在西北，帝之下都。……百神之所在，在八隅之岩，赤水之际，非仁羿莫能上冈之岩。"

《海外南经》曰："昆仑虚在其东，虚四方。一曰在岐舌东，为虚四方。羿与凿齿战于寿华之野，羿射杀之；在昆仑虚东。羿持弓矢，凿齿持盾。一曰戈。"

迄于有汉，《淮南子》一书，对夷羿的记述尤为详尽。《本经训》曰："尧之时，十日并出，焦禾稼，杀草木，而民无所食，猰貐、凿齿、九婴、大风、封豨、修蛇皆为民害。尧乃使羿诛凿齿于畴华之野，杀九婴于凶水之上，缴大风于青丘之泽，上射十日而下杀猰貐，断修蛇于洞庭，禽封豨于桑林。万民皆喜，置尧以为天子。于是天下广狭险易远近始有道理。"

诸如此类的记述中，夷羿是正义之神，是天下太平的功臣。文籍对羿夷出处虽未确指，然其既受帝俊委派，当与帝俊里籍相同。俊即舜，属东夷集团，因此，羿亦属夷方。何幼琦先生认为"《海经》的昆仑就是今世的泰山"周围，"《海经》所说疆域，就是泰山周围的山东中部地区"。[①] 夷羿活动于昆仑

---

① 何幼琦：《〈海经〉新探》，《历史研究》1985 年第 2 期。

之虚，以何氏所论，夷羿族团应居于山东泰沂山系周围某一带。

由于上文载记存在神话成分，因此，现代史学家未将其作为史实。其实，原始社会人神混杂，只要去伪存真，稍事研析，还是可以发现许多历史的真实踪影。

古史传说中有许多与"十日"相关的记载，《山海经·海外东经》："汤谷上有扶桑，十日所浴，在黑齿北。居水中，有大木，九日居下枝，一日居上枝。"《大荒东经》："汤谷上有扶木，一日方至，一日方出，皆载于乌。"

毫无疑问，十日乃指十个太阳。在有些载记中，也将十日比附为神，与人或神人相联系。如《山海经·大荒南经》："羲和者，帝俊之妻，生十日。"郭璞注《山海经》引《归藏·启筮》："空桑之苍苍，八极之既张，乃有夫羲和，是主日月，职出入以为晦明。"刘夫德先生将大汶口文化时期流行的太阳图像与太阳崇拜相联系，进而认为，"'十日'之'日'，是我国古代某族的图腾，'十日'是指日崇拜一族的诸分支，而'扶桑'则应是指这些日族的所居地"。并进而推演，"与日紧密相关的'扶桑'，就是我国古代日族所居的'穷桑'，即曲阜及其周围一带"。①刘氏此论，诚为一家之说，在中国古代确实存在过以"日"为崇拜物的部族。既然在中国历史上存在崇拜太阳的部族，那么，"羿射十日"的传说就不能视为空穴来风。究其历史的本来面貌，夷羿射日的传说，反映的当是大汶口文化晚期及龙山文化早期夷羿族团对鲁中南及周围地区崇拜太阳部族进行的征伐活动。

因为夷羿传说中有神话的成分，而将其一概视为子虚，应当说是错误的，起码是不全面的。

我们知道，祖先崇拜与英雄崇拜（氏族、部落首领崇拜）是中国古代原始宗教的两个重要组成部分，氏族中的祖先或首领往往被赋予超自然的能力，比如被史学界公认的夏后启在其传说中，就明显具有人神混杂的神话色彩。

---

① 刘夫德：《"扶桑"考》，《社会科学战线》1985 年第 3 期。

《绎史》卷十二引《随巢子》:"禹娶涂山,治鸿水,通轘辕山,化为熊。涂山氏见之,惭而去,至嵩高山下,化为石。禹曰:'归我子。'石破北方而生启。"据此,启为神人交配所生,本具有神性。《山海经·大荒西经》:"西南海之外,赤水之南,流沙之西,有人珥两青蛇,乘两龙,名曰夏后开(即启),开上三嫔于天,得《九辩》与《九歌》以下。此天穆之野,高二千仞,开焉得始歌《九招》。"启既乘两龙,上天庭,更说明其具有神性。历代史学家并没有因为启有神性的一面而否定其存在,可见我们也不能简单地以夷羿传说具有神话色彩而否定夷羿族团的实际存在。

上文分析,羿射九日及消除民害一类神话传说是有历史背景的,诸传说所言为同一历史事件,都是夷羿族团对崇日部族的征战并取得了胜利一类史实,其发生的年代大致在大汶口文化晚期至龙山文化早期。

2. 有夏初年有关后羿的人话活动的记述

有关史籍视夷羿为夏代初时人。

《太平御览》卷八二:"《书》曰:太康尸位,以逸豫灭厥德,黎民咸贰。乃盘游无度,畋于有洛之表,十旬不反。有穷后羿,因民弗忍,距于河。"

《左传·襄公四年》:"昔有夏之方衰也,后羿自鉏迁于穷石,因夏民以代夏政,恃其射也,不修民事,而淫于原兽。弃武罗、伯因、熊髡、龙圉,而用寒浞。寒浞,伯明氏之谗子弟也。伯明后寒弃之,夷羿收之,信而使之,以为己相。浞行媚于内而施赂于外,愚弄其民而虞羿于田,树之诈慝以取其国家,外内咸服。羿犹不悛,将归自田,家众杀而亨之,以食其子,其子不忍食诸,死于穷门。"

《左传·昭公二十八年》:"昔有仍氏生女,黰黑而甚美,光可以鉴,名曰玄妻,乐正后夔取之,生伯封,实有豕心,贪惏无餍,忿纇无期,谓之封豕。有穷后羿灭之,夔是以不祀。"

《楚辞·天问》:"帝降夷羿,革孽夏民,胡射夫河伯而妻彼雒嫔?冯珧利决,封豨是射,何献蒸肉之膏而后帝不若?浞娶纯狐,眩妻爰谋,何羿之射革而交吞揆之？阻穷西征，岩何越焉？"

《离骚》："羿淫游以佚畋兮，又好射夫封狐；固乱流其鲜终兮，浞又贪夫厥家。"

相类史籍，尚见于《左传·襄公元年》《史记·吴世家》《路史·后记十三》诸文。

前文提及，过去曾有人认为后羿乱夏传说为东汉或东汉以后文人学士所杜撰，这是不妥的，是臆断。

学者多认为，所谓夏王朝原本可能是几个大的部族集团之间的联盟，[1]围绕最高领导权问题，曾长期发生斗争，启、益争夺帝位就是例证。

《战国策·燕策》："禹授益而以启为吏，及老而以启为不足任天下，传之益也。启与支党杀益而夺天下。"

《古本竹书纪年辑校》："益干启位，启杀之。"

益是东方夷人，王永波先生认为，益之故地在今青州一带[2]，启为华夏系统的代表。二者之争无疑是东夷集团与华夏集团之争，斗争的结果，是启杀益而取得了胜利。

由诸史料记载看，启及其后裔太康并非什么有道之君。

《墨子·非乐篇》曰："于武观曰，'启乃淫溢康乐，野于饮食……'故上者天鬼弗戒，下者万民弗利。"

《太平御览》卷八二引《帝王世纪》曰："太康无道，在位二十九年，失败而崩。""帝相，一名相安，自太康夏政凌迟，为羿所逼，乃徙商丘，依同姓诸侯斟灌、斟鄩氏。羿遂称帝。"

《尚书》《楚辞》诸古籍也有类似记载，表明有夏初年，启及后人的政权

① 刘起釪：《古史续辨》，中国社会科学出版社1991年版，第17、131页。
② 王树明：《�祖夷羿疏证》，《管子与齐文化》，北京经济出版社1990年版，第496—507页。王永波：《"己"识族团考——兼论其、并、己三氏族源归属》，《东夷古国史研究》第二辑，三秦出版社1990年版。

是不稳固的，在这种情况下，东方夷羿族团再次入主中原，并取代了华夏系统的统治。因此，后羿乱夏传说反映的是夏初东夷集团与华夏集团的斗争这一史实。

综上文征引，"羿射九日，力灭民害"一类的传说及后羿乱夏记载，大致反映了古代东夷集团中夷羿族团的两个大的历史事件。其发生的时代，前者约当大汶口文化晚期及龙山文化早期，是夷羿族团对崇日部族征讨的反映，这一时期夷羿族团取得了决定性胜利，故羿被看成正义之神。后者发生在夏代初年，夷羿族团曾一度取代夏的统治，位极君王之尊，"后"即君也，因而文献中有"后羿""帝羿""羿帝"的称号。但是，夷羿族团对夏的战争最后毕竟失败了，因之，夷羿又有了"淫羿"的称号，先秦的一些文献因之也将羿看成是邪恶的无德之君。有关夷羿毁誉不同的种种传说的出现，殆或昭示了这一历史背景。

三、夷羿活动地望考证

从大汶口文化晚期至夏初期，夷羿族团在与诸族交争中曾进行过大规模的迁徙，鲁北、鲁中南、鲁西、豫东北、豫中地区都有他们活动的记载，就是这一史实的例证。这一史实要证实无疑，尚需对与其交争最激烈的斟灌、斟鄩、寒族诸部的居住地域进行研析，讨论。

（一）夷羿族团原祖居鲁北

就古史传说资料而言，鲁北最早进入史载的当属爽鸠氏。《左传·昭公二十年》晏子在齐景公问及齐地沿革时谓："昔爽鸠氏始居此地，季荝因之，有逢（逄）伯陵因之，蒲姑氏因之，而后大公因之。"文中所涉之逢（逄）伯陵，当与"学射于羿"之逢（逄）蒙为同一部族。[1]《孟子·离娄下》："逢（逄）

---

① 常兴照、张光明：《商奄、蒲姑钩沉》，《东夷古国史研究》第二辑，三秦出版社1990年版。

蒙学射于羿，思天下唯羿愈之，于是杀羿。”因此，在羿的早期传说中，其与逄（逢）氏为近邻。

逄（逢）是一个古老的部族。自1979年以来，山东省考古工作者在济阳县姜集乡刘台子发现几座西周早期墓，发掘的四座墓葬出土了大量青铜器，其中带有“夆”字铭文的就有十余件，从而证明在西周时期逄（逢）氏应在济阳一带。而1985年清理的M6号墓中，出土随葬品达1907件，在一件铜鼎上有“王姜鼐姒隮彝”的铭文，发掘者据此认为“此墓应是逄国某一国君夫人墓”。[①]如是，说明逄（逢）国都城应距此不远。

据顾祖禹《读史方舆纪要》记述，临朐、青州一带有逄（逢）山、逄（逢）庙，有人认为，逄（逢）之兴也，概起于此地，其后北迁，至今淄博、济阳一带。其迁徙情况，或当如此。

此外,《淮南子·本经训》记载，羿曾“缴大风于青丘之泽”。高诱注：“青丘，东方之泽名也。”青丘之地，当在今山东广饶县内。[②]再次证明夷羿所居地，当在鲁北姜齐封域之内。

近年来，王树明先生通过对文献资料及考古学资料的对比研究认为，在鲁北地区存在一个崇尚弓箭的夷羿族团，此后，常兴照、张光明、王永波诸先生根据此说又进行了诸多推论，总上诸君所论，商周时期“曩”国之祖先即为“夷羿”。从金文及甲骨文资料看，夷羿族团中的纪、曩、蒲姑、邿几个方国均存在河南、山东两地说。窃以为，甲骨文、金文所记河南之纪、曩、蒲姑、邿等，是其随夷羿西征时留居于河南的一部分；而在山东出土金文中有这些方国的实物，是部族中未随夷羿西征或西征失败后退居山东本土部分所建方国的物质遗存。关于这一点，后文将有详论。此外，属于夷羿族团的尚有鄑、邿等。他们或未随夷羿西徙，或因其属蕞尔小国，势力太小，而极少见于记载。

---

① 山东省文物考古研究所:《山东济阳刘台子西周六号墓清理报告》,《文物》1996年第12期。

② 顾祖禹:《读史方舆纪要》“青州府安乐县”条。

（二）鲁中南、鲁西地区夷羿族团的踪迹

1. "十日"传说的产生地域

据古史传说，鲁南地区先民祖宗太昊、少昊二氏，是崇拜太阳的部族。分布地域大致相同，太昊族分布于山东南部、河南东部，北临济水，东括蒙峄，空桑在其中，雷泽在其域，其势力大时，西乃至于陈。太昊风姓，其后有任、宿、须句、颛臾四国，四国地望大致在鲁中南、鲁西地区。

考古资料迭次表明，在大汶口文化时期，这一地区的原始居民有太阳崇拜的习俗。所谓"十日"的传说，应是这一地区先民太阳崇拜习俗的反映，因之，羿射十日的传说，也应是夷羿对该地区原始部族征讨活动的追忆。当是时也，夷羿族团活动范围已涉及鲁中南、鲁西地区。

2. 关于凿齿

载记羿与凿齿曾战于"寿华之野"。《山海经》郭璞注谓：凿齿"亦人也，齿如凿，长五六尺，因以名云"。《淮南子》高诱注谓："凿齿，兽名，齿长三尺，下彻颔下，而持戈盾。"至于寿华所在，高诱注谓："东南方，泽名。"

新中国成立后，通过对山东、苏北一带大汶口文化墓葬的考古发掘，发现存在拔去上颌齿的习俗。发现这一风俗的地方有：山东泰安大汶口、曲阜西夏侯、兖州王因、邹县野店、茌平尚庄、诸城呈子、胶县三里河及苏北大墩子等遗址。人类学专家鉴定，除胶县三里河外，拔牙的齿种严格限定为上颌犬齿以前的三个齿种（中、侧门齿和犬齿），几乎不涉及前臼齿以后的牙齿及下颌骨的牙齿，并且左右对称拔除的约占 95.4%，大多是拔除一对上颌侧门齿。[①]至于施行拔牙术的年龄，一般应在十四岁左右。上述山东诸地区流行的拔牙习俗，使我们很容易联想到与羿有过争斗的凿齿之民。

有关凿齿的诠释，如果真像郭璞所说有长着五六尺长牙齿的人，在考古

---

① 韩康信、潘其风：《我国拔牙风俗的源流及其意义》，《考古》1981 年第 1 期。

资料中应有发现，但目前已发表的资料中，尚无此类牙齿或装饰的例证，可见此说言之无据。其次，从时代上讲，这种拔牙风俗流行于大汶口文化时期，到龙山时代已消失，与羿诛凿齿时代的传说相吻合。可以推知，崇尚拔牙习俗的大汶口人就是文献记载中夷羿所诛的凿齿之民，因此，我们有理由认为，夷羿与凿齿大战的寿华之野，就在崇尚拔牙习俗的大汶口人的分布范围之中，当不出鲁中南、苏北的范围。

3. 封豨之地

封豨即封豕。《淮南子·本经训》高诱注云："封豨，大豕，楚人谓豕为豨也。"《楚辞·天问》说羿"封豨是射"，《离骚》却讲羿"又好射夫封狐"。由此可知，封豨即为封狐，"因为谐音的关系，所以改'豨'字为'狐'尔"。[①]

又据《左传·昭公二十八年》记载，封豨为有仍氏之后，有仍氏乃夏同盟，为夏时活动于今济宁一带的古部族，据此，封豕活动地望有可能在古泗水流域，或可谓在今鲁西南一带。

（三）夷羿在豫东北、豫中地区活动

凡两说。

1. 羿居濮阳说

《晋太康地道记》："河南有穷谷，羿灭夏，自钽迁于此。"

《史记·夏本纪》正义引《括地志》曰："故钽城在滑州韦城县东十里。"即在今河南濮阳南部一带。

2. 羿居巩县说

《史记·周本纪》："自洛汭延于伊汭，居易毋固，其有夏之居。"《史记·夏本纪》正义："《汲冢古文》云：'太康居斟寻，羿亦居之，桀又居之。'《括地志》云：'故郭城在洛州巩县西南五十八里，盖桀所居也。'"

---

① 闻一多:《天问疏证》，三联书店 1980 年版。

为寻找古代斟鄩祖居，20世纪60年代，徐旭生、邹衡先生曾去河南巩县调查。在复查稍柴遗址时，"看到该处夏文化遗址范围很大，分布密集，文化堆积很丰富，延续的时间很长，与偃师二里头颇为相似，应该同样是夏代重要都邑之一。值得注意的是，如前所述，稍柴、二里头都位于伊、洛二水之间，而稍柴恰当伊水入洛处，估计其与《水经注》上说的诸鄩水位置相距不会很远，或者就在诸鄩水分布范围内，从而夏都邑斟鄩的地望可能就在这一带"。[①]

据稍柴遗址发掘资料可知，夏文化遗物分两期四段，与二里头相同。或可认定，该地或即为夏代之前至夏初斟鄩氏所居，也或即夏初羿所居之斟鄩。

（四）寒浞活动地望

《太平御览》卷八二引《帝王世纪》曰："寒浞有穷氏，既篡羿位，复袭有穷之号。"仅此一端即可看出，寒与有穷后羿是密切相关的同盟、同姓、同族。寒浞灭羿后，夷羿族团的首领由寒浞取代就是强证。

1. 寒国之所在

《左传·襄公四年》杜注："寒国，北海平寿县东有寒亭。伯明，其君名。"

据此，古代寒国故都当在潍坊一带。今潍坊市寒亭区有寒浞墓传说可证。

《左传·襄公四年》杜预认为，寒亭为伯明氏之寒国，为寒浞发迹之地，并非随羿西征的所在地，这一说法是可信的。

2. 过与戈

过、戈与有穷后羿亦为同姓、同族之邦。《左传·襄公四年》："浞因羿室，生浇及豷，恃其谗慝诈伪而不德于民。使浇用师，灭斟灌及斟寻氏。处浇于过，处豷于戈。靡自有鬲氏，收二国之烬，以灭浞而立少康。少康灭浇于过，后杼灭豷于戈。有穷由是遂亡。"杜注，戈国故墟在河南省，当宋、郑之间。过国故墟，《括地志辑校》："故过乡亭，在莱州掖县西北三十里，本过国（地）

---

① 邹衡：《夏商周考古学论文集》，文物出版社1980年版。

〈也〉。"在今莱州市西北。

徐中舒先生认为，古史传说中的"过""戈"诸国名，古音可以互通，为一名之分化。依是说，戈、过两国也有河南、山东两说。

（五）斟鄩、斟灌之居

《古本竹书纪年辑校》："帝相八年，寒浞杀羿。九年，相居于斟灌。二十六年，寒浞使其子帅师灭斟灌。二十七年，浇伐斟鄩，大战于潍，覆其舟灭之。二十八年伯靡自鬲帅斟鄩、斟灌之师以伐浞……少康自纶归于夏邑。"

《左传·襄公元年》也有相类的记载。可以看出在夏初夷夏交争过程中，斟鄩、斟灌作为夏后氏的同姓诸侯是站在夏王朝的立场上，自始至终都起着重要的作用。二国活动地望的变迁也与夷羿族团的活动密切相关。有关二国的活动地望，王树明先生在《"亚醜"推论》一文中，曾做过精辟而又详细的论证，下文对王氏所论稍作增补。

见诸史籍，斟氏所在地望，约凡三说。

其一，斟氏潍坊说。

《史记·夏本纪》正义引《括地志》："斟灌故城，在青州寿光县东五十四里。"

《水经·汶水》："又北过淳于县西，又东北入于潍。"注曰："故夏后氏之斟灌国也。"按：淳于当今安丘地。

《后汉书·郡国志》："平寿有斟城。"注曰："杜预曰：'古斟（鄩）国故县，后省。'"因而斟族又有在平寿县即今潍坊南部一带一说。

自20世纪30年代以来，考古资料一再反映，青州苏埠屯出土许多带"亚醜"铭文的青铜器。王树明先生考证，"亚醜"本斟灌徽文。在殷代，斟氏族团又有居青州一带一说。1981年，在山东潍坊市临朐县嵩山一带还发现两组西周青铜器，其中带铭文的铜器有鄩中匜、鄩中盘。这些最新发现及青铜铭文经破释，为夏商时期斟灌、斟鄩诸部活动在潍坊一带的说法提供了实实在在的物质证据。

其二，斟族濮阳说。

《水经·河水》注："浮水故渎，又东南径卫国邑城北。又东径卫国县故城南，古斟灌。"

《水经·巨洋水》注引皇甫谧云："夏相徙商丘，依同姓之诸侯于斟寻氏。"

王玉哲先生认为，这里所说的商丘，应为宋代王应麟所谓帝丘之讹。查以今地，古卫国、商丘皆在豫东北濮阳一带。

其三，斟族巩县说。

见上文"羿居巩县说"一节。

据上文所列夷羿及其相关部族活动地望的考证，按照部族和时代的不同加以排比，可以大致理清自大汶口文化晚期至夏代初期，夷羿、寒浞、斟灌、斟鄩氏活动的基本情况。

（1）有穷后羿族团。这是一个古老的族团，兴起于鲁北，在大汶口文化晚期，帝舜或曰帝俊时期，开始向南部和西部地区扩展，对以日为崇拜对象的帝舜族团的一些部族进行过征讨活动，到龙山早期，其活动地域大致在泰沂山系北侧、西侧的鲁北、鲁中南、鲁西南一带，尔后抵至河南濮阳一带。

夏代初年，"夏后氏太康失德，夷人始畔"（《后汉书·东夷列传》），有穷后羿及同姓部族寒浞等"因民弗忍"，自河南濮阳向西，开始对有夏腹心区域进行征讨，赶走了夏后氏，成为中原地区的霸主。

有穷后羿入主中原后，所居当在今河南巩县一带，寒浞氏"行媚于内而施赂于外，愚弄其民而虞羿于田……羿犹不悛，将归自田，家众杀而亨之"，从而夺取了有穷后羿的统治。应该说这是夷羿族团内部的争斗，并没有引起族团的分裂，争斗的结果是族团的统治权由有穷后羿转至有穷寒浞手中。

（2）有穷寒浞。寒浞乃伯明之后，其部族最初活动地望当在今潍坊一带；追随有穷后羿至泰山西侧，随后进入河南，并参加了对夏后氏的征讨；在有穷后羿取得胜利后，杀后羿而成为夷羿族团的首领。

寒浞取得政权后，继续了对夏后氏的征讨。帝相"二十六年，寒浞使其子帅师灭斟灌。二十七年，浇伐斟鄩……二十八年寒浞使其子浇弑帝"。①其时，寒浞所居地应因羿而在伊洛河流域，其所伐斟灌、斟鄩应在河南濮阳一带，打败斟灌、斟鄩之后，寒浞封其子于过、戈，其时过、戈当在河南，此为过、戈河南说之由来。

夏后少康时期，伯靡收二斟氏之余烬，消灭了寒浞，然后灭浞二子封地过、戈。其子或其部族迁往山东，在山东又建立了自己的国家，由此可见，过国山东莱州说也是有历史依据的。

（3）斟灌、斟鄩氏。斟灌、斟鄩为禹后，与夏王家同宗同族。《史记·夏本纪》太史公曰："禹为姒姓，其后分封，用国为姓，故有夏后氏……斟寻氏……斟（氏）戈氏。"索隐曰："斟戈氏，按《左传》《系本》皆云斟灌氏。"

据翦伯赞及王树明诸先生考证，斟灌、斟鄩氏发迹之地当在今豫西一带②，尔后向东发展，斟鄩氏曾居伊洛河流域，故《括地志》云："故鄩城在洛州巩县西南五十八里也。"夏代初年东进，斟灌、斟鄩迁至河南淮阳一带。

后羿征夏后氏后，夏后相逃至斟灌氏所居住地区，因为二斟氏对夏后氏的庇护，引起了寒浞对他们的征伐，受征伐后的斟灌、斟鄩氏的逃亡地点已不可考。少康时期，依靠二斟氏的力量，消灭了寒浞及其二子，在对夷羿族团的征伐与追击过程中，斟灌、斟鄩二族或二族中的各一部，到达山东潍坊一带，并在这里建立了自己的城邦国家，一直延续至商周时期。迄至今日，我们在潍坊地区仍能找到商周时期斟灌、斟鄩氏的遗迹、遗物就是证明。

四、夷羿族团活动的历史背景

前已提及，见于载记的夷羿族团早期活动的时间大致在大汶口文化晚期到夏代早期，这一历史时期的历史环境如何？考古学上又有哪些与之相关的

---

① 《古本竹书纪年辑校》。

② 翦伯赞：《诸夏的分布与鼎鬲文化》，《夏文化论文集选》，中州古籍出版社 1985 年版。王树明：《"亚醜"推论》，《东夷古国史研究》第二辑，三秦出版社 1990 年版。

发现? 只有弄清这些问题, 才能将夷羿族团的活动纳入中国古代历史中进行考察。

大汶口文化晚期大致在距今 5000—4600 年前, 在这一时段内, 大汶口文化大致分布在山东全境、豫东、苏北、皖北一带。有人根据各地大汶口文化面貌的不同, 把大汶口文化划分为六个[①]或八个文化类型[②]。我们在对所划各文化类型进行对比研究时, 发现其间有的差异较大, 有的差异较小。我们综合分析认为, 大汶口文化晚期大致有三个文化区, 即胶东、鲁北及鲁南 (包括鲁中南、鲁东南、豫东、苏北诸地) 三个文化区。

胶东地区, 指胶莱河以东, 在相对封闭的自然环境中, 其文化面貌有独特的特征。在大汶口文化时期, 其文化既有承袭白石村文化以来的胶东土居因素, 某些器型及纹饰上又有辽东半岛原始文化的因素。因此, 尽管其文化主体与其他地区大汶口文化较一致, 但却存在明显的差异。

鲁北地区, 主要指鲁北、鲁西北, 这一地区大汶口文化尽管存在东、西部的差异, 但文化面貌的主体是比较一致的, 陶器器类以鼎、豆、罐为主, 造型简单, 墓葬以小墓居多, 随葬品少, 多日常用品。墓葬之间的差异不十分明显。

鲁南地区, 有人依其文化面貌的不同, 将其分为三个或四个类型。尽管在这一地域内, 各小区之间多少有些差异, 但与鲁北地区相比, 其共性占主导地位。就整体而言, 鲁南地区大汶口文化的物质文化及社会意识形态明显先进于其他地区, 具体表现为: ①陶器种类繁多、造型复杂、工艺高超, 石质工具精美, 骨、角、牙器磨制精良, 雕刻细腻, 出现了象牙梳、雕筒等精品。②墓葬分为大、中、小型墓, 各类型之间随葬品差别较大, 贫富分化明显。在一些大、中型墓中, 除随葬日常生活用品外, 还有大量的酒器、酿酒用具。[③]③特

---

① 郑笑梅:《论泰沂文化区》,《海岱考古》第一辑, 山东大学出版社 1989 年版。

② 栾丰实:《东夷考古》, 山东大学出版社 1996 年版, 第 159—172、311、335—338 页。

③ 王树明:《山东莒县陵阳河大汶口文化墓葬发掘简报》,《史前研究》1987 年第 3 期。

别值得注意的是在莒县陵阳河、大朱村、诸城前寨等遗址中的陶缸上发现有刻划的图像文字，表明这一地区社会文明已达到较高的程度，或已步入文明的大门，这一时期有可能已经出现城市。①

在鲁南文化区，豫东与其他文化小区相比尚有一独特点，即豫东地区大汶口中、晚期文化不是从大汶口早期文化发展而来，而是受到鲁中南地区大汶口文化影响而形成的（进一步说，或许是鲁中南地区大汶口文化的民族向西迁移而形成的）。自大汶口文化中期以后，这一地区文化面貌中虽然仍有一定数量的仰韶文化、屈家岭文化的因素，但其主体仍与鲁南地区的大汶口文化面貌相一致，因此，有学者认为，豫东地区大汶口文化（即大汶口文化颍水类型）是太昊族团的文化遗留。②

在鲁南大汶口文化的陶器上，有许多与太阳崇拜有关的图像文字。在莒县、诸城等地发现的日、火、山或日、火相结合的图案，均刻在大口尊上，个别并涂以朱彩，显示与祭祀太阳有关。③一些遗址中出土的陶器彩绘有八角星纹、圆圈内加圆点等图案，均与当时太阳崇拜有关。因此，这一地区的古代居民是以太阳作为崇拜物的，所谓常羲生十日的传说，也应产生在这一文化区。刘夫德先生对这一地区与"日"相关的符号进行了系统研究，并且认为"与日紧密相关的'扶桑'，就是我国古代日族所居的'穷桑'，即曲阜及周围一带"。④

王树明先生在对鲁南地区古史传说资料进行研究时发现，古史传说中的帝舜，"原是夏、商、周三代中有商一代远祖帝舜、帝喾、帝俊、太昊之名，又再次衍生出伏羲氏、庖（包）氏、宓氏诸名，也或者，帝舜太昊部族之诸多异名、他称，是其所处不同发展阶段或因其处居地点不同，从不同侧面、不同

---

① 据笔者了解，在五莲丹土、滕州西康留有大汶口文化城址，目前资料尚未发表。

② 杜金鹏：《试论大汶口文化颍水类型》，《考古》1992年第2期。

③ 邵望平：《远古文明的火花——陶尊上的文字》，《大汶口文化讨论文集》，齐鲁书社1979年版。

④ 刘夫德：《"扶桑"考》，《社会科学战线》1985年第3期。

时期而缘起的一些名称。其发迹之地,应在鲁东南地区,其活动地望,大致在鲁东南、鲁中南、豫东一带"。①传说中太昊、少昊、帝舜、帝俊都是以太阳为崇拜物的,其活动时间历经大汶口、龙山文化时期,由此可见,鲁南地区大汶口文化,就是传说中太昊、少昊、帝舜或曰帝俊族团的文化。后羿射日,当是反映了后羿族团对于这一族团的某些支族的征伐,文献中的凿齿、大风、封豕、修蛇等,应是这一族团中受到征伐的支族的名称。

前述夷羿族团发迹于鲁北地区,其时,鲁北地区的物质文化远远落后于鲁南地区,其社会意识形态也受鲁南地区较大的影响。表现在古史传说上,鲁南地区古史传说早且有系统,而鲁北地区,传说最早的是爽鸠氏,而爽鸠氏也是攀附于鲁西南地区的少昊氏之名下,被认为是少昊氏之一支,羿射九日的传说中,羿也是作为帝俊的下属被派生出来的。因此夷羿对崇拜太阳族团的征讨,是文化落后部族对先进地区的战争,此类战争征讨,马克思主义认为,其必然结果是为先进民族所同化,或者说给后者即落后者带来物质文明。②

从已发现的物质资料可以看出,夷羿族团对鲁南地区的征讨,导致这一地区物质文化的改观。在夷羿族团发迹的鲁北地区,在大汶口文化之后的龙山文化,特别是龙山文化中晚期,其物质文化及文明程度有了较大的提高。具体表现为:①居址数量的增多与范围的扩大,说明当时鲁北地区人口数量大大增加;②以陶器为主要标志的物质文化的数量、种类、制作工艺都有了较大的提高;③墓葬开始出现大、中、小型墓的分化,大型墓中,许多随葬品不再是简单的生活日用品,酒器等礼器开始出现;④在鲁北地区,发现了数量较多的龙山文化城址,说明阶级、部族、邦国之间的对立已经开始出现;⑤在邹平丁公、阳谷景阳岗龙山城址③发现的龙山陶片上的文字,表明龙山时期鲁北地区

---

① 王树明:《帝舜传说与考古发现诠释》,《故宫学术季刊》第九卷第四期。

② 恩格斯:《反杜林论》(中文版),人民出版社 1971 年版。

③ 方辉:《山东省邹平县丁公遗址发现的龙山文化多字陶文》,《故宫文物月刊》第十二卷第一期。王守功:《景阳岗城址刻文陶片发现的意义》,《中国文物报》1998 年 1 月 14 日第三版。

已步入文明的大门。因此，如果说大汶口文化时期鲁北地区落后于鲁南地区，那么到龙山时代特别是龙山文化中晚期，鲁北可能已超过了鲁南地区。

鲁中南地区在大汶口文化时期流行拔牙习俗，我们由此认为，这里为传说中的"凿齿民"居住地，但到了龙山文化时期凿齿习俗已发生改变。我们知道，作为一种习俗，不可能因为物质文化的改变而消失，只能是具有这种习俗的居民发生迁徙，而这种迁徙，应是夷羿族团"诛凿齿"的结果，因此，有理由认为，在龙山文化时期，夷羿族团的势力已经发展到鲁中南乃至豫东地区。

从古史传说及文献资料观察，龙山文化时期，是处在夏、商、周之前夷人建立的有虞氏一代。继有虞氏之后，华夏集团又或成立了夏代而替代了东方夷人的霸主地位。在夏代初期，东夷部族并不甘心自己的权力被剥夺，伺机夺取夏王朝的统治。夏启及其儿孙们沉湎于自己的胜利之中，逐渐"淫溢康乐"而失道，此时，势力逐渐强大且中心已迁至河南濮阳的夷羿族团乘机开始了对华夏王朝的征伐，"羿自鉏迁于穷石，因夏民以代夏政"[①]，从而发生了"太康失国""后羿乱夏"这一历史事件。

后羿对夏的征讨尽管失败了，但对于夏代的社会及物质文化肯定会产生深刻的影响，而考古资料也一再反映，夏文化中有许多山东大汶口和龙山文化的因素。

考古学界普遍认为，二里头文化就是夏文化。河南的夏文化即二里头文化遗存中，明显存在着河南龙山文化（王湾类型）和山东龙山文化两种不同的物质文化因素，山东龙山文化的因素在二里头类型的鬶、甗、豆、杯、盘等器物上表现得尤为明显。

此外，二里头文化二里头类型随葬品组合中常见的甗、鬶、盉等酒器和三足盘、平底盘、豆等盛食器，常见于山东龙山文化的墓葬中，但却少见于王湾类型的墓葬中。这说明二里头文化二里头类型的居民所使用的某些礼器及风

---

① 《太平御览》卷八二。

俗习惯来自山东龙山文化。

邹衡先生认为，夏、商成套礼器最大的区别是，夏用觚、爵、鸡彝，商用觚、爵、斝。而夏文化中，觚、爵、鸡彝、瓦器皿四器"大都来自东方，或者同东方有密切的关系"。①

李伯谦先生通过对二里头文化二里头类型的文化来源、性质、族属等问题的系统考察，认为"山东龙山文化的年代约在公元前 2035 ± 115 年—前 2405 ± 170 年，其晚期基本与夏代初期相当"，"而二里头类型一期的碳十四年代……基本不超出公元前二十世纪"，"二里头类型是'后羿代夏'以后的夏文化"，"夏代初期文化应包括在王湾三期文化（按，指河南龙山文化王湾类型）之内"。②

文献、实物资料一再显示，夷羿族团的确发动了对夏王朝的战争，并且对中原夏代的物质文化产生了深刻的影响。然而，据文献记载，夷羿族团在夺取了中原地区的领导权后，并没有稳定下来，其内部很快发生了分裂，寒浞利用了后羿的信任，杀后羿而取代其地位，其取得政权后，继续对华夏族团进行征讨，伐斟灌、斟鄩氏并分封了其二子。应该说，寒浞是中国历史上最早对其子弟进行分封的，他开创了中国历史上分封制度的先河。寒浞封其子后，夏族集团又联合起来，对以寒浞为代表的夷羿族团进行了战争，战争的结果是寒浞及二子被逐（或被杀）。而斟灌、斟鄩氏大致就是在追逐寒浞族团之战争中，由河南东部进入山东地区，并先后在山东潍坊建立了自己的邦国。

夷羿族团与夏王朝的这场争斗，发生在夏代初年，前后延续一百年左右，其争斗结束大约应在公元前 2000 年左右，这一历史时期，正是山东龙山文化向岳石文化转变的时期，二者之间似乎不是一种偶合，似或有其必然的内在联系。夷羿族团的失败，标志着东夷文化由鼎盛时期向分裂、衰落时期的转变。

① 邹衡：《夏商周考古学论文集》，文物出版社 1980 年版。按，邹先生所言"东方"，主要指山东地区大汶口文化。

② 李伯谦：《二里头类型的文化性质与族属问题》，《文物》1986 年第 6 期。

在山东地区，继龙山文化之后是岳石文化，依据碳十四测定，岳石文化的年代大约距今 3950—3500 年，其上限可能延伸至距今 4000 年，其下限在一些地区可能要更晚些，大致跨越了夏代及早商的纪年。

由于岳石文化被认识得较晚，发掘的遗址数量不多，因此，岳石文化的文化面貌远不如龙山文化清晰。有人依据现有资料，将岳石文化分为照格庄、郝家庄、土城、王推官庄、尹家城、安邱堌堆等六个文化类型。[①]

岳石文化与龙山文化的文化面貌相比有较大的差异，表现在陶器上，龙山文化陶器制作得十分精致，以"黑、光、亮、薄"著称于世，岳石文化以灰陶为主，陶胎厚重，器类较龙山文化也少得多，因此，关于岳石文化的来源问题，一直是考古学界争论的热门话题，大致有两种观点：①岳石文化是在本地龙山文化的基础上发展起来的[②]；②岳石文化是外来的，或来自夏家店下层文化和于家村下层文化[③]，也或曰是吸收毗邻地区考古学文化的成果而为[④]。

从岳石文化的文化因素分析，不难发现，其遗物中表现出三种文化因素：①继承龙山文化某些文化因素，如岳石文化的盒、碗形豆、盘形豆、折肩罐、子母口瓮等都可在山东龙山文化中找到祖型。此外，从山东龙山文化晚期陶器看，表面经磨光的数量减少，有些器物陶胎已由轻薄变为厚重，呈现向岳石文化过渡的迹象，而岳石文化早期陶器中，黑陶所占比例较大，泥质陶较多，尚有龙山文化之遗风。准此说明，岳石文化主要是从山东龙山文化中发展而来的。②岳石文化在自身的文化产生、发展过程中形成的文化因素，如蘑菇形器纽盖、粗陶甗、锥足罐形鼎、中口和大口夹砂罐、尊形器、舌状足三足罐等，岳石文化中这些自身发展过程中形成的文化因素，是其区别于龙山文化的主要根据。③岳石文化中存在许多外来的文化因素。

① 栾丰实：《东夷考古》，山东大学出版社 1996 年版，第 159—172、311、335—338 页。

② 栾丰实：《东夷考古》，山东大学出版社 1996 年版，第 159—172、311、335—338 页。

③ 张国硕：《岳石文化来源初探》，《郑州大学学报》1989 年第 1 期。

④ 方辉、崔大男：《浅谈岳石文化的来源和族属问题》，《中国考古学会第九次年会论文集》，文物出版社 1997 年版。

岳石文化存在的外来文化因素，主要来自以下文化：冀南地区的下七垣文化（或称二里头文化下七垣类型）、夏家店下层文化、二里头文化等，其中二里头文化因素主要见于安邱堌堆类型，下七垣文化及夏家店下层文化对王推官类型及郝家庄类型有深刻的影响，如卷沿细绳纹鬲、花边罐、平口瓮等主要受下七垣文化影响，而其束颈鼓腹鬲、高圈足簋、子母口器盖及彩绘风格则主要来自夏家店下层文化的影响。[①]此外，安邱堌堆、郝家庄、王推官三类型中的绳纹装饰风格也应是周边文化影响的结果。

胶东（照格庄类型）、鲁南（土城类型、尹家城类型）的岳石文化受周边同时期文化影响较少，而在豫东、鲁西南（安邱堌堆类型）及鲁北（王推官类型、郝家庄类型）则较多地受到外来文化影响，这种影响如此之大，以至于一些学者认为，这些地区的岳石文化是外来的。

如果将鲁西、鲁北地区连成一线，就不难看出，这一地区正是夏代初年夷羿族团对夏战争失败后向东方后退的活动地区，由于夷羿族团势力的减弱，周围地区其他部族乘虚而入，表现在物质文化上，就是这一地区物质文化受到外来文化的剧烈冲击。而在鲁中南、鲁东南及胶东地区，由于东夷集团自身稳定，势力较强，因而受到外来文化的影响也较少。

尽管目前岳石文化的发掘资料尚少，还无法进行全面系统的研究，但是，通过对比研究，我们看到，豫东、鲁西及鲁北地区的岳石文化，由于受周围文化的影响，文化面貌与鲁中南、胶东地区相比出现了较大差异。这是山东地区物质文化从统一走向分裂的开端。我们知道，从北辛文化晚期，山东地区文化面貌已开始走向一致，经历大汶口、龙山文化两千多年的文化融合，东夷文化出现空前统一，而进入岳石文化时期，东夷文化开始出现差别，这种物质文化从走向统一到出现差异的趋向很可能是夷羿族团对华夏集团征伐的失败、夏族大举东进造成的。

---

① 王迅：《东夷文化与淮夷文化研究》，北京大学出版社 1994 年版。

五、夷羿族团的分裂与瓦解

夷羿族团在寒浞及其二子被消灭之后，失去了与华夏相抗衡的力量，自身的势力也受到极大的削弱，在物质文化上，表现为外来文化对鲁西、鲁北地区产生深刻的影响，其后，伴随着商周对东方的征讨和对所占领地区的再分封，各方国之间的战争、联合与兼并及由此而引起的民族迁移、文化交流，山东地区的物质文化面貌出现了更大的差异。

夷羿族团在西征失败后，再没有出现统领整个族团的杰出之士，因而各部族逐步分裂，形成一个个独立性的方国，随着这些小方国逐渐被消灭与瓦解，夷羿族团逐渐湮灭于浩渺的历史烟海中。

值得庆幸的是，在殷周青铜器中，有许多带族徽的铭文，商代甲骨文中也有一些部族或方国事迹的记录。随着考古研究的深入，许多相关徽文被破释，钩沉出许多不见或极少见于经传的小邦国的史实，其中，明显属于夷羿族团的有薄姑、菓、邢、鄟、鄩、己（纪）及寒、戈、过诸国。因为这些方国的瓦解，标志着夷羿族团的势力在逐步消亡，因此，有必要对这些方国加以考辨论证。

（一）薄姑

典籍中有关薄姑的记载较少。《史记·周本纪》："成王既迁殷遗民……东伐淮夷，残奄，迁其君于薄姑。"这类记载亦见于《尚书大传》《汉书·地理志》《书序》诸书。

1929 年，陕西省宝鸡出土西周成王时塑鼎，其铭文中有周公伐东夷，"丰伯，尃古"咸灭的记载。唐兰先生隶释"尃古"即"薄姑"[①]，是说甚当。

有关薄姑活动的地望，据《左传·昭公二十年》的记载，当在春秋时期齐地之内。薄姑是商及周初鲁北地区重要的方国。

---

① 唐兰：《西周青铜器铭文分代史征》卷 1，中华书局 1986 年版，第 42、43 页。

关于薄姑氏族属、都城地望及相关考古发现，常兴照、张光明先生在《商奄、蒲姑钩沉》一文中，曾有过精辟独到的论述，撮其要陈述如下：

（1）薄姑氏属东夷人，其在鲁北立国，故其族源风习应与齐地尚箭崇武之传统有密切关系。

（2）薄姑即金文中的"箙弓"或"弜弓"，都是崇尚弓箭的氏族，"箙弓"是箙氏、弓氏的合称，二者为同宗近支，至多可能为两个胞族。

（3）箙弓族中，箙氏曾是甲骨一期贞人集团的重要成员，由此，薄姑族系在商代早期的政治活动中就起到重要作用。周初曾与三监作乱叛周。

（4）考古发现证明，薄姑都城应在桓台县田庄镇荀召一带。

以上论述，勾画了薄姑这一方国的大致轮廓。需要加以强调的是：第一，薄姑既为崇尚箭的部族建立的方国，而"羿"为鲁北地区尚箭部族的首领，因此，薄姑氏必宗于夷羿，或者说与夷羿同族同宗。第二，箙弓既然分为箙氏与弓氏，二者应为夷羿族团中的两个支族，因此，薄姑如果作为一个国名，应为二支族联合建立的一个方国，也有可能原是两个国名，是周人对它的联称而已。第三，薄姑与商王朝有着十分紧密的联系。1996 年淄博市博物馆在桓台县荀召遗址西侧二里许史家遗址发掘，发现一龙山、岳石及商时期的古文化遗址，遗迹有殷商大墓、杀殉坑、岳石文化祭祀坑等等，特别重要的是，在岳石文化祭祀坑中，出土了两片刻有文字的羊肩胛骨，有学者认为，该坑内出土的甲骨文"时代属岳石文化晚期，是目前我国发现的最早的甲骨文"。[1] 甲骨文在该地发现，说明居住于该地的薄姑氏与商王朝有密切的内在联系，因其善于占卜，所以远在河南定居的箙氏才能成为甲骨一期贞人集团的重要成员。

（二）冀

商周青铜器铭文中，有许多带有冀字徽识，人们普遍认为，它们是属于

---

[1] 淄博市文物局等：《山东桓台史家遗址岳石文化木构架祭祀器物坑的发掘》，《考古》1997 年第 11 期。

曩国的铜器。曩器在历代金文著作中多有著录。20 世纪以来，特别是新中国成立以后，带曩字徽识铭文的青铜器发现尤多。目前，已知曩器的发现地点有河南安阳、浚县、上蔡、洛阳，辽宁喀左县①，北京房山琉璃河②，河北邢台③，陕西扶风、宝鸡④，山东黄县归城⑤、临朐⑥、烟台⑦、桓台史家等地。

亚曩族遗物如此众多的发现地点，说明商周之际，曩族曾作为一支十分重要的力量活跃于政治舞台。综合观察可知，商周时期曩族约分为三支。

（1）山东之曩氏。王树明先生对"亚曩"徽识的字形进行对比研究时，发现"曩"字图像常常摹画一人形，而这一人形"仅一臂有手，两臂长短不一，较长的一臂握有杠杆或镞头"。引征古史传说论定"亚曩族徽识是神化了的一种远射兵具，即箭的化身，它是由亚曩族先民崇拜弓箭、尊奉箭为神灵习尚渐次神化衍变而来的箭神或射神的形象"，"亚曩徽识所画是箭神夷羿的形象"。⑧依是，亚曩崇拜箭神羿，说明也是夷羿族团的一支。

山东地区发现曩氏遗物，主要在潍坊以东。新中国成立前，在黄县归城发现八件曩器。王献唐先生考证，这批铜器是姜姓箕子为嫁女而做的媵器⑨，又据莒县一带有箕山、汉有箕县的记载，进而推定箕国原在今山东莒县一带。

① 喀左县文化馆等：《辽宁喀左县北洞村出土的殷周青铜器》，《考古》1974 年第 6 期。
② 中国科学院考古研究所等：《北京附近发现的西周奴隶殉葬墓》，《考古》1974 年第 5 期。
③ 河北省博物馆等：《河北省出土文物选集》，文物出版社 1980 年版。
④ 陕西省考古研究所：《陕西出土商周青铜器》三集，文物出版社 1980 年版，第 65 页。
⑤ 王献唐：《山东古国考》，齐鲁书社 1983 年版。
⑥ 出土于临朐县营子乡，铜器大部分亡佚，仅存一爵，鋬下有铭文，现存于临朐县图书馆。
⑦ 山东省烟台地区文物管理委员会：《烟台市上夼村出土曩国铜器》，《考古》1983 年第 4 期。
⑧ 王树明：《曩祖夷羿疏证》，《管子与齐文化》，北京经济出版社 1990 年版，第 496—507 页。王永波：《"己"识族团考——兼论其、并、己三氏族源归属》，《东夷古国史研究》第二辑，三秦出版社 1990 年版。
⑨ 王献唐：《山东古国考》，齐鲁书社 1983 年版。

1975 年，山东临朐县营子乡发现一批晚商冀氏器，说明至晚在殷商时期冀氏已在这一地带居住，武王克商后，冀氏归附周室，曾作为重要力量随周王南征。烟台市上夼出土铜器证明，在西周晚期至春秋早期，冀国仍称侯。春秋时期，齐国势力渐盛，对冀国形成压力，大约在齐僖公、庄公前后，冀国东渐，渐次退至今胶东一带。

（2）河南之冀氏。河南冀氏与商王朝关系十分密切，晚商乙辛卜辞中有"冀"或"冀侯"，是以知"冀"为这时期一方国名。[1]1976 年，中国科学院考古研究所安阳队在殷墟发掘的妇好墓中，出土了二十一件带"亚其"铭文的铜器。[2]对这批铜器的性质，原报告认为是冀氏族或方国的统治者献给王室的贡品，也有人认为，妇好墓中的冀氏器，可能为冀氏嫁女的媵器，无论是贡品还是媵器，都说明冀氏与商王朝的关系十分亲密。至于河南冀氏活动的地望，孙敬明先生认为"亚其封地就在淇水流域，因其居地与商王密迩，故得王室器重，累世为官。卜辞有王至于'其'的记载，亦去商都不远"。[3]

河南之冀氏亡国当姬周翦商之时。

如前述，亚冀是夷羿族团一部，其远祖应在鲁北，夷羿征夏时，随夷羿进入河南，夷羿失败后，其一部分留在河南，与太昊族团后裔，即代夏之商族关系密迩，或互为姻亲。《史记·宋微子世家》云："箕子者，纣之亲戚也。"其所言或指此。

（3）北迁至北京、辽宁之冀氏。商族灭亡后，周"封箕子于朝鲜而不臣也"[4]，其流徙于辽宁大陵河流域，与当地土著殷商孤竹氏保持着同盟关系[5]。

大约在齐桓公前后，随着桓公伐孤竹、北迁之冀氏遭到沉重打击，从此

---

① 孙敬明：《考古发现与冀史寻踪》，《东夷古国史研究》第一辑，三秦出版社 1988 年版。
② 中国社会科学院考古研究所：《殷墟妇好墓》，文物出版社 1980 年版。
③ 孙敬明：《考古发现与冀史寻踪》，《东夷古国史研究》第一辑，三秦出版社 1988 年版。
④《史记·宋微子世家》。
⑤ 孙敬明：《考古发现与冀史寻踪》，《东夷古国史研究》第一辑，三秦出版社 1988 年版。

日渐式微，尔后不见于经传。

（三）邢、鄣、部

《左传·庄公元年》："齐师迁纪、邢、鄣、部。"杜注："齐欲灭纪，故徙其三邑之氏而取其地。"《穀梁传》曰："纪，国也。邢、鄣、部，国也。或曰迁纪于邢、鄣、部。"邢、鄣、部各为其国还是纪之属邑，史学界争论不一。其实，大约在龙山文化及其以后的一个时期，中国历史是一个方国林立的时代，各方国之间关系杂芜纷陈，更替频繁，将考古资料与文献资料结合起来，就不难发现，邢、鄣、部经历了一个由部族而为方国，由方国而为属邑的发展过程。

（1）邢。邢即己邢或写为"己并"，殷代铜器有己并爵发现（松续下，6）。1952年安阳出土一件己并父丁爵。[1]山西发现一件并氏戈。[2]1983年寿光出土商代铜器六十四件，其中有铭文者十九件，有十五件为己并器。[3]

己并的事迹，也见于甲骨卜辞中，如"王令并""并入十""遣并"等，据不完全统计有四十余条。

王永波先生对殷商甲骨文、金文的"并"字之形体进行考证，认为并氏的徽识经历了从双矢、双天的演变过程，并氏亦为尚箭部族，并立的双矢可能为并氏族人出猎和征战前进行祭祀活动的一种现象。并且认为，在殷末纣王时之比干氏，即为并氏在河南地区的分支。[4]

据现有资料可知，己并部族有两支，其中一支随夷羿征夏进入河南，并

---

①《河南出土商周青铜器》编辑组：《河南出土商周青铜器（一）》，文物出版社1981年版。

② 彭邦炯：《竝器、竝氏与并州》，《考古与文物》1981年第2期。

③ 寿光县博物馆：《山东寿光县新发现一批纪国铜器》，《文物》1985年第3期。

④ 王树明：《暴祖夷羿疏证》，《管子与齐文化》，北京经济出版社1990年版，第496—507页。王永波：《"己"识族团考——兼论其、并、己三氏族源归属》，《东夷古国史研究》第二辑，三秦出版社1990年版。

没有迁回山东，商代建立后，为商之重臣，甲骨文中所记之并氏，应属这一支。河南出土之己并器，应为这一支的遗物。这支并氏的消亡，大致在武王伐商前后。在商亡后，其中的一部分或徙至山西一带。

并氏另一支居住在山东潍坊一带，没有随夷羿西征，而是留在当地。依照山东龙山文化时期邦国林立的社会背景分析，这支并氏亦在当地兴起，并建立了自己的国家。在商代，潍坊一带的并氏为商王朝同盟，曾为对付周围其他势力的威胁而与己、其建立联盟。①

《齐乘》记载，潍坊并氏在临朐一带，"临朐，古骈邑，齐大夫伯氏所食"，大量殷代己并氏铜器在寿光出土，当是己、并联合后的遗留。因此，并氏古地应在临朐，与己氏联合后，没能再脱离联盟，逐步变成己国的一个属邑。周之兴也，姜齐入主山东鲁北，灭掉己并，这应是至今没有发现西周以后己并氏器的缘由。

（2）鄑与郚。鄑与郚也应是潍坊一带尚箭族团的方国。

甲骨文、金文中无鄑字，假"晋"为"鄑"。"晋"字在甲骨文、金文中为两矢射日的形状，"晋当为箭，书亦或为箭"②，据字形分析，"鄑"为尚箭"射日"部族。

郚，也为甲骨文、金文所无，郚之本字"午"与"矢"同义，故郚与鄑一样应为崇武尚箭之部族。

依据典籍，鄑都在山东昌邑附近，郚氏在安邱县西南六十里的郚山，其上有郚城遗址。③

邢、鄑、郚均为夷羿族团部族，其中鄑、郚或是没有随夷羿族团西征，与中原交往较少，或是势力太小，不受重视，故其族名不见于甲骨文、金文。

---

① 王树明：《晏祖夷羿疏证》，《管子与齐文化》，北京经济出版社1990年版，第496—507页。王永波：《"己"识族团考——兼论其、并、己三氏族源归属》，《东夷古国史研究》第二辑，三秦出版社1990年版。

②《周礼·夏官·职方民》郑注引杜子春曰。

③ 陈槃：《不见于春秋大事表之春秋方国稿》，台湾久忠实业有限公司印刷，1982年。

其后，与己部族联合，最终它们的国都成为己国一邑。后来人们不了解其由方国至己邑的转变过程，于是出现邢、鄑、部三氏或邑或国的争议。

（四）己（纪）

殷周青铜器中，与己有关的约凡二十件，有明确地点的四件。其中，三件出土于山东寿光[①]，一件出土于河南鹤壁市[②]。

商代甲骨文中有关己的事迹记载，说明"早在殷商前期，己氏已是一个较大的宗族，有自己的封邑或封国，至晚至武丁时期，其首领便已入侍王室，其职事有贞人和主管祭祀的酒正等职"。[③]

"己"字本义，朱芳圃认为"象绳索诘诎之形"。[④]王树明先生认为"齐地土著纪国以名之纪字，本作己，原为捆绑箭镞的绳索类物的摹画"[⑤]，并指出，己也应为尚箭族团的一个部族。

根据殷周己国青铜器及商代甲骨文资料，己为夷羿族一个部族，它也至少有两个分支，一支居住于山东寿光一带，一支居住于河南地区。

居住于河南地区的大致为夷羿族团西征时居住于此的，在商代成为商王室的支持力量，并做了占卜的贞人及主管祭祀的酒正。其居住地当在商王朝直接统治辖区内，商王朝被周取代后，其势力受到打击并北徙，古代文献中有许多戎州己氏的记载。此外，河南鹤壁市西周早期卫国贵族墓中出土的己氏铜簋，"纹饰特殊，与同群器物风格不同，可能是殷器"。[⑥]己氏进入卫国之后，

---

① 寿光县博物馆：《山东寿光县新发现一批纪国铜器》，《文物》1985年第3期。

② 周到等：《河南鹤壁庞村出土的青铜器》，《文物资料丛刊》(3)，文物出版社1980年版。

③ 王树明：《蒉祖夷羿疏证》，《管子与齐文化》，北京经济出版社1990年版，第496—507。王永波：《"己"识族团考——兼论其、并、己三氏族源归属》，《东夷古国史研究》第二辑，三秦出版社1990年版。

④ 朱芳圃：《殷周文字释丛·己》，中华书局1962年版。

⑤ 王树明：《齐地得名推阐》，《东夷古国史研究》第一辑，三秦出版社1988年版。

⑥ 周到等：《河南鹤壁庞村出土的青铜器》，《文物资料丛刊》(3)，文物出版社1980年版。

未见建立自己方国的记载。

　　山东寿光的己氏为一直居于此地的土著。杜在忠先生在对寿光出土的带己识的铜器及其器物组合进行分析时，认为："在殷墟晚期墓葬或遗址中常见的陶器组合，不论是明器还是实用器，主要有爵、觯、斝、簋、豆、甗、鬲等，尤其是陶鬲……在商代陶器组合中，尤为突出。而寿光的这批陶器群中，主要是鼎、甗、爵、觯、盆、罐等，另外，还有深腹圈足尊形器一件和绳纹陶器盖两件，后二者在中原和殷墟极为少见。这组陶器除两件器盖外，大多为素面。这些都与中原同时的商代陶器风格绝然不同。"[①] 进而认为，寿光出土的这批陶器具有浓厚的地方特征，并没有外来文化的因素。

　　山东寿光己器既然没有受到外来文化因素的影响，它又属夷羿族团的一部族，那么，它显然是夷羿西征时，己氏部族留在原地的一支。

　　由于己氏部族在河南的一支为商代重臣，因此，在商代，山东寿光的己氏部族也就成了商王朝的同盟，并在这一时期，与曩氏、邢氏联合起来结成联盟。

　　到了周代，己、曩、邢联盟瓦解，在寿光的这支己氏归附周王室，此时曩氏从联盟中分离出来，作为一个方国重新出现，邢氏大致在此时归于己氏，成为己国的一部分。清代乾隆年间在寿光出土的己侯钟及已知出土于寿光的西周中晚期或春秋初年的己侯簋，说明西周时期纪仍为侯国，至于鄂、部何时归己而成为邑，由于缺乏资料，尚不可考。

　　姜太公封齐后，己国与齐国相邻，但却与周王室、鲁、宋、郑、卫等关系密切，"哀公时，纪侯潛之周，周烹哀公"[②]。自此，纪、齐结下世仇。以后随着齐国势力的日渐强大，纪更加依附周王室及鲁、郑等。周桓王娶纪女之后，纪侯又娶鲁女伯姬、叔姬为夫人，企图依靠联姻巩固其政治地位。但是这并

---

　　① 杜在忠：《寿光纪器新发现及几个纪史问题的再认识》，《东夷古国史研究》第一辑，三秦出版社 1988 年版。

　　②《史记·齐太公世家》。

没有改变纪国灭亡的命运。《左传·庄公元年》："齐师迁纪、郱、鄑、郚。"至此，纪侯"大去其国"，其公室或贵族的一部分逃之胶东，因此，在胶东地区有许多己器出土。

（五）寒、戈、过

史籍所见，属夷羿族团的还有寒、戈、过诸国。

寒为寒浞先民所居之地，前已提及，寒国故墟当在今潍坊寒亭一带。

戈、过为寒浞二子的封国，其地望有河南、山东两说。由于史料匮乏，又无实物资料可证，因而尚难以定论。

纵观夷羿族团各部所建方国的消亡过程，可以发现以下两点：

（1）夷羿族团中之薄姑、冀、邶、己等诸部，均有河南、山东两说，其在河南的分支都与商王朝有密切的联系，在商王朝灭亡之后，其大多向别的地区迁徙，势力逐步瓦解。居住于山东的分支是未随夷羿西征或西征失败后退居山东的部分，在今淄博、潍坊一带建立各自的方国，最后逐步为势力强大的齐所消灭。

（2）己、冀、薄姑在其被灭后，都迁往莱夷腹地——胶东地区，齐建国之初，莱侯与齐争营丘，从地望分析，夷羿族团与莱夷族团交错而居，黄县归城发现的己国的媵器①说明其与莱夷有姻亲关系，胶东地区发现的薄姑、己、冀器说明三方国灭国后，其王室或贵族避往胶东地区，由此可见，夷羿族团与莱夷一直关系友好，胶东地区成为夷羿族团所建方国之公室贵族在亡国后的最后的"避风港"。

六、结语

通过以上对夷羿族团的传说、活动地望、历史背景、族团瓦解过程的分析、阐述，勾画出公元前3000至前690年前后夷羿族团的基本活动情况，所

---

① 王献唐：《山东古国考》，齐鲁书社1983年版。

见所得凡以下四点:

（1）对中国古史传说加以分析可以发现，在山东地区，蚩尤传说之后[①]，最早进入文献记载的是太昊、少昊氏。太昊、少昊氏二族发迹于鲁南地区，从史料看，二者活动地域基本相同，大致在鲁南、苏北、豫东一带。关于其称谓，傅斯年先生认为："太昊、少昊皆是部族称号，不是个人的私名……至于太、少二字，金文本即大小，大小可以地域大小及人数众寡论，如大月氏、小月氏，然亦可以先后论，如太康、少康。今观太昊、少昊，即同处一地，当是先后有别。"[②]太昊、少昊氏活动地域如此广泛，也绝非一个部族，当是代表了许多文化相近的部族，因材料所限，尚难以廓清，故仍以"太昊族团"称之。

鲁北地区进入史料记载的时代较晚，东周时期人们追述这一地区的历史时，认为"昔爽鸠氏始居此地，季蒯因之，有逢（逢）伯陵因之，蒲姑氏因之，而后大公因之"[③]。爽鸠氏、季蒯事迹远不可考，逢（逢）伯陵或与学射于羿的逢（逢）蒙有关，薄姑氏亦是夷羿族团的一个部族，因此，鲁北地区较多见于史载的应是夷羿。结合夷羿上射十日、下灭民害的传说，可知夷羿的早期活动可追溯至大汶口文化晚期。文献中关于夷羿早期活动的记载十分简单，而夷羿族团在夏代前后的活动，史料中却有较多的记载。这种现象说明，在龙山文化之前，鲁北与中原地区接触不多，因而人们知之甚少，而在此之后，由于与其他地区交往增强，其活动情况才广为人知。

胶东地区由于远离山东腹地，与中原地区更是相隔千里，因此，其活动情况鲜为人知，文献中没有这一地区古史传说的记载。直到西周时期，人们仍笼统地称之为"莱夷"。莱夷与夷羿族团有密切的关系，以至在商代以后，其所居胶东地区成为夷羿族团的避难之地。

（2）公元前 3000 至前 2000 年，山东地区势力最大、影响最广的族团有

---

① 王树明：《蚩尤辨证》，《中原文物》1993 年第 1 期。
② 傅斯年：《夷夏东西说》，《傅斯年史学论著》，上海书店出版社 2014 年版。
③《左传·昭公二十年》。

两个：一个是太昊族团，另一个就是本文所探讨的夷羿族团。

夷羿族团发迹于鲁北地区，从物质文化面貌看，这一地区自北辛文化中期以来，就受到鲁南地区不同程度的影响。这里的始居者为爽鸠氏，而爽鸠氏为少昊的司寇。即使在夷羿势力日渐强大，开始征讨崇日部族时，仍被看作帝俊的部属。因此，这一地区古代文化与鲁南地区有着千丝万缕的联系。

在大汶口文化时期，鲁北地区的文化发展远远落后于鲁南地区，发迹于这一时期的夷羿族团是一个崇箭尚武的族团，大约在大汶口文化晚期发动了对太昊族团中某些部族的征伐。通过文献及物质资料对比分析，我们发现，夷羿族团一开始讨伐的对象是太昊族团中居住于鲁中南地区的部族。

战争使夷羿族团势力日渐强大进而向西扩展，并促进了它与鲁南地区文化的融合。龙山文化时期，鲁北地区的物质文化得到飞快发展，到龙山文化中晚期逐步赶上乃至超过鲁南地区，整个山东地区的物质文化面貌也逐步走向统一。这一时期东夷文化进入鼎盛时期。

夏初，羿"自鉏迁于穷石"，即今河南濮阳一带，说明至少在龙山文化晚期，夷羿族团的势力已发展至豫东北地区。其时，夷羿族团在鲁西、豫东地区与太昊族团之某些部族交错而居，并与河南龙山文化（主要指王湾类型）有了广泛的接触，进而建立了联邦性质的国家，可能这就是中国历史上被称为有虞的一代。

夏启破坏"禅让"制杀益，益为东夷集团某一部族的首领，他的被杀，触犯了夷羿族团的利益。因此，夷羿族团在夏后太康时期开始了对夏王朝的征讨，并一度代替了夏王朝的统治，因此，在文献中，有"后羿""帝羿"的记载。其后，夷羿族团失败，其主要力量开始退往鲁北地区，势力也被大大削弱，中原及北方的一些部族乘机进入鲁北地区，从而破坏了山东地区东夷文化的统一。

（3）综观山东地区考古学文化，北辛文化早期，各地文化面貌差异较大，至其中期，已影响至鲁北地区。北辛文化晚期，胶东地区接受北辛文化的深刻影响而成为北辛文化的一个地方类型①，至此，海岱文化区基本形成。

大汶口文化时期，是海岱文化区的发展阶段。虽然大汶口文化各地类型之间存在一定的差异，但主要文化面貌是一致的。其时，鲁南地区处于文化发展的领先地位，其对鲁北、胶东地区的影响是主流，在大汶口文化中晚期，其分布范围向西至豫东地区，标志着海岱文化区的范围进一步扩大。

龙山文化是海岱文化区的鼎盛阶段。在海岱文化区内，各地方类型文化面貌逐步走向统一，丰富的物质文化及城市、文字的出现，说明这一地区已经敲开了文明的大门，其对周围地区的影响也更大、更深刻。

岳石文化是海岱文化区走向分裂的时期。由于鲁北地区受周围文化的影响，文化面貌与鲁南、胶东地区相比较出现了明显差异，改变了北辛文化以来海岱文化区走向统一的趋势。

岳石文化之后的商周时期，由于山东地区受到周围，特别是中原地区文化的影响，也由于各地区对这种影响接受的层次及程度不同，各地文化面貌出现了较大的差异。就物质文化而言，齐、鲁、薛、莒、滕等各国及胶东地区文化面貌各具特点，战国迄至汉代，随着国家政权的集中与统一，文化面貌才又出现大范围的统一。

由此可以看出，山东地区的物质文化从北辛文化至汉代的几千年时间，经历了由差异→统一→分裂→统一的过程。在这一过程中，岳石文化是从统一走向分裂的开端，造成这一格局的历史原因，是夷羿族团对夏王朝征战的失败，由此可见夷羿族团的兴衰对于山东地方史乃至中国历史是起到过深远影响的，这是我们以前的研究工作所忽视的。

（4）在对夷羿族团瓦解过程的研究中，我们发现，夷羿族团建立的方国，与商王朝有着密切的关系，这不能不牵涉到商民族的起源及其同鲁北夷羿族团的关系问题。

---

① 王守功：《鲁北地区新石器早期文化的发现与研究》，《华夏考古》1995 年第 2 期。

如前所述，帝舜即为帝俊、帝喾。王国维通过对殷代卜辞中商代先公先王的考证，认为甲骨文中所谓的"高祖夒即是帝俊"[1]、《国语·鲁语》"商人禘舜"、《礼记·祭法》"殷人禘喾"，都说明商人奉帝舜（俊、喾）为其祖先。王树明先生通过对鲁南地区大汶口文化物质资料的研究，认为商代的尚酒风俗、崇拜的宗神及所用的礼制器皿等都与鲁南地区大汶口文化有密切的联系。[2]进而认为，商民族应起于鲁西、豫东地区。近年来，栾丰实先生通过对岳石文化与郑州南关外期文化的对比研究，认为"鲁豫皖一带的岳石文化（或可称为安邱堌堆类型）的创造者，就是先商时期的居民，到夏朝晚期，他们在成汤率领下，北征西伐来到郑州，留下'南关外期'遗存，最后'奉桀众以克有夏'[3]，救夏民于水火。同时，在文化内涵上大量摄取、吸收发达的夏文化的'营养'，逐渐融合形成独具特色的二里岗商文化"。[4]

通过文献资料及考古资料的对比研究，我们认为，商族先民应属太昊族团中的一个部族，它与夷羿族团同属东夷集团，龙山文化时代东夷集团的物质文化达到空前统一，这是太昊族团与夷羿族团交互影响的结果。夷羿族团伐夏失败后，势力向鲁北退却，但太昊族团势力犹存，在岳石文化时期，鲁西、豫东地区仍属太昊族团分布范围，在夏代晚期，这个族团之一部——商民族在成汤率领下，取代了夏王朝的统治，建立了商王朝。因此，正如傅斯年先生早在20世纪30年代所论述的，商族对夏代的征讨，是夏初以来夷夏之争的继续。[5]

正因为夷羿族团与太昊族团同属东夷集团，因此二者在社会生活的各个方面有着千丝万缕的联系。在商代，夷羿族团在鲁北建立的方国很多与商王朝

① 王国维：《殷卜辞先公先王考》，《王国维遗书》第二册，上海古籍书店1983年版。

② 王树明：《考古发现中的陶缸与我国古代的酿酒》，《海岱考古》第一辑，山东大学出版社1989年版。

③《墨子·非攻篇》。

④ 栾丰实：《试论岳石文化与郑州地区早商文化的关系——兼论商族起源问题》，《华夏考古》1994年第4期。

⑤ 傅斯年：《夷夏东西说》，《傅斯年史学论著》，上海书店出版社2014年版。

有密切的关系，如己、曩、邢、薄姑等无不见于商代卜辞，这些部族中有些人成为商王之重臣。夷羿族团诸部是商王朝的同盟。后来，由于商王朝与东夷关系恶化，才多次出现夷人叛商及商伐东夷一类的记载。商王朝对东夷的频繁征讨，不仅消耗了自己的势力，而且失去了同盟，从而导致了自身的灭亡。由此可见，夷羿作为东夷集团中的一员，在有商一代仍具有重要的影响。

原载《古代文明》第 1 卷，文物出版社 2002 年版。

王守功，考古学家，山东省文化和旅游厅文物保护考古处处长、研究员。

烟台上夼所出夔器之夔非纪国辨析

王锡平　孙　进

出土铭文青铜器说明，己与夔是商周时期不见于先秦文献记载的国家。由于文献记载的阙如，己与夔是一个国家还是两个国家，以往研究多存争议。烟台上夼己器与夔器同出一墓后，己与夔是否为一个国家又成为热议。作者先前也因上夼己器与夔器同出一墓，赞同一国说。近年在对烟台出土铭文青铜器的整理和思考过程中，认为问题并非如此简单。一是在考古发现中，不同国别的铜器同出一墓的现象常见，不能简单地将国别不同的铜器视为一国。二是上夼墓中己器的"华父"与夔器的"叟"，未必有着必然的联系，同为一人。三是烟台是山东出土己器与夔器较多的地区，但对这些器物的年代、性质认识还不一致，直接影响了对相关史实的推断。

基于以上几点，作者认为有必要在前人研究的基础上，对烟台地区出土的己器与夔器作一梳理，并对上夼墓出土的己器与夔器的国别及国的地望、"纪侯大去其国"后之地望等与烟台相关的问题作些探索。

一、己与夔国别考证略说

对铭文青铜器中的己国即文献记载中的纪国，其国都在今山东寿光境内的认识，学界基本无疑。而对不见于文献却在铭文青铜器中有较多发现的夔国，与己国是一个国家，还是属于两个国家，历来学界的观点截然不同，可分为一国说和二国说。

（一）己与异为一国说

最早提出己与异为一国的是清代学者方濬益先生。他对宋代以来引用汉人卫宏说证明异国与杞国同之说，表示怀疑，提出异为姜姓，杞为姒姓，两者不是一国，并进一步指出，异国即姜姓纪国。郭沫若先生在《两周金文辞大系图录考释》中，同意其观点，认为杞乃姒姓之国，异与杞非一也，谓异亦纪。[①]曾毅公、陈梦家、杨树达诸先生亦从此说。李白凤先生在《东夷杂考》中也赞同郭沫若的意见，并进一步指出，清季出土于寿光纪侯台下之纪侯钟，乃书作"己"，是称"异"，省作"己"，春秋以后称"纪"。[②]

烟台上夼己器与异器同出一墓后，又成为己与异为一国说的新证。齐文涛在《概述近年来山东出土的商周青铜器》中，认为己华父鼎的华父与异侯鼎的弟叟应是一人，叟乃其名。[③]李步青先生在上夼墓清理简报中，认为上夼异国铜器和己国铜器同出一墓，应系一人之器，即墓主名叟，号华父，证明异、己本系一国之称。[④]李学勤先生在《试论山东新出土青铜器的意义》中，认为原报道上夼墓器主系一人是正确的，己、异互见，是异在金文里纪的又一写法，而不是另一姜姓国。[⑤]张博泉先生在《箕子与朝鲜研究的问题》中，认为上夼墓的异侯是己侯的又一写法，即纪侯。[⑥]李沣先生在《探寻寿光古国》中，则认为上夼墓的己和异为一国的不同称谓。[⑦]高广仁、邵望平先生在《海岱文化与齐鲁文明》中，赞同上夼异器和己器的器主当为同一个人的看法，是纪国

---

① 郭沫若：《两周金文辞大系图录考释》，科学出版社 2002 年版，第 199 页。
② 李白凤：《东夷杂考》，齐鲁书社 1981 年版，第 47、48 页。
③ 齐文涛：《概述近年来山东出土的商周青铜器》，《文物》1972 年第 5 期。
④ 烟台地区文物管理委员会：《烟台市上夼村出土异国铜器》，《考古》1983 年第 4 期。
⑤ 李学勤：《试论山东新出土青铜器的意义》，《文物》1983 年第 12 期。
⑥ 张博泉：《箕子与朝鲜研究的问题》，《吉林大学社会科学学报》2000 年第 3 期。
⑦ 李沣：《探寻寿光古国》，齐鲁书社 2001 年版，第 132 页。

公室贵族无疑，己、曩并用、通用。^①林仙庭先生在《扑朔迷离看己国》中，亦从李步青先生之说，认为上夼墓的器主名叟，号华父，叟与华父是一个人，这两个人名之前的国名曩与己也应是一国之名的不同写法，曩国与己国就是一个国家。^②近年来，许多地方史研究者也多从此说。

（二）己与曩为二国说

否认己与曩为一国说的有容庚先生。他在评价《山东金文集存》时说，曩侯恐非纪侯，对纪、曩为一国说表示怀疑。^③王献唐先生在《黄县曩器》中，认为己器与曩器在时间和字体上的不同，可证明己与曩是截然不同的两个国家。^④杜在忠先生在《寿光纪器新发现及几个纪史问题的再认识》中，依据 1983 年寿光新出土己国铜器及以往有关资料，也否认纪、曩为一国说。^⑤崔乐泉在《纪国铜器及相关问题》中，认为纪和曩当为商周时期两个不同的姜姓小国。^⑥孙敬明先生在《甲骨金文所见山东古国与商王朝关系》中，认为纪、曩均为姜姓，但各有渊源，商代纪、曩，一在山东寿光，一在河南淇水流域，终非一国。^⑦高明英先生在《商周曩国研究》中，也认为曩非纪，曩与纪是两个国家。^⑧

除上述己、曩国别两说外，还有曩、杞为一国说^⑨，曩、蓟为一国说^⑩，曩

---

① 高广仁、邵望平：《海岱文化与齐鲁文明》，江苏教育出版社 2005 年版，第 36 页。

② 林仙庭：《扑朔迷离看己国》，《考古烟台》，齐鲁书社 2006 年版，第 127 页。

③ 容庚：《商周彝器通考》，哈佛燕京学社 1941 年版，第 280 页。

④ 王献唐：《黄县曩器》，《山东古国考》，齐鲁书社 1983 年版，第 60—69 页。

⑤ 杜在忠：《寿光纪器新发现及几个纪史问题的再认识》，《东夷古国史研究》第一辑，三秦出版社 1988 年版。

⑥ 崔乐泉：《纪国铜器及相关问题》，《文博》1990 年第 3 期。

⑦ 孙敬明：《甲骨金文所见山东古国与商王朝关系》，《潍坊高等专科学校学报》1999 年第 4 期。

⑧ 高明英：《商周曩国研究》，天津师范大学 2016 年硕士学位论文。

⑨ 多为旧说，王献唐先生在《黄县曩器》中进行过梳理，见《山东古国考》，齐鲁书社 1983 年版，第 60—61 页。

⑩ 张碧波：《古朝鲜研究中的误区》，《黑龙江民族丛刊》1999 年第 4 期。

为箕子朝鲜说[①]，己、齐为一国说[②]，纪、莱为一国说[③]，纪、畀、莱为一国说[④]等，可谓众说纷纭。因诸说已超本文所论，故对诸说论点不再述及。

二、烟台地区出土己器、畀器概况与年代分析

（一）己器与畀器出土概况

烟台是山东出土己器与畀器具有明确地点最多的地区，而且出土地较为集中，出土的数量也较多。在所辖的芝罘区、莱阳市和龙口市一区两市中，计有 6 处地点出土了己器或畀器，数量至少有 18 件之多。其中己器 4 件，畀器14 件。还有 1 件旧藏己侯钟，传为龙口归城出土，现藏烟台市博物馆。

1. 芝罘区（原烟台市），出土地点有 2 处。一处是 1969 年 11 月，在上夼村东河旁黄土台地上，因建设工程破坏了一座墓葬，烟台地区文物组进行了抢救清理。[⑤] 墓葬因破坏仅存部分底部，从残存的底部可以看出，其结构为土坑竖穴，东西长 4.1 米，南北宽 2.8 米，深 3.6 米。葬具为一棺，是否有二层台已不可知。墓向东，墓底有腰坑。随葬器物，墓室仅存 9 件铜器，2 件鼎、1件壶和 1 件匜出土于墓室的东部，2 件戈、1 件钟、1 件铃和 1 件鱼钩出土于墓室的南部。腰坑西端有陶豆 1 件，石环 1 件，犬齿数枚。其中 2 件铜鼎的腹内壁铸有铭文，一件铭为"畀侯赐弟嗣或，弟叟作宝鼎，其万年子子孙孙永

---

① 丁山：《商周史料考证》，中华书局 1988 年版，第 169、170 页；杨军：《再论古朝鲜研究中的几个问题——答张碧波先生》，《吉林大学社会科学学报》2000 年第 6 期；晏琬：《北京、辽宁出土铜器与周初的燕》，《考古》1975 年第 5 期；李学勤：《小臣缶方鼎与箕子》，《殷都学刊》1985 年第 2 期。

② 李步青、刘玉明：《盉铭义初释及其有关历史问题》，《东岳论丛》1984 年第 1 期。

③ 于敬民：《纪莱一国文献考》，《管子学刊》1989 年第 2 期。

④ 王恩田：《纪、畀、莱为一国说》，《齐鲁学刊》1984 年第 1 期；《再说纪、畀、莱为一国》，《管子学刊》1991 年第 1 期；《三说纪、畀、莱为一国：答郭克煜先生》，《管子学刊》1993 年第 3 期。

⑤ 烟台地区文物管理委员会：《烟台市上夼村出土畀国铜器》，《考古》1983 年第 4 期。

宝用"，另一件铭为"己华父作宝鼎，子子孙孙永用"。两鼎的形制基本相同，立耳，折沿，足微显蹄形。纹饰有所区别，曩侯弟曳鼎腹部两道凸弦纹间饰重环纹一周，己华父鼎腹部仅饰两周凸弦纹。

另一处位于毓璜顶的东坡上，烟台第二中学校区的东北部，东距上夼墓仅有几公里。1993年12月，烟台二中在校舍建设施工时，出土1件铜爵。爵的腹上部饰两周凸弦纹，流部和一足残，在鋬手之内的内壁上，铸有一反文"己"字。经现场勘查，未发现文化层堆积，分析也应出自墓葬。①

2. 莱阳市，出土地点有前河前墓群1处。1974年冬，前河前村民在平整土地时，破坏一座墓葬，出土一批铜器。有鼎2件，壶2件，甗、匜、盘等各1件。其中壶、甗2件铜器有铭，壶铭为"己侯作铸壶，使小臣以汲，永宝用"，甗铭为"作旅尊彝"。②1975年5月，山东省博物馆与烟台地区文物组又对残墓进行了清理（编号为M2）。墓为东西向土坑竖穴，有二层台，一棺一椁。棺施红漆，椁下有腰坑。殉葬4人，北二层台上放置2人，南二层台上放置1人，1殉人和1殉狗放在腰坑中。随葬陶器107件，有鬲20件，簋20件，豆30件，均放在头部棺椁之间。铜器放在棺内的东端，除原报道的8件外，还有簋、壶、刀各1件。墓主人身上还有玉玦、玉管、鸡血石珠、石贝币、铜鱼形等装饰品。③在清理M2残墓的同时，还发掘了4座规模较大的墓葬和1座车马坑。墓葬皆为土坑竖穴，有生土层台，头向东，都有殉人。年代为西周至春秋时期。④1981年春，前河前村民耕作时还发现1件西周时期的有铭仿铜器陶盉。铭文有十多个字，多不可识，金文与卜辞中不见，仅有鹿、鱼等象形文字可辨，很有可能是一种失传的夷人文字。⑤

① 林仙庭：《扑朔迷离看己国》，《考古烟台》，齐鲁书社2006年版，第125、126页。
② 李步青：《山东莱阳县出土己国铜器》，《文物》1983年第12期。
③ 常兴照、程磊：《试论莱阳前河前墓地及有铭陶盉》，《北方文物》1990年第1期。
④ 国家文物局：《中国文物地图集·山东分册下》，中国地图出版社2007年版，第238页。
⑤ 李步青、刘玉明：《己盉铭义初释及其有关历史问题》，《东岳论丛》1984年第1期。

前河前墓群地处五龙河西岸，位于前河前村南的台地上，面积约 4 万平方米。除墓群外，前河前村一带还是一处范围很大的周代遗址。遗址上有许多遗迹和遗物，灰坑中还曾出土过似珍珠门文化的素面乳状袋足鬲。据莱阳籍原西北大学历史系副主任文暖根先生说，在前河前村里有古城址，他还见过古城墙。由此可见，莱阳前河前村一带有可能是周代的一个古国或邑城所在。

3. 龙口市（原黄县），出土地点有 3 处。一处是 1951 年 4 月，归城南埠村民在村东平整土地时出土 8 件铜器及陶器、珠形佩饰等，分析应是一座墓葬出土。铜器中有盨 4 件，盘、匜、甗、鼎各 1 件，其中四盨及盘、匜 6 件铜器有铭。四盨同铭，铭为"曩伯子㚸父作其征盨，其阴其阳，以征以行，勾眉无疆，庆其以臧"。盘铭为"曩伯㚸父媵姜无颣盘"，匜铭为"曩伯㚸父媵姜无颣匜"。盘、匜为曩国君主为女儿姜无出嫁陪送的媵器。①

一处是 1958 年归城和平村民在村南取土时，挖出铜器 30 余件，绝大部分被毁掉、卖掉，仅剩鬲 1 件。鬲的口沿上有一周铭文，部分铭文残蚀。铭为"己侯□□姜□□□子子孙孙永宝用"，也是媵器。②

另一处位于石良镇集前赵家村西。2004 年 4 月，集前赵家砖厂在取土烧砖过程中破坏一座墓葬。出土一批青铜器，有鼎 3 件，卣 2 件，簋 2 件，尊、盘、甗、壶、觯、爵、钟各 1 件。2 件完整鼎的铭文分别为"里父作尊彝"和"作鼎"，另一件鼎的残片上有"侯"及两残字。2 件簋同铭，铭为"伯应父赐弟索金，用作宝簋"。③残鼎片上的铭文虽残损不全，但与己国君主有关无疑。里父鼎的"里"字，通"厘"，通"釐"，通"𥣬"，即"莱"字。伯应父，其名金文未见，或与招远市金岭镇西店墓群中出土的"伯作鼎"之"伯"相关。④

① 王献唐：《黄县曩器》，《山东古国考》，齐鲁书社 1983 年版，第 20—49 页。
② 李步青、林仙庭：《山东黄县归城遗址的调查与发掘》，《考古》1991 年第 10 期。
③ 刘玉涛：《周代的莱国与莱文化》，《烟台区域文化通览·龙口卷》，人民出版社 2016 年版，第 49 页；林仙庭：《扑朔迷离看己国》，《考古烟台》，齐鲁书社 2006 年版，第 129 页。
④ 李爱山：《招远先秦文化印记》，《烟台区域文化通览·招远卷》，人民出版社 2016 年版，第 23 页。

西距归城约 10 公里的石良镇一带，应是西周时期归城领主的贵族墓葬分布区，现已发现有集前赵家、鲁家沟、庄头和东营周家四处墓群。在这些墓群的墓葬中，都有多件铭文青铜器出土。鲁家沟墓群早在 1896 年曾出土 10 件铜器，4 件铸有铭文，其中鼎铭为"莱伯作旅鼎"。甗铭说的是禹随周王室进行外交活动的情况，年代为西周早期。①庄头墓群是 1980 年村民取土时破坏的一座墓葬，出土 17 件铜器，4 件铸有铭文。其中 2 件簋同铭，铭文是芮国国君为祭祀宗庙作器，年代为西周中期早段。②东营周家墓群是 1986 年清理的 2 座被破坏的墓葬，其中一座墓葬出土 2 件同铭簋，为单国女出嫁时的陪嫁之器，年代为西周晚期。③

（二）出土己器与曩器的年代分析

目前，对上述己器与曩器的年代，认识还不一致，有的器物所断年代甚至差别很大。对其断代的准确与否，会直接影响对相关历史的认识。因此，有必要对上述己器与曩器的年代做些分析，以期更接近于当时的史实。

上夼墓出土己器与曩器的年代原报道定为西周晚期至春秋初期④，学界多定为西周晚期⑤，也有学者定为春秋时期⑥。从这两件铭文鼎的形制来看，立耳、半球形深腹，蹄足上下两端突出不明显，且三足安装不聚于底，多具西周晚期特征，与鲁故城西周晚期 M11、M14、M20 鼎的形制相近⑦，而与本地区吕家

① 王献唐：《黄县曩器》，《山东古国考》，齐鲁书社 1983 年版，第 135 页。
② 王锡平、唐禄庭：《山东黄县庄头西周墓清理简报》，《文物》1986 年第 8 期。
③ 唐禄庭、姜国钧：《山东黄县东营周家村西周残墓清理简报》，《海岱考古》第一辑，山东大学出版社 1989 年。
④ 烟台地区文物管理委员会：《烟台市上夼村出土曩国铜器》，《考古》1983 年第 4 期。
⑤ 李学勤：《试论山东新出土青铜器的意义》，《文物》1983 年第 12 期；王青：《海岱地区周代墓葬研究》，山东大学出版社 2002 年版，第 187 页；李步青、王锡平：《建国来烟台地区出土商周铭文青铜器概述》，《古文字研究》第 19 辑，中华书局 1992 年版。
⑥《山东省志·文物志》，山东人民出版社 1996 年版，第 497 页。
⑦ 山东省文物考古研究所等：《曲阜鲁国故城》，齐鲁书社 1982 年版。

埠春秋早期 M1 鼎的形制为斜直耳，腹较浅，蹄形足，三足安装近于底明显不同①，断为西周晚期无疑。

前河前墓出土己侯壶的年代，意见分歧较大。原报道及部分学者定为西周中期②，部分学者定为西周晚期③，还有学者定为春秋早中期④。定为春秋时期显然不确，是西周中期，还是西周晚期，值得探讨。首先，与断代基本无分歧的上夼西周晚期墓加以比较，基本可以确定其年代关系。两地的墓葬均出土 2 件铜鼎，不但其形制基本一致，而且其纹饰也分别相同，一件腹部饰重环纹，另一件腹部饰两周凸弦纹，说明二者的年代相若。两墓出土的匜和壶的形制和纹饰则有所区别，其年代也应有早晚差别。上夼墓的匜腹部饰窃曲纹，四蹄形足；前河前墓的匜腹部饰重环纹，四兽形足。上夼墓的壶颈部较细高，圆肩，腹部饰三角纹；前河前壶的颈部较粗短，溜肩，腹上部饰窃曲纹，腹下部饰三角纹。从王青先生将上夼墓的匜、壶定为 I 式，前河前的匜、壶定为 II 式来看，上夼墓的年代应略早于前河前墓。⑤

再与本地区西周中期的材料相比，也可提供不为西周中期的佐证。前河前墓出土的鼎、甗、盘的形制和纹饰均与归城 M1、庄头 M1、威海 M1 等西周中期墓出土的同类器物有较大差别，明显不属于同一期别。⑥能与己侯壶形

① 栖霞县文物管理所：《山东栖霞县松山乡吕家埠西周墓》，《考古》1988 年第 9 期。

② 李步青：《山东莱阳县出土己国铜器》，《文物》1983 年第 12 期；林仙庭：《扑朔迷离看己国》，《考古烟台》，齐鲁书社 2006 年版，第 122 页；《山东省志·文物志》，山东人民出版社 1996 年版，第 491 页；孙敬明：《商周吉金与纪史新谭》，《东方考古》第 9 集，科学出版社 2012 年版，第 248 页。

③ 李学勤：《试论山东新出土青铜器的意义》，《文物》1983 年第 12 期；高广仁、邵望平：《海岱文化与齐鲁文明》，江苏教育出版社 2005 年版，第 367 页；王青：《海岱地区周代墓葬研究》，山东大学出版社 2002 年版，第 187 页。

④ 王恩田：《纪、㠱、莱为一国说》，《齐鲁学刊》1984 年第 1 期；山东省博物馆：《山东金文集成》，齐鲁书社 2007 年版，第 614 页。

⑤ 王青：《海岱地区周代墓葬研究》，山东大学出版社 2002 年版，第 69、71 页。

⑥ 李步青、林仙庭：《山东黄县归城遗址的调查与发掘》，《考古》1991 年第 10 期；王锡平、唐禄庭：《山东黄县庄头西周墓清理简报》，《文物》1986 年第 8 期；郑同修、隋裕仁：《山东威海发现周代墓葬》，《考古》1995 年第 1 期。

制类比的仅有曲城出土的一件铜壶。1958年，曲城曾出土一批青铜器，有鼎、齐仲簋、盘、鉴、甗（瓺）、壶，其中壶的形制基本与己侯壶一致。[1]原报道分析这批铜器的地点并非一座墓葬，时代也有早晚。鼎、簋定为西周中期，其余的可能稍晚。并认为该壶应早于己侯壶，己侯壶可能晚至西周晚期。王青先生对这批铜器进行了重新分析，鼎、簋与原报道一致，也定为西周中期，其余的盘、盆、壶则明确定为西周晚期。[2]这样，前河前墓的年代不属西周中期，应为西周晚期，并晚于上夼墓。这也与李学勤先生断上夼墓为西周晚期，断前河前墓为西周末年相合。[3]

归城南埠村出土曩器的年代，《黄县曩器》及部分学者定为春秋或春秋早期[4]，也有学者定为西周晚期[5]。从南埠村所出8件铜器的形制、纹饰来看，虽具有一些西周晚期的特征，但区别也较为明显。如曩伯姪父盘与曩伯姪父匜的形制，虽然与前河前盘、匜的形制相近，但纹饰区别较大，前者饰钩屈纹，后者饰重环纹。再如前河前铜甗的甑鬲部联体，南埠村的分体，一般认为分体是春秋早期才出现的形制。二者鼎的形制、纹饰也有明显区别，前河前鼎腹较深，饰重环纹，而南埠村鼎腹较浅，饰钩屈纹。综观这些区别，南埠村的年代显然晚于前河前，定为春秋早期较为合适。

归城和平村出土己侯鬲的年代，原报道定为春秋早期或西周晚期[6]，学界

---

① 李步青、林仙庭、杨文玉：《山东招远出土西周青铜器》，《考古》1994年第4期。

② 王青：《海岱地区周代墓葬研究》，山东大学出版社2002年版，第189、191页。

③ 李学勤：《试论山东新出土青铜器的意义》，《文物》1983年第12期。

④ 王献唐：《黄县曩器》，《山东古国考》，齐鲁书社1983年，第18页；《山东省志·文物志》，山东人民出版社1996年版，第500页；孙敬明：《商周吉金与纪史新谭》，《东方考古》第9集，科学出版社2012年版，第248页；王青：《海岱地区周代墓葬研究》，山东大学出版社2002年版，第74页；山东省博物馆：《山东金文集成》，齐鲁书社2007年版，第230页。

⑤ 曹斌：《胶东半岛西周时期遗存的分期和年代》，《海岱考古》第九辑，科学出版社2016年版，第425页；李步青、王锡平：《建国来烟台地区出土商周铭文青铜器概述》，《古文字研究》第19辑，中华书局1992年版。

⑥ 李步青：《山东莱阳县出土己国铜器》，《文物》1983年第12期。

则有西周晚期①和春秋早期②的断代分歧。由于与己侯鬲同出的其他铜器早年皆已流失，缺少同出他类铜器断代的参考。该鬲的形体较小，折沿，弧裆，三柱形足，腹部饰扉棱，沿有铭文。形制与长安张家坡青铜器窖藏西周晚期的伯庸父鬲形制相近③，年代也应与之相当，为西周晚期。

烟台二中出土己爵与龙口集前赵家出土異器的年代，目前尚无不同意见。林仙庭先生分别断为不晚于西周中期和西周前期。④从烟台二中己爵的形制来看，与归城M1西周中期爵的形制基本一致⑤，可定为西周中期。集前赵家異器的年代，仅从铭文"異侯"的字体来看，与上夼"異侯"和南埠村器的"異"字体区别较大，異的"其"字缺少下部的横和撇点，是異字的早期形态，可视为西周前期。但从同时出土的十余件铜器的形制来看，年代可定得更为确切一些。

两件完整鼎的形制基本一致，方唇，折沿，立耳，柱足，一件沿下纹带饰鸟纹，另一件饰二道凸弦纹。形制与归城M1：2鼎的形制相近，只是归城M1：2鼎的沿下纹带饰夔纹，与之有别。甗为侈口，立耳，袋足，素面。其形制与归城M1的甗一致，不同的是归城M1甗的沿下和三袋足饰兽面纹。⑥尊为侈口，垂腹，喇叭形圈足，腹颈部饰二道凸弦纹。其形制与归城小刘庄的启尊相同，仅归城小刘庄启尊的颈部饰兽面纹，与之有别。⑦壶为扁圆体，贯耳，圈足有一对不规整的穿孔，颈饰二道凸弦纹，特征基本与归城HG70壶相

---

① 孙敬明：《商周吉金与纪史新谭》，《东方考古》第9集，科学出版社2012年版，第248页；王青：《海岱地区周代墓葬研究》，山东大学出版社2002年版，第74页；山东省博物馆：《山东金文集成》，齐鲁书社2007年版，第230页；曹斌：《胶东半岛西周时期遗存的分期和年代》，《海岱考古》第九辑，科学出版社2016年版，第425页。

② 李步青、王锡平：《建国来烟台地区出土商周铭文青铜器概述》，《古文字研究》第19辑，中华书局1992年版；《山东省志·文物志》，山东人民出版社1996年版，第500页。

③ 中国科学院考古研究所：《长安张家坡西周铜器群》，文物出版社1965年版。

④ 林仙庭：《扑朔迷离看己国》，《考古烟台》，齐鲁书社2006年版，第129页。

⑤ 李步青、林仙庭：《山东黄县归城遗址的调查与发掘》，《考古》1991年第10期。

⑥ 李步青、林仙庭：《山东黄县归城遗址的调查与发掘》，《考古》1991年第10期。

⑦ 齐文涛：《概述近年来山东出土的商周青铜器》，《文物》1972年第5期。

近，区别主要在壶的形体上，前者最大腹径在中部，后者在接近底部处。[①]篡为侈口，束领，鼓腹，对称两兽耳有珥，方座四面有方缺口，颈部饰二道凸弦纹。形制与庄头墓芮公叔簋相近，只是芮公叔簋方座无缺口，通体雷纹底饰饕餮纹，与之不同。觯口部残，矮圈足，形制也与庄头墓的觯相近。[②]

从以上的对比可以看出，集前赵家墓出土的这批铜器，分别与归城小刘庄、庄头和归城 M1 出土的一类或几类器物相近，其年代也应与之相当。但问题是，目前对这三地铜器的断代还很不一致。小刘庄多断为西周早期或早期的晚段，也有断为西周中期的；庄头与归城 M1 多断为西周中期，也有断为西周早期或早期晚段的。作者认为，这三地铜器墓的年代应在西周中期的早段，有的器物或早至西周早期。山西翼城大河口西周中期早段 1017 号墓出土的铜器，可作为三地铜器断代的参考。[③]在 1017 号墓中，即出土西周早期与归城 M1 相似的尊、与归城 M1 相似的卣，又出土西周中期早段与鲁家沟和集前赵家相似的尊、与归城 M1 相似的卣，还出土西周早期与庄头和集前赵家相似的觯。因此，集前赵家墓的年代断为西周中期的早段为宜。

通过分析，烟台地区出土己器与晨器的年代已较为明确。己器的年代为西周中期到西周晚期，晨器的年代为西周中期到春秋早期，同时还理清了上夼墓早于前河前墓的年代关系。

三、上夼晨器之晨非纪国及相关问题

（一）上夼晨器之晨非纪国辨析

持上夼墓出土己器与晨器为一国说的论据，主要有二点：一是两器同出

---

① 李步青、林仙庭：《山东黄县归城遗址的调查与发掘》，《考古》1991 年第 10 期。

② 王锡平、唐禄庭：《山东黄县庄头西周墓清理简报》，《文物》1986 年第 8 期。

③ 山西省考古研究所等：《山西翼城大河口西周墓地 1017 号墓发掘》，《考古学报》2018 年第 1 期。

一墓，二是推测曩侯弟叟鼎的"叟"与己华父鼎的"华父"同为一人。

己器与曩器同出一墓，是否能作为己与曩为一国之说的证据，是值得商榷的。考古发现说明，不同国别的青铜器同出一墓是常见的现象，原因同国与国之间的联姻、赠送、赏赐、赠赙或战争等因素有关。因而，上奇己器与曩器同出一墓，不能作为己与曩为一国的证据。相反，上奇己器与曩器同出一墓，正是己与曩不同国属的有力证据。

纪国与曩国是商周时期两个势力较强的国家，同为姜姓。尽管有学者分析两国有着共同的族源关系[①]，但均在商代立国无疑。1983年，在寿光北古城遗址出土一批商代晚期青铜器，有19件铸有铭文。其中2件铭"己"，1件铭"己甲"，15件铭"己并"，[②]证实纪国至迟于商代晚期在寿光一带建国。在晚商帝乙、帝辛卜辞中，有"曩""曩侯"之称，又可证曩国至迟也在商代晚期建国。出土和传世己器与曩器说明，从西周早期至西周晚期，己器与曩器并存，年代未有中断。进入春秋时期，仅见曩器出土，未见己器出土。这些发现说明，己与曩应是不同国家的名称。若为一个国家，其国名在同时代的金文中，字体虽有变化，但一般不会出现不同的用字。至于为何出现己与曩是金文的又一写法的认识，可能与曩字从己有关。在这方面，王献唐先生在《黄县曩器》中，对曩非杞亦非纪作过详论[③]，不再赘述。

"叟"与"华父"为同一人，最先是齐文涛先生在《概述近年来山东出土的商周青铜器》一文中提出的，他认为"叟"系器主之名，华父与叟应是一人。[④]其后，李步青先生在原报道中认为，两器同出一墓，应系一人之器，即

① 王永波：《"己"识族团考——兼论其、并、己三氏族源归属》，《东夷古国史研究》第二辑，三秦出版社1990年版。

② 寿光县博物馆：《山东寿光县新发现一批纪国铜器》，《文物》1985年第3期。

③ 王献唐：《黄县曩器》，《山东古国考》，齐鲁书社1983年版，第60页。

④ 齐文涛：《概述近年来山东出土的商周青铜器》，《文物》1972年第5期。烟台地区文物管理委员会：《烟台市上奇村出土曩国铜器》，《考古》1983年第4期。

墓主名叟，号华父。①吴洪涛、林仙庭二先生考释叟与华父皆有老者之义，从李先生之说。②李学勤先生则将叟释为"弁"，虽然弁与华父字义不同，但也认为原报道作器者系一人，华父是字，是正确的。③由此看来，推断叟与华父为同一人，并非完全依二者字义确定的。按照推理，如果两器的形制、年代相同，铭文的国名用字相同，虽然器主名用字不同，但字义相近，推断为同一人，有着较大的可能性。同理，如果两器主名用字相同，而国名用字不同，虽可以说二者是同一国名的异写，但也存在着不确定性。问题是上夼两器的国名用字不同，器主名用字也不同。因而叟与华父、己与㠱就很难说为一人和一国之关系。

（二）归城、上夼与㠱国地望

㠱国建于商代，亡于春秋。其地望众说不一。按现行政区划分，大概可归为河南、山西、北京、辽宁和山东说。在诸说中，有的因时代不同，其地望也发生变化。为体现学者观点的完整性，现以学者考定的商代㠱国地望归类，并述及周代㠱国地望变迁的观点。

河南说：主要有张俊成先生的安阳一带④；朱活先生的㠱本在王畿之内，周灭商后迁到燕都东北⑤；孙敬明先生的商代在河南淇水流域，周初迁辽宁大凌河流域，西周中期大凌河流域㠱族的强支迁山东半岛即墨一带⑥。

① 烟台地区文物管理委员会：《烟台市上夼村出土㠱国铜器》，《考古》1983 年第 4 期。
② 吴洪涛：《芝罘㠱国铜器铭文补释》，《山东古文字研究》1993 年第 6 期；林仙庭：《扑朔迷离看己国》，《考古烟台》，齐鲁书社 2006 年版，第 127 页。
③ 李学勤：《试论山东新出土青铜器的意义》，《文物》1983 年第 12 期。
④ 张俊成：《商代㠱国及其相关问题》，《内江师范学院学报》2009 年第 24 卷第 1 期。
⑤ 朱活：《谈山东临淄齐故城出土的尖首刀化——兼论有关尖首刀化的几个问题》，《考古与文物》1980 年第 3 期。
⑥ 孙敬明：《考古发现与㠱史寻踪》，《东夷古国史研究》第一辑，三秦出版社 1988 年版。

山西说：主要有李学勤先生的山西箕城①；曹定云先生的殷初在今山西蒲县"晋人败狄于箕"之处，殷代为北方燕地，春秋为山东莒县北部②；陈槃先生的巺之初国本在山西，渐迁河南，最后迁山东③。

北京说：主要有《辽宁喀左县北洞村发现的殷代青铜器》报告的周初的燕地，今北京沙河一带④；彭邦炯先生的北京附近⑤；何景成先生的燕地巺侯⑥；高明英先生的商代中晚期至周初在北京一带，西周中期迫于戎狄的压力南迁山东，西周晚期及春秋定于山东黄县归城一带⑦。

辽宁说：主要有阎海先生的在祖先发源的故地，与孤竹等一起成为商朝在北方的方国。⑧

山东说：主要有王献唐、逄振镐、何光岳等先生的莒县北境⑨；李白凤先生的最初以黄县为中心，殷时因受殷的侵略，一部分迁到辽东半岛，河南安阳、洛阳的巺器是巺降附商后内迁的产物⑩；王永波先生的商代在临朐一带，西周时期因受齐国的迫胁，逐步向半岛深处移动，远达黄县、烟台等地⑪；还有王恩田、齐文涛先生的周代在山东东部和烟台一带⑫。

① 李学勤：《小臣缶方鼎与箕子》，《殷都学刊》1985 年第 2 期。
② 曹定云：《"亚其"考》，《文物集刊》（2），文物出版社 1980 年版。
③ 陈槃：《不见于春秋大事表之春秋方国稿》，历史语言研究所 1982 年版，第 50、51 页。
④ 辽宁省博物馆：《辽宁喀左县北洞村发现殷代青铜器》，《考古》1973 年第 4 期。
⑤ 彭邦炯：《从商的竹国论及商代北疆诸氏》，《甲骨文与殷商史》第 3 辑，上海出版社 1991 年版。
⑥ 何景成：《商周青铜器族氏铭文研究》，齐鲁书社 2009 年版，第 266 页。
⑦ 高明英：《商周巺国研究》，天津师范大学 2016 年硕士学位论文。
⑧ 阎海：《箕子东走朝鲜探因》，《北方文物》2001 年第 2 期。
⑨ 王献唐：《黄县巺器》，《山东古国考》，齐鲁书社 1983 年版，第 70—128 页；逄振镐：《山东古国与姓氏》，山东人民出版社 2006 年版，第 76 页；何光岳：《杞国史考》，《许昌师专学报》（社会科学版）1986 年第 2 期。
⑩ 李白凤：《东夷杂考》，齐鲁书社 1981 年版，第 54 页。
⑪ 王永波：《山东古城古国考略》，文物出版社 2016 年版，第 174 页。
⑫ 王恩田：《纪、巺、莱为一国说》，《齐鲁学刊》1984 年第 1 期；齐文涛：《概述近年来山东出土的商周青铜器》，《文物》1972 年第 5 期。

从以上学者考证研究的结果来看，除李白凤先生认为曩族最初以黄县为中心外，商代曩国的地望几乎与烟台地区无涉。进入周代，龙口归城南埠村和烟台上夼曩国铭文青铜器的发现，将人们的视线引向龙口和烟台。曩国无论是由北迁入，还是从西进入，多认为与龙口、烟台及所处的胶东半岛有关。对周代地望考定较为具体明确的有高明英先生的黄县归城一带，齐文涛先生的烟台一带，孙敬明先生的即墨一带，王献唐先生的莒县北境。其论据，前两者多侧重曩器出土地的推定，后两者则多结合地名的推断。这里仅就龙口归城和烟台上夼所涉与曩国地望相关的问题作些分析。

归城，又名灰城，是胶东地区规模最大、文化内涵最为丰富的一处周代古城址，有内外两城。内城建在河边台地上，城墙内外设有环壕，面积 22.5 万平方米。城内已探明 17 处大小不等的夯土基址，最大的面积为 1750 平方米，应为宫殿基址。外城沿内城四周的山丘顶部，依势构筑，面积约 8 平方公里。其建筑规模与鲁国故城相当，为都城性质无疑，始建年代不早于西周中期。[①]历年来，多次出土重要铭文青铜器，除上述两处己器、曩器出土地点外，还有 1969 年归城小刘庄出土了 3 件铭文青铜器，其中启卣、启尊两器记述的大致为一事，是启随昭王南征之事，年代为西周早期。[②]

关于归城的国属，学界虽有分歧，但多认为是莱国都城。其论者，多依 1896 年石良镇鲁家沟出土的莱伯鼎为据。2004 年石良镇集前赵家出土的里（莱）父鼎又为其说增添新的物证。就目前材料而言，虽然不能统一归城为莱国都城的认识，但更无法证实归城是曩国西周晚期至春秋时期南迁或东移之地。

一是归城的年代与曩国南迁或东移的年代不合。以归城小刘庄、归城 M1 及与归城领主相关的石良镇庄头墓群、鲁家沟墓群、集前赵家墓群出土的铭文青铜器年代来看，归城的年代至晚应在西周中期的早段。

① 中美联合归城考古队：《山东龙口归城两周城址调查简报》，《考古》2011 年第 3 期。
② 齐文涛：《概述近年来山东出土的商周青铜器》，《文物》1972 年第 5 期。

二是归城古城址的规模与異国被迫南迁或东移时的国力不符。归城规模如此宏大的内外城墙、环壕及大型宫殿基址的形成，不但需要有在这一地区强大的统治势力，而且还需要大量的人力、物力才能完成，一个南迁或东移国家的国力是无法办到的。

三是西周早中期归城领主与異国同周王朝的关系不同。归城小刘庄、鲁家沟等地出土的多件青铜器铭文显示，归城领主在西周早中期就与周王朝关系密切，曾多次参与周王朝的东征、南伐等重大军事活动。而異国未见西周早中期与周王朝关系的铭文记载，所见只是西周晚期参与周王朝征淮夷及与周王室联姻的铭文记述。

四是归城领主与異国是联姻关系。虽然集前赵家出土西周中期的異器，但因铭文残损不能确定其性质。归城南埠村出土的異器，铭文明确是異国君主为其女儿出嫁陪送之器，可证归城领主与異国是联姻关系。

以上四点足以说明，归城非異国都城，与異国是联姻关系。同样，归城也不是纪国大去其国后的新都。[①]归城出土的西周晚期己侯鬲为媵器，又证实归城领主与纪国也是联姻关系。因而，归城应是与莱国关联最大的故城址。

上夼所在的芝罘区，春秋时称"转附"，是先秦时期的著名港口，又是齐地八神中的阳主之地。史载齐景公欲观于转附，秦皇汉武多次幸临祭祀阳主。考古发现证实，这里曾是先秦时期一个政治、经济、文化繁荣的地域中心。这一地域中心，虽早被现代城市化的高楼大厦所湮没，但上夼和烟台二中纪国与異国铭文青铜器的出土，为揭开这一地域中心的历史面纱提供了重要的实物资料。

上夼墓出土的己器与異器，上文已辨析己与異不是一个国家。这样，芝罘上夼一带就存在两种可能，一种可能是纪国的领地，另一种可能是異国的领

---

① 王恩田：《纪、異、莱为一国说》，《齐鲁学刊》1984 年第 1 期；《再说纪、異、莱为一国》，《管子学刊》1991 年第 1 期；《三说纪、異、莱为一国：答郭克煜先生》，《管子学刊》1993 年第 3 期。

地。有学者认为是纪国的领地①，有学者认为是夷国的领地②。作者赞同上夼一带为夷国领地的看法。

一是上夼墓夷侯弟叟鼎的出土，是夷国在上夼一带最重要的实物证据。在无文献记载的情况下，地下出土的青铜器铭文，是考证研究该地历史的重要实物资料。烟台上夼和龙口归城、集前赵家所出夷器，是山东地区唯一有清楚出土地点的夷国器物，在明确归城非夷国都城后，上夼夷器就成为判断夷国地望在上夼一带的重要实物证据。

二是从铭文的内容来看，上夼夷侯弟叟鼎是直接与夷国君主相关的器物，而己华父鼎虽然是纪国的华父所作器物，但存在着是否与纪国君主相关联的不确定性。烟台二中出土的己爵为西周中期时器，不能作为纪国在春秋早期大去其国地望的物证。这也是赞同上夼一带为夷国领地非纪国领地的因素之一。己华父鼎与己爵显示的应是纪国与夷国两国之间关系的实物证据。己爵又为上夼一带古国地域中心可能形成于西周中期提供了重要的实物资料。齐地八神在胶东地区的四神中，阴主、月主、阳主三神与所在的曲城、归城、不夜城古国地域中心，形成的年代均不晚于西周中期，为确定阳主所在的上夼一带古国地域中心可能形成于西周中期提供了佐证。

三是若夷国在西周中期由北京一带或辽宁大凌河流域南迁至山东半岛之说成立的话，迁入上夼一带的可能性要大于迁到即墨一带。③一是上夼出土有与夷国君主相关的铭文青铜器，而即墨一带虽有箕山、不其得名或许与夷国有关，但却未出土与夷国相关的实物证据。二是从两地所处的地理位置来看，上夼位于半岛的北部，夷国南迁到岸后即可到达；而即墨位于半岛的南部，夷国南迁到岸后需长途跋涉穿越半岛的腹地才能到达，远不如上夼一带

---

① 孙敬明：《商周吉金与纪史新谭》，《东方考古》第9集，科学出版社2012年版，第243页。包括持己、夷为一国说的学者。

② 齐文涛：《概述近年来山东出土的商周青铜器》，《文物》1972年第5期。

③ 孙敬明：《考古发现与夷史寻踪》，《东夷古国史研究》第一辑，三秦出版社1988年版。

便利。

总之，西周中晚期至春秋时期，量国的地望在上夼一带的可能性最大。

（三）前河前与纪侯去国后之地望

《左传·庄公四年》（公元前 690 年）载："纪侯不能下齐，以与纪季。夏，纪侯大去其国，违齐难也。"文献中的纪国历史自此中断，究竟去向何方，也是众说不一。旧说有清康熙十一年和道光七年《沂水县志》记，县西北的纪王崮，相传是纪侯去国居地；高士其引《城冢记》说，邹县东南有纪城及纪侯冢，相传为纪侯去国避难处。此两旧说现已被考古发现所否定。2012 年，纪王崮发掘了春秋时期贵族大墓，从墓葬的结构和随葬器物的特征来看，应属莒文化范畴。[①]邹县的纪城，又名纪王城，实为春秋邾国故城。[②]

新说除何光岳先生的纪人南迁至江苏赣榆纪鄣城一带外[③]，几乎均认为在山东半岛的烟台地区，只是具体地望不同。王献唐先生认为，纪国那时只有一条路可走，向东边远处走，通过莱国，迁到东莱为止[④]；王恩田先生认为其新都有可能就在黄县归城[⑤]；孙敬明先生认为纪国向东莱迁徙地点应在上夼一带[⑥]；常兴照、程磊先生认为纪国的鄣邑应该就是前河前遗址，并为纪侯大去

---

① 山东省文物考古研究所等：《沂水县纪王崮一号春秋墓及车马坑》，《海岱考古》第六辑，科学出版社 2013 年版。

② 王恩田：《纪、量、莱为一国说》，《齐鲁学刊》1984 年第 1 期；《再说纪、量、莱为一国》，《管子学刊》1991 年第 1 期；《三说纪、量、莱为一国：答郭克煜先生》，《管子学刊》1993 年第 3 期。

③ 何光岳：《纪国的来源和迁徙》，《东南文化》1991 年第 5 期。

④ 王献唐：《山东古代的姜姓统治集团》，《山东古国考》，齐鲁书社 1983 年版，第 175 页。

⑤ 王恩田：《纪、量、莱为一国说》，《齐鲁学刊》1984 年第 1 期；《再说纪、量、莱为一国》，《管子学刊》1991 年第 1 期；《三说纪、量、莱为一国：答郭克煜先生》，《管子学刊》1993 年第 3 期。

⑥ 孙敬明：《商周吉金与纪史新谭》，《东方考古》第 9 集，科学出版社 2012 年版，第 243 页。

其国的流亡方向找到踪影①；《山东省历史文化遗址调查与研究报告》认为，前河前为己国遗址与墓葬区②；持己与曩为一国说的学者，则多认为上夼一带和前河前一带都是纪国的活动范围。由此看来，对纪侯去国地望的具体位置还需要作些分析。

一是纪侯大去其国向东迁移的方向，为胶东半岛的烟台地区是可以肯定的。同时需要指出的是，作为一个流亡之国，显然不可能还有如此强大的实力，统治着烟台上夼和莱阳前河前一带的两个古代地域中心。在上文中已论述龙口归城与纪侯去国地望无涉，烟台上夼一带为曩国地望的可能性最大。所以，推断莱阳前河前遗址为纪侯大去其国后之地望，则有着更大的合理性。

莱阳位于胶东中部，是古代半岛与内陆东西交通的重要通道，也是现代国道由淄博、潍坊经平度、莱西，东达半岛最东端的文登、荣成的重要交通枢纽，又远离齐国故都临淄，因而可能成为纪国东迁的选择之地。考古发现又说明，前河前遗址也是一处周代古国或邑城的地域中心，既有纪国的贵族墓群，又是面积很大的居住遗址。前河前墓葬中出土的己侯壶为纪国君主作器，是判断纪侯去国地望最重要的实物证据。若有学者考证纪国的鄣邑是前河前遗址不误的话，更可证前河前遗址为纪侯去国后之地望。

二是鄣邑应与纪侯去国后的地望相关联。《左传·庄公三十年》（公元前664年）载："秋七月，齐人降鄣。"《公羊传》《榖梁传》皆说鄣为纪之遗邑。此载可知，纪侯去国二十六年后，齐国才把纪国降服。因而，鄣邑最有可能成为纪侯去国后的居地。

关于鄣邑之地望，杜预在《左传》注解中说，在东平无盐鄣城。而段玉裁在《说文解字注》中却说，在海州赣榆县之北七十五里有纪鄣城，亦曰纪城。王献唐先生在《山东古代的姜姓统治集团》中，则详细论述了这两地距

① 常兴照、程磊：《试论莱阳前河前墓地及有铭陶盉》，《北方文物》1990年第1期。
② 王志民主编：《山东省历史文化遗址调查与研究报告》，齐鲁书社2008年版，第372页。

齐、纪均甚远。如在东平或赣榆，当时中隔鲁、莒、向、邾等国，纪国无法统治，齐人的势力也远不到这些地方，即便收降纪邑也无法统治，进而推定郚之地望仍在纪国外邘、鄑、部一带。[1] 常兴照、程磊先生从前河前遗址具有城邑性质、"纪人代夷"地理位置、五龙河古代俗称漳河等三个方面分析，认定纪之郚邑应该是前河前遗址。[2] 作者认为，王献唐先生论之有理，赞同纪之郚邑不在东平或赣榆之说。常兴照、程磊先生的郚邑就是前河前遗址之说，虽是一家之言，但论据较为客观，与前河前遗址的文化内涵和遗址的年代相吻合。前河前遗址为纪之郚邑的可能性是存在的。

通过以上对烟台上夼、龙口归城南埠与集前赵家、莱阳前河前出土的己器与畀器的分析，作者提出了上夼畀器之畀非纪国之己，上夼一带为畀国之地望；归城非纪亦非畀，为莱国之都城；前河前遗址可能为纪之郚邑，是纪侯去国后之居地的初步认识。当然，随着今后考古新材料的发现与研究工作的深入，上述认识可能得到验证或更正，这正是作者所期待的。

原载《新果集（二）：庆祝林沄先生八十华诞论文集》，科学出版社 2018 年版。

王锡平，考古学家，原烟台市博物馆馆长兼烟台市历史学会副理事长；

孙进，烟台大学人文学院副教授。

---

① 王献唐：《山东古代的姜姓统治集团》，《山东古国考》，齐鲁书社 1983 年版，第159 页。

② 常兴照、程磊：《试论莱阳前河前墓地及有铭陶盉》，《北方文物》1990 年第 1 期。

考古发现与鄋史寻踪

孙敬明

如所周知，中国古代曾有过一个相当漫长的万国林立的历史时期。众多的邦国，杂芜纷陈的关系，居易无固的迁徙，新旧国族的交替，世事的沧桑巨变，又兼年代的久远和人们主观臆想、附会饰说之辞渺无头绪地累积在一起，古老史籍如《春秋左传》《国语》《战国策》《史记》等，所载有关古国却是寥寥无几，有的仅是一鳞半爪，难窥全貌，有的则是疏忽错讹，挂一漏万。历来史学家都认为先秦古国是个极为困难而又十分重要的课题，深感资料奇缺；至于众多小国的历史研究，则更无从着手。

"鄋，古国名，卫宏说与杞同。"这就是素称浩如烟海的中国古代典籍对一个先秦古国的一切所作的唯一的、同时也是不尽正确的记载。正是这只言片语，构成了史学领域中有关鄋国历史的千古之谜。

1951 年，山东黄县出土了一批鄋国春秋时期铸有铭文的青铜器，这批鄋器出土地点明确、组合形式清楚。王献唐先生所著《黄县鄋器》一书，既是第一部在马克思列宁辩证唯物主义和历史唯物主义的观点指导下，运用历史、考古和古文字学相结合的方法，援征甲骨金文来钩稽鄋国历史的奠基之作，也是迄今有关鄋史研究著作中最为重要的一部。

尔后，在辽宁凌源、喀左，北京房山，山东烟台、临朐以及河南安阳、浚县等地陆续发现的鄋国铜器，既使鄋国文化大放异彩，也使历史考古学界凭借这些珍贵文物，对鄋国的历史作出了新的卓有成效的研究，丰富了我国古史内容，拓宽了人们对夷国历史认识的视野。

现在，有关考古资料不断发现，人们不仅对新的，而且还对旧的文化遗物之研究结果进行综合分析与验证。由于人们的认识难免要受时间和资料的局限，所以以往夷国史研究中那些被忽视、误解，甚至被颠倒了的问题，就愈发显明地暴露出来。

本文拟在广泛吸收前人研究成果的基础上，主要根据其自身特征和铭文内容，从纵向时间顺序和横向器群组合、地域范围的角度，对有关铜器进行综合分析与研究，从而追寻夷国早期历史和其古老部族的分化与新兴部族的联盟，及其与商周王朝的关系乃至它们辗转迁徙的主要史迹，并以此就教于大方之家。

一、商代夷国及其与商王国的关系

因囿于资料，以往研究者对于夷国在商代的历史虽也作过探讨，但收获有限。

1976年，中国科学院考古研究所安阳工作队在殷墟发掘的妇好墓[1]，出土上百件有铭文的青铜器，对于追寻夷国早期历史颇为重要。

妇好是商王武丁最为重要的配偶之一，她生前参与国家大事，从事征战，主持祭祀，地位相当显赫。在其墓中出土了二十一件铭作"亚其"的铜器，比整个墓中出土的非妇好所作而为数最多的"子束泉"组仅少一件。报告者认为"亚其"这组铜器，可能是"亚其"这一方国或族的统治者献纳给殷王室的贡品，被用作随葬品而埋入妇好墓中。

"亚其"铭文分三种形式，即只有"其"、"亚"下之"其"填充做网格状并由双手提拉，以及"亚"下之"其"省去双手。自宋代以来，对于"亚"形意义众说纷纭，其中，首先由唐兰先生在《武英殿彝器考释》中提出"亚"为

---

① 中国科学院考古研究所:《殷墟妇好墓》，文物出版社1980年版。

爵名说，他指出："凡此亚旅之文，前人多不得其解，得甲骨金文互证，始可定亚为爵称。"丁山先生更明确地指出亚就是畿服内的诸侯。[1] 陈梦家先生则认为是武职官名。[2] 郭沫若先生考释《粹》1178片卜辞"丁酉卜，亚皋以众涉于囟，若"，以为"亚殆皋之官职"。[3] 今由商周铭"亚"诸器证之，当以丁山先生之说为善，铭"亚"诸器并非皆在畿服之内出现，出于畿服之外者，曩兄弟或子孙所为，旨在标明其氏族有或曾有过司职为"亚"的。

"其"，象形字，本意"箕"，亦借为"其"，久借不归，故另创形声字"箕"以代之。

"亚"为"其"官爵，"其"乃其国首脑。因为卜辞中商主是以方国之名而称其首脑的，所以"其"亦是国名。也可以视为曩国之"曩"。王献唐[4]、曹定云先生亦有类似看法。但是，必须指出"其"与"曩"尚有时间与成分等诸种差异。曹定云已指出王献唐先生视"其"即"曩"的差错[5]，此不赘述。但是二者之间到底是什么关系，因涉及"其"氏族的分衍变化——曩国早期历史，须稍加论次：

检索商、周青铜器之氏族徽号，探求它们之间分衍变化的关系，发现曩国的氏族徽号主要有"亚其""亚矢""亚其矢"及"亚曩矢"（或作"亚曩侯矢"）四种。

"亚其""亚矢""亚其矢"与"亚曩矢"，它们同属于一个大的氏族，相互之间是传承的关系，并且四者的成分（即氏族成员的组合）随时代而变化，它们之间并不皆是直系的传承关系，虽然同出自一个古老的氏族，但各分族的发展却不平衡，导致各亲族之间的关系错综复杂，有的兴旺繁衍，有的逐渐消

① 丁山：《甲骨文所见氏族及其制度》，中华书局1988年版。
② 陈梦家：《殷虚卜辞综述》，中华书局2013年版。
③ 郭沫若：《郭沫若全集》考古编第二卷《殷契粹编》，科学出版社2002年版，第644页。
④ 王献唐：《黄县曩器》，山东人民出版社1960年版。
⑤ 曹定云：《"亚其"考》，《文物集刊》（2），文物出版社1980年版。

失，但从总的世系发展来看，则是代代相传、源远流长的。

妇好墓年代为武丁时期，"亚其"诸器是妇好生前的献纳品，它们的年代至迟在武丁前期。

殷墟卜辞中有贞人名"癸"，此"癸"就是铜器铭文中的"亚矢"。胡平生先生指出："甲骨卜辞中的人名、族名带'亚'的，远少于铜器铭文中的人名、族名带'亚'的。这大约是由于卜辞乃王室之物，对于臣下的职位没有特别强调的必要，而铜器是各人各族自造之物，所以要突出地位、身份以示荣光。"[1] 诚如其言，卜辞与铜器铭文中的称谓只是因人而异。"癸"在卜辞中出现的次数，据王献唐先生统计不下三十次，是一位颇有影响的贞人。关于"癸"的时代，陈梦家先生将"癸"与喜、大等著名贞人划归同时期，即祖庚、祖甲时期。[2] 董作宾先生起初并未把"癸"划归在祖庚、祖甲时，几经更替，于1952年将"癸"与喜、大、洋等贞人同归第二期。[3] 日本岛邦男先生酌把"癸"划归到祖己时。[4] 由此可知，"癸"的活动时间大概在祖庚、祖甲时期。再结合铜器铭文署"亚矢"徽号者多达七八十件，恐非一人所作。故有人说祖己、祖庚、祖甲时先后有两位"癸"。其实"癸"并非一位，也不是两位，其既是某一专人的名，也是其国或氏族的名。这与妇好之名遍见于殷墟四期卜辞同理，明显不是一二位妇好所能跨越的时限，应是指她们氏族的有关成员。因为古代国或氏族与人名、地名之间的关系极为密切，这在商周青铜器族徽文字中体现得更为直接具体。林沄先生指出，从文献上推考，氏名的来源主要有三：

一、《公羊传·成公十五年》："孙以王父字为氏"——以男性祖先之名为氏名。

二、《左传·隐公八年》："胙之土而命之氏"——以地名为氏名。

---

① 胡平生：《对部分殷商"记名铭文"铜器时代的考查》，《古文字论集》（二），"考古与文物丛刊"第2号。

② 陈梦家：《殷虚卜辞综述》。

③ 参见（日）岛邦男《贞人补正》引，董作宾文载《大陆杂志》四卷九期。

④（日）岛邦男：《贞人补正》，《古文字研究》第8辑，中华书局1983年版。

三、《白虎通义》:"或氏其官,或氏其事,闻其氏即可知其德也"——以职事为氏名。①

由此看来,"亚其""亚矢"既是国名,也当是氏族名,"亚矢"是"亚其"族的后世裔嗣。

近年,北京房山琉璃河 M251 出土一件铜鼎,铭曰"亚其矢"。②此鼎的时代为殷墟文化三期,当廪辛、康丁之时。而此"亚其矢"正是"亚其"与"亚矢"后裔所用的复合氏族徽号。对于此类现象,林沄先生指出:"从东周时比较详细的文献记载中,可以看出氏族是不断分衍而氏号是经常变化着的。例如周室贵族,因封地不同而分衍为鲁、卫、邢、郑等,单以郑而言,穆公之子有子良、子国、子游、子驷、子罕、子印、子孔、子丰、子羽,故穆公之族又以人名而分化为良氏、国氏、游氏、驷氏、罕氏、印氏、孔氏、丰氏、羽氏。同一氏的名号也因时而异。如晋国的士会、士鞅本以官职命氏,但演化为以地命氏,故士会又称随会,士鞅又称范鞅。"③亚其、亚矢、亚其矢、亚冀矢的氏名分衍变化,可如林先生所举之例互证。

商晚帝乙辛卜辞有"冀"或"冀侯"之称,证知"冀"为方国名。字写作"冀"意在别于"其",此亦属于氏名在分衍过程中以示区别的现象。如商王多子,有子鱼族,其后支裔则"鱼"加"曰"以成"鲁"为氏名。商晚铜器铭文中的"亚冀矢""亚冀侯矢"是复合氏族徽号。卜辞中尚专称曰"老冀侯",或此"老"与冀国累世为侯有关。由武丁时"亚其",至祖庚、祖甲时"亚矢",到廪辛、康丁时"亚其矢",直到帝乙辛时之"亚冀矢",是冀氏族分衍变化的主要过程。

另外,在"亚其"之后,见于甲骨或金文的除"亚矢"之外,尚有"亚冀冀"氏族,其时代大致与"亚矢"相当,同为"亚其"的后裔。但此支族并

① 林沄:《对早期铜器铭文的几点看法》,《古文字研究》第 5 辑,中华书局 1981 年版。
② 葛英会:《燕国部族及部族的联合》,《北京文物与考古》1983 年第 1 辑。
③ 林沄:《对早期铜器铭文的几点看法》,《古文字研究》第 5 辑,中华书局 1981 年版。

不兴旺，所见铭文中有此徽号之器有四件[1]，到西周就逐渐式微了。

从众多金文资料中证知，其与举族的关系密切。举是商代巨族，与商王同盟。关于"举"字释说种种，此从于思泊先生所释。[2]"亚其"族的得名可能与此举族有关。以往大都以为举地在今河北，结合有明确出土地点的举族铜器等，推其地当在今山东长清一带。[3]

自武丁到帝乙辛时期，"亚其"国族活动地域并无多少变化。或因河北燕地发现商晚"亚矢"铜器以及山东黄县发现春秋其器，而考之商代封地在今河北沙河[4]或山东莒县[5]。也有人据《左传·僖公三十三年》"晋人败狄于箕"，而以为商代早期"其"地在今山西蒲县。[6]朱活先生认为其封地在商王畿服内。[7]

《水经注·淇水》："淇水出河内隆虑县西大号山。……又东径冯都垒南，世谓之淇阳城。……右则淇水，自元甫城东南，径朝歌县北。《竹书纪年》晋定公二十八年，淇绝于旧卫，即此也。……淇水又东屈而西转，径顿丘北……《诗》所谓送子涉淇，至于顿丘者也。……其水南流，东屈径朝歌城南，《晋书地道记》曰：'本沬邑地。'《诗》云：'爰采唐矣，沬之乡矣。'殷王武丁始迁居之，为殷都也。……武王以殷之遗民，封纣子武庚于兹邑，分其地为三，曰邶、鄘、卫，使管叔、蔡叔、霍叔辅之，为三监。三监叛，周讨平，以封康叔为卫。箕子佯狂自悲，故《琴操》有《箕子操》，径其墟，父母之邦也，不胜悲，作麦秀歌。地居河、淇之间……战国时皆属于赵。男女淫纵，有纣之遗风，后乃属晋。"

我们认为亚其封地就在淇水流域，因其居地与商王密迩，故得王室器重，

---

[1] 柯昌济：《读〈金文编〉札记》，《中国古文字研究会第五届年会论文》，1984年。

[2] 于省吾：《释其》，《考古》1979年第4期。

[3] 王恩田：《纪、其、莱为一国说》，《齐鲁学刊》1984年第1期。

[4] 晏琬：《北京、辽宁出土铜器与周初的燕》，《考古》1975年第5期。

[5] 王献唐：《黄县其器》。

[6] 曹定云：《"亚其"考》，《文物集刊》（2）。

[7] 朱活：《谈山东临淄齐故城出土的尖首刀化——兼论有关尖首刀化的几个问题》，《考古与文物》1980年第3期。

累世为官。卜辞有王至于"其"地的记载，可知亦去商都不远。近年在淇水流域之浚县辛村商代墓葬中出土"亚矢"铜器，或其封地就在附近。

淇水得名于"其"。因"其"地临水，而后世故以国名"其"加"水"以记之。西周春秋时期，齐国都临淄西有地名"画"，也是古氏族名。到战国时齐陶文作"蒦"，《晏子春秋》记水名"濩"，汉代以来则不论名水或称地，大都写作"渑"或"淮"，如"渑水""渑阳城""淮阳城"。[1] 濩、画古通用，这种情形与淇、其之间的关系正相似。

"其"国与商王室关系密切，还与通婚有关。卜辞中有妇姜的记载约二十条[2]，主要为武丁时期。卜辞之妇姜是姜姓所出，"其"国姜姓。联系武丁配偶妇好墓中出土的大批"其"器，或有可能是"其"国为妇姜所作的媵器。

二、岚人北迁及其新的部族联盟

西周初年，周王朝为了铲除商人旧地错综复杂的势力，在实行监国制的同时并行分迁政策，将殷商旧族分迁各地。他们迁徙的情况，在文献中极少记载，在新的考古资料中则是愈渐明了，为我们追寻有关国族迁徙的确切踪迹提供了路标，即以商人腹地为中心向外扩散开去的各个有明确商人氏族徽号铜器的出土地点。将这些点根据所发现铜器铭文及地域之间的关系，逐一地串联起来，就能大致勾勒出一条条商人外迁的路线。

因为本节所阐述的主要是岚国部族西周时期的历史，并且几乎全靠出土的铜器铭文资料，而西周前期铜器作风、铭文内容、铭辞格式及铭文字体均承袭殷代之风，多数还不能比较准确地推定年代或属哪一位周王。故此参照陈梦家先生关于西周初、中、晚三个时期的划分，即：

西周初期 80 年，武王——昭王；

西周中期 90 年，穆王——夷王；

---

① 孙敬明：《齐陶新探》，《古文字研究》第 14 辑，中华书局 1986 年版。

② 参见（日）岛邦男《殷墟卜辞综类》，第 142 页。字作"姝"，属姜异构。

西周晚期 87 年，厉王——幽王。[1]

再者，商晚期与西周初年铜器在同窖坑或墓葬中出土，这窖坑或墓葬的年代上限通常不过周初。但是有的研究者仅据商器不计其余，也有的仅据周器而忽视其他，显然这两种做法都不足取；如果在此认识的基础上，单以商晚或周初（指把所有的出土铜器均视为此时期）为时间基点，结合铭文所涉人事而推及与出土地域有关的历史问题，则只能是将错就错。所以对同出的器物，首先要断代，然后才能按时、按地探讨史迹。

以上两项，既是本节所推定的界限，也是进行辨证论误的基本依据。检索有关旧金石著作和新中国考古收获，再证之典籍，我们认为異国是在成王平定武庚叛乱与"践奄"之后才迁离淇水流域的。

关于異的迁徙路线、迁往地点及其与有关方国或部族的关系，可从下列出土地点比较明确的铜器得到初步的认识。

清同治丁卯（1867年），在北京城外所出土的亚盉等铜器[2]，时代均为西周初期。亚盉铭曰："匽侯锡亚贝，作父乙宝障彝。亚異侯矢。"此器主名亚，異人，"亚異侯矢"是其氏族徽号。

1974 年前后，北京房山县琉璃河黄土坡董家林西周初期墓地科学发掘出一批青铜器。[3] 其中下列诸器与異有关：

1. 盘（M54：28）铭曰："亚矢母己。"

2. 尊（M52：11）铭曰："匽侯赏复∩衣、臣妾、贝，用作父乙宝障彝。举。"

3. 鼎（M52：15）铭曰："侯赏复贝三朋，复用作父乙宝尊彝。举。"

4. 鼎（M54：27）铭曰："散史作考尊鼎。"

---

[1] 耿铁华：《关于西周监国制度的几件铜器》，《考古与文化》1985 年第 4 期。

[2] 陈梦家：《西周铜器断代（一）》，《考古学报》1955 年第 1 期。

[3] 中国科学院考古研究所等：《北京附近发现的西周奴隶殉葬墓》，《考古》1974 年第 5 期。

上揭四器之年代，以盘为最早，属殷墟文化二期，当祖庚、祖甲时。余则均为成康之际，当西周初年。盘铭"母己"，因两字并列，且"母"作"女"形，或释为"妃"。商代卜辞乃至西周铭文中"母""女"通用者恒见。此"母己"与上列亚盉、复尊、复鼎之"父乙"相若。凡仅铸氏族徽号的夒器多属商晚，而其与匽国相关的铭刻则为西周初或更晚。董家林一带曾是匽国早期都邑。

墓中所出夒、举、𢾾史氏族的铜器，只能说明它们与匽国及彼此之间的关系，而不能作为夒国商代就在燕地的依据。凡商晚夒器出在周初之匽墓中者，当为匽人伐商所得或夒人所献纳的。西周初期，由北京出土的亚盉表明，夒与匽国有较为密切的关系；再由下列辽宁大凌河流域所出土的夒器等证明，夒之居地不在燕境。

1941年，辽宁凌源（原报告为热河，下同）东南喀喇沁左翼蒙古族自治县小城子村，出土西周昭王时期大铜鼎一件。[1]

1955年，凌源海岛营子小转山子山坡上，一坑出土十六件铜器。[2]十六件铜器中，鱼父癸簋和方罍属商晚，其余则为成、康、昭之时，当西周初期。鸭形尊、筒形壶颇具地方特色。

1973年，喀左平房子公社北洞村南丘岗上一号坑出铜罍五、瓿一，共六器。[3]瓿约为殷墟二期，罍则均属殷墟三或四期。瓿口沿及腹部经多次修补，知其延用已久。

关于罍铭之"孤竹"，研究者称即文献所载伯夷、叔齐之国。李学勤先生考证孤竹国君为墨胎氏，系子姓国，在今河北迁安县境有孤竹城；并进一步指出，孤竹与夏家店文化有密切联系。[4]金耀先生认为罍铭"亚𠧟"即孤竹国君，乃伯夷、叔齐之父。孤竹国的范围西起今河北省的迁安、卢龙县，沿渤海北岸

① 陈梦家：《西周铜器断代（二）》，《考古学报》1955年第2期。

② 热河省博物馆筹备组：《热河凌源县海岛营子村发现的古代青铜器》，《文物参考资料》1955年第8期。

③ 辽宁省博物馆等：《辽宁喀左县北洞村发现殷代青铜器》，《考古》1973年第4期。

④ 李学勤：《试论孤竹》，《社会科学战线》1983年第2期。

抵辽宁的兴城县，北达北票、敖汉旗南部。①何光岳先生指出，孤竹国之范围不会这么大，由辽宁一带所出土遗物只能证之逐渐东迁。②结合卜辞及铜器铭文推考，孤竹国商晚周初的活动重心，大概在今迁安、卢龙一带，即滦河流域；经西周至春秋时期，因受西方强燕侵逼而渐东迁，但其东境仍未延及今辽宁大凌河流域。

1973年，在一号坑东北约3.5米处，科学发掘出二号坑，也获得鼎、罍、簋、钵形器等六件铜器。其中，方鼎腹内铭"右正"，内底铭"亚□侯矢"。另一件圆鼎铭"冉父亲"。③"右正"即"右征"，是其官职，此官制在战国时期之齐、燕仍沿用之，可以山东泰安出土的"右征胤楚高"罍④与河北赤城县出土的"右征君"敦⑤为证。稽考此官职当与征收赋税有关。⑥

结合有关铜器铭文资料，我们认为□由河南之淇水流域远迁到辽宁的大凌河附近。□与孤竹均殷商诸侯，同受周人侵迫，故能和好相处，直到春秋时期孤竹与□支裔——令支仍保持密切联盟关系，共同对付齐、燕诸国。

1974年，喀左平房子山湾子一坑出土铜器二十二件。⑦其中鼎、簋、卣、尊、罍等十五件有铭文。之中有七件铜器铭文与□有关。

上揭大凌河流域所发现的五处铜器，除一鼎单独出土外，其他均是成组出土。凡五十一件铜器，大部分都属西周初期。北洞一号坑出土六件商晚器，

① 金耀：《亚微罍考释——兼论商代孤竹国》，《社会科学战线》1983年第2期，初载《辽宁省考古、博物馆学会成立大会会刊》，1981年。

② 何光岳：《先秦诸侯国研究述评·孤竹》，《先秦史研究动态》1985年第1期。

③ 喀左县文化馆等：《辽宁喀左县北洞村出土的殷周青铜器》，《考古》1974年第6期。

④ 袁明：《山东泰安发现古代铜器》，《文物参考资料》1954年第7期；杨子范：《山东太安发现的战国铜器》，《文物参考资料》1956年第6期。罍铭"右正胤"之"胤"，当即"尹"，"楚高"即其氏与私名。或以为此名"楚高"属楚。

⑤ 中国社会科学院考古研究所：《新出金文分域简目》，中华书局1983年版。铭"右屖君"，"屖"为"正"之异形，亦即"征"，"君"即"尹"。

⑥ 孙敬明等：《山东五莲盘古城发现战国齐兵器和玺印》，《文物》1986年第3期。

⑦ 喀左县文化馆等：《辽宁省喀左县山湾子出土殷周青铜器》，《文物》1977年第12期。

均为酒器，与出土西周初期铜器的二号坑相依，二号坑则都是烹饪器。并且两坑所覆盖表土都在 15—20 厘米，同为南北方向。由此推知两坑同时埋入，并互为组合，关系密切。

大可玩索的是两坑同为六器，各有一器置于最为显要的地位。两坑如此密迩，放器这样精心，说明两国之间在此时此地曾进行过重要的活动。

以往研究者对这些铜器埋藏形式及意义少有涉及。然而至关紧要，不能不加论列。

这些铜器坑作长方或大致长方形，均较浅，四壁略经加工；大都南北向；所盖表土大致为 15—30 厘米。所出铜器均经有意按次序放置整齐。凡经科学发掘或留意坑中情形的，均发现一代表器物处于重要地位。各坑均近大凌河；坑间距离远者不过二十公里，近者几米；而且都是选择临近高山的台地。各坑埋入时间基本相同，即西周初期。附近还有与之时代相当的古文化遗址。

凡论坑中成批出土铜器，自然要联想到西周腹地之丰镐一带。这里时常发现铜器窖藏，出土精美铜器。但窖坑开挖草率、器物放置凌乱、地点选择匆忙等现象，似在向人们透露这些器物的主人是在如何不得已的形势下，而仓促将它们掩埋地下的消息。对此，郭沫若[1]、周瑗[2]及黄盛璋等先生研究指出，可能与西周末年大的政治动乱有关。

大凌河流域与丰镐的铜器窖藏情形大相径庭。显然，那些臆说，即将大凌河流域也视为主人逃离而仓皇掩埋的观点，无异于削足适履。对于这些铜器埋下的特殊意义，唐兰先生首先指出与某种祀礼有关。[3]

我们认为这可能与祭祀山川有关。《礼记·表记》："殷人尊神，率民以事神，先鬼而后礼。"殷人不但按时节，而且在会盟时也要以山川为神主而行

① 郭沫若：《长安县张家坡铜器群铭文汇释》，《考古学报》1962 年第 1 期。
② 周瑗：《矩伯、裘卫两家族的消长与周礼的崩坏》，《文物》1976 年第 6 期。
③ 孙守道：《论夏商周三代龙的发展演变》，《辽宁省考古、博物馆学会成立大会会刊》，1981 年。

祭礼。

《仪礼·觐礼》:"礼山川丘陵于西门外。祭天焚柴,祭山丘陵升,祭川沉,祭地瘗。"

这些器坑大都南北向。每组各有主器以相率领,它应当是参与会盟各国或氏族首领的象征。以上所引《觐礼》疏:"诸侯之盟者,以其诸侯自盟,亦祭山川为神主。"1965 年山西侯马东周盟誓遗址发掘出长方形坑四百余座,通常为正南北方向。[1]《礼记·曲礼》:"约信曰誓,莅牲曰盟。"孔疏:"盟之为法,先凿地为方坎,杀牲于坝上。"考古发现不少殷人铜器祭祀坑,由上推断,这些铜器坑当是㠱、孤竹等国族进行会盟、祭祀山川的有关遗存。

北京城郊、琉璃河以及大凌河流域所发现的匽与㠱器,说明西周初期㠱与匽国有频繁交往,伯矩甗、鬲、匽侯诸器,分别出在北京、辽宁,可看出㠱与其他各族均与匽国保持着近似于从属的关系,匽侯为了保持这种优尊地位,亦采取笼络的手法。再证之以已见著录的匽公为姜乘所作的盘、匜(三代 17.31.1),知匽与姜姓通婚,或此姜为㠱所出。

为简便计,列有关各器如下:

琉璃河叔鼎　山湾子叔尹鼎

琉璃河嫯史鼎　海岛营子史伐卣

　　　　　　山湾子史罍

海岛营子义作卣　山湾子佣万作义妣簋

海岛营子鱼父癸簋　山湾子鱼王簋

由上所列各项,知匽与大凌河诸氏族有关,而大凌河各族之间亦有错综复杂的联系。佣族与义族通婚,亦与㠱国通婚(如㠱仲作佣甥壶,详下);由山湾子之童伯簋与见于著录的童姜鼎(三代 2.50.5)证知,童与㠱国同姓。大凌河流域居住着以㠱为首的姜姓集团,再西则是以孤竹为首的子姓集团,并以

---

[1] 陶正刚等:《侯马东周盟誓遗址》,《文物》1972 年第 4 期。

两姓为主而结成联盟。其主要成员约有九位，即：己其、孤竹、史、佣、义、蟗、冉、鱼、𝕎。

孤竹虽居旧地，但其在商王室的地位和实际势力均不能与曩相比，这不但可以从卜辞和铜器铭文中得到证明，而且还可以从文献中得到启示。武王伐商，伯夷、叔齐强谏，大发抨击之辞，可见他们兄弟二人并非不热心政治；另一方面，兄弟两个却又为何推诿让国？[1] 这可能是由于孤竹国势力衰减，所以他们谁也不愿做危国之君。至于其他各族有的本来弱小，有的则是大族的小支，均不能与曩相匹，因此，联盟之主当由曩人承担。此九方联盟在与匽国进行交往的同时，还与有大海相隔的山东半岛诸族发生联系。

1969 年，黄县归城小刘庄出土启尊、启卣、𝕎卣盖及觯等四件铜器。[2] 启尊、启卣铭文内容与昭王南征有关。[3] 𝕎卣盖铭文作"𝕎父辛"。此卣盖的形制及铭文中字的写法与山湾子所出之铭作"中隹父丁𝕎"的卣盖十分相似，两个鬲之象形字，填实与否无别，都是鬲族人所作。饶为有趣的是两者均是器盖分离，或一盖独存，或另有所配。

1975 年汛期，胶县西庵西周初期墓葬中被水冲出一组铜器，其中一爵铭作"冉父癸"，另一爵铭为"父甲"[4]，结合有关资料推知，此两爵均为冉族所作。与大凌河北洞村二号坑所出圆鼎铭"冉父辛"，三器时代相当、氏族相同。

1975 年，临朐城东北约五公里营子乡梓罗沟出土一批铜器，一爵存县图书馆，鋬下有铭为"亚口吴"，亦为周初器。

虽然上述诸项还不能作为曩族在周初就与山东半岛诸族进行密切交往的确证，但是，仅就考古方面就足以证明两地之间的文化交流并未因大海的阻隔而减弱，其文化共性并不比相邻地区逊色。

---

① 《史记·伯夷列传》。
② 齐文涛：《概述近年来山东出土的商周青铜器》，《文物》1972 年第 5 期。
③ 何琳仪等：《启卣、启尊铭文考释》，《古文字研究》第 9 辑，中华书局 1984 年版。
④ 山东省昌潍地区文物管理组：《胶县西庵遗址调查试掘简报》，《文物》1977 年第 4 期。

也正是基于上述关系，才使得大凌河流域矍族的强支，在西周中期迁居到山东半岛东部。

三、矍人再迁及与其他方国的关系

如上所述，西周初期，矍人迁居大凌河流域，与地方土著族融合，使中原与东北地区的物质文化发生直接的关系，互相影响，互相渗透，共同创造出新的文化类型。寻其脉络，宁城南山根石棺墓则是西周晚期此种文化类型的代表。[1] 一把把形式多样、制作精巧的青铜短剑，与一块块流动着草原风韵的铜牌饰，使其文化面貌独具特色，毋庸置疑，这种文化的缔造者大部分是殷商旧族，因其中不乏姜姓者，或称此为戎文化。

黄盛璋先生指出："《说文》以羌为'从羊，从儿，西方牧羊人'，'姜'则从羊从女，应是西方牧羊女，当为同族。我在《狎狁新考》中曾论证姜氏之戎当为羌族，甲骨文有羌无戎，金文则有戎无羌，至两汉则羌戎连称，戎即是羌。"[2]

虽本节着重论述迁居山东的矍族，但由于它与继续生存在大凌河流域的矍族、孤竹等始终保持联系，所以有必要将留居大凌河的矍、孤竹等国族的历史稍作钩稽。为行文便利，酌将文献中有关矍、孤竹在春秋时期的史实移在本节之首。

从文献上推考，春秋时期在此地区活动的强族即山戎（或称北戎），再即孤竹，三为令支（或作离支）。为便分析，兹将有关史料辑录如次：

1.《史记·齐太公世家》："僖公二十五年，北戎伐齐。"

2.《国语·齐语》："桓公曰：'吾欲北伐。'……遂北伐山戎，刜令支、斩孤竹而南归。"

3.《管子·封禅》："桓公曰：'寡人北伐山戎，过孤竹。'"

---

① 中国科学院考古研究所东北工作队等：《宁城南山根的石椁墓》，《考古学报》1973年第 2 期。

② 黄盛璋：《长安镐京地区西周墓新出铜器群初探》，《文物》1986 年第 1 期。

4.《管子·大匡》："桓公乃北伐令支,斩孤竹遇山戎。"

5.《管子·小匡》："北伐山戎,制令支,斩孤竹而九夷始听。"

6.《史记·齐太公世家》："桓公曰'南伐至召陵、望熊山,北伐山戎、离支、孤竹,西伐大夏,涉流沙。'"

7.《左传·庄公三十年》："冬,齐人伐山戎。"

8.《史记·齐太公世家》："齐桓公救燕,遂伐山戎,至于孤竹而还。"

9.《史记·匈奴列传》："山戎越燕而伐齐,齐僖公与战于齐郊。其后十四年,而山戎伐燕。燕告急于齐,齐桓公北伐山戎,山戎走。"

由上揭九条看出,山戎、孤竹、令支三族是齐、燕强敌,他们结成联盟侵及燕、齐。他们的活动地区正是周初夷、孤竹、亹等族的居地。此时孤竹即西周初孤竹之后裔,已无疑问;山戎当是殷商旧族羌姓集团的支嗣;令支则是夷族的一支,"令"与"离"均是亚夷之合读。

两汉称春秋、战国文字为古文。自春秋晚到整个战国时期,列国文字因时地之差而变化殊异。经传史籍因"夷"与"支"形近音同而致讹,又兼令支居在边地,与中原相去遥远,故沿称已久,习而不察。

齐人伐山戎有时为救燕急,在此之前山戎则越燕伐齐,甚至长驱直入而战于齐郊,山戎为何与齐如此仇雠呢?

西周晚期周人已把齐、夷、莱等各族联称,此时夷族强支已迁居山东了。春秋时期,齐僖公(前730—698年)之前就已开始向东侵迫,首当其冲的是己国,庄公四年(前690年)"纪(己)侯大去其邑"。其去向大概是在今山东半岛的东部。在此居住的还有莱、夷、安等国族。齐桓公(前685—643年)仍继续向东方施加压力,莱、夷、己、安等均受到侵逼,因其势力微弱,不能与齐抗衡;但夷之亲族——令支则联合山戎等,从东北沿海来伐齐。自齐僖公二十五年(前705年)山戎伐齐,到前690年己国被齐吞并,仅十六年时间;又到齐桓公伐山戎、孤竹、令支,前后不过五六十年。如前所列第5条齐桓"北伐山戎,制令支,斩孤竹而九夷始听"。第6条载齐桓公自称南至召陵,北伐山戎，西涉流沙。文献中东方九夷或称东夷九种，虽非确指，但方位不错，为何伐北方之令支、山戎、孤竹而东方之九夷服呢？此东方九夷当指齐东境包括曩、莱、己在内的诸国族。又桓公自诩，唯不言东方，当也透露了北方与东方的关系，扑伐（扑伐见于西周晚期铭文，有打击义）北方，东方也就安平了。

现在来说迁居到山东的曩族之情形。西周中晚期的师衰簋是一件有关曩国支族迁居山东的重要器物。陈介祺先生批校筠清馆金石文字，称此器"出登莱地，归余器盖二"。铭曰"今余肇命汝率齐师、曩、赘、僰尼左右虎臣征淮夷"（三代 8.33.3，8.34）。"赘"即"釐"，亦即"莱"。"莱国"之"莱"，金、陶文字多作此形。齐为周室宗亲，姜姓；莱为殷商旧族，子姓。铭将齐、曩、莱依次列称，亦表明此时曩已迁居山东，并与莱国相近。结合山东曩器出土情况，知它在西周中期就迁居山东莱国南境，即今即墨一带。齐战国陶、玺文字有"不鄋市节"[1]，裘锡圭先生指出，不鄋当即不其[2]。《汉书·地理志》琅琊郡有不其县，故城在即墨县西南。李先登先生指出不其乃以山而得名。[3] 至确。《山海经·南山经》："又东三百里，曰青丘之山，有兽焉，其状如狐而九尾……又东三百五十里曰箕尾之山，其尾踆于东海，多沙石。"郭璞云"即九尾狐"，《古本竹书纪年》"柏杼子征于东海及王寿，得一狐九尾"。雷学淇《竹书纪年义证》卷九云："三寿，东海之国名也。郭璞《山海经》注引作王寿，《路史》注云'即平寿'。"今潍坊西南即汉平寿遗址，亦即莽之平寿亭所在，莽于古国皆以亭名之。自今潍坊至即墨南境之距离与《山海经》所记相差无几，知箕山就在其附近，此箕之得名当与曩国有关。

累卣铭曰："王姜令作册安夷伯，夷伯宾累贝、布。"（三代 13.40.2）

贫鼎铭曰："叔氏吏贫安曩伯……"（三代 4.12.2）

---

① 孙敬明：《益都藏陶》，《古文字研究》第 14 辑，中华书局 1986 年版。
② 裘锡圭：《战国文字中的"市"》，《考古学报》1980 年第 3 期。
③ 李先登：《天津师院图书馆藏陶文选释》，《天津师院学报》1978 年第 2 期。

王妇晷孟姜匜铭曰："王妇晷孟姜作旅匜。"（三代 17.32.2）

唐兰先生指出："王姜因同姓而命作册累去安夷伯。……《左传》有四个夷，隐公元年的夷国在山东即墨附近……只有闵公二年齐人杀哀姜于夷的夷国是属于齐国的，看来姜姓的夷国，春秋时已经并于齐国，或是齐的附庸了。"①累所安之夷国，春秋时当在即墨附近。

贫鼎与累卣时代相当，所记非一事，但所安乃一国，即晷国，铭同称伯，别在晷、夷。金文中夷是一种概念，而东夷、南夷或淮夷、嵎夷则为另一种概念，确切的概念则明称国族名而缀夷字，如莒夷、莱夷、徐夷、舒夷等均是其例。故累卣于种则称"夷伯"，贫鼎于名则谓"晷伯"。晷为姜姓，其女嫁于周王为妇，故称王妇。晷之被称夷，因处夷地之故。商周至春秋或战国初年称夷并无敌忾意。

安，《尔雅·释诂》："定也。"《说文》："静也。"《左传·文公十一年》"自安于夫钟"，注曰："安，处也。"服注："自安犹处也。"

铭称安晷伯，当即处晷伯。唐兰先生认为王姜为昭王后妃，累卣、尊列于器群之尾，为昭王晚期，或更晚些。此王姜或即晷国所出，故命下属以安父母邦。

今山东半岛东部地区，历代出土不少有铭青铜器。其中，西周初期铭文多与昭王南征有关。陈梦家先生指出，此地西周时期已有王室军队驻戍。②前几年烟台附近出土一批铜器，有的铭文为"庵监"③，知周室在此亦行监国制。④此处之小邦弱国，在王室麾下，相安以处，并随王南征。晷与王室为婚，而得到帮助，由"海外"迁居于此。

前由大凌河偁器证知偁与义通婚，今由上海博物馆所藏的晷仲壶等证

① 唐兰：《论周昭王时代的青铜器铭刻》，《古文字研究》第 2 辑，中华书局 1981 年版。
② 陈梦家：《西周铜器断代（五）》，《考古学报》1956 年第 3 期。
③ 器藏烟台市博物馆。
④ 耿铁华：《关于西周监国制度的几件铜器》，《考古与文化》1985 年第 4 期。

知曩亦与倗通婚。曩仲壶器、盖对铭曰："己其仲作倗生饮壶，旬三寿齍德万年。"关于此壶的年代，当如上海博物馆的陈佩芬氏所言，"应属莱、齍时代"。[1] 林沄先生指出："金文人名中'某生'之'生'均当读如典籍所见人名中'某甥'之'甥'。"[2] 张亚初先生亦指出："某生之某，是国族氏名。鄝生之鄝、周生之周、陈生之陈、蔡生之蔡、虢生之虢、鲁生之鲁、曩生之曩、微生之微，都是比较明显的例子。"[3] 林、张两位先生所言极是。曩仲壶之倗生乃曩国人，因其母属倗氏所出而嫁于曩国者，故其曰倗甥。上海博物馆还藏一倗生簋，此或与曩仲壶之倗生为一人。倗氏族在西周一代亦较强盛，传世倗器还有倗伯簋（三代7.31.1）、倗仲簋（三代3.23.4），与倗相关的有望簋（上博藏）。

安伯曩生壶铭。（三代12.11.3）

黄县曩器六件，器分二组，铭为两种，其中四盨同铭，盘、匜同铭。

王献唐先生以"曩伯子"为词组，称曰国名，释珫作"疌"，释父为"左"。其中，有人已指出先生释"父"为"左"系铭泐过甚致误。我们以"曩伯子珫父"为词组，曩，国名，伯，行次。子珫父，是曩伯之字。如齐侯子行[4]、莒仲子平[5]、虢季子伯以及上阳子[6]、子缝子[7]、子禾子[8]、子宁子[9]等均是其例。

珫从王从安，读若安，即安国之安。字安父，亦可作安甫，甫与生意相因，安甫或与安生相若。由安伯作曩甥壶知曩亦嫁女于安国，若此，安甫当安氏女所生，且安亦嫁女于曩国。

---

① 陈佩芬：《曩仲壶》，《文物》1984年第6期。
② 林沄：《琱生簋新释》，《古文字研究》第3辑，中华书局1980年版。
③ 张亚初：《西周铭文所见某生考》，《考古与文物》1983年第5期。
④ 孙敬明等：《山东临朐新出铜器铭文考释及有关问题》，《文物》1983年第12期。
⑤ 山东省博物馆等：《莒南大店春秋时期莒国殉人墓》，《考古学报》1978年第3期。
⑥ 孙敬明等：《潍坊市博物馆征集的部分青铜兵器》，《文物》1989年第3期。
⑦ 孙敬明：《齐陶新探》，《古文字研究》第14期，中华书局1986年版。
⑧ 1857年胶县灵山卫出子禾子釜，器藏中国历史博物馆。
⑨ 陈簠斋：《十钟山房印举》。

安为不见经传的小国，其地当在夔近。1857 年，胶县灵山卫出陈氏三量，其一陈纯釜铭曰"处兹安陵亭"。郭沫若先生以为安陵地在灵山卫。[①]另外莒有五阳，一曰安阳，亦指此地[②]，安国氏族或在此附近。

夔器出在黄县归城，地属莱都，且从铭文看出盘、匜为媵器，其当夔父姜无嫁归莱国随带之物。西周时期同姓不婚，所谓"同姓不婚，周之制也"。夔姜姓，莱子姓，故得通婚。关于莱人姓，就因《春秋左传》有齐召莱子参与诸姜宗妇送葬之列一事，或以为莱姜姓。我们认为莱子乃诸姜宗妇之一。如《左传》之声子、戎子、孟子，及鲁姬、齐姜，子、姬、姜均姓。商本"好"（读若"子"）姓，因与"好坏"之"好"形同，故去女旁以作"子"。商王配偶"妇好"之"好"，读若"子"。莱子即莱好。陈梦家[③]、李学勤[④]先生证之金文与典籍，均主莱人子姓说。我们有《莱人子姓说征补》，对莱姓专作论列，此不赘。

1969 年，烟台市郊古墓出土两件有铭铜器鼎。

李步青先生定两鼎为西周厉、宣之际[⑤]，正确。由此证知，夔国周晚仍称侯。两鼎均留有修补和烟炱痕，知其使用时间较长，结合同墓出土的壶、匜等判断，此墓年代约为春秋初期。此当己国墓葬，己侯大去其邑，时在春秋初年。此墓及两鼎可作为考察己之去向及己与夔之关系的物证。

由寿光"益都侯"城所出大宗精美的商代晚期之青铜己器[⑥]，知己为殷商旧族，其在商代晚期已在弥水流域，其南与亚醜族为邻。[⑦]己、夔同为殷商旧

---

① 郭沫若：《两周金文辞大系图录考释》。

② 孙敬明等：《潍坊新出齐币与研究》，《中国钱币》1987 年第 3 期。

③ 陈梦家：《西周铜器断代（五）》，《考古学报》1956 年第 3 期。

④ 李学勤：《试论山东新出青铜器的意义》，《文物》1983 年第 12 期。

⑤ 李步青：《烟台市上夼村出土夔国铜器》，《考古》1983 年第 4 期。

⑥ 贾效孔：《山东寿光县新发现一批纪国铜器》，《文物》1985 年第 3 期。

⑦ 齐文涛：《概述近年来山东出土的商周青铜器》，《文物》1972 年第 5 期。山东省博物馆：《山东益都苏埠屯第一号奴隶殉葬墓》，《文物》1972 年第 8 期。

族，同姓，故能相安以处，且馈以重器。由殷墟洹水南墓中所出"己戈"①铜器与寿光之"己并"诸器证知，商晚己族亦有在王室服务者。

畟人南迁新地，与佣、安、莱、己等国族因同姓或婚姻关系，结成新的联盟，互相支持，共同对付齐国的侵迫。尤其进入春秋以来，齐人东渐愈甚，己、畟、莱等受之侵逼，就连留居在大凌河的畟支族——令支等也挥戈南下，战于齐郊，以解危难。

最终己、莱亡于齐，而畟、安等小国族也渐趋式微，湮没于史了。

原载《东夷古国史研究》第一辑，三秦出版社 1988 年版。

孙敬明，中国先秦史学会理事，山东省潍坊博物馆研究员，

山东大学、烟台大学兼职教授。

---

① 郭宝钧：《一九五〇年春殷墟发掘报告》，《考古学报》第五册。

益都得名与伯益古族新证

王永波

　　益都地处泰沂山系北侧、弥河冲积平原前缘，土地肥沃、气候宜人。远古时期，大汶口、龙山文化的居民在这里创造了光辉灿烂的早期文明，商周时期为纪国故地，春秋战国时期属齐国疆域，汉代为益都侯国、北海郡治，曹魏时期于此首置益都县，现为青州市府所在地。

　　据传，青州之名始于夏禹。

　　《尚书·禹贡》：禹别九州，随山浚川，任土作贡。……海岱惟青州，嵎夷既略，潍淄其道。

　　此为青州得名的最早记录。那么青州又于何时得称益都呢？

　　今山东寿光县城以北距县城约 10 公里的古城乡有"益都侯"城，城址范围内文化层厚达 1.5—2 米，地面遍布汉代瓦砾，曾出土过汉代铜洗、钱范和古币等。1983 年又在这里发现了大批殷商青铜器，其中包括带铭的 15 件并氏器和 3 件纪氏器。[①]

　　《寿光县志》：《汉书·王子侯表》载，武帝元朔二年封菑川懿王子胡

---

① 寿光县博物馆：《山东寿光县新发现一批纪国铜器》，《文物》1985 年第 3 期。

为益都侯，即此，故俗相沿曰王胡城。今讹作王古城。

《益都县图志》也称：《汉书·王子侯表》有菑川懿王子益都敬侯胡，此益都得名之始也。

《益都县志》旧序则谓：自秦之后，（益都）或为郡，或为国，或为北海，或为乐安，名称各异，而益之为益则历代相沿，曾未有易者。

益都称益始于秦汉，众口一词似无异议，至于称益之因则向来无说。事实上，益都得名可追溯到相当久远的亘古时期。如众所知，古代金属货币上的铸铭均与产地有关，1968年和1970年分别发现于青岛和济南的战国益化钱[1]，说明战国时期山东即有益地。新中国成立前出于潍县的益化钱和1958年发现于临淄齐国故城的益字陶豆[2]，则说明古益地确在今鲁北地区。《中国历史地图集一》即在今寿光城南标有战国益地。另据曾毅公在《山东金文集存》中论证和王毓铨先生考证[3]，属于西周时期的铸有益字的原始布币也出于山东益地。如此则表明益都之称应始于西周以前。

根据古代典籍的有关记载和古文字学的研究成果还可以把益都始称的时间上溯到夏代初年。

《尚书·舜典》：帝曰，畴若予，上下草木鸟兽。佥曰，益哉！帝曰，俞！咨益，汝作朕虞。

《史记·秦本纪》：玄鸟陨卵，女修吞之，生子大业。大业取少典之子，曰女华，女华生大费，与禹平水土。……佐舜调驯鸟兽，鸟兽多驯服，是为柏翳，舜赐姓嬴氏。

---

① 朱活：《从山东出土的齐币看齐国的商业和交通》，《文物》1972年第5期，第55页。

② 曾毅公：《山东金文集存》上，32；山东省文物管理处：《山东临淄齐故城试掘简报》，《考古》1961年第6期。

③ 王毓铨：《中国古代货币的起源和发展》，图版8.11，科学出版社1957年版，第32、61页。

《汉书·百官公卿表》:"唐虞之际……䞞作朕虞,育草木鸟兽。"师古曰:"䞞,古益字也。"应劭曰:"伯益也。"

段注《说文解字》谓:《古文尚书》益作䞞。由是表明,䞞、益、翳本为一人,䞞为益之古体,翳则为其通假字。检索甲骨辞刻和青铜器铭,知早期的益字原有两体,一为益体,作益,就是我们今天常用的益字;一为䞞体,山东益地发现的钱文、陶文和原始布币上的益字均同此。就目前所知,此一形体除用于上述场合外,乃是一个弃置不用的"死文字",故后世一律改用益体。伯益之益与益都之益共同专用䞞体,足以证明两者之间有着密不可分的内在联系。换言之,青州之所以得称益都,实因其曾为伯益之都而缘起。下文关于伯益族人的推考,与此可为互证。

伯益为传说时代东夷集团的重要首领,早年曾率部佐大禹治水。夏代初年,曾在河南登封一带以箕山为根据地,与夏代开国之君夏启中原逐鹿。

《史记·夏本纪》:帝禹东巡狩,至于会稽而崩。以天下授益。三年之丧毕,益让帝禹之子启,而辟居箕山之阳。……益之佐禹日浅,天下未洽。故诸侯皆去益而朝启。……有扈氏不服,启伐之,大战于甘。

《孟子·万章上》:禹荐益于天,七年禹崩……益避禹之子于箕山之阴。

古本《竹书纪年》:益干启位,启杀之。

此益即伯益,因古代部族首领常称为方伯,故于益前加伯以示身份。益受天下而避居箕山乃是效夏禹故事。当年帝舜以天下禅禹,禹避舜之子商均于阳城。阳城为夏禹之都,乃是夏族人的聚居之地。禹避居于阳城,与其说是出于礼仪上的考虑,毋宁说是出于策略上的需要。不言而喻,伯益所避居的箕山亦当为进入中原的伯益族人的聚居之地,所以伯益才能"以箕山为据点,进攻禹都阳城”①。

> 《水经注》：颍水出颍川，阳城县西北少室山……颍水又东，五渡水
> 注之……东南流入颍水。颍水径其县故城南，昔舜禅禹，禹避商均，伯
> 益避启并于此也。……县南对箕山，山上有许由冢，尧所封也。

近年，考古工作者为探索夏代物质文化遗存，在河南登封一带进行了大
量的考古调查和发掘工作。在登封县告城镇北发现了东周阳城的夯土城垣遗
址，并在城内发现印有"阳城""阳城仓器"的篆体陶文戳记。②在镇西北与东
周阳城仅有一水（即五渡水）之隔的王城岗上发现了两座东西相连的、可能属
于夏代早期都城的小型城堡遗址。③今告城镇南恰好又有以箕为名之山，与前
引诸典所述地理位置正相吻合。

古之氏族，往往以地名、职名、先祖之名或图腾之名命氏，反之，地名
也常缘氏名而得称，氏族首领则常以本族之名为己称。④箕山既为伯益族人据
以进攻阳城的根据地，在没有更好的证据以前，我们是否可以以此为线索来追
寻伯益当时所代表的具体古族呢？

> 《太平寰宇记》卷十八，青州益都县：箕山，左思《齐都赋》云：
> "箕岭镇其左。"《水经》云："箕山，无树木而圆峭。"又《郡国志》云：
> "纪侯冢，在箕山之阴。"

① 孙作云：《关于夏初史》，《河南文博通讯》1979 年第 1 期。
② 河南省博物馆：《河南登封阳城遗址的调查与铸铁遗址的试掘》，《文物》1977 年第
12 期。
③ 河南文物研究所等：《登封王城岗遗址的发掘》，《文物》1983 年第 3 期。
④ 林沄：《对早期铜器铭文的几点看法》，《古文字研究》第 5 辑，中华书局 1981 年版；
李民：《夏商史探索》，河南人民出版社 1985 年版。

在河南登封，伯益以箕山为居地；在山东鲁北，伯益又傍箕山而建都。两地相隔上千里，伯益与箕山却始终"形影相随"，岂不发人深省？伯益作为东夷首领、舜之重臣和治水的主要人物之一，其游历必广，然文献所载或可据以推定的伯益（本族）确曾居留过的具体地点，似乎不外乎上述两处，这是否可以提示我们，箕山之名与伯益族称应有密切关联，而鲁北上古望族其氏（即后来的**甘**氏）或即为伯益之族。

> 《说文》："箕，所以簸者也，从竹、其，象形……**甘**（其），古文箕。"

知其、箕乃古今之异体。晏琬先生也曾指出："商末的畁，就是文献中的微、箕之箕。"[①]"畁"字在甲骨文一、二期中，仍作其，知甲骨、金文中的畁氏与文献中的箕氏均指其氏，故箕山之箕亦当与其氏有关，从而进一步说明箕山所聚伯益部众应为其氏族人。具体地说，益都箕山应为其氏族的早期居地，登封箕山则可能是因其氏族人的聚居而得称。若推测不误，则伯益应为夏代其氏族人的早期代表，益地为伯益故都之说也因此而得到加强。

应当指出，由于太史公指伯益为玄鸟陨卵所生，原名大费，嬴姓。司马贞的《史记索引》又以嬴姓出于少昊氏，商周时期的嬴姓国又多在泰沂山系南侧，伯益后立国应在今安徽境内。长期以来，人们便墨守此一成论，相信伯益的活动区域未达鲁北地区。众所周知，古代姓氏乃是一个多变的因素，黄帝二十五子，得姓者十四，凡十二姓；夏禹姒姓，其后分封，用国为姓者十二及祝融八姓等均可为证。至于地望更是居易无固。氏族的分衍、融合，部落联盟势力的消长和改组及自然灾害等均可导致古代氏族活动区域的变动，商祖成汤一代即有八迁就是一个生动的写照。我们可以根据伯益后国的地望，证明伯益

---

① 晏琬：《北京、辽宁出土铜器与周初的燕》，《考古》1975年第5期。

确曾活动于泰沂山系南侧一带，但无法证明其不曾他适，更不能人为地以泰沂山系作为鲁南、鲁北的绝对分界。鲁北的爽鸠氏为鲁南少昊氏的司寇，嬴姓的薄姑氏祖居鲁北都是很好的例子。所以，以其氏为伯益之族、以益都为伯益之都的立论，与司马迁的说法并不构成排他性的矛盾。很可能，伯益之族就是在少昊集团的势力扩张至鲁北时进入这一地区的。

我们说其氏为伯益族人的另一个重要原因，是伯益也是"平水土"的重要人物（恐怕也是伯益故地鲁南说的重要根据之一），同时又是水井的发明者。[①] 治水和凿井都离不开搬运土方，也就是说都必须使用一种叫作箕——即土筐一类的盛土工具。在甲骨文、金文中有两种类似土筐的徽识：一为其氏族徽，作双手提立筐之形[②]；一为冉氏族徽，作双手持覆筐倒土之形[③]。双手之下的立筐与覆筐分别就是"其"字和"冉"字的原始摹画物。换言之，"其""冉"二字的本义分别就是正置之筐和覆置之筐，与伯益治水取土、凿井提土的事迹正相吻合。更有意思的是，甲骨、金文中的冉字可分为两类：一类几乎完全同于倒置之"其"字，一类与伯益之**𦮼**近似。邹衡先生也曾指出，冉、其二字都是土笼的象形，**𦮼**字是由冉字加上了一个"廿"头，伯益又曾避居箕山，故伯益之族应是冉氏的一个分支。[④] 姑不论冉氏究竟属于古史中的哪一古族，其氏与伯益族的渊源关系却由此可见一斑了。台湾学者陈槃关于"旹国始封，或曰伯益"[⑤] 的看法，指的也是这个意思，或者，其氏族的称谓便是由此而来的。

伯益为古史传说中的重要人物，冉氏则不见于经传，以常理度之，冉氏应与其氏一样也源出于伯益之族，在辽宁喀左北洞村出土的冉氏圆鼎、其氏方

---

① 徐旭生：《中国古史的传说时代》（增订本），文物出版社 1985 年版，第 153 页。

② 中国社会科学院考古研究所：《殷墟妇好墓》，文物出版社 1980 年版，第 99 页。

③ 吴大澂：《愙斋集古录》，16.8.2。

④ 邹衡：《夏商周考古学论文集》，文物出版社 1980 年版，第 286—288 页。

⑤ 陈槃：《不见于春秋大事表之春秋方国稿》，上海古籍出版社 2009 年版，第 149 页。

鼎①和临朐出土的三件冉氏器②应是这种关系在考古学上的反映。因已超出本文讨论的范围，不再赘述。

其氏既为伯益部族，其活动地望便须有一个明确的交代。已故王献唐先生认为，其氏原籍应在今山东莒县北部的潍水之源，亦即《汉书·地理志》所载箕县故地。③随着考古资料的不断丰富和研究的深入，不少学者提出了不同的看法：或因历年发现的其氏器多出于河南安阳一带，而认为其氏故地在王畿之内④或淇水流域⑤；或因北京至辽宁喀左一带发现其氏器而考其故地在今河北沙河⑥或北方燕地⑦；曹定云先生以殷初的其氏在今山西蒲县"晋人败狄于箕"之处，殷代的冀氏则从北方燕地说，春秋的冀国又从山东莒北说⑧。众说纷纭，莫衷一是。

根据甲骨文、金文的记载，其氏在殷初便已立国，至春秋亡国为止已有近千年的历史。若以前文所述，则早在夏代以前，其氏就是一个著名的古族，在长达数千年的历史长河中，氏族的分衍、迁徙和融合造成了错综复杂的政治、宗族和地缘关系，决不能片面地根据某一现象即判定其非此即彼，而必须历史地、全面地加以考察。

整理一下甲骨、金文中的其氏徽识就会发现，大约在殷商中期（约当甲骨文三四期，殷墟文化三期）偏晚阶段，其氏族徽发生了一个引人注目的变化，即在"其"字前面加冠"己"字而演变为复合徽识"己、其"。因不清楚

---

① 喀左县文化馆等：《辽宁喀左县北洞村出土的殷周青铜器》，《考古》1974年第6期。

② 邹衡：《夏商周考古学论文集》，文物出版社1980年版，第286—288页。

③ 王献唐：《黄县冀器》，《山东古国考》，齐鲁书社1983年版。

④ 朱活：《谈山东临淄齐故城出土的尖首刀化——兼论有关尖首刀化的几个问题》，《考古与文物》1980年第3期。

⑤ 孙敬明：《考古发现与冀史寻踪》，《东夷古国史研究》第一辑，三秦出版社1988年版。

⑥ 晏琬：《北京、辽宁出土铜器与周初的燕》，《考古》1975年第3期。

⑦ 喀左县文化馆等：《辽宁喀左县北洞村出土的殷周青铜器》，《考古》1974年第6期。

⑧ 曹定云：《"亚其"考》，《文物集刊》（2），文物出版社1980年版。

"其"前冠"己"的真实含义,《集韵》中又确有曩国一名,以往的研究者都把这一复合徽识视为一字而试图用"六书"的理论(即从古文字研究的角度)来解释这一奇特的现象。[①]所幸的是,寿光"益都侯"城出土的、大约也属于殷商中期偏晚阶段的并氏族青铜器也发现了在本族徽识之前加冠"己"字的现象,为解决这一问题提供了宝贵的线索。

根据其氏复合徽识逐步由"己、其"分体演变为"己、其"合体的过程,证以并氏徽识,知殷时期的"曩"字应同并氏复合徽识读如"己、并"二字一样而视为"己、其"二字。到了西周中期以后,才逐步合而为一真正成为"曩"字。[②]笔者曾在《"己"识族团考》一文中,以此点为契机,用考古学、古文字学和历史学相结合的方法证明:夏商时期,鲁北地区活动着一支由己氏(后来称为纪国)、并氏(即后来的纪国邢氏)和其氏(即后来的曩国)等部族组成的夷人族团联盟。西周时期的纪国在今山东寿光一带,春秋时期的邢氏在今山东临朐一带,均属弥河流域。寿光"益都侯"城新发现的己氏器和并氏器进一步证明,早在殷商时期,己、并二氏便已活动在弥河流域,其氏与己、并二氏既为同一部族集团,活动地望必当与之相邻。1975年发现于临朐营子乡的一组晚商其氏铜器(此组铜器现存临朐县图书馆),可视为其氏故地的重要物证。

时代较伯益稍晚,也曾在鲁北地区活动过的另一位夷人首领后羿,与其氏族也有密切关系。

《左传·襄公四年》:昔有夏之方衰也,后羿自鉏迁于穷石,因夏民以代夏政。

[①] 王献唐:《黄县曩器》,《山东古国考》,齐鲁书社1983年版;《金文诂林》卷十四下,曩字条。

[②] 王永波:《"己"识族团考》,《东夷古国史研究》第二辑,三秦出版社1990年版。

这就是夏史中著名的"后羿乱夏，太康失国"事件。后羿之后与伯益之伯含义相同，也是方伯或国君的意思。他们二人同为东夷部族的首领，在夏启、太康两代不太长的时间内，连续两次问鼎中原，与夏人争夺盟主地位，暗示他们可能为同一宗族或部落。与后羿事件密切相关的寒浞、斟寻等族彼时的活动地区恰在益都周边地区。据王树明先生考证，其氏徽识中的另一特有徽文"夨"所摹画的对象，就是我国古代人民推尊、崇拜的箭神、射神夷羿的形象，其活动地望当在齐地域内。①诚如其言，伯益与后羿当为其氏族不同时期的代表人物。

从音韵学的角度谈，其氏族特有徽识"夨"与其、箕、冀古韵均在之部，可以互通。夨，许慎《说文》指为古文"矢"字，矢与羿、翳古韵同属脂部，而益与翳原本就是一事。故知益、羿、其、夨、箕、冀均为伯益之族在不同场合（如自称与他称、族称和人名的不同）、不同时期（因历代口头传颂和语音发展导致的音变）的不同称谓。

综前所述，知其氏族原为东夷集团的重要成员，其祖伯益可能源出于鲁南尚鸟部落少昊氏。大约在大汶口文化中、晚期，随着少昊族团势力的扩张，抵达鲁北潍、弥、淄河流域，定居于益都附近，并与当地居民建立了新的联盟关系（有后羿的盟国为证），从而得到了长足的发展，成为夷夏交争中东夷一方的主要力量。反映在考古学上，典型的鲁北土著文化、大汶口文化五村类型中不见的鸟形鬶②，在寿光一带多有发现③。这种鸟形鬶正是尚鸟部落物质文化中的特征性器物。

少康复国以后，其氏族的情况如何，因史迹渺茫，不敢妄议。夏桀之时，《秦本纪》谓，伯益之族"去夏归商，以佐殷国"，已为甲骨、金文资料所证

① 王树明：《冀祖夷羿疏证》，《管子与齐文化》，北京经济学院出版社1990年版。
② 山东省文物考古研究所等：《广饶县五村遗址发掘报告》，《海岱考古》第一辑，山东大学出版社1989年版。
③ 寿光县博物馆：《寿光县古遗址调查报告》，《海岱考古》第一辑，山东大学出版社1989年版，第39页。

实。终有商一代，潍、弥、淄河流域始终是其氏族人的主要活动区域。清代出于登莱之地，属于西周后期的师袁簋（笈三、三五）将其（異）氏作为征淮夷的军事力量，与齐师、莱师并举；在烟台上夼其氏器与纪器共出，说明西周时期的其氏也在山东东部。或以此作为其（異）氏于西周后期由外地迁入山东的物证，或因山东历年出土的其（異）氏器多属春秋时期，而认为異氏是在春秋时才移居山东的。试想殷代的其氏不仅是商人的重要盟国，而且与王室有通婚关系[1]，故地若在王畿之内或北方燕地，便没有理由东迁齐境；北京附近出土的"亚盉"属西周前期遗物，房山黄土坡出土的"亚異盘"虽可早到殷商中期，但伴出铜器均属西周遗物，不能作为殷代其氏在北方燕地的根据。商末其氏族的代表人物箕子因犯颜直谏而被囚，周武翦商，箕子获释，两年后受封。

《史记·宋微子世家》：于是武王乃封箕子于朝鲜而不臣也。

由于箕子不肯臣周，武王不许其返国而"流放"东北。那么西周中期或春秋时期的異国又是怎样迁来山东的呢？周初吕尚以征服者的身份东去营丘就国，尚有"莱侯来伐"与之激烈争国，并被迫二迁其都。異侯若非东夷族人，以亡国之君，凭什么力量在齐、鲁诸国已十分强盛之时深入山东腹地？

我们认为，其氏族参与商王朝的政治、军事联盟后，其首领因世代为王室重臣，多侨居于王畿之内，本土则作为大本营一直持续到春秋灭国为止，只是具体位置因受齐国的迫胁，逐步向半岛深处移动，以至到黄县、烟台等地。这应是河南安阳附近不断发现殷代其氏铜器和山东较少发现殷代其氏铜器的主要原因。西周前期，其氏部族上层人物多随箕子北奔，未能之国，本国衰敝无力铸造重器，则是山东地区未见西周前期其氏器的根本原因。只有如此，临

---

[1] 晚商铜器中有一"玄妇"罍（通考 788），口内铭"玄鸟妇"，双耳内铭"亚異"二字（续殷上，63、10—12）。"異"为其氏特有微识，玄鸟为商人图腾，知此器为其氏之女嫁为商妇后所作。

胸、烟台等地出土的分属殷代和西周的其氏铜器，均能获得合理解释，这种情形犹如西伯仕纣，部众仍在西岐一样，是三代时的普遍现象。至于北京、辽宁等地的其氏器，应是周初箕子北奔一支的物质遗存。

原载《管子学刊》1992 年第 1 期。

王永波，工作单位为山东省文物考古研究所、淄博市博物馆。

"亚醜"推论

王树明

一、引言

　　1931 年，山东青州苏埠屯村民在村东发现两组殷周之际的青铜礼器：其一组出土于村东洼地，另一组出土于村东岭断崖上。出土于断崖的有鼎、爵、觚、觯和斗共五件容器。在觯的圈足内有一"亚"形，并画一"𤔲"形徽识的图文（以下简称"亚醜"）。[①]1965 年至 1966 年，山东省博物馆在这一带又发现四座殷代的墓葬和一座车马坑。[②]在一号墓葬中出土两件大铜钺，其中一件，正、背两面人面形口部两侧，各有一"亚醜"徽文。在同出的锛、爵一类残破的青铜器上，也发现有"亚醜"徽文标记。

　　自宋代以来，以"亚醜"为徽文的青铜礼器屡有著录，但从未标明出土地点。近人罗振玉《贞松堂集古遗文》、于省吾《双剑誃金文图录》等书在著录"亚醜"徽文时，始谓是类器物乃出自今山东青州一带。以 1931 年到目前为止的考古发现证明，殷周之际以"亚醜"为徽号的一族曾居住在今山东青州一带的说法是可信的。王献唐据 1931 年青州苏埠屯的发现，以及罗振玉、于省吾关于"亚醜"铜器出土于青州的有关记载，同时，据传世杞妇卤也铸有

---

　　① 祁延霈：《山东益都苏埠屯出土铜器调查记》图版一、二，《中国考古学报》第二册，商务印书馆 1947 年版，第 167—177 页。
　　② 齐文涛：《概述近年来山东出土的商周青铜器》，《文物》1972 年第 5 期。

"亚醜"徽文，杞又为禹后姒姓集团一支，推论以"亚醜"徽文为代表的一类青铜礼器乃夏遗的物质文化遗存，"历夏、商至周，散居益都一带，其族即夏禹之王室后裔也"。①并进一步推论，在夏商时代，今山东境内泰沂山系北侧古齐地领域偏东一侧，居住有斟灌、斟寻等夏族姒姓国家。杜在忠同志在前人研究的基础上提出，所谓"亚醜"徽文，是古史中有夏与国斟灌、斟寻二国中斟灌一国徽号。从而论及，青州苏埠屯"亚醜"墓地为斟灌氏的墓地。②殷之彝在《山东益都苏埠屯墓地和"亚醜"铜器》③一文中，根据《左传·昭公二十年》晏子谈齐地沿革的一段话"昔爽鸠氏始居此地，季荝因之，有逢伯陵因之，蒲姑氏因之，而后大公因之"，以及《汉书·地理志》齐地在"少昊之世有爽鸠氏，虞、夏时有季荝，汤时有逢公柏陵，殷末有薄姑氏，皆为诸侯，国此地"的记载，推度今山东青州一带发现的"亚醜"徽文是商末诸侯薄姑氏的徽号。今山东青州一带乃殷周之际薄姑国的旧地所在。

殷文中的这一提法不妥。薄姑旧地当今鲁北博兴、桓台一带，与苏埠屯"亚醜"墓地相距有数百里之遥，且"亚醜"徽文乃"甚""醜"二字的原始形象（详下文），与"薄""姑"二字音义、形体殊不相类。即此两端足以说明，说青州一带及"亚醜"徽文是古史薄姑氏的封地及其徽号的有关说法，令人难以置信。王献唐及杜在忠对"亚醜"徽文的研究，确乎较前人进了一大步，认为"亚醜"铜器是夏遗的物质文化遗存、"亚醜"徽文是斟灌氏徽号的说法无疑是颇有灼见的。但对这一徽文的隶定和解释，仍有许多可商榷之处。笔者不揣谫陋，对"亚醜"徽文的原始摹写、隶释兼其族属等相关问题，谈一点不成熟的意见，以就正于方家。

① 王献唐：《山东古国考》，齐鲁书社 1983 年版，第 228 页。
② 杜在忠：《关于夏代早期活动的初步探索》，《夏史论丛》，齐鲁书社 1985 年版，第 245—265 页。
③ 殷之彝：《山东益都苏埠屯墓地和"亚醜"铜器》，《考古学报》1977 年第 2 期。

二、"亚醜"简体"甚"字说

在商周之际的青铜礼器中，"亚醜"徽文比较多见。自清代以后，诸如《积古斋钟鼎彝器款识》《愙斋集古录》等书，对它皆有著录。其中，以罗振玉《三代吉金文存》收录为多。粗略统计，凡七十余文。嗣后，容庚先生对已著录的"亚醜"徽文进行了筛选，取其典型的三十一个"亚醜"徽文及三个不带"亚"形的"醜"文，收入《金文编》。[1]就其总体之形观之，"亚醜"徽文本由四个图形组成。其中，图形"覓"与人形相类，做侧立状。头形作"甶"，顶端有三出之象；上肢侧前伸，做搂抱状；下肢末端倒上卷，有如长尾。该图形虽然奇诡，但因其一侧上肢做向前伸之形状，且搂抱一"酉"，故可认定其所画的还是人的形象。这一图形之所以诡异，或反映所画之人经过特殊装束，或曾进行过"化装"。图形"酉"似大口尊，底尖圜，上端向外倾斜，并为人形所搂抱。在甲骨文与金文中，它是"酉"字之祖形，隶定为"酉"。"酉"与"酒"古代互通。《说文》："酉，就也，八月黍成，可为酎酒。"由"酉"字形体及其本义求之，"酉"原是一种酿酒或盛酒用具的形象，或为我国新石器时代乃至殷商文化中所见用以盛酒的陶尊之形。"酉"形顶端所画为一勺柄之形，表示有勺以司出纳"酉"内[2]或由"酉"内向外倾泻"液体"之象。图形"凵"在"亚醜"徽文中，皆画于"酉"形之下，由"酉"形顶端所画图形指示，"酉"内所贮乃挹于或倾泻其中，此"酉"下所画乃是一种"承接"酒液的盛具。在甲骨文与金文中，"酉"下所画为"其"字之祖形。东汉学者许慎认为"其"乃"箕"本字，其原始摹画乃为簸扬谷米的簸箕之形。《说文》："箕，簸也。从竹、甘，象形。……凡箕之属皆从箕。甘，古文箕。""亚醜"徽文所画"其"形，多尖圜底，上口内敛，与簸箕之形不类。其形体实与现代农村所用平口筐相似。文

① 容庚：《金文编》，中华书局 1985 年版，第 1053—1055 页。
② 李孝定、周法高、张日昇编者：《金文诂林·附录》，香港中文大学出版社 1977 年版，第 297（2111）、264（2109）页。

献记载与考古发现证明，我国古代的酒乃米酒，其酿造过程是先将谷米煮熟，冷却，再拌以酒曲，密封，恒温贮藏之，以发酵酿酒。当谷米、酒曲发酵妥当后，进行过滤以除其糟粕，即所谓缩（茜）酒。[1]秦汉以后，缩酒又叫沛酒，也叫沥酒，也就是我们通常所说的酒之取清去滓，或曰滤除其糟粕的工艺过程。文献记载，我国古代酿酒用茅草过滤取清。《周礼·天官冢宰·甸师》："祭祀，共萧茅。"注："茅……亦以缩酒"，"缩酒，沛酒也"。也有用竹或荆条编成的筐形器沥酒。《诗·小雅·伐木》："有酒湑我。"毛传："湑，茜之也。"陆德明《释文》云："与《左传》缩酒同意，谓以茅沛之而去其糟也。"朱熹《诗集传》曰："湑，亦醨也。""醨酒者，或以筐，或以草，沛之而去其糟也。"新中国成立前，胶东农村酿制米酒，仍用一种以荆条或竹类编制的名为酒笃子的筐类器滤酒。就文献记载与民俗志资料推索，"亚醜"徽文"酉"下所画"其"形即一筐形器，原是"亚醜"族先民用以茜酒、沛酒，借以滤除其糟粕的一种沥酒或醨酒工具。

寻绎上文，"亚醜"徽文是一人操作"酉"、挹勺、"其"几个不同器物之形，以表示"滤酒"或"醨酒"场面的图像文字。组成这一图像文字的人、"酉"、"其"三个不同图像，或因时代早晚之别，或因徽文所在器物或所在器物部位不同，其形体也有繁简不同的写法。其中"酉"形的写法有"𝌀""𝌁""𝌂"诸形；"其"形的写法有"𝌃""𝌄""𝌅"及"𝌆""𝌇"诸形；人形的写法除"𝌈"而外，有"𝌉""𝌊""𝌋"诸形。[2]不仅组成"亚醜"徽文的人、"酉"、"其"三个不同图形有所简化，有的"亚醜"徽文还省"其"形，仅由人、"酉"二形组成。比如：者女觥之"亚醜"徽文省"其"形作"𝌌"[3]；亚卣之"亚醜"徽文省"其"形作"𝌍"[4]；酐父乙尊之"亚

① 王树明：《谈陵阳河与大朱村出土的陶尊"文字"》，《山东史前文化论文集》，齐鲁书社 1986 年版，第 249—308 页。

② 容庚：《金文编》，中华书局 1985 年版，第 1053—1055 页。

③ 李孝定、周法高、张日昇编著：《金文诂林·附录》，香港中文大学 1975 年版，第 297（2111）、264（2109）页。

④ 阮元：《积古斋钟鼎彝器款识》卷一，上海北市棋盘街扫叶山房 1919 年版。

醜"徽文省"其"形作""①，等等。另外，罗振玉《三代吉金文存》著录"亚醜"铜爵，其中有两件爵尾铸有"亚醜"徽文，其鋬内也铸有徽文标记。②一件鋬内所铸徽文为""，另一件鋬内所铸徽文为""。这两件铜爵鋬内发现徽文亦皆铸于"亚"形之内，且与"亚醜"徽文铸于同一器物之上。从"亚醜"徽文及其诸形的简化、演变过程看，此类徽文无疑也是"醜"文的省减或简化。至此，由人、"酉"、揖勺、"其"四个繁复的图形组成的"亚醜"徽文又可变作""，或仅作一侧立的人形。

由此可见，"亚醜"徽文在简化、演变过程中曾有三种不同写法。即由人、"酉"、揖勺、"其"四个图形组成的"醜"文；由人、"酉"（兼或有揖勺）两个图形组成的"醜"文；或由人、"口"组成的"醜"文；或仅为一侧立人形的"醜"文。如果用一图例表示，"亚醜"徽文的简化、演变顺序为：

上述三种不同写法的"亚醜"徽文，只要破释了人、"口"二形或一侧立人形的简体"亚醜"，那么，繁体"亚醜"的隶释也会迎刃而解。

清代末年，山东潍县东乡西周斟鼎铭文""的发现，给释读人、"口"二形组成的"亚醜"及其繁体形象以很大的启迪。《潍县志稿》卷三十八著录潍县东乡发现西周斟鼎，铭文十字，第一行五字，第二行四字，后加一"羊"字。作：

"谋减事作

父丁尊彝　羊"。

清末金石学家陈介祺隶定此鼎铭文首字""为"甚"。认为，"甚"即"斟"，

---

① 阮元：《积古斋钟鼎彝器款识》卷一，上海北市棋盘街扫叶山房1919年版。
② 罗振玉：《三代吉金文存》卷十五，中华书局1983年版，第40页。

即有夏与国斝灌、斝寻之"斝"本字。陈氏此论颇得"甚"字造字之本谊。余按,"甚",《说文》:"尤安乐也。从甘、匹。匹,耦也。𤾺,古文甚。""甚"字古文,从"𤇾""匹"。顶端"𤇾"为"口",与"甘"字通。《说文》"甚"下段注曰:"从口,犹从甘也。""甚"下之"匹",或"人"字之讹变。我国古代男、女相互谓为"匹",可证"匹"字乃一夫(妇)之谓。朱骏声《说文通训定声》"甚"字注:"匹者,男女人之大欲存焉。"斝鼎首铭"𠃨",上为"口"、其下为"𠃉",与甲骨文"人"字"𠃉"(燕四)、"𠃉"(甲七九二)之形雷同,也是一侧立的人形。据其形体,陈介祺将"𠃨"隶定为一从"口"、从"匹",或曰从"口"、从"人"之"甚"字是可信的。又,"甚"字"𠃨"与"亚醜"徽文简体"𠃊"形体一致,为"醜"文"𠃊"的反写。由此,将"𠃊"以及"𠃉"隶定为"斝"本字"甚",也是可以容许的。沿此推演,由人、"酉"二形组成的"醜"文应隶定为"醸"字之祖形。由四个图形组成的"亚醜"徽文与人、"酉"两形组成的"亚醜"徽文相较,虽多"其"、挹勺二形,然就其总体之形而论,仍可与人、"酉"二形组成的"亚醜"徽文归于一类,可通释为"醸"。

"甚"衍字"斝",与酌酒之"酌"字同义。《说文》:"斝,勺也。"段注曰:"勺,《玉篇》《广韵》作酌。按,许以盛酒行觞为酌……勺、酌古通也。""酌"又"沛"也,"滤"也。《周礼·春官宗伯·司尊彝》曰:"诏其酌。"郑注曰:"酌,沛之使可酌也。"《礼记·郊特牲》曰:"缩酌用茅,明酌也。"郑注曰:"谓沛醴齐,以明酌也。《周礼》曰:'醴齐缩酌。'五齐醴尤浊,和之以明酌,沛之以茅,缩去滓也。……酌犹斝也,酒已沛则斝之以实尊彝。""醸"本"䷅䕝"类物[1],"䕝"即"酒曲",原用以发酵酿酒。《说文》"酴"字段注曰:"曲,所以为酒也。"《广雅·释器》曰:"寑、醸、郁、厞,幽也。"王念孙疏证:"此通谓藏食物也。"[2]朱骏声云:"幽也,谓酝酿郁藏。"[3]

---

[1] 段玉裁:《说文解字注》,上海古籍出版社1981年版,第747页。

[2] 王念孙:《广雅疏证》,中华书局1983年版,第249页。

[3] 朱骏声:《说文通训定声》,武汉古籍书店影印1983年版,第87页。

一般说来，汉字的本义及其引申意义与其原始摹写事物总是有某些联系的。"其"衍字"斟"有"盛酒行觞""酌酒"，或曰"沛酒""缩酒"后而酌酒、斟酒之义；"醩"为酿制酒液的熟曲类物，并有"酝酿郁藏"发酵之义。此与"亚醜"徽文为"滤酒"或"釃酒"场面的原始摹写多所相合。这从反面证明，我们将"亚醜"徽文简体及其繁体分别隶定为"其""醩"二字，这一说法也是合乎情理的。

三、"亚醜"斟灌徽文说

从上文对"亚醜"徽文的推演中，可以看出，组成"亚醜"徽文的四个图形，有两个是对先民酿酒过程中两种必备工具的摹写。由此揭示，"亚醜"徽文所画"滤酒"或"釃酒"图像的缘起，与我国古代酿酒工艺有着密切的亲缘关系。[①]在"亚醜"徽文中，"其"亦即筐类滤酒器的图形下，从未发现有盆、瓮、罐一类承接、贮藏酒液类器物之形。又揭示，这一与酿酒工艺有亲缘关系的"亚醜"徽文，由尊内挹出或倾泻出的酒液经"其"（即筐）类工具过滤后未曾收贮，乃径直浇、灌于地面上。此又进一步揭示，这一与酿酒工艺有亲缘关系的"亚醜"徽文，并不是先民酿酒过程中滤酒或沥酒工艺阶段所用全部器具及实际操作情景的原始摹写。由"亚醜"徽文"滤酒"灌地，人形经"化装"、有诡异神秘之状分析，所谓"亚醜"徽文，很可能是有夏与国斟灌之祖，用酿酒过程中沥酒工艺阶段所用部分器具，对酿造好的酒液进行过滤，滤酒灌地，借以祈祷神灵庇佑而举行宗教祭祀活动场面的摹写。《论语·八佾》曰："子曰：'禘自既灌而往者，吾不欲观之矣。'"注曰："灌者，酌郁鬯灌于太祖以降神也。"正义曰："《尔雅·释天》云：'禘，大祭也。'……马融注，盥者，进

---

① 据先秦礼制推演，"亚醜"徽文所画"滤酒""釃酒"场面图像文字，是先民举行祭典实行裸礼场面的摹画。《说文》"茜"下曰："礼，祭束茅加于裸圭，而灌鬯酒，是为茜，象神饮之也。"这说明，许慎乃以裸、茜本为一事之别名。我国古代所行茜礼或"亚醜"徽文所画裸礼场面，乃以酿酒用具为礼器。可见，所谓茜礼或曰裸礼，原是从我国古代酿酒工艺演变升华而来的一种礼制。

爵灌地以降神也。……乃祭酒以灌地也。"故《礼》书中,"灌""裸"二字互通,"灌"字多作"裸"。"灌"或曰"裸"是一种祭礼,也叫裸礼。在我国古代诸礼仪中,是先民至为重视的一种。《书·洛诰》曰:"王入太室裸。"注曰:"太室,清庙;裸鬯,告神。"疏曰:"裸者,灌也……尸受祭而灌于地,因奠不饮谓之裸。"又云:"周人尚臭,祭礼以裸为重。"《礼记·祭统》曰:"凡治人之道,莫急于礼,礼有五经,莫重于祭。……夫祭有三重焉:献之属莫重于裸,声莫重于升歌,舞莫重于《武宿夜》,此周道也。"稽诸载籍,知我国古代所重裸礼,以酌郁鬯酒献尸,不饮而灌于地为节仪。以此推之,"亚醜"徽文的原始摹写应是"亚醜"族先民用一"化装"的巫祝一类人物,或如后世举行祭祀、典礼时司仪唱读仪式的赞礼者,手捧盛贮酒液的尊类器具,其上画一勺柄,以表示将器内所贮用勺挹于或倾泻于"其"(即筐)中,滤酒灌地降神的情景。或者说,"亚醜"徽文本是"亚醜"族先民摹写有如周代以来举行裸礼场面的一个图像文字。

有关我国古代举行裸礼时所用器具及其使用方法,《周礼·春官宗伯·司尊彝》一节,有过这样一段记述:"司尊彝,掌六尊、六彝之位,诏其酌,辨其用与其实。春祠、夏礿,裸用鸡彝、鸟彝,皆有舟。其朝践用两献尊,其再献用两象尊,皆有罍。诸臣之所昨也,秋尝、冬烝,裸用斝彝、黄彝,皆有舟。其朝献用两著尊,其馈献用两壶尊,皆有罍,诸臣之所昨也。凡四时之间祀、追享、朝享,裸用虎彝、蜼彝,皆有舟。其朝践用两大尊,其再献用两山尊,皆有罍,诸臣之所昨也。凡六彝六尊之酌,郁齐献酌,醴齐缩酌,盎齐涗酌,凡酒修酌。大丧,存尊彝。大旅亦如之。"这里一再提到的所谓尊,乃是周人举行裸礼时用以盛酒之具。所谓彝,也是周人举行裸礼时用以盛贮酒液的尊一类器物。林尹先生曰:"彝,酒尊之上者,裸时用以盛郁鬯。"[1]如果我们将《周礼·司尊彝》这段文字译为白话,其大意是:"司尊彝掌管六尊六彝所

---

① 林尹:《周礼今注今译》,书目文献出版社1985年版,第212页。

陈的位置，诏告滤酒可酌的方法，辨明各种尊彝的用处与里面所应装的酒类。春天祠祭和夏天礿祭，行祼用鸡彝鸟彝，下面都有承盘，朝践用两献尊，再献用两象尊，还设有罍，供诸臣酌酢用。秋天的尝祭、冬天的烝祭，行祼用斝彝黄彝，下面都有承盘，朝献用两著尊，馈献用两壶尊，也设有罍，供诸臣酌酢用。四时不常举行的祭祀，如大禘祭、大祫祭等，行祼用虎彝蜼彝，下面都有承盘，朝践用两大尊，再献用两山尊，也设有罍，供诸臣酌酢用。凡盛在六彝六尊里的酒的过滤方法是：郁齐用郁金和入鬯酒，用手搓拌后以竹筐过滤；醴齐以澄清事酒羼入，用茅草过滤；盎齐以清酒羼入，用竹筐过滤。三酒以水羼入，用竹筐过滤，王、后及世子丧，大遣奠时省视所陈设的彝尊，旅祭上帝也是一样。"①《周礼》一书还记载，周人举行祼礼时，尊或彝内所盛贮的酒液乃用祼勺挹出舀入筐中，以过滤灌地。《周礼·春官宗伯·典瑞》："祼圭有瓒，以肆先王，以祼宾客。"郑注曰："郑司农云：于圭头为器，可以挹鬯，祼祭谓之瓒。……灌，先王祭也。"依《周礼》记载，有周一代实行祼礼，用尊盛贮酒液，用祼勺从尊内挹鬯祼祭，因所祀主或因祭祀时间不同，所用的酒也可能有所不同，因之，在施行祼礼时，用竹筐还是用茅草过滤尊内所盛酒液，也有所不同。《周礼》记述周人举行祼礼时，所用器具及其使用方法，与"亚醜"徽文所画的图形表示从尊类器物中挹取或倾其所贮酒液，并由"其"或筐过滤而灌地之图形，有诸多相似。依此推论，"亚醜"徽文原是"亚醜"族先民摹写有如后世举行祭典时，实行祼礼场面的一个图像文字。或诘之，《周礼·司尊彝》记载周人在实行祼礼过程中，由筐或茅草过滤后的酒液下放有承盘一类器物承接，未即径直浇、灌于地面之上。而"亚醜"徽文中在"其"形之下并未摹写承盘一类器物，说"亚醜"徽文是"亚醜"族先民摹写其实行祼礼场面的一个图像文字，与《周礼》记载不符。《论语·为政》曰："子曰：'殷因于夏礼，所损益，可知也；周因于殷礼，所损益，可知也。'"祼礼作为一种祭祀仪

---

① 林尹：《周礼今注今译》，书目文献出版社 1985 年版，第 214 页。

式，属上层建筑的范畴，随着社会的发展、文化的演进，先民举行裸礼时所用各种礼文、节仪必然不断地发生变化，或有所"简省"，或"增繁"。因此，周代以来实行裸礼与"亚醜"族先民举行裸礼所用器具及其处置方法有所差异，也就不足为疑了。

根据前文考证可以推知，商周时代青铜礼器铸铭中发现"亚醜"徽文，是斝（亦即斝族）的徽文标记。因"斝"本字"甚"是"亚醜"族先民实行裸礼场面的摹写，所以，所谓"亚醜"徽文又可称之为"裸礼"徽文，或可简称为"灌"。因此，所谓斝族也可称之为灌族。或者说，我国古史记载中的斝族，也就是灌族。大概因姬周以来不能记远，又不了解"亚醜"徽文缘起的历史根蒂，遂将斝、灌两名连称。如此，继斝或灌两名之后，又敷衍出斝灌氏一名。《通志·氏族略》曰"斝氏"，注曰："亦作斝灌氏。……并夏诸侯，以国为氏。""灌氏"，注曰："亦作斝灌氏。《风俗通义》，斝灌氏，夏诸侯也。""斝""灌"二氏皆有夏一代诸侯，且皆为斝灌氏后裔的有关记载为上述说法又添一证据。上文提及，载籍中所记二斝中尚有斝寻氏一族。斝寻之名在"寻"字之前也冠以"斝"字为名，这或反映斝寻一族原与斝灌氏为同一胞族，或者说古史记载中的斝寻氏本是从斝族或曰灌族，亦即周代以来的所谓斝灌族中分化出来的一个支派。

四、斝族史迹寻踪

古史记载，斝姓二族即斝灌、斝寻二部，乃禹后，与夏王室为同宗同族。《史记·夏本纪》太史公论云："禹为姒姓，其后分封，用国为姓，故有夏后氏、有扈氏、有男氏、斝寻氏、彤城氏、褒氏、费氏、杞氏、缯氏、辛氏、冥氏、斝（氏）戈氏。""斝寻氏"，集解曰："徐广曰：'一作斝氏、寻氏。'"索隐曰："斝戈氏，按《左传》《系本》皆云斝灌氏。"不唯如此，斝姓二部也是夏代初年夷夏交争过程中，对夏代王室有卓著勋劳的两个强大的同盟邦国。朱右曾、王国维《古本竹书纪年辑校》曰："太康居斝寻，后相居商丘，又居斝灌。"《左传·襄公四年》记曰:"昔有夏之方衰也,后羿自鉏迁于穷石,因夏民以代夏政,恃其射也,不修民事而淫于原兽。弃武罗、伯因、熊髡、龙圉,而用寒浞。寒浞,伯明氏之谗子弟也。伯明后寒弃之,夷羿收之,信而使之,以为己相。浞行媚于内而施赂于外,愚弄其民而虞羿于田,树之诈慝以取其国家,外内咸服。羿犹不悛,将归自田,家众杀而亨之,以食其子,其子不忍食诸,死于穷门。靡奔有鬲氏,浞因羿室,生浇及豷,恃其谗慝诈伪,而不德于民。使浇用师,灭斟灌及斟寻氏。处浇于过,处豷于戈。靡自有鬲氏,收二国之烬,以灭浞而立少康。少康灭浇于过,后杼灭豷于戈。有穷由是遂亡。"《左传·哀公元年》记曰:"昔有过浇,杀斟灌以伐斟寻,灭夏后相。后缗方娠,逃出自窦,归于有仍,生少康焉,为仍牧正。惎浇,能戒之。浇使椒求之,逃奔有虞,为之庖正,以除其害。虞思于是妻之以二姚,而邑诸纶。有田一成,有众一旅,能布其德,而兆其谋,以收夏众,抚其官职。使女艾谍浇,使季杼诱豷,遂灭过、戈,复禹之绩。祀夏配天,不失旧物。"《竹书纪年》《左传》诸书中有关于夏代初年夷夏交争事迹的记述,斟灌、斟寻二族在太康失国、少康中兴过程中,与夏王室休戚与共,自始至终与夏王室及有鬲诸部为一方,同有穷后羿为代表的东夷诸部,进行着激烈的殊死的争夺。起初,东夷一方曾一度取得过胜利,也曾取代过夏王室姒姓统治集团的统治地位。后来,夏王室依靠其同盟诸邦,诸如有鬲氏、斟灌氏、斟寻氏各部,又击溃了东夷一方,恢复了夏王朝的统治地位。可以说,斟姓二族在夏代初年夷夏争斗过程中,对姒姓统治集团中兴夏室,具有举足轻重的作用。

有关斟灌、斟寻二族的所在地望,载籍中曾有各种不同的记载和说法。分而论之,斟族中斟灌一族所在地望,凡三说:

其一,斟灌山东寿光说。《左传·襄公四年》"灭斟灌",杜注曰:"乐安寿光县东南有灌亭。"《水经·巨洋水注》:"尧水又东北径东西寿光二城间。应劭曰:'寿光县有灌亭。'杜预曰:'在县东南,斟灌国也。'"《史记·夏本纪》正义引《括地志》:"斟灌故城在青州寿光县东五十四里。"

其二，斟灌山东安丘说。《水经·汶水》："又北过淳于县西，又东北入于潍。"注曰："故夏后氏之斟灌国也。"《读史方舆纪要》卷三十五青州府安邱县条："淳于城，县东北三十里，古淳于国也。"若此，古淳于国所在为斟灌旧地，地当今山东潍坊市安丘县东北一带。

其三，斟灌河南濮阳说。《水经·巨洋水注》引薛瓒《汉书集注》云："按《汲郡古文》'相居斟灌'，东郡灌是也。"《汉书·地理志》东郡观条，应劭注曰："夏有观扈，世祖更名卫国。"《左传·昭公元年》杜注曰："观国，今顿丘卫县。"《水经·河水注》："又东径卫国县故城南，古斟观。……《郡国志》曰：'卫本观故国。'"《读史方舆纪要》卷三十四濮州观城县条："古观城在县西，古国也。"丁山先生认为，"观、灌同谐雚声，字可通用……观扈之观，亦即后相所居之斟灌。""是今观城，即有夏观国之虚也。"① 古观城地近河南濮阳县，当今山东西南、豫东北一带。

关于斟寻一族故都所在，也有三种不同说法：

其一，斟寻山东潍坊说。《汉书·地理志》北海郡平寿县条引应劭曰："'古斟寻，禹后，今斟城是也。'……斟音斟。"《左传·襄公四年》："灭斟灌及斟寻氏。"杜注曰："乐安寿光县东南有灌亭，北海平寿县东南有斟亭。"《后汉书·郡国志》："平寿有斟城。"注曰："杜预曰：'古斟（寻）国故县，后省。'"

其二，斟寻河南巩县说。《史记·夏本纪》正义引："臣瓒云：'斟寻在河南，盖后迁北海也。'《汲冢古文》云：'太康居斟寻，羿亦居之，桀又居之。'《尚书》云：'太康失邦，兄弟五人须于洛汭。'此即太康居之，为近洛也。……《括地志》云：'故寻城在洛州巩县西南五十八里，盖桀所居也。'"

其三，斟寻河南濮阳说。《水经·河水》云："浮水故渎，又东南径国邑。又东径卫国县故城南，古斟灌。"《水经·巨洋水注》引皇甫谧曰："夏相徙帝丘，依同姓之诸侯于斟寻氏，即《汲冢书》云'相居斟灌'也。既依斟寻，明

① 丁山：《由三代都邑论其民族文化》，《夏文化论文选集》，中州古籍出版社 1985 年版，第 35—97 页。

斟寻非一居矣。"《史记·夏本纪》正义引《帝王世纪》又云:"帝相徙于商丘,依同姓诸侯斟寻。"王玉哲先生认为,这里所说的商丘,应即宋代王应麟氏所谓帝丘之讹。① 查以今地,古卫国县、帝丘皆当今河南东北部之濮阳一带。是斟寻一族之故都又有河南濮阳一说。

总而言之,夏代斟姓二族之故都所在分别有河南巩县说、河南濮阳说、山东潍坊说等三种不同说法。

新中国成立后,尤其是 20 世纪 70 年代以来,随着田野考古工作的全面展开,我国学者对夏遗斟姓二族在我国历史上出现一国三都的不同说法,曾进行过热烈的讨论。诸家各据自己的研究所得提出了一些新的看法,概括起来,无非是两种意见:一种认为,斟姓二部故都在河南。斟姓二部与有夏王室为同宗同族,夏人的发迹之地当今河南伊、洛河流域,所以,其同族斟姓二国的故都所在,也只能在河南一带,或者在距伊、洛河流域不远的地方。持这一说者根据山东古属东夷之邦,为东夷之族聚居之地,将载籍中斟姓二族故都在山东一带的有关记载,一律斥为悠谬之词。另一种意见的主要依据是山东省潍坊市青州苏埠屯商代晚期墓地迭次发现夏遗斟灌族徽文;1981 年,潍坊市临朐县嵩山一带又发现两组西周铜器,其中,铸有铭文的铜器有郱中匜、郱中盘两件②。随着斟灌徽文及"郱"字铭文的破释,遂认为我国历史上关于二斟在今山东潍坊一带的有关记载,确不可移。持这一看法的一些同志又根据古籍记载斟姓二族所在河南巩县、濮阳旧地,尚未发现斟姓二族的徽文标记,提出,载籍中所谓斟姓二族曾都河南巩县、濮阳的记载,缺乏物证,因此不足征信。

上述两种相互排斥的意见,都有片面之处。《左传》襄公四年、哀公元年记述后羿乱夏事迹,十分清楚地告诉我们,发生在夏代初年的夷夏之争,并非

① 王玉哲:《夏文化研究中的几个问题》,《夏史论丛》,齐鲁书社 1985 年版,第 1—18 页。

② 临朐县文化馆、潍坊地区文物管理委员会:《山东临朐发现齐、郱、曾诸国铜器》,《文物》1983 年第 12 期。

突然发生、瞬息结束的历史事件,而是经历了太康、仲康、相、少康凡四世近百年的历史过程。笔者在《齐地得名推阐》一文中论及,在这一历史过程中,过、戈、寒等以后羿为代表的东夷诸部,原居东土,其本土所在当今山东潍坊、淄博两市之地。在夷夏之争的第一阶段,后羿诸部曾渐次西徙,其西徙路线沿今山东境内泰沂山系北侧往西,至聊城东南又折而至河南濮阳,从而进入河南境内。[①] 如果将文献记载斟族二部故都的地望,豫西巩县、豫东北濮阳及山东潍坊连成一线,令人惊讶的是,这一路线适与夷夏交争第一阶段,以后羿为代表的东部诸部西徙路线重合。这一现象显示,在我国历史上斟姓二族所以出现一国三都,乃斟姓二部在夷夏交争的第二阶段,与夏王室为一方进逼东夷诸部,曾渐次向东方移动所致。文献记载中,斟姓二部分别出现一国三都的有关说法,不能一概视为向壁虚构,而是有其历史原因的。也显示,夏遗斟灌族遗物之所以一再在山东潍坊市青州苏埠屯一带发现,是因为斟姓诸部远在夏代初年夏王室及其同盟诸部"进逼""围歼"后羿诸部本土后,遂家居于此。

五、斟族的先祖及斟族东渐的肇始年代

已知山东青州一带发现的"亚醜"铜器,是夏初迁居此地斟族后裔的物质遗存。或问,如果是这样,那么斟族东渐的肇始年代属考古文化中的那一个时期?其东渐的物质文化根据又是什么?1986年青州苏埠屯墓地发掘,在商末周初的一座墓葬(八号墓)随葬铜簋上铸有徽文"𧱔",这一发现,为揭开斟姓二族先祖之谜提供了实物证据,也为回答上述问题提供了信息。

上述徽文,分别由两鬲形与两个虫、蛇类动物之形象组成。两鬲形画于"文字"中间,鬲口相对,做扣盖状;虫、蛇类动物之形画于鬲形两侧,头上、尾下。就"文字"形体而论,这一从"鬲"从"虫"的图像文字,是"融"字的祖形。换而言之,上述徽文乃融族的图腾标记。

---

① 王树明:《齐地得名推阐》,《东夷古国史研究》第一辑,三秦出版社 1988 年版。

在我国古史传说中，"融"字为族名，也叫祝融氏。在夏代初年，曾辅佐夏人建国，其发迹之地距夏都阳城不远，约当河南崇高（嵩山）或古郑地一带地方。《国语·周语上》："昔夏之兴也，融降于崇山；其亡也，回禄信于聆隧。"韦昭注曰："融，祝融也。崇，崇高山也。夏居阳城，崇高所近。"《左传·昭公十七年》梓慎曰："郑，祝融之虚也。"杜注曰："祝融，高辛氏之火正，居郑。"《国语·郑语》记载，融或曰祝融氏，也是我国古代颇为昌盛、强大的一个部族集团。《郑语》云："祝融亦能昭显天地之光明，以生柔嘉材者也，其后八姓于周未有侯伯。佐制物于前代者，昆吾为夏伯矣，大彭、豕韦为商伯矣。当周未有（侯伯）。己姓昆吾、苏、顾、温、董，董姓鬷夷、豢龙，则夏灭之矣。彭姓彭祖、豕韦、诸稽，则商灭之矣。秃姓舟人，则周灭之矣。妘姓邬、郐、路、偪阳，曹姓邹、莒，皆为采卫，或在王室，或在夷、狄，莫之数也……斟姓无后。"韦昭注："八姓，祝融之后。八姓：己、董、彭、秃、妘、曹、斟、芈也。"见于载籍，祝融一族诸多别名。《左传·昭公二十九年》称祝融氏为"犁"，《史记·楚世家》称祝融氏为"重犁"，《大戴礼记》又称祝融氏为陆终氏，称其后裔斟姓所立邦国为参胡者。《大戴礼记·帝系》曰："吴回氏产陆终。陆终氏娶于鬼方氏。鬼方氏之妹，谓之女隤氏，产六子，孕而不粥，三年，启其左胁，六人出焉。其一曰樊，是为昆吾；其二曰惠连，是为参胡；其三曰籛，是为彭祖；其四曰莱言，是为云邹人；其五曰安，是为曹姓；其六曰季连，是为芈姓。"清儒王聘珍引《史记·楚世家》索隐曰："宋襄曰：'昆吾，国名，己姓所出。参胡，国名，斟姓，无后。'"[1] 钩沉《国语》《大戴礼记》有关祝融族史迹可知，我国古史传说中的祝融氏历夏至商及于有周，乃连绵不断、累世不衰，其后裔中得姓立国者有八姓或六姓之多，偏居于山东境内泰沂山系北侧一带的斟姓诸部，也是融族的后裔之一。长期以来，史学界学者对文献记载"斟姓无后"的说法迷信不疑，又因无实物资料为据，因而对

---

① 王聘珍：《大戴礼记解诂》，中华书局 1983 年版，第 127、128 页。

斟祖祝融的有关记载多持怀疑态度。有的甚至认为，是说本属攀缘附会之语。1986 年青州苏埠屯商代墓融族徽文的发现，向人们展示了古籍中斟祖祝融以及斟姓诸部是祝融族的一个分族的记载，不是古人凭空杜撰，而是具有历史根据的。

考古发现证实，古史传说中的祝融氏以"融"字为名。有关祝融得名及其徽号的含义，《史记·楚世家》谓系祝融氏"能光融天下"之义，《国语·郑语》谓系祝融氏"能昭显天地之光明"者也。毋庸置疑，此类说法均系祝融氏曾司"火正"一说的附会。20 世纪 40 年代末，翦伯赞先生根据豫西一带的考古发现提出，祝融族得名与先民所用炊具陶制鼎鬲密迩相关。他说："余以为祝融得名与鬲有关。因为融字从鬲从虫，故融族者，即鬲族之一。《国语·周语》云：'昔夏之兴也，融降于崇山。'是夏亦与融有关，而所谓融者，实为一切具有鼎鬲文化的氏族之原始的图腾。"他还根据融族后裔昆吾一支故墟在河南濮阳、有鬲氏故墟在山东德州一带的有关记载，提出以炊具陶鬲为主要特征的夏文化曾缓缓地向东方传播，渐渐地徙入河南东部及山东半岛一带。[①]

按翦氏所论，祝融之后或其分族斟姓诸部，也应是古鬲族中的一员。所谓融族、鬲族及至斟姓诸部的物质文化，是一种以炊具陶鬲为典型代表器物的物质文化。或可这样说，今河南以东迄至山东半岛地区，早期考古文化中出现的陶鬲一类生活用具，本是古史记载中的祝融氏、有鬲氏以至斟姓诸部，在夷夏交争的第二个阶段，由河南西部本土渐次东徙河南以东迄至山东半岛一带的物质见证。

近年来，陶鬲一类生活用具在山东龙山文化晚期遗存中常有发现。1973 年，泰沂山系以南泗水尹家城遗址第四文化层发现陶鬲一件。是器残，素面，夹砂灰陶质，筒状深腹；有三个肥大的袋足，表面有制作时留下的细线刮磨

① 翦伯赞：《诸夏的分布与鼎鬲文化》，《夏文化论文选集》，中州古籍出版社 1985 年版，第 111 页。

痕；方唇、卷沿，颈下有弦纹及小盲鼻。[①] 见于报道，泰沂山系以南发现的另一件陶鬲出自日照两城镇龙山文化遗址，系采集品。是器亦残，素面，夹砂黑灰陶质，子母口，沿下有两鋬手，筒状深腹，袋足肥大。[②] 与泰沂山系南侧相较，北侧龙山文化遗存发现陶鬲的地点明显增多，数量剧增，大有连成一片之势。1975 年聊城地区茌平尚庄遗址发掘，第四层发现陶鬲达二十五件之多，均夹砂灰陶质。分两式：Ⅰ式七件，方唇、侈口、直腹微鼓，圆锥形袋足；Ⅱ式十八件，口微侈，近直腹，乳状袋足，沿下有对称盲鼻一对。[③] 1978 年，茌平以东德州市禹城邢寨汪龙山文化遗址试掘，发现陶鬲六件，亦皆夹砂灰陶质。陶鬲下壁微鼓，袋足肥大，外壁有制作时留下的刮磨纹。也分两式：Ⅰ式陶鬲，颈部嵌有对称的乳钉纹两枚，颈下有宽带式横扁耳一对；Ⅱ式与Ⅰ式陶质作风近同，唯颈部仅嵌饰一对乳钉纹，无横扁耳装饰。[④] 济南以东陶鬲一类遗物也有发现。1985 年章丘亭山遗址发掘，发现陶鬲造型特征、陶质、陶色与茌平尚庄遗址发现Ⅰ式陶鬲相似。临淄桐林田旺遗址发现陶鬲，为采集品。现存淄博市博物馆。为夹砂红陶质，表面有制作时留下的刮磨线纹，颈部有对称宽带式横扁耳。其造型特征与禹城邢寨汪发现Ⅰ式陶鬲作风一致。

陶鬲作为一种炊具，最早出现于夏人活动的中心区，豫西涧河流域的河南龙山文化三里桥遗址。这处遗址早期地层中发现的陶鬲，三袋足，皆有耳，或颈部饰一对称泥饼。[⑤] 之后，此类文化逐渐由豫西一带传播于陕西、晋南、河北、豫东与鲁西等地龙山文化之中。山东北辛文化、大汶口文化中无陶鬲，

---

① 山东大学历史系考古专业：《山东泗水尹家城第一次试掘》（图五，2），《考古》1980 年第 1 期。

② 日照市图书馆、临沂地区文管会：《山东日照龙山文化遗址调查》（图一〇，4），《考古》1986 年第 8 期。

③ 山东省文物考古研究所：《茌平尚庄新石器时代遗址》（图二〇，11；图版伍，6），《考古学报》1985 年第 4 期。

④ 德州地区文物工作队：《山东禹城县邢寨汪遗址的调查与试掘》（图二陶器，1，2），《考古》1983 年第 11 期。

⑤ 《庙底沟与三里桥》（图六二，A4b、A4a），科学出版社 1959 年版，第 94 页。

在山东龙山文化早、中期阶段亦未发现陶鬲。这说明，山东龙山文化晚期遗存发现素面、双耳（或附两乳钉）、乳状袋足一类陶鬲，不是东夷文化的固有物，而是一种外来的文化影响。由豫西一带发现陶鬲的形制特征及其向西、北和东方传播的次第看，山东龙山文化晚期遗存发现陶鬲的远祖，应与陕西、晋南、豫东一带龙山文化发现的陶鬲祖型一致，也在豫西龙山文化之中。有趣的是，若将鲁北、鲁西北龙山文化晚期发现陶鬲的地点连成一线，却与河南最早出现陶鬲的地点及其向东方传播的路线相接。这一路线与融族、鬲族及斟姓二部东渐的路线重合。这种现象有力地证明，今山东泰沂山系北侧龙山文化晚期遗存发现陶鬲，乃是融族、鬲族或其后裔斟姓诸部东渐的物质文化遗存。夏初夷夏之争，有夏同盟斟姓诸部东渐的肇始年代，应在山东龙山文化晚期阶段，碳十四测定山东龙山文化晚期的绝对年代，距今 4100—3900 年，恰当夏代初年后羿乱夏纪年范围之内。[①] 就泰沂山系北侧发现陶鬲的时代看，亦与上述年代大致相等。

六、余语

本文在推论"亚醜"徽文过程中，论及"亚醜"徽文是"亚醜"族先民摹写其举行裸礼场面的一个图像文字，兼而论及夷夏之争及泰沂山系北侧龙山文化晚期发现陶鬲，是融族、鬲族或其后裔斟姓诸部，在夷夏交争过程中随夏王室东渐夷人本土的物质文化见证。对泰沂山系北侧一带龙山文化晚期发现陶鬲的看法，有的同志根据德州地区禹城邢寨汪遗址出土陶鬲，颈部两侧皆有附耳，造型特征与商周金文"鬲"字之形颇为相似，因而认为，泰沂山系北侧西部地区龙山文化发现陶鬲，乃是鬲族在商周时代东迁的物质文化孑遗。还有同志根据山东聊城、德州地区与夏家店下层文化南缘相近，其发现陶鬲又多筒状深腹、三乳状袋足，其形制特征与辽宁北票丰下夏家店下层中期文化的陶鬲相

---

① 翦伯赞主编：《中外历史年表》，中华书局 1961 年版，第 6 页。

似，因而又认为，德州、聊城发现的陶鬲仍属泰沂山系北侧龙山文化晚期，它是由夏家店下层文化传承而来，是夏家店人南渐的实物例证。

以上两种说法，我们是不能同意的。茌平尚庄、禹城邢寨汪遗址发掘证明，山东境内泰沂山系北侧发现的陶鬲是龙山文化晚期的物质遗存，不可能是商周时代鬲族的遗物。说它是由夏家店下层文化传承而来，也于事理不通。众所周知，夏家店下层文化是分布在我国北方，东到辽河，南到京津唐，北到西拉木伦河这一广阔地域内的一支物质文化，跨越了自龙山文化晚期迄至西周这一漫长的历史时期。在夏家店下层早、中、晚三期文化，与山东龙山文化晚期阶段相当的早期阶段，陶鬲一类遗物绝无所见。陶鬲在夏家店下层文化的出现，是在晚于山东龙山文化晚期阶段的中期文化遗存之中。[1] 可见，如果说山东龙山文化与夏家店下层文化发现陶鬲有传承关系的话，也只能是前者传播于后者，不可能是后者传承于前者。总而言之，在山东境内泰沂山系以北龙山文化晚期遗存发现陶鬲，无论从其出现的年代或从其分布的空间看，其远源还是在豫西一带的龙山文化之中，而不会是其他。

原载《华夏考古》1989 年第 1 期。

王树明，考古学家，古文字学家，山东省文物考古研究院研究员，

原《海岱考古》常务副主编。

---

① 李经汉：《试论夏家店下层文化的分期和类型》，《中国考古学会第一次年会论文集》，文物出版社 1980 年版，第 163—170 页。

"己"识族团考

——兼论其、並、己三氏族源归属

王永波

文明开启之初,中国历史上曾有过万国林立、群雄争长的漫长时期。华夏、东夷、苗蛮三大族团逐鹿中原,渐次交融,至周秦之时,中华民族的基本格局业已形成。对于各个具体的氏族、方国来说,融合的过程又意味着分化、瓦解乃至消亡。这种错综复杂的历史进程,造成了先秦古国史上数不清的疑案。传世和考古发现的诸多带有"己"字标识的殷周青铜器,就是一个令人瞩目的结点。

一、曩器研究中的疑窦

问题导源于《集韵》一句简单却又是错误的记载:"曩,古国名,卫宏说与杞同。"由是,宋人薛尚功把金文中的"曩"统以杞国解之。清人许瀚、陈介祺一仍其旧。董作宾《甲骨文断代研究例》进一步发挥说:"杞侯在武丁时作杞,到帝辛时作曩侯。杞、曩古今异字。"方濬益《缀遗斋彝器款识考释》始将杞、曩分为两国。他认为杞为夏后姒姓国,曩为姜姓,不可为一。但却又把曩、纪混为一谈,认为曩公匜之叔姜为纪国姜姓之女,曩为纪之通假字,与己则为古今字。郭沫若、陈梦家、杨树达先生并沿此说。台湾学者高鸿晋谓:"'己'于商周两代,已加'其'为声符,作'曩',意与'己'不殊,亦用为纪国之纪。"①持的也是这种看法。

1951年4月，山东黄县归城出土了八件东周𣄴器，王献唐先生据以著成《黄县𣄴器》一书，首次对𣄴、纪一国说进行了详细的批判。推定"𣄴"是先秦时期一个不见经传的方国，原籍在今山东莒县北部潍水之源，亦即《汉书·地理志》所载箕县故地，使淹没了两千多年的古国重新展现在人们的面前。他认为，"黄河流域古代东西两方音读，时有差别，其混合区域在双方交冲的河南。卜辞出于河南安阳，殷代𣄴器最大部分也出安阳，它们的'𣄴'字都已标注'己'音，知在安阳已混合而有两读。𣄴国本为东方国家，在山东境内，殷代武丁以来，其领主即在王朝服务。他们的国名本只作'其'，在东方相传读'己'，但到安阳两音混合区域，要保持本音，因于'其'上加'己'成为一个新的注音字。"②王氏此论，除地望及个别细节问题学界有所异议外，余者几成定论。但是，由于近年在烟台上夼村一座西周晚期墓中同时出土了己华夫鼎和𣄴侯鼎③，𣄴、纪一国说又被重新提起④。

按，王氏分纪、𣄴为两国很是，然其谓"𣄴"读如己，却无征于史实。首先，甲骨卜辞的"其侯"与"𣄴侯"、青铜器铭文中的"亚其"与"亚𣄴"，学界已公认为早晚传承关系。王氏谓"其"到安阳后要保持本音，才于"其"上加"己"，缘何早到安阳的"亚其"反倒不标"己"音？其二，"𣄴"为东方古国，与"己（纪）"国同时同地，在文字极不发达的上古时期，两国称谓共用一音岂不生出很多混乱？此外，卫宏为什么说𣄴与杞同？纪、𣄴一国之说为何历久不衰？"己"字若非注音符号，何以加列"其"字之上？1983年12月，山东寿光益都侯城发现的一批晚商铜器，为解决上述问题提供了新的线索。

---

① 参见《金文诂林》卷十四，己字条。

② 王献唐：《山东古国考》，齐鲁书社1983年版，第232、131页。

③ 山东省烟台地区文物管理委员会：《烟台市上夼村出土𣄴国铜器》，《考古》1983年第4期。

④ 王恩田：《纪、𣄴、莱为一国说》，《齐鲁学刊》1984年第1期。

二、寿光己並器的启示

传世殷代铜器中有己竝（同並）爵（松续下，6）。1952 年安阳出土八件青铜器，也有一件己並父丁爵。[①] 由于资料单薄，以往的研究者只把它作为纪为商代旧国的一般证据。寿光出土的商代铜器有六十四件，带铭者十九件。此外尚有陶器、玉器、蚌器和卜骨等，不仅数额较大，出土情况清楚，且有一套完整的组合，显示出浓厚的地方色彩。[②] 对纪国地望、族源及早期历史的研究，起到了巨大的推动作用。但这批铜器透露的另一个重要信息，似乎尚未引起学术界的注意。

十九件带铭铜器，按铭文内容分为三种：己並器十五件，铭文皆作阴文，二字上下排列，"己"字或正或反，"竝"字为两人正面联手并立；己器三件，除一件铸的"己"字下有一"卜"字形纹外，余者均只有一个"己"字，皆作阳文，与己並器恐非一次所铸。另一类与本文内容无涉，不赘。

己並器的形体结构分为两类：一类明显为两个单体字；一类为己並合文，己字寓于並字联手上方、两头之间，有的几与额头齐平。[③] 笔者有幸目验的十四件，属于前者的七件，包括鼎二、爵二、瓠三；属于后者的四件，包括鼎三、爵一；因锈蚀漫漶不清者三件。《贞松堂集古遗文续编》及安阳发现的己並器形同前者。迄至目前，学界把两类己並徽识均释为己、並二字，不误。值得注意的是，叀字的形体结构也有相同的情形，即一类为己、其合文；一类则明显地分为两个单体字，依己並释文之例，可分释为己、其二字。如卜辞"丁卜于己其"（甲 2389），"己其"二字之间隔与前三字同，《甲编》2877、《乙编》3929"己其"二字间隔更大些。作父丁盘（遗 489）亚形中"己其侯"三字间隔也同，《金文诂林》记作"亚中己四侯"而收入己字条下。又如"父乙簋"

---

① 《河南出土商周青铜器（一）》，文物出版社 1981 年版。
② 寿光县博物馆：《山东寿光县新发现一批纪国铜器》，《文物》1985 年第 3 期。
③ 寿光县博物馆：《山东寿光县新发现一批纪国铜器》，《文物》1985 年第 3 期。

（西清 12、17）亚形中"其"与"侯"字并列于下，己字单列于上，罗氏父子均释作"己其侯"。以上所举，无论从上、下文各字之间隔，还是从己、其二字的相对位置分析，均难释为一字。《甲骨文编》所收七个"畀"字均为己、其分体。商代金文中的"畀"字，除个别的如"父戊簋"（三代 7、9）、"田癸罪"（邺 3，上 36）为己、其合文外，绝大多数应视为两个单体字。西周早期的情形大致相似。西周中期以后，仍有相当部分作分体者。到春秋时期，两字才完全融为一体。[①] 故不应不分时代，不论单体、合文，而将此类徽识统释之为"畀"。试想，若依此例将"己竝"释为一字，并读之如"己"，岂不贻笑大方。

我们认为，至少在商代，亚其徽识带"己"字者应与"己竝"器同例，释为己、其二字。"其"上加"己"与"竝"前冠"己"一样，应是一个殊于国名、族称的特别标识，而绝非注音符号。

《说文》："畀，长踞也，从己其声，读若杞。"

说明汉代学者尚知"己"字乃是一个表意的形符。"其"上加"己"而读音未变，卫宏不知畀、杞两国，乃缘音而附会。近人无从追究"己"字所表何义，是有林义光所谓"从己非义，己、其皆声"之谬误。[②] 己、其皆声，是为无声，故王献唐又创"己"字音符之论。

汉字由原始的图像符号演变而来，其最突出的特点就是写意，因而也是历史信息的综合载体，殷周时期的图画字和氏族徽号，是先民思想感情的凝聚和社会意识的沉淀，其包含的历史信息更为复杂。若仅依六书理论释读此类徽识，难免失之偏狭。因此，要弄清其、竝二氏于族称之前冠"己"的真实含意，必须兼顾当时的历史背景和有关方国的相互关系。

---

① 容庚：《金文编》卷十四，中华书局 1985 年版，第 968 页。

② 林义光：《文源》，参见《金文诂林》卷十四下，第 1851 页。

三、其、並、己三氏概略

检索甲骨刻辞及青铜铭文,知殷初商王朝的方国中有其、並、己三氏。其、並二氏于族称之前冠以"己"字标识,说明三族之间有某种特殊关系,因此有必要对三氏族的有关问题,作大略的讨论。

(一) 其氏

即所谓"暴"氏或亚其氏。前述明"己"字应为一个特别的标识,而"亚"字为爵、为职,均非族称,故应直呼"其氏"。

殷商时期的"其氏",与王室有着极为密切的关系。1976年,中国科学院考古研究所发掘的殷墟妇好墓出土了二十一件"其氏"铜器。妇好为武丁的重要配偶,其地位十分显赫,"其氏"器成批出土于妇好墓中,表明"其氏"在商王朝中的地位及与王室的关系非同凡响。原报告认为,"其氏"铜器可能是其氏族或方国的统治者献给王室的贡品,妇好死后被用作随葬器而埋入墓中。[①] 其氏姜姓,武丁时卜辞有关妇姜的记载颇多,知姜姓族团与王室有通婚关系。

《史记·宋微子世家》:"箕子者,纣之亲戚也。"

此箕亦即其氏。传世殷代铜器中尚有一件玄鸟方罍(通考768),器口内铭有"玄鸟妇"三字,两耳内各铭一其氏徽识。于省吾先生指出:"它的含义,是作器者系以玄鸟为图腾的妇人。……玄鸟二字并非妇名,它系商人先世图腾的残余。"[②] 邹衡先生也谓:"玄鸟既然是此妇先人的图腾……则后者很可能是此

---

① 中国社会科学院考古研究所:《殷墟妇好墓》,文物出版社1980年版,第99页。
② 于省吾:《略论图腾与宗教起源和夏商图腾》,《历史研究》1959年第11期。

妇之国的符号了。"①卜辞妇某之"某"通常被视为母族的称谓,"玄鸟妇"三字恰与妇某之例相悖,知此器为"其氏"之女嫁为商妇所作。故妇好墓中的"其氏"器,更可能是"其氏族"嫁女的媵器。

其氏事迹几乎遍见于各期卜辞,有关文章已作过或简或详的论述。需要强调的是,卜辞中重要的贞人"㐆",亦即青铜器铭文中的亚其人形徽识,为其氏族的代表人物之一,早在殷初已入侍王室。王献唐认为,他是身历武丁、祖庚、祖甲三朝的"㠱国侯爵"。②曹定云先生更正为"其国侯爵"。③其上加己乃是近于商末的事情,祖庚、祖甲时的贞人㐆只能是尚未标著己字的其国首领。祖甲以后,标有此徽识的其氏铜器乃是该贞人的后人所作之器,只表明作器者的宗承谱系。

其族地望,说法颇不一致。或因历代著录的其氏器相传多出于河南安阳一带,而认为其氏故地在商畿之内,或淇水流域;或因北京至辽宁喀左一带发现其氏器,而考其故地在今河北沙河或北方燕地。曹定云先生认为,"㠱侯出现在甲骨第三期以后,说明'㠱'是新封。……既然如此,其与㠱就不会是同一个地方"④,并以姜姓的老家不在黄河流域的东方而在黄河流域的西方,考殷初的亚其在今山西蒲县"晋人败狄于箕"之处。殷代的"㠱"国则从北方燕地说,春秋的"㠱"国又从山东莒北说。台湾学者陈槃所持的看法与此大致相同。⑤曹氏用发展、迁衍的观点考察其、㠱的地望是可取的,然其立论的根据尚嫌不足,推论也稍涉牵强:㠱侯出现于甲骨第三期以后,无法证明便是新封,便为两地;既然不在同一个地方,何以要加"己"而别之?如果还是一

---

① 邹衡:《夏商周考古学论文集》,文物出版社 1980 年版,第 270、286—288 页。

② 王献唐:《山东古国考》,青岛出版社 2007 年版,第 202、168 页。

③ 曹定云:《"亚其"考》,文物编辑委员会编:《文物集刊》(2),文物出版社 1980 年版,第 143—150 页。

④ 曹定云:《"亚其"考》,文物编辑委员会编:《文物集刊》(2),文物出版社 1980 年版,第 143—150 页。

⑤ 陈槃:《不见于春秋大事表之春秋方国稿》,上海古籍出版社 2009 年版,第 149 页。

个注音问题，亚其原在西方，重封燕地要保持本音，非但不可加"己"，倒是应该加上一个类似 qi 音的符号。再则其重封为"畟"，为什么偏偏迁到山东与国名同音、姓氏相同的纪国为邻？纪国亦是姜姓，难道也应在陕西武功附近去追寻它的祖籍？归结之，亦因曹氏不明"其"上加"己"的历史根蒂乃为强说尔。

殷初迄至春秋末期，其族已经历了近千年的发展，况且早在殷代以前，其氏就有自己的发展史。在漫长的历史进程中，氏族的分衍、迁徙造成了错综复杂的政治、宗教和地缘关系，决不能片面地根据某一现象即判定非此即彼，而必须历史地、全面地加以考察。

由前述贞人名"矣"字演化而成的亚其人形徽识形体上有着诸多诡异之处，弄清它的含义，对讨论其氏族源、地望至关重要。

甲骨、金文中的亚其人形徽识，主体形状略呈人形，头部做开口侧视状，均有双腿、两臂，无足；两臂多长短不一，短臂无手，长臂多具手形，手中常持一矢状或棍状物，少数不持物的则无手。① 吴大澂释为"燕"字②，已为学术界所否。刘心源、强运开隶定为"矣"，释为《说文》之古文"矢"字，并谓手持物"象发矢之形"。③ 王树明先生认为："亚其族徽识原是神化了的一种远射兵具，即箭的化身，它应是由亚其族先民崇拜弓箭、尊奉箭为神灵习俗渐次神化、衍变而来的箭神或射神的形象。"并根据"昔在帝羿""弧矢是尚""羿精于射""羿持弓矢"和"羿左臂修而善射"等记载，推定这一徽识的原始摹画，"是我国古代人民推尊、崇拜的箭神、射神夷羿的形象"。④ 在《齐地得名推阐》一文中，王先生还指出，"齐地之所以以齐字为名，原因齐地先民有尚箭之风，或为尚箭崇武东夷诸部所立邦国最为密集的地区而缘起"，代表人物就

① 王树明：《畟祖夷羿新解》，《华夏考古》2004 年第 2 期。
②（清）吴大澂：《愙斋集古录》14.7.5—6，21.6.36。
③《金文诂林·附录》320（2112）、322（2113）。
④ 王树明：《畟祖夷羿新解》，《华夏考古》2004 年第 2 期。

是传说中的有穷后羿。①准此，则其氏族故地当在齐地域内。细审夏初夷夏交争的传说，可为其氏族源、地望的确定提供更为有力的证据。

> 《史记·夏本纪》："帝禹东巡狩，至于会稽而崩，以天下授益。三年之丧毕，益让帝禹之子启，而辟居箕山之阳。……益之佐禹日浅，天下未洽，故诸侯皆去益而朝启……有扈氏不服，启伐之……遂灭有扈氏，天下咸朝。"

> 《孟子·万章上》："益避禹之子于箕山之阴。"

伯益为东夷部族的著名首领，是夷夏交争时期较早进入中原的一部。伯益所避居的箕山与禹避商均之阳城属同一性质，应为伯益部众东夷族人在中原地区的聚居之地。所以伯益才能"以箕山为据点，进攻禹都阳城"。②这次斗争的结果，使夏启的地位更加巩固。伯益的情况如何，太史公没有交代。

> 古本《竹书纪年》："益干启位，启杀之。"

结合有扈氏被剿灭的情形推想，"箕山据点"也必在摧毁之列。不过斗争并未结束，时隔不久，以后羿为代表的东夷族人又向夏人发动了更为猛烈的反击，这就是夏史中著名的后羿乱夏，太康失国事件。后羿与其氏的关系已如前述，伯益与其氏的关系可由下例诸事证知。

> 《说文》："箕，所以簸者也……其，古文箕。"

前文也提及，甲骨、金文中的"冀"氏和文献中的箕均指其氏，故箕山

---

① 王树明：《齐地得名推阐》，《东夷古国史研究》第一辑，三秦出版社 1988 年版。
② 孙作云：《关于夏初史》，《河南文博通讯》1979 年第 1 期。

之箕也应与其氏有关。

《太平寰宇记》卷十八青州条载，益都有箕山、箕岭镇，并谓："《水经》云，箕山无树木而圆峭；又《郡国志》云，纪侯冢在箕山之阴。"

益都（今山东青州市）地处齐域，与前述其氏地望正合，故此箕山应为其氏祖居之地。有趣的是，夏初进入中原，并与夏人争长的伯益族，其部众在河南登封一带也以箕山为居地。益与箕的两次偶合或可提示我们：伯益与其氏可能有某种亲缘关系，益都或为伯益之故地，而箕山之得名则应与其氏族人的聚居有关。

《尚书·舜典》："帝曰，畴，若予，上下草木鸟兽。佥曰，益哉！帝曰，俞！咨益，汝作朕虞。"

《史记·秦本纪》："（大费）与禹平水土……佐舜调驯鸟兽，鸟兽多驯服，是为柏翳。"

《汉书·百官公卿表》："唐虞之际……蒜作朕虞，育草木鸟兽。"

《说文》"嗌"字条下段注："《汉书·百官公卿表》蒜作朕虞。应劭曰：蒜，伯夷也；师古曰：蒜，古益字也。"

故知此蒜就是虞舜时期的东夷首领伯益。征以文献，古之益地有二：一为四川益州，始于西汉，与伯益传说相去甚远；一为山东益都。通常认为，益都称益始于汉淄川懿王子胡都益都侯城。至于称益之因则向来无说。其实益都之称可上溯到相当久远的时期。如所知，古代钱文和陶文中的地名多与其器物之产地有关。新中国成立前出土于潍县的益化钱[①]和1958年出土于临淄齐故城的

---

① 曾毅公:《山东金文集存》上，第32页。

标有蒸字的陶豆[①]，证明战国时古益地即在今山东益都一带。另据曾毅公、王毓铨先生考证铭有蒸字的原始布币也出于山东益都。[②]如此，则益都之得名应始于西周以前。更有意思的是，早期的益字有两种，一为"水满则溢"的"益"，也就是今天常用的益字；一为伯益的蒸字，与益都附近发现的钱文、陶文和原始布币上的蒸字共为一体。就目前所知，此蒸字除用于上述场合外，乃是一个废止不用的死文字。这一事实无可争辩地证明，伯益与古益地确有密不可分的因果关系。

冉氏为殷周时期一个较大的氏族，其立国的时间可早到武丁时期。甲骨、金文中的冉字，一类与倒置的"其"字相似，一类与伯益的蒸字相近。邹衡先生指出，益字乃是冉字加上了个草字头，"甲骨文中的'其'字，恰好是冉字的倒置，看来冉、其二字都是土笼的象形"，均与治水取土有关。进而认为伯益之族可能是冉氏的一个分支。[③]早期金文中的其字，多作双手提筐之形，可证土笼之说不误。伯益为治水的重要人物，故冉、其二氏应为伯益之族的支系。陈槃先生所谓冀国始封"或曰伯益"[④]，即指伯益为其氏之祖。《秦本纪》关于伯益之后"去夏归商……以佐殷国"的记载也符合其氏的事迹。

就地望而言，有出土地点的十八件冉氏器，九件散见于安阳殷墟及周边地区，五件散见于湖南、陕西、湖北、辽宁等地，应视为冉氏与王室及其他方国交往关系的物证。余四件出于山东，胶县一件，临朐三件。[⑤]冉氏器如此集中地见于地处偏远的古益地附近，辽宁喀左北洞村冉氏圆鼎、其氏方鼎又共出一坑，应是益、冉、其三者间某种渊源关系在考古学上的反映，从而也证明了其氏与伯益的活动地望均在益都附近。

---

① 山东省文物管理处：《山东临淄齐故城试掘简报》，《考古》1961年第6期，第294页图六1、4。

② 王毓铨：《我国古代货币的起源和发展》，科学出版社1957年版，第32、61页。

③ 邹衡：《夏商周考古学论文集》，文物出版社1980年版，第270、286—288页。

④ 陈槃：《不见于春秋大事表之春秋方国稿》，第149页。

⑤ 邹衡：《夏商周考古学论文集》，文物出版社1980年版，第270、286—288页。

从音韵学的角度说，亚其人形徽识夨与其、箕三字，古韵均属之部；夨字又由矢字得声，矢与翳、羿同属脂部，益则为其入声韵，均可互通。故益、羿、夨、其、箕等字皆为同事之异称：伯益为其氏可知的最早祖先，后羿、贞人夨、箕子则分别为其氏族不同时期的代表人物。据研究，古之氏族往往以地名、职名、先祖之名或图腾之名命氏，氏族首领则常以本族之称为己名，后世传闻久远又尊为神。反之，地名也常缘氏名而得称。箕山、益地、其氏及伯益、后羿、夨、箕子等称谓，就是沿此轨迹演化而来的，只是由于历代口头传颂和语音的发展导致音变，加上自称与他称之不同，遂讹夨为益、为羿。

需要指出，由于司马迁在《秦本纪》中明指伯益嬴姓，为秦、赵之祖，长期以来，人们便墨守此一成论，认为伯益的活动地望限于泰沂山系南侧一带。其实古代的姓氏是复杂多变的，如黄帝之后，得姓者十四，凡十二姓，以及祝融八姓等均是。至于地望更是居易无固，我们可以根据伯益后国的地望，证明伯益之族曾活动于泰沂山系以南地区，但无法确凿证明其发源于彼，或不曾他适，更不能人为地将泰沂山系作为绝对的分界。鲁北的爽鸠氏为鲁南少昊之司寇，嬴姓的薄姑氏祖居鲁北，都是很好的例子。

总之，其氏应是活动在齐地域内的一支尚箭民族。1975年山东临朐营子乡发现的一批晚商其氏铜器①，就是殷代其国地望的有力强证。清代出于登莱之地，属于西周后期的"师寰簋"（筠3、35），将夨作为征淮夷的军事力量与齐师、莱师并举；烟台上夼出土的其氏器则说明西周时期的夨国也在山东东部。或以此作为夨国于西周后期由外地迁入山东的物证，或因山东历年出土的其氏器多属春秋时期，而认为其氏只是春秋时期才迁居山东，揆以史实，这些说法缺乏应有的根据。殷代的其氏与王室的关系极为密切，若其当时在王畿之内或北方燕地，便没有理由东迁齐境。北京附近出土的"亚盉"属西周前期遗物；1974年前后出土于房山黄土坡的其氏铜器，时代虽可早在殷商中期，但共出铜

---

① 这批铜器大部分亡佚，仅存一爵，鋬下有铭，现存临朐图书馆。

器均属西周早期，孙敬明先生已指出不能作为殷代其氏在北方燕地的根据①。

周武翦商，箕子获释。

> 《史记·宋微子世家》："于是武王乃封箕子于朝鲜而不臣也。"

由于箕子不肯臣周，出于策略上的考虑，武王未让箕子返回山东本土。那么西周中期和春秋时期的異国，又是怎样到的山东呢？周初吕尚以胜利者的身份去营丘就国，尚有"莱侯来伐"与之激烈争国。②異侯若非东夷族人，以亡国之君，凭什么力量在齐鲁诸国已十分强盛时深入山东腹地？因此可以确认，其氏族参与商王朝的政治、军事联盟之后，其首领因世为王室重臣，大多住在安阳附近，而本土则作为大本营一直保持到春秋亡国为止。只是具体位置，因受齐国的压迫而逐步向半岛深处移动。这应是河南安阳等地不断发现殷代其氏铜器和山东较少发现殷代其氏铜器的主要原因。西周前期，其氏族上层人物随箕子北奔，未能之国，本国衰敝，无力铸造重器，则是山东地区不见西周前期其氏铜器的根本原因。非如此，则临朐和烟台等地出土的其氏铜器均难获释而安。这种情况有如西伯仕纣，其部众仍在西岐一样，是三代时普遍存在的现象。至于北京、辽宁等地的其氏器，应为周初其氏北迁一支的物质遗存。

（二）並氏

罗振玉首先将甲骨、金文中从双大、从一之字释为並。金详恒、唐兰先生认为仅有双大下无横画之字也是並字。丁山先生进一步将並、并指为一字，今从之。③

---

① 孙敬明：《考古发现与異史寻踪》，《东夷古国史研究》第一辑，三秦出版社1988年版。

②《史记·齐太公世家》。

③ 丁山：《甲骨文所见氏族及其制度》，科学出版社1956年版，第114页。

並氏事迹见于卜辞记载的颇多，据不完全统计有四十多条。其事有受命如"王令並"（甲609），就国如"遣並"（续1、43、1），入贡如"並入十"（院十三次），祭祀如"奠于並"（后下34、3，前7、1、4），问安如"贞並亡灾"（后下35、1）、"並弗受又"（粹1535），征伐如"贞並△伐△方"①（文拓2525）等。以上所举有属于武丁时期的，也有属于武乙、文丁时期的。可知並氏同其氏一样，早在武丁时即已立国。丁山根据卜辞所反映的並氏与王室的关系，推测並氏当为武丁之亲属。虽然这种说法缺乏足够的证据，但並氏与王室有较为密切的关系却是事实。关于並氏地望，

《左传·庄公元年》："齐师迁纪郱、鄑、郚。"

並、并既为一字，並自可读之如郱。地名加邑，乃是春秋战国地名的组字特征，故此纪郱当与並氏有关。纪郱地望，杜预注云："郱在东莞临朐县东南。"

《论语·宪向》："夺伯氏骈邑三百。"
《路史·国名纪》："郱，本纪邑，有故城在青州临朐东南。"
《汉书·地理志》齐郡临朐县应劭注："临朐山有伯氏骈邑。"
《齐乘》："临朐，古骈邑，齐大夫伯氏所封。"
杨伯峻《春秋左传注》："（郱）故城在今山东安丘城西。"

所指地望均为一地，然丁山先生却以陈留饼乡为並氏故地。彭邦炯先生则根据山西並氏戈和古並州地望，推测並氏故地在今山西太原、石楼一带。②按其、並二氏均于族称之前冠"己"，活动地望亦当相邻。证以寿光发现的己

---

① △代表不识和不易印刷的字，下同。
② 彭邦炯：《竝器、竝氏与並州》，《考古与文物》1981年第2期。

並器，知殷商时期的並氏，故地在春秋纪国之郱邑附近。山西、陈留之並氏与入侍王室的並氏上层有关，抑或与氏族的分衍、迁徙有关。下文关于並氏族源的推考，与此可为互证。

甲骨文的並字分别为双矢（乙 3406 反）或双大并比而立。金文的並字除双矢，如並戈（集录 343）、辛伯鼎（遗 88），和双大并立外，更多的则为双天，即两人正并立，如並卣（殷存上，27）。並立的双人，除常规人体写实外，人形的头部尚有三角形，如並爵（殷存下，2），和菱形者，如並斝（殷存下，30），竟是箭矢的形态。同一个字在不同的时期，由不同的单元组成，甚至同一时期也表现出不同的组合要素，而同一要素单元又形态各异，这是耐人寻味的。

《说文》："竝，並也，从二立。"

甲骨、金文的立字，亦有从矢、从大、从天三种形体。

《说文》："天……从一大。""立……从大立一之上。"

知天与立皆由大字孳乳而来，故从大之立应早于从天之立。矢字的情形较为复杂，从形体上说，矢字最基本的形态为一带尖的箭镞，如射字所从之矢（射女方鉴）[1]，发展成为带尾羽的箭形（前下 18、1；缀 1、204）。此类矢字与略呈人形、中间竖笔出头之大字（者女觥、令鼎）最显著的区别是上部保持镞的形态。较晚的矢字上部虽有出头竖笔，但笴部无一例外地添画一个与矢毫无关系的圆点或横画（盂鼎、伯晨鼎），以与大字相区别。有意思的是，相当数量的大字并不具备人体的主要特征而与矢字相同，如《珠》21、辛日簋文大字。

---

① 吴其昌：《金文名象疏证》，《武汉大学文哲季刊》1936 年 6 卷 1 期，第 207—210、238—240 页。

有些矢字若脱离了特定的词序，则更应视为大字，如《存》1070 射字所从之矢，"作父丁盘"侯字所从之矢。古人造字，依类象形，其绘人体必具头、臂、腿三种基本要素。今大字无首，矢字镝非，绝不是偶然的笔误，而应有其内在的原因，也就是说大与矢之间应有某种亲缘或讹承关系。[1]矢字添加圆点和横画，则是两者分衍过程的反映。许慎《说文》交、夷两字皆从大，而甲骨、金文中的交和夷皆从矢[2]，便是有力的佐证。

立字所从之矢形，同于矢字发展序列的第二阶段，与无首之大字相同，如《甲》2647，寰盘、立鼎等；有首，即竖笔出头之大字，在时代上应与矢字的第三阶段相近，故从矢之立应早于从大之立。由矢与大、大与立、立与天字的相互关系，证知立字三种形体的早晚关系。立字从矢、从大、从天的演化规律，又证明并字的原始摹画物为并立的双箭。

弓箭是上古时期最先进的兵器之一，恩格斯指出："弓箭对于蒙昧时代，正如铁器对于野蛮时代和火器对于文明时代一样，乃是决定性的武器。"[3]由于弓箭能利用机械储存的方式，将人体逐渐释放的、劲力相对较弱的能量储存起来，通过弓弦的急速伸张，把储存起来的能量以极大的劲力，按需要的方向，准确疾速地释放出去，达到远距离杀伤的目的，并可使操作者本身所受的威胁相对减少。这些优点是当时任何其他兵器均难以与之相比的。民俗学的研究表明，世界各原始民族都存在着不同程度的拜物习俗，他们在进行狩猎和战争前，常常举行包括祭兵仪式在内的各种祭祀活动。弓箭以其特有的性能，给人们带来了空前的物质利益和胜利的荣耀，自然会受到人们的崇敬。但是应当指出，原始人类发明弓箭，仅仅是劳动经验的直接产品，而不是科学思维的结晶。他们虽然明了弓箭的制造方法和特殊性能，却无法理解这种性能借以产生

---

① 参见张桂光《古文字中的形体讹变》，《古文字研究》第 15 辑，中华书局 1986 年版。

②《甲骨文编》、《金文编》卷五。

③ 恩格斯：《家庭，私有制和国家的起源》，《马克思恩格斯选集》第四卷，人民出版社 1972 年版，第 19 页。

的原因，从而使这一科学的发明蒙上了一层神秘的外衣。随着原始宗教的发展，这种崇敬的自然情感，逐步升华为一种宗教意念。因此，並字从双矢、双大、双天的演变过程，绝非仅为一种形体讹变的现象，而应与宗教意识有关，即反映了一种物象神化的基本过程。由此推想，並氏亦当为尚箭民族，并立的双矢可能为並氏族人出猎和征战前举行祭祀活动的一种物象，在宗教意念的作用下，逐步取得了"灵性"，成为一种宗教表象。並爵、並罍的矢状人首，则是这一神化过程最直接的证明。

並氏徽识的神化，亦即人格化过程，使矢与大在字体构形上发生了交叉现象，从而影响了以大字为主体的立字和天字的形体结构。立字的从矢、天字的矢状人首（三代 14、12、瓿，拾 10、18）可作为这种影响的见证，同时亦可作为並字徽识人格化过程的旁证。

（三）己氏

殷商时期的己氏，脉络不及其氏、並氏清楚，其事迹见于甲骨者如：

（1）己亥卜，己贞，子商妾△△，不其劝。（粹 1239）

（2）丙寅，二，自己入。（前 8、4、6）

（3）甲午卜，△贞，己中酒正，在十二月。（金璋 3）

例（1）中的己为贞人名；例（2）中的己为地名，亦可作为氏名或国名看待；例（3）中的己则为氏，或为姓。

《史记·殷本纪》："帝武丁祭成汤，明日，有飞雉登鼎耳而呴，武丁惧。祖己曰：'王勿忧，先修政事。'祖己乃训王曰：'唯天监下……'帝武丁崩，子帝祖庚立，祖己嘉武丁之以祥雉为德，立其庙为高宗，遂作《高宗肜日》及训。"

殷先公先王有称祖己者，如《前编》1.19.1，同版两条卜辞祖己和祖庚并祀；祖甲时卜辞又有父丁、兄己、兄庚联称者（后，1、19、14）。王国维认为此祖己即武丁之子，祖庚之内兄孝己，而非作《高宗肜日》之祖己。[①] 丁山则指出，孝己为武丁长子，先武丁而卒。子不可训父，更不能至祖庚之世复训其弟，故武丁、祖庚之际当另有以己为氏者。"然则作《高宗肜日》之祖己，实涉孝己庙号而衍祖字。"[②] 诚如其言，则早在殷商前期，己氏已是一个较大的宗族，有自己的封邑或封国，至晚自武丁时期，其首领便已入侍王室，其职事有贞人和主管祭祀的酒正等。

> 《左传·哀公十七年》："公（卫侯）登城以望，见戎州。问之，以告……辛巳，石圃因匠氏攻公……公入于戎州己氏。"
> 《水经注》："获水又东，径己氏县南。"

是汉代又有己氏县，隋开皇年间改置楚丘县。

> 杜佑《通典》："楚丘县，古戎州己氏之邑，盖昆吾之后，别在戎狄中，周襄王时入居中国。"

丁山先生根据对有关氏族徽识的考察指出："不特戎州为殷王子Δ苗裔，即己氏也必商之旧族，杜君卿以为昆吾之后，是据《左传》《国语》传说，又不如考信商代实物矣。"[③] 然此戎州是否为己氏故地？

> 《国语·晋语》："有男戎必有女戎。"

---

① 王国维：《观堂集林》，中华书局 1959 年版，第 29、30 页。
② 丁山：《甲骨文所见氏族及其制度》，中华书局 1988 年版，第 101、102 页。
③ 丁山：《甲骨文所见氏族及其制度》，中华书局 1988 年版，第 101、102 页。

《礼记·月令》："天子乃教于田猎，以习五戎……"

郑注："五戎，谓五兵，弓矢、殳、矛、戈、防是也。"戎者兵也，己氏为尚箭崇武之民族（详后），其后世子孙散迁于卫国域内，立戎州以自卫，与己氏故地无涉。

殷代铜器中，与己氏有关的遗物近二十件，有明确出土地点者四件。己簋出于河南鹤壁市东南郊的古墓中。原报告认为是西周早期的卫国贵族墓葬，并指出"己簋纹饰特殊，与同群器物风格不同，可能是殷器"。[1] 故此簋应是通过某种特殊途径传入墓葬主之手，很可能与戎州己氏有关，而不能作为己氏地望的根据。其余三件己氏器，均出于寿光"益都侯城"的一个陪葬坑内，与己並器并存。寿光为周代纪国故地乃属定论，这批己氏器出于益都侯城，说明早在殷商时期，己氏就在寿光立国。

"己"之本义，朱芳圃认为"象绳索诘诎之形"。[2] 叶玉森谓："其物当如纶索类，利约束耳。"[3] 王献唐认为，"己就是纪的初文……都像一根弯曲的丝绪"。[4] 王树明先生则指出："齐地土著纪国用以名国之纪字，本作己，原为捆绑箭镞的绳索类物的摹画。"[5] 东方土著用以名族的夷字，可为此提供直接的说明。卜辞有"从己从矢"之字（续5，23，8），李孝定谓《说文》所无"而不识。[6] 按此当为夷字，卜辞雉字所从之夷[7] 和金文如"《窓斋》10，9，簋"《遗》98，

① 周到等：《河南鹤壁庞村出土的青铜器》，《文物资料丛刊》（3），文物出版社 1980 年版。

② 朱芳圃：《殷周文字释丛·己》，中华书局 1962 年版。

③ 叶玉森：《殷墟书契前编集释》卷一，第 11 页。

④ 王献唐：《山东古国考》，青岛出版社 2007 年版，第 202 页，第 168 页。

⑤ 王树明：《曩祖夷羿新解》，待刊稿，后刊载于《华夏考古》2004 年第 2 期；王树明：《齐地得名推阐》，《东夷古国史研究》第一辑，三秦出版社 1988 年版。

⑥ 李孝定：《甲骨文字集释》卷 14，第 4262 页；卷 5，第 1816 页。

⑦ 陈邦怀：《殷墟书契考释小笺》，1925 年，第 14 页；于省吾：《双剑誃殷契骈枝三篇》，1944 年，第 25 页。

鼎"之夷字均从己从矢。吴其昌先生就曾明确指出夷"乃一矢形,象有缴韦之缚属之也"。[①] 故知夷字原本从己从矢,意为成捆的箭矢。秦汉时期讹变为"从弓从大",许氏未详其本,是以误释。

矢为弓箭崇拜之物象,己字则有约束、联结、合并之意。纪国之三邑,邶即并氏故地,原因尚箭而名;"晋"的本字,甲文作双矢射日之形;部本字作午,皆与箭矢有关,可知纪国原是一个尚箭民族的集合体。不言而喻,己氏亦当为尚箭部族之成员。

总括本章,知其氏祖居益地,为东夷尚箭诸部中最强盛的一支。早年与夏后氏族曾有过较为密切的关系,因争夺盟主的地位反目成仇,转而成为商联盟的重要成员。并、己二氏祖籍在今山东寿光、临朐一带,与其氏同为尚箭崇武之民族。终有商一代,此三国族一直是商王朝在东方的重要支柱。这些历史共同点,便是讨论"己"字标识的基本依据。

四、"己"识族团与殷商后期形势

在讨论这一问题之前,首先要弄清己字标识产生的时间。因己氏族徽本身即为一个己字,作为一个特别的标识,其缘起的时代只能依并、其两氏族之前冠己的时间来确定。为此,先将殷商文化年代分期简述如次:

早期,甲骨一、二期,以殷墟文化三期为代表,约当武丁、祖庚、祖甲之世。

中期,甲骨三、四期,以殷墟文化三期为代表,约当廪辛、康丁、武乙、文丁时期。

晚期,甲骨第五期,以殷墟文化四期为代表,约帝乙、帝辛之世。

寿光己并器的年代,原报告定为商末。就器物的造型风格观察,部分铜鼎和铜爵、铜觚、曲内戈等与安阳大司空 M_{51}、高楼庄 M_8、四盘磨 M_8 的同类

---

① 吴其昌:《金文名象疏证》,《武汉大学文哲季刊》1936 年 6 卷 1 期,第 207—210、238—240 页。

器物较为一致，个别铜鼎及斝、簋等则与殷墟文化四期的同类器物有某些相似之处。陶器中甑的鬲部与大司空 M_{23} 之陶鬲、爵与大司空 M_{54} 之陶爵较为接近，与相当于殷墟文化四期的 H_{54} 陶鬲、M_{98} 之陶爵则相去甚远。[①]上述大司空 M_{51}、M_{54}、H_{23}、四盘磨 M_8、高楼庄 M_8 均属殷墟文化三期之典型单位，陶器在断代问题上又有较高的准确性，因此寿光己並器的年代应推定在殷墟中期偏晚阶段。传世己並爵的年代可能略早，安阳己並父丁爵则略晚一些。其氏族称冠己的时间为甲骨三期以后，大约在武乙前后。

其、並二氏同时于族称之前冠以"己"字标识，意味着当时的政治舞台上发生了较大的事件。一般说来，一次新的分封，可以改变某些国家的称谓。但是，除了晨字出现于甲骨三期以后这一不能作为立论根据的线索外，无法证明当时曾有过新的分封。退一步说，假使当时曾有过新的分封，其、並二氏同时采用邻人族徽的问题仍难获释。我们认为，解释这一现象的关键在于"己"字标识本身。"己"字原为一根弯曲的绳索类物，有约束、连结之义。並、其、己三氏共用"己"字标族，应与上述含义有关。换言之，"己"字冠于並、其二氏族称之前，应是三国族间联盟关系在族徽上的反映。

前文论及，冉氏与其氏有某种亲缘关系，殷代铜器中又有与己其、己並性质相近的己冉器（三代 2、12、集缘 555），河南鹤壁市庞村古墓中己簋又与冉氏觯共存[②]，在陕西凤阳花园村则发现与並氏支族有关的干冉爵[③]。这些现象无不说明並、其、己三国族的关系，超出了氏族、方国间交往关系的一般范围，故应视为一个有机的族团联盟。烟台上夼己器与晨器共存，寿光益都侯城己器与己並器伴出，就是这种关系最直接的证据。

---

① 参见北京大学历史系考古教研室商周组《商周考古》，文物出版社 1979 年版，第 34—36 页。

② 周到等：《河南鹤壁庞村出土的青铜器》，《文物资料丛刊》（3），文物出版社 1980 年版。

③ 参见拙文《並史探略——兼论殷比干族属》，山东省古文字学会第二届年会论文集，未刊。后刊于《考古与文物》1992 年第 1 期。

己字作为一个族团联盟的特别标识，它的产生和消亡，均有着深刻的历史背景。

《史记·殷本纪》："帝甲淫乱，殷复衰……帝武乙无道，为偶人……武乙震死……帝乙立，殷益衰。"

《后汉书·东夷列传》："至于仲丁，蓝夷作寇。自是或服或畔（叛），三百余年。武乙衰敝，东夷浸盛，遂分迁淮、岱，渐居中土。"

《左传·昭公十一年》："纣克东夷而陨其身。"

由于帝甲的淫乱，殷商中期商王朝的国力再次衰敝。廪辛、康丁两世时间较短，接下去又是一个无道的武乙，终于导致了原属同盟或与国关系的东夷诸部再次背叛。郭沫若先生就此评论说："或服或畔便表明殷代自仲丁而后，随时都在同东夷发生关系。畔了如不去征讨，敌人那里会服？可见征东夷在殷末的循环的战争，不能专属帝辛一人。"[①]卜辞所记对东夷的讨伐有两次发生在山东地区。

（1）癸亥卜黄贞，王旬无尤，在九月，正（征）户（夷）方，在雇彝。（前2，6，6）

（2）癸巳卜贞，王旬无尤，在二月，在齐次，佳王来正（征）尸（夷）方。（前2，15，3）

雇地在今河南范县一带，齐地即今临淄、益都一带，知古益地附近也发生过叛商事件。另一方面，并、其、己三国族虽地处东夷腹地，为东夷部族的重要成员，但因其首领世为王室重臣，并有通婚关系，自不能参与叛商活动。

---

① 郭沫若：《青铜时代》，人民出版社1954年版，第148页。

殷末箕子、比干同为商室重臣，以及卜辞的有关记载表明，他们始终是商人的可靠同盟，这无疑会受到已叛商的东夷各部的敌视。王室的衰敝，导致以商王为首的联盟体系在东夷地区的瓦解，各种社会力量发生了新的分化、组合。其、並、已地域相邻，同为尚箭民族，都与王室有着休戚与共的特殊关系，在这种特定的历史条件下，为求自保，为了支持王室，结成新的联盟是完全可能的。事实上他们不肯叛商的协调行动，已清楚地表明了他们的同盟关系。这样具有约束联合之意的"己"字，便成为他们的共有标识，用以表示他们团结互助、共同对敌的信念。正是由于这种密不可分的特殊关系，加之历史记载的错讹疏漏，给人们的认识造成了错觉，致使纪、異一国之说历久不衰。殷商后期，卜辞中习见己其之称，表明这一新的联盟得到了王室的认可。武王克殷后，其、已二氏先后归附周室，"己"识族团失去了原有的作用便告消亡。西周初年以后，不见並氏遗物，表明並氏作为一个独立的国族已从历史舞台上消失，终而成为纪国之一部。其氏很早就是一个独立、强盛的氏族，"己"氏族团解体后，仍独自立国。大约也在此时，其氏方国才真正变为"读若杞"的異国。只是由于书写习惯，"異"字仍有相当部分做分体状。西周初年以后，北迁的箕子一支，在北方延续了本族的文化，本土则因此而一度衰微。西周中期以后，经过多年的休养生息，抑或因北迁的一支又返回山东本土，異氏国力已大有改观，前述师寰簋铭，可作为这一变化的见证。

纪、異古史，积年已深，本文在广泛吸收以往研究成果的基础上，根据考古发现的有关线索，从宏观历史的角度着眼，从氏族徽识的微观分析入手，对有关问题提出了一些不成熟的看法。囿于笔者学力不济，难免疏误。但作为一种尝试，或有裨于古史之讨论，切望学界赐教。

原载《东夷古国史研究》第二辑，三秦出版社 1990 年版，后有修订。

王永波，考古学家，山东省文物考古研究院研究员，原山东省文物局副局长。

后　记

　　我的《探寻寿光古国》出版后，觉得纪国史研究中的一些问题仍有进一步探讨的必要，比如青州苏埠屯四墓道大墓的墓主是祖己的问题，周夷王烹齐哀公原因的问题，眞、纪一国论的问题等，为此，又不断地考证思索，陆续写了二十多篇文章，作为《探寻寿光古国》一书的延伸和补充。在整理这些文章准备出版时，考虑到史学前辈为纪国史研究付出的努力和贡献，又决定把他们的研究成果一并收入本书，让读者对纪国史研究的来龙去脉有个大致的了解和完整的概念。最初收入了王献唐等多位学者的二十四篇文章，后来因为篇幅有限，有些学者的文章未能收入。同样的原因，还对已收录某些文章的内容或图片做了删节，对此请作者或作者后人谅解。

　　我从北京师范大学历史系毕业后，就成了一名军人。三十七年的军旅生活割断了我与历史学的联系。作为《探寻寿光古国》续篇的这些长篇大论，其史学价值令我有些疑惑，为了不给母校带来负面影响，将部分文章呈送给素不相识的北师大历史学院晁福林教授审读。晁福林先生虽然年事已高，又兼任新成立的中国历史研究院学术委员会委员，但他仍抽出时间审阅了我的文章，并热情洋溢地为该书写了序言。在序言中他说："李沣先生所编著的《纪国史研究》一书，对于推动纪国史的研究意义重大。我特向学术界予以郑重推荐。希望得到专家、领导的关注和支持。"对母校的关怀、对晁福林先生的鼓励，我由衷地表示感谢。

　　我在《探寻寿光古国》后记中曾说："我的这本书之所以成形，得益于王树明、王永波两位先生的研究成果。"同样，本书中我的一些文章，也受到了两位先生研究成果的启发。在写有关文章时，我曾与王树明先生深入交往、交流，最终成为莫逆之交，非常遗憾的是，王先生病重手术，我们的联系中断了，遥祝他健康长寿。

本书编辑成形后曾请王永波先生过目，他热情地与其他作者相约支持，并为该书撰写了长篇序言，在此向他致以深切的敬意、敬礼。

本书涉及大量考古资料和甲、金文字，排版不易，制字更难，给编辑、排版和设计带来很多困扰和麻烦，华夏出版社人文历史编辑出版中心杜晓宇主任，董秀娟、王敏、吕方编辑付出了辛勤的劳动和不懈的努力，在此向他们及有关人员表示深深的谢意，并致以军人的敬礼！

李 沣

2021 年 4 月 26 日于立水桥寓所